Über Systemwettbewerb zu einer
neuen Weltordnung?

Beat Hotz-Hart
Johann Bucher • Hans Werder

Über Systemwettbewerb zu einer neuen Weltordnung?

Ein Werkstattbericht über die neue geopolitische Dynamik

Beat Hotz-Hart
University of Zürich
Zürich, Schweiz

Johann Bucher
Bern, Schweiz

Hans Werder
Bern, Schweiz

ISBN 978-3-658-42015-4   ISBN 978-3-658-42016-1 (eBook)
https://doi.org/10.1007/978-3-658-42016-1

Die Deutsche Nationalbibliothek verzeichnet diese Publikation in der Deutschen Nationalbibliografie; detaillierte bibliografische Daten sind im Internet über https://portal.dnb.de abrufbar.

© Der/die Herausgeber bzw. der/die Autor(en), exklusiv lizenziert an Springer Fachmedien Wiesbaden GmbH, ein Teil von Springer Nature 2023
Das Werk einschließlich aller seiner Teile ist urheberrechtlich geschützt. Jede Verwertung, die nicht ausdrücklich vom Urheberrechtsgesetz zugelassen ist, bedarf der vorherigen Zustimmung des Verlags. Das gilt insbesondere für Vervielfältigungen, Bearbeitungen, Übersetzungen, Mikroverfilmungen und die Einspeicherung und Verarbeitung in elektronischen Systemen.
Die Wiedergabe von allgemein beschreibenden Bezeichnungen, Marken, Unternehmensnamen etc. in diesem Werk bedeutet nicht, dass diese frei durch jedermann benutzt werden dürfen. Die Berechtigung zur Benutzung unterliegt, auch ohne gesonderten Hinweis hierzu, den Regeln des Markenrechts. Die Rechte des jeweiligen Zeicheninhabers sind zu beachten.
Der Verlag, die Autoren und die Herausgeber gehen davon aus, dass die Angaben und Informationen in diesem Werk zum Zeitpunkt der Veröffentlichung vollständig und korrekt sind. Weder der Verlag noch die Autoren oder die Herausgeber übernehmen, ausdrücklich oder implizit, Gewähr für den Inhalt des Werkes, etwaige Fehler oder Äußerungen. Der Verlag bleibt im Hinblick auf geografische Zuordnungen und Gebietsbezeichnungen in veröffentlichten Karten und Institutionsadressen neutral.

Planung/Lektorat: Isabella Hanser
Springer ist ein Imprint der eingetragenen Gesellschaft Springer Fachmedien Wiesbaden GmbH und ist ein Teil von Springer Nature.
Die Anschrift der Gesellschaft ist: Abraham-Lincoln-Str. 46, 65189 Wiesbaden, Germany

Das Papier dieses Produkts ist recyclebar.

Vorwort

Die vorliegenden Texte sind im Zusammenhang mit zwei Seminaren entstanden, an der Freunde und ehemalige StudienkollegInnen der Universitäten Zürich, Bern und Basel teilgenommen haben. Sie entsprechen den langjährigen Erfahrungen und Einschätzungen der Autoren und wurden mit bescheidenen Ressourcen erarbeitet. Die zu einzelnen Aspekten der hier behandelten Themen wie „Varieties of Capitalism" oder „Great Power Competition" sehr umfangreiche Literatur konnte nicht umfassend bearbeitet und gewürdigt werden. Was vorliegt, entspricht am Ehesten einem Werkstattbericht. Nichtsdestotrotz werden zur Geopolitik einige wesentliche Argumente und Einschätzungen vorgetragen, die für die aktuelle Debatte fruchtbar sein können. Die Autoren möchten an dieser Stelle allen SeminarkollegInnen für ihre engagierte Teilnahme an den Diskussionen bestens danken. Für die in den einzelnen Kapiteln vertretenen Positionen zeichnen die Autoren alleine verantwortlich.

Gegenwärtig vollziehen sich weltpolitische Verschiebungen von bisher unbekanntem Ausmaß. Die nach dem 2. Weltkrieg entstandene und bis heute im Großen und Ganzen geltende Weltordnung ist durch eine westlich geprägte liberale, multilaterale und regelbasierte Orientierung bestimmt. Im Zuge eines aufkommenden neuen Großmächtewettbewerbs („Great Power Competition") primär zwischen den USA und China ist sie ernsthaft ins Wanken geraten. Gründe dafür sind vor allem ein zunehmender Nationalismus und die Rückkehr zu einer Machtpolitik als Logik eines neuen Wettbewerbssystems.

Nach Jahrhunderten westlicher Dominanz verschieben sich mit dem Aufstieg der „emerging powers", allen voran Chinas, die politischen und wirtschaftlichen Kräfteverhältnisse zunehmend nach Asien. Die Art und Weise der Globalisierung und die Weltordnung werden in immer stärkerem Maße durch ein proaktives Vorgehen von China auf allen Ebenen wie Wirtschaft, Politik, Militär und Gesellschaft und bei gleichzeitiger Schwäche der USA und Europas geprägt. China nutzt die mit der Größe seiner Wirtschaft verbundene Macht und Abhängigkeiten bewusst und zielstrebig, um seine Interessen für eine neue Weltordnung durchzusetzen und sich selber besser zu positionieren. Europa ringt um seine Vorstellungen und seine Positionierung.

In Teil I des vorliegenden Buches wird der wirtschaftliche und politische Systemwettbewerb zwischen China und dem fragmentierten „Westen" behandelt. Dabei steht der Kapitalismus im Zentrum. Unter Kapitalismus wird im Folgenden eine Wirtschafts- und Gesellschaftsordnung verstanden, die auf dem Privateigentum an Produktionsmitteln inklusive Kapitalanlagen wie Fabriken beruht. Produktion und Verkauf von Waren und Dienstleistungen sind auf Märkte mit dem Motiv der Gewinnerzielung ausgerichtet. Die Märkte koordinieren die wirtschaftlichen Aktivitäten und liefern die notwendigen Informationen dazu. Die Entscheidungen über Produktion, Konsum, Sparen und Investieren werden dezentralisiert durch die Eigentümer der Produktionsmittel sowie die Konsumenten getroffen (Jahan & Mahmud, 2015).

„Capitalism rules the world. With only the most minor exceptions, the entire globe now organizes economic production the same way" (Milanovic, 2020). Der Kapitalismus hat sich als spezifische Wirtschafts- und Gesellschaftsordnung weltweit durchgesetzt, allerdings in unterschiedlichen Ausprägungen. Ein weitgehend hemmungsloser Kapitalismus in den USA, ein sozialpolitisch gebändigter Kapitalismus in Europa und unterschiedliche Kapitalismen in Südkorea, Taiwan und Singapur als weitere Beispiele. China verfolgt einen staatlich gelenkten autoritären Kapitalismus geführt durch die Kommunistische Partei. Diese verschiedenen Formen stehen im Wettbewerb miteinander.

Das in der Literatur dazu entwickelte analytische Konzept „Varieties of Capitalism" (VoC) ausgehend von Hall und Soskice (2004) basiert auf der Betrachtung von Firmen und ihrem Verhalten und orientiert sich an zwei Polen in einem breiten Spektrum: den liberalen Marktwirtschaften (LMEs), in denen die Beziehungen zwischen Unternehmen und anderen Akteuren in erster Linie durch Wettbewerbsmärkte koordiniert werden, und den koordinierten Marktwirtschaften (CMEs), in denen die Unternehmen in der Regel in eine strategische Interaktion mit Gewerkschaften, Finanzdienstleistern und anderen Akteuren treten (Hall & Gingerich, 2009, S. 452). Die VoC-Literatur behandelt fast ausschließlich Länder des Westens. Die Beiträge im vorliegenden Buch, insbesondere die Kapitel zu den Ländern aus Asien, zeigen deutlich, dass der Rolle des Staates und damit der politischen Dimension für das Verständnis der Funktionsweise des Kapitalismus mehr Beachtung geschenkt werden muss.

Politisch bestehen zwischen den hier behandelten Nationen größere Unterschiede. Im fragmentierten Westen sind unterschiedliche liberal-demokratische Regierungsformen vorherrschend. Für China ist die marxistisch-leninistische

Kaderpartei maßgebend, die in ihrem Lande über allem steht, über Politik, Recht, Wirtschaft und Zivilgesellschaft. Über ihre autoritäre Regierung vertritt sie Werte, die sich zum Teil fundamental von den Grundwerten der noch bestehenden westlich geprägten Weltordnung unterscheiden.

Die Kap. 1, 2, 3, 4 im ersten Teil des Buches über die USA, Europa, China, Korea, Taiwan und Singapur behandeln deren politische und wirtschaftliche Systeme, ihre Unterschiede und ihre Stärken und Schwächen. Wie funktionieren die verschiedenen, konkurrierenden Systeme und wie ist ihre Leistungs- und Wettbewerbsfähigkeit zu beurteilen? Die Kapitel folgen dem gleichen Aufbau: (1) Staatsordnung, das politische System, (2) Wirtschaftsordnung inklusive Arbeits- und Finanzmarkt und (3) die öffentliche Versorgung mit Infrastruktur, Bildung und Forschung, Gesundheit, sozialer Sicherheit, Kultur und Medien. Wie gezeigt wird, sind – breiter, als es der VoC-Ansatz behandelt – verschiedene Mischformen vorhanden. Kapitalismus kann sehr wohl mit autoritären politischen Zügen einhergehen, wie die Beispiele von China und Singapur zeigen. Eine Gesetzmäßigkeit, bei der die Entwicklung von Kapitalismus mit steigendem Wohlstand zu Formen der Demokratie im politischen Bereich führt, gibt es nicht.

Die behandelten Länder sind durch ihre Geschichte und Entwicklung und verstärkt durch die Globalisierung, die Organisation der Wertschöpfungsketten über den ganzen Globus hinweg in vielfältiger Art und Weise miteinander verbunden. Konflikte aufgrund unterschiedlicher Interessen sind zwangsläufig. Abhängigkeiten werden von Nationen und Unternehmen zur Erzielung eigener Vorteile genutzt. Das letzte Kapitel von Teil I zeigt solche Abhängigkeiten auf und wie sie von Politik und Wirtschaft im Rahmen der Geopolitik strategisch genutzt und beeinflusst werden. Die damit verbundenen laufenden Auseinandersetzungen werden sichtbar gemacht. Dies dient auch als Überleitung zu Teil II, den laufenden Auseinandersetzungen um eine neue geopolitische Weltordnung.

Die (noch) geltende Weltordnung angelsächsisch-liberaler Prägung und die aktuell vorhandenen realen Machtverhältnisse zwischen den aufgeführten Ländern werden im ersten Kapitel von Teil II behandelt. Bei der „*Weltordnung*" geht es um eine Ordnung der Beziehungen zwischen einer Reihe von globalen Akteuren aufgrund von Regeln und Institutionen. So führt z. B. Mearsheimer (2019, S. 9) aus: Eine Weltordnung ist „an organized group of international institutions that helps govern the interactions among the member states". Und weiter: „International Institutions are effectively ... rules that the great powers devise and agree to follow, because they believe that obeying those rules is in their interest."

Drei Kapitel je zu China, den USA und Europa zeigen auf, welche Vorstellungen diese Länder von einer neuen Weltordnung und ihrer eigenen Positionierung darin haben und mit welchen Strategien sie diese durchsetzen wollen. Dabei geht es bei den USA um die Zukunft als bisherige globale Führungsmacht, ihre Hegemonie. Ist eine Konsolidierung oder der Niedergang der Weltmacht im Gange? China und Russland wollen die westlich geprägte Weltordnung nicht akzeptieren und streben mit ihren Strategien grundlegende Reformen dieser Weltordnung und die eigene Positionierung als globale Macht an. Europa ist auf der Suche nach einer mittleren Position, basierend auf der Bündelung eigener Stärken und von den USA weitgehend unabhängig. Europa versucht, eine eigenständige Position zu entwickeln („strategische Autonomie"), leidet aber nach wie vor an internen Differenzen und mangelnder Handlungsfähigkeit.

Die aktuelle und künftige globale Entwicklung wird durch einen wirtschaftlichen und politischen Systemwettbewerb zwischen China und dem fragmentierten „Westen", vorwiegend den USA und Europa, geprägt. Diese Auseinandersetzungen werden die Welt für die kommenden Jahrzehnte beschäftigen. Die Covid-19 Krise und ihre Folgen wirken dabei wie ein Brandbeschleuniger und der Ukraine-Krieg verschärft und akzentuiert diese Problematik.

Davon ausgehend gliedert sich das Schlusskapitel in drei Teile: Ausgehend von den bisherigen Ausführungen werden zusammenfassende Thesen zur Systemkonkurrenz und Trends präsentiert. Diese bilden Ansatzpunkte für drei Szenarien: (1) multipolare, heterogene und fragmentierte Weltordnung mit schwachen internationalen Institutionen; (2) Entkoppelung, Abschottung und Innenorientierung; bipolare Weltordnung und (3) multipolare und regelbasierte Welt mit tragfähigen internationalen Institutionen. Im Zentrum der Szenarien stehen die Interaktionen der (Groß-)Mächte und Nationen und damit ihre Außenorientierung, zum Teil auch die Bildung von Gruppen und Koalitionen. Dabei werden mögliche neue Weltordnungen skizziert. Zum Schluss folgt eine Auswertung der drei Szenarien unter den Aspekten Funktionsfähigkeit, Stabilität, Resilienz resp. Konflikt- und Krisenanfälligkeit, Wünschbarkeit und Wahrscheinlichkeit. Wo sind Risiken und Gefahren? Welche Vorstellungen und Elemente werden sich längerfristig im Systemwettbewerb in verschiedenen geographischen Räumen der Welt durchsetzen? Welche Möglichkeiten und Chancen bestehen für eine positive Entwicklung?

Bei jedem Szenario spielt die Art und Weise der Auseinandersetzung zwischen China und den USA und ihre weitere Entwicklung eine zentrale Rolle. Beide Länder verstehen sich aufgrund ihrer Geschichte als einzigartig. Sie leiten daraus ein Recht auf eine besondere, eine dominierende Stellung in der Weltordnung ab. Die daraus resultierenden Konflikte dürften die Welt in den kommenden Jahren maßgebend beschäftigen. Die Konzentration der Macht in China bei Xi Jinping, der Ideologie über wirtschaftlichen Erfolg stellt, und das Wiedererstarken der Republikaner unter dem Einfluss der Trump-Bewegung in den USA lassen vermehrte und wachsende Konflikte erwarten.

Die Unvorhersehbarkeit der politischen Entwicklung und damit die Instabilität der Weltordnung haben zugenommen. Die Aussichten für eine funktionstüchtige und friedliche neue Weltordnung sind prekärer geworden. Entscheidend für die weitere Entwicklung wird sein, wie China in das vorhandene angelsächsisch geprägte internationale System über gemeinsam mit den USA und Europa vereinbarte Anpassungen integriert werden kann oder ob es zu einer Spaltung der internationalen Ordnung in zwei mehr oder weniger abgeschottete Machtblöcke kommt, die geopolitische Einflusssphären, Pufferzonen und Gleichgewichte neu definieren.

Aufgrund der Aktualität des Themas waren die Autoren permanent mit neuen Entwicklungen und Publikationen konfrontiert. Quellen und Ereignisse wurden bis und mit dem 20. Parteitag der KPCh vom 16. bis 22. Oktober 2022 berücksichtigt ausser wenigen neueren Ergänzungen aufgrund von Anregungen des Lektorats. In diesem Sinne sind die Texte als „work in progress" und als Beitrag zu einer zurzeit intensiv laufenden Diskussion zu verstehen.

Literatur

Hall, P., & A., Soskice, D. (Hrsg.). (2004). *Varaieties of capitalism, the institutional foundation of comparative advantage*. Oxford University Press.

Hall, P. A., & Gingerich, D. W. (2009). Varieties of capitalism and institutional complementarities in the political economy: An empirical analysis. *British Journal of Political Science, 39*, 449–482. Cambridge University Press.

Jahan, S., & Mahmud, A. S. (2015). What is capitalism? Free markets may not be perfect but they are probably the best way to organize an economy. *Finance & Development*. IMF elibrary. https://www.elibrary.imf.org/view/journals/022/0052/002/article-A015-en.xml

Mearsheimer, J. J. (2019). Bound to fail: The rise and fall of the liberal international order. *International Security, 43*(4 (Spring 2019)), 7–50.

Milanovic, B. (2020, January/February). The clash of capitalisms – The real fight for the global economy's future. *Foreign Affairs*.

Zürich, Schweiz	Beat Hotz-Hart
Bern, Schweiz	Johann Bucher
Bern, Schweiz	Hans Werder
15. November 2022	

Inhaltsverzeichnis

Teil I Wirtschaftlicher und politischer Systemwettbewerb zwischen China und dem fragmentierten „Westen"

1 USA und Europa: entfesselter und sozial gebändigter Kapitalismus 3
Hans Werder und Beat Hotz-Hart
1.1 Staatsordnung 5
1.2 Wirtschaftsordnung 7
    1.2.1 Grundmodell USA: „entfesselter Kapitalismus"..................... 7
    1.2.2 Grundmodell Europa: „sozial gebändigter Kapitalismus"............. 10
1.3 Öffentliche Aufgaben im Vergleich USA – Europa 13
1.4 Exkurs: wichtige Märkte 19
    1.4.1 Arbeitsmarkt 19
    1.4.2 Finanzmarkt....................... 28
Literatur 32

2 Südkorea, Taiwan, Singapur: organisierter und hierarchischer Kapitalismus ... 35
Beat Hotz-Hart
- 2.1 Staatsordnung ... 37
  - 2.1.1 Die drei Länder ... 37
  - 2.1.2 Gemeinsamkeiten und Unterschiede ... 43
- 2.2 Wirtschaftsordnung ... 46
  - 2.2.1 Die drei Länder bis in die 1990er-Jahre: „East Asian Capitalism"... 47
  - 2.2.2 Gemeinsamkeiten und Unterschiede ... 61
  - 2.2.3 Wichtige Märkte ... 66
- 2.3 Öffentliche Aufgaben ... 81
  - 2.3.1 Infrastruktur ... 81
  - 2.3.2 Bildung ... 81
  - 2.3.3 Gesundheit ... 85
  - 2.3.4 Soziale Sicherheit ... 88
- 2.4 Modernisierung und jüngere Entwicklung: Ende des „East Asian Capitalism"? ... 91
  - 2.4.1 Singapur ... 98
  - 2.4.2 Südkorea ... 102
- 2.5 Fazit: organisierter und hierarchischer Kapitalismus ... 106
- Literatur ... 108

3 China – autoritärer und paternalistischer Staatskapitalismus ... 113
Beat Hotz-Hart
- 3.1 Staatsordnung: das politische System ... 115
  - 3.1.1 Führung durch die Kommunistische Partei ... 116
  - 3.1.2 Der Staat als Vollzugsinstrument der Partei ... 122
  - 3.1.3 Relative Rechtsstaatlichkeit, Ablehnung der Gewaltenteilung ... 131
  - 3.1.4 Wohl der Gemeinschaft ... 136
- 3.2 Wirtschaftsordnung – sozialistische Marktwirtschaft mit chinesischen Merkmalen ... 145
  - 3.2.1 Chinas wirtschaftlicher Aufbruch ... 145
  - 3.2.2 Rahmenbedingungen ... 150

		3.2.3	Koordination und Lenkung von Unternehmen 155

        3.2.3   Koordination und Lenkung von Unternehmen 155
        3.2.4   Wichtige Märkte 165
   3.3   Öffentliche Aufgaben 175
        3.3.1   Infrastruktur 175
        3.3.2   Bildung und Forschung 176
        3.3.3   Soziale Sicherheit, Sozialversicherung . . . 185
        3.3.4   Medien und Film 190
   3.4   Neuere Entwicklung: Suche nach einem nachhaltigen Wirtschaftsmodell 195
   Literatur 206

4   Zukunftsfähigkeit der Kapitalismusmodelle China, Europa und USA 219
Hans Werder
   4.1   China 220
   4.2   Europa 223
   4.3   USA 227
   4.4   Exkurs: Hinweise zu Südkorea, Taiwan und Singapur 229
   4.5   Zur Zukunftsfähigkeit der Modelle China, Europa und USA 231
   4.6   Fazit: Handlungsfähigkeit und Legitimation des Staates als Herausforderung 233
   Literatur 238

5   Interdependenz der Systeme in der Krise 239
Beat Hotz-Hart
   5.1   Einleitung: Krise der Interdependenz 241
   5.2   Kernbereiche der Dependenz 243
        5.2.1   Handelsbeziehungen (Export/Importe) . . . 243
        5.2.2   Währungen, Finanzmärkte 247
        5.2.3   Technologien 252
        5.2.4   Seltene Erden/Metalle 264
        5.2.5   Energie 267
        5.2.6   Nahrungsmittel 272
   5.3   Krise der Interdependenz 273
        5.3.1   Abhängigkeiten als Instrument der Außen- und Sicherheitspolitik 273

5.3.2 Sicherheit vor Effizienz – Verringerung von Abhängigkeiten 280
5.3.3 Reorganisation der Wertschöpfungsketten und damit der Weltwirtschaft. 288
5.3.4 Weder totale Entkoppelung noch strategische Abhängigkeiten 297
5.3.5 Verstärkte Rolle des Staates – Politisierung der Wirtschaft 301
Literatur 303

Teil II Auseinandersetzung um eine neue geopolitische Weltordnung

6 Ausgangslage: die noch geltende internationale Ordnung angelsächsisch-liberaler Prägung und die realen Machtverhältnisse 313
Johann Bucher

6.1 Vorbemerkungen zum Begriff Weltordnung und zur Wissenschaft der internationalen Beziehungen 315
    6.1.1 Zum Begriff Welt- und Friedensordnung... 315
    6.1.2 Gedankliche Grundlagen von Weltordnungsmodellen 316
    6.1.3 Die Wissenschaft der internationalen Beziehungen 319
    6.1.4 Das westfälische System 333
6.2 Die (noch) geltende internationale Ordnung angelsächsisch-liberaler Prägung 335
    6.2.1 Die Weltordnung von 1945. Allgemeines 335
    6.2.2 Die Entwicklung der Nachkriegsordnung 347
6.3 Schlussbetrachtung 386
Literatur 390

7 Die Strategie Chinas zur Positionierung als globale Macht 397
Beat Hotz-Hart

- 7.1 Großartige Erneuerung der chinesischen Nation nach dem Jahrhundert der Demütigung ... 399
  - 7.1.1 Von der Strahlkraft des Reichs der Mitte zur Demütigung 399
  - 7.1.2 Xis chinesischer Traum 402
  - 7.1.3 Positionierung als globale Macht in einer sinozentrischen Weltordnung 405
- 7.2 Chinas gezielte Durchdringung der Wirtschaftsräume 406
  - 7.2.1 Belt and Road 407
  - 7.2.2 Einfluss über Handelspolitik und Wirtschaftsräume 432
  - 7.2.3 Exkurs: Indien unter dem Druck wachsender geostrategischer Einkreisung durch China 436
- 7.3 Abhängigkeiten von den USA reduzieren 443
  - 7.3.1 Die zwei Kreisläufe („dual circulation") ... 443
  - 7.3.2 Abhängigkeit vom Dollar und dem US-kontrollierten internationalen Zahlungssystem reduzieren 446
- 7.4 Einfluss auf die Entwicklung internationaler Organisationen gewinnen 450
  - 7.4.1 „Sinisierung" der UNO 450
  - 7.4.2 Gründung neuer paralleler internationaler Organisationen unter der Führung Chinas 452
- 7.5 Sicherheit: Aufbau überlegener militärischer Macht 456
  - 7.5.1 Wachsende Rüstungsanstrengungen 456
  - 7.5.2 Ausweitung von Chinas „power projection" 460
- 7.6 Eigene Narrative und Deutungshoheit aufbauen und verbreiten 464
  - 7.6.1 Narrativ und Deutungshoheit aufbauen ... 464
  - 7.6.2 Eigene Vorstellungen und Narrativ weltweit verbreiten und durchsetzen 470

7.7 Stabilität und Kontinuität der Geopolitik
Chinas – eine Einschätzung 478
7.8 Fazit: globale Ambitionen mit klarer Strategie ... 483
Literatur 488

8 Die Zukunft der USA als bisherige globale Führungsmacht. Konsolidierung oder Niedergang einer Weltmacht? 499

Johann Bucher

8.1 Einleitung 503
    8.1.1 Problemstellung 503
    8.1.2 Niedergang einer Weltmacht? 504
    8.1.3 Aufbau und Logik des folgenden Textes ... 507
8.2 Amerikanischer Führungsanspruch
(Machtwille) 508
    8.2.1 Äußerungen der Regierung zum
globalen Führungsanspruch 508
    8.2.2 Stimmen aus dem außenpolitischen
Establishment und der Bevölkerung 512
    8.2.3 Die Konkretisierung des
Führungswillens: der strategische
Grand Design der Administration Biden...517
8.3 Machtmittel: Hard Power 526
    8.3.1 Hard Power: Militärmacht und
Geopolitik/Geostrategie 527
    8.3.2 Hard Power: Wirtschaftskraft 551
8.4 Machtmittel: Soft Power, Staatsvertrauen
und gesellschaftlich-politische Kohäsion 566
    8.4.1 Soft Power 567
    8.4.2 Staatsvertrauen und gesellschaftlich-
politische Kohäsion 570
8.5 Schlussfolgerung 580
Literatur 582

9 Die Rolle Europas in der neuen geopolitischen Lage: Ist strategische Autonomie möglich? ... 593
Hans Werder

9.1 Europa in der neuen geopolitischen Situation 594
9.2 Drei mögliche Szenarien für Europa in der neuen Weltordnung ... 597
    9.2.1 Wieso Szenarien 1 und 2 nicht wünschbar sind ... 598
    9.2.2 Ist Szenario 3 („strategische Autonomie") möglich? ... 602
9.3 Skizze eines pragmatischen Szenarios: „schrittweise Erhöhung der europäischen Autonomie" ... 605
    9.3.1 Institutioneller Träger einer autonomen Außen- und Sicherheitspolitik ... 606
    9.3.2 Ziele und Inhalte einer autonomen Außen- und Sicherheitspolitik ... 609
    9.3.3 Autonome europäische Verteidigung ... 623
    9.3.4 Schrittweiser Übergang zur strategischen Autonomie ... 629
Literatur ... 634

10 Entwicklung zu einer neuen geopolitischen Weltordnung? ... 637
Beat Hotz-Hart

10.1 Auf dem Weg zu einer neuen geopolitischen Weltordnung? Zusammenfassende Thesen ... 638
10.2 Szenarien zur Weltordnung ... 647
    10.2.1 Multipolar, heterogen und fragmentiert ... 648
    10.2.2 Entkoppelt und binnenorientiert ... 661
    10.2.3 Multipolar und regelbasiert ... 675
10.3 Auswertung und Konklusionen ... 687
    10.3.1 Funktionsfähigkeit, Konflikt- und Krisenanfälligkeit resp. Stabilität ... 688
    10.3.2 Normative Vorstellungen ... 715
    10.3.3 Prekäre Aussichten, gefährliche Zukunft ... 721
Literatur ... 726

Teil I

Wirtschaftlicher
und politischer
Systemwettbewerb
zwischen China und dem
fragmentierten „Westen"

1

USA und Europa: entfesselter und sozial gebändigter Kapitalismus

Hans Werder und Beat Hotz-Hart

Inhaltsverzeichnis

1.1	Staatsordnung	5
1.2	Wirtschaftsordnung	7
	1.2.1 Grundmodell USA: „entfesselter Kapitalismus"	7
	1.2.2 Grundmodell Europa: „sozial gebändigter Kapitalismus"	10
1.3	Öffentliche Aufgaben im Vergleich USA – Europa	13
1.4	Exkurs: wichtige Märkte	19
	1.4.1 Arbeitsmarkt	19
	1.4.2 Finanzmarkt	28
Literatur		32

H. Werder
Bern, Schweiz
E-Mail: hanswerder@bluewin.ch

B. Hotz-Hart (✉)
University of Zürich, Zürich, Schweiz
E-Mail: Beat.Hotz-Hart@uzh.ch

© Der/die Autor(en), exklusiv lizenziert an Springer Fachmedien Wiesbaden GmbH, ein Teil von Springer Nature 2023
B. Hotz-Hart et al., *Über Systemwettbewerb zu einer neuen Weltordnung?*,
https://doi.org/10.1007/978-3-658-42016-1_1

Zusammenfassung Europa und die USA sind beides demokratische Staaten mit einem kapitalistischen Wirtschaftssystem. Die Ausprägung des Kapitalismus ist jedoch derart unterschiedlich, dass man von zwei unterschiedlichen Kapitalismustypen sprechen muss.

Die Hauptunterschiede zwischen Europa und den USA liegen in der Rolle des Staates und in der Organisation der Märkte. Der amerikanische Staat fokussiert auf die klassischen staatlichen Aufgaben wie Sicherheit und Rechtsordnung; der Wohlfahrtsstaat ist wenig ausgebaut („entfesselter Kapitalismus"). In Europa wird der Staat als Garant für das „Gemeinwohl" betrachtet: Er ergänzt und korrigiert das kapitalistische Wirtschaftssystem so, dass alle Bevölkerungsgruppen gleichermaßen Zugang zu Bildung, Gesundheit, Infrastrukturen, Kultur usw. haben („sozial gebändigter Kapitalismus").

Die USA und Europa (bzw. Kerneuropa) haben aufgrund der historischen Entwicklung ein ähnliches Staats- und Wirtschaftssystem, nämlich die liberale Demokratie und den Kapitalismus. Während jedoch bei der Staatsform keine grundlegenden Unterschiede bestehen, ist die Ausgestaltung des kapitalistischen Wirtschaftssystems sehr unterschiedlich, wie auch die wissenschaftliche Diskussion über „Varieties of Capitalism" zeigt (vgl. insbesondere Hall & Soskice, 2001; Feldmann, 2019; Hoffmann, 2003; Höpner, 2009). Milanovic (2020) behandelt ebenfalls die „Variety" des Kapitalismus, stellt aber nur eine Dichotomie zwischen einem westlichen (Liberal Meritocratic Capitalism) und einem chinesischen Typus (Political Capitalism) fest – er behandelt also den europäischen und amerikanischen Kapitalismus als Einheit. Damit blendet er die großen Unterschiede zwischen den USA und Europa, insbesondere die wichtige Rolle des europäischen Wohlfahrtsstaates, aus.

Unter „Kerneuropa" verstehen wir den entwickelten west- und nordeuropäischen Raum und damit den Kern der EU. Höpner (2009) zählt folgende Länder zum europäischen Kerntypus: Beneluxstaaten, Skandinavien sowie die deutschsprachigen Staaten. Frankreich wird wegen seiner schlecht funktionierenden Sozialpartnerschaft als „Mischtypus" bezeichnet, gehört aber unseres Erachtens ebenfalls in diese Kategorie.

Die südlichen und östlichen Länder Europas bekennen sich zum gleichen Modell, haben jedoch aus wirtschaftlichen oder politischen Gründen dieses Modell erst teilweise erreicht. Ein Sonderfall ist Großbritannien, das wirtschaftspolitisch sehr nahe an den USA ist, jedoch auch wohlfahrtsstaatliche Elemente aufweist. Selbstverständlich gibt es zwischen den einzelnen Ländern beträchtliche Unterschiede; der folgende Text versucht jedoch, die Gemeinsamkeiten herauszuarbeiten und einen europäischen Idealtypus zu skizzieren, welcher dem US-Typus gegenübergestellt wird.

Im Folgenden skizzieren wir zunächst kurz die Staatsordnung, welche in den USA und Europa auf den gleichen Prinzipien aufbaut (Abschn. 1.1), um dann auf die unterschiedliche (kapitalistische) Wirtschaftsordnung einzugehen (Abschn. 1.2). In Abschn. 1.3 folgt dann ein exemplarischer Vergleich der öffentlichen Aufgaben in den USA und Europa. Der Abschn. 1.4 geht auf die unterschiedliche Organisation wichtiger Märkte ein.

1.1 Staatsordnung

Die Staatsordnung der USA und der europäischen Länder kann als liberale Demokratie bezeichnet werden und weist folgende Kernelemente auf:

- Individuelle Grundrechte/Menschenrechte.
- Rechtsstaat.
- Gewaltenteilung.
- Demokratische Legitimation der staatlichen Entscheide; allgemeines Wahlrecht; Regierung und Parlament können durch einen demokratischen Entscheid abgelöst werden.
- Beschränkung der Staatstätigkeit; verfassungsrechtlich garantierter Freiheitsraum für Bürger und Wirtschaft.

Diese Kernelemente sind in Europa und den USA grundsätzlich gleich, wenn sich auch die Regierungssysteme im Einzelnen unterscheiden. So haben die USA ein Wahlrecht, welches zu einem Zweiparteiensystem führt und damit die politische Polarisierung fördern kann. Kerneuropa kennt demgegenüber vorwiegend die Proporzwahl, was zu Mehrparteiensystemen und einem inhärenten Zwang zum Kompromiss führt. Der Ausbau des Wohlfahrtsstaates ist in einem tendenziell polarisierten System schwieriger als in einem auf Konsens ausgerichteten Staat. Dieser Punkt soll aber hier nicht weiter vertieft werden, da auch weitere Faktoren – insbesondere die historische und kulturelle Prägung eines Landes – eine Rolle spielen.

Die amerikanische Demokratie weist zunehmend Defizite und Schwachstellen auf, die in der Trump-Ära besonders augenscheinlich geworden sind (vgl. dazu Kap. 8). Festzuhalten ist, dass bisher die demokratischen und rechtsstaatlichen Institutionen der USA noch funktioniert haben; für die Zukunft bestehen allerdings gewisse Risiken, auf die wir in Kap. 4 eingehen.

Fundamental unterscheidet sich die europäische und amerikanische Staatsordnung vom autoritären chinesischen System, das in Kap. 3 dargestellt wird und welches ein klares Gegenmodell zur westlichen Demokratie darstellt.

1.2 Wirtschaftsordnung

Die USA und Europa haben beide ein kapitalistisches Wirtschaftssystem, doch besteht ein wichtiger Unterschied in der Rolle des Staates: Während in den USA der Marktmechanismus und die private Kapitalverwertung dominant sind („entfesselter Kapitalismus"), wird der Kapitalismus in Europa durch den Staat, aber auch durch die Kooperation der Sozialpartner (vgl. dazu Abschn. 1.4) eingeschränkt, um negative Auswirkungen auf die Gesellschaft zu korrigieren („sozial gebändigter Kapitalismus"). Im Folgenden werden diese beiden Grundmodelle kurz skizziert.

1.2.1 Grundmodell USA: „entfesselter Kapitalismus"

In den USA ist die Überzeugung, dass der Staat sich möglichst nicht in die private Wirtschaft einmischen soll, stark verbreitet. Es herrscht der Glaube vor, jeder einzelne Mensch könne allein durch seine Arbeit zu Erfolg und Wohlstand kommen („American Dream"). Wohlfahrtsstaatlichen Maßnahmen wird mit grundsätzlichem Misstrauen begegnet („Big Government").

Unbestritten sind die klassischen Staatsfunktionen Außenpolitik, Militär, innere Sicherheit (Polizei, Geheimdienste, Justiz, Gefängnisse) sowie die rechtliche Rahmenordnung. Diese Bereiche sind in der Regel auch ressourcenmäßig gut ausgestattet. Dies gilt insbesondere für die Armee, welche den Auftrag hat, global und jederzeit eingreifen zu können.

Zudem scheut sich der amerikanische Staat nicht, dann massiv zu intervenieren und zu investieren, wenn es um „nationale Interessen" geht. Beispiele sind die Weltraumforschung, der Aufbau der Silicon-Valley-Industrie als Teil der Rüstungspolitik oder die verschiedenen Programme zur Entwicklung der Halbleiterindustrie („Chip Acts"). Eine kürzliche Studie der Bertelsmann Stiftung zeigt anschaulich, welch zentrale Rolle der amerikanische Staat bei der Entwicklung von strategischen neuen Technologien spielt (2020). Das staatlich geförderte Wachstum der Internetkonzerne hat inzwischen zu einer besonderen Form des „digitalen Kapitalismus" geführt, vgl. Box 1.1.

Box 1.1 Digitaler Kapitalismus in den USA

Die Internetkonzerne Google, Amazon, Facebook (Meta) und Apple (GAFA) haben mittlerweile in den USA und in weiten Teilen der Welt eine marktbeherrschende Stellung und dringen in immer weitere Bereiche vor. Ihre riesigen Datensammlungen, die Netzwerkeffekte und ihre Gatekeeperfunktion erlauben ihnen hohe Monopolrenten in den beherrschten Märkten. Dies ermöglicht ihnen, weitere Unternehmen aufzukaufen und in immer neue Branchen vorzustoßen, z. B. Gesundheit, Bildung, Mobilität. Im Jahr 2020 hat das Antitrust Committee des amerikanischen Repräsentantenhauses einen Bericht „Investigation of Competition in Digital Markets" vorgelegt. Der Bericht stellt folgende Probleme fest: Durch ihre Gatekeeperfunktion erhalten die GAFA „tremendous power", welche sie missbrauchen. Wettbewerber werden aufgekauft oder ausgeschaltet. Die Rolle als Intermediär wird dazu missbraucht, die Dominanz immer weiter auszubauen. Die Untersuchungen hätten gezeigt, „that these firms wield their dominance in ways that erode entrepreneurship, degrade Americans' privacy online, and undermine the vibrancy of the free and diverse press. The result is less innovation, fewer choices for consumers, and a weakened democracy" (2020, S. 7). Zweifellos ist in den USA ein digitaler Kapitalismus entstanden, welcher nach einer neuen Logik funktioniert und die bisherigen Spielregeln einer Marktwirtschaft teilweise außer Kraft setzt.

Die in Europa zentralen wohlfahrtsstaatlichen Funktionen des Staates sind in den USA hingegen schwach ausgebildet – und ihr Ausbau stößt zumeist auf großen politischen Widerstand. Die Grundhaltung dahinter lautet: Die Individuen und der Markt können diese Probleme besser und effizienter lösen als die staatliche Bürokratie. Das Gemeinwohl wird am besten durch den unbeeinflussten Marktmechanismus – und nicht durch staatliche Aktivitäten – erreicht.

Der Staat hat somit nicht wie in Europa eine Verantwortung für die Wohlfahrt der Bevölkerung. Seine Rolle in Bereichen wie Gesundheit, Bildung, Kultur, Medien, Infrastrukturen ist entsprechend schwach ausgeprägt, der Marktmechanismus hat Vorrang. Die entstehenden Defizite in der Versorgung werden teilweise durch private „Selbsthilfe" bzw. „Wohltätigkeit" kompensiert; dieses Modell stößt jedoch rasch an Grenzen, insbesondere bei den Infrastrukturen.

Abweichungen von diesem Modell
In der Geschichte der USA gab es immer wieder Versuche (zumeist von demokratischen Administrationen), dem Staat eine aktivere Rolle zu geben und nach dem europäischen Modell einen Wohlfahrtsstaat zu schaffen: „New Deal" von Roosevelt, „Great Society" von Johnson, „Obamacare" von Obama. Diese – aus europäischer Sicht selbstverständlichen – Programme waren aber immer heftig umstritten und wurden oft wieder rückgängig gemacht. Die Administration Biden unternimmt gegenwärtig einen neuen Versuch, wohlfahrtsstaatliche Elemente in das amerikanische System einzuführen. Das Ergebnis bleibt abzuwarten. Eine substanzielle Änderung der Politik wäre nur dann möglich, wenn die Demokraten in den Wahlen 2024 erneut die Präsidentschaft gewännen und zugleich eine klare Mehrheit in beiden Kammern des Kongresses er-

reichen würden. Alle bisherigen Erfahrungen sprechen allerdings dagegen, dass sich die USA in ein wohlfahrtsstaatliches System transformieren.

1.2.2 Grundmodell Europa: „sozial gebändigter Kapitalismus"

Der Staat hat in der europäischen Geschichte immer eine zentrale Rolle gespielt und insbesondere die Verantwortung für die Wohlfahrt der Bevölkerung übernommen. Auch nach der bürgerlichen Revolution des 19. Jahrhundert – und der Einführung des kapitalistischen Wirtschaftssystems – ist die Rolle des Staates groß geblieben (vgl. Sozialpolitik von Bismarck, etatistische Tradition in Frankreich). Nach dem 2. Weltkrieg standen in Deutschland die „soziale Marktwirtschaft", in Frankreich die „Planification" im Vordergrund. Der „sozial gebändigte Kapitalismus" ist als Leitbild in den europäischen Ländern weitgehend unbestritten. Die Europäische Union hat 2017 die „Europäische Säule sozialer Rechte" verabschiedet. Wirtschaftsliberale Kritiker wie die Neue Zürcher Zeitung bezeichnen das europäische Modell denn auch – etwas polemisch, aber nicht falsch – als „Semisozialismus".

Im Folgenden verwenden wir den Begriff „europäischer Wohlfahrtsstaat" und verstehen darunter alle Maßnahmen des Staates, welche den Markt korrigieren, ergänzen und seine Defizite kompensieren. Das *Grundkonzept* kann vereinfacht wie folgt beschrieben werden:

- Die Wirtschaft funktioniert grundsätzlich nach den Prinzipien der kapitalistischen Marktwirtschaft. Die Wirtschaftssubjekte und der Markt werden durch die verfassungsmäßigen Garantien des Privateigentums und der Wirtschaftsfreiheit geschützt. Der Staat setzt – wie in den USA – den rechtlichen Rahmen. Dieser Rahmen ist aber enger als in den USA und umfasst nicht nur die Spielregeln für die Marktwirtschaft, sondern auch Eingrenzungen und Korrekturen im Interesse des Gemeinwohls.

- Der Staat und die Gesellschaft haben ein großes Interesse an einer blühenden kapitalistischen Wirtschaft, produziert diese doch Wohlstand und Wachstum, finanziert den Staat und sichert die Wettbewerbsfähigkeit eines Landes. Regierungen aller politischen Couleur achten deshalb stark darauf, die Logik der privaten Kapitalverwertung und das Wachstum der Wirtschaft nicht zu gefährden. Parteien, welche das kapitalistische Prinzip ernsthaft in Frage stellen, bleiben bei allen Wahlen marginal. Insoweit besteht kein Unterschied zu den USA.
- Der entscheidende Unterschied zwischen den USA und Europa liegt bei den marktkorrigierenden und marktergänzenden Maßnahmen des Staates. Um das Gemeinwohl sicherzustellen, ist nach europäischer Überzeugung ein starker Staat notwendig. Der europäische Wohlfahrtsstaat greift zwar nicht in den kapitalistischen Mechanismus ein; er ergreift aber marktkompensierende Maßnahmen dort, wo die Marktergebnisse nicht den politisch artikulierten Bedürfnissen entsprechen (vgl. dazu konkret Kap. 3). Aus marxistischer Sicht ist der Wohlfahrtsstaat denn auch (nicht völlig zu Unrecht) als „Reparaturkolonne des Kapitalismus" kritisiert worden.
- Die wichtigsten Bereiche des Wohlfahrtsstaates betreffen die Korrektur der marktmäßigen Einkommens- und Vermögensverteilung (Steuern, Sozialversicherungen), die Herstellung der Chancengleichheit (Bildung, Integrationspolitik) sowie die Produktion „meritorischer Güter": Infrastrukturen, Kultur, Medien, Gesundheit usw. Überdies fühlt sich der europäische Staat auch verantwortlich für die „Verlierer" des wirtschaftlichen

Strukturwandels und betreibt deshalb eine aktive Regional- und Strukturpolitik. Auch wenn der Staat sich in der Regel hütet, mit Einzelinterventionen direkt in unternehmerische Entscheide einzugreifen, hat er wenig Hemmungen, „industriepolitisch" zugunsten der nationalen Unternehmen aktiv zu werden oder staatliche Unternehmen zu führen (von Banken über Eisenbahnen und Telekommunikationsunternehmen bis zur Automobil- und Stahlwirtschaft). Die Trennlinie zwischen privater und staatlicher Wirtschaft ist oft unscharf und wird zudem durch die wichtige Rolle von genossenschaftlichen und gemischtwirtschaftlichen Unternehmen aufgeweicht.

- Ergänzt wird dieses Bild durch die traditionell starke Stellung der Gewerkschaften und der Sozialpartnerschaft, die bis zur betrieblichen Mitbestimmung reicht. Hier gibt es zwar einzelne Erosionserscheinungen, doch haben die Sozialpartnerschaft und der Einbezug der Sozialpartner in die Politik nach wie vor einen großen Stellenwert (vgl. Abschn. 1.4).

Abweichungen von diesem Modell

Abgesehen von der Tatsache, dass die konkrete Ausgestaltung des entwickelten europäischen Wohlfahrtsstaates in Frankreich, Benelux, Deutschland, Österreich, Schweiz, Skandinavien usw. unterschiedlich ist, hat es in der Geschichte immer wieder Versuche zu marktliberalen Reformen gegeben – insbesondere in der Epoche des sog. Neoliberalismus. Meistens blieben diese Versuche Deklarationen in Wahlprogrammen; in der politischen Realität haben sie die Substanz des wohlfahrtsstaatlichen Modells in Kontinentaleuropa nicht verändert (anders in Großbritannien).

1.3 Öffentliche Aufgaben im Vergleich USA – Europa

In einem kurzen Vergleich sollen die öffentlichen Aufgaben Europas und der USA miteinander verglichen werden.[1] Der Vergleich ist bewusst exemplarisch angelegt und erhebt nicht den Anspruch einer umfassenden Analyse. Er geht auch nicht auf die unterschiedliche Ausprägung zwischen europäischen Ländern ein. Vielmehr sollen idealtypisch die zentralen Unterschiede zwischen dem amerikanischen und europäischen Modell herausgearbeitet werden. Wir fokussieren dabei auf die Bereiche Bildung, Gesundheit, Infrastrukturen, Kultur/Medien sowie Regional- und Strukturpolitik – alles Bereiche, welche für die Lebensqualität der Bevölkerung zentral sind.

Bildung
In Europa gilt der Grundsatz, dass der Staat allen Kindern und Jugendlichen eine gute und kostenlose Bildung (bzw. eine sehr günstige in den Universitäten) anbietet und so die Chancengleichheit für alle gewährleistet. Das Schulsystem bis zur universitären Stufe ist öffentlich; private Schulen bilden die Ausnahme (und werden überwacht).

In den USA sind zwar die Schulen zumeist auch öffentlich; die Qualität ist für ein wirtschaftlich entwickeltes Land jedoch fragwürdig. Dies gilt insbesondere für die ärmeren Bevölkerungsschichten: Da die Schulen aus den lokalen Steuern finanziert werden und die soziale Durchmischung der Bevölkerung gering ist, bestehen große

---

[1] Ob eine Aufgabe als „öffentlich" (im Gegensatz zu „privat") betrachtet wird, ist eine politische Entscheidung, die in Europa und den USA z. T. unterschiedlich getroffen wird. Unsere Darstellung basiert auf einer europäischen Perspektive.

Qualitätsunterschiede zwischen einer Schule in einem reichen und in einem armen Gebiet.

Diese Qualitätsunterschiede spitzen sich auf der Universitätsstufe zu: Die Spitzenuniversitäten mit internationalem Ruf sind mit wenigen Ausnahmen privat geführt und sehr teuer. Der Rest der (zumeist staatlichen) Universitäten fällt qualitativ ab und erreicht das Niveau europäischer Universitäten nicht.

Ein wichtiger Unterschied besteht auch bei der Berufsbildung. In verschiedenen europäischen Ländern ist sie ein wichtiges Instrument zur Qualifikation der nichtakademischen Bevölkerung. Sie ermöglicht die soziale Mobilität, schafft eine hohe Qualifikation aller Arbeitnehmenden und verhindert einen gesellschaftlichen Graben in der Bevölkerung. In den USA betreiben zwar einzelne Unternehmen Ausbildung, es existiert jedoch kein öffentliches System der Berufsbildung, was ein großes Problem für den Arbeitsmarkt und die Beschäftigung darstellt. Die Berufsbildung ist auch in einzelnen europäischen Ländern wenig entwickelt (z. B. Frankreich, Italien), was sich wirtschaftlich negativ auswirkt.

Im Ergebnis führt das amerikanische System zu einem zunehmenden Auseinanderklaffen zwischen einer kleinen und hervorragenden „Elite" und vielen Amerikanern mit unterdurchschnittlicher Qualifikation. Dies wirkt sich dann auch einkommensmäßig aus – und trägt wohl viel zur beklagten „Spaltung" und Ungleichheit in der amerikanischen Bevölkerung bei. Die Mängel des amerikanischen Bildungswesens schlagen sich inzwischen auch in den internationalen Rankings nieder. Schlagzeilen wie „U.S. Education Rankings Are Falling Behind the Rest of the World" (Amadeo, 2022) oder „America's Education Crisis Is a National Security Threat" (Eberstadt & Abramsky, 2022) häufen sich und sind keine Zufälle.

Gesundheit

Ein ähnliches Bild zeigt sich im Gesundheitswesen. In Europa gilt der Grundsatz, dass alle Einwohner, unabhängig von ihrem Einkommen, Zugang zu qualitativ guten Gesundheitsleistungen haben sollen. Die Formen, wie dieses Ziel erreicht wird, sind unterschiedlich: staatliche, private oder gemischtwirtschaftliche Krankenhäuser, verschiedene Formen der Sozialversicherung usw. Der Grundsatz, allen Bevölkerungsschichten eine gute Gesundheitsversorgung zu gewährleisten, ist jedoch in Europa in allen politischen Lagern unbestritten.

Die USA kennen ein anderes System, welches primär auf den Markt und die Privatwirtschaft setzt und keine ausgebaute Krankenversicherung kennt (vgl. Diskussion über Obamacare). Das Ergebnis ist ähnlich wie bei der Bildung, allerdings wohl noch stärker zugespitzt. Das Einkommen entscheidet darüber, ob man eine hervorragende oder mittelmäßige bis schlechte Gesundheitsversorgung erhält. Dies schlägt sich auch in der Lebenserwartung nieder, welche in den USA trotz des teuersten Gesundheitssystems der Welt signifikant tiefer ist als in Europa: Während die Lebenserwartung 2020 in der Schweiz 81,1 und in Frankreich 79,2 Jahre betrug, lag sie in den USA bei 74,5 Jahren – und damit unter den Werten von Kuba, Algerien und dem Iran (*www.laenderdaten.info*).

Die Lebenserwartung geht zudem in den USA seit 2014 zurück, was für ein hochentwickeltes Industrieland außergewöhnlich ist. Gemäß Baumann (2021) ist dies u. a. auf die verbreitete Opioidsucht zurückzuführen, welche 2020 über 93.000 Tote forderte. Zu den Ursachen führt die Autorin aus: „In den ehemaligen Industriegebieten des Mittleren Westens ... leiden Millionen von Menschen unter dem wirtschaftlichen Niedergang ... Die Folge von Armut und schwerer körperlicher Arbeit sind häufig eine schlechte gesundheitliche Grundkonstitution der Menschen und nicht selten akute Schmerzen. In solchen Situationen wirkt sich verheerend aus, dass der Zugang zum absurd teuren amerikanischen Gesundheitssystem oft schwierig ist. Patienten gehen erst bei hohem Leidensdruck überhaupt zum Arzt, und Krankenversicherer sind oft nicht bereit, längerfristige Therapien zu finanzieren. Stattdessen wird Symptombekämpfung betrieben – kurzfristig lösen starke Medikamente das Problem für alle Beteiligten. Diese falschen Anreize haben ebenso zur Krise beigetragen wie profitsüchtige Pharmaunternehmen" (Baumann, 2021).

Infrastrukturen
Der Bau und Betrieb leistungsfähiger Infrastrukturen ist in Europa eine zentrale staatliche Aufgabe: Schienen-, Straßen- und Luftverkehr, die Energieversorgung und die Telekommunikationsnetze werden durch den Staat als „Service Public" bzw. „Grundversorgung" garantiert. Zum Teil erfolgt die Leistungserstellung privat, der Staat gewährleistet und reguliert aber immer die hohe Qualität und den gleichen und kostengünstigen Zugang für die gesamte Bevölkerung.

In den USA wird Bau und Betrieb der Infrastrukturnetze viel stärker der Privatwirtschaft und den Marktkräften überlassen. Die Rolle des Staates ist beschränkt, sowohl was die langfristige Planung, die Höhe der Investitionen wie das Eigentum an den Infrastrukturunternehmen betrifft.

Das Ergebnis ist eine für ein reiches Land stark unterentwickelte Infrastruktur, die immer mehr zum politischen Thema wird: Der öffentliche Verkehr ist generell wenig ausgebaut und in einem schlechten Zustand, das Eisenbahnnetz zum großen Teil stillgelegt, der Ausbau von Hochgeschwindigkeitsnetzen kommt nicht vom Fleck, das Straßennetz ist schlecht unterhalten und

z. T. marode, das Stromnetz ist störungsanfällig, Breitbandinternet in vielen Regionen unterentwickelt usw. In allen internationalen Rankings bekommen die USA denn auch schlechte Noten für ihre Infrastrukturen. Der Zustand der amerikanischen Infrastruktur beschäftigt inzwischen auch das Weiße Haus. Die Administration Biden hat 2021 unter dem Titel „Bipartisan Infrastructure Law" ein großes Investitionsprogramm gestartet, um die marode amerikanische Infrastruktur zu sanieren und zu modernisieren (White House, 2021). Das Ergebnis dieser Initiative bleibt abzuwarten.

Kultur und Medien
In Europa hat der Staat eine Verantwortung für Kultur und Medien. Private und gemeinnützige Unternehmen spielen zwar eine wichtige Rolle, es wird aber als öffentliche Aufgabe betrachtet, qualitativ gute und für alle zugängliche Kultur- und Medienleistungen zu gewährleisten. So sind denn auch in allen europäischen Ländern die Kulturinstitutionen und die freien Künstlergruppen stark subventioniert. Ebenso gibt es in den europäischen Ländern öffentlich-rechtliche Radio- und Fernsehsender, die mit Steuern oder Zwangsgebühren finanziert werden. Seitdem die (privaten) Zeitungen finanziell in Schwierigkeiten gekommen sind, werden Finanzhilfen des Staates diskutiert bzw. sind schon eingeführt. Dies zeigt: Kultur und Medien gelten als „Service Public". Private Akteure spielen durchaus eine Rolle, der Staat trägt aber die Verantwortung für ein gutes Angebot, welches für alle zugänglich ist.

In den USA gilt demgegenüber das Prinzip, dass es Sache des Marktes ist, Kultur- und Mediendienstleistungen zu erbringen. Der Markt allein entscheidet, ob und wo welche Leistungen angeboten werden. Dies führt im Ergebnis dazu, dass Kultur sich auf die sehr großen Städte konzentriert und weite Teile des Landes kulturelle „Wüste" sind. Im Bereich der elektronischen Medien müssen sich die Sender primär auf die Einschaltquoten ausrichten, was sich auf den Programminhalt auswirkt. Daran ändert auch die Existenz einiger kleiner, primär durch Spenden finanzierter „Service-Public"-Sender nichts. Das Mediensystem der USA trägt zweifellos zum zunehmenden Populismus und zur gesellschaftlichen Spaltung bei.

Regional- und Strukturpolitik
Der wirtschaftliche Strukturwandel führt in allen kapitalistischen Ländern permanent zur Gründung neuer und zum Verschwinden bisheriger Unternehmen. Das Gleiche gilt auf der Ebene der Branchen: Alte Branchen und Produkte verschwinden (von Kohle über die analoge Fotografie bis zur CD) und neue Geschäftsfelder entstehen (z. B. digitale Plattformen). Von diesem Strukturwandel werden immer auch ganze Regionen getroffen: Ruhrgebiet, Lothringen, schweizerischer Jurabogen, „Rustbelts" in den USA usw.

Diese Entwicklung ist ein konstitutives Element des kapitalistischen Wirtschaftssystems. Die Frage stellt sich jedoch, ob der Staat eine aktive Regional- und Strukturpolitik betreiben soll, um die negativen sozialen Auswirkungen des Strukturwandels zu mildern und um die wirtschaftliche Transformation der betroffenen Regionen zu fördern.

In Europa hat der Staat die Verantwortung, eine kompensatorische Regional- und Strukturpolitik zu betreiben, d. h. die betroffenen Arbeitnehmer sozial abzusichern und neu zu qualifizieren sowie die Voraussetzungen für das Entstehen neuer Arbeitsplätze in der Region zu schaffen. Konkrete Beispiele sind der Wiederaufbau des schweizerischen Jurabogens nach der Uhrenkrise oder die Transformation des Ruhrgebietes. Diese Politiken sind unterschiedlich erfolgreich – es ist aber immer unbestritten, dass der Staat eine Verantwortung für die Bewältigung des Strukturwandels hat.

In den USA geht man davon aus, dass der Markt allein den Strukturwandel bewältigt und keine staatlichen Maßnahmen notwendig sind. Die „Rust Belts" wurden ihrem Schicksal überlassen, was entsprechende Unzufriedenheit in der betroffenen Bevölkerung auslöste. Donald Trump hat sehr stark von diesen Frustrationen der „Abgehängten" profitiert. Seine Lösung (mehr Protektionismus) hat allerdings kaum funktioniert.

Die unterschiedlichen Kapitalismustypen der USA und Europas werden in Kap. 4 zusammenfassend gewürdigt und dem chinesischen Staatskapitalismus gegenübergestellt.

1.4 Exkurs: wichtige Märkte

1.4.1 Arbeitsmarkt

Die industriellen Beziehungen erfassen und charakterisieren die Beziehungen zwischen der Führung eines Unternehmens und dessen Arbeitnehmern sowie den Arbeitgeberverbänden und den Gewerkschaften auf regionaler und nationaler Ebene. Der Staat setzt als Gesetzgeber die Rahmenbedingungen für diese Beziehungen und ist selber Arbeitgeber im öffentlichen Dienst.

Europa
Aufgrund der Vielfalt und Heterogenität der industriellen Beziehungen in Europa werden diese in der Literatur üblicherweise mit fünf verschiedenen Modellen abgebildet (Visser, 2009; Eurofound, 2017). Sie zeigen sich in geographisch abgrenzbaren Gruppen von Nationen. Trotz der jüngsten Veränderungen durch den massiven Druck auf die Arbeitsbeziehungen aufgrund politischer Inter-

ventionen im Gefolge der Finanzkrise (2008/2009) und der damit verbundenen, länger andauernden Eurokrise, sind diese Modelle weiterhin relevant.

- „Organisierter Korporatismus" im nordischen Modell (Dänemark, Finnland und Schweden): Das nordische Modell basiert auf einer stark voluntaristischen Tradition. Der Staat mischt sich nicht in die Arbeitsbeziehungen ein. Spielregeln und Bedingungen der Arbeitsverhältnisse sind den Verhandlungspartnern überlassen. Unterstützt wird das System durch einen hochentwickelten Wohlfahrtsstaat und ein egalitäres Ethos. Die Rolle des Staates ist auf Vermittlung begrenzt. Die Gewerkschaften haben einen hohen Organisationsgrad (zwischen 66 und 70 %), einer der höchsten in Europa. Dies hängt u. a. daran, dass die Arbeitslosenversicherung freiwillig ist und traditionell von den Gewerkschaften über einen Fonds angeboten wird. Verhandlungen finden auf Ebene Branche resp. Sektor statt, mit einem hohen Grad an branchenübergreifender Koordination und haben einen hohen Deckungsgrad (Tarifbindung über 80 %). Die Verhandlungsstrategie ist konsensorientiert, integrierend und strebt die Ausarbeitung von für beide Seiten vorteilhaften Vereinbarungen („Win-Win"-Lösung) an. Auf Ebene Betrieb sind offizielle Arbeitnehmervertretungen weit verbreitet. Die Arbeitnehmerbeteiligung bietet in allen drei Ländern Mechanismen für eine effektive Konsultation und nicht nur für die Bereitstellung von Informationen.
- „Sozialpartnerschaft" im Modell Mitte-West (Österreich, Deutschland, die Beneluxländer und Slowenien): Die industriellen Beziehungen dieser Länder sind heterogener als in den nordischen Ländern. Typisch ist eine konsolidierte Sozialpartnerschaft über dem EU-Durchschnitt mit Ansätzen zum Korporatismus. Der Einfluss des Staats ist begrenzt; er ermöglicht und unterstützt Sozial-

partnerschaft durch Regulation (Deutschland mit Tarifautonomie als Abgrenzung gegenüber dem Staat). Der Organisationsgrad der Gewerkschaften ist mit rund 30 % mäßig. Das Kräfteverhältnis zwischen Gewerkschaften und Arbeitgebern ist ausgeglichen. Verhandlungen finden ebenfalls auf Ebene Branche resp. Sektor statt und sind ebenfalls integrierend. Die Arbeitnehmervertretung in Unternehmen ist gut entwickelt, besonders ausgeprägt im Mitbestimmungssystem von Deutschland gemäss Betriebsverfassungsgesetz.

„Staatszentriert" im Modell Süd (Griechenland, Frankreich, Italien, Portugal und Spanien): Diese Länder weisen einen im EU-Vergleich unterdurchschnittlichen Organisationsgrad von Kapital und Arbeit (um die 20 %) auf und weitaus häufigere und stärkere Interventionen und größere Abhängigkeit vom Staat, so in Spanien, was von den Sozialpartnern auch unterstützt wird, und in Griechenland. Verhandlungen finden auf Ebene Branche wie auch Unternehmen statt und sind stärker an den Verteilungskonflikten orientiert und konfliktintensiver. Der Deckungsgrad der Kollektivverhandlungen ist sehr unterschiedlich (hoch in Spanien, überdurchschnittlich in Griechenland, tief in Portugal). Arbeitnehmervertretungen auf Betriebsebene sind schwach verbreitet, unterdurchschnittlich in Italien, sehr schwach in Portugal.

- „Liberaler Pluralismus" im Modell West (Zypern, Irland, Malta und das Vereinigte Königreich): In diesen Ländern sind die Arbeitsmärkte schwächer reguliert. Es bestehen geringe bis keine Interventionen des Staates in die industriellen Beziehungen. Der gewerkschaftliche Organisationsgrad ist mäßig, und es besteht ein starkes Übergewicht der Arbeitgeber. Verhandlungen finden auf Ebene Unternehmen statt und sind oft mit offenen Verteilungskonflikten verbunden.

- „Gemischtes Modell" Mitte-Ost (mittel- und osteuropäische Länder): Seit der EU-Erweiterung im Jahr 2004 werden diese Länder oft als fünftes Modell mit besonders schwach entwickelten kollektiven Institutionen unter den Arbeitsmarktakteuren betrachtet. Die Arbeitsmarktregulierung ist fragmentiert und staatszentriert. Die Regierungen sind hin- und hergerissen zwischen dem Streben nach deregulierten Arbeitsmärkten, um die nationale Wettbewerbsfähigkeit zu steigern, und dem Bestreben, den sozialen Schutz aufrechtzuerhalten, um soziale Proteste zu vermeiden und die Wählerbasis der Regierungsparteien zu stützen. Der gewerkschaftliche Organisationsgrad ist gering. Verhandlungen finden auf Ebene Unternehmen statt.

Als paradigmatischer Fall wird etwas näher auf die industriellen Beziehungen in Deutschland eingetreten. Diese werden als „duales System" der Interessenvertretung charakterisiert. Die Arbeitnehmerinteressen werden sowohl durch den Betriebsrat innerhalb eines Unternehmens wie durch die Gewerkschaft über den Tarifvertrag vertreten. Die Arbeitgeber- und Arbeitnehmerorganisationen sind im Kontakt und Austausch mit den für sie wichtigen staatlichen Instanzen im regionalen, nationalstaatlichen wie im europäischen Rahmen. Der Staat reguliert, indem er den industriellen Beziehungen einen gesetzlichen Rahmen setzt (u. a. mit Betriebsverfassungsgesetz, Tarifvertragsgesetz, Mitbestimmungsgesetz). Mit der EU-Richtlinie über Europäische Betriebsräte (1994) wurde erstmals ein gesetzlicher Rahmen für eine transnationale Institution der industriellen Beziehungen geschaffen.

Die deutschen Gewerkschaften sind traditionell entlang von Industrien/Sektoren organisiert. Die beiden größten Gewerkschaften sind die Industriegewerkschaft IG Metall und die Dienstleistungsgewerkschaft ver.di. Auch die

Arbeitgeberverbände organisieren sich entlang von Sektoren. Beide verfügen über je eine nationale Dachorganisation, den Deutschen Gewerkschaftsbund (DGB) resp. die Bundesvereinigung der deutschen Arbeitgeberverbände (BDA). Gemeinsame ideelle Grundlage dieser Organisationen ist die Sozialpartnerschaft, das kooperative Verhältnis der Sozialpartner. Es ist ihr Ziel, Interessengegensätze wenn immer möglich durch Konsenspolitik zu lösen und offene Konflikte durch Schlichtung einzudämmen.

Arbeitsbeziehungen sind in Deutschland durch ein hohes Maß der Verrechtlichung, durch kooperative Formen der Konsensfindung und die gesetzlich garantierte Tarifautonomie (gegenüber dem Staat) bestimmt.

Tarifverhandlungen finden in Deutschland überwiegend auf Branchenebene statt. Branchentarifverträge werden in der Regel auf regionaler Ebene abgeschlossen, wobei meist eine Region die Führung in den Vertragsverhandlungen hat und die anderen sich dem Vertragsabschluss anschließen. Gewisse regionale Unterschiede sind möglich. Die tarifvertragliche Absicherung betraf 2015 59 % der Beschäftigten, Tendenz abnehmend. Die Hälfte der nichttarifgebundenen Arbeitnehmer gibt an, dass ihr Arbeitgeber bei der Festlegung der Arbeitsbedingungen bestehende Tarifverträge berücksichtigt, wodurch der Einfluss der Tarifverträge insgesamt zunimmt.

Der Betriebsrat in einem Unternehmen hat gemäß Gesetz das Recht auf Unterrichtung und Anhörung zu einer Reihe von Fragen im Zusammenhang mit dem Arbeitsplatz und kann mit dem Arbeitgeber zusammenarbeiten und Vorschläge unterbreiten. Er hat auch einige Mitbestimmungsrechte, was bedeutet, dass Entscheidungen nicht gegen den Willen des Betriebsrats getroffen werden können. Diese Rechte erstrecken sich auf Bereiche wie Arbeitszeitgestaltung, Arbeitsbeginn und -ende, Überstunden, Kurzarbeit, bezahlten Urlaub, Zahlungsmodalitäten, die

Festlegung von Prämien und Zielvorgaben sowie die Einrichtung von Kantinen und Sportanlagen. Kann keine Einigung erzielt werden, wird die Angelegenheit an einen Schlichtungsausschuss verwiesen, der sich aus Vertretern des Arbeitgebers und des Betriebsrats sowie einem neutralen Vorsitzenden zusammensetzt. Die Betriebsräte sind nicht an Tarifverhandlungen über Löhne und Gehälter oder Arbeitszeiten beteiligt; dies ist das Vorrecht der Gewerkschaften.

Laut Gesetz haben die Arbeitnehmervertreter ein Recht auf einen Sitz im Aufsichtsrat von Großunternehmen. Sie haben Anspruch auf ein Drittel der Sitze in Unternehmen mit 500 bis 2000 Beschäftigten und die Hälfte der Sitze in Unternehmen mit mehr als 2000 Beschäftigten. In den Fällen, in denen sie die Hälfte der Sitze innehaben, ist ein Drittel der Arbeitnehmerdelegation den von den Gewerkschaften benannten Vertretern vorbehalten, bei denen es sich in der Regel um hauptamtliche Gewerkschaftsfunktionäre handelt. Der Vorsitzende ist jedoch immer ein Vertreter der Anteilseigner des Unternehmens und kann bei Stimmengleichheit eine entscheidende Stimme abgeben. Die gewerkschaftliche Interessenvertretung ist stark professionalisiert und bürokratisiert.

USA

In den USA sind die industriellen Beziehungen in drei Stufen strukturiert. Die lokalen Gewerkschaften („Locals") repräsentieren die Arbeiter einer bestimmten Fabrik- oder Produktionsstätte und befassen sich mit der täglichen Interaktion mit den Arbeitgebern auf betrieblicher Ebene. Es gibt keine Betriebsräte wie in Deutschland. Die „Locals" sind in der Regel einer nationalen Gewerkschaft („Nationals") angeschlossen, die teils berufs-, teils industrieorientiert sind, z. B. „Service Employees International Union". Damit in den USA eine Gewerkschaft in einem

Betrieb gegründet werden kann, muss sich die Mehrheit der Beschäftigten an einem Standort in einer Abstimmung dafür aussprechen. Gelingt das, wird die Gewerkschaft zur kollektiven Vertretung der Arbeitnehmer gegenüber dem Management. US-Konzerne investieren viel Geld, um das zu unterbinden, engagieren spezialisierte Kanzleien und Beratungsfirmen und gehen bis zu Einschüchterung und Entlassung von Gewerkschaftsaktivisten. Im Herbst 2022 fanden an Standorten von Google-Mutter Alphabet, der Kaffeehauskette Starbucks sowie der Techriesen Apple und Amazon Abstimmungen über die Gründung von Betriebsgewerkschaften statt. Anders als traditionelle Gewerkschaften, die mit professionellen Aktivisten arbeiten, stützten sich diese Aktionen ausschließlich auf lokale Aktivisten, frühere und aktive Angestellte.

„Nationals" handeln mit großen Mehrbetriebsunternehmen (Konzernen) Kollektivverträge aus, z. B. die „United Automobile Workers" mit einem Autokonzern. Darin werden Löhne, Regeln für Stellenevaluation, Auflagen betr. Gesundheit und Sicherheit am Arbeitsplatz, Pensionszahlungen, Sozialleistungen u. a. m. vereinbart. „Locals" können dazu Ergänzungsverträge abschließen. US-Gewerkschaften haben kein Interesse und demnach auch keine Forderungen auf Mitbestimmung oder Beteiligung am Management der Unternehmen in irgendeiner Form. Sie akzeptieren das „freie Unternehmertum" und arbeiten ausdrücklich nicht auf eine „Transformation des Kapitalismus" hin. In den Tarifverträgen wird dies in den „Managment Right Clauses" betr. den Ermessensspielraum und die Autonomie des Managements bei der Führung ihrer Betriebe auch explizit festgehalten.

Als Dachorganisation fungieren die „American Federation of Labor" zusammen mit dem „Committee of Industrial Organisations", AFL-CIO. Sie bieten eine allgemeine

Orientierung für die Gewerkschaftsbewegung sowie Dienstleistungen an wie Schulungen und betreiben Lobbyarbeit in der Politik, z. B. Beeinflussung der Gesetzgebung. Sie unterstützen traditionell die Demokraten.

Der Prozentsatz der Arbeitnehmer, die einer Gewerkschaft angehören (der gewerkschaftliche Organisationsgrad), lag 2019 in den USA bei 10,3 %, verglichen mit 20,1 % 1983 und ist im internationalen Vergleich einer der niedrigsten; in der Privatwirtschaft beträgt er nur noch 6,2 % (höchster Organisationsgrad in der Transport- und Versorgungsindustrie mit 25 %), im öffentlichen Sektor 33,6 %. In der Politik ist die Rolle der Gewerkschaften jedoch beträchtlich.

Da die USA einen sehr viel schlankeren Sozialstaat als die meisten fortgeschrittenen Industrieländer haben, mussten die Gewerkschaften über die Tarifverhandlungen weite Teile der Sozialpolitik wie Sozialleistungen erkämpfen, die den Arbeitnehmern in anderen Ländern per Gesetz zustehen, z. B. Kranken- und Alterssicherung.

Beispiel Krankenversicherung Der „Patient Protection and Affordable Care Act" (2010) schreibt eine Versicherungspflicht der Arbeitgeber für ihre Beschäftigten gegen Krankheit vor, sanktioniert Arbeitgeber, die dieser Pflicht nicht nachkommen, und schafft Möglichkeiten für Gruppenversicherungen. Der größte Teil der privaten (nichtstaatlichen) Krankenversicherung in den USA ist arbeitgeberfinanziert. Fast alle großen Arbeitgeber in Amerika bieten ihren Mitarbeitern eine Gruppenkrankenversicherung an.

Der Beitrag der Arbeitgeber zu den Kosten der Versicherung beträgt in der Regel etwa 85 % der Versicherungsprämie für seine Mitarbeiter und etwa 75 % für die

Angehörigen seiner Mitarbeiter. Der Arbeitnehmer zahlt den verbleibenden Teil der Prämie, wobei dafür steuerliche Begünstigungen bestehen. Die Löhne der Arbeitnehmer mit einer vom Arbeitgeber gesponserten Krankenversicherung werden reduziert, allerdings meist in einem geringeren Umfang als der Kostenbeitrag des Arbeitgebers zur Prämie. Zu den Nachteilen für die Arbeitnehmer gehören Unterbrechungen des Versicherungsschutzes während eines Arbeitsplatzwechsels oder dessen Verlust bei Entlassung und Arbeitslosigkeit. Dies hat in der Covid-19-Krise mit der Kombination von Entlassungen (April 2020 haben die USA rund 20 Mio. Stellen abgebaut) und Erkrankungen zu großen Problemen geführt, weil die betroffenen Arbeitnehmer plötzlich und gerade im entscheidenden Moment ohne Versicherung waren.

In den USA gibt es keinen Kündigungsschutz wie in Deutschland. Die Mitarbeiterfluktuationsrate ist in den USA im Durchschnitt denn auch deutlich größer als in Deutschland. Konsequenz sind viel größere Ausschläge in den USA bei der Arbeitslosigkeit verbunden mit Werteverlust für Arbeitgeber und Arbeitnehmer. Im Regelfall gelten die individuellen arbeitsvertraglichen Vereinbarungen über die Dauer der Beschäftigung. Die finanzielle Absicherung gegen das Risiko der Arbeitslosigkeit erfolgt auf der Basis eines Bundesgesetzes aus dem Jahre 1935. Dieses Gesetz verpflichtet alle Bundesstaaten, eine Arbeitslosenversicherung einzurichten, und gibt bezüglich der Ausgestaltung dieser Versicherung jedem Staat weitgehende Freiheit. Es obliegt den Bundesstaaten, sowohl die Anspruchskriterien als auch die Höhe der Beiträge zur Arbeitslosenversicherung im Detail festzulegen. Die Bezugsdauer ist in der Regel 26 Wochen, Ausnahmen in Härtefällen sind möglich. Gemessen an den Leistungen der deutschen Arbeitslosenversicherung sind diejenigen in den US-Bundesstaaten eher gering.

Die zur Verbesserung des Preiswettbewerbs geschaffenen Kartellgesetze und eine lange Tradition des Misstrauens gegenüber den dreiseitigen Beziehungen zwischen Regierung, Industrie und Gewerkschaften verhindern in den USA in der Praxis die Entwicklung in Richtung von „Korporatismus". Tarifverhandlungen finden gewöhnlich auf Betriebsebene statt, selten sind daran mehrere Arbeitgeber beteiligt und formell gibt es keine Branchentarifverhandlungen. Die Gewerkschaften müssen ständig für den Aufbau und den Erhalt effektiver Verhandlungsstrukturen kämpfen.

Bis 1980 erkannten alle drei Akteure, Gewerkschaften, Arbeitgeber und Staat, die Legitimität der Rolle der anderen Akteure an. Die Arbeitgeber verfolgten eine pragmatische Beziehung zu den Gewerkschaften, indem sie diese weder völlig vereinnahmten, noch aggressiv versuchten, sie zu zerstören. Dies führte zu einem gewissen Maß an Stabilität in den industriellen Beziehungen. Seit 1980 haben sich die Arbeitgeber unter dem stark gestiegenen Druck des wirtschaftlichen Strukturwandels jedoch von diesem Pragmatismus entfernt und entweder eine engere Zusammenarbeit mit den Gewerkschaften angestrebt oder versucht, die gewerkschaftliche Organisierung in ihrem Einflussbereich aggressiv zu unterdrücken, was bis zur vorsätzlichen Verletzung des US-Arbeitsrechts oder zu Standortverlagerungen in gewerkschaftsfreie Regionen der USA ging.

1.4.2 Finanzmarkt

Banken- versus kapitalmarktdominierte Finanzsysteme
Im „rheinischen Kapitalismus" erfolgte die Finanzierung von Unternehmen traditionell über Banken und nicht über den Kapitalmarkt. Konsequenz war eine enge und dauer-

hafte Bindung der Bankkunden für den größten Teil ihrer finanziellen Transaktionen an eine einzige Bank, ihre Hausbank. In der Regel gilt dies bis heute vor allem für kleine und mittlere Unternehmen und natürliche Personen. Großunternehmen haben sich seit den 1990er-Jahren allmählich von ihrer Hausbank gelöst.

Eine Hausbank ist besser mit den wirtschaftlichen, rechtlichen und persönlichen Gegebenheiten ihrer Kunden vertraut als die Konkurrenz, trägt eine besondere Verantwortung für ihre Kreditnehmer, kann deren Chancen und Risiken besser abschätzen und daher gegebenenfalls eher zu einer Kreditvergabe bereit sein oder bessere Kreditkonditionen anbieten als eine weniger mit dem Unternehmen vertraute Bank: „Relationship Banking". Dies kann für Kunden in Krisen ein Vorteil sein. Hausbanken haben aber nachweislich auch einen monopolistischen Preissetzungsspielraum ausgenutzt, da der Kunde keine oder nur geringe Markttransparenz besitzt.

Hausbanken haben bei der Gewährung von Krediten u. a. eine Beteiligung am Unternehmen als Sicherheit gefordert; die Unternehmen hatten kaum Alternativen und gingen darauf ein. Dies wiederum führte zu für den „rheinischen Kapitalismus" typischen Netzwerken aus wechselseitigen Kapitalbeteiligungen und Personalverflechtungen zwischen Unternehmen, Banken wie auch Versicherungskonzernen. Es bildeten sich vielfach eigentliche Cluster einiger großer Firmen und Institute.

Demgegenüber steht das kapitalmarktdominierte Finanzsystem in den USA. In diesem System finanzieren sich Unternehmen vorwiegend über den Kapitalmarkt, also über Aktien, Unternehmensanleihen oder Risikokapital. Banken unterstützen dort in der Regel nur kleinere Unternehmen. Den Kreditinstituten in den USA war es bis 1999 strengstens verboten, Unternehmensanteile zu erwerben oder über das Kredit- und Einlagengeschäft hinaus ein breiteres Spektrum von Finanzdienstleistungen anzubieten. Statt der Geschäftsbanken waren für die Begleitung von Wertpapiergeschäften, die Finanzierung von Unternehmen über den Kapitalmarkt und die professionelle Vermögensanlage andere, entsprechend spezialisierte Finanzinstitute zuständig, vor allem die Investmentbanken – Trennbankensystem: strikte organisatorische Trennung zwischen den Geschäftsbanken mit dem Kredit und Einlagengeschäft und den Investmentbanken mit dem Wertpapiergeschäft, Glass-Steagall Act (1933).

In dieser Konstellation ist die Verhandlungsposition der Kreditgeber angesichts guter Alternativen der Gläubiger schwächer, sodass die Gläubiger bessere Konditionen erzielen können. Der direkte Zugang zum Kapitalmarkt erfordert die Veröffentlichung von Firmendaten, schafft also mehr Transparenz, was volkswirtschaftlich besser, für kleinere Unternehmen allerdings mit relativ großem Aufwand verbunden ist.

Im Vergleich zu kapitalmarktorientierten Systemen führt die Bankenorientierung zu viel größeren Bilanzsummen der Banken im Verhältnis zur Größe des Kapitalmarkts, in Europa um ein Vielfaches größer als in den USA. Bankenorientierung führt zu höheren systemischen Risiken (Banken sind stärker abhängig von der Bewertung der Unternehmen, an denen sie beteiligt sind) und zu geringerem Wirtschaftswachstum. Die Finanzierung über den Bankensektor verhält sich deutlich zyklischer als diejenige über den Kapitalmarkt. Die Erholung nach einer Krise dauert viel länger. Das ist ein Problem und eine Herausforderung für Europa.

Seit den 1990er-Jahren hat sich in allen Industrieländern allmählich eine neue, vergleichsweise einheitliche Konstellation der Finanzwirtschaft entwickelt: eine neue kapitalmarktdominierte Finanzwirtschaft, Aufhebung des Trennbanksystems in den USA durch Gramm-Leach-Bliley Act

(1999). Ausgangspunkt war der Wandel des Wertpapierbesitzes in den marktdominierten Finanzsystemen der USA und Großbritanniens. Waren in diesen Ländern früher die privaten Haushalte selbst direkt die Käufer und Besitzer der Wertpapiere, so schalteten sich jetzt immer häufiger institutionelle Investoren, insbesondere Investment- und Pensionsfonds, dazwischen. Das Ergebnis dieser Veränderungen war, dass in den angloamerikanischen Finanzsystemen ein hochdynamisches Investmentbanking-Segment entstand, an dem sich, besonders bei der Finanzierung der Vermögensumschichtungen, nun auch die Geschäftsbanken rege beteiligten. Das Aktionariat und die Dividendenkultur von Unternehmen in den USA unterscheidet sich von demjenigen in Europa.

Ausdruck dieses Wandels sind in Europa Debatten über die Banken wie „Too big too fail", strengere Eigenkapitalvorschriften, Forderungen Schrumpfen der Bilanzsummen, Crowdfunding und der Ruf nach Wagniskapital als alternativer Finanzierungsquelle für innovative Unternehmen. Die Europäische Kommission plante 2020 mit der Errichtung einer Kapitalmarktunion der starken Bankenorientierung entgegenzuwirken und will die Möglichkeiten für eine kapitalmarktorientierte Unternehmensfinanzierung verbessern.

Institutionelle Komplementaritäten
Im Rahmen ihrer Analysen über „Varieties of Capitalism" weisen Hall und Gingerich (2009) empirisch nach, dass institutionelle Komplementaritäten in verschiedenen Bereichen der politischen Ökonomie bestehen, insbesondere zwischen Arbeitsmarkt und Kapital- und Finanzmarkt. Diese hängen mit Interaktionseffekten zusammen, welche sich wiederum auf die Entwicklung der Wirtschaft, auf ihr Wachstum auswirken. „Länder mit bestimmten Arten von Institutionen in einem Bereich neigen dazu, bestimmte

Arten von Institutionen in anderen Bereichen zu haben." Daraus leiten sie die allerdings empirisch nicht überprüfte These ab, „dass die Deregulierung des Arbeitsmarktes nur in Ländern mit entsprechend liquiden Finanzmärkten zu großen wirtschaftlichen Gewinnen führen dürfte. Andernfalls könnten die Wachstumsgewinne relativ gering ausfallen" (Hall & Gingerich, 2009. S. 480). Basis dieser These dürfte die wirtschaftsliberale Auffassung sein, wonach flexible, liquide und rasch reagierende Märkte einen Wettbewerbsvorteil bedeuten und wachstumsfördernd sind.

Die USA haben einen sehr schwach regulierten Arbeitsmarkt und einen flexiblen und liquiden Kapitalmarkt. Diese Märkte bringen ihnen einen Vorteil in der Wirtschaftsentwicklung. Demgegenüber sind die gleichen Märkte in Europa stärker reguliert und weniger liquide. Dies gilt für den Arbeitsmarkt sowohl im nordischen Modell mit dem „organisierten Korporatismus" wie auch im „sozialpartnerschaftlichen" Modell Mitte-West. Wie oben ausgeführt, war auch der Finanz- und Kapitalmarkt zumindest für längere Zeit weniger flexibel. Es wäre genauer zu prüfen, inwiefern diese Unterschiede und Komplementaritäten langandauernde Differenzen im Wirtschaftswachstum zwischen den USA und diesen Ländern Europas erklären.

Literatur

Amadeo, K. (2022, April 13). U.S. education are falling behind the rest of the world. *The Balance.* https://www.thebalancemoney.com/the-u-s-is-losing-its-competitive-advantage-3306225. Zugegriffen am 11.10.2023.

Baumann, M. (2021, Juli 23). Die andere Epidemie grassiert weiter. *Neue Zürcher Zeitung,* S. 19.

Bertelsmann Stiftung. (2020). *Von Trump und XI lernen? Globalisierung und Innovation als Treiber einer neuen Industriepolitik*. Bertelsmann Stiftung.

Eberstadt, N., & Abramsky, E. (2022, September 20). America's educational crisis is a national security threat. *Foreign Affairs*.

Eurofound. (2017). *Mapping varieties of industrial relations: Eurofound's analytical framework applied*. Publications Office of the European Union.

Europäische Kommission. (2020). Eine Kapitalmarktunion für die Menschen und Unternehmen – neuer Aktionsplan. *Mitteilung der Kommission an das Europäische Parlament, den Rat, den Europäischen Wirtschafts- und Sozialausschuss und den Ausschuss der Regionen*. COM 590 final.

Feldmann, M. (2019). Global varieties of capitalism. *World Politics, 71*(1), 162–196.

Hall, P. A., & Gingerich, D. W. (2009). Varieties of capitalism and institutional complementarities in the political economy: An empirical analysis. *British Journal of Political Science, 39*, 449–482. Cambridge University Press.

Hall, P. A., & Soskice, D. (Hrsg.). (2001). *Varieties of capitalism – The institutional foundations of comparative advantage*. Oxford University Press.

Hoffmann, J. (2003). Der kleine Unterschied: Varieties of Capitalism. *WSI-Mitteilungen, 2*, 124–130.

Höpner, M. (2009). „Spielarten des Kapitalismus" als Schule der vergleichenden Staatstätigkeitsforschung. *Zeitschrift für Vergleichende Politikwissenschaft, 3*(2), 303–327.

Majority Staff Report and Recommendations. (2020). *Investigation of competition in digital markets*. House of Representatives.

Meyrath, M. (2022, April 30). Das Comeback der Gewerkschaften in den USA. Eine neue Generation von Organisatoren schafft, woran die etablierten „trade unions" seit Jahren scheitern. *Kurier*. https://kurier.at/wirtschaft/das-comeback-der-gewerkschaften-in-den-usa/401991350. Zugegriffen am 21.04.2022.

Milanovic, B. (2020, January/February). The clash of capitalisms. *Foreign Affairs*.

Visser, J. (2009). The quality of industrial relations and the Lisbon strategy. In European Commission (Hrsg.), *Industrial relations in Europe 2008* (S. 45–73). Publications Office of the European Union.

White House. (2021). *Modernizing U.S. infrastructure: The bipartisan infrastructure law*.

2

Südkorea, Taiwan, Singapur: organisierter und hierarchischer Kapitalismus

Beat Hotz-Hart

Inhaltsverzeichnis

2.1	Staatsordnung	37
	2.1.1 Die drei Länder	37
	2.1.2 Gemeinsamkeiten und Unterschiede	43
2.2	Wirtschaftsordnung	46
	2.2.1 Die drei Länder bis in die 1990er-Jahre: „East Asian Capitalism"	47
	2.2.2 Gemeinsamkeiten und Unterschiede	61
	2.2.3 Wichtige Märkte	66
2.3	Öffentliche Aufgaben	81
	2.3.1 Infrastruktur	81
	2.3.2 Bildung	81
	2.3.3 Gesundheit	85
	2.3.4 Soziale Sicherheit	88

B. Hotz-Hart (✉)
University of Zürich, Zürich, Schweiz
E-Mail: Beat.Hotz-Hart@uzh.ch

© Der/die Autor(en), exklusiv lizenziert an Springer Fachmedien
Wiesbaden GmbH, ein Teil von Springer Nature 2023
B. Hotz-Hart et al., *Über Systemwettbewerb zu einer neuen Weltordnung?*,
https://doi.org/10.1007/978-3-658-42016-1_2

2.4	Modernisierung und jüngere Entwicklung: Ende des „East Asian Capitalism"?	91
	2.4.1 Singapur	98
	2.4.2 Südkorea	102
2.5	Fazit: organisierter und hierarchischer Kapitalismus	106
Literatur		108

Zusammenfassung Der Kapitalismus hat sich weltweit durchgesetzt, wenn auch in verschiedenen Ausprägungen. Konkrete Formen werden am Beispiel von Südkorea, Taiwan und Singapur untersucht. Staats- und Wirtschaftsordnung, Finanz- und Arbeitsmarkt sowie wichtige öffentliche Aufgaben werden dargestellt und Gemeinsamkeiten und Unterschiede der drei Länder aufgezeigt. Schwergewichtig geht es um die Analyse der Phase von den 1960er- bis in die 1990er-Jahre, der Gründung und Modernisierung verbunden mit der raschen Wirtschaftsentwicklung der drei Staaten. Es werden spezifische Eigenheiten eines „East-Asia Capitalism" aufgezeigt. Die Entwicklung nach der Asienkrise 1997/1998 ist durch Reformen Richtung Demokratisierung und Liberalisierung und exogene Faktoren wie die Globalisierung geprägt. Dies hat in den drei Ländern zu Anpassungen und zur Weiterentwicklung ihrer Systeme geführt. Wesentliche Elemente aus der ersten Phase bestehen jedoch nach wie vor und sind wirksam.

Bei der Suche nach der Vielfalt des Kapitalismus liefern asiatische Staaten aufschlussreiche Beispiele. Anhand der drei Länder Südkorea, Taiwan und Singapur finden sich verschiedene Elemente wie organisierter, autokratischer, hierarchischer und Staatskapitalismus. Es gilt, diese konkret aufzuzeigen.

2.1 Staatsordnung

2.1.1 Die drei Länder

Singapur
Singapur ist ein autoritäres Regime mit einer dominanten Partei, der People's Action Party (PAP). Es herrscht eine Kombination von einer stark eingeschränkten Demokratie, die breite Partizipationsrechte nur sehr restriktiv zulässt, mit einer relativen Rechtssicherheit bei gleichzeitiger Einschränkung bürgerlicher Freiheiten und einer Machtkonzentration in den Reihen der Exekutive und der Bürokratie (Dosch, 2002).

Das Herzstück des Singapur-Modells ist der *Gesellschaftsvertrag*, der zwischen der PAP, der Regierung unter der autoritären Führung von Lee Kuan Yew und dem Volk von Singapur geschlossen wurde. Im Wesentlichen besagt er, dass die Menschen bereit sind, mehr staatliche Kontrolle zu akzeptieren, auf einige individuelle Rechte zu verzichten und hart zu arbeiten, während die Regierung ein Umfeld schafft, das Wohlstand und eine bessere Lebensqualität ermöglicht (Rastin, 2003, S. 4 ff.). Die Regierung legitimiert sich damit durch Erfolge in der Entwicklung von Beschäftigung, Einkommen und Wohlstand. „Erfolg und Absicherung der politischen Führung in Singapur sind zunächst das Resultat kontinuierlicher Wohlfahrtssteigerung und damit einer in hohem Maße gegebenen Output-Legitimität" (Dosch, 2018, S. 410). Nach der PAP ist nicht die Demokratie, sondern die *Leistungsgesellschaft* und damit das Resultat der entscheidende Faktor, der darüber bestimmt, ob ein Land gut regiert wird und erfolgreich ist oder nicht. Die Umsetzung der Leistungsgesellschaft ist ein Leitprinzip der PAP. Mit diesem Konzept verfügt Singapur über eines der stabilsten und erfolgreichsten politischen Systeme der Welt.

Die PAP regiert Singapur seit ihrem Entstehen 1959 (dem Zugeständnis der Selbstverwaltung an Singapur) bis heute. Wie Bellows (2009) ausführt, ist ihr Erfolg das Ergebnis einer Führung, die sich durch Talent, Meritokratie, effektive Politik, Unbestechlichkeit und Anpassungsfähigkeit auszeichnet. Zudem war Lee Kuan Yew schon früh entschlossen, eine einheimische Bourgeoisie, die er als politische Bedrohung für seine PAP ansah, schon gar nicht entstehen zu lassen resp. auszuschalten. Diese Faktoren haben es seit 1965 (seit der formalen Unabhängigkeit Singapurs von Malaysia) unmöglich gemacht, dass sich eine wirksame Opposition herausbilden konnte. Lee Kuan Yew, seine Familie und seine engsten Vertrauten übten über fast sieben Jahrzehnte hinweg eine sehr persönliche Kontrolle der Politik und einen bedeutenden Einfluss auf die Wirtschaft Singapurs aus. Die Hauptlast der politischen Planung, der Entscheidungen und deren Umsetzung ruht auf den Schultern von etwa 300 Schlüsselpersonen.

Integraler Bestandteil des politischen Systems von Singapur ist die *Meritokratie*. Personen werden aufgrund ihrer gesellschaftlich bzw. institutionell anerkannten individuellen Leistungen für führende Positionen, als Amtsträger und Vorgesetzte ausgewählt. Gemäß vorherrschender Auffassung bilden diejenigen die politische Elite Singapurs, die über besondere Talente und Fähigkeiten verfügen. Ihre Fähigkeiten werden primär gemessen anhand von akademischen Spitzenleistungen und beruflichen Erfolgen. Die Auswahl für die obersten Schichten Singapurs, einschließlich der künftigen politischen Eliten, wird schon früh durch die Selektion bei der Vergabe von großen Universitätsstipendien vorgenommen.

Die gewählten Beamten dürften die *bestbezahlten Beamten* der Welt sein. Ihre Gehälter werden auf der Grundlage von und im Vergleich mit Topmanagementpositionen in der Privatwirtschaft berechnet. Allerdings werden sie, wie in keinem anderen Land, auch zur Rechenschaft gezogen.

Singapur ist das einzige Land der Welt, in dem die Mitglieder der Bürokratie eine *variable Vergütung* in Abhängigkeit vom Zustand der Wirtschaft erhalten. Während der Krise 2008, als die Wirtschaft einbrach, wurde die Vergütung von Singapurs Bürokraten denn auch reduziert.

In Singapur ist *Rechtsstaatlichkeit* im Sinne einer funktionierenden Strafgerichtsbarkeit und mit einem stabilen Wirtschaftsrecht weitgehend vorhanden. Mit Unwägbarkeiten ist jedoch zu rechnen.

„Versteht man unter Rechtsstaatlichkeit aber mehr als nur eine funktionierende Strafgerichtsbarkeit und ein Erwartungssicherheit garantierendes Wirtschaftsrecht, zeigen sich bald Lücken in der Argumentation. Ein Staat, der elementare Bürgerrechte, wie die Meinungs- und Pressefreiheit, einschränkt, die Justiz bewusst einsetzt, um die Arbeit der legalen politischen Opposition zu behindern, und mehrfach die Verfassung de facto mit dem primären Ziel ändert, einem bestimmten politischen Akteur überproportionale Vorteile bei Wahlen zu verschaffen (in diesem Fall der regierenden PAP), kann bei näherem Hinsehen kaum als Rechtsstaat gelten. Auch in Singapur ist evident, dass die politische Herrschaftselite Recht und Gesetz zum Zwecke des Machterhalts in ihrem Sinne gestaltet und interpretiert und, wann immer ihr dies nötig erscheint, revidiert. In Singapur (und in etlichen anderen Ländern der Region) gilt die Formel ‚rule by law, not rule of law' (Dosch, 2002)."

Taiwan

Während 50 Jahren, von 1895 bis 1945, war Taiwan eine Kolonie von Japan. Die Japaner verwehrten den Taiwanesen jeglicher Herkunft ähnlich wie in Korea den Koreanern höhere Bildung und die Aneignung von Wissen über Industrie und Technologie. Viele wurden gezwungen, Japanisch zu lernen und sich mit der japanischen Kultur vertraut zu machen. Das wiederum kam ihnen später nach der Unabhängigkeit allerdings für nützliche Kontakte mit Japan zugute.

Nachdem die Kommunisten 1949 unter Mao Tse-tung die Macht in Peking ergriffen hatten, flohen rund 2 Mio. Anhänger der Kuomintang (KMT), der chinesischen Nationalpartei unter der Führung von General Tschiang Kai-shek, nach Taiwan. Dazu gehörten auch Lehrer, Professoren, Geschäftsleute, Industrielle, Verwaltungsbeamte. Sie waren sehr gut ausgebildet und bildeten in Taiwan eine neue intellektuelle und wirtschaftliche Elite. Wie Pohlmann (2004) ausführt, errichteten die Zuzüger ein *autoritäres Regime*, das sich wie eine weitere Kolonialverwaltung verhielt. 1949–1987 galt in Taiwan Kriegsrecht. Die KMT übte eine Einparteienherrschaft aus. Oppositionelle wurden ins Gefängnis geworfen oder ins Exil getrieben. Auf die militärische „Japanisierung" folgte eine *autoritäre „Sinisierung":* Die kulturellen Wurzeln Taiwans wurden verleugnet, die Sprache unterdrückt und durch das klassische Mandarin ersetzt, die Geschichte umgeschrieben. Die seit langem in Taiwan ansässige Bevölkerung ist bis heute darüber verbittert – zumal der Kampf für die Demokratie stets mit dem Kampf gegen die Nationalisten von der KMT einherging. Das Gewicht der Diktatur lastet noch immer auf der Zivilgesellschaft. In einem aufschlussreichen Überblick zur Geschichte der Beziehungen von China und Taiwan zieht Hayton (2022) als Vergleich das Verhältnis von Irland und Britannien herbei.

Die USA haben 1950 ihre VII. Flotte in der Taiwanstraße stationiert, an Land Militärbasen errichtet und dabei das KMT-Regime unterstützt und finanziert.

Seit Beendigung des Ausnahmezustands 1987 hat sich Taiwan zu einer lebhaften Demokratie entwickelt, in der die Bevölkerung die Möglichkeit zu politischer Partizipation hat sowie Menschenrechte und Meinungsfreiheit beachtet werden. Die Politik Taiwans wird von zwei Parteien geprägt: der KMT und der Demokratischen Fortschrittspartei.

Seit 1996 werden der Präsident sowie die Abgeordneten des Parlaments (Einkammersystem) in freien, gleichen und geheimen Wahlen direkt vom Volk gewählt. Wechsel in der Regierung durch Abwahl ist möglich und hat bisher zu drei friedlichen und demokratischen Regierungswechseln geführt. Am Beispiel Taiwans – so wird verschiedentlich argumentiert – zeige sich, dass auch in einem Land mit chinesischen Wurzeln eine pluralistisch-demokratische Gesellschaft gut funktionieren kann.

Südkorea
Südkorea weist eine vergleichsweise homogene Kultur auf: starke Familientradition, hohe Bedeutung der Bildung, Tradition der leistungsbezogenen Rekrutierung der Verwaltungsbeamten mittels Eingangsprüfungen, hoher Grad der politischen Steuerung der ökonomischen Entwicklung durch eine gut ausgebildete Staatsbürokratie. Traditionell und stark verankert war auch eine hohe Leistungsbereitschaft und ein hohes Arbeitsethos der südkoreanischen Bevölkerung.

Der erste Präsident von Südkorea von 1948 bis 1960 war Syngman Rhee. Rhees Regierungszeit war durch *Autoritarismus* und in den späten 1950er-Jahren durch wachsende politische Instabilität und öffentlich ausgetragene Opposition gekennzeichnet. Rhee hatte eine strikt antikommunistische und proamerikanische Haltung. „Die höheren Verwaltungsposten in der Regierung besetzte er (Präsident Rhee) möglichst mit koreanischen Eliten, die im Ausland (vor allem in Japan und USA) ausgebildet worden waren, und hoffte so, den Staat in Korea so funktionstüchtig zu machen, wie es in den kapitalistischen westlichen Ländern der Fall war. Entsprechend zielte auch seine Bildungspolitik darauf ab, den Koreanern die Ideen der westlichen Demokratie nahe zu bringen" (Rhee, 1999, S. 160).

1950 ließ Rhee einen kommunistischen Aufstand brutal niederschlagen verbunden mit Massenhinrichtungen von Kommunisten und Sympathisanten mit bis zu 100.000 Toten. Er konnte das Land wirtschaftlich nicht vorwärtsbringen. Die Korruption war eklatant. Sein Regime wurde immer autokratischer. 1960 kam es monatelang und landesweit zu Studentendemonstrationen gegen den Präsidenten, die immer mehr Unterstützung in der Bevölkerung fanden. Unter diesem Druck trat Rhee schließlich zurück, was zur Gründung der Zweiten Republik Korea führte. Der Autoritarismus setzte sich in Südkorea nach Rhees Rücktritt aber bis 1988 fort.

Als auch eine parlamentarisch basierte Regierung die Probleme des Landes nicht in den Griff bekam, putschte sich am 16. Mai 1961 das Militär unter der Führung von General Park Chung-hee an die Macht. Das Militär ließ später Wahlen zu. Diese blieben aber praktisch folgenlos. Wesentliche demokratische Rechte wie Meinungs- und Pressefreiheit wurden unterdrückt. Park Chung-hee führte eine *Militärdiktatur*. Oppositionelle (meist Kommunisten) wurden verfolgt, gefoltert und ermordet.

Während der Militärdiktatur machte Südkorea wesentliche wirtschaftliche Fortschritte. Eine *enge Verbindung zwischen Politik und Wirtschaft* ließ Großindustrien entstehen. In dieser Zeit wandelte sich Südkorea zu einem modernen, exportorientierten Industriestaat. Dadurch verbesserte sich auch der Lebensstandard der Südkoreaner. Das Bildungswesen wurde verbessert und breiteren Bevölkerungsschichten zugänglich gemacht, die sogenannte Saemaeul Undong (Neues-Dorf-Kampagne) verbesserte die Lage der Landbevölkerung. Park Chung-hee gilt daher gemeinhin als Architekt des wirtschaftlichen Aufschwungs Südkoreas.

Im Sommer 1987 bot der Exgeneral Roh Tae-woo, der die Leitung der Regierung später übernehmen sollte, überraschend an, die Verfassung zugunsten echter demokratischer Reformen zu ändern. So wurde der Präsident im November 1987 zum ersten Mal seit 1961 wieder direkt durch die Bevölkerung gewählt. Da sich die beiden Oppositionsführer nicht auf einen gemeinsamen Kandidaten einigen konnten, gewann Roh die Wahl. Während der Amtszeit Rohs kam es zu mehreren Reformen in Richtung Demokratie.

Heute wird der Präsident, das Staatsoberhaupt von Südkorea, direkt vom Volk für jeweils fünf Jahre gewählt und kann nicht wiedergewählt werden. Er steht auch an der Spitze der Verwaltung und setzt in dieser Funktion von der Nationalversammlung beschlossene Gesetze in Kraft. Er ist Befehlshaber der Armee und kann den Krieg erklären.

Der Premierminister wird vom Präsidenten ernannt und leitet die Regierung. Das Kabinett wird vom Präsidenten zusammengestellt. Das südkoreanische Parlament mit nur einer Kammer, der Nationalversammlung, wird für vier Jahre gewählt. Das dritte wichtige Organ im System Südkoreas ist das Verfassungsgericht.

2.1.2 Gemeinsamkeiten und Unterschiede

In Südkorea, Taiwan und Singapur bestehen bis heute ein starker, weitgehend *zentralisierter Staat* und effizient funktionierende institutionelle Strukturen. Die politische Führung war meist längerfristig orientiert und stabil. Ein zentrales Wirtschaftsministerium entwickelte und koordinierte die Wirtschaftspolitik und setzte diese auch um.

Autoritäre Züge der Regierung In allen drei Ländern sind bei der Regierung mehr oder weniger stark ausgeprägte autoritäre Züge vorhanden. Die starke staatliche Macht ließ zumindest in der ersten Phase der Modernisierung nur wenig Widerspruch zu. Der Staat war in der Lage, politischen Gegnern das Mitspracherecht bei wichtigen Entscheidungen zu verweigern, wenn er dies für nötig hielt. Dies ermöglichte den Regierungen einen raschen Strategiewechsel als Reaktion auf veränderte Umstände, ohne dass es bis in die 1980er-Jahre zu Rückschlägen gekommen ist.

Transformation zu Parteienvielfalt und freien Wahlen Bis in die 1990er-Jahre wurden in Südkorea (über heftige Konflikte mit vielen Todesopfern) und Taiwan demokratische Formen mit Wahlen und Möglichkeiten der Abwahl der Regierung durchgesetzt. In Singapur herrscht eine Partei, die PAP, und Wahlen haben bisher keine Konsequenzen gehabt resp. nie zu einem Regierungswechsel geführt.

Technokratische Elite in der öffentlichen Verwaltung, Meritokratie Der Beamtenapparat hat in allen drei Staaten als technokratische Elite eine starke und allgemein anerkannte Stellung. Die Beamten sind in der Regel gut ausgebildet. Dabei spielt die Tradition der leistungsbezogenen Rekrutierung der Verwaltungsbeamten mittels Eingangsprüfungen eine wichtige Rolle. Die Staatsbürokratie verfügt über eine gute, zweckmäßige Managementorganisation und funktionale Zuständigkeiten.

Staatsinterventionen Alle drei Regierungen haben massiv in den Politikprozess und die Wirtschaft eingegriffen. Um ein armes Land zu entwickeln – und alle drei Länder waren nach dem Krieg arm und schlecht aufgestellt –, braucht es gewisse Staatsinterventionen, so die Überzeugung. Leistungsfähige öffentliche Institutionen machen diese Aufgabe einfacher, schlechte schwieriger. Markt und Staat wirken komplementär.

Ausgeprägte korporative Elemente der Staatsführung Stark autoritäre wie auch partizipative institutionelle Mechanismen tragen dazu bei, Wirtschaft und Gesellschaft eine strategische Vision für die Zukunft zu bieten, Merkmale zu schaffen, die ein stabiles Wirtschaftswachstum ermöglichen und eine völlige Übernahme der Kontrolle durch die Wirtschaft verhindern.

Die politische Arena wird in den drei Ländern von Parteien dominiert, die zu den Staatseliten, Unternehmenskonglomeraten oder einflussreichen Familienclans gehören. Führer und Aktivisten der Arbeiterbewegung verbünden sich oftmals mit der einen oder anderen Fraktion dieser Eliten. Gewerkschaften wurden in Singapur und Taiwan in das politische System integriert, nicht so in Südkorea.

Korruption und Klientelismus Zumindest zu Beginn der Entwicklung (in den 1960er-Jahren) waren in allen drei Ländern die Unterschiede bei Einkommen und Vermögen gering. Dies erleichterte die Politik, da kaum ein „Rent-Seeking" stattfand. Umverteilungspolitik war nicht notwendig. Die Regierungen waren in hohem Maße abgeschirmt von Pressure-Groups und Lobbyisten und verfügten über eigene Führungsqualitäten. Die Regierungen von Singapur, Südkorea und Taiwan legten Gewicht auf strenge Regulierung und Bekämpfung von Korruption und Klientelismus.

Rechtsstaatlichkeit, Gewaltenteilung Sind im Prinzip in allen drei Ländern vorhanden. Sie sind in Südkorea und Singapur in der Praxis aber Unwägbarkeiten ausgesetzt, dies auch in Taiwan, aber möglicherweise etwas weniger.

Eigentumsrechte Südkorea: 1987 wurde in der koreanischen Verfassung das Recht auf Eigentum für alle Bürger und zum Schutz des Privateigentums aufgenommen. Allerdings können die Regulierungsbehörden Privateigentum unter bestimmten Bedingungen auch enteignen. In Taiwan sind Privateigentum und die Freiheit der Unternehmen in der Verfassung garantiert. Auch in Singapur ist Privateigentum etabliert, allerdings mit enger Regulation eingeschränkt. Von den knapp 5,7 Mio. Einwohnern leben mehr als 80 % in ihrem Eigentum.

2.2 Wirtschaftsordnung

Singapur, Südkorea und Taiwan werden zusammen mit Hongkong als die vier Tiger bezeichnet. Dies wegen ihrer hohen wirtschaftlichen Dynamik und des raschen Aufstiegs von einem in den 1960er-Jahren unter- oder wenig entwickelten Land zur Gruppe der weltweit führenden Wirtschaftsnationen, vgl. Abb. 2.1. BIP pro Kopf in USD.

Bei dieser Entwicklung haben die Tiger, wie Gulati (1992) nachweist, von bestimmten, historisch und geopolitisch einzigartigen Faktoren profitiert. So hatten die ehemaligen Kolonialregierungen eine gute Infrastruktur und vielfältige internationale Verbindungen hinterlassen. Große oppositionelle Gruppen wurden von der Teilung der politischen Macht ausgeschlossen, was der Effektivität ihrer Wachstumspolitik zugutekam. Und die USA haben ihren riesigen Markt für billige Exporte aus diesen Ländern geöffnet, ohne auf Gegenseitigkeit zu bestehen.

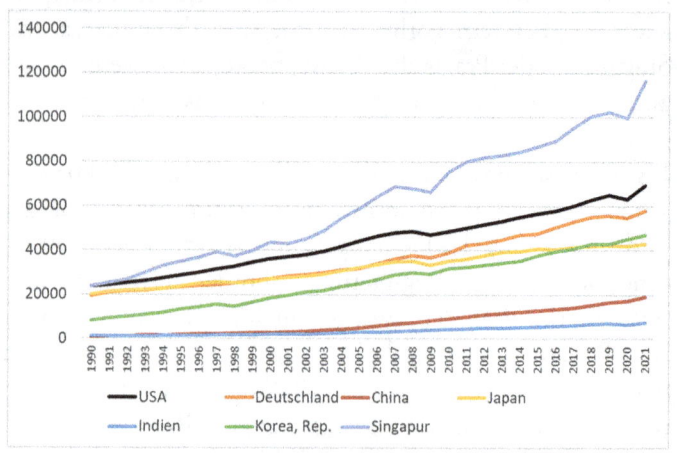

Abb. 2.1 BIP pro Kopf. Kaufkraftparität (aktuelle internationale USD) in ausgewählten Ländern 1990–2021. (Quelle: Weltbank)

Die folgenden Ausführungen charakterisieren die erste Phase der Modernisierung nach den Kriegen bis in die 1990er-Jahre.

2.2.1 Die drei Länder bis in die 1990er-Jahre: „East Asian Capitalism"

Taiwan: organisierter Partei-Staatskapitalismus
1950 war die industrielle Basis von Taiwan extrem schwach. In den 1950er-Jahren eignete sich die nationalistische Partei Schlüsselindustrien an. Dies betraf die Sektoren Bau, Elektrizität, Gas und Wasser sowie industrielle Verarbeitung („manufacturing"). Damit wurde die KMT zu einer der reichsten Parteien der Welt. Pohlmann (2004, S. 367) spricht deshalb vom organisierten Partei-Staatskapitalismus Taiwans.

Die nationalistische Regierung wurde von der lokalen taiwanesischen Bevölkerung als Besatzungsmacht betrachtet. Die Regierung verhinderte, dass im taiwanesisch dominierten Privatsektor große Unternehmen entstehen konnten, die ihre politische Vorherrschaft hätten in Frage stellen können. Die Konsequenz war eine *duale Struktur* mit großen Staatsunternehmen, die einen großen Anteil an der Wirtschaft ausmachten, und einem Netzwerk kleiner und mittelgroßer Privatunternehmen im privaten Sektor bei weitgehender Trennung von Staat und Privatwirtschaft. Wirtschaftliche Aufgaben größeren Zuschnitts übernahmen die von der Partei dominierten Staatsunternehmen.

Die ursprünglichen Bewohner Taiwans wurden aus Politik und Verwaltung ausgeschlossen. Sie wichen gezwungenermaßen in die Wirtschaft aus. Nicht zuletzt deshalb bekamen KMUs eine immer größere Bedeutung. Aufgrund der Dominanz der privilegierten KMT-Staatsunternehmen auf dem Binnenmarkt waren viele private KMUs gezwungen, Erfolg über den Export zu suchen. Nach wirtschaftspolitischen Misserfolgen wurde ab den späten 1950er-Jahren eine Export-Förderungspolitik betrieben. Dies bewirkte eine Änderung in der Wirtschaftsstruktur.

Bis in die 1980er-Jahre nahm der Anteil der meist arbeitsintensiven Industrien im *Privatsektor* bis auf fast 90 % am BIP deutlich zu, während sich der Anteil der KMT-Staatsunternehmen auf 10 % zurückbildete. Gemäß Hou und Gee (1993) waren die industriellen Staatsunternehmen für die privaten Unternehmen komplementär und unterstützend. Sie lieferten den Privatunternehmen stabil und zuverlässig Rohmaterial zu tiefen Kosten.

Die Wirtschaftsverfassung von Taiwan war bis in die frühen 1990er-Jahre durch ein Spannungsverhältnis gekennzeichnet. Einerseits wurden Privateigentum und die Freiheit der Unternehmen in der Verfassung garantiert. Andererseits hatten *Notstandsgesetze*, die auf den Weltkrieg und den Bürgerkrieg gegen die Kommunisten zurückgingen, die Unternehmensfreiheit über mehrere Jahrzehnte bis 1992 eingeschränkt. Zur taiwanesischen Wirtschaftsverfassung gehört auch ein großer Bereich illegaler, aber geduldeter wirtschaftlicher Aktivitäten.

Quellen für neue Technologien waren für taiwanesische Unternehmen u. a. die Verbindung mit bedeutenden ausländischen Unternehmen der verarbeitenden Industrie. Taiwan war offen für die Zusammenarbeit mit transnationalen Unternehmen, ohne größere ausländische Direktinvestitionen („Foreign Direct Investment", FDI) zuzulassen. Vorteilhaft war es, Anbieter für „Original Equipment Manufacturer" (OEM)[1] zu werden, vor allem für japani-

---

[1] In der Automobil- und Maschinenindustrie ist ein OEM der Hersteller eines Produkts, das aus vielen einzelnen Halbfabrikaten zusammengebaut und dann unter eigenem Namen auf den Markt gebracht wird. Das Maschinenbauunternehmen oder der Automobilhersteller selbst ist der OEM.

sche Firmen. Dabei konnte Taiwan neue Technologien kennen lernen und übernehmen.

Direktinvestitionen FDI wurden mit Vorsicht begrüßt. Solche durften nur in von der Regierung bezeichneten Sektoren stattfinden und mussten genehmigt werden. Ab 1988 kam es zu Erleichterungen für FDI, wobei wiederum japanische Firmen führend waren, aber auch europäische und US-amerikanische Firmen hinzukamen. Über FDI fand eine *Technologiediffusion* statt via Mobilität von Arbeitskräften von den ausländischen zu den heimischen Firmen, über Qualitätsvorgaben für Zulieferer, technische Kooperationen u. a. m. Heimische Firmen profitierten weiter durch Imitation, Kopieren und „reverse engineering" bestehender ausländischer Produkte sowie deren Verbesserung und Anpassung, wobei sie „reverse engineering" in den Statistiken als Forschung und Entwicklung (FuE) angegeben haben.

Im Zuge der fortschreitenden Industrialisierung wurden, ja mussten z. T. aufgrund von internationalem Druck, der Schutz des geistigen Eigentums, Marken- und Urheberrecht sowie weitere Regulationen eingeführt werden.

Starker Staatsinterventionismus Die Regierung Taiwans hat eine sehr aktive Rolle bei der Entwicklung von industriellen Technologien gespielt. Der Staat war mit mehr als 60 % an den gesamten FuE-Ausgaben beteiligt, während es in Korea und Japan nur etwa 20 % waren. Dies weil Taiwan über keine großen Unternehmen verfügte, die in der Lage gewesen wären, selber umfangreiche FuE-Projekte durchzuführen. Aus demselben Grund war die taiwanesische Regierung auch bei der Gründung von Spin-off-Firmen aus staatlich finanzierten Hochtechnologie-Forschungsprojekten besonders aktiv.

Über die Technologie- und Innovationsförderung Taiwans bis Anfang der 1990er-Jahre geben Hou und Gee (1993) einen guten Überblick. 1959 hatte die Regierung einen „Plan of National Long-Term Development of Science" als Richtlinie für die Entwicklung von Wissenschaft und Technologie in Taiwan ausgearbeitet. Damit strebte sie drei Ziele an: Verbesserung der Lebensqualität speziell in den Bereichen Gesundheit und Umwelt; Transformation der Wirtschaftsstruktur von arbeitsintensiv zu kapital- und technologieintensiv; und Industrien, die für die nationale Verteidigung wichtig sind, sollten von ausländischer Kontrolle unabhängig werden.

Für die Umsetzung dieses Plans wurde der „Council on National Long-Term Development of Science" eingesetzt, der 1967 zum „National Science Council" umgewandelt wurde. Es wurden acht Forschungsthemen als Schlüsselbereiche bezeichnet und gefördert.

Zur Politik der Regierung gehörten folgende Bereiche:

Offensive Bildungspolitik Vergleiche Abschn. 2.3.2.

Box 2.1 Staatliche Förderung von Forschung und Entwicklung und Hightechindustrien

Fiskal- und Finanzpolitik: Forschung und Entwicklung wurde über Steuererleichterungen und raschere Abschreibung gefördert. Ab 1982 wurde das „Assistance Program for Strategic Industries" (APSI) realisiert. Dabei wurde eine größere Anzahl von Produkten als strategisch für die weitere Entwicklung Taiwans bezeichnet und mit verbilligten Krediten und über Beratungsdienste gefördert. Hinzu kamen verschiedene weitere Förderprogramme für Bereiche wie Export, KMU oder die industrielle Produktion in Satellitenfabriken. Das „Industrial Upgrading Statute" (IUS) gewährte Firmen eine Vorzugsbehandlung, sofern sie von der Regierung vorgegebene Standards erfüllten wie bei den FuE-Anstrengungen, in Umweltbelangen, bei der Aus- und Weiterbildung ihrer Belegschaft oder beim Aufbau internationaler Marketingkanäle.[2]

Etablierung von staatlichen Forschungsorganisationen und Instituten, um Hightechindustrien zu unterstützen: Der Aufbau von FuE-Instituten durch den Staat war besonders wichtig, da die vorherrschenden KMUs nur wenig Möglichkeiten für eigene FuE hatten. 1973 wurde das Forschungsinstitut für Industrietechnologie, „Industrial Technology Research Institute" (ITRI) und 1979 das „Institute for Information Industry" (III) eingerichtet. Diese betrieben FuE, Aus- und Weiterbildung und boten Unternehmen Informationen über Technologie- und Marktentwicklungen an, schwergewichtig in der Elektronik- und Informationsindustrie (Hard- und Softwareentwicklung und Computerwissenschaften). Sie generierten erfolgreiche Start-up-Unternehmen wie auch qualifiziertes Personal für diesen Industrieschwerpunkt.[3] Durch diese geschickte und vorausschauende Industriepolitik wurde Taiwan zu einer der führenden Nationen auf dem Gebiet der Halbleiter- und IT-Industrie.

FuE für Militärtechnologie Eine spezielle Rolle in der Technologieentwicklung spielten die Anstrengungen zur nationalen Verteidigung, wobei die Zusammenarbeit mit den USA Fortschritte in der Militärtechnologie brachte. Es gab dafür spezialisierte staatliche Institute.

---

[2] Eine 1987 durchgeführte Umfrage bei 1406 Unternehmen über die Wirksamkeit der Fördermaßnahmen ergab, dass die Ausbildung von FuE-Personal knapp vor der Koordination im Rahmen von Verbundforschung von Firmen und Technologietransfer aus dem Ausland als besonders wirksam eingeschätzt worden ist. Steuerermäßigungen und verbilligte Kredite wurden als wesentlich weniger wirksam beurteilt.

[3] ITRI hatte 5 Divisionen, von denen die „Electronic Research and Service Organization" (ERSO) eine besonders erfolgreiche Rolle spielte. Sie hatte zwei Aufgaben: Entwicklung von Technologien, die die Industrie benötigte, und Verbreitung/Diffusion der Resultate in der Industrie.

Aufbau von Technologieallianzen mit ausländischen Partnern für selber benötigte Technologien Taiwans Industrieentwicklung profitierte von Technologieallianzen mit starken multinationalen Konzernen. Ein typisches Beispiel war die 1983 errichtete „National Development Corp." (NDC), die exklusiv für und mit IBM Software entwickelte und Designdienste leistete. Sie wurde vom „Institute for Information Industry" (III) unterstützt. NDC war erfolgreich und führte Ende der 1980er- und frühen 1990er-Jahre zum weiteren Ausbau der Zusammenarbeit mit IBM. Im Zuge dieser Zusammenarbeit konnte sich Taiwan technologische Expertise aneignen und gleichzeitig Skalenökonomie realisieren. Taiwan wurde zu einem wichtigen internationalen Player im Softwaredesign.

Gezielte Übernahme von ausländischen Unternehmen („Oversee Mergers") u. a., um Kanäle für Marketing und Absatz sowie Zugang zu Technologie oder einen international etablierten Brand zu erhalten. Dabei unterstützte die Regierung die Finanzierung solcher „Oversee Mergers". Ein erfolgreiches Beispiel ist Acer, ein taiwanisches Computerunternehmen mit Hauptsitz in Taipeh.

In den 1980er-Jahren wuchs der Druck auf die internationale Wettbewerbsfähigkeit von Taiwan, was die Regierung veranlasste einen nationalen *Zehnjahresplan für Wissenschaft und Technologie* (1986–1996) zu verabschieden und den Anteil der FuE-Ausgaben am BIP auf 2 % zu erhöhen.

Südkorea: hierarchischer Familienkapitalismus

Carney (2012, S. 150 ff.) bezeichnet Südkorea als „family market economies", als eine Unterform des hierarchischen Kapitalismus. Dabei üben Eliten bei der Entscheidung über die institutionelle Struktur der kapitalistischen Arrangements eines Landes überproportional viel Macht aus. Carney sieht die dominante Rolle von Familien als das vorherrschende und anhaltende Merkmal der Eigentümerschaft und Kontrolle südkoreanischer Unternehmen. Grund dafür ist die Dominanz der koreanischen Konglomerate, der Chaebols, der sehr großen Unternehmensgruppen in den Händen von einigen wenigen Familien.

Schlüsselrolle der Chaebols (vgl. Box 2.2): Ziel der Regierung war es, über die gezielte Förderung von Großfirmen, den Chaebols, Skalenökonomie in reifen Technologien und Exporterfolge zu erzielen. Die Chaebols sollten zur Entwicklung neuer Industrien, neuer Märkte und der Exportproduktion Südkoreas beitragen. Dafür wurden u. a. Unternehmen im staatlichen Besitz an Chaebols verkauft. Bis in die 1980er-Jahre waren alle Geschäftsbanken im Staatsbesitz. Über diese half der Staat bei der Bildung und beim Wachstum von Chaebols. Er gab ihnen Kredite zu günstigen Konditionen, teilte ihnen knappe ausländische Devisen zu und übertrug ihnen Import-Substitutionsprojekte. Damit verband sich auch eine strikte staatliche Kontrolle und Bestrafung, was bei schlecht laufenden Chaebols bis zum verordneten Ausscheiden führen konnte. Nach Pohlmann (2004, S. 367) wurde die Wirtschaft Südkoreas *durch korporative Arrangements eines autoritären Entwicklungsstaates „von oben" organisiert.*

Chaebols trieben die industrielle Modernisierung von Südkorea mit Tempo voran. Sie fokussierten ihre Geschäftstätigkeit lange Zeit auf Endprodukte durch die Nutzung von importierten Teilen und Maschinen, womit sich eine starke Auslandabhängigkeit verband.

> **Box 2.2 Chaebolstruktur**
>
> Ein Chaebol ist ein *System von Unternehmenskonglomeraten.* Sie entstanden in den 1960er-Jahren in Südkorea und haben globale multinationale Konzerne hervorgebracht. Ein Chaebol

> befindet sich meist im Besitz, unter der Kontrolle und der Leitung einer Familiendynastie. Chaebols sind ausgeprägt hierarchisch organisiert und operieren in enger Verflechtung mit dem Staat. Das Management ist top-down, autoritär und paternalistisch. Die pyramidalen Eigentumsstrukturen, Überkreuzbeteiligungen und eine abhängige Unternehmensführung sichern die Kontrolle der Eigentümerfamilien. Die größten und bekanntesten Chaebols sind Samsung, Hyundai, SK Group und LG Group. Chaebols behindern die Entfaltung von kleinen und mittleren Unternehmen. Diese bleiben in den allermeisten Fällen als Zulieferbetriebe von einem einzigen Chaebol stark abhängig.
>
> Die Chaebols haben im Allgemeinen ein *gutes Verhältnis zur Regierung*. Ihre Unterstützung durch die Zentralregierung begann nach dem Koreakrieg (1950–1953), um den Wiederaufbau der Wirtschaft zu fördern. Seit den 1960er-Jahren gewährt und garantiert die Regierung den Chaebols Sonderkredite, Subventionen und Steuervergünstigungen, insbesondere denjenigen, die in der Bau-, Stahl-, Öl- und Chemieindustrie tätig sind.
>
> Chaebols sind *systemrelevant* und damit „too big to fail". So entspricht der Umsatz von Samsung etwa 20 % des BIP von Südkorea. Die Konzentration der Marktmacht und die Größe der Chaebols haben Südkorea so abhängig von diesen Konglomeraten gemacht, dass sie die Regierung in Finanzkrisen unterstützen muss; zum Reformbedarf, vgl. Abschn. 2.4.2.

Die Transformation von Südkorea als Agrarstaat in eine moderne Industrienation wurde durch eine autoritäre Staatsführung orchestriert und gelenkt. Die Führung bei Gestaltung und Umsetzung der Industriepolitik lag beim *Planungsministerium*, beim „Economic Planning Board" (EPB) und war damit stark zentralisiert. Das EPB kontrollierte sogar den Haushalt, der in den meisten Ländern in den Zuständigkeitsbereich des Finanzministeriums fällt, bis es 2008 durch das Ministerium für Strategie und Finanzen (MOSF) abgelöst wurde. Die koreanische Regierung hat in verschiedenen Phasen der industriellen Umstrukturierung viele Unternehmen verstaatlicht, indem sie über eine Kapitalbeteiligung der staatlichen Entwicklungsbank, der „Korea Development Bank", zum Hauptaktionär der Unternehmen wurde. Zu den wichtigsten Makrofaktoren in den 1960er- bis 1980er-Jahren zählen neben den Chaebols, wie Kim (1993) ausführt:

Technologieimporte aus Übersee Zu Beginn der Industrialisierung Südkoreas wurden FDI und Lizenzierungen (FL) sehr restriktiv gehandhabt. Der Technologietransfer erfolgte vor allem durch den Import von Kapital- resp. Investitionsgütern, von denen die heimische Industrie rasch lernte. So bewahrte Korea seine Unabhängigkeit von ausländischen multinationalen Gesellschaften und vom internationalen Finanzkapital.

Nachfrage und Ausbildung durch das Militär Das anwesende US-Militär kaufte Güter und Leistungen vor Ort, was u. a. zu einem assistierten „Learning by Doing" führte, um die Spezifikationen und Qualitätsanforderungen des Auftraggebers zu erfüllen, z. B. in der Bauwirtschaft. Entwicklungsrelevante Nachfrage kam auch aus dem eigenen Militär.

Bezeichnung und Förderung von „strategischen Industrien" für Importsubstitution und Exportförderung durch die Regierung: Mit dem Ziel der importsubstituierenden Industrialisierung (ISI) wurde die heimische Industrie in als strategisch bezeichneten Bereichen vor der Konkurrenz des Weltmarktes geschützt. Sie profitierte von Subventionen und weiteren Investitionsanreizen. Damit sollten diese Unternehmen zuerst im Inland und danach auf dem Weltmarkt erfolgreich werden. Folge war eine vom Export geleitete Marktwirtschaft: „export push strategy". Diese importsubstituierende Industrialisierung mit späteren Exporterfolgen wurde in der Literatur lange als die einzig entscheidende Strategie für den Erfolg der Tigerstaaten verstanden. Rodrik (1994) und andere haben aber gezeigt, dass diese Strategie wohl eine Rolle spielte, aber auch andere Maßnahmen wie die staatliche Koordination der Investitionstätigkeit insbesondere im Infrastrukturbereich von einiger Bedeutung für den Erfolg waren.

Besondere Pflege des Exports Die Regierung zog und stieß („push and pull") Unternehmen zum Export mit Versprechungen und Drohungen. Unternehmen erhielten unbeschränkten und zollfreien Zugang zum Import von Zwischenprodukten, automatischen Zugang zu Bankkrediten für Exportgeschäfte und zu Auslandskapital. Sie wurden zur vertikalen Integration ermuntert, um internationale Wettbewerbsfähigkeit zu erreichen. Über die starke internationale Konkurrenz konnten technologische Fähigkeiten auf verschiedene Art rasch angeeignet werden, über „reverse engineering", „Learning by Doing" oder über informelle technologische Unterstützung durch das Netzwerk der „Original Equipment Manufacturer" (OEM).

Korea Institute of Science and Technology (KIST) Aufgrund der in den 1960er-Jahren an den Universitäten nicht vorhandenen FuE-Kapazitäten wurde 1966 von der Regierung KIST errichtet. KIST sollte als technologisches Zentrum und über Spin-offs Bedürfnisse der Industrie erfüllen. Viele, die zum Studium von Südkorea ins Ausland gingen, kamen über KIST zurück. Allerdings funktionierte die Zusammenarbeit von KIST mit der Industrie die ersten zehn Jahre nicht wirklich gut.

Singapur: organisierter autokratischer Kapitalismus

1965 wurde Singapur über den Ausschluss aus der Malaysischen Föderation unabhängig. Die Ausgangslage der Insel mit der Fläche einer größeren europäischen Stadt und zwei Millionen Einwohnern war sehr schwierig: durch Malaria gefährdet, überbevölkert, ohne natürliche Rohstoffe, ohne einheitliches Staatsvolk, mit geringem Lebens- und Bildungsstandard und hoher Arbeitslosigkeit.

Angesichts der geringen Größe des Landes wurde der Schutz von eigenen, jungen Industrien von der Regierung als kaum erfolgversprechend erachtet. Alternativ wurde ein Freihandelsregime eingeführt. Singapur betrieb eine *Politik der Offenheit*, eine „Willkommenskultur" für ausländische Investoren und unterstützte dies mit einer sehr guten Infrastruktur und einheitlichen, besonders unternehmensfreundlichen Regeln und Institutionen. Zu den in internationalen Rankings am besten bewerteten Bereichen von Singapur gehören der Schutz von Investoren, die Erteilung von Baugenehmigungen und der grenzüberschreitende Handel. Aufgrund des Mangels an einheimischen unternehmerischen Talenten wurde sehr eng mit transnationalen Unternehmen zusammengearbeitet. Ausländische Direktinvestitionen sollten aber nicht beliebig sein, sondern in Bereichen, die als wichtig für das Land angesehen wurden. Dafür wurde seit 1961 konzipiert durch das „Economic Development Board" (EDB) in spezifische Qualifikationen von Arbeitskräften und in Infrastruktur investiert und maßgeschneiderte finanzielle Anreize angeboten.

Singapur gelang es, eine Vielzahl ausländischer Konzerne anzusiedeln und damit eine eigene, moderne Industrie schwergewichtig im Elektronik-, Pharma- und Biotechnologiesektor, im Import- und Exportgeschäft sowie im Rohstoffhandel aufzubauen. Der Stadtstaat erreichte einen der höchsten Anteile ausländischer Direktinvestitionen an den Gesamtinvestitionen im Weltvergleich.[4] Singapurs Wirt-

---

[4] Singapur hat bis heute besonders niedrige Steuersätze: Die Unternehmen werden mit 17 % besteuert, die Haushalte mit 20 %. Im Endergebnis haben die Einwohner Singapurs gut bezahlte Arbeitsplätze und auch die Regierung nimmt über indirekte Steuern viel mehr Geld ein.

schaft ist besonders stark durch multinationale Unternehmen geprägt.

Im Gegensatz zu Südkorea spielte der Staat eine weitaus größere Rolle bei den Eigentumsverhältnissen und der Unternehmensführung der größten Unternehmen. Die Regierung gründete in Sektoren, die als kritisch angesehen wurden, eigene *staatliche Unternehmen* (sog. *Government-Linked Corporations, GLCs*), anstatt transnationale Unternehmen einzuladen. So ist Singapore Airlines ein Staatsunternehmen und auch der Schiffbau und die Telekommunikation werden von Staatsunternehmen betrieben. In der Folge ist der Staatssektor in Singapur sehr groß. Praktisch alle großen Unternehmen in Singapur, die keine Töchter transnationaler Unternehmen sind, waren staatliche Unternehmen. In Singapur bestand ein autokratischer Staatskapitalismus geführt durch die PAP-Regierung (Pohlmann, 2004, S. 367).

Staatliches Eigentum erfolgt in erster Linie über Holdinggesellschaften im staatlichen Besitz oder Staatsfonds – Temasek Holdings, MND Holdings und die Health Corporation of Singapore – und gesetzlich vorgeschriebene Gremien, zur Finanzierung, vgl. Abschn. 2.2.3.2. Die Zentralisierung der staatlichen Kontrolle ermöglichte es staatlichen Unternehmen, schnell umfangreiche Ressourcen einzusetzen und beim Eintritt in ausländische Märkte politischen Einfluss auszuüben. Die Politik der guten Beziehungen Singapurs zu allen Staaten entspricht außenpolitisch einer De-facto-Neutralität.

Planung der industriellen Entwicklung Seit den späten 1960er-Jahren verfügte Singapur über eine kohärente und klar definierte Entwicklungsstrategie. Dabei sah die Regierung in der Kontrolle des Heimmarktes und ihrer Institutionen den effektivsten Weg, auf die Opportunitäten des Weltmarktes zu antworten, Beschäftigung zu schaffen und wirtschaftliches Wachstum zu erzielen.

Ordnungspolitisch bestand keine ideologische Verpflichtung für freies Unternehmertum. Die Regierung sollte und wollte Planer sein und ökonomische Anstrengungen mobilisieren. Dabei konnte freies Unternehmertum für sie durchaus auch ein Instrument sein, was einer funktionalen Sichtweise entsprach.

Bei der Planung wurden *nie detaillierte Entwürfe* erstellt, da die flexible und schnelle Reaktion auf Entwicklungen in den internationalen Märkten Vorrang hatte und deren Verlauf nicht vorhergesagt werden konnte. Stattdessen wurden die für alle wichtigen Industrien gemeinsamen Anforderungen – wie eine gute Infrastruktur und günstige, disziplinierte und gut ausgebildete Arbeitskräfte – zu vorrangigen Zielen erklärt und systematisch erfüllt.

Forschung und Innovation In der Frühphase konzentrierte sich die Forschungs- und Technologiepolitik Singapurs auf die Förderung einer effektiven Übernahme von Technologien multinationaler Unternehmen und nicht auf eine eigene Technologieentwicklung. Erst seit den späten 1980er-Jahren hat die öffentliche FuE-Finanzierung an Bedeutung gewonnen.

Die Entwicklung eigener *FuE-Kapazitäten*[5] konzentrierte sich zunächst auf das verarbeitende Gewerbe mit drei Instituten: für Mikroelektronik, für Datenspeicherung und für Fertigungstechnologie. Seit Mitte der 1990er-Jahre wurden mit Projekten wie einem Wissenschaftspark, der Initiative Technopreneurship 21 und Biopolis gemessen an der Größe des Landes sehr große Summen für die *Hightechforschung* ausgegeben. Die in den internationalen Rankings

---

[5] Quelle: https://www.kooperation-international.de/laender/asien/singapur/zusammenfassung/ueberblick-zur-bildungs-forschungs-und-innovationslandschaft-und-politik/.

erzielten ansehnlichen Erfolge waren in erster Linie das Resultat hoher Investitionen der Regierung und nicht des Privatsektors, was später zu Problemen führte.[6]

Die Formulierung und Umsetzung der Forschungs- und Innovationspolitik von Singapur liegt beim *Rat für Forschung, Innovation und Unternehmen* („Research, Innovation and Enterprise Council", RIEC), der vom Premierminister geleitet wird. Er erstellt Fünfjahrespläne. Zuständig für deren Umsetzung ist die 2006 gegründete „National Research Foundation" (NRF). Um strategische Forschungsziele zu erreichen, richtet die NRF Büros (Offices) ein, die die Forschungsaktivitäten verschiedener privater und öffentlicher Akteure koordinieren und vorantreiben. Die Umsetzung erfolgt durch die Universitäten Singapurs und die Agentur für Wissenschaft, Forschung und Technologie (A*STAR) sowie die singapurischen Unternehmen. A*STAR fördert Kooperationsprojekte von einheimischen mit multinationalen Unternehmen. Die Unternehmen in Singapur erhalten auf vielfältige Art und Weise direkte und indirekte staatliche Unterstützung.

Für *Finanz- und Unternehmensdienstleistungen* hat Singapur natürliche komparative Vorteile u. a. aufgrund seiner geographischen Lage. So wurden internationale Finanzinstitutionen wie Banken und Versicherungen gezielt angelockt. Dabei herrschte eine präzisere Planungsstrategie als im Bereich des verarbeitenden Gewerbes. Ohne eine proaktive Politik der Regierung wären die Finanzdienstleistungen nicht zum maßgebenden Wachstumsmotor für

---

[6] Gemessen am BIP-Anteil der FuE-Ausgaben sowie der Zahl der Forscher pro Million Einwohner hat Singapur inzwischen ein sehr hohes internationales Niveau der FuE-Intensität erreicht. Auch gemessen am „Global Innovation Index" (GII) 2020, in dem Innovationsleistungen der Länder weitgehend unabhängig von ihrer absoluten Größe bewertet werden, erreicht Singapur als bestplatziertes asiatisches Land Rang 8 und liegt damit vor Südkorea auf Rang 10 und China auf Rang 14.

die Wirtschaft Singapurs geworden. Einiges deutet darauf hin, dass die Bürokratie von Singapur das Beispiel Finanzplatz Schweiz sorgfältig analysiert und Lehren für den eigenen Erfolg daraus gezogen hat.

Zusammengefasst wird Singapur als ein *organisierter autokratischer Kapitalismus* gesehen mit einem hohen Grad von wirtschaftlicher Freiheit insbesondere für ausländisches Kapital bei einem gleichzeitig autoritären politischen Regime.

2.2.2 Gemeinsamkeiten und Unterschiede

Wirtschaftslenkung durch den Staat Die Bedeutung des Staates und seiner Industriepolitik für den Erfolg dieser drei Länder wird in der Literatur kontrovers diskutiert. Einige sehen die Marktliberalisierung und die Einführung von Freihandel als Erfolgsfaktor (World Bank, 1993). Besonders zu überzeugen vermag Chang (2006, Kap. 2), der den Erfolg dieser Länder in hohem Maße den Interventionen ihrer Regierungen zuschreibt. Chang charakterisiert das *ostasiatische Modell der Wirtschaftspolitik* durch die Investitions-, Handels- und Industrie- mit eingeschlossen Technologiepolitik. Dazu gehört eine Mischung von folgenden Elementen:

- eine makroökonomische Politik, die Investitionen unterstützt und sich weniger an der Kontrolle der Inflation orientiert,
- Kontrolle der Kapitalströme, um destabilisierende Finanzflüsse zu verhindern,
- Einschränkung des Konsums von Luxusgütern, um die Investitionsquote hoch zu halten,
- intelligente Kontrolle der Auslandsinvestitionen (FDI) über Vorschriften für den Markteintritt und selektive Nutzung ganz im Gegensatz zur oft behaupteten völligen Offenheit für FDI,

- selektiver (Handels-)Schutz von eigenen, jungen Industriezweigen und Förderung ihrer Exporte,
- Industriepolitik, um strategisch wichtige kommerzielle Nischen zu stimulieren und für den Export zu stärken,
- Nutzung von Exporten als Instrument zur Erzielung von Größenvorteilen (Skalenökonomie) und damit zur Beschleunigung der Reifung von jungen Industrien.

Ein rigoroser und vielfältiger staatlicher Interventionismus prägt die Entwicklung maßgebend. Chang folgert, dass die Entwicklungspolitik eines Landes wie Südkorea ein *komplexes Set von miteinander verbundenen Maßnahmen* ist. Dabei geht es um ein laufendes „Upgrading" der industriellen Struktur basierend auf der Entwicklung lokaler Technologien und Managementfähigkeiten. Unterstützt wird das Ganze mit angemessenen Importrestriktionen, staatlichen Subventionen und dem Aufbau von entsprechenden Institutionen. Wie die Analyse der Politik der drei Länder zeigt, haben sie offensichtlich voneinander gelernt. Für das eine Land erfolgreiche Modelle sind von anderen in angepasster Form übernommen worden.

In Japan, Südkorea und Taiwan wurden in der verarbeitenden Industrie mit gezieltem Protektionismus nationale Champions aufgebaut. Im Gegensatz dazu blieben in Singapur die Ziele der Industrieförderung eher allgemein. Aufgrund der Kleinheit der Binnenwirtschaft hielt Singapur am Freihandel fest und versuchte, durch eine angebotsorientierte Politik (Ausbau der Infrastruktur, der Bildung usw.) für eine Reihe von Aktivitäten ein attraktiver Standort für multinationale Gesellschaften zu sein.

Nutzung von Privatinitiativen In Singapur und Südkorea wurde ausdrücklich anerkannt, dass Privatunternehmen treibende Kraft für die Wirtschaftsentwicklung sind. In Taiwan waren sie es faktisch auch, auch ohne besondere Erwähnung zu finden. In allen drei Ländern waren Planung und Entscheidungsfindung in wenigen Händen konzentriert und stark am Markt orientiert. Der Grad der Kontrolle über Unternehmen und Wirtschaft war unterschiedlich. In der Zusammenarbeit zwischen Regierung und Wirtschaft hatte die Regierung in Südkorea als Seniorpartner die Kontrolle über die einheimischen Unternehmer, während in Singapur die Regierung als Juniorpartner auf die Bedürfnisse ausländischer Unternehmen weitgehend einging.

Gesellschaftliche Schlüsselgruppen und -hierarchien koordinieren das wirtschaftliche Handeln Absprachen zwischen Wirtschaft und Regierung (neokorporative Arrangements) sind in Asien weit verbreitet. Dazu gehört auch die große Bedeutung von riesigen, privaten, familiengeführten Mischkonzernen in wichtigen Sektoren wie Bau, Immobilien, Schifffahrt, Rohstoffhandel, Banken oder Telekommunikation wie in Südkorea. Sie bilden das Rückgrat vieler asiatischer Volkswirtschaften. Auffällig ist die Bedeutung von Familien, Clans, Dynastien sowohl in der Wirtschaft wie auch in der Politik.

In der Literatur ist von „konfuzianischem Kapitalismus" die Rede, der die zentrale Stellung der *Gemeinschaft* anerkennt. Typisch für die Geschäftskultur ist das chinesische Konzept des „Guanxi" für Verbindungen oder Beziehungen, die privilegierte Einflussnahme durch Netzwerke. (Kleine) Gefälligkeiten im geschäftlichen Alltag sind kulturell tief verankert. Dies macht die Bekämpfung der verbreiteten Korruption schwierig. So ist oft schwer herauszufinden und zu entscheiden, wo das traditionell gängige Schenken in zwischenmenschlichen Beziehungen endet und wo Korruption beginnt. Folge ist eine enge Verflechtung von Wirtschaft und Politik.

Funktionale Betrachtung der Marktmechanismen „Asiaten betrachten den Markt als Partner, nicht als etwas, dem sie unterworfen sind" (Khanna, 2020, S. 203). Der Marktmechanismus wird funktional, anhand seiner Resultate beurteilt und hat keinen ideologischen Wert an sich. Während Japan, Südkorea und Taiwan zielgerichtete und „regierte Märkte" hatten, operierte Singapur innerhalb eines Kontinuums zwischen den beiden Extremen Markt und Plan. Die Planer in Singapur erkannten und beachteten die Grenzen für Interventionen, die sich aus der Kleinheit und der extremen Offenheit ihres Landes ergaben, als sie vom Freihandel abwichen, um den Markt zu regeln.

Systemische **Schwäche in der Koordination („coordination failure") beheben** (Rodrik, 1994): In der frühen Entwicklungsphase wurde in Taiwan und Südkorea gemäß Rodrick erkannt, dass der Ertrag von abgestimmten und koordinierten Investitionen inkl. Infrastruktur wesentlich größer ist als derjenige von privaten und vereinzelten Investitionen im freien Wettbewerb. Die Marktkräfte alleine sind nicht in der Lage, die großen und koordinierten Investitionen zu generieren, die für eine eigenständige und erfolgreiche Wirtschaftsentwicklung notwendig waren. Deshalb strebten die Regierungen an, einen Zusammenhang von Produktion und Investitionsentscheidungen über wirtschaftspolitische Maßnahmen herzustellen. Wichtig war die Koordinierung der Investitionsentscheidungen des öffentlichen Sektors. China hat dieses Konzept in adaptierter Form übernommen, vgl. Kap. 3. Sowohl in Südkorea wie in Taiwan koordinierte und förderte die Regierung private Investitionen und überwand die Koordinationsschwäche durch eine proaktive Politik.

Rationaler Dirigismus mit Kontrolle des Preismechanismus Die Regierung von Singapur wollte und will weiterhin durch Planung und Interventionen dazu beitragen, dass sich der Kapitalismus entfalten kann. Sie verfolgt einen *rationalen Dirigismus*, der *Markt und Plan in einer kreativen Partnerschaft* kombiniert. Ihre Initiativen versteht sie als komplementär zum Privatsektor: 1990 charakterisierte Milton Friedmann den langjährigen Regierungschef Lee Kuan Yew als „wohlwollenden Diktator". Die Regierung setze „diktatorische" Mittel ein, um den „freien Markt" zum Funktionieren zu bringen (Friedman 1990, S. 12–13). Die Regierung übte eine *Kontrolle über die Preismechanismen* in Schlüsselsektoren aus, u. a. Kontrolle der Löhne im Hinblick auf die günstige Profitrate des Kapitals, lange Zeit auch eine Kontrolle der Zinsen.

Staatsbeteiligungen und Staatsunternehmen mit Führungsfunktionen, als Lenkungsinstrument In Singapur hat sich der Staat offensiv an industriellen, kommerziellen und finanziellen Aktivitäten beteiligt, um technologische und wirtschaftliche Exportkapazitäten aufzubauen, nicht nur in der Industrie, sondern auch bei Dienstleistungen. Dieses politische Unternehmertum war oft auch gewinnbringend, z. B. bei der staatlichen Hafenbehörde von Singapur, wo es um einen Neuaufbau und nicht um eine Verstaatlichung ging.

Singapur wie Südkorea sahen *Staatsunternehmen als „Führungsfaktoren"*, als Pioniere in der angestrebten Entwicklung. Für die Überwindung der von der Regierung festgestellten Lücken in den Versorgungsketten wurden in Singapur *gezielt Staatsunternehmen geschaffen und eingesetzt*. Später wurden diese zum größten Teil privatisiert. Ganz neue Industrien wurden über öffentliche Investitionen angeschoben, z. B. in Taiwan die Elektronikindustrie über ein staatliches FuE-Zentrum, das qualifiziertes Personal und Start-ups hervorbrachte. Singapur hat von Taiwan gelernt und eine ähnliche Initiative lanciert.

Starke Kapitalakkumulation mit hoher Investitionsquote Kern des Erfolges vieler Volkswirtschaften in Südostasien war nicht so sehr die Steigerung der totalen Faktorproduktivität, sondern ein extensives Wachstum, d. h. ein Wachstum über den Einsatz von immer mehr Ressourcen, von Arbeit und Kapital. Dazu gehörte seit der Frühphase der Entwicklung ein starkes Wachstum der Investitionstätigkeit und damit eine starke Kapitalakkumulation.

Dabei spielte die proaktive Politik der Regierungen mit der *Stimulierung der privaten Investitionen* in strategischen Bereichen eine wichtige Rolle. Die Kapitelakkumulation wurde maßgebend gefördert durch Subventionen, steuerliche Anreize, Kreditverbilligungen, administrative Richtlinien, Einsatz öffentlicher Unternehmen (Staatsunternehmen), die u. U. auch verbilligte Kredite erhielten, und öffentliche Investitionen wie Infrastruktur. Kapital aus dem Ausland über „Foreign Direct Investment" (FDI) wurde gezielt angeworben und kam in großen Mengen.

Zur Finanzierung, vgl. hinten Abschn. 2.2.3.2.

2.2.3 Wichtige Märkte

(1) Arbeitsmarkt

Alle drei Länder verfügen über hart arbeitende, anpassungsfähige und disziplinierte Arbeitskräfte, die an lange Arbeitszeiten gewöhnt sind. In allen drei Ländern galt: Es gab keinen Mindestlohn und keinen Schutz vor Entlassungen, was zu hohen Fluktuationen der Arbeitskräfte führte. Ihre Qualifikationen wurden über einen substantiellen Ausbau des Bildungssystems im Verlaufe der Zeit zunehmend besser. Die Organisation und Interessenvertretung der Arbeiterschaft wurde lange Zeit unterdrückt, sei es durch Verbote und Repression, sei es durch Integration in die regierende Partei und Kontrolle.

Singapur
Die Arbeitsbeziehungen wurden auf vielfältige Weise reglementiert und formalisiert und damit stabilisiert. Auf diesem Weg wurde die Arbeiterbewegung in das System der People's Action Party (PAP) integriert. Der Elite von Singapur ist es gelungen, die Arbeitgeber-Arbeitnehmer-Beziehungen in friedliche und kooperative Formen zu bringen. Der Standort Singapur hat dadurch an Attraktivität gewonnen und von dieser Lösung wirtschaftlich enorm profitiert.

Der „Singapore Trade Union Congress" (STUC) aus den 1950er-Jahren spaltete sich 1961 in die linksgerichtete „Singapore Association of Trade Unions" (SATU) und den nichtkommunistischen, von der PAP unterstützten *„National Trades Union Congress" (NTUC)*. Nach einem Generalstreik der SATU gegen die Regierung 1963 wurden ihre Führer verhaftet und die Gewerkschaft verboten. Der NTUC wurde aufgrund seiner Effizienz und der symbiotischen Beziehung zur PAP, die durch formale Verbindungen auch institutionalisiert wurde, zur führenden Gewerkschaftsorganisation. Alternative Verbände und Gewerkschaften wurden seither systematisch verboten, und so ist die Arbeiterbewegung in Singapur heutzutage gleichbedeutend mit der NTUC, einer Dachorganisation mit über 70 Gewerkschaften. 1965 unterzeichneten der NTUC und die Regierung eine Charta für industriellen Fortschritt und einen Verhaltenskodex für die Produktivität.

Durch das *Arbeitsbeziehungsgesetz („Industrial Relations Act", 1960)* wurde der restriktive Rechtsrahmen für Arbeitskonflikte weiter verschärft. Das Gesetz regelt die Beziehungen zwischen Arbeitgebern und Arbeitnehmern und die Verhütung und Beilegung von Arbeitskonflikten durch Tarifverhandlungen, Schlichtung, Schiedsverfahren und Dreiparteienmediation bei Einzelstreitigkeiten.[7] Es legt die Themen (sog. Industrial Matters) fest, die Gewerkschaften in Tarifverträgen regeln können. Danach ist es Gewerkschaften nicht möglich, sich in Beschäftigungsfragen einzumischen, einschließlich Beförderungen, Versetzungen, Einstellungen und Entlassungen und Kündigungen von Arbeitnehmern. Um wirksam zu werden, müssen geschlossene Tarifvereinbarungen zudem von einem trilateralen Arbeitsschiedsgericht („Industrial Arbitration Court") bestätigt resp. beglaubigt werden. Dieses Gericht kann die Beglaubigung aus Gründen des öffentlichen Interesses verweigern.

Als die Briten 1968 begannen, sich aus Singapur zurückzuziehen, befürchtete die Regierung einen Einbruch der Wirtschaft verbunden mit hoher Arbeitslosigkeit. Noch im gleichen Jahr wurde als Reaktion das *Beschäftigungsgesetz („Employment Act" 1968)* erlassen. Es regelt die grundlegenden Bestimmungen und Arbeitsbedingungen für alle Arten von Arbeitnehmern, mit einigen Ausnahmen. Darin werden die Aufgaben der Unternehmensleitung und die der Gewerkschaften klar voneinander abgegrenzt. Unter anderem wurden die Arbeitszeiten verlängert und die Sozialleistungen für Arbeitnehmer reduziert. Der NTUC unterstützte dieses Gesetz letztendlich.

Begünstigt durch die Senkung der Arbeitskosten und die hohe Stabilität der Arbeitsbeziehungen nach der Ver-

---

[7] Schlichtung: Die Gesetzgebung sieht in bestimmten Fällen die Einberufung einer obligatorischen Zwangsschlichtung vor. Für einen Antrag dazu braucht es lediglich eine der Konfliktparteien. Um einen Streik auszurufen, müssen 50 % plus einer Stimme aller Gewerkschaftsmitglieder dafür stimmen. Es gibt keinen speziellen rechtlichen Schutz für streikende Arbeitnehmer. Singapur war seit 1978 gemäß offiziellen Angaben streikfrei.

abschiedung des Gesetzes, begannen Investitionen aus dem Ausland in das verarbeitende Gewerbe Singapurs zu fließen. Die Zunahme ausländischer Investitionen führte zu einer raschen Expansion der Wirtschaft, die zwischen 1968 und 1972 mit einer durchschnittlichen jährlichen Rate von 13,4 % wuchs. Mit dem raschen Wirtschaftswachstum begann auch die Arbeitslosenquote zu sinken. Als die Briten 1971 den Abzug ihrer Truppen abschlossen, war die Arbeitslosenquote von 7,3 % im Jahr 1968 auf 4,8 % gesunken.

1972 wurde der *„National Wages Council"* (NWC), eine Arbeitsgruppe des „Ministry of Manpower" (MOM) mit Vertretern aus NTUC und den Arbeitgebern („National Employers Federation", SNEF) gegründet. Er hat die Aufgabe, Richtlinien für die Entlohnung der Arbeitnehmer zu formulieren, die mit der sozialen Entwicklung Singapurs und dem langfristigen Wirtschaftswachstum in Einklang stehen. Diese drei Organisationen arbeiten bei der Behandlung eines breiten Spektrums von Arbeitsmarktproblemen zusammen wie der Wiederbeschaffung von Arbeitsplätzen, der Anhebung des tatsächlichen Renteneintrittsalters, der Qualifizierung und Verbesserung der Arbeitskräfte, der Förderung fairer und fortschrittlicher Beschäftigungspraktiken und eines flexiblen Lohnsystems sowie anderen arbeitsbezogenen Themen.

In den späten 1970er-Jahren schrieb die Regierung die NTUC-Satzung um, um Nichtmitgliedern die Übernahme von Schlüsselpositionen in der Organisation zu ermöglichen. Mit Beginn 2000er-Jahre *stand ein PAP-Kabinettsminister an der Spitze des NTUC.* Zur Führung des NTUC gehören PAP-Parlamentarier und andere Parteimitglieder.

2007 wurde der „Tripartite Alliance for Fair Employment Practices" (TAFEP) eingerichtet, um zur Stärkung der Beziehungen zwischen den drei Organisationen beizutragen.

Heute werden in Singapur grundlegende *Gewerkschaftsrechte* im Prinzip anerkannt. Sie unterliegen aber vielfältigen Einschränkungen wie ausgeführt. Die Verfassung garantiert das Recht, Gewerkschaften zu gründen und ihnen beizutreten, das Parlament kann jedoch aus Gründen der Sicherheit, öffentlichen Ordnung oder Moral bei der Gründung Beschränkungen auferlegen. Die zuständige Registrierungsstelle hat umfangreiche Machtbefugnisse und kann die Registrierung einer Gewerkschaft verweigern oder eine bestehende Registrierung widerrufen.[8]

Das Arbeitsverhältnis kann zwischen den Parteien grundsätzlich relativ frei vereinbart werden. Die Vertragsfreiheit der Parteien wird jedoch – wie erwähnt – durch gesetzliche Vorgaben zum Arbeitsvertrag mehr oder weniger stark eingeschränkt.[9] Die Beschäftigungsverhältnisse in Singapur gelten als die weltweit am flexibelsten. Entlassungen von Arbeitnehmern sind leicht möglich; es besteht kein Mindestlohn. Diese Bedingungen werden als entscheidend für die Anziehung ausländischer Direktinvestitionen angesehen.

Migrationspolitik Singapur verfolgt traditionell eine Politik der offenen Tür für Arbeitsmigranten. 2021 waren rund 37 % der Arbeitskräfte Ausländer. Singapur wollte eine Atmosphäre schaffen, in der die Besten und Klügsten aus der ganzen Welt in seiner Wirtschaft willkommen sind, was auch weitgehend gelungen ist. Ein erheblicher Teil des Erfolges von Singapur ist auf die Beiträge der zugewanderten Arbeitnehmer zurückzuführen. Diese Politik scheint sich in

---

[8] Sie entscheidet außerdem darüber, ob die Regularien einer neuen Gewerkschaft bzw. die geänderten Regularien einer bestehenden Gewerkschaft akzeptiert werden. Regierungsbedienstete dürfen keiner Gewerkschaft beitreten. Gewerkschaften können nicht frei über ihre Finanzmittel verfügen.

[9] Quelle: Arbeitsrecht in Singapur: Status quo und die im April 2019 erwarteten Änderungen, https://www.roedl.de/themen/singapur/arbeitsrecht-status-quo-aenderung-arbeit-vertrag.

letzter Zeit zu ändern. Singapur hat damit begonnen, Maßnahmen zu ergreifen, die es ausländischen Arbeitnehmern erschweren, in das Land zu kommen. Heute zählt Singapur zu den Ländern mit einem der strengsten Migrationssysteme, einem System, das durch drakonische Strafen und eine permanente Kontrolle geprägt ist.

Südkorea
In Südkorea ist von Seiten der Politik ein ähnliches Muster wie in Singapur zu beobachten, allerdings mit dem großen Unterschied, dass die Integration der Gewerkschaften in das Regierungssystem wegen deren engagierter Militanz nur halbwegs gelang. Die Arbeiterbewegung im heutigen Südkorea hat sich zu einer der kämpferischsten und dynamischsten der Welt entwickelt. Die heftigen und gewaltsamen Auseinandersetzungen führten zu einer breiten Mobilisierung in der Gesellschaft und verhalfen letztlich der Demokratie in Südkorea zum Durchbruch.

Für die moderne Arbeiterbewegung Koreas besonders prägend waren die verheerenden Auswirkungen des Krieges von 1950 bis 1953 und die arbeiterfeindlichen Regierungen, die dem Krieg im intensiven und lange anhaltenden Kalten Krieg in Korea folgten. Weiter die staatlich gelenkte Industrialisierung von den 1960er- bis zu den 1980er-Jahren, die sehr enge Beziehungen zwischen Unternehmen und Staat und ein schnelles industrielles Wachstum, damit aber auch eine konzentrierte und mächtige Arbeiterklasse hervorbrachte.

1945 gründeten Sozialisten den Generalrat der koreanischen Gewerkschaften (GCKTU), der rasch wuchs. Zwischen 1945 und 1948 führte der GCKTU viele Streiks durch, die auch Menschenleben forderten. Auch später kam es bei Arbeitskonflikten wiederholt zu gewaltsamen Auseinandersetzungen mit Menschenopfern. Die Folgen der Streiks führten über eine Intervention des amerikanischen Militärs zu Einschränkung der politischen Aktivitäten der Gewerkschaften. Dagegen führte die GCKTU erneute Streiks durch, was schlussendlich zum Verbot des GCKTU führte. Als Alternative wurde 1946 die „General Federation of Korean Trade Unions" (GFKTU) gegründet. Damit wurden zwei Ziele verfolgt: die *Unterstützung der konservativen Regierung* und die *Bekämpfung der linksgerichteten Gewerkschaftsbewegung*. Die GFKTU war fortan die einzige Vertreterin der koreanischen Gewerkschaften. Sie wurde später in *„Federation of Korean Trade Unions" (FKTU)* umbenannt.

1952 übernahm Präsident Syngman Rhee selber die Kontrolle über die FKTU und schloss sie in die liberale Partei ein. 1953 verabschiedete die Regierung das Arbeitsnormengesetz (mit der Garantie eines Achtstundentages), das Gewerkschaftsgesetz und das Gesetz zur Beilegung von Arbeitskonflikten.

> „Ein entscheidendes Element der exportorientierten Industrialisierung Südkoreas von Anfang der 1960er- bis Mitte der 1980er-Jahre war die strenge Kontrolle der Arbeitsverhältnisse durch den Staat. Der Staat tat fast alles für die koreanische Wirtschaft: Er hielt extrem strenge Arbeitsgesetze aufrecht, um gewerkschaftliche Aktivitäten zu verbieten, überwachte diejenigen, die im Verdacht standen, den ‚Arbeitsfrieden' zu gefährden, und zögerte nicht, brutale Polizeikräfte einzusetzen, um Arbeiterproteste zu beenden (Koo, 2000, S. 233)."

Der Gwangju-Aufstand war der erste Schritt in Richtung Demokratie in Südkorea. Im Mai 1980 kam es zum Aufstand mit einer großen Zahl von gewaltsamen Todesfällen. Zu Beginn demonstrierten über 70.000 Studenten gegen die autoritäre Regierung. Diese ließ die Anführer der Studentenbewegung verhaften, um die Bewegung zu stoppen, und setzte die Armee ein. In der Folge kam es zu einem *Massaker unter den Protestierenden („Gwangju Massacre")*. Dies wiederum mobilisierte und vereinte Arbeiter, Bauern, Studenten und Menschen aus allen Gesellschaftsschichten, um sich der Regierung zu widersetzen. Obwohl die Bewegung von Studenten ins Leben gerufen wurde, stellte die Arbeiterklasse im Laufe der Zeit einen Großteil der Teilnehmer. Schlussendlich wurde der Aufstand niedergeschlagen, blieb aber nicht ohne Folgen.

Der *Junikampf* (auch Juniaufstand, Demokratiebewegung) von 1987 setzte die Regierung gewaltig unter Druck. Aufgrund der Erfahrungen während des Gwangju-Aufstands von 1980 bestand eine *Solidarität von Studenten und Arbeitern*. Nach landesweiten Protesten und um einen weiteren Aufstand zu vermeiden, sah sich das Militärregime gezwungen, weitgehende Staatsreformen einzuleiten und freie Wahlen abzuhalten. Anstatt wie ursprünglich geplant von seinem Vorgänger ernannt zu werden, stellte sich General Roh Tae-woo Ende 1987 gegen andere Kandidaten dem Volk und wurde zum neuen Präsidenten gewählt. Dies war der erste weitgehend unblutige Machtwechsel an der Spitze der südkoreanischen Regierung seit dem Koreakrieg und war für den demokratischen Übergang von entscheidender Bedeutung.[10]

Aufgrund des sozialen Drucks setzte Präsident Roh auch nach seinem Sieg weitere Reformen zugunsten von Arbeitern und sozial benachteiligten Schichten um und trug

---

[10] Während des Übergangs zur Demokratisierung Koreas kam es im Juli und August 1987 zu einem Aufstand von über drei Millionen Arbeitern, die, inspiriert durch den Kampf im Juni, bessere Löhne, bessere Arbeitsbedingungen und autonome Gewerkschaften forderten. Autonome Gewerkschaften waren ein wichtiges Ziel, da der FKTU „regierungstreu" war und „keine legalen unabhängigen Gewerkschaften existierten" (Katsiaficas, 2012). Der Arbeiterkampf konnte nicht viel erreichen, da er mit dem Ereignis der Demokratisierung zusammenfiel.

damit zur Stabilisierung des neuen politischen Systems weiter bei. Seine Hauptgegenkandidaten von 1987 siegten jeweils bei den folgenden Wahlen 1992 und 1997 und amtierten ebenfalls für je eine volle Amtszeit.

Inspiriert durch den großen Arbeiterkampf von 1987 übernahmen Arbeiterführer die Strategie des militanten Gewerkschaftswesens als Mittel der Verhandlungsführung wieder auf und stellten sich dem FKTU entgegen. Um effektiver zu sein, suchten sie die regionale Zusammenarbeit mit anderen Gewerkschaften, was 1995 zur Gründung einer neuen Gewerkschaft, dem Koreanischen Gewerkschaftsbund, der *„Korean Confederation of Trade Unions" (KCTU)* führte. Der KCTU vertrat die Arbeiter und die Angestellten in der Automobilindustrie, im Schiffbau, in der Schwerindustrie und im öffentlichen Nahverkehr.

Im Dezember 1996 versuchte die Nationalversammlung, zwei Gesetze zu verabschieden, die die Rechte der Arbeitnehmer einschränken sollten. Diese Gesetze hätten die Entlassung von Arbeitnehmern erleichtert und den Einsatz von Streikbrechern erlaubt. Als Reaktion darauf kam es zum Generalstreik von 1997. Der Konflikt eskalierte und brachte den größten Teil der koreanischen Industrieproduktion zum Stillstand. Schlussendlich gab die Regierung nach und zog die Gesetzentwürfe zur Überarbeitung zurück. Später wurden die Gesetze in überarbeiteter Form angenommen. Der neu gegründete KCTU erkämpfte sich dabei einen halblegalen Status.

Taiwan
Taiwans wirtschaftlicher Aufstieg ist exemplarisch für die Kombination von raschem Wirtschaftswachstum und einem *schwachen Schutz der Arbeitnehmerrechte*. Ab 1949 herrschte Kriegsrecht in Taiwan. In der folgenden autoritären Periode verbot die Kuomintang (KMT) die Gründung neuer politischer Parteien, untersagte kollektive Aktionen

einschließlich Arbeitsstreiks und zensierte alle Medien. *Innerhalb von großen Fabriken* baute sie *Parteiorganisationen* im leninistischen Stil auf. Die Arbeitnehmer hatten keine Verhandlungsmacht. Erzwungene Überstunden und die Verletzung von Arbeitnehmerrechten waren an der Tagesordnung. Die KMT rechtfertigte die Unterdrückung der Arbeitnehmerrechte mit dem Versprechen auf wirtschaftliches Wachstum (Wang, 2010, S. 52).

Die KMT-Regierung förderte die Wirtschaft über eine nationale Industriepolitik. Die daraus hervorgegangenen Industrien basierten auf staatlichen Unternehmen. Wohl wurden Gewerkschaften gegründet, aber nicht für Tarifverhandlungen mit Arbeitgebern, sondern zur Kontrolle der Arbeitnehmer, um den Staat und seinen Wirtschaftsplan zu unterstützen. Die *wichtigsten Positionen des einzigen nationalen Gewerkschaftsverbands wurden von KMT-Kadern besetzt.* Ho beschreibt dies als „state corporatism" (Ho, 2006, S. 107 f.).

Erst in den 1980er-Jahren entstanden in Taiwan aus der sich allmählich herausbildenden Mittelschicht neue politische Kräfte, die den starken Widerstand der KMT gegen soziale Bewegungen schwächten. Demokratische Reformen wurden eingeführt. 1986 wurde die Demokratische Fortschrittspartei (DFP) gegründet und 1987 das Kriegsrecht aufgehoben.

Eine mehr oder weniger freie Arbeiterbewegung begann in Taiwan erst danach. Immer mehr Persönlichkeiten begannen sich vom Einfluss der KMT in staatlichen Unternehmen und Verwaltungen abzusetzen. Teilweise arbeiteten sie mit der DFP zusammen oder wurden sogar Parteimitglieder. Das führte dazu, dass ein großer Teil der Wirtschaft nicht mehr streng vom Staat kontrolliert wurde. Die Gewerkschaften erlebten einen Aufschwung.

Während sich die Arbeiterbewegung in der frühen Phase auf Themen wie Überstunden und Jahresprämien konzentrierte, wandelte sie sich in den frühen 1990er-Jahren allmählich und verlangte – u. a. in Zusammenarbeit mit der DFP – eine Neubesetzung der Kader und Umorientierung der Gewerkschaften. Die KMT sollte ihre Macht und ihren Einfluss aus den Gewerkschaften zurückziehen. Damit verlor die KMT auch ihre angestammte starke Stellung in den Staatsunternehmen (Ho, 2006).

2000 verlor die KMT die Wahlen gegen die DFP. Diese übernahm die Regierung und brachte umgehend einen Entwurf zur Überarbeitung des Gesetzes über Arbeitsnormen ein. Das revidierte Gesetz trat 2001 in Kraft, u. a. nach einem Kompromiss mit KMT über die Höchstarbeitszeit. Dies war ein erster Schritt der DFP, Exekutivgewalt über die Arbeiterbewegung auszuüben. Es folgte die Überarbeitung des Gewerkschaftsgesetzes und des Gesetzes über die Schlichtung von Arbeitsstreitigkeiten.

Mit den Fortschritten der Arbeiterbewegung nahm die Zahl der strittigen Fälle zwischen den Arbeitnehmern und Arbeitgebern sowie die Mitgliederzahl der Gewerkschaft zu. Der gewerkschaftliche Organisationsgrad stieg an (2001 auf beinah 40 %). „Im Vergleich zu anderen Ländern mit ähnlich eiserner staatlicher Kontrolle war Taiwan jedoch ein seltener Fall, in dem die Kontrollmechanismen durch eine Reihe schrittweiser statt umwälzender Arbeitsreformen unterminiert wurden" (Wang, 2010, S. 54).

Ab 1989 wurden viele Staatsbetriebe aufgrund politischer und makroökonomischer Bedingungen privatisiert. Als die Arbeiter Lohnerhöhungen, bessere Arbeitsbedingungen und bezahlte Überstunden, also mehr soziale Gerechtigkeit, forderten und durchzusetzen begannen, begannen die Unternehmen ihre Produktionsstätten nach Kontinentalchina, aber auch nach Südostasien und dabei vor allem nach Vietnam zu verlagern.

(2) Finanzmarkt

Die Bedeutung liquider und effizienter Finanzmärkte kann für eine erfolgreiche wirtschaftliche Entwicklung nicht hoch genug eingeschätzt werden. Gut funktionierende Finanz- und Kapitalmärkte sind eine unerlässliche Voraussetzung für wirtschaftliches Wachstum. Sie tragen zur Mobilisierung der Ersparnisse in einer Volkswirtschaft und ihrer Allokation in produktiven Sektoren bei.

Von den 1960er- bis in die 1980er-Jahre war das Finanzsystem in fast allen asiatischen Ländern unter starkem staatlichem Einfluss. Der Staat und damit die Politik kontrollierte indirekt oder direkt über Staatseigentum am Bankensystem die Zuteilung der Finanzmittel für die Wirtschaft, für Sektoren oder einzelne Unternehmen. Weit verbreitet waren Interventionen wie Zinsvorschriften, selektive Kreditvergabe und verbilligte Kredite, explizite und implizite Steuern auf Finanzinstitute und internationale Kapitalverkehrskontrollen.

Jahrzehntelang mangelte es in den meisten asiatischen Nationen an leistungsfähigen Finanz- und Kapitalmärkten. Deshalb konnten die traditionell großen Ersparnisse lange nicht in der Region absorbiert und eingesetzt werden. Stattdessen flossen sie in die Finanzmärkte von New York und London.

Seit Anfang der 1980er-Jahre setzten Reformen im Sinne von Deregulierung, Privatisierung, Marktorientierung und Internationalisierung des Bank- und Finanzwesens ein. Nach der Asienkrise der 1997/1998 wurden diese Bestrebungen verstärkt. Eine Finanzierung über Bankkredite wurde schrittweise durch eine *Finanzierung über heimische Kapitalmärkte* abgelöst und damit reduziert. Verstärkt wurden inländische Finanzierungsquellen erschlossen. Damit verfügten die inländischen Kapitalmärkte über eine breitere und solidere finanzielle Basis. Sie begannen, eine tragfähigere Säule der Wirtschaftsentwicklung dieser Länder zu bilden.

In **Taiwan** war der Finanzsektor, wie Shih (1998) ausführt, lange Zeit unter *strikter staatlicher Kontrolle*. Alle 12 Banken waren staatlich. Die Zinsen wurden politisch kontrolliert. Mit Beginn der 1980er-Jahre wurde die Zinskontrolle allmählich gelockert und fiel 1989 vollständig weg. 1995 kam es zum Markteintritt von 15 neu gegründeten privaten Geschäftsbanken. Dies bewirkte mehr Wettbewerb bei den Zinsen und Konditionen, insbesondere für Spareinlagen. In den späten 1980er- und frühen 1990er-Jahren wurden in verschiedenen anderen Bereichen des Finanzsektors bestehende Marktzutrittsschranken beseitigt. Liberalisierungsschritte wurden für den Marktzugang auf internationaler Ebene vorgenommen, um den lokalen Finanzsektor zu modernisieren. Wohl durften ausländische Banken bereits seit 1964 Zweigstellen in Taiwan errichten. Es bestanden aber zahlenmäßig und geographisch restriktive Auflagen. Erst Mitte der 1980er-Jahre wurden diese Restriktionen schrittweise aufgehoben. Die wachsende Zahl neuer Finanzinstitute hat den Wettbewerb angekurbelt und zur Vitalität des Finanzmarktes beigetragen, was sich letztlich positiv auf das Wirtschaftswachstum auswirkte.[11]

Südkorea In der Frühphase der wirtschaftlichen Entwicklung des Landes war der südkoreanische Privatsektor der staatlichen Rationierung von Krediten und Devisen völlig ausgeliefert. Dies war möglich, weil alle *Banken bis 1983 im Staatsbesitz* waren und weil selbst die später privatisierten Banken bis Anfang der 1990er-Jahre faktisch von

---

[11] Im Zusammenhang mit dieser Liberalisierung haben Chang und Caudill (2005) mit ökonometrischen Methoden für Taiwan und die Zeitperiode 1990–1998 eine unidirektionale Kausalität vom Finanzsektor und seiner Entwicklung zum Wirtschaftswachstum nachgewiesen. Darüber hinaus stellen sie auch eine unidirektionale Kausalität fest, die von der finanziellen Entwicklung zu den realen Exporten und von den realen Exporten zum Wirtschaftswachstum führt.

der Regierung kontrolliert wurden. Bis Anfang der 1990er-Jahre bestand ein gesetzlich verankertes staatliches Monopol für alle Devisentransaktionen.

Das staatliche Bankensystem war in Südkorea die wichtigste Quelle für die Vermittlung von Finanzen in der Wirtschaft. Auch wurden Banken vom Staat speziell gegründet, um bestimmte Industriesektoren zu finanzieren, deren Versorgung an Finanzmitteln aufgrund begrenzter Verfügbarkeit oder geringer Rentabilität unzureichend war. Der Staat förderte und koordinierte Aktivitäten im Finanzsystem und pflegte institutionalisierte Partnerschaften zwischen Banken und Unternehmen, so Kalinowski und Jang (2014, S. 504).

Die folgende Liberalisierung des Finanzsystems führte dazu, dass *Chaebols staatliche Geschäftsbanken* im Zuge deren Privatisierung *übernehmen konnten*. Das gab ihnen die Fähigkeit, Finanzmittel über eigene Finanzinstitute zu beschaffen. Es war unwahrscheinlich, dass Kredite von ihrer eigenen Bank zurückgefordert wurden. Mit den damit gewonnenen Finanzierungsmöglichkeiten betrieben die Chaebols Akquisitionen und kauften u. a. weitere Staatsunternehmen. Diese Konstellation stärkte die Chaebols und damit den konzentrierten Familienbesitz weiter.

Singapur In Singapur spielte staatlich erzwungenes Sparen über Budgetüberschüsse sowie Überschüsse von statutarischen Boards wie der „Maritime & Port Authority of Singapore" (MPAS), der „Telecommunication Authority of Singapore" (TAS) usw. und über Versicherungssparen („Central Provident Fonds") nach Kapitaldeckungsverfahren eine wichtige Rolle für die Entwicklung. Dies ermöglichte der Wirtschaftspolitik, im Land selber erhebliche Kapitalreserven anzusparen und zur Verfügung zu stellen. Von solchen Ersparnissen konnte die Regierung Gelder zinsgünstig abholen, eine hervorragende Infrastruktur auf- und ausbauen, ja sogar gezielte eigene Investitionen im Ausland finanzieren. Damit wurde auch eine Auslandverschuldung vermieden.

Staatliches Eigentum erfolgt in erster Linie über *Holdinggesellschaften* – „Temasek Holdings", MND Holdings und die „Health Corporation of Singapore" – und gesetzlich vorgeschriebene Gremien. „Temasek" ist der *Staatsfonds* von Singapur, der Unternehmen mit guten Wachstumsaussichten mit Kapital unterstützt und damit die wirtschaftliche Entwicklung des Stadtstaates vorantreibt. Der Staat kann Unternehmen, die der Fonds in seinem Portfolio hat, indirekt kontrollieren; bei hoher Beteiligung sind diese faktisch Staatsunternehmen (vgl. dazu Carney, 2018, S. 227 ff.). 2006 war ein Drittel der Marktkapitalisierung der Börse von Singapur in den Händen von Temasek. Der Fonds wird aktiv betrieben, was bedeutet, dass er die Eigentumsverhältnisse beeinflusst und Führung und Kontrolle der Unternehmen, in die er investiert, mitgestaltet.

Auf diese indirekte Art sind wichtige Unternehmen ein integraler Bestandteil der politischen Wirtschaft Singapurs. In dieser Konstellation nimmt der Staat einen beträchtlichen Einfluss auf die Wirtschaft wahr und betreibt eine „paternalistische" Leitung des lokalen Unternehmenssektors. Wie Carney zu zeigen versucht, sind staatliche Vermögensfonds („Sovereign Wealth Funds") wie Temasek ein wichtiges Führungsinstrument von autoritären Regierungen; sie sind Teil eines autoritären Kapitalismus.[12]

Die Abhängigkeit von Unternehmen vom Staatsfonds ermöglicht es der PAP, wie Carney, (2018, S. 232 f.) ausführt, Angestellte des öffentlichen Sektors durch Aufsichts-

---

[12] Vergleiche den „Qatar Investment Authority" (QIA) von Katar oder den „Public Investment Fund" (PIF), den Staatsfonds von Saudi-Arabien oder analoge Fonds in China.

ratsposten in Unternehmen mit erheblichen Vergütungen zu belohnen. Diese Art der Begünstigung ist nur in begrenztem Maße öffentlich transparent.

2.3 Öffentliche Aufgaben

2.3.1 Infrastruktur

Gemäß dem „Logistics Performance Index" der Weltbank mit Infrastruktur als einem besonders wichtigen Teil im Set der Indikatoren gehört Singapur 2018 zur Weltspitze. Ebenfalls sehr gute Werte weisen Südkorea mit Rang 25 und Taiwan mit Rang 27 unter 160 Ländern auf, alle drei klar über dem Durchschnitt in der Region Ostasien und Pazifik.

Singapur hat früh großes Gewicht auf eine gut ausgebaute Infrastruktur gelegt und dafür auch einen großen finanziellen Aufwand betrieben. Diese Infrastruktur sollte die Attraktivität des Standortes für Investitionen aus dem Ausland erhöhen und hat diese Funktion auch erfüllt. In Südkorea wurde in den letzten Jahrzehnten, dank gezielter Investitionen, ein hochmodernes und dichtes Netz an Verkehr- und Transportinfrastruktur errichtet. Auch das Telekommunikationsnetz wurde wiederholt auf den modernsten Stand gebracht.

2.3.2 Bildung

In allen drei Ländern hat Bildung traditionell einen hohen Stellenwert. Seit den 1960er-Jahren haben die Regierungen denn auch viel in das Bildungssystem investiert. Eltern haben einen hohen Anteil ihres Einkommens für Bildung ihrer Kinder ausgegeben. Aufgrund der großen Bildungsanstrengungen entstand in den 1990er-Jahren eine aufsteigende, gut qualifizierte und urbane neue Mittelklasse, was zu einem Wandel in der sozialen Struktur der Gesellschaften geführt hat.

Singapur
Bildungssystem: Das Bildungssystem von Singapur gilt als eines der besten der Welt. Die obligatorische Schulpflicht beginnt ab dem sechsten Lebensjahr. In den Schulen wird von Anfang an auf Englisch unterrichtet, unabhängig davon, was die Kinder zu Hause sprechen. Nach der allgemeinbildenden Grundschule folgt die Sekundarschulbildung und weiter die wissenschaftliche und technische Hochschulbildung. Die Gesellschaft zeigt eine hohe Bildungsbereitschaft und eine chinesisch geprägte Arbeitsethik.

Die Bildungsausgaben Singapurs machen einen Anteil von 2,9 % des BIP aus. Damit rangiert Singapur im internationalen Vergleich nur im Mittelfeld. Dennoch belegte Singapur im PISA-Test 2015 in allen drei Bereichen – Lesen, Rechnen und Naturwissenschaften – im weltweiten Vergleich den Spitzenrang, im PISA-Test 2018 platzierte sich das Land auf Rang 2.

Universitäten Der Stadtstaat verfügt über drei staatliche Universitäten: Die „National University of Singapore" (NUS) zählt laut dem „World University Ranking" des britischen „Times Higher Education Supplement" (2006) zu den 20 besten Universitäten der Welt; weiter die „Nanyang Technological University" (NTU) und die jüngste Universität, die „Singapore Management University" (SMU).

Neben den staatlichen Universitäten bieten verschiedene private, zu einem Großteil auch ausländische Universitäten und Bildungseinrichtungen, wie etwa die französische Insead oder auch die „École Supérieure des Sciences économiques et Commerciales" (ESSEC) oder eine Zweigstelle der Sorbonne, ihre Dienste an.[13]

Darüber hinaus bestehen fünf technische Polytechnics (Fachhochschulen) mit insgesamt etwa 80.000 Schülern.[14]

Südkorea[15]
Durch den großen Einfluss des Konfuzianismus wird der Bildung in Südkorea traditionell ein sehr hoher Wert beigemessen. Der erreichte Bildungsstand bestimmt wesentlich auch den späteren sozialen Status. Mit der Gründung Südkoreas begann die Regierung, ein modernes Schulsystem nach westlichem Vorbild zu errichten. Südkorea weist eine der höchsten Alphabetisierungsraten weltweit auf, und die gut ausgebildete Bevölkerung wird als einer der wesentlichen Gründe für den starken wirtschaftlichen Aufschwung angesehen.

Das südkoreanische Bildungssystem ist stark zentralisiert und wird vom „Ministerium für Bildung und die Entwicklung von Humanressourcen" geführt. Von den 1950er- bis in die 1980er-Jahre tätigte der Staat rasch wachsende Investitionen in den Bildungssektor. Bedeutende Investitionen tätigten auch der private Sektor und insbesondere Eltern und Haushalte. Die Erfassung der Jugendlichen durch das formale Schulsystem ist rasch angewachsen. Die Schulbildung erfolgt fast durchgängig bis zur High-

---

[13] Aus der Schweiz haben die Universität St. Gallen und die ETHZ Kooperationsvereinbarungen mit Hochschulen von Singapur und eine eigene Präsenz vor Ort.
[14] Sie bieten Kurse und Abschlüsse („Diploma") in Ingenieurwesen, Wirtschaft, Rechnungswesen, IT, Produktdesign, Innenarchitektur, Architektur, Naturwissenschaften, Lebenswissenschaften, Biotechnologie, Meeresstudien, Ernährungswissenschaften, Gesundheitswesen, Touristik, Massenkommunikation und Medien an.
[15] Quelle: https://de.wikipedia.org/wiki/Südkorea#Bildung.

school. Beinah drei Viertel der Highschoolabgänger absolvieren eine tertiäre Ausbildung. Es mangelt aber an Berufsbildungsprogrammen.

Die Ausbildung von Koreanern im Ausland insbesondere als Studierende in den USA spielte eine große Rolle. In den 1950er- und 1960er-Jahren kam es deshalb sogar zu ernsthaften Problemen der Arbeitslosigkeit wegen Überqualifikation der Rückkehrer. Die rasch verbesserte Qualifikationsbasis war ein wichtiges Fundament für die rasche Adaption von importierten Technologien und die Entwicklung von neuen Technologien in Südkorea.

Taiwan[16]
Das moderne, westlich geprägte taiwanesische Bildungssystem hat seine Ursprünge in der japanischen Kolonialzeit. Nach der Verselbständigung von Taiwan wurde das System in starker Anlehnung an das amerikanische Bildungssystem weiterentwickelt. Seit 1968 gilt eine staatlich finanzierte, kostenfreie 9-jährige Schulpflicht. Auf Highschoolstufe wurde eine Berufsbildung aufgebaut. 1980 kamen auf einen Highschoolstudenten 2 in der Berufsbildung! Ab 1974 gibt es Technical Colleges, die einen Bachelor verleihen.

Die Alphabetisierungsrate lag 2015 bei 98,7 %. Im PISA-Ranking von 2015 erreichten Taiwans Schüler Platz 4 von 72 Ländern in Mathematik, Platz 4 in Naturwissenschaften und Platz 26 beim Leseverständnis. Taiwanesische Schüler gehörten damit zu den besten unter allen teilnehmenden Ländern. Kritisiert wird allerdings der hohe Leistungsdruck, dem die Schüler ausgesetzt sind.

Ein großes Problem für Taiwan war der Abfluss von jungen Talenten („Braindrain") ins Ausland. Die Regierung re-

---

[16] Quelle: https://de.wikipedia.org/wiki/Republik_China_(Taiwan)#Bildung_und_Wissenschaft.

agierte mit attraktiven Rückkehrangeboten. Dabei half die stark wachsende Nachfrage nach gut qualifizierten Arbeitskräften in Taiwan, was Mitte der 1980er-Jahre zu einer Umkehr des Braindrains führte. Ein Beispiel dafür ist der 1980 gegründete „Hsinchu Science-based Industrial Park", der Investitionen in Hightechindustrien und damit auch Studenten und Überseechinesen zur Rückkehr anziehen sollte.

2.3.3 Gesundheit

Singapur[17]
Das Gesundheitssystem in Singapur besteht aus einem staatlich betriebenen, öffentlich finanzierten sowie einem bedeutenden privaten Bereich. Die Finanzierung des öffentlichen Bereichs erfolgt durch eine Mischung aus direkten staatlichen Zuschüssen, Zwangssparen im Hinblick auf anfallende Gesundheitskosten, einer nationalen Krankenversicherung und Kostenbeteiligung. Die Kosten im Gesundheitswesen unterliegen weitgehend den Marktkräften und variieren innerhalb des privaten Sektors je nach medizinischem Fachgebiet und angebotener Leistung enorm.

Der „Central Provident Fund" (CPF) verwaltet das öffentliche Krankenversicherungssystem. Dazu gehört u. a. MediShield Life, eine Basiskrankenversicherung, die alle Bürger Singapurs und Personen mit ständigem Wohnsitz in Singapur lebenslang gegen hohe Krankenhausrechnungen absichert, unabhängig von Alter oder Gesundheitszustand. MediShield Life hilft bei der Begleichung hoher Krankenhausrechnungen und ausgewählter kostspieliger ambulanter Behandlungen, wie Dialyse und Chemotherapie bei Krebs.

---

[17] Quelle u. a. https://en.wikipedia.org/wiki/Healthcare_in_Singapore.

Kernstück des Versicherungssystems ist Medisave, ein Sparkonto zur Begleichung von Gesundheitskosten. Alle erwerbstätigen Bürger und Personen mit ständigem Wohnsitz in Singapur sind verpflichtet, einen Teil ihres Einkommens auf ihr Medisave-Konto einzuzahlen. Auch die Arbeitgeber müssen sich an diesen Einlagen beteiligen. Die Kontoinhaber können daraus ihre eigenen Arztrechnungen und die ihrer unmittelbaren Angehörigen bezahlen. Die Versicherung ist so strukturiert, dass die Patienten bei großen Krankenhausrechnungen weniger in Medisave einzahlen müssen. Für Personen mit geringen oder keinen Ersparnissen bestehen spezielle Versicherungen.

Singapur verfügt über ein effizientes und flächendeckendes System der Gesundheitsversorgung, das als eines der besten der Welt angesehen wird. 2019 hat Singapur mit 84,8 Jahren die höchste Lebenserwartung der Welt ausgewiesen.

Taiwan
Taiwan verfügt über ein staatliches soziales Krankenversicherungsprogramm, „National Health Insurance" (NHI) (Cheng, 2020). Dieses bietet allen Mitgliedern eine angemessene medizinische und gesundheitliche Versorgung. Zu den abgedeckten Leistungen gehören Präventiv-, Primär-, Facharzt-, Krankenhaus- und psychische Gesundheitsdienste. Die Mitgliedschaft in der NHI ist für alle Bürger und für Ausländer, die sich länger als sechs Monate legal in Taiwan aufhalten, obligatorisch. Praktisch alle Einwohner sind eingeschrieben.

Diese Einheitskasse wird in erster Linie durch lohnabhängige Prämien finanziert. Für einkommensschwache Haushalte, Beamte und andere gewährt die Regierung großzügige Prämiensubventionen. Zu den Kosten, die die Patienten selber bezahlen müssen, gehören eine Beteiligung für ambulante Behandlungen und verschreibungspflichtige

Medikamente sowie bei Spitalaufenthalten. Die Gesundheitsdienste werden größtenteils von vertraglich gebundenen privaten Anbietern erbracht.

Parallel dazu bieten private, gewinnorientierte Krankenversicherungen krankheitsspezifische Leistungen an. Dabei handelt es sich meist um einen Zusatz zu nichtmedizinischen Policen wie Lebens- oder Kfz-Versicherungen. Im Krankheitsfall erhalten die Versicherten Geldleistungen, die sie für private Spitalaufenthalte oder Geräte verwenden können, die nicht von der NHI abgedeckt werden. Der Anteil der privaten Absicherung an den gesamten Gesundheitsausgaben nimmt zu.

Mehr als 3 Mio. Taiwanesen (12,8 % der Bevölkerung) werden als wirtschaftlich benachteiligt gesehen. Sie erhalten von der „National Health Insurance Administration" (NHIA) verschiedene finanzielle Unterstützung, darunter Prämienzuschüsse und Ermäßigungen oder Befreiung von einem Selbstbehalt, uneingeschränkten Zugang zu den NHI-Leistungen. Das NHIA stellt auch zinslose Darlehen und Ratenzahlungspläne für diejenigen zur Verfügung, die ihre Prämien nicht pünktlich bezahlen können, weil sie vorübergehend arbeitslos sind oder zwischen zwei Arbeitsstellen wechseln. In den letzten Jahren hat die Regierung die Einkommensgrenze gesenkt, damit mehr Einwohner diese Prämienzuschüsse in Anspruch nehmen können.

Südkorea
Das staatlich geprägte System von Südkorea besteht aus drei Säulen:

- *Gesetzliche Krankenversicherung (National Health Insurance)* Ein öffentliches Krankenversicherungsprogramm des Ministeriums für Gesundheit und Wohlfahrt, in das Südkoreaner einzahlen müssen (Versicherungspflicht) und das 97 % der arbeitenden Bevölkerung erfasst.

- **Medizinische Fürsorge *(Medical Aid)*** Ein Sozialhilfeprogramm der Zentralregierung und der lokalen Regierungen für diejenigen, die keine Beiträge zur nationalen Krankenversicherung zahlen können. Für diese rund drei Prozent aller Einwohner bezahlt der Staat die Versicherungsbeiträge.
- **Langzeit-Fürsorgeprogramm *(Longterm Care Program)*** Das Fürsorgeprogramm sichert Menschen unter 65 Jahren ab, die chronisch erkrankt sind, sowie Personen über 65 Jahren, die an speziellen altersbedingten Erkrankungen (wie z. B. Alzheimer oder Parkinson) leiden und eine starke Belastung für ihre Angehörigen bedeuten.

Die Qualität des Gesundheitssystems von Südkorea gilt als eine der besten der Welt. Es bietet ein hohes Niveau an medizinischer Versorgung zu im internationalen Vergleich niedrigen Kosten. „Im Jahr 2015 belegte Südkorea den ersten Platz in der OECD in Bezug auf den Zugang zur Gesundheitsversorgung. Die Zufriedenheit mit der Gesundheitsversorgung gehört durchweg zu den höchsten in der Welt – Südkorea wurde von Bloomberg als das zweit effizienteste Gesundheitssystem bewertet" (Wikipedia, o. J.).

2.3.4 Soziale Sicherheit

Singapur

Als eine Ausnahme im Vergleich mit den meisten andern Ländern Asiens hat Singapur bereits in den 1950er-Jahren ein *umfangreiches soziales Sicherungssystem* eingeführt und verfügt heute über ein international beachtliches Wohlfahrtssystem in Bereichen wie Altersvorsorge, Wohnungen und Gesundheit. „Neben materieller Bedürfnisbefriedigung und der Erzielung stetig steigender Einkommen gelang es der Regierung, durch umfassende Sozialpolitiken das Vertrauen innerhalb der Bevölkerung und deren Akzeptanz des politischen Herrschaftsmodells zu stärken" (Dosch, 2018, S. 410).

Der staatliche *„Central Provident Fund"* (CPF) ist ein Renten- und Vorsorgefonds, der eine Art Pflichtsparprogramm darstellt und in den Arbeitgeber und Arbeitnehmer einzahlen. Er dient in erster Linie der Altersvorsorge der Arbeitnehmer. Ab Erreichen des gesetzlichen Rentenalters kann eine monatliche Auszahlung der im CPF angesparten Altersvorsorge in Anspruch genommen werden. Unter gewissen Umständen kann der Fund auch für die Gesundheitsleistungen (Deckung von Kosten für medizinische Heilbehandlungen), die Finanzierung einer universitären Ausbildung und/oder den Erwerb privaten Wohneigentums genutzt werden.

Öffentlicher Wohnungsbau Singapur hat eines der erfolgreichsten öffentlichen Wohnungsbauprojekte der Welt. Etwa 90 % der Bevölkerung des Stadtstaates besitzen ein Haus oder eine Wohnung. Diese wurden in staatlich genehmigten Projekten gebaut und werden zu staatlich genehmigten Preisen zur Verfügung gestellt. Die Regierung hat auch Maßnahmen ergriffen, um eine ethnische Konzentration zu verhindern und damit in jedem Viertel eine Mischung von verschiedenen Ethnien besteht. Es ist bemerkenswert, dass ein Land mit einer klar kapitalistischen Grundstruktur eine starke wohlfahrtsstaatliche Orientierung im Wohnungsbau hat. Und es funktioniert. Singapur hat eines der besten Wohnungssysteme der Welt.

Südkorea
Südkorea verfügt über ein Sozialversicherungssystem, das dem internationalen Standard entspricht. Innerhalb dieses Systems gibt es eine Unfall-, eine Kranken-, eine Arbeitslosen- und eine Todesfallversicherung. Arbeitnehmer schlie-

ßen auch eine Arbeitsunfallversicherung ab, um im Fall von arbeitsbedingten Unfällen, Krankheiten oder Todesfällen geschützt zu sein. Der Abschluss einer Krankenversicherung ist für alle Bürger Pflicht.

Ende 2017 waren 50,94 Mio. Menschen, d. h. 99,1 % aller Bürger, krankenversichert. Im Krankheitsfall steht dem Bürger hochqualifiziertes medizinisches Personal zur Verfügung, wobei die Kosten für medizinische Leistungen moderat sind.

Taiwan
Der taiwanesische Wohlfahrtsstaat wird seit langem als Prototyp des ostasiatischen entwicklungsorientierten Wohlfahrtsregimes angesehen. Ähnlich wie in Südkorea übernimmt der Staat in seinem Streben nach wirtschaftlicher Entwicklung die Verantwortung für das Wohlergehen der Bevölkerung nur zögerlich und überlässt sie den Einzelnen und ihren Familien. In der Realität sind viele Menschen stark auf die Unterstützung ihrer Familien angewiesen (Shih-Jiunn Shi, 2012).

Zum Sozialversicherungssystem Taiwans gehören (Bureau of Labor Insurance, Ministry of Labor, 2020):

- *Labour Insurance Program (LIP)* Die Leistungen der Arbeitsversicherung decken medizinische Kosten ab bei Mutterschaft, Geburt, Krankheit, Invalidität, Alter, Tod und arbeitsbedingten Gefahren.
- *Employment Insurance Act* Aufgabe des Staates ist es gemäß Zweckartikel, die Fähigkeit der Arbeitnehmer, eine Beschäftigung zu finden, zu verbessern, die Beschäftigung zu fördern und den Arbeitnehmern während einer bestimmten Zeit der Arbeitslosigkeit eine Berufsausbildung und den Grundbedarf für den Lebensunterhalt zu garantieren.

- **National Health Insurance Program (NHIP)** Die NHIP bietet umfassende Leistungen, die stationäre Behandlung, ambulante Behandlung, Arzneimittel, zahnärztliche Leistungen, traditionelle chinesische Medizin, Tagespflege für psychisch Kranke und häusliche medizinische Versorgung abdecken. Auch teure Gesundheitsleistungen wie Dialyse und Organtransplantationen sind abgedeckt.
- **Labour Pension Program (LPP)** Für das Alter besteht eine Pauschalleistung im Rahmen des nationalen Rentenprogramms. Unabhängig vom Beschäftigungsstatus kann ein Arbeitnehmer mit 60 Jahren mit der Auszahlung seiner Rente beginnen. Arbeitnehmer mit mindestens 15 Jahren Betriebszugehörigkeit können wählen, ob sie eine monatliche Rente oder einen Pauschalbetrag erhalten möchten.

2.4 Modernisierung und jüngere Entwicklung: Ende des „East Asian Capitalism"?

Finanz-, Währungs- und Wirtschaftskrise in Ost- und Südostasien 1997/1998

Die Demokratisierungsbestrebungen der späten 1980er-Jahre u. a. in Südkorea sowie die Finanz-, Währungs- und Wirtschaftskrise in Ost- und Südostasien in den Jahren 1997/1998 stellten eine schwerwiegende *Zäsur* in der Entwicklung der betroffenen Länder dar. Für Singapur, Südkorea und Taiwan kann, ja muss eine erste Phase der Modernisierung, eine Gründerphase in der Zeit nach dem Zweiten Weltkrieg und eine zweite Phase nach der Asienkrise unterschieden werden.

Mit Beginn März 1997 kam es zu einer großen Finanz- und Wirtschaftskrise in Südostasien, die Asienkrise. Ausgangspunkt war Thailand. Südkorea gehörte zu den am stärksten betroffenen Ländern. Ebenso betroffen, wenn auch weniger stark, war Singapur. Taiwan konnte sich weitgehend unbeschadet halten. Die verschiedenen Gründe, die zur Krise geführt haben, werden kontrovers diskutiert. Ein wesentlicher Grund war aber ohne Zweifel die *Kreditblase* aufgrund des im Zuge der Liberalisierung der Finanzmärkte stattgefundenen Kreditbooms in Asien. Dazu beigetragen hat auch der beschleunigte, massive und z. T. auch spekulative Kapitalzufluss in asiatische Volkswirtschaften. 1997 brach die Euphorie zusammen. Viele wollten ihr Kapital aus den Krisenländern abziehen, was die Krise noch weiter verschärfte. An dieser Stelle interessiert weniger der Krisenmechanismus an sich als vielmehr die Konsequenzen für die Staats- und Wirtschaftsordnung von Südkorea, Singapur und Taiwan.

Großen Einfluss darauf hatte die *Strategie des Internationalen Währungsfonds*, IWF (IWF-Stab, 2000). Der IWF war der Auffassung, dass die Krise „überwiegend hausgemacht" („mainly homegrown") sei und wirtschaftspolitische Fehler in den Krisenländern die Hauptursachen seien. Bei der IWF-Krisenbekämpfung ging es nicht darum, vorhandene strukturelle Schwächen der Finanzmärkte zu beheben. Der IWF wollte vielmehr eine Neuordnung der asiatischen Volkswirtschaften herbeiführen. Bevor Hilfskredite flossen, mussten sich die Regierungen Thailands, Indonesiens und Südkoreas zu weitreichenden Reformen verpflichten.

An die Unterstützung des IWF waren Reformen geknüpft, die dem vorhandenen Zentralismus, dem asiatischen Weg und den asiatischen Werten widersprachen und im Gegensatz dazu freie Kapitalmärkte, ein starkes privates Bankensystem und Transparenz forderten. Zur Wiederherstellung des Vertrauens und zur Verhinderung der Geldabflüsse verordnete der Fonds höhere Zinsen u. a., um die Wechselkurse zu stabilisieren, fiskalische Disziplin durch massive Kürzung der Staatsausgaben, Reformen des hochverschuldeten Firmensektors und Umstrukturierungsmaßnahmen bezüglich der Laufzeiten von kurzfristigen Krediten, eine Restrukturierung des Finanzsystems und Öffnung des Finanzplatzes sowie tiefgreifende Reformen des Staatsapparats.[18]

Einzelne Auflagen verschärften die Krise weiter. Die IWF-Politik sorgte in den Krisenländern für Verbitterung. In Südkorea heißt die Krise bis heute „IWF-Krise", nach der Kolonisierung des Landes durch Japan 1910 der zweite Fall nationaler Schande. Die US-Regierung nutzte den IWF als Instrument ihrer Außenwirtschaftspolitik und kontrollierte diesen auch in der Asienkrise zugunsten ihrer Interessen.[19] Bei der nächsten großen Finanzkrise 2008/2009 setzten die westlichen Industrieländer genau jene Strategie ein, die sie den Asiaten 1997 verweigert hatten. Sie stellten massive Hilfen für die strauchelnden Kreditinstitute und Volkswirtschaften bereit und versorgten die Märkte mit gewaltigen Summen an Liquidität („quantitative easing"). 2008 ff. wurde in den OECD-Ländern eine völlig andere Krisenpolitik angewandt als in Asien 1997 ff. Diese Erfahrung bestärkte die Skepsis der Regierungen in Südostasien gegenüber von westlichen Staaten dominierten multilateralen Organisationen. Südkorea etwa baute seine Währungsreserven massiv aus (siehe dazu den Bericht Rist, 2017 und den Kommentar von Dieter, 2022).

---

[18] Vergleiche das analoge Vorgehen des IWF seit 2010 gegenüber Griechenland im Zusammenhang mit der Eurokrise.

[19] Dreher und Jensen (2007) zeigten in einer Paneldatenanalyse im Zeitraum von 1997 bis 2003, dass die Anzahl der Bedingungen für ein IWF-Darlehen vom Abstimmungsverhalten des kreditnehmenden Landes in der UN-Generalversammlung abhing. Enge Verbündete der USA (und andere Länder der Gruppe der 7 [G7]) erhielten IWF-Darlehen mit weniger Auflagen, insbesondere vor Wahlen.

Weitere Entwicklung der Wirtschaftsordnung und Wirtschaftspolitik

Pfadabhängigkeit: Wie Kalinowski (2015) ausführt, wurde der spezifische Charakter der Finanzpolitik im Krisenmanagement weitgehend durch die Pfadabhängigkeit bestimmt. Gemeint ist damit, dass vorhandene Institutionen Handlungen und damit auch Politik vorstrukturieren. Dadurch ergeben sich für spätere Handlungen und Politiken engere, eben vorstrukturierte Spielräume und prägen das Resultat. Dies ist im Falle der Entwicklung der drei Länder der Fall. Das heißt, wesentliche strukturelle Elemente, die sich in den drei Ländern bis in die 1990er-Jahre herausgebildet haben, wirken auch nach der Asienkrise weiter.

Südkorea und Taiwan haben über eine längere Zeit eine Strategie der hohen Arbeitsintensität bei relativ tiefen Löhnen verfolgt (Kostenwettbewerb). Zudem haben sie von Technologien, die auf dem Weltmarkt erhältlich waren, profitiert. Den Kosten- und damit Wettbewerbsvorteil haben sie ab den 1990er-Jahren allmählich an China und Indien verloren. Sie haben ein mittleres Einkommensniveau erreicht und waren mit der *„middle income trap"* konfrontiert. Gefragt und verlangt war eine *Strategieänderung*, um in einer nächsten Phase den Übergang zu einer Wirtschaft mit hohem Einkommen zu schaffen. Über einen Strukturwandel der Wirtschaft Richtung Leistungen mit höherer Wertschöpfung und damit Innovation mussten sie zu einem fortgeschritteneren Wirtschaftswachstum übergehen. Singapur, Südkorea und Taiwan haben die Überwindung der „middle income trap" geschafft. Was war dafür entscheidend? Wo bestehen neue Probleme?

Wandel in der Rolle des Staates Die Wirtschaftskrise hat zu einer Wiederbelebung des „alten" staatlich geführten Modells des Entwicklungskapitalismus geführt. Die Zusammenarbeit von Staat und Wirtschaft war in diesen Ländern immer wichtig. Im Vergleich zur ersten Phase haben aber die Unternehmen und damit die privatwirtschaftlich und stärker marktorientierten Kräfte an Einfluss gewonnen. Staat und Regierungen haben an Planungs- und Steuerungskompetenz verloren und wurden in eine komplementäre Position gedrängt. Organisationen der Arbeit, Gewerkschaften waren und blieben schwach und eingeschränkt. Unter dem Druck des IWF begann z. B. in Südkorea eine Entflechtung von Politik und Wirtschaft und eine kritische Durchleuchtung der verschachtelten Großkonzerne (Chaebols).

In der frühen Entwicklungsphase konzentrierte sich der Staat auf Wachstum, Makroplanung und Makrokoordination. In der Phase nach der Asienkrise beschäftigte er sich, wie Kalinowski (2015, S. 246 ff.) aufzeigt, mit fragmentierten Mikrointerventionen. Er erhöhte seine Ausgaben, um die Wettbewerbsfähigkeit der einheimischen Unternehmen zu erhalten. Im Gegensatz zu den wohlfahrts- und korporatistischen Staaten in Europa waren die ostasiatischen Länder stärker auf direkte staatliche Interventionen angewiesen, da ihnen automatische Stabilisatoren, die die sozialen und wirtschaftlichen Auswirkungen von Krisen abfederten, fehlten.

Gleichzeitig waren die drei Staaten immer weniger in der Lage, strategisch und proaktiv zu handeln. Anstatt – wie vor der Krise – die Wirtschaft zu planen und Mittel in Branchen zu lenken, die als besonders chancenreiche, neue Wachstumszentren ausgewiesen sind, wurde der Staat reaktiv und konzentrierte sich auf die problematischen Aspekte der Entwicklung und deren Behebung oder zumindest Milderung. Die Politik der Regierungen war weniger strategisch und stärker fragmentiert. Die im Entwicklungskapitalismus erfolgreichen staatlichen Führungsorgane verloren erheblich an Macht. Sie wurden je nach Land mit anderen Ministerien fusioniert oder aufgelöst.[20]

Industriepolitik wurde weiterhin betrieben. Die neue, „unternehmerische" Industriepolitik folgte aber nicht mehr einer breiten Strategie der „Generierung von Gewinnern", sondern einem Entdeckungsprozess zur Auffindung von bestehenden Gewinnern („picking the winner") und deren weiterer Stärkung.

Es scheint, dass die Effektivität einer technokratischen Politik mit zunehmendem wirtschaftlichem Entwicklungsniveau abnimmt. Die technokratischen Fähigkeiten des Staates, Wirtschaftspläne zu entwickeln und erfolgreich umzusetzen, werden schwächer. „Best-Practice-Lösungen" sind kaum bekannt und weniger offensichtlich, wenn die aufholenden Länder die Lücke zur entwickelten Welt allmählich schließen.

Wirtschaftsstrukturelle Probleme In der Entwicklungsphase haben sich in diesen Ländern große starke multinationale Unternehmen herausgebildet, die auch nach der Krise weiter an Bedeutung gewonnen haben. Daneben bestand eine Großzahl von KMUs, die beschäftigungsmäßig wichtig, wirtschaftlich aber relativ schwach waren. In allen drei ostasiatischen Ländern besteht ein Spannungsverhältnis zwischen wenigen mächtigen Unternehmenskonglomeraten, die stark exportorientiert sind, und einer großen Zahl von KMU mit geringer Produktivität, die aber den Großteil der erwerbstätigen Bevölkerung beschäftigen. Nachdem der

---

[20] Kalinowski (2015, S. 260) zeigt am Beispiel Südkoreas, dass die im Entwicklungskapitalismus erfolgreiche staatliche Führung, das Wirtschaftsplanungsamt, „Economic Planning Board" (EPB), das Herzstück des südkoreanischen Entwicklungsstaates, 2008 durch das neu gegründete Ministerium für Strategie und Finanzen (MOSF) abgelöst wurde. Ähnliches passierte mit dem Ministerium für Internationalen Handel und Industrie (MITI) im Falle von Japan.

Schwerpunkt der Industriepolitik in den Anfangsphasen der Industrialisierung auf der Unterstützung großer Unternehmen in kapitalintensiven Schwerindustrien lag, hat er sich nach der Krise auf die Unterstützung weniger kapitalintensiver KMU in Leichtindustrien verlagert. Hatte die Politik z. B. in Südkorea bisher die Chaebols begünstigt, so wandelte sie sich allmählich zur Förderung kleinerer, wissenschaftsbasierter Unternehmen, die nun neben den Chaebols bestanden (Wang et al., 2012). *KMU-Förderpolitik* wurde zu einem neuen Thema und politischen Schwerpunkt. Regierungen boten Subventionen für KMU und Start-up-Unternehmen an.

Innovationsförderung als neuer Fokus der Politik Die erste Phase der Entwicklung war durch eine „Industrialisierung durch Lernen", mit der Adaption von auf dem Weltmarkt erhältlichen Technologien verbunden. Neu war der Fokus des Staates auf Innovationen. Dies auch im Zusammenhang mit der Unterstützung von KMUs. Das Bildungssystem wurde weiter ausgebaut. Der Staat förderte Fähigkeiten und sah sich als „Enabler". *Die Wirtschaft wurde vom Lernenden zum Innovator*, der alte Entwicklungsstaat zu einem *„Innovationsstaat"* (Wang et al., 2012). Er investierte stärker in die Grundlagenwissenschaft und in technologieintensive Unternehmen in neuen Branchen wie der Biotechnologie. So gründete z. B. Südkorea 2012 das Institute für Grundlagenforschung, „Institutes of Basic Science" (IBS) mit 50 Forschungszentren, um eine innovativere und bahnbrechende Forschung zu fördern.[21]

---

[21] Die IBS sind den deutschen Max-Planck-Instituten und dem japanischen Institut für physikalische und chemische Forschung (RIKEN) nachempfunden, das in den 1980er-Jahren drastisch ausgebaut wurde, als Japan sich in einer Übergangsphase vom Lernenden zum Innovator befand, wie Kalinowski (2015, S. 254) ausführt.

Auch im *Bildungsbereich* spielte der Staat eine immer wichtigere Rolle. In der Vergangenheit wurde das Bildungswesen in Ostasien weitgehend von den Familien finanziert, die ihre Kinder beim sozialen Aufstieg unterstützen wollten. In Anbetracht des zunehmenden Wohlstands und der sozialen Ungleichheit führte der daraus resultierende Anstieg der Studiengebühren für Universitäten zu einer enormen sozialen Belastung für viele Familien. Die Politik reagierte in Südkorea wie auch in Japan mit einer Senkung oder Abschaffung der Studiengebühren und einem stärkeren Engagement des Staates bei der Finanzierung der Bildung.

Die ostasiatischen Regierungen haben ihre Industriepolitik auf die globale Ebene ausgedehnt, indem sie ihre Unternehmen bei der außenwirtschaftlichen Zusammenarbeit und der Expansion in ausländische Märkte unterstützten. Zu diesem Zweck wurde auch die öffentliche Entwicklungshilfe vermehrt und bewusst eingesetzt (Kalinowski & Cho, 2012). Seit 2007 haben die Geber in der ostasiatischen Region ihre Entwicklungshilfe erheblich ausgebaut. Die Entwicklungszusammenarbeit diente neben der Verbesserung ihres globalen Ansehens und ihrer „Soft Power" direkt auch der Sicherung wirtschaftlicher Vorteile, insbesondere dem Marktzugang und dem Zugang zu Ressourcen.

2.4.1 Singapur

Einen Einblick in die Debatten über die jüngere Entwicklung von Singapur gibt eine Studie eines Policy-Thinktanks von 2018 aus Australien (Bhaskaran, 2018). Das Modell Singapur ist nach wie vor erfolgreich, aber mit neuen *Herausforderungen* konfrontiert. Neben exogenen Veränderungen wird die Entwicklung im Inland von den Gutachtern wie folgt charakterisiert: alternde Bevölkerung und langsameres Bevölkerungswachstum, stagnierende Zahl der

Arbeitskräfte, steigende Kosten für die Unternehmen, schwächelnde Innovationsleistungen und ein schwaches Produktivitätswachstum. *Singapur ist eine sehr ungleiche Gesellschaft* geworden, insbesondere im Vergleich zu den erfolgreicheren entwickelten Volkswirtschaften in Nordeuropa. Und gleichzeitig ist Singapur mit einer Verlangsamung seines Wirtschaftswachstums konfrontiert.

Neigung zur Sklerose? Die Gutachter (Bhaskaran, 2018) befürchten, dass sich das Wirtschaftsmodell Singapurs möglicherweise nicht schnell genug weiterentwickelt, um das Land in die Lage zu versetzen, seine internen und externen Herausforderungen erfolgreich anzugehen. Ein Hinweis darauf ist der Umstand, dass sich einige dieser Probleme seit längerem aufgebaut haben und von Regierung und Verwaltung auch erkannt worden sind. Aber es konnten bisher keine angemessenen Lösungen realisiert werden. Zudem scheint die Politik vor allem bestehende politische Ansätze weiterzuverfolgen und kaum mutige neue, innovative Initiativen zu ergreifen. Die Unternehmen scheinen zu wenig in der Lage zu sein, rasch spontane Anpassungen durch Eigeninitiative dezentral, von unten nach oben vorzunehmen. Singapur muss innovativ sein, um sich an die neue Welt anzupassen, aber es scheint sich damit schwerzutun.[22]

---

[22] Gemessen an einem *Index der kreativen Produktivität* – einem Schlüsselbereich – zeigt Singapur eine gute Leistung. Eine Aufschlüsselung des Index nach Komponenten zeigt aber, dass die gute Platzierung vor allem auf Singapurs Fähigkeit zur Mobilisierung von Inputs (Infrastruktur, Unternehmensdynamik, Finanzinstitutionen und Governance) zurückzuführen ist. In dem Bereich, auf den es wirklich ankommt, nämlich bei der Effizienz in der Umwandlung von Inputs in Outputs, rangiert es viel schlechter, was seinen Gesamtrang schmälert. Weiter könnte Singapurs notorisch risikoscheue Kultur davon abhalten, mehr Innovation zu erreichen.

Strukturprobleme als Konsequenz des Modells Die in der Entwicklungsphase Singapurs verfolgte erfolgreiche Politik hat in der Wirtschaft ein Strukturproblem geschaffen, das für die weitere Entwicklung eine Herausforderung darstellt. *Aufstrebende und rasch wachsende lokale Unternehmen sind in Singapur relativ selten*, verglichen mit dem wirtschaftlichen Gewicht ausländischer multinationaler Unternehmen. Diese sind Treiber der exportorientierten Strategie, welche die Regierung Singapurs seit langem verfolgt hat. Lokale, „heimische" Unternehmen haben lediglich eine unterstützende Funktion.[23]

Heute ist die Wirtschaft Singapurs einseitig strukturiert. Lokale Unternehmen sind in der Regel regierungsnahe Unternehmen (GLCs) oder Portfoliounternehmen von Temasek (TPCs), dem Staatsfonds verbunden mit „paternalistischer" Kontrolle. Diese Unternehmen spielen eine unverhältnismäßig große Rolle. Demgegenüber besteht ein Mangel an singapurischen Unternehmen, die nicht regierungsnah sind und eine regionale oder sogar globale Reichweite haben. Es ist davon auszugehen, dass es lokal verankerte Unternehmen sind, die eine entscheidende Rolle bei der flexiblen Anpassung für weitere Erfolge von Singapurs Wirtschaft spielen müssten. Die dominanten ausländischen Unternehmen sind hoch mobil und neigen dazu, ihre Aktivitäten zu verlagern, sobald der Standort für sie weniger attraktiv geworden ist. Lokale Unternehmen neigen eher dazu, zu bleiben und zur Strukturanpassung beizutragen.

Sowohl in den größten Unternehmen, die oft im Besitz von Staatsfonds sind, als auch in zivilgesellschaftlichen An-

---

[23] Dies sehen die Gutachter in krassem Gegensatz zu den Produktionsmodellen in Deutschland, Japan, Südkorea und Taiwan, die über global wettbewerbsfähige *lokale* Unternehmen verfügen wie mittelständische Unternehmen in Deutschland, die Keiretsu in Japan, die Chaebols in Südkorea und die weltweit führenden Halbleiterunternehmen im Hsinchu Science Park in Taiwan.

gelegenheiten sollte *mehr Offenheit für dezentrale Entscheidungen* zugelassen werden, um eine nachhaltige Wertschöpfung weiter zu steigern. Zu diesem Schluss kommt eine Studie der Hochschule St. Gallen (Casas et al., 2021). Damit könnte Singapur in Zukunft agiler auf Veränderungen reagieren, aufkommende wirtschaftliche Bedürfnisse und neue Felder der Innovation besser antizipieren und identifizieren.

Nach den Gutachtern aus Australien sollte das *Bildungssystem* für Verbesserung der Innovationsleistungen weniger wettbewerbsorientiert sein und mehr Toleranz gegenüber Spätzündern zeigen. Zu größeren Veränderungen im Bildungswesen war Singapur bisher aber nicht bereit. Freiere Medien und die Bereitschaft, Dissens zu tolerieren, wären ebenfalls förderlich für die Kreativität und die Innovationsneigung. Auch hier sei eine Abneigung gegen Veränderungen festzustellen.

Weiter besteht ein *strukturelles Bildungsproblem*: Wohl sind die Arbeitskräfte in Singapur sehr gut ausgebildet. Da die Wirtschaft stark von multinationalen Unternehmen abhängig ist und diese Mitarbeiter leicht einstellen, aber auch wieder entlassen kann, bestehen bei der damit verbundenen hohen Fluktuationsrate *kaum Anreize, spezialisierte Fähigkeiten zu erwerben*. Das Risiko, damit an Arbeitsmarktfähigkeit zu verlieren, ist groß. Es mangelt deshalb an spezialisierten Qualifikationen. Manager, Ingenieure und Wissenschaftler in wachstumsstarken Sektoren Singapurs, die über hochspezialisierte Kenntnisse und Fähigkeiten verfügen, sind *in der Regel speziell angeworbene Ausländer, die auch rasch wieder wegziehen können*. Dies bedeutet Auslandabhängigkeit Singapurs über den Arbeitsmarkt.

Die Wirtschaft Singapurs ist stark durch Rolle und Politik des Staates geprägt. Das Gutachten aus Australien sieht deshalb einige Gründe für die geschwächte Reaktionsfähigkeit im politischen Bereich. Einer besteht in der *verengten*

Sichtweise bei der Politikgestaltung basierend auf den vorgegebenen engen Leistungsindikatoren.

Ein Teil der Schwäche wird im Zusammenhang mit der *Arbeitskultur der Bürokratie* vermutet. Im Vergleich zu vielen anderen Ländern gehören Singapurs leitende Beamte immer noch zu den am besten ausgebildeten und ehrlichsten. Allerdings wächst die Besorgnis darüber, wie sich diese Personen als Kollektiv verhalten. Es bestehe die Tendenz – so die Gutachter – Personen einzustellen und zu befördern, die den höheren Beamten ähnlich sind und mit denen sich die höheren Beamten wohl fühlen. Diejenigen, die die Ansichten ihrer Vorgesetzten in Frage stellen, werden herausgefiltert und schaffen es nicht an die Spitze. Das Ergebnis ist eine Tendenz zur Anpassung, zum Gruppendenken und zur Gleichschaltung.

2.4.2 Südkorea

Liberalisierungsprogramm In den 1980er-Jahren begann sich das wirtschaftliche Umfeld für Südkorea wesentlich zu verändern. Die Weltwirtschaft kühlte sich ab. Nordamerika und Europa wurden protektionistischer und die Reallöhne stiegen auch in Südkorea. Das Land verlor mit seinen arbeitsintensiven Tieflohnindustrien an Wettbewerbsfähigkeit. Zudem erschwerten hochentwickelte Länder, speziell Japan, den Technologietransfer nach Südkorea. Weiter wurde Südkorea gezwungen, sein Patent- und Urheberrecht internationalen Standards anzupassen. Damit musste das Land Mittel und Wege finden, seine eigenen technologischen Fähigkeiten zu verbessern, um unabhängiger innovativ zu sein und seine Verhandlungsmacht gegenüber ausländischen Konkurrenten zu stärken.

Die Regierung von Südkorea reagierte auf diese Herausforderungen mit einem wirtschaftlichen Liberalisierungsprogramm, das neue Elemente gegenüber der Entwicklungsphase brachte. Gleichzeitig spielte der Staat aber weiterhin eine einflussreiche Rolle. Dem Marktmechanismus wurde größeres Gewicht gegeben und Regierungsinterventionen zurückgenommen mit dem Ziel eines Strukturwandels Richtung stärker technologiebasierter Industrien. Über die Wettbewerbspolitik sollte einem Missbrauch der monopolistischen Macht der Chaebols entgegengewirkt werden. Der „Fair Trade Act" von 1980 wurde in den 1990er-Jahren wiederholt verschärft und die „Fair Trade Commission" gestärkt. Dennoch wurden die Chaebols in dieser Phase noch größer und stärker. Bereits 1984 machten die kombinierten Ergebnisse der fünf größten Chaebols 52.4 % des BIP von Südkorea aus.

Zölle auf Importe wurden allmählich abgebaut. Zur Unterstützung des Zuflusses von Technologien aus dem Ausland wurden *Beschränkungen von FDI reduziert* und die Verwendung von Lizenzen ausländischer Firmen völlig freigegeben. Gleichzeitig wurde ein Förderprogramm für KMUs lanciert. Dieses sollte schwergewichtig technologiebasierte KMUs über die Kreditpolitik unterstützen. Über eine Regierungsinitiative mit Kombination von staatlichen und privaten Geldern wurde eine Venture-Capital-Industrie etabliert. Die Politik der Förderung von strategischen Industrien wurde neu mit der Betonung von Innovation angepasst.

Um nicht in die „middle income trap" zu fallen, musste sich die südkoreanische Volkswirtschaft zu einem innovationsgestützten Wachstum wandeln. Dazu trugen die Chaebols wesentlich bei, indem sie Marktchancen für Güter mit inkrementellen Innovationen besser nutzten. Aufgrund ihrer starken Machtkonzentration bei den Eigentümern und Managern, konnten sie schnell entscheiden und auch mehr Risiken nehmen als Konkurrenten. Carney (2016, S. 152) verweist auf Samsung Electronics, die in ihrem Jahresbericht 2006 die „*Geschwindigkeit von Innovation und Produktentwicklung*" als einen Schlüsselfaktor für ihren Erfolg bezeichneten. Dieselbe Strategie wurde auch von Hyundai erfolgreich verfolgt.

Strukturprobleme als Konsequenz des Modells Nach der asiatischen Finanzkrise 1997/1998 beschleunigte sich die wirtschaftliche Konzentration und die industrielle Konsolidierung in Südkorea. In der Automobilindustrie übernahm Hyundai Motors von 1998 bis 2004 Kia Motors. Andere große Automobilhersteller gingen Konkurs und/oder wurden an ausländische Unternehmen verkauft. Diese Fusions- und Umschichtungsaktivitäten führten zu einer Monopolisierung des Automobilmarktes und zu einer Monopolstellung von Hyundai Motors auf dem Markt für Autoteile und -komponenten. Heute entfallen auf Hyundai Motors etwa 80 % des inländischen Automobilabsatzes.

Die Automobilindustrie hatte ihre Wettbewerbsfähigkeit in starkem Maße durch Preis- und Margendruck vor allem bei den von ihnen stark abhängigen Zulieferern zu verbessern versucht. Als Folge wurde die *Lohnkluft* zwischen den Beschäftigten bei den KMU-Zulieferern und denjenigen in großen Chaebolfirmen immer größer. Das Geschäftsmodell mit Preis- und Margendruck stieß bei Modellen des unteren Marktsegments aber an seine Grenzen, da neue Automobilhersteller – insbesondere aus China – in diesem Segment rentabel und damit konkurrenzfähig geworden sind. Das *träge Innovationstempo* der südkoreanischen Auto- und Autoteilehersteller gefährdete die Automobilindustrie Südkoreas, da neue Technologien wie Elektrofahrzeuge oder elektronisch vernetzte Fahrzeuge an Bedeutung gewannen.

Das *Zusammenspiel von politischen Institutionen und Chaebols* hat sich seit den 1960er-Jahren deutlich positiv auf das Wirtschaftswachstum Südkoreas ausgewirkt. Chaebols agierten immer in enger Symbiose mit der Staatsführung: Während der Staat dafür sorgte, dass die Konglomerate vor ausländischer Konkurrenz verschont und mit Krediten versorgt wurden, zeigten sich die Industriellen hierfür dankbar mittels Zahlungen an Politiker, die nie in einem Geschäftsbuch auftauchten. An diesem intransparenten Wirtschaftsmodell, das anfällig ist für Korruption, hat sich auch in der Demokratie in der Zeit nach der Asienkrise wenig geändert (Welter, 2017).

Südkorea befindet sich in den frühen 2020er-Jahren an einem Scheideweg. Die große wirtschaftliche Konzentration ist wesentliche Ursache für die *strukturellen Probleme,* vor denen Wirtschaft und Gesellschaft Südkoreas heute stehen. Ohne grundlegende Änderungen der Wirtschaftsstruktur und -politik des Landes lässt sich eine Wirtschaftskrise möglicherweise nicht mehr vermeiden. Der Übergang zu einer fortschrittlichen Industriestruktur und zu innovativem Wachstum steht aber in einem gewissen Widerspruch zu den Interessen der Chaebols. Die *Chaebolreform* ist der Schlüssel zu den unerlässlichen Veränderungen (Park, 2021).[24]

Die Konzentration wirtschaftlicher Macht bei den Chaebols kann über die *Vereinnahmung der Justiz* selbst eine Bedrohung für die Demokratie und die Marktwirtschaft sein. Da die Chaebols einen erheblichen Teil der wirtschaftlichen Ressourcen eines Landes kontrollieren, ist es wahrscheinlich, dass Richter mit Karrieredenken verzerrte Gerichtsentscheidungen treffen, die den privaten Interessen von Chaebolfamilien zugutekommen.[25]

---

[24] Die Regierung Moon Jae-in hat seit ihrem Amtsantritt nur langsam die versprochenen Chaebolreformen umgesetzt. Ja, sie hat eine Chaebol freundliche Politik verfolgt.

[25] Das südkoreanische Justizsystem ist für seine Nachsicht gegenüber den Chaebol-Gründerfamilien bekannt. Die sog Drei-Fünf-Regel bezieht sich auf eine dreijährige Gefängnisstrafe, die unabhängig von der Art des Verbrechens für fünf Jahre zur Bewährung ausgesetzt und dann erlassen wird, wenn während dieser Zeit keine weiteren Verstöße begangen werden. Die Gerichte argumentieren in der Regel, dass die Chaebol-Gründerfamilien so wertvoll für die Wirtschaft sind, dass es dem öffentlichen Interesse dient, sie nicht für ihre Verbrechen zur Rechenschaft zu ziehen.

2.5 Fazit: organisierter und hierarchischer Kapitalismus

Der Beurteilung von Milanovic (2020), dass sich der Kapitalismus weltweit durchgesetzt hat, ist zuzustimmen. Seine Einteilung in die beiden Kategorien liberaler und koordinierter Kapitalismus in Anlehnung an Hall und Soskice (2001) ist jedoch zu stark vereinfachend und wird der Realität nicht gerecht. Diese enge Version des „Variety-of-Capitalism"-Ansatzes ist für die Analyse in Ostasien kaum nützlich (Kalinowski & Jang, 2014). Neben dem Kap. 1 über die USA/Europa sowie 3 über China zeigt dieses Kap. 2 die *Vielfalt der Ausprägungen des Kapitalismus*.

Singapur, Südkorea und Taiwan weisen Grundstrukturen eines Kapitalismus auf, zeigen aber wichtige Unterschiede. In Singapur betrieb eine autoritäre Regierung die großzügige Ansiedlung einer Vielzahl bedeutender multinationaler Konzerne mit weitgehenden wirtschaftlichen Freiheiten (autokratischer Kapitalismus). Für Südkorea typisch sind seine eigenen multinationalen Konzerne, die Chaebols, in Familieneigentum, hervorgegangen aus Familienclans in enger Zusammenarbeit mit der Regierung (hierarchischer Familienkapitalismus). Und Taiwan ist charakterisiert mit Staatsbetrieben lange unter KMT-Kontrolle sowie vielen privaten KMUs im Exportbereich (Partei-Staatskapitalismus). Alle drei Varianten sind Unterformen eines hierarchischen Kapitalismus, zur Kategorisierung, vgl. Carney (2016) und Pohlmann (2004, S. 367).

In allen drei Ländern spielt der *Staat* resp. die Regierung mit ihrer proaktiven Import-/Export-, Industrie-, Bildungs- und Technologiepolitik bis heute eine große Rolle. Die Finanzierung der Wirtschaft lief lange Zeit über ein weitgehend staatlich kontrolliertes Bankensystem. Die Arbeitsbeziehungen wurden vorwiegend durch den Staat (über Regulierung) und die Wirtschaft bestimmt. Gewerkschaften und mit ihnen verbundene Forderungen blieben am Rande. Nach der Asienkrise sind die Modelle wohl angepasst, aber nicht grundsätzlich geändert worden. „Der ostasiatische (neo-)entwicklungspolitische Staatskapitalismus unterscheidet sich weiterhin von angelsächsischen und kontinentaleuropäischen Versionen von marktregulierenden, neo-korporatistischen und Wohlfahrtsstaaten" (Kalinowski, 2015, S. 264). Westliche Strukturelemente wurden nur dort integriert, wo sie den Regierungen nützlich erschienen. Kalinowski und Jang (2014) können zumindest bis in die 2010er-Jahre in Ostasien keinen klaren Trend zum angloamerikanischen Kapitalismus feststellen.

Zusammenfassend kommt Pohlmann (2004) aufgrund seiner Analyse der asiatischen Finanzkrise und der dabei gemachten Erfahrungen zu einem ähnlichen Schluss: Die drei Länder haben auf unterschiedlichen Wegen und auf Basis einer unterschiedlichen Wirtschaftsstruktur und über sehr verschiedene Kapitalismusformen eine vergleichbare Position in der Weltwirtschaft erreicht. In dieser Weltregion ist eine Heterogenität der kapitalistischen Entwicklung zu beobachten, kontextbezogen, historisch einmalig und mit einer Vielfalt institutioneller Differenzierungen.

Die drei Länder zeigen deutlich, *dass Kapitalismus nicht zwingend mit Dezentralisierung und Demokratie einhergehen muss* und sehr wohl zusammen mit Autokratie und Autoritarismus funktionieren kann. Singapur ist sogar ein Beispiel dafür, wie Kapitalismus und Sozialismus nebeneinander existieren können und das Ergebnis wirtschaftlicher Wohlstand ist.

Wie Dosch (2002) feststellt, scheint es gerade das Modell Singapur zu sein, das etlichen politischen Eliten in Südostasien als besonders attraktiv und letztlich erstrebenswerter als die Verwirklichung rechtsstaatlicher Demokratie erscheint. „Es gilt manchen Akteuren in Vietnam, Kambodscha und andernorts (vor allem in der VR China) als besserer Garant politischer Stabilität, wirtschaftlicher Entwicklung und damit nicht zuletzt internationaler Wertschätzung als die (aus einer solchen Perspektive) mit vielen Unwägbarkeiten verbundene rechtsstaatliche Demokratie."

Südkorea, Taiwan und Singapur befanden sich in einer geopolitischen Dreieckskonstellation: mit China als ihrem kulturellen Mutterland, den USA resp. Großbritannien als politischer Garantie- und Schutzmacht und Japan als vorlaufendem Schrittmacher mit einer Sogwirkung auf die wirtschaftliche Entwicklung. Die USA haben in der Entwicklung dieser drei Länder eine große Rolle gespielt: durch die Präsenz des US-Militärs als Schutz- und Ordnungsmacht, aber auch als Auftraggeber und Einkäufer, politisch über die Einflussnahme auf das politische System und wirtschaftlich als Exportmarkt für die aufkommende Industrie der drei Länder. In diesem Sinne spielte Geopolitik auch in der Entwicklungs- und Modernisierungsphase eine wichtige Rolle.

Bei der späteren Entwicklung in China, vgl. das folgende Kap. 3, zeigen sich beim Politikkonzept sowie bei den Verhaltensweisen auffällige Parallelen mit den hier behandelten drei Ländern. Es kann davon ausgegangen werden, dass China die Modelle und Erfahrungen der Tiger wie auch anderer erfolgreicher Staaten genau analysiert, ausgewertet und vieles für sich in angepasster Form übernommen hat.

Literatur

Bellows, T. J. (2009). Meritocracy and the Singapore political system. *Asian Journal of Political Science, 17*(1), 24–44.

Bhaskaran, M. (2018). *Getting Singapore in shape: Economic challenges and how to meet them*. Lowy Institute.

Bureau of Labor Insurance, Ministry of Labor, Taiwan. (2020). *Insure your life*. https://www.bli.gov.tw/en/110Bli.pdf. Zugegriffen am 11.10.2022.

Carney, R. W. (2012). Political Hierarchy and Finance: The Politics of Chinas Financial Development. In W. Andrew & Z. Andrew

(Hrsg.), *East Asian Capitalism: Diversity, Continuity, and Change*. Oxford: Oxford University Press.

Carney, R. W. (2016). Varieties of hierarchical capitalism: Family and state market economies in East Asia. *The Pacific Review, 29*(2), 137–163. https://doi.org/10.1080/09512748.2015.1020963. Zugegriffen am 14.08.2022.

Carney, R. W. (2018). *Authoritarian capitalism. Sovereign wealth funds and state-owned enterprises in East Asia and beyond*. Cambridge University Press.

Casas, T., Hilb, M., & Lim, A. (2021, März 26). Singapur und die Schweiz – zwei unterschiedliche Wege zu einer nachhaltigen und inklusiven Wertschöpfung. *NZZ*. https://www.nzz.ch/pro-global/asien/nzz-die-eliten-singapurs-und-der-schweiz-im-vergleich-ld.1608214?reduced=true. Zugegriffen am 23.02.2022.

Chang, H.-J. (2006). *The East Asia development experience – The miracle, the crisis and the future*. Zed Books.

Chang, T., & Caudill, S. B. (2005). Financial development and economic growth: The case of Taiwan. *Applied Economics, 37*(12), 1329–1335. https://doi.org/10.1080/0003684042000338702. Zugegriffen am 07.08.2022.

Cheng, T.-M. (2020). *International health care system profiles – Taiwan*. Princeton University. https://www.commonwealthfund.org/international-health-policy-center/countries/taiwan. Zugegriffen am 10.08.2022.

Dieter, H. (2022, September 15). Als das Wunder den Bach runterging – die Asienkrise war kein Ruhmesblatt westlichen Rettungsmanagements und markiert den Beginn des Niedergangs multilateraler Finanzpolitik. *NZZ*. https://www.nzz.ch/meinung/als-das-asienwunder-endete-die-vergessene-finanzkrise-199798-ld.1696114. Zugegriffen am 17.08.2022.

Dosch, J. (2002, Mai 26). Der beschwerliche Weg zur rechtsstaatlichen Demokratie in Südostasien. *Politik und Zeitgeschichte*, B21/2002. Zitiert nach: Bundeszentrale für politische Bildung. https://www.bpb.de/apuz/25599/der-beschwerliche-weg-zur-rechtsstaatlichen-demokratie-in-suedostasien. Zugegriffen am 10.02.2022.

Dosch, J. (2018). Politische Führung unter konfuzianischen Vorzeichen: Die Singapur Story. In M. Koschkar & C. Ruvituso (Hrsg.), *Politische Führung im Spiegel regionaler politischer Kultur* (S. 397–413). https://doi.org/10.1007/978-3-658-22565-0_20. Zugegriffen am 10.02.2022.

Dreher, A., & Jensen, M. N. (2007). Independent actor or agent? An empirical analysis of the impact of U.S. interests on International Monetary Fund conditions. *Journal of Law and Economics, 50*, 105–124.

Friedman, M. (1990). A welfare state syllogism (speech to the Commonwealth Club, San Francisco) zitiert nach Huff, W.G. (1995). What is the Singapore model of economic development? *Cambridge Journal of Economics, 19*, 735–759.

Gulati, U. C. (1992). The foundation of rapid economic growth – The case of the four tigers. *The American Journal of Economics and Sociology, 51*(2), 161–172.

Hall, P. A., & Soskice, D. W. (2001). *Varieties of capitalism: The institutional foundations of comparative advantage.* Oxford University Press.

Hayton, B. (2022, September 03). Wie chinesisch ist Taiwan? – Xi Jinping pflegt eine stark verfälschte Sicht auf die Geschichte der Insel, wie Chiang Kai-shek ist er ein Kolonialist. *NZZ.*

Ho, M. (2006). Challenging state corporatism: The politics of Taiwan's Labour Federation Movement. *The China Journal, 56*(7), 107–127. https://www.researchgate.net/publication/273094695_Challenging_State_Corporatism_The_Politics_of_Taiwan%27s_Labor_Federation_Movement. Zugegriffen am 05.02.2022.

Hou, C. M., & Gee, S. (1993). National systems supporting technical advance in industry. In R. R. Nelson (Hrsg.), *National innovation systems – A comparative analysis* (S. 384–413). Oxford University Press.

IWF-Stab. (2000). *Erholung von der Asienkrise und die Rolle des IWF,* 00/05(G). https://www.imf.org/external/np/exr/ib/2000/deu/062300g.htm. Zugegriffen am 10.09.2022.

Kalinowski, T., & Cho, H. (2012). Korea's search for a global role between hard economic interests and soft power. *European*

Journal of Development Research 24(2). http://dx.doi.org/10.1057/ejdr.2012. Zugegriffen am 30.10.2022.

Kalinowski, T. (2015). Crisis management and the diversity of capitalism: Fiscal stimulus packages and the East Asian (neo-) developmental state. *Economy and Society, 44*(2), 244–270. https://doi.org/10.1080/03085147.2015.1013354. Zugegriffen am 15.08.2022.

Kalinowski, T., & Jang, S. (2014). Investigating commonalities and changes in labour and financial relations in East Asia. *Korea Observer, 45*(4), 493–521.

Katsiaficas, G. (2012). *South Korean social movements in the 20th century* (S. 146–368). PM Press. ISBN 978-1-60486-457-1.

Khanna, P. (2020). *Unsere asiatische Zukunft*. Berlin: Rowolth.

Kim, L. (1993). National system of industrial innovation: Dynamics of capability building in Korea. In R. R. Nelson (Hrsg.), *National innovation systems – A comparative analysis* (S. 357–383). Oxford University Press.

Koo, H. (2000). The dilemmas of empowered labour in Korea: Korean workers in the face of global capitalism. *Asian Survey, 40*(2), 227–250.

Milanovic, B. (2020, January/February). The clash of capitalisms – The real fight for the global economy's future. *Foreign Affairs.*

Park, S. (2021, March 24). Chaebol reforms are crucial for South Korea's future. *East Asia Forum*. https://www.eastasiaforum.org/2021/03/24/chaebol-reforms-are-crucial-for-south-koreas-future/. Zugegriffen am 12.02.2022.

Pohlmann, M. (2004). Die Entwicklung des Kapitalismus in Ostasien und die Lehren aus der asiatischen Finanzkrise. *Leviathan, 32*(3), 360–381.

Rastin, T. (2003). *Model for development: A case study of Singapore's economic growth*. Simon Fraser University.

Rhee, In-Ah. (1999). Die Entstehung der koreanischen Chaebol. Eine soziologische Analyse des ökonomischen Handelns in einem konfuzianisch geprägten Land, Dissertation Universität Göttingen, Göttingen.

Rist, M. (2017, August 17). Wie die Asienkrise vor 20 Jahren wie ein Sturm wütete und ganze Regimes in die Knie zwang. *NZZ.*

https://www.nzz.ch/wirtschaft/der-fast-vergessene-sturm-ueber-asien-ld.1311138?reduced=true. Zugegriffen am 14.02.2022.

Rodrik, D. (1994). *Getting interventions right: How South Korea and Taiwan grew rich*. Working paper no. 4964, National Bureau of Economic Research.

Shih, Y. Ch. (1998). *The changing financial system in Taiwan*. https://www.bis.org/publ/plcy01f.pdf. Zugegriffen am 14.02.2022.

Shih-Jiunn Shi. (2012). Shifting dynamics of the welfare politics in Taiwan: From income maintenance to labour protection. *Journal of Asian Public Policy, 5/1*, 82–96. https://www.tandfonline.com/action/showCitFormats?doi=10.1080%2F17516234.2012.662357. Zugegriffen am 21.02.2022.

Wang, J.-H., Chen, T.-Y., & Tsai, C.-J. (2012). In search of an innovative state: The development of the biopharmaceutical industry in Taiwan, South Korea and China. *Development and Change, 43*(2), 481–503.

Wang, J. W. Y. (2010). The political economy of collective labour legislation in Taiwan. *Journal of Current Chinese Affairs, 3*(3), 51–85.

Welter, P. (2017, Januar 18). Kann sich Südkorea von seinen Chaebols emanzipieren? *NZZ*. https://www.nzz.ch/wirtschaft/ermittlungen-gegen-samsung-erben-kann-sich-suedkorea-von-seinen-chaebols-emanzipieren-ld.140630?reduced=true. Zugegriffen am 20.02.2022.

Wikipedia. (o.J.). *Healthcare in South Korea*. https://en.wikipedia.org/wiki/Healthcare_in_South_Korea. Zugegriffen am 15.09.2022.

World Bank. (1993). *The East Asian miracle*. Oxford University Press.

3

China – autoritärer und paternalistischer Staatskapitalismus

Beat Hotz-Hart

Inhaltsverzeichnis

3.1 Staatsordnung: das politische System1 115
    3.1.1 Führung durch die Kommunistische Partei 116
    3.1.2 Der Staat als Vollzugsinstrument der Partei 122
    3.1.3 Relative Rechtsstaatlichkeit, Ablehnung der Gewaltenteilung 131
    3.1.4 Wohl der Gemeinschaft 136
3.2 Wirtschaftsordnung – sozialistische Marktwirtschaft mit chinesischen Merkmalen 145
    3.2.1 Chinas wirtschaftlicher Aufbruch 145
    3.2.2 Rahmenbedingungen 150
    3.2.3 Koordination und Lenkung von Unternehmen 155

B. Hotz-Hart (✉)
University of Zürich, Zürich, Schweiz
E-Mail: Beat.Hotz-Hart@uzh.ch

3.3	(1) Staatsunternehmen als zentrale Akteure	155
	3.3.1 Wichtige Märkte	165
3.4	Öffentliche Aufgaben	175
	3.4.1 Infrastruktur	175
	3.4.2 Bildung und Forschung	176
	3.4.3 Soziale Sicherheit, Sozialversicherung	185
	3.4.4 Medien und Film	190
3.5	Neuere Entwicklung: Suche nach einem nachhaltigen Wirtschaftsmodell	195
Literatur		206

Zusammenfassung Das politische System der Volksrepublik China beruht auf dem Führungsanspruch der Kommunistischen Partei gegenüber der gesamten Wirtschaft und Gesellschaft. Es gilt das Primat ihrer Politik. Dafür wurden eigene Prinzipien und Konzepte wie Staat, Demokratie/Kontrolle der Macht, Recht und Rechtsstaatlichkeit und Menschenbild entwickelt und etabliert. Sie unterscheiden sich von westlichen Vorstellungen, grenzen sich davon klar ab und stellen ein alternatives Modell dar.

Die Wirtschaftsordnung entspricht einer hybriden Form von Sozialismus und Kapitalismus, einer intensiven Verflechtung von Politik und Wirtschaft mit Staatsunternehmen und einem großen politisch gesteuerten Privatsektor. Einfluss auf die Wirtschaft wird sowohl über die Finanzierungsseite wie auch über Personalmanagement, über Besetzung der Kader vorgenommen. Die Öffnung des großen Binnenmarktes für ausländische Unternehmen und Kapital erfolgt selektiv nach strategischen Überlegungen. Die Infrastruktur, das Bildungssystem und Forschung und Entwicklung wurden stark ausgebaut und auf ein hohes Niveau gebracht. Sozialpolitische Ziele werden mit dem Konzept des gemeinsamen Wohlstandes verfolgt. Für die Zukunft soll mit hoher politischer Priorität gleichzeitig die Abhängigkeit vom Ausland reduziert und ein nachhaltiges Wirtschaftsmodell zur Überwindung der „middle income trap" etabliert werden.

3.1 Staatsordnung: das politische System[1]

Primat der Politik und Führungsrolle der Staatspartei Das politische System der Volksrepublik China (VRC) beruht gemäß Verfassung auf dem Führungsanspruch der Kommunistischen Partei Chinas (KPCh) gegenüber dem gesamten Land. Xi Jinping hat wiederholt festgehalten, dass „die Partei alles in China leitet, sei es in Angelegenheiten, die die Partei selbst, die Regierung, das Militär, die Zivilbevölkerung oder die Bildung betreffen, oder in Angelegenheiten, die alle Richtungen betreffen, einschließlich Osten, Westen, Süden, Norden oder Mitte" (Xinhua, 2016). Die KPCh versteht sich als die Avantgarde. Gesellschaft, Wirtschaft, Wissenschaft, Technologie, alle haben gesellschaftlichen resp. politisch-staatlichen Zielen der Partei zu dienen. Es gibt keine Entwicklung aufgrund eines ziellosen, ergebnisoffenen (Markt-)Wettbewerbs gemäß westlichen Konzepten.

Die politischen Institutionen der Volksrepublik China entsprechen einer zentralistischen sozialistischen Parteidiktatur. Die politische Ordnung ist als „Vollzugsinstrument der Partei konzipiert, nicht als ein von eigenständigen Regeln, Verantwortlichkeiten, Machtbeschränkungen und Kontrollen bestimmter Verfassungsstaat" (Heilmann & Rudolf, 2016, S. 38).

---

[1] Eine gute kurze Einführung geben Wikipedia, Politisches System der Volksrepublik China, sowie Heilmann et al. (2018); umfangreicher und detaillierter dazu Heilmann (2016).

3.1.1 Führung durch die Kommunistische Partei

Die wichtigsten Institutionen der KPCh sind das *Zentralkomitee*, das das *Politbüro* wählt, und dessen Ständiger Ausschuss unter dem Vorsitz des *Generalsekretärs*, das eigentliche Machtzentrum. Das Zentralkomitee wird vom alle fünf Jahre tagenden nationalen *Parteitag* gewählt. Zusätzlich wählt der Parteitag auch die *Zentrale Disziplinarkommission* als besonderen Teil der Parteizentrale. Sie beaufsichtigt die Führungskader in Partei und Regierung und dient als außerjustizielles Organ für die Ermittlung in Korruptionsfällen.

Die *Zentrale Militärkommission* ist als integriertes Partei- und Staatsorgan das höchste militärische Führungsorgan Chinas. Die konkrete Ausübung der politischen Kontrolle über die Volksarmee (People's Liberation Armee, PLA) erfolgt durch ein Organ der Militärkommission, die politische Hauptabteilung. Ihr untersteht ein System von Politkommissaren auf allen Kommandoebenen. Die VBA ist dadurch sehr eng mit der KPCh verwoben (Wikipedia,[2] siehe auch Kap. 7).

Seit 2012 ist Xi Jinping Generalsekretär der KPCh und Vorsitzender der Zentralen Militärkommission sowie seit 2013 Staatspräsident. Er muss sich keiner Volkswahl stellen. 2018 hat Chinas Nationaler Volkskongress mit großer Mehrheit die Begrenzung des Staatspräsidenten auf zwei Amtsperioden aufgehoben. Xi Jinping kann damit bis an sein Lebensende Präsident bleiben. Befürworter dieser Ver-

---

[2] „In jeder Gruppe der Armee gibt es Mitglieder der KPCh, in jedem Zug eine Parteigruppe und in jeder Kompanie eine Parteizelle" (Wikipedia). Die Armee besitzt auch Unternehmen, ist damit mit der Wirtschaft verflochten und beteiligt sich (auch finanziell) an Universitäten.

fassungsänderung argumentieren, die Änderung bringe für China mehr Stabilität.

Am 20. Parteitag im Oktober 2022 wurde Xi Jinping für weitere fünf Jahre als Generalsekretär bestätigt. Mit der neuen personellen Besetzung der Führungsorgane der KPCh verfügt Xi Jinping über die uneingeschränkte Macht, vollständige Kontrolle und totale Dominanz über das System der KPCh und die VRC. Ohne feststellbaren Widerstand hatte Xi einige der wenigen Persönlichkeiten in seiner Partei ausgebootet, die für eine andere Politik und einen anderen Regierungsstil stehen könnten als er selbst.[3] Die von ihm bestimmte Besetzung der führenden Organe beruht ausschließlich auf der Grundlage persönlicher Loyalität. Allen Parteikadern wurde damit deutlich signalisiert, dass nichts mehr wert ist, als Xis Anweisungen beharrlich zu befolgen, egal, was es kostet. Mit dem neuen Premier Li Qiang, Parteisekretär von Shanghai und Schützling von Xi, wird Xi einen loyalen Untergebenen haben, der aber keine Führungserfahrungen auf nationaler Ebene mitbringt.

Unter Deng Xiaoping, Generalsekretär von 1979 bis 1997, wurden für die KPCh eine kollektive Führung und eine Amtszeitbeschränkung für den Generalsekretär eingeführt. Hu Jintao, Generalsekretär von 2002 bis 2012 und

---

[3] So kommentierte Wuttke im Interview mit Dittli (2022): „Xi hat es geschafft, in einer unglaublichen Aktion de facto die gesamte Parteifraktion der Jugendliga auszusperren." Li Keqiang und Wang Yang, beide mit einem eher wirtschafts- und reformfreundlichen Hintergrund, sind aus dem Politbüro ausgeschieden. Vizepremier Hu Chunhua hat sich um das Investitionsklima für ausländische Unternehmen sehr verdient gemacht. „Er ist erst 59, doch jetzt ist er nicht einmal mehr ins Politbüro reingekommen, was eigentlich nach zwei Amtsperioden als Vizepremier normal gewesen wäre." Zu den Personalien vgl. auch: Decoding the 20th Party Congress. Top Leadership – And the New Factions of the Xi Era. Asia Society Policy Institute. https://asiasociety.org/policy-institute/decoding-chinas-20th-party-congress.

Vorgänger von Xi, hatte versucht, einen kollektiveren Herrschaftsstil zu institutionalisieren, als China ihn je gekannt hatte (French 2022). Hu hatte in den wichtigsten Entscheidungsgremien des Landes eine ausgewogene Vertretung der verschiedenen Interessengruppen geschaffen. Im Politbüro hatte er sich offen als Erster unter Gleichen bezeichnet anstatt als die alles beherrschende zentrale Figur. Damit wollte er die willkürliche Entscheidungsfindung durch einen einzigen Spitzenpolitiker verhindern, wie es von Deng befürchtet worden ist. Sein kollektiver Regierungsstil in einer leninistischen Kaderpartei musste aber zwangsläufig große Probleme verursachen. Die Mitglieder des Ständigen Ausschusses verfolgten je eigene Interessen. Es entstand eine Konstellation, in der niemand wirklich die Führung innehatte und die Korruption ein erschreckendes Ausmaß annehmen konnte.

Xi Jinping hat diese Entwicklung am 20. Parteitag 2022 scharf kritisiert. Sein Ansatz ist eine Rückkehr zu den Grundsätzen des Systems von Lenin resp. dessen praktischer Anwendung durch Stalin. Dazu gehören der Personenkult und ein Kader mit Männern von geringem politischem Format, die keine Erfahrung mit der Zentralregierung haben und nur über begrenzte eigene Machtnetzwerke verfügen, für Xi somit keine Herausforderung darstellen.

Xi hat die Prinzipien von Deng und damit auch jeglichen Mechanismus zur Ablösung der Spitze abgeschafft und seinen Personenkult gefördert. Die KPCh ist bestrebt, ihn in den Parteiannalen auf die gleiche Stufe wie den Gründer der Volksrepublik, Mao Tse-tung, zu stellen. Xi hat sich zum „Überragenden Führer" und „Obersten Führer" Chinas erklären lassen. Seine gleichnamigen ideologischen Gedanken „Xi Jinping Thought on Socialism with Chinese Characteristics for a New Era" wurden als neuer Marxismus des 21. Jahrhundert erklärt, in der Partei- und Staatsverfassung verankert und sind in den Schulen zu lehren.[4]

Im Xi-System ist die Macht stark konzentriert, der Informationsfluss nach oben stark eingeschränkt, und die Risiken einer Bestrafung sind für jeden groß, der Xis Sicht der Realität auch auf der Grundlage objektiver Informationen in Frage stellt. Dies dürfte Konsequenzen für die Qualität der Führungsentscheide haben. Wahrscheinlich ist, dass Xi und seine Entourage noch mehr als ohnehin schon zum „Gruppendenken" neigen werden. Es dürfte Fälle geben, wo sie die Gründe für auftretende Schwierigkeiten des Regimes falsch einschätzen und niemals ihre eigene Politik dafür verantwortlich machen. Damit laufen sie Gefahr, aufgrund solcher Fehleinschätzungen Entscheide zum Nachteil von China zu treffen (dazu auch das Interview von Kuo, 2020, mit Cai Xia).

Dies könnte zu einer Situation führen, die im alten China als „Problem des schlechten Kaisers" bekannt war (Fukuyama, 2012, Chinas „Bad Emperor Problem"). Ein Mechanismus der Ablösung und Nachfolge fehlt. Eine Lehre der Geschichte ist, dass leninistische Systeme von ihrer Anlage her instabil sind. Dies vor allem deshalb, weil sowohl die Regierungspartei als auch die Spitzenpolitiker über dem Gesetz stehen. Eines der wichtigsten Merkmale jeder stabilen Gesellschaft ist die Anerkennung und Be-

---

[4] „Die ‚Xi-Jinping-Gedanken über den Sozialismus chinesischer Prägung für eine neue Ära', die Generalsekretär Xi Jinping bereits in seinem Bericht auf dem 19. Parteitag der Kommunistischen Partei Chinas 2017 vorgestellt hat, sind ins Parteistatut aufgenommen worden. Xis Konzepte spiegeln Chinas einzigartige politische Demokratie wider". „Xis Gedanken bereichern den Marxismus-Leninismus, die Mao-Zedong-Ideen, die Deng-Xiaoping-Theorie, die Theorie der Drei Vertretungen und das Wissenschaftliche Entwicklungskonzept und dienen als Wegweiser zur Verwirklichung des chinesischen Traumes von dem Wiederaufleben des Landes" (German.China.Org.CN, 2017, 1. November).

achtung der vorhandenen Nachfolgeregeln. „In China ist alles immer noch ein nackter Machtkampf, meist gut versteckt vor der Öffentlichkeit, aber ohne feste Regeln; unter solchen Umständen ist ein gutes Ende nicht zu erwarten" (French, 2022).[5]

Die neue Konstellation ist u. a. auch deshalb bedenklich, weil im Politbüro keine Reformer oder als besonders wirtschaftsfreundlich geltende Kader mehr vertreten sind. Viele der obersten Wirtschaftsexperten der Partei, die eher marktwirtschaftlich orientiert waren, sind in den Ruhestand getreten oder wurden abgesetzt.[6]

> **Box 3.1 Arbeitsbericht am 20. Parteitag: Xi Jinping (2022) und die neue Area**
>
> Xi Jinping ist überzeugter Anhänger des Marxismus-Leninismus. Mit ihm kehrt Ideologie auf die Weltbühne zurück. Der jahrzehntelange politische, wirtschaftliche und außenpolitische Pragmatismus Chinas, die Reformära Dengs ist definitiv vorbei. „Ideologie steht in China jetzt klar über den Interessen der Wirtschaft und auch der Politik." „Xi ist extrem konsequent und gleichzeitig auch getrieben von Geschichte." „Xi will zeigen, dass der Kommunismus ein Gegenmodell zum Kapitalismus ist" (Wuttke im Interview mit Dittli 2022)

---

[5] Dazu Mahbubani (2021, S. 188) ganz explizit: „Solange Xi kein starkes Team möglicher Nachfolger zusammenstellt und das institutionelle Grundgerüst stärkt, das eine reibungslose Machtübergabe ermöglicht, könnte all seine gute Arbeit beschädigt werden."

[6] 2022 wurde das Politbüro neu mit einer beachtlichen Anzahl von Personen besetzt, die aus der Verteidigungsindustrie, dem Militär nahestehenden staatlichen Unternehmen oder Agenturen im Bereich Wissenschaft und Technologie kommen. Unter anderem wurde auch der Minister für Staatssicherheit zum Mitglied des Politbüros, was bisher noch nie der Fall war. Damit besteht ein erheblicher Teil des Politbüros nun aus *engagierten Technonationalisten*. Dies ist ein weiteres Indiz für Xis Engagement für technologische und wirtschaftliche Eigenständigkeit und die Entkopplung der chinesischen Lieferketten in strategischen Bereichen. Die Personalentscheide zeigen Xis anhaltende Besorgnis über ein feindlicheres strategisches Umfeld im Ausland und seinen starken Wunsch, Sicherheit und Stabilität zu wahren.

und er hat auch Macht und Mittel dazu. Es geht um die Entwicklung „einer neuen Form der menschlichen Zivilisation" (Rudd 2022).

Innerhalb der KPCh gibt es das alte, auf Konsens zwischen den verschiedenen Fraktionen ausgelegte Modell nicht mehr. „Die Reformer wurden kaltgestellt. Der Präsident gibt seine Richtung vor und duldet keinen Widerspruch mehr. Alles wird sehr viel autokratischer" (Wuttke im Interview mit Dittli 2022).

Für die Partei steht im Zentrum *nationale Sicherheit* als „Grundlage der nationalen Verjüngung", *chinesischer Nationalismus* und der *mächtige Staat*. Gemäß Xi haben sich Staat, Partei und Armee auf einen Konflikt vorzubereiten, der verschiedene Formen annehmen kann. Verfolgt wird eine „umfassende Sicherheitsagenda", die Sicherheitsvorkehrungen in praktisch allen Bereichen der Gesellschaft anstrebt. Das Volk wird strenger überwacht und kontrolliert. Das gesamte Militär muss mehr Aufmerksamkeit auf die Kriegsvorbereitung richten. Der ambitiöse militärische Aufbau geht weiter (Rudd 2022).

„Die Außenpolitik Chinas wird noch selbstbewusster und auf Konfrontation ausgerichtet werden" (Rudd 2022). Es soll eine neue internationale Ordnung geschaffen werden, die eher auf der chinesischen als auf der amerikanischen geopolitischen Macht beruht. Dazu gehört eine Reihe von Institutionen und Normen nach Chinas eigenen Interessen und Werten, die nicht mit denen des Westens vereinbar sind.

Diese Einschätzungen stützten sich auf das Interview von Dittli (2022) mit Jörg Wuttke sowie auf Rudd (2022), beide ausgewiesene Kenner der Entwicklung Chinas.

„*Fortschrittliche, überparteiliche Partei*" Um das heutige China zu verstehen, muss man die KPCh verstehen. Gemäß den Ausführungen des Informationsbüros des Staatsrates (2021) (also der Regierung)[7] vertritt die KPCh gemäß ihrem Selbstverständnis und ihrem eigenen An-

---

[7] Das Informationsbüro des Staatsrats (State Council Information Office of the Peoples Republic of China, SCIO) wurde 2014 in die Propagandaabteilung der Kommunistischen Partei Chinas eingegliedert.

spruch „die grundlegenden Interessen der überwältigenden Mehrheit des Volkes und nicht die Interessen einer Interessengruppe, einer mächtigen Gruppe oder einer privilegierten Klasse. Ihre Regierungsführung konzentriert sich auf die langfristige Stabilität des Landes, nicht auf kurzfristige Wahlkämpfe." Die Auffassung im Ausland von einer „Einparteiendiktatur" sei eine völlige Fehlinterpretation. Neben der KPCh gibt es in China in der Tat acht weitere politische Parteien. Sie sind der KPCh jedoch klar untergeordnet und werden lediglich in Konsultationsprozesse einbezogen, wenn überhaupt. Das Informationsbüro hält fest: „Die KPCh ist die Regierungspartei, und die anderen Parteien akzeptieren ihre Führung. Sie arbeiten eng mit der KPCh zusammen und fungieren als deren Berater und Assistenten" (China's State Council Information Office, 2021, Kapitel II.3). Dazu schreibt New China Research, ein Thinktank von Xinhua und damit Vertreter der offiziellen Auffassung:[8] Die KPCh „ist in der Lage, das Volk wirklich zu vertreten und zu vereinen, und verfügt über ausreichende Autorität. Die Führung der KPCh ist für die Verwaltung eines so großen Landes wie China von entscheidender Bedeutung" (New China Research, NCR, 2021, S. 64).

3.1.2 Der Staat als Vollzugsinstrument der Partei

Ein Staat im Sinne von Lenin Xi Jinping und die Kader der KPCh sind fest vom Marxismus-Leninismus überzeugt. Wie

---

[8] New China Research (NCR) ist ein Thinktank der Xinhua News Agency und konzentriert sich auf politische Forschung zu wichtigen nationalen und internationalen Themen. „Xinhua stellt den Massenmedien des Landes die Nachrichten im Sinne der Kommunistischen Partei Chinas und der chinesischen Zentralregierung bereit. Sie ist der Nachrichtenmonopolist der Volksrepublik und kann allen Zeitungen und Rundfunkstationen vorschreiben, welche Nachrichten veröffentlicht werden dürfen und welche nicht. Ihr Vorstand ist Mitglied des Zentralkomitees der Kommunistischen Partei Chinas. Xinhua ist direkt dem Staatsrat untergeordnet" (Wikipedia, https://de.wikipedia.org/wiki/Xinhua).

3 China – autoritärer und paternalistischer ... 123

Behrends (2017) ausführt, schließen sie ausgehend von Lenin, dass es nicht die Ideologie, nicht die Ideen des Leninismus sind, welche die moderne Gesellschaft bis in die Gegenwart prägen. Entscheidend ist vielmehr der Staat Lenins, die Diktatur einer Staatspartei, in der Regel beherrscht von einem autokratischen Führer. In Russland war es Stalin, der dieses Konzept konsolidiert und ausgebaut hat. Ausgehend von Russland hat sich diese Auffassung in zahlreichen Ländern und verbunden mit unterschiedlichen Ideologien durchgesetzt. Heute wird diese in China mit aller Konsequenz vertreten: „Lenins Staat gegründet auf seinem Begriff absoluter Macht, ist ein Instrument einer Herrschaft, die sich die Gesellschaft unterwirft, ein Erbe der russischen Revolution" (Behrends, 2017).

Struktur und Organisation des Staates Das Regierungssystem ist formal in zwei Teile getrennt: den offiziellen Staat und die KPCh. Die Partei durchdringt den Staat auf allen Ebenen. Staat und Partei sind faktisch voll integriert. Die Partei ist der Staat und umgekehrt. Die Partei hat immer recht und ist alternativlos. Der Generalsekretär vereinigt die höchsten Ämter in Staat, Partei und Armee auf sich. Mit dem Autor von Wikipedia ist zu beachten: „Parteiämter sind gemäss dem Führungsanspruch der KPCh deutlich wichtiger als die Staatsämter" (Wikipedia, o. J.).

Aufgrund der Beschlüsse des 20. Parteitags 2022 wurde die Entscheidungsstruktur des chinesischen Systems weiter von den staatlichen Institutionen weg in eine Reihe kleiner „Führungsgruppen" und Ausschüsse der Partei zentralisiert. Diese sind praktisch alle von den engsten Anhängern von Xi besetzt und werden von ihm selbst geleitet. Xi wird deshalb in den Medien verschiedentlich als „Chairman of Everything" benannt (so in Fahrion & Giesen, 2022, oder vom Asia Society Policy Institute, 2022).

Das höchste Staatsorgan ist der *Nationale Volkskongress*. Sein Ständiger Ausschuss überwacht die Arbeit von Staatsrat, zentraler Militärkommission, Oberstem Volksgericht und Oberster Volksstaatsanwaltschaft und verabschiedet Gesetze. „Die Kandidaten für hochrangige Regierungsämter werden vom Nationalen Volkskongress gewählt, de facto vorher – nicht öffentlich – von der KPCh ausgewählt und benannt" (Heilmann & Rudolf, 2016, S. 40). Das zentrale Exekutivorgan ist der *Staatsrat*, die Regierung mit einem Ministerpräsidenten, der zugleich Mitglied des Ständigen Ausschusses des Politbüros ist. Der Staatsrat vollzieht die Staatsmacht. Das höchste zivile Amt der Volksrepublik China ist das des Staatspräsidenten. Er ist Staatsoberhaupt mit weitreichenden Befugnissen („präsidiale Führung"). Dies ist seit 2013 und ohne Amtszeitbeschränkung Xi Jinping.

Wahl der Beamten (New China Research, NCR, 2021, S. 30 ff.) Der Beamtenapparat bildet in China eine *technokratische Elite* mit starker Stellung. Seit der Kaiserzeit besteht eine lange Tradition der leistungsbezogenen Rekrutierung der Verwaltungsbeamten mittels anspruchsvollen Eingangsprüfungen. Die Prüfungen wurden während mehr als tausend Jahren durchgeführt und sind mit ein wichtiger Grund dafür, dass Bildung in der chinesischen Kultur (auch heute) einen hohen Stellenwert hat (Cartwright, 2019). Im Whitepaper schreibt New China Research, NCR (2021): „Die KPCh legt mehr Wert auf die Auswahl wettbewerbsfähiger Kader als jede andere politische Organisation auf der Welt". „Chinesische Staatsmänner werden durch mehrere Tests ausgewählt. Nur Kader mit herausragenden Leistungen und angemessener Erfahrung sind qualifiziert, wichtige Aufgaben in Chinas Regierung zu übernehmen" (Meritokratie).

Auch außerhalb der technokratischen Ministerialbürokratie gibt es wirtschaftspolitische Gremien mit großem Einfluss. Sie sind ganz eng an der KPCh angedockt. Beispiel dafür ist die *Cyberspace Administration of China*. Dieser Internetregulator wurde 2014 gleich zu Beginn der Amtszeit von Xi Jinping gegründet. Die Behörde ist für die umfassende Zensur zuständig und bekannt und erlässt entsprechende Regeln. Sie berichtet an die Zentrale Kommission für Cyberspace-Angelegenheiten, die von Xi präsidiert wird.

Konsultationen über staatliche Angelegenheiten (New China Research, NCR, 2021, S. 33 ff.) In den Auseinandersetzungen über Demokratie verweisen chinesische Stellen auf ihren speziellen *politischen Konsultationsprozess*, über den die Elite das Volk einbeziehen will. Gemäß dem Whitepaper des Xinhua-Thinktanks ermöglicht dieser den Bürgern, „sich vor, während und nach der Entscheidungsfindung zu beteiligen, und schützt das Recht der Menschen auf Information, Beteiligung, Anhörung und Kontrolle, um die beste Lösung zu finden und dabei auf die gepoolte Weisheit des Volkes zurückzugreifen". Besonders erwähnt werden Konsultationen im *lokalen Rahmen*. „In den letzten Jahren hat die Kommission für Gesetzgebungsangelegenheiten des Ständigen Ausschusses des Nationalen Volkskongresses lokale Büros für legislative Angelegenheiten eingerichtet, über die die Meinungen der Bürger direkt an die höchste Legislative des Landes gelangen können." Die KPCh vertritt die Auffassung, dass sie über diese Konsultationsprozesse die wahren Bedürfnisse und Interessen der Bevölkerung besser wahrnimmt und damit verfahrensmäßig besser ist als die Wahldemokratie im Westen. Sie habe „ein positives Umfeld für Konsultationen geschaffen, in dem jeder seine eigene Meinung frei, vernünftig und im Einklang mit dem Gesetz und den Regeln äußern kann. Durch demokratische Konsultationen hat China einen Konsens geschaffen und soziale Harmonie und Stabilität gefördert" (China's State Council Information Office, 2021, Kapitel III.2). Absicht und Konzept sind gut. Es bleibt aber offen, wie Meinungen in einem Umfeld des

Nachrichten- und Informationsmonopols der KPCh, der omnipräsenten Propaganda und der permanenten Überwachung überhaupt noch frei gebildet und zum Ausdruck gebracht werden können oder einer bewussten oder unbewussten Selbstzensur zum Opfer fallen; und weiter, ob die Entscheidungsträger diese Informationen auch effektiv berücksichtigen und wie sie sich dabei gegenüber etablierten Interessen und der Parteihierarchie durchsetzen können.

> **Box 3.2 Politische Konsultativkonferenz**
>
> Nach Xinhua (2017) ist die *Politische Konsultativkonferenz des chinesischen Volkes* (Chinese People's Political Consultative Conference, CPPCC) „eine Organisation der patriotischen Einheitsfront des chinesischen Volkes, ein wichtiges Organ für die parteiübergreifende Zusammenarbeit und politische Konsultation unter der Führung der KPCh und ein wichtiges Mittel zur Förderung der sozialistischen Demokratie in Chinas politischen Aktivitäten.
> Er ist weder ein Organ der Staatsmacht noch ein politisches Entscheidungsorgan, sondern eine wichtige Plattform, auf der verschiedene politische Parteien, Volksorganisationen und Menschen aller ethnischen Gruppen und aus allen Bereichen der Gesellschaft zusammenarbeiten, um sich demokratisch an den Staatsangelegenheiten zu beteiligen.
> In der Praxis dienen die Mitglieder des CPPCC als Berater der Regierung und der gesetzgebenden und gerichtlichen Organe und unterbreiten Vorschläge zu wichtigen politischen und sozialen Fragen."
> Diese Konferenz führt jährliche Plenartagungen durch, hat aber keine konkreten Beschluss- und Entscheidungsbefugnisse.

Einheitsstaat und Dezentralisierung In China besteht ein Einheitsstaat mit einer starken Zentrale in Peking. Es gibt keine vertikal integrierte Verwaltungsstruktur, wenn auch einige wichtige Ausnahmen (bei Außenbeziehungen, Verteidigung und Steuern) bestehen. Das ganze Land gliedert sich in mehrere Verwaltungsebenen, was bei der Größe des Landes leicht verständlich und funktional ist. Jede Verwaltungsebene verfügt über einen eigenen Apparat. Der

3 China – autoritärer und paternalistischer ...

Zentralstaat lässt den Regionen (22 Provinzen, 5 autonomen Regionen und noch einige mehr) weitgehende Autonomie, die von diesen auch genutzt wird. Die übergeordneten Behörden erteilen (meist unverbindliche) fachliche Empfehlungen. Die untergeordneten Behörden verfügen über einen Freiraum bei deren politischer Implementierung. Damit tragen sie aber auch das Risiko, diesen Freiraum im Lichte der Absichten der Zentrale richtig zu interpretieren.

China kennt keine vertikale Gewaltenteilung wie ein föderalistischer Staat im westlichen Verständnis. Die KPCh ist auf allen Ebenen in Form von Parteikomitees und Parteizellen involviert und nimmt dabei eine Führungsrolle wahr. Es besteht eine umfassende Durchgriffsbefugnis der Zentralregierung gegenüber regionalen Führungen. Die Führungskader in Partei und Staat werden durch die nächsthöhere Ebene der Parteihierarchie ernannt und abberufen. Es überrascht nicht, dass spannungsreiche Beziehungen zwischen der Zentralregierung und Regionen mit wiederkehrendem Wechsel im Grad der Zentralisierung zum Alltag im politischen System Chinas gehören (Heilmann & Shih, 2016a, S. 66 f.).

Ausgehend von den Reformen von Deng hat die Zentralregierung wichtige nationale Reformmaßnahmen zunächst auf regionaler Ebene getestet, um Erfahrungen zu sammeln. Im Erfolgsfall wurden sie landesweit angewendet: „*vom Punkt in die Fläche*" (Deng). „Die Kommunalverwaltungen sind seit langem eine wichtige Quelle für politische Innovationen in China. Während die Zentralregierung den Hauptfahrplan für die Politik aufstellte, wurden die Kommunalverwaltungen ermutigt und inspiriert, politische Innovationen, Experimente und Anpassungen vorzunehmen." „Politische Innovationen auf lokaler Ebene spielten somit eine wesentliche Rolle bei der Verwirklichung des chinesischen Wirtschaftswunders" (Zhang, 2022). Unter Xi besteht eine Tendenz zur verstärkten Zentralisierung. In den letzten Jahren sind lokale Innovationen immer seltener geworden.

Dieser Wandel dürfte nach Zhang Jun[9] weitreichende Auswirkungen auf die wirtschaftliche Entwicklung Chinas haben. Die Abkehr von dem regional dezentralisierten System der Vergangenheit könnte Schwächen des Wirtschaftssystems offenlegen, die bisher durch den Wettbewerb der lokalen Regierungen im regional dezentralisierten System zumindest teilweise gemildert worden sind. Diese könnten – so Zhang Jun – die wirtschaftliche Dynamik spürbar behindern.

Die *regionalen und lokalen Partei- und Staatsapparate* betreiben ihre eigene Wirtschaftspolitik. Sie bilden dazu Allianzen mit regional und überregional tätigen (privaten, kollektiven, halbstaatlichen, staatlichen und hybriden) Unternehmen, die sie mit allen verfügbaren Mitteln fördern – und von denen sie im Gegenzug einen substantiellen Beitrag zur regionalen Wirtschaftsentwicklung einfordern. *Netzwerke*, in denen lokale und regionale Staats- und Parteifunktionäre mit Unternehmern auf vielfältige Art zusammenarbeiten und in denen es auch zu Patronage kommt, spielen für die wirtschaftliche Entwicklung eine Schlüsselrolle. Die regionalen und lokalen Partei- und Staatsapparate agieren in und mittels privat-öffentlichen Netzwerken in rivalisierenden Allianzen und Partnerschaften (ten Brink, 2021).[10] Auf dieser Basis besteht zwischen Regionen innerhalb Chinas fallweise auch eine harte Konkurrenz. Es besteht ein eigentümlicher „*Wettbewerbsstaat*", der auf zahlreichen miteinander konkurrierenden lokalen Entwicklungsstaaten (Provinzen, Regionen) und einem lockeren, auf *Allianzen gebauten Korporatismus* beruht. Der Zentralstaat ist keineswegs neutral, er greift ein und mischt in diesem Wettbewerb kräftig mit.

---

[9] Zhang Jun, Dekan der Fakultät für Wirtschaftswissenschaften an der Fudan-Universität, ist Direktor des China Center for Economic Studies, einer in Shanghai ansässigen Denkfabrik.

[10] In diesem System der gemischten privat-öffentlichen Allianzen und Partnerschaften versteht es sich von selbst, dass Chinas Kapitalisten exzellente Beziehungen zu Staat und Partei auf allen Ebenen pflegen; Verwandte und Freunde in möglichst vielen Staats- und Parteiapparaten zu haben, gehört zum Geschäft. Ebenso wichtig ist es für Staats- und Parteifunktionäre, Beziehungen zu Unternehmen und Unternehmern zu unterhalten.

Diese Konstellation stellt für ausländische Unternehmen ein äußerst schwieriges Umfeld dar. In diesem vernetzten parteistaatlichen Kapitalismus konkurrieren sie nicht nur mit chinesischen Firmen, sondern oft auch mit integrierten Industriesystemen und Allianzen. Die Verwirklichung von „Wettbewerbsneutralität" bleibt in China eine Illusion.

Kontrolle der Machtausübung In China gibt es keine „Checks and Balances" gemäß westlichen Vorstellungen. Politische Machtbegrenzung durch Gewaltenteilung zwischen Exekutive, Legislative und Judikative wird ausdrücklich abgelehnt (Heilmann & Rudolf, 2016, S. 38). Zur vorhandenen Macht der KPCh gibt es keine Möglichkeit zur Bildung und zur Ausübung von Gegenmacht. Für die allenfalls weise oder wohlwollende Meritokratie bestehen damit keine Korrekturfaktoren, dazu Fukuyama (2020). China funktioniert als ein Elitesystem. China verfügt aber über eine Reihe von gesetzlich und institutionell verankerten Kontrollmechanismen, um die Machtausübung zu regeln, einzuschränken und zu überwachen. Dazu gehören gemäß dem Xinhua-Thinktank „parteiinterne Kontrolle, die Kontrolle durch den Nationalen Volkskongress, demokratische Kontrolle, administrative Kontrolle, gerichtliche Kontrolle, öffentliche Kontrolle und Kontrolle durch die öffentliche Meinung". „Mit der Einrichtung der Nationalen Aufsichtskommission und der Verabschiedung des Überwachungsgesetzes im Jahr 2018 hat China ein neues Modell der Überwachung der Staatsmacht eingeführt. Es umfasst alle Parteimitglieder und Staatsbeamten, die öffentliche Macht ausüben, und schafft ein standardisiertes und solides System zur Korruptionsbekämpfung" (New China Research, NCR, 2021, S. 43). Strittmatter (2018) beschreibt faktenreich und eindrücklich, wie China mit Big Data und künstlicher Intelligenz den perfekten digitalen Überwachungsstaat aufbaut. Das Ziel sei die totale Kontrolle der Partei über alle und alles, was auch der Staatsratat im folgenden Zitat selber zum Ausdruck bringt:[11] „Peking setzt auf Big Data und künstliche Intelligenz wie keine zweite Regierung. Die Partei glaubt, den perfektesten Überwachungsstaat schaffen zu können, den die Erde je gesehen hat", so Strittmatter (2018 im Buchcover). „Unter Berücksichtigung seiner eigenen Bedingungen hat China ein koordiniertes Aufsichtssystem erforscht und ein klar definiertes, effizientes Aufsichtsnetz mit eindeutigen Funktionen und Verantwortlichkeiten eingerichtet. Die Überwachung der Macht erstreckt sich über alle Bereiche und in jeden Winkel" (China's State Council Information Office, 2021, Kapitel III.5).

> **Box 3.3 Allumfassende Kontrolle durch die KPCh**
>
> Die allermeisten Führungskräfte und Eliten in wichtigen Institutionen, Organen und Organisationen von Staat, Wirtschaft und Gesellschaft Chinas sind Mitglieder der KPCh (2021 95 Mio.). Mitglieder unterliegen einem strengen Ausleseverfahren gefolgt von Schulung und Prüfungen. Alle Mitglieder haben sich schriftlich dazu verpflichtet, sich der Disziplin der KPCh zu unterwerfen und die Anordnungen der Partei treu auszuführen, die Strategie und Richtlinien der Partei einzuhalten und zu verfolgen. Angelegenheiten, für die es keine expliziten Anordnungen oder Regeln der Partei gibt, sind sie in einer Weise zu behandeln, die mit den Zielen und allgemeinen Grundsätzen der KPCh übereinstimmt, um die eindeutige Führungsposition der Partei in der chinesischen Gesellschaft zu gewährleisten (Wang, 2020, S. 2). Alle Parteimitglieder müssen, so Xi Jinping, „sich fest an ihre Mission erinnern und aus eigener Initiative die zentralisierte Autorität und Führung der Partei schützen". Ihr gesamtes Handeln wird überwacht und kontrolliert durch die allmächtige Disziplinarkommission beim Zentralkomitee der KPCh. Diese steht außerhalb des chinesischen Justizsystems und damit über den staatlichen Strafbehörden. Sie ist ein besonders wichtiges Führungsinstrument der Partei (Saich, 2021).

---

[11] Fukuyama (2020) beschreibt die Kontrolle wie folgt: „Heute wacht die Kommunistische Partei Chinas über die Regierung; die Organisationsabteilung der Partei wacht über die Partei, und unter Xi Jinping wurde die Zentrale Kommission für Disziplinaraufsicht ermächtigt, die Organisationsabteilung zu überwachen und das System als Ganzes von Korruption zu befreien."

3.1.3 Relative Rechtsstaatlichkeit, Ablehnung der Gewaltenteilung

Im heutigen System von China gibt es *keine Gewaltenteilung*, ja kann es im Prinzip gar nicht geben. Eine politische Machtbegrenzung durch Gewaltenteilung und eine unabhängige Justiz werden von der Parteiführung ausdrücklich und strikt abgelehnt. Sie sieht darin „fehlerhafte westliche Gedanken".[12] Über allem herrscht die KPCh. Sie steht nicht über der Verfassung und dem Volk, sie ist de facto Verfassung, Gesetz und Volk und verfügt in jeder Beziehung über ein Machtmonopol. Die KPCh verfügt über unbegrenzte Eingriffsbefugnisse und kann z. B. Gerichtsverhandlungen maßgeblich beeinflussen. „Chinesische Richter unterliegen der Aufsicht durch die KPCh. Die Mitgliedschaft in der KPCh ist unabdingbar, um als einfacher Richter berufen zu werden." Chinesische Richter genießen „keine institutionell gesicherte, sachliche und personelle Unabhängigkeit" (Heilmann, 2016, S. 127).[13]

Individuelle Rechte haben sich kollektiven Interessen unterzuordnen. Das Recht und damit die Gerichte haben die Aufgabe, die Politik der KPCh durchzusetzen. Recht hat ein effizientes Herrschaftsinstrument für die Partei zu sein. Dabei besteht im Justizbereich eine Parallelorganisation. Die offiziellen Gerichte behandeln u. a. Fra-

---

[12] Nach Rudolf (2021, S. 3) „verwies der Präsident des Obersten Volksgerichts darauf, dass westliche ‚Irrwege' wie Gewaltenteilung und eine unabhängige Justiz in der VR China nicht in Frage kämen".

[13] „Aus der Sicht der Partei ist die Kontrolle der gesetzgebenden Gewalt eine natürliche Folge ihres Herrschaftsstatus und steht nicht im Widerspruch zu international bewährten Praktiken. Die Einmischung der Partei hat zu Korruption in der Justiz, undurchsichtigen Prozessen, verzögerten Gerichtsverfahren und unrechtmäßiger Verfolgung unschuldiger Bürger geführt, ein Phänomen, das keine Seltenheit ist. Nach dem neuen Plan des Parteistaats soll die Unabhängigkeit der Gerichte gestärkt werden, indem die Gerichtsverhandlungen in den Mittelpunkt des Gerichtsverfahrens gerückt werden" (Wang, 2020).

gen des wirtschaftlichen Alltags, wie sie der Westen z. B. im Obligationen- und Handelsrecht geregelt hat. Wo es aus Sicht der KPCh funktional ist, werden durchaus westliche Vorstellungen von Rechtsstaatlichkeit aufgegriffen und in angepasster Form angewendet. Dies gilt z. B. bei der Regelung zivilrechtlicher Angelegenheiten, von Zuständigkeiten und von prozessualen Fragen. Bei chinesischen Gerichten an kleineren Orten oder entfernteren Provinzen ist die Unparteilichkeit aber auch bei solchen Fragen nicht immer gewährleistet.

Parallel dazu und außerhalb des Justizsystems behandelt die *Zentrale Disziplinarkommission der Partei* Fehlverhalten von höheren Parteimitgliedern. Da die meisten Kaderangehörigen der chinesischen Verwaltungs- und Justizbehörden gleichzeitig Mitglieder der KPCh sind, greift sie auch bei Korruptionsfällen durch. Die Disziplinarkommission ist faktisch Chinas oberste Behörde zur Bekämpfung der Korruption. Sie kann „die Parteimitgliedschaft von Leitungskadern suspendieren (was das Ende der politischen Karriere und den Verlust des Arbeitsplatzes bedeutet)" und „entscheidet über die Weitergabe von Ermittlungsergebnissen an die Justiz und damit über die Einleitung eines Strafprozesses gegen die Verdächtigen" (Heilmann & Shih, 2016, S. 47).

Folter bei Ermittlungen und Verhören gehört zur Normalität, obwohl dies offiziell verboten ist (Safeguard Defenders, 2020; Reporter ohne Grenzen, 2021).[14] Die

---

[14] Vergleiche Safeguard Defenders (2020). Submission to select UN Special Procedures on: China's practice of extracting and broadcasting forced confessions before trial. Gegenstand der Eingabe: Überprüfung der weit verbreiteten Praxis der chinesischen Behörden, inhaftierte Personen dazu zu zwingen, von den Behörden festgelegte Straftaten zu gestehen, bevor sie vor Gericht gestellt werden, was in der Regel nach langen Zeiten der Folter und Misshandlung geschieht. https://safeguarddefenders.com/sites/default/files/pdf/Submission%20to%20select%20UN%20Special%20Procedures%20-%20China%E2%80%99s%20practice%20of%20extracting%20and%20broadcasting%20forced%20confessions%20before%20trial%20Redacted.pdf.

durch Folter erzwungenen „Geständnisse" werden von den Gerichten anerkannt und sind gültig. Erpresste Geständnisse werden verschiedentlich in den Medien vorgetragen. Chinas Oberster Gerichtshof, die Staatsanwaltschaft, das Ministerium für öffentliche Sicherheit, das Ministerium für Staatssicherheit und das Justizministerium, alle sagten wiederholt, dass die Anwendung von Gewalt, Drohungen oder anderen illegalen Methoden zur Erlangung von Beweisen oder Geständnissen ein Ende haben muss. Sie setzen dies aber nicht durch (Reuters, 2016). Eine exzessive Anwendung der *Todesstrafe* gehört weiterhin zum chinesischen Strafrechtswesen.

Peking setzt viel dafür ein, eine *eigene chinesische Version von „Rechtsstaatlichkeit"* als kohärentes zukunftsfähiges Modell aufzubauen (Heilmann, 2016; Rudolf, 2021). Dabei will China auch international proaktiv für seine Rechtsvorstellungen werben, seine Standards etablieren und seine Interessen mittels seines Rechts durchsetzen. Umgekehrt ist in China selber die Vollstreckung ausländischer Gerichtsentscheidungen in der Praxis so gut wie ausgeschlossen. Wie wiederholt auch andere Großmächte wie die USA ignoriert China Urteile internationaler Gerichte, wie z. B. den Schiedsspruch des Ständigen Schiedshofes in Den Haag vom 12. Juli 2016 über den Konflikt im südchinesischen Meer.[15] Chinas Ambition, *internationale Deutungshoheit bei Rechtsfragen* zu erlangen, ist strategisch auch in die Belt and Road Initiative (BRI) eingebettet. Bei Abkommen mit anderen Ländern im Rahmen dieser Initiative verlangt China, dass chinesisches Recht gilt und chinesische Rechtsprechung zuständig ist. Weiter führt China proaktiv Kongresse und Lehrgänge für Juristen aus befreundeten Nationen und

---

[15] Am 12. Juli 2016 hat der Ständige Schiedshof in Den Haag die chinesische Position im Territorialkonflikt im Südchinesischen Meer zurückgewiesen und gleichzeitig die wichtigsten Positionen der Philippinen übernommen.

Entwicklungsländern durch, um ihnen chinesisches Recht und Rechtsverständnis zu vermitteln und wenn möglich auch zu exportieren.

Beispiel: Recht und Kontrolle in der Digitalwirtschaft
Der Ständige Ausschuss des Nationalen Volkskongresses (NVK) verabschiedet Gesetze und kann dies auch sehr kurzfristig tun. Beispiele aus den frühen 2020er-Jahren, sind das „Gesetz der Volksrepublik China zur Wahrung der nationalen Sicherheit in der Sonderverwaltungszone Hongkong" (Sicherheitsgesetz), das Datensicherheitsgesetz oder das Gesetz zum Schutz personenbezogener Daten.

Wie diese Beispiele zeigen, werden Gesetze meist sehr offen formuliert und bieten großen Raum für Interpretation durch die nachgelagerten Vollzugsinstanzen. Im Zentrum der Regulierung der Digitaltechnologien und deren Konzerne wie auch beim Sicherheitsgesetz für Hongkong steht der *Schutz der „nationalen Sicherheit"*. Das Konzept der „nationalen Sicherheit" ist jedoch kaum definiert, sondern allumfassend. Es ist, „was die KPCh daraus macht". Damit kann praktisch alles als Bedrohung oder Verletzung der „nationalen Sicherheit" unter Anklage gestellt und sanktioniert werden. Es ist „das perfekte Herrschaftsinstrument". „Die Parteidiktatur festigt ihre Macht" (Sander, 2021b).

Auf der nachgelagerten Stufe operieren *Vollzugs- und Aufsichtsbehörden*. Sie konkretisieren die Gesetze über *Verordnungen,* z. B. den im Cybersicherheitsgesetz von 2017 festgelegten Begriff der „kritischen Informationsinfrastrukturen", und sehen für bestimmte Industriezweige eine besonders genaue Cybersicherheitsprüfung vor.

Regulator und Aufsichtsbehörde im Internet ist die „Cyberspace Administration of China" (CAC) (Alsabah, 2016). Die CAC ist eine Abteilung der KPCh, erscheint formell aber als Teil der technokratischen Ministerialbürokratie nach westlichem Vorbild. Sie berichtet denn auch nicht dem Minister, sondern an die Zentrale Kommission für Cyberspace-Angelegenheiten, ein Parteigremium, das von Xi präsidiert wird. Die CAC schreibt Regulierungsentwürfe, erlässt Regeln und ordnet an. Sie ist zuständig für eine umfassende Internetzensur. Mit dem Datensicherheitsgesetz 2021 reguliert China umfassend, wie chinesische Daten behandelt werden sollen, nicht nur innerhalb, vielmehr auch *außerhalb* der Volksrepublik, mit dem Fokus auf nationale Sicherheit. Damit will China auch international Standards in diesem Bereich setzen (Sander, 2021).

Je nach Themenbereich und politischer Dringlichkeit werden neue Regulierungsbehörden geschaffen und eingesetzt, z. B. im Bildungsbereich. Die CAC und andere Aufsichtsbehörden haben die Möglichkeit, sehr kurzfristig und ganz direkt bei einzelnen Unternehmen zu intervenieren und ihnen bestimmte Dinge vorzuschreiben oder zu verbieten, z. B. einen Börsengang von Didi oder neue Regeln, um die Arbeitsbedingungen bei Lieferdiensten von Firmen wie Meituan und Eleme zu verbessern. Die Regulierungsbehörde kann schnell und direkt ganze Geschäftsmodelle und damit Milliarden an Wertschöpfung vernichten, so z. B. im Sommer 2021 in der E-Learning-Branche.[16] In der Praxis bedeutet dies „Unberechenbarkeit, Willkür und rücksichtslose Machtpolitik" (Sander, 2021b). Natürlich hat dies auch seine Wirkung außerhalb Chinas: abstrakt in der Beurteilung und Einschätzung der Natur und Absichten des chinesischen Regimes unter Xi und ganz konkret im Verhalten westlicher Investoren und in Alltagsfragen. „Jede sogenannte Datensicherheitsprüfung eines in-

---

[16] Den bisher sehr erfolgreichen E-Learning-Anbietern wurde untersagt, Schüler am Wochenende zu unterrichten. Akademische Angebote für Kinder unter sechs Jahren müssen komplett eingestellt werden. Insgesamt ist aus einem Milliardengeschäft über Nacht ein Non-Profit-Segment geworden (Mumme, 2021).

transparenten Parteiorgans mit wenig technischem Sachverstand und keinerlei gesetzlicher Rechenschaftspflicht, das ausschließlich dem Parteivorsitzenden verpflichtet ist, bedeutet ein weiteres unberechenbares regulatorisches Hemmnis" (Pei, 2021). Ausländische Investoren dürften dadurch alarmiert und abgeschreckt sein.

3.1.4 Wohl der Gemeinschaft

Das demokratische Grundverständnis heißt „Schutzherrschaft"[17] Statt Freiheit des Individuums, freie Wahlen und Gewaltenteilung steht in der Volksrepublik die Schutzfunktion der Regierenden für ihre Gemeinschaft im Vordergrund. Gemäß der Minben-Doktrin aus der konfuzianischen Ethik (Murthy, 2000) ist dem *Wohl der Gemeinschaft* ein besonderer Wert beizumessen. Zwischen Partei und Volk besteht ein (impliziter) *Gesellschaftsvertrag*: Die Partei fördert Ordnung, Stabilität, Wachstum und Wohlstand; die Bürger sind politisch gehorsam und verzichten auf die Einforderung politischer Rechte (vgl. dazu Priess, 2018, sowie Mahbubani, 2021, S. 166[18]). Im Unterschied zu einer Legitimation durch demokratische Verfahren und Kontrolle (Inputlegitimation) basiert die KPCh auf einer Outputlegitimation. Dementsprechend haben Regierungen bestimmte Anforderungen zu erfüllen und damit eine be-

---

[17] Vergleiche DeWiki.de – Wiki-Artikel Sammlung, Portal China, Politisches System der Volksrepublik China https://dewiki.de/Lexikon/Politisches_System_ der_Volksrepublik_China.

[18] „Unterstellt man, dass die breite Masse des chinesischen Volks aus nüchternen und rational abwägenden Menschen besteht (was vermutlich auch der Fall ist), dann wäre es völlig natürlich, wenn diese Menschen eine Fortsetzung der KPCh-Herrschaft am liebsten wäre, schliesslich hat diese Regierung die Lebensumstände des chinesischen Volks deutlich mehr zum Positiven verändert als irgendeine Dynastie" (Mahbubani, 2021, S. 166).

sonders exponierte Rolle. „Sie sollen aus ‚tugendhaften Politikern' bestehen, die umfangreiche, dauerhafte und frei verfügbare (willkürliche) Macht besitzen" (Wikipedia mit weiteren Quellen dazu). Sie verfolgen das Konzept der *„harmonischen sozialistischen Gesellschaft"*.[19] „Solange das Wohl der Gemeinschaft gewahrt ist, hat die Regierung vergleichsweise viel Handlungsspielraum. Widerstand der Bevölkerung wird nur in extremen Fällen als zulässig erachtet" (Wikipedia, o. J.).

Menschenbild – Ideologisierung und Informatisierung, „Technoautoritarismus" Das in China resp. bei der KPCh vorherrschende Menschenbild geht nicht von autonomen Individuen aus, sondern von einem *lenkungsbedürftigen Kollektivwesen*, von einem aggregierten Wohlleben der großen Zahl. Das optimistische individualistische Menschenbild der europäischen Aufklärung wird abgelehnt. Die KPCh sieht sich in dieser Auffassung durch das sich ausbreitende Herdenverhalten in interaktiven digitalen sozialen Medien insbesondere im Westen bestätigt.

Heilmann führt dazu im Interview mit Isler (2019) aus: „In der KPCh gibt es traditionell und nun wieder gestärkt die Position, das westliche Menschenbild, das auf individuellen Freiheiten und Rechten beruht, als bourgeoise Fiktion darzustellen." So argumentiert die Partei: „Diese Form des Individualismus mag in reichen westlichen Gesellschaften für eine beschränkte Zeit funktioniert haben. Aber was einem heute aus den sozialen Medien und der digitalen Werbung entgegentritt, ist nicht das Bild mündiger Indivi-

---

[19] Das Konzept oder die „Vision" einer sozialistischen *harmonischen Gesellschaft* wurde erstmals 2002 auf dem 16. Parteitag der KPCh formuliert. Die Partei will damit ihre Legitimität und ihr Ansehen in der Gesellschaft stärken, einen Ersatz für den mittlerweile ausgehöhlten ideologischen Überbau anbieten und damit ihre Herrschaft konsolidieren (Kaiser & Wacker, 2008).

duen, sondern das einer fast beliebig manipulierbaren Herde." Aus dieser Beobachtung zieht die KPCh Schlüsse für ihr Menschenbild, so Heilmann: „Die Menschen brauchen einen guten Hirten mit wachsamen Hütehunden." Nach dieser Auffassung entspreche das westliche Menschenbild schlicht nicht mehr dem heutigen Zustand und der Funktionsweise der Gesellschaft; es sei überholt. Chinas Regierende und Unternehmen sind entschlossen, „alle digitalen Möglichkeiten zu nutzen, um ihre Herde zum Wohl aller zu steuern". Aus ihrer Sicht machen Big Data und künstliche Intelligenz Märkte und Gesellschaft steuer- und programmierbar.

Erziehung der Bevölkerung zum Wohlverhalten über „Social Credits" Ausgehend von dem postulierten Herdenverhalten soll ein „Social Credit System" verbunden mit Big Data und künstlicher Intelligenz genutzt werden (Donnelly, 2023). Der Anspruch ist, pausenlos Datenströme über alle menschlichen Interaktionen systematisch auszuwerten und darauf aufbauend das individuelle und kollektive Verhalten mit Anreizen und Sanktionen in die von der Partei gewünschte Richtung zu steuern.[20] So sollen regelmäßig u. a. Kommunikationsverhalten, Mobilitätsprofile und Transaktionsdaten beim Bezahlen erhoben werden. Chinas Machthaber streben an, dass die Menschen diese beständige und intensivierte Verhaltenssteuerung verinnerlichen und den Einfluss durch die Partei gar nicht mehr wahrnehmen. Daten aus dem „Social Credit System" sind z. T. öffentlich, sodass sich die Betroffenen auch gegen-

---

[20] Der Staat sieht sich gemäß dem auf sozialen Netzwerken einflussreichen Ökonom Ren Yi „als Familienvater, der seine Bevölkerung – aber auch seine Wirtschaft – moralisch erziehen muss. Dies steht im Gegensatz zu liberalen Vorstellungen von einem kleinstmöglichen Nachtwächterstaat" (Kretschmer, 2021a, b).

seitig kontrollieren und sanktionieren können, was aus Sicht der Partei auch begrüßt und gefördert wird.[21]

Dieses „Credit System" gilt in angepasster Form auch für Unternehmen und ihre Mitarbeiter.[22] Konkret bedeutet dies, dass für Qualifikationen und Beförderungen in Unternehmen sowohl berufliche wie auch private „Credit Ratings" beigezogen werden sollen. Auch ausländische Unternehmen werden gezwungen sein, dieses System in ihren chinesischen Betrieben anzuwenden, der KPCh zu rapportieren und dabei ihre Daten offenzulegen. Dadurch entsteht ein impliziter Druck, auch außerhalb Chinas in Teilen ihres Unternehmens Elemente dieses Systems einzuführen und anzuwenden. Und China dürfte künftig noch mehr Druck auf ausländische Firmen ausüben, in ihren Heimatländern chinesische Interessen zu vertreten. In einer umfangreichen

---

[21] *Nachbarschaftsüberwachung:* Gemäß The Economist (2022) hat Xi analog zu Maos Vorliebe für die Mobilisierung der Massen zur gegenseitigen Überwachung das Fengqiao-Modell aus Maos Zeiten neu definiert. Massen werden eingesetzt, um die anderen Kontrollinstrumente der KPCh zu ergänzen. In jüngster Zeit ist in mehreren Provinzen ein neues *„Zehn-Haushalte-System"* entstanden. Danach werden Haushalte in Zehnergruppen organisiert und von einem Anführer, z. B. einem Veteranen oder einem Dorfkader, geleitet. Der Anführer muss politisch zuverlässig sein. Diese freiwilligen Patrouillen, die sich aus normalen Bürgern zusammensetzen, überwachen die Aktivitäten ihrer Nachbarn. Die Herrscher Chinas haben eine lange Geschichte, Haushalte in Zehnergruppen zwecks Kontrolle zu organisieren. Schon ein Gesetz in der Qin-Dynastie 221–207 v. Chr. hält fest, dass alle zehn Haushalte der Gruppe bestraft werden, sollte einer davon eine Straftat begangen haben. How Xi Jinping is mobilising the masses to control themselves – A low-tech arm of a high-tech police state (10 November 2022). *The economist.* p. 51. https://www.economist.com/china/2022/11/10/how-xi-jinping-is-mobilising-the-masses-to-control-themselves.

[22] Am 14. November 2022 veröffentlichte die Nationale Entwicklungs- und Reformkommission (NDRC) den Entwurf des *„Gesetzes zur Einführung des Sozialkreditsystems"* (Social Credit System Establishment Law). Das Sozialkreditsystem richtet sich in erster Linie an Unternehmen und Betriebe. Hauptziel: Integrität und Vertrauenswürdigkeit von Marktteilnehmern zu erreichen. Neben den Unternehmen selbst betrifft es auch die Mitarbeiter.

Merics-Studie wird aufgezeigt, wie Peking wirtschaftlichen Zwang zur Signalgebung und Abschreckung einsetzt. Es versucht, über Druck auf prominente Unternehmen oder Branchen andere davon abzuhalten, bestimmte Grenzen zu überschreiten (Adachi et al., 2022).

„Digitaler Leninismus" Aufgrund dieser Entwicklung kommt es zu einer Verschmelzung von digitalen Technologien mit den traditionellen Kontrollinstrumenten der Partei. „Chinas Modell für die digitale Zivilisation ist eine agile hierarchische Ordnung, die gezielt und lückenlos digitale Steuerungstechnologien entwickelt, um eine konfliktanfällige Massengesellschaft in politisch definierte Bahnen zu lenken" (Heilmann, 2020). Der Beobachtete weiß nicht, ob er beobachtet wird oder nicht. Er muss nur die Gewissheit haben, dass er jederzeit beobachtet werden könnte, und verhält sich deshalb parteikonform. Dahinter steht die alte *Idee des neuen Menschen* der sozialistischen Revolution (Bundeszentrale für politische Bildung, 2018). Der Traum einer Zivilisation, in der menschliches Verhalten so verändert wird, dass es kollektiv verträglich und im Sinne der Regierenden ist. Heilmann (2019 sowie im Interview mit Isler, 2019) spricht in diesem Zusammenhang von „digitalem Leninismus".

Gemäß der Partei befindet sich die moderne Gesellschaft im Übergang zu einer technologiegetriebenen Zivilisation, zur Informatisierung aller Lebensbereiche und zur datengestützten staatlichen Lenkung via Cyberspace. Aus westlicher Sicht besteht bei diesem Konzept jedoch die Gefahr, dass dies letztlich zu einer *kollektivistischen, technologiegestützten Diktatur mit gleichgeschalteten Menschen ohne Eigenwert* führen kann, zu einem „digital hochgerüsteten Totalitarismus" (Heilmann, 2021).

Der offensichtliche Widerspruch zu Aussagen des Informationsbüros des Staatsrates in seinem Dokument „China: Democracy That Works" von 2021 lässt sich – wenn überhaupt – nur durch sehr selektive Interpretation ausräumen. Als Resultat all der Anstrengungen und Entwicklungen in China folgert die KPCh: „In China hat sich die persönliche Freiheit in einem Ausmaß entwickelt, das in der mehrtausendjährigen Geschichte noch nie da war. Die Kreativität und das Innovationspotenzial wurden voll entfesselt, und die Menschen genießen Redefreiheit und Mobilität." „China hat sich zu einer offenen und freien Gesellschaft entwickelt und gleichzeitig Ordnung und Stabilität bewahrt sowie Einheit und Harmonie gefördert. Die Volksdemokratie ist sowohl der Treibstoff als auch das Schmiermittel für Chinas sozialen Fortschritt" (China's State Council Information Office, 2021, Kapitel IV.4). Primäre Adressaten dieser offensichtlich irreführenden und täuschenden Aussagen der Staatspropaganda dürften westliche Nationen, politische Parteien und Gesellschaften sein.

Ein internes Strategiepapier der KPCh aus dem Jahre 2012 „Document No. 9": „New Chinese Leadership's Attack on Western Influence", das allerdings kurze Zeit nach der Veröffentlichung wieder vom Netz verschwunden ist, wirft etwas Licht hinter die wohlklingenden Formulierungen und zeigt, was die KPCh eigentlich meint, Box 3.4.

Box 3.4 „Document No. 9": „New Chinese Leadership's Attack on Western Influence", internes Strategiepapier der KPCh von 2012*

1. Eine Demokratie nach westlichem Vorbild mit Gewaltenteilung, Mehrparteiensystem, allgemeinen Wahlen und einer unabhängigen Justiz würde den Sozialismus chinesischer Prägung untergraben.

2. Die Verbreitung universeller Werte wie Menschenrechte, Rechtsstaatlichkeit, Freiheit und Demokratie könnte das theoretische Fundament der KPCh herausfordern und untergraben.
3. Die Stärkung der Zivilgesellschaft als ein Gegengewicht zum Staat, welche gegenüber diesem die Rechte des Individuums verteidigt, zerstört das Fundament der Partei.
4. Die Verbreitung des Neoliberalismus untergräbt durch Liberalisierung, Privatisierung und Marktprinzip das ökonomische System Chinas.
5. Die westliche Vorstellung des Journalismus, Pressefreiheit und ein freies Internet stehen dem chinesischen Prinzip der Parteidiziplin entgegen, das verlangt, dass Medien die Auffassung der Partei kommunizieren.
6. Eine kritische Geschichtsschreibung unterminiert die von der KPCh festgelegte Interpretation und moralische Bewertung von Ereignissen in der chinesischen Geschichte und der Geschichte der Partei sowie der geschichtlichen Notwendigkeit des chinesischen Sozialismus.
7. Kritik an der Art der Durchführung der Reform- und Öffnungspolitik und dem Sozialismus chinesischer Prägung, welche das chinesische System als „kapitalistischen Sozialismus" oder „Staatskapitalismus" bezeichnet, führt zu Verwirrung und hindert den weiteren Fortschritt.

* Zitiert nach ChinaFile (2013), vgl. dazu auch Westphal (2014).

Ideologischer Systemwettbewerb zwischen China und dem Westen Die gemachten Ausführungen zeigen, dass es zwischen China und dem Westen nicht bloß um Meinungsverschiedenheiten geht, bei denen die Parteien über Verhandlungen einen Kompromiss finden können. Wie die Ausführungen von Xi Jinping am 20. Parteitag deutlich gezeigt haben, geht es um etwas sehr Grundsächliches in der Auseinandersetzung mit der Volksrepublik China. Es geht um einen fundamentalen Gegensatz in der Vorstellung von

Menschen und Gesellschaft, einen radikalen Unterschied zwischen Chinas Mischung aus konfuzianischen und marxistisch-leninistischen Werten gegen liberal-demokratische und marktwirtschaftliche Ordnungs- und Wertvorstellungen und den liberalen Internationalismus des Westens (Rudd, 2022). Ziel Chinas ist es nach Xi, „eine neue Form der menschlichen Zivilisation zu entwickeln" (Xi Jinping, 2022) oder, wie es der Economist ausdrückt: „Eine Supermacht, die nach Einfluss strebt, ohne Zuneigung zu gewinnen, nach Macht ohne Vertrauen und nach einer globalen Vision ohne universelle Menschenrechte" (The Economist 2023, 25. März).

Was ansteht, ist ein Systemwettbewerb, und zwar nicht nur wirtschaftlich, sondern auch politisch und ideologisch. Sollte sich China mittelfristig als das wirtschaftlich-technologisch überlegene System erweisen und seine Wirtschaft 2050 deutlich größer sein als die der USA, dann wird dies globale Folgen für das Regieren im 21. Jahrhundert haben. Womöglich wird Chinas Sicht von Gesellschaft und Wirtschaft als eine Herdenordnung, die der Steuerung und Überwachung durch eine autoritäre Führung bedarf, von vielen Ländern geteilt und übernommen. China wird sich als Ordnung darstellen, die alle Möglichkeiten der digitalen Zivilisation am effektivsten nutzen kann. Die Menschenrechtscharta der UNO wird neu geschrieben und/oder ganz neu interpretiert werden.

Entwicklungsorientierte Weltanschauung Die KPCh bringt ihre *Vorbildfunktion* für andere Länder zum Ausdruck. Ein Land sollte immer nach Besserem streben. Gemäß dem Xinhua-Thinktank sind die Ideen der Entwicklung in China durch die Globalisierung auf den Rest der Welt übertragen worden und haben das globale Wohlergehen verbessert. In diesem Zusammenhang beweise die Realität in China auch, dass Rodrik (2011) mit seinem Globalisierungstrilemma, wonach ein Land nicht gleichzeitig Hyperglobalisierung, Demokratie und nationale Selbstbestimmung haben könne, falschliege. „In den letzten Jahrzehnten hat China mit Begeisterung an der Globalisierung teilgenommen, den Weg der unabhängigen Entwicklung beschritten und die sozialistische Demokratie mit chinesischen Merkmalen kreativ entwickelt. Dies beweist Chinas starke Fähigkeit zur Staatsführung" (New China Research, NCR, 2021, S. 61).

Historischer Determinismus Gemäß seinem ausführlichen und systematisch aufgebauten Whitepaper versteht der Xinhua-Thinktank die Entwicklung der Staatsführung und des Regierungsansatzes in China als das Resultat der chinesischen Praxis und wissenschaftlichen Analyse von Demokratie, Freiheit und Menschenrechten. Die KPCh erhebt den Anspruch, dass die „sozialistische Demokratie mit chinesischen Merkmalen" „eine neue Form der politischen Zivilisation hervorgebracht" und die bürgerliche Demokratie überwunden hat (New China Research, NCR, 2021, S. 15). Die Geschichte werde beweisen, dass „die Entwicklung Chinas nicht nur ein unwiderstehlicher historischer Trend ist, sondern auch ein wichtiger Beitrag zum Fortschritt der menschlichen Zivilisation". Diese Entwicklung muss sich – so die Auffassung der KPCh – zwangsläufig ergeben, denn der chinesische demokratische Weg „steht im Einklang mit der Logik der Geschichte, der Theorie, der Praxis und der Werte, hält sich an die gemeinsamen Werte der Menschheit und hat eine innovative Entwicklung auf der Grundlage der Bedingungen Chinas erreicht" (New China Research, NCR, 2021, S. 15).

3.2 Wirtschaftsordnung – sozialistische Marktwirtschaft mit chinesischen Merkmalen

3.2.1 Chinas wirtschaftlicher Aufbruch

„China wird reich"[23] Maßgebend für den wirtschaftlichen Aufstieg Chinas waren die von Deng Xiaoping eingeleiteten Reformen in den späten 1970er- und frühen 1980er-Jahren (Vogel, 2013). Seine Politik brachte entscheidende Neuerungen in Chinas Wirtschaftsordnung: Chinas Bauern wurde erlaubt, auf eigene Rechnung zu wirtschaften. In speziell bezeichneten Wirtschaftssonderzonen durften Unternehmen auch privat geführt werden. Ausländern war es erlaubt, darin zu investieren. Reformen, die sich in den Sonderzonen oder anderen speziell ausgewiesenen Region bewährten, wurden großflächig übernommen: „vom Punkt in die Fläche". 1985 wurde die Preiskontrolle aufgehoben. Der Wettbewerb über Märkte erfuhr besondere Anerkennung. Weiter wurde massiv in Bildung und Forschung investiert.

Das Resultat all dieser Reformen war ein Kapitalismus wirtschaftspolitisch pragmatisch, experimentierfreudig, agil und lernfähig, staatspolitisch autoritär und entwicklungslenkend. Der aufkommende und stärker werdende *Privatsektor* mit hartem, ja rücksichtslosem internem Wettbewerb brachte Dynamik und entwickelte sich zum Motor und Rückgrat der Wirtschaft Chinas. Mit dazu beigetragen

---

[23] In Anlehnung an die Formulierung von Xi Jinping „China ist aufgestanden, reich und stark geworden und rückt ins Zentrum der Aufmerksamkeit" in seiner Rede anlässlich des 19. Nationalkongress der Kommunistischen Partei Chinas (KPCh) vom 18. Oktober 2017. Vollständiger Bericht von Xi Jinping, Xinhua 2017-11-03 http://www.xinhuanet.com/english/special/2017-11/03/c_136725942.htm.

haben viele neu entstandene kleine und mittlere Unternehmen, KMUs, die investierten und Arbeitsplätze schufen.

Zentrale Akteure der Wirtschaft Chinas waren aber nach wie vor die *Staatsunternehmen ("State Owned Enterprises", SOE)*. Um 2000 war ihr Anteil an der Gesamtbeschäftigung und der Wirtschaftsleistung über 40 %. In den Provinzen gab es Tausende lokale SOE.[24]

Alimentiert wurde der Wirtschaftsaufschwung seit den 1980er-Jahren durch eine groß angelegte *Binnenmigration und Neuverteilung von billigen Arbeitskräften* aus der Landwirtschaft in die verarbeitende Industrie, von ländlichen Regionen in die urbanen Ballungsgebiete an der Ostküste. Die rund 300 Mio. Wanderarbeiter haben zu einem extensiven Wachstum beigetragen. Seit 1948 mussten sich Chinesen an ihrem ständigen Wohnsitz registrieren, was zugleich die Voraussetzung für eine Beschäftigung war: das sogenannte Hukou-System. Seit den Reformen unter Deng wurde es Arbeitskräften möglich, inoffiziell umzuziehen. Sie können sich jedoch am Ort ihrer ausgeübten Tätigkeit nicht offiziell anmelden, vgl. Abschn. 3.2.4. Wichtige Märkte: Arbeitsmarkt.

Öffnung gegenüber der Welt in zwei Phasen Dengs Verbündete trieben die Reformen weiter.

(1) *„Inviting-in":* Erlaubt wurde der Marktzugang für Ausländer verbunden mit der Bildung von Joint Ventures mit Mehrheitsbeteiligung Chinas und erzwungenem Wissens- und Technologietransfer, ein Tauschgeschäft: Marktzugang für Technologietransfer. Dies ermöglichte China vieles zu kopieren, aber auch Produkte mit

---

[24] Employees at state-owned, collective-owned, and private enterprises in China 2021. Statista. https://www.statista.com/statistics/252924/employees-at-state-owned-collective-owned-and-private-enterprises-in-china/.

„Zweitgeneration-Innovationen" besonderen Marktbedingungen anzupassen: „smart copying".[25] Seit 1992 hat der Strom der Auslandsinvestitionen („Foreign Direct Investment Inward Flows") massiv zugenommen.

(2) *„Going global":* 2001 öffneten sich die Exportmärkte durch den Beitritt Chinas zur WTO. Damit stiegen Chinas Exporte von Gütern und Diensten massiv wie auch die Importe, wenn auch etwas weniger stark. Ausschlaggebend waren Kostenvorteile wie Löhne, Kapitalkosten, Währung sowie geringe Umweltauflagen. China ist einer der großen Gewinner der Globalisierung.

Das Wachstum wurde zu einem wesentlichen Teil durch *Investitionen* getrieben. Die Investitionsquote betrug seit 2004 über 40 %, was im internationalen Vergleich einmalig hoch ist, vgl. Abb. 3.1. Dabei fokussierte sich der Staat vor allem auf die Infrastruktur: Straßen, Brücken, Hafenanlagen, Wasserwerke/Dämme, Kraftwerke, Eisenbahnlinien, schnelles mobiles Datennetz u. a. m. wurden auf einen im internationalen Vergleich hohen Standard gebracht. Auf die Weltfinanzkrise 2008 reagierte China mit einem Stabilisierungsprogramm von US$ 585 Mrd. für zwei Jahre, was so viel war wie 13 % des BIP. Davon waren wiederum 38 % Infrastrukturinvestitionen.

Die Bruttoinvestitionen in Prozenten des BIP sind nach einem raschen Anstieg seit den 1970er-Jahren in China, Südkorea und Singapur mit 35 bis 40 % auf einem sehr

---

[25] „Aus chinesischer Sicht ist das Kopieren nicht nur sinnvoll, sondern auch ein Symbol für den Respekt vor der Autorität und vor allem eine Möglichkeit, die Prüfung (beim Meister) zu bestehen. Die konfuzianisch geprägte kindliche Pietät (die strukturelle Ehrerbietung gegenüber der Autorität der Eltern und der Lehrer) verschärft das Problem noch. Während solche respektvollen sozialen Strukturen China im Laufe der Jahre zweifellos gute Dienste geleistet haben, haben sie eine Gesellschaft geschaffen, in der das Kopieren tief in der Kultur verwurzelt ist und nicht als etwas Negatives angesehen wird" Williams (2020).

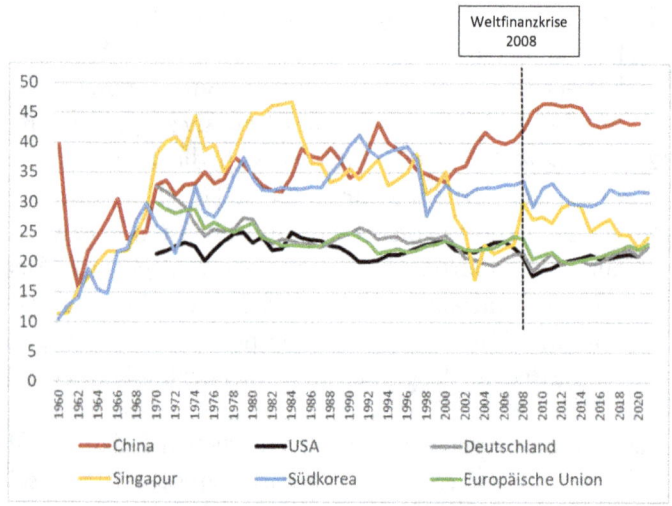

Abb. 3.1 Bruttoinvestitionen (% des BIP) 1960–2020. (Quelle: Weltbank. https://data.worldbank.org/indicator/BN.KLT.DINV.CD?locations=CN)

hohen Niveau. In den 2000er-Jahren hat China diese Quote sogar noch gesteigert. Demgegenüber ist dieselbe Quote der USA, Deutschlands, der EU mit 20 bis 25 % deutlich geringer. Diese Bruttokapitalbildung erklärt zu einem großen Teil die großen Unterschiede im BIP-Wachstum und ist Fundament für weiteres Wachstum.

Finanziert wurde dieses Wachstum durch Kredite des *Banken- und Finanzsystems* und nicht durch Staatsverschuldung. Dieses steht unter Kontrolle der politischen Führung, der Partei. Staatsbanken dominieren den Markt: Industrial and Commercial Bank of China (ICBC), Bank of China, China Construction Bank, Agricultural Bank of China, Bank of Communications. Innerhalb des Bankensektors besteht kaum Wettbewerb. Finanzierungskonditionen werden nicht selten politisch vorgegeben.

China verfügt über eine hohe Strategiefähigkeit, eine Fähigkeit der beharrlichen Verfolgung politisch festgelegter langfristiger Prioritäten. Für strategisch wichtige Wirtschaftsbereiche, vorzugsweise für Staatsunternehmen, wurden großzügig Kredite vergeben. Marktwirtschaftliche Prinzipien und Haftung für eingegangene Risiken spielten eine untergeordnete Rolle. Daraus ergab sich von 2009 (Finanzkrise) bis 2020 ein *Kreditboom* für Privatunternehmen, Staatsunternehmen und private Haushalte mit rasch wachsenden Schulden bis 2020 von total dem 2,92-fachen des BIP.[26]

Technologieentwicklung 2015 lancierte die Partei eine „Initiative zur umfassenden Aufwertung der chinesischen Industrie", *„Made in China 2025"* (Wübbeke et al., 2016). Diese zielt unter anderem darauf ab, dass China in der Wertschöpfungskette des verarbeitenden Gewerbes und des Dienstleistungssektors aufsteigt, 2025 in zehn namentlich genannten Industriezweigen[27] zum weltweiten Marktführer und führenden Innovator wird und zu seinem 100-jährigen Bestehen im Jahr 2049 eine industrielle Vormachtstellung in der Welt einnimmt. Die großen und innovativen chinesischen Technologieunternehmen, z. B. Alibaba, Huawei oder Tencent, illustrieren den stattfindenden Wandel Chinas von der verlängerten Werkbank der Welt hin zu einer produktiveren und innovativeren Wirtschaft.

---

[26] Bank für Internationalen Zahlungsausgleich, https://stats.bis.org/statx/srs/table/f1.1.

[27] IT der nächsten Generation; computergesteuerte Highendmaschinen und -roboter; Luft- und Raumfahrtausrüstung; maritime technische Ausrüstung und Hightechschiffe; fortschrittliche Ausrüstung für den Schienenverkehr; energiesparende und neue Energiefahrzeuge; Energieanlagen; landwirtschaftliche Geräte; neue Materialien; Biomedizin und medizinische Hochleistungsgeräte. Fünf Jahre später werden im 14. Fünfjahresplan von 2020 etwas präziser sieben Zukunftstechnologien („frontiers of science and technology") aufgeführt, die als strategisch entscheidend angesehen werden und wo China den Anspruch auf eine Führungsposition erhebt: 1. künstliche Intelligenz der nächsten Generation, 2. Quanteninformationstechnologie, 3. integrierte Schaltkreise, 4. Hirnforschung und neuronale Netze, 5. Genetik und Biotechnologie, 6. klinische Medizin und Gesundheit, 7. Erkundung von Weltraum, tiefer Erdschichten, der Tiefsee und der Polarregionen.

Ebenfalls um 2015 begann in China mit der *„Mass Innovation Campaign"* (Gore, 2020) eine beispiellose Innovations- und Start-up-Bewegung. In kürzester Zeit entstanden Hightechparks, Inkubatoren, Coworkingspaces/Accelerators, Venture Capital Fonds und Millionen neuer Start-ups. Die von der Regierung unterstützten Fonds sammelten allein 2015 umgerechnet US$ 231 Mrd. ein. Von den lokalen Regierungen wurden rund 16.000 Hightechinkubatoren ins Leben gerufen und innovative Start-ups mit Cashbeträgen gefördert. Der Markt ist riesig und bietet viele Chancen, z. B. für Internetapplikationen, gibt es doch in China über 700 Mio. Internetnutzer. Innovative und erfolgreiche digitale Start-ups aus China sind daran, die globalen Kräfteverhältnisse der digitalen Transformation der Welt spürbar in Richtung China zu verschieben.

Damit hat sich China von einer stagnierenden Planwirtschaft zum Staatskapitalismus entwickelt: wirtschaftspolitisch experimentierfreudig, agil, lernfähig und pragmatisch, gleichzeitig aber auch autoritär und entwicklungslenkend. Im Folgenden werden Struktur und Funktionsweise der Wirtschaft Chinas etwas näher betrachtet.

3.2.2 Rahmenbedingungen

„Sozialistische Marktwirtschaft mit chinesischen Merkmalen" (Deng Xiaoping) Wie die Monopolkommission (2020) ausführlich darstellt, hat China sein eigenes, hybrides Wirtschaftssystem entwickelt. Es enthält sowohl staats- als auch marktwirtschaftliche Elemente und ist geprägt durch ein hohes Maß an industriepolitischen Eingriffen. Dem Staat bzw. der KPCh kommt eine herausragende und lenkende Rolle zu, wobei der Staat verschiedentlich direkt auf einzelne Unternehmen zugreift. Er kombiniert typisch westliche Instrumente mit Steuerungsinstrumenten und Kontrollmechanismen, die eher in etatistischen Entwicklungsdiktaturen zu finden sind. Chinas Wirtschaft ist hoch politisiert und kann nicht mit westlichen neoliberalen Ordnungsdogmen, wie dem simplizistischen Denkmuster „Markt" versus „Staat", verstanden werden. Das Zusammenwirken von Markt und Staat ist allgemein, besonders aber auch in China viel komplexer.

Vielfältige Formen des Eigentums Das neue chinesische Zivilgesetzbuch (ZGB, Civil Code) ist am 1. Januar 2021 in Kraft getreten. In seinem zweiten Teil werden Fragen des Eigentums und der Nutzungsrechte geregelt. Es besteht eine Vielfalt verschiedener Eigentumsformen, vgl. Box 3.5.

> **Box 3.5 Vielfältige Formen des Eigentums in China.**[28]
>
> *Staatseigentum*: Die meisten Ressourcen sind das ausschließliche Eigentum des Staates und können nicht von Privatpersonen erworben werden. Das Staatseigentum wird vom Staatsrat verwaltet.[29]
>
> *Kollektiveigentum*: Neben den Ressourcen im Staatseigentum gibt es, insbesondere in ländlichen Gebieten, auch Ressourcen, die sich im kollektiven Besitz befinden, beispielsweise einer Dorfgemeinschaft. Sie sind das kollektive Eigentum ihrer Mitglieder. Dazu gehören zum Beispiel: Gebäude, Produktionsanlagen, Bewässerungs- und Wasserschutzeinrichtungen, Bildungs-, Wissenschafts-, Kultur-, Gesundheits- und Sporteinrichtungen.

---

[28] In Anlehnung an Rödel und Partner, Rechtsanwälte, Steuerberater, Unternehmens- und IT-Berater sowie Wirtschaftsprüfer mit Vertretungen in 50 Ländern. https://www.roedl.com/insights/china-civil-code/part-2-property-law.

[29] Zu den Ressourcen im Eigentum des Staates gehören unter anderem: Bodenschätze, Wasser- und Meeresgebiete; unbewohnte Meeresinseln; städtisches Land; natürliche Ressourcen wie Wälder, Berge, Grasland und Ödland, sofern sie nicht nach dem Gesetz in kollektivem Eigentum stehen; Funkfrequenzen; Kulturdenkmäler; Einrichtungen der nationalen Verteidigung; Infrastruktureinrichtungen wie Eisenbahnen, Autobahnen, Energieanlagen, Telekommunikationseinrichtungen und Öl- und Gaspipelines, die sich gemäß dem Gesetz im Eigentum des Staates befinden; Investitionen des Staates in Unternehmen.

> *Privateigentum*: Jede natürliche Person hat das Recht auf Eigentum an Immobilien wie Häusern und Wohnungen und an beweglichen Gütern wie ihren Einkünften, Fahrzeugen, Gebrauchsgegenständen, Produktionsanlagen, Roh- und Halbfertigprodukten.
>
> Der Staat, die Kollektive und jeder Einzelne können nach dem Gesetz Investitionen tätigen, um Gesellschaften mit beschränkter Haftung, Aktiengesellschaften oder andere Unternehmen zu gründen.
>
> *Verfügungsrechte über Eigentum*: Jeder Eigentümer von unbeweglichem oder beweglichem Vermögen hat das Recht, es zu besitzen, zu nutzen, davon zu profitieren und darüber zu verfügen, wie es das Gesetz vorsieht.
>
> *Nutznießung/Nutzungsrecht*: Nutznießung im Sinne des Bürgerlichen Gesetzbuchs bezeichnet das Recht einer berechtigten Person, unbewegliches oder bewegliches Vermögen, das anderen gehört, zu besitzen, zu nutzen und zu verwerten. Der Nutznießer hat jedoch keine Verfügungsgewalt über dieses Vermögen. Sowohl Organisationen als auch Einzelpersonen können Nutznießer sein. Zu diesen Rechten gehören insbesondere Landnutzungsrechte.[30]
>
> Da es privaten Organisationen und Personen nicht möglich ist, Grundstücke als Eigentum zu erwerben, müssen Unternehmen und Investoren Nutzungsrechte für Land für ihre Produktionsanlagen usw. erwerben. Für Wohnzwecke wird in der Regel ein Landpachtvertrag von bis zu 70 Jahren gewährt.

„Privat-öffentliche Wachstums- oder Upgradingkoalitionen" Wie ten Brink (2021) ausführt, entstanden in den 2000er-Jahren auf regionaler und lokaler Ebene enge Wachstumskoalitionen zwischen Regierungen inklusive des Parteiapparats und Unternehmen, aber ohne Partizipations-

---

[30] So kann z. B. ein Landwirt als Mitglied eines Kollektivs das alleinige Nutzungsrecht an Ackerland erhalten, das dem Kollektiv gehört. Organisationen und Einzelpersonen können das Nutzungsrecht an staatlichem Bauland erhalten, d. h. das Recht, Gebäude auf diesem Land zu errichten, wobei das Gebäude Eigentum der Organisation oder der Einzelperson ist.

rechte der arbeitenden Bevölkerung. Diese Koalitionen befanden sich im Standortwettbewerb mit anderen lokalen Verbünden. Sie rivalisierten bei der Anwerbung von industriellen Investitionen sowie mit dem Angebot einer attraktiven Infrastruktur. In der Folge entwickelten lokale politische Entscheidungsträger ein ähnelndes wirtschaftliches Verhalten wie private Eigentümer. Der Wettbewerb zwischen lokalen Verbünden mit ihrem ausgeprägten Expansionswillen trug wesentlich zum wirtschaftlichen Fortschritt von China bei.

„Netzwerkkapitalismus" Im Zusammenhang mit diesen Verbundsystemen entwickelten sich – wie Krätke (2012) ausführt – Formen eines „Netzwerkkapitalismus", Kooperationsnetzwerke zwischen Unternehmen und staatlichen Instanzen, oft gestützt auf Familienverbunde. Diese wirkten selbst über Handelsnetzwerke der Auslandschinesen überall in Südostasien weit über die Landesgrenzen hinaus. Vorhanden sind höchst effiziente und erfolgreiche staatskapitalistische Konzerne wie auch eine hoch flexible Verhandlungswirtschaft mit staatlicher Beteiligung und Patronage. Sie sind mit westlichen Ordnungs- und Rechtsvorstellungen überhaupt nicht vereinbar und konzeptionell schwer zu erfassen.

Duale handels- und wirtschaftspolitische Strategie Seit Deng und seinen Verbündeten hat China eine gezielte Integration in die Weltwirtschaft angestrebt, intern fand aber nur eine geringe Liberalisierung statt. Die Regierung hatte klare Vorstellungen, wo sich die Wirtschaft internationalisieren sollte und wo sie gegen außen zu schützen ist. China profitierte ganz wesentlich von der Liberalisierung und Zunahme des Welthandels und dem Entstehen von globalen Wertschöpfungsketten. Dies wurde 2001 durch den WTO-Beitritt Chinas noch verstärkt. Nach der schrittweisen wirtschaftlichen Öffnung begannen zuerst Unternehmen aus den Tigerstaaten (Singapur, Südkorea, Hongkong, Taiwan), die Produktion arbeitsintensiver Güter nach China zu verlagern. Sie wollten von den niedrigen Lohnkosten in China profitieren. Über Joint Ventures konnten chinesische Unternehmen an deren Technologie partizipieren und von deren internationaler Wettbewerbsfähigkeit profitieren und sich so auf dem Weltmarkt etablieren. Dadurch konnte China schnell Exporteinnahmen erzielen und damit u. a. wiederum eigene Investitionen finanzieren. Die „Foreign Direct Investments" (FDI) von Unternehmen aus den Tigerstaaten wirkten wie ein „Kickstart" für die chinesische Volkswirtschaft. Schon früh bildeten sich eng verflochtene Lieferketten, die sich später auch auf Japan, andere ostasiatische Länder, die USA und Westeuropa ausweiteten.

Praktiken von Nachbarstaaten und dem Westen selektiv und in adaptierter Form übernommen China verfolgt und analysiert politische Konzepte in anderen Ländern sorgfältig und prüft, was es davon in angepasster Form übernehmen könnte. Dies entspricht seiner hohen Lern- und Anpassungsfähigkeit. So hat China u. a. von den asiatischen Tigernationen einige Instrumente und Ansätze, die sich dort bewährt haben, in adaptierter Form zum eigenen Nutzen übernommen (vgl. Kap. 2):

- *Ein umfassender Staatsinterventionismus*: Die seit 2003 agierende „National Development Planning Commission" wurde durch Rolle und Funktion von METI (früher MITI) von Japan inspiriert.
- *Staatsunternehmen*, die vom Staat international wettbewerbsfähig gemacht werden und als Vorzeigefirmen dienen: Lehren aus der Entwicklung von Koreas Großkonglomeraten, den Chaebols wie Hyundai oder Samsung;

- *Exportgetriebenes Wachstum* mit *Sonderwirtschaftszonen* als frühes marktwirtschaftliches Experimentierfeld auch für einfließende ausländische Direktinvestitionen, verbunden mit Technologietransfer: Vorläufer in Taiwan und Singapur.

3.2.3 Koordination und Lenkung von Unternehmen

Planungselemente Im chinesischen Wirtschaftssystem kommt der zentralstaatlichen Wirtschaftsplanung eine bedeutende Rolle zu. In übergeordneten Plänen der Zentralregierung, wie etwa dem nationalen Fünfjahresplan, aber auch der Strategie „Made in China 2025" oder der „Belt and Road Initiative" (BRI) werden bestimmte ökonomische Ziele und Visionen definiert, wie etwa das Erreichen eines bestimmten Wirtschaftswachstums oder die Stärkung strategisch wichtiger Wirtschaftsbereiche oder Schlüsselindustrien. Aus diesen übergeordneten Plänen der Zentralregierung werden entlang administrativer Hierarchien, organisatorischer Kompetenzen, thematischer Bereiche oder sektoraler Strukturen zahlreiche Subpläne abgeleitet. In sogenannten Katalogen werden die Ziele der Pläne in messbare „Key-Performance-Indikatoren" übersetzt. In „Umsetzungsdokumenten" werden dazu konkret einzusetzende Politikinstrumente ausgewiesen. Diese Pläne haben *primär eine indikative Bedeutung („guidance")*. Sie werden bei Bedarf kontinuierlich angepasst. Sie stellen eine grobe Leitlinie dar, an der sich die Regierungen und Institutionen auf den unterschiedlichen staatlichen Ebenen sowie die chinesischen Unternehmen orientieren sollen.

(1) Staatsunternehmen als zentrale Akteure

Staatsunternehmen („State Owned Enterprises", SOEs) spielen im chinesischen Staatskapitalismus eine herausragende Rolle und dienen dem Primat der Politik. Die großen SOEs sind traditionell in strategischen Sektoren oder Schlüsselindustrien tätig.

Seit Mitte der 1990er-Jahre schuf der chinesische Staat im Zuge der Reorganisation von strategischen Sektoren gezielt *oligopolistische Strukturen*. Einige wenige, vom Staat kontrollierte Großunternehmen beherrschen den Markt in Bereichen wie Kohle, Stahl, Telekommunikation, Bankenwesen, Luftfahrt, Automobilindustrie, Energiewirtschaft und Rüstung. Private Unternehmen haben in diesen Sektoren nur beschränkten Marktzugang. Zwischen den dominanten Unternehmen gibt es einen politisch kontrollierten Wettbewerb.

Um 2000 betrug der Anteil der SOEs an Gesamtbeschäftigung und Wirtschaftsleistung über 40 % und hat sich bis 2017 auf 27 % deutlich zurückgebildet.[31] Heute gibt es mehrere Hundert „nationale Champions", Industriegiganten, die – gemäß dem Anspruch der chinesischen Führung – profitabel und auf dem Weltmarkt konkurrenzfähig sein sollten. Unter Xi Jinping soll die Rolle der SOEs wieder gestärkt und auf weitere Sektoren ausgeweitet werden (Koty, 2017; Rudd, 2022). Dies beruht auf der Überzeugung von Xi, dass die SOEs seine Ziele der Stärkung der KPCh und der Wiedererlangung der früheren nationalen Größe Chinas fördern können (Borst, 2021).

SOEs verfolgen nicht allein kommerzielle Interessen, sondern sind häufig auch ein Instrument der Regierung, um die Kontrolle über Beschäftigung und die Ausrichtung der Wirtschaft zu behalten. Sie sollen nicht nur dazu beitragen, die Konkurrenzfähigkeit Chinas in Schlüssel-

---

[31] Employees at state-owned, collective-owned, and private enterprises in China 2021. Statista. https://www.statista.com/statistics/252924/employees-at-state-owned-collective-owned-and-private-enterprises-in-china/.

branchen zu sichern, sondern vielmehr auch die wirtschaftliche und soziale Stabilität aufrechterhalten und öffentliche Güter bereitstellen.

Nach Wuttke (2019) fungierten „Dutzende von zentral gehaltenen Staatskonzernen sowohl auf dem chinesischen als auch auf dem internationalen Markt als ‚industrielle Hegemonen'. Gleichzeitig existieren in Chinas Provinzen Tausende von wettbewerbsfeindlichen lokalen SOEs, die Marktanteile horten und sich auf Kosten des finanzschwachen Privatsektors verschulden." Auf Ebene Zentralregierung unterliegen Großkonzerne der direkten Aufsicht durch die *Kommission zur Kontrolle und Verwaltung von Staatsvermögen* („State Owned Assets Supervision and Administration Commission of the State Council", SASAC). Aufgabe der SASAC ist unter anderem sicherzustellen, dass die beaufsichtigten Großkonzerne im internationalen Vergleich wettbewerbsfähig und rentabel sind. Zudem soll sie den Abfluss von Staatsgeldern ins Ausland (Auslandsinvestitionen) kontrollieren. Seit 2010 übernimmt die SASAC ferner Aufgaben im Bereich der Umstrukturierung, Regulierung, Aufsicht sowie der strategischen Organisation des Staatssektors. Die Lokalregierungen auf Provinz- oder Stadtebene verfügen über ähnliche Verwaltungseinheiten wie die SASAC.

Personalmanagement zur Steuerung der staatseigenen Unternehmen An der Stelle der Kommandowirtschaft spielt Personalmanagement und Personalführung eine wichtige Rolle. Über die Einsetzung und Entlassung der obersten Führungskräfte der SOEs entscheidet die KPCh. Die Organisationsabteilung des Zentralkomitees der KPCh hat in diesen Firmen in der Regel eine Parteizelle, die für das Personalmanagement zuständig ist. Die Topmanager der staatseigenen Unternehmen sind somit Teil des Nomenklaturasystems der Partei.

Trotz ihrer zentralen Stellung im chinesischen Wirtschaftssystem haben SOEs über die letzten Jahrzehnte insgesamt an Bedeutung verloren. Gründe dafür waren u. a. umfangreiche Wirtschaftsreformen, durch die die wirtschaftliche Betätigung von Privatunternehmen gefördert bzw. erleichtert wurde. In jüngster Zeit will die politische Führung jedoch die internationale Wettbewerbsfähigkeit und Schlagkraft von SOEs wieder stärken, was sich u. a. in einigen politisch verordneten Großfusionen von SOEs zeigt.

(2) Private Unternehmen als treibende Kraft

Hybrider Staatskapitalismus Seit Einleitung der Wirtschaftsreformen in den späten 1970er-Jahren hat die Bedeutung privater Unternehmen für die chinesische Wirtschaft stetig zugenommen. Marktkräfte (der Wettbewerb) und privatwirtschaftliches Unternehmertum sollen genutzt werden, aber kontrolliert. Der Staat setzt gängige westliche Rezepte ein, sofern sie den Interessen der politischen Eliten dienen. Dies jedoch sehr selektiv und angepasst. So entstand ein hybrider Staatskapitalismus.

In den letzten Jahrzehnten sind viele frühere SOEs in den Privatsektor überführt worden. Der starke und dynamische Privatsektor insbesondere mit seinen KMUs ist bis heute Rückgrat der Wirtschaft Chinas und wesentlicher Treiber des Wirtschaftswachstums. Im Privatsektor herrscht ein harter und rücksichtsloser Wettbewerb.

Statistische Angaben zu *Privatunternehmen* bestehen nur rudimentär. Cunningham (2022) fasst die unter Experten akzeptierte Schätzung zusammen: Die Privatunternehmen erwirtschaften etwa 60 % des chinesischen BIP, stellen 70 % der Innovationskapazität, 80 % der städtischen

Arbeitsplätze und 90 % der neuen Arbeitsplätze.[32] Im Vergleich mit chinesischen SOEs gelten chinesische Privatunternehmen insgesamt als wesentlich produktiver und erfolgreicher, was nicht zuletzt darauf zurückgeführt wird, dass sie stärker marktorientiert und einem härteren Wettbewerb ausgesetzt sind. Chinesische Privatunternehmen sind zudem wesentlich weniger verschuldet als die SOEs. Aus dem Privatsektor sind denn auch einige erfolgreiche Weltkonzerne entstanden wie Alibaba oder Huawei.

Mehrdeutige Beziehung der KPCh zu Privatunternehmen Die Partei hat im Laufe ihrer Geschichte immer dort Privatinitiative und Unternehmertum genutzt, wo sie über kein eigenes Fachwissen verfügte. Sobald aber diese Unternehmen beginnen, die Partei in Bezug auf Macht und Einfluss zu übertreffen, verweist sie die KPCh in die Schranken und übernimmt die Kontrolle. Dies ist eine Strategie, die auch beim aktuellen Vorgehen gegen Chinas Giganten der Digitalwirtschaft zum Einsatz kommt. Unternehmen wie Alibaba und Didi halfen bei der Entwicklung der Technologieindustrie des Landes. Dabei konnten sie viele Informationen und Daten sammeln und finanziellen Einfluss erlangen. Dies sah die Partei als Bedrohung ihrer Herrschaft und griff ein. Sanders (2021b) führt dazu aus: „Der Staat bricht die Macht der Konzerne; er sichert sich den Zugriff auf deren Daten, die in Zeiten von Big Data und künstlicher Intelligenz offiziell als Produktionsfaktor gelten" (vgl. vorne: Recht und Kontrolle der Digitalwirtschaft). Staat und Partei greifen wieder hemmungslos ins Privat- und Alltagsleben der Chinesen ein. Charakteristisch ist dabei die Unberechenbarkeit, die Willkür und die Machtpolitik.

---

[32] Gemäß Cheng Yu (2023) in China Daily hält das Ministerium für Industrie und Informationstechnologie fest, dass Privatunternehmen in den letzten Jahren etwa 50 % der Steuereinnahmen des Landes, 60 % des BIP, 70 % der technologischen Innovation und 80 % der städtischen Beschäftigung beigetragen haben.

China hat ein anderes regulatorisches Verständnis als Europa. Die Aufsichtsbehörden der Volksrepublik lassen neue Technologien sich zunächst einmal ohne weitreichende staatliche Eingriffe frei entwickeln. Später holen sie dann aufgrund der gemachten Erfahrungen zur großen Regulierungsinitiative aus. Damit verbindet sich die Auffassung der Behörden, sie wüssten nicht besser als die Marktkräfte, in welche Richtung sich die Geschäftsmodelle entwickeln werden. Nach chinesischem Verständnis besteht eine Gefahr verfrühter regulatorischer Eingriffe darin, Innovationen im Keime zu ersticken. In Europa wird großmehrheitlich ein anderer Regulierungsansatz vertreten. Dabei werden in einer relativ frühen Phase einer neuen Entwicklung einschränkende Regeln aufgestellt.[33]

(3) Politische Kontrolle und Steuerung

Starker Einfluss der KPCh auf die Wirtschaft Eine Unterteilung chinesischer Unternehmen allein nach der Eigentümerschaft in privat und staatlich kann irreführend sein. Kennzeichnend für das politökonomische System Chinas ist eine *weitgehende Interessenkongruenz* zwischen der KPCh, der Regierung und den Unternehmen sowie eine weitreichende Identität der Eliten und Entscheidungsträger in der KPCh, der Staatsregierung sowie dem Topmanagement der führenden chinesischen Firmen. Die Zunahme von Parteizellen in Privatunternehmen in den letzten Jahren zeigt den steigenden Einfluss von Staat und Partei. Von Bedeutung ist in diesem Rahmen auch das „Corporate Social Credit System" (CSCS), durch das der

---

[33] Eine Ausnahme stellt u. a. das Konzept der „Sandbox" im Bankenbereich dar. In UK, aber auch in der Schweiz steht ein bankenrechtlich unregulierter, freier Bereich mit einer Begrenzung im Geschäftsvolumen zur Verfügung, wo experimentiert und erste Erfahrungen gesammelt werden können.

chinesische Staat letztlich auch das Verhalten von Unternehmen überwachen und sanktionieren will. Auch von ausländischen Unternehmen in China wird in zunehmendem Maße verlangt, dieses Kreditsystem einzuführen und anzuwenden (US-China Economic and Security Review Commission, 2020[34]).

Gemäß China Banking News Editor (2020) hat Präsident Xi Jinping an einem Treffen mit Privatunternehmen in Peking die KPCh aufgefordert, eine größere Rolle bei der Führung und Steuerung der chinesischen Privatwirtschaft zu spielen. Xi sagte, dass die Parteikomitees auf allen Ebenen „ihre Führung der Einheitsfrontarbeit für die Privatwirtschaft verstärken" und „die Richtlinien und die Politik der Partei konsequent umsetzen" müssten. Xi rief auch dazu auf, „Persönlichkeiten aus der Privatwirtschaft und die Partei zu vereinen", wobei die Parteikomitees eine wichtige koordinierende Rolle spielen sollten. Laut Xi sei die Privatwirtschaft ein „wesentlicher Bestandteil" einer sozialistischen Marktwirtschaft, und es sei von entscheidender Bedeutung, ihre gesunde Entwicklung voranzutreiben.

Allerdings dürften sie der Kontrolle der Partei nicht entgleiten. 2021 hat die Partei gerade wegen der Befürchtung, Kontrolle zu verlieren, massiv in den Privatsektor eingegriffen. Sie ist bereit, einen hohen wirtschaftlichen Preis wie Wachstumseinbussen dafür zu bezahlen: „Politik vor Wirtschaft". Nach den umfassenden behördlichen Maßnahmen gegen Alibaba, Tencent und andere konzentrieren

---

[34] Der Bericht dokumentiert den Ansatz der KPCh zur Integration lokaler, provinzieller und nationaler Daten und Aufzeichnungen in zentralisierte Dateien, die zur Beurteilung der Frage herangezogen werden, ob Unternehmen für besondere Anreize oder Strafen in Frage kommen. Er stellt weiter fest, dass „das CSCS ein erhebliches Risiko für den Marktzugang ausländischer Unternehmen darstellt, insbesondere da chinesische Unternehmen und Handelsverbände aufgefordert werden, zur Datenerhebung und zur Durchsetzung der schwarzen Liste beizutragen".

sich chinesische Unternehmen zunehmend darauf, in der Gunst der politischen Behörden zu bleiben, anstatt innovativ zu sein.[35]

Zusätzlich zur Einflussnahme auf Unternehmensentscheidungen greift der chinesische Staat zur Erreichung seiner industriepolitischen Ziele auf vielfache Weise in das Wirtschaftsgeschehen ein, sowohl bei SOE wie bei Privatunternehmen. Dies kann *Wettbewerbsvorteile für chinesische Unternehmen* bringen, z. B.:

- Durch die Festlegung von Preisen in zahlreichen Bereichen, vor allem auf vorgelagerter Ebene, etwa bei den Preisen für Kapital, Land, Arbeit und Energie. Dagegen herrscht eine freie Preisbildung im Konsumgüterbereich.
- Mittels staatlicher Unterstützungsmaßnahmen für bestimmte Branchen oder Unternehmen wie Vergünstigungen (Subventionen) in direkter Form, z. B. Finanzhilfen, aber auch in indirekter Form z. B. über steuerliche Erleichterungen.
- Durch das Fernhalten von Konkurrenten aus dem Ausland, Schutz von Binnenmärkten über Importrestriktionen.
- Durch Benachteiligung oder gar Ausschluss von nichtchinesischen Unternehmen bei öffentlichen Vergabeverfahren.

---

[35] „Allein Pekings Schlag gegen die boomende Nachhilfeindustrie hat laut einer Schätzung von Bloomberg bis zu anderthalb Milliarden Dollar an Aktienwerten vernichtet. Hinzu kommen die Rekordstrafe gegen Alibaba von umgerechnet rund 2,5 Mrd. Schweizerfranken, das geplatzte historische Börsendebüt des Finanztechnologie-Unternehmens Ant Group und die Razzien beim Online-Fahrdienstvermittler Didi" (soviel von Kretschmer, 2021, und weiter dazu). Gemäß Cyberspace Administration of China (CAC) müssen alle Unternehmen mit Daten von mehr als einer Million Nutzern vor der Zulassung an ausländischen Börsen künftig eine Sicherheitsüberprüfung durchlaufen. So ordnete CAC für Didi Chuxing die Entfernung aus allen Appstores an und vernichtete fast ein Viertel des Marktwerts der Firma. Peking sieht die Techregulierung zunehmend aus der Perspektive der nationalen Sicherheit und Kontrolle.

Beschränkter Zugang zum chinesischen Markt für ausländische Unternehmen In China existieren zahlreiche Restriktionen, durch die ausländische Unternehmen benachteiligt werden, allen voran der beschränkte Zugang zum chinesischen Markt (China Briefing, 2022). In einigen Branchen bestehen Investitionsverbote oder Beteiligungsobergrenzen, in anderen Wirtschaftsbereichen ist der Marktzugang nur im Rahmen von Joint Ventures unter (Mehrheits-)Beteiligung eines chinesischen Unternehmens möglich. Derartige Beschränkungen werden unter anderem eingesetzt, um ausländische Investitionen gezielt in bestimmte Branchen zu lenken oder Technologie und Knowhow ausländischer Unternehmen für China nutzbar zu machen.

Der Staat als Kontrollinstanz
Im Jahr 2021 gingen *Chinas Cyberspace-Aufsichtsbehörden* gegen fast sämtliche Digital-Tech-Branchen vor: vom Onlinenachhilfesektor, dem Essenslieferanten bis hin zu Fahrdienstvermittlern (Kretschmer, 2021a, b). Im August 2021 haben sie z. B. einen weitreichenden Entwurf zur Regulierung von Onlinealgorithmen von privaten Unternehmen vorgelegt (engl. Übersetzung: Digichina, 2021; für eine Übersicht: Merics China Essentials, 26. August 2021). Damit werden u. a. die Algorithmen der chinesischen TikTok-Version Douyin auf dem chinesischen Markt stark eingeschränkt. Einzelne Paragrafen in der neuen Gesetzesvorlage zielen ganz klar auf politische Kontrolle ab. So heißt es etwa, dass Serviceprovider stets „den Werten des gesellschaftlichen Mainstreams" verpflichtet sein müssen und „positive Energie verbreiten" sollen. Algorithmen, die „Fähigkeiten zur gesellschaftlichen Mobilisierung" haben, müssen wohl aus Gründen der Staatssicherheit künftig einzeln bei der Cyberspace-Aufsichtsbehörde registriert und von dieser kontrolliert werden. Der Einsatz von Algorithmen durch staatliche Institutionen, z. B. zur Kontrolle des Kommunikationsverhaltens der Gesellschaft, ist durch dieses Gesetz nicht betroffen.

Weitere neue Vorschriften gelten für *Onlineplattformen*. Sie müssen ab sofort Umgangston und Verhalten in den Diskussionsforen überwachen und für eine Verankerung „korrekter Werte" und „ideologischer Sicherheit" sorgen. Zudem werden die Agenturen von Film- und Theaterstars strenger kontrolliert.

Diese gesetzlichen Vorstöße bringen das Selbstverständnis des chinesischen Staats als moralische Instanz für die Erziehung seiner Bevölkerung zum Ausdruck, die paternalistische Haltung der KPCh in Bezug auf die Moral von Onlinediensten. Die KPCh will mit den neusten Regeln ihre Macht nicht nur durch eine erfolgreiche wirtschaftliche Entwicklung sichern und erhalten, sondern auch über soziale Kontrolle. Sie will eine idealtypische Jugend für die Zukunft des Landes erziehen, die auch politisch auf Linie ist: gesund, gebildet, gehorsam.

Neben Regulationen wird eine *Direktbeteiligung des Staates an Firmen* als weiteres Instrument der politischen Steuerung ausgebaut. So hat 2021 die chinesische Regierung einen Anteil am TikTok-Mutterkonzern ByteDance übernommen. Einiges deutet darauf hin, dass Peking „goldene Aktien", d. h. staatliche Minderheitsbeteiligungen an Unternehmen verbunden mit einer Vorstandsposition oder sogar einer Mehrheit der Stimmrechte, im Technologiesektor testet.

Kontrolle über Daten Mit zwei neuen Gesetzen[36] möchte Peking die Kontrolle über in China gesammelte Daten ausweiten. Daten sollen als strategisches Gut und nicht als allgegenwärtige und frei verfügbare Ressource behandelt werden. Für chinesische und ausländische Unternehmen dürfte es nun schwieriger werden, datenbasierte Geschäftsmodelle zu entwickeln und Geschäfts-, Forschungs- und Techno-

---

[36] Das Datensicherheitsgesetz vom 10. Juni 2021 und das Gesetz zum Schutz personenbezogener Daten vom 1. November 2021, siehe Merics China Essentials 26. August 2021.

logie-Daten über nationale Grenzen hinweg zu transferieren. Datensicherheit und die Privatsphäre chinesischer Nutzer werden künftig strenger überprüft werden. Zugleich wird der chinesische Parteistaat seinen Einfluss und seine Kontrolle über die Digitalwirtschaft festigen.

3.2.4 Wichtige Märkte

(1) Arbeitsmarkt

Traditionell restriktive Möglichkeiten für die Entlassung von Arbeitnehmern
Die historische Entwicklung von China zeigt auf dem Gebiet des Kündigungsrechts einen rasanten Wandel. Während der Zeit des sozialistischen Aufbaus galt für Unternehmen ein grundsätzliches Kündigungsverbot. Im System der Planwirtschaft waren generell keine Kündigungsmöglichkeiten vorgesehen. In den 1980er-Jahren wurden im Zuge der Reform- und Öffnungspolitik und der Umstrukturierung der Staatsunternehmen erstmals Kündigungsmöglichkeiten geschaffen. Auch wurden die Autonomierechte der Unternehmen erweitert, um diese wettbewerbsfähiger zu machen. Das „Arbeitsgesetz der VR China", seit dem 01.01.1995 in Kraft, fasst erstmals die vielen, bereits vorhandenen, aber zersplitterten Arbeitsmarktregeln zusammen. In der Tendenz wollte sich der Staat langsam aus den Unternehmen zurückziehen. Dies bedeutete nicht nur eine größere unternehmerische Freiheit für den Arbeitgeber, sondern auch dessen Befreiung von der bisherigen *Verantwortung der lebenslangen Fürsorge für seine Arbeitnehmer*.[37]

---

[37] Der aktuelle Stand des chinesischen Arbeitsrechts zeigt, wie China wiederholt im Ausland gemachte Erfahrungen aufnimmt und für seine Verhältnisse anpasst. So lässt das chinesische Arbeitsrecht deutliche Einflüsse des deutschen Arbeitsrechts erkennen. Bei der Erarbeitung des „Gesetz der VR China über Schlichtung und Schiedsverfahren bei Arbeitsstreitigkeiten" (ASSG) waren namhafte deutsche Arbeitsrechtsexperten involviert.

Mit dem „Arbeitsvertragsgesetzes der VR China" (AVG) von 2007 wurden die Möglichkeiten zur Befristung von Arbeitsverhältnissen, die Leiharbeit sowie Teilzeitarbeit mit geringer Stundenzahl erheblich eingeschränkt.

Für ausländische Unternehmen oder Unternehmen mit ausländischer Beteiligung gilt:[38] Der Arbeitsvertrag muss schriftlich abgeschlossen werden und vom Gesetz vorgeschriebene Inhalte regeln. Generell sind betrieblich bedingte Entlassungen ab 20 Mitarbeitern beziehungsweise ab 10 % der Belegschaft erst nach Konsultation mit der Arbeitnehmervertretung oder Betriebsgewerkschaft und nach Anzeige an die örtliche Arbeitsbehörde zulässig. Gegenstand der Konsultation und der Anzeige ist unter anderem ein Sozialplan. Normalerweise ist dies ein rein formaler Akt der Information der Arbeitsbehörde. Die Aufsichtsbehörde kann die Annahme einer solchen Anzeige aber auch verweigern, worauf die Entlassung nicht möglich ist (Schmitt, 2020b).

Für ausländische Unternehmen sind die Hürden für betriebsbedingte Entlassungen in China hoch. Ein Unternehmen muss – abgesehen von seiner schlechten Wirtschaftslage – zusätzlich nachweisen, dass es zuvor alle milderen Maßnahmen ergriffen hat, um betriebsbedingte Kündigungen abzuwenden. Dazu zählen unter anderem keine Neueinstellungen, keine Anordnung von Überstunden sowie Gehaltskürzungen. Überdies gelten die gleichen Abfindungsregeln wie bei ordentlichen Kündigungen.

Geringe Bedeutung der Gewerkschaften

Freie, unabhängige Interessenvertretungen der Lohnabhängigen gibt es nicht (Schmitt, 2020). Alle Gewerkschaften gehören dem Gesamtchinesischen Gewerkschaftsbund („All China Federation of Trade Unions, ACFTU")

---

[38] Es bedarf noch weiterer Abklärungen, ob diese Regeln auch für chinesische Unternehmen gelten.

an, der nationalen Dachorganisation. Sie ist die einzige offizielle Arbeitnehmerorganisation des Landes, gilt als verlängerter Arm der KPCh und verfolgt deren Ziele. Allerdings ist sie im Vergleich zum „Ministry of Human Resources and Social Security" (MOHRSS) eher machtlos. Nach chinesischem Recht gilt: Gibt es mehr als 25 Gewerkschaftsmitglieder in einem Unternehmen, sollte in der Firma eine eigene Gewerkschaftsvertretung etabliert werden. Andernfalls übernimmt die ACFTU die betriebliche Interessenvertretung (Schmitt, 2020).

Gewerkschaften haben in China vor allem soziale Funktionen. Ein tarifpolitischer Akteur sind sie nicht. Sie werden durch Beiträge ihrer Unternehmen finanziert, zu denen etwa die Einrichtung eines Gewerkschaftsbüros im Unternehmen zählt. Gehälter werden in China in erster Linie auf Basis individueller Verhandlungen bestimmt. Kollektivverträge sind eher bedeutungslos.[39]

In der chinesischen Spielart des Kapitalismus herrscht ein merkwürdiger Korporatismus vor: Staatsgewerkschaften und staatlich gelenkte Unternehmerverbände verhandeln mit dem Staat über Arbeitsmarktfragen, der daher faktisch mit sich selbst verhandelt.

Als deutlich einflussreicher auf Unternehmensgeschicke ist die durch die KPCh angestoßene *Etablierung von Parteizellen in Unternehmen*. Eine Direktive der Vereinigten Arbeitsfront des Zentralkomitees der KPCh aus dem Jahr

---

[39] „Chinas Arbeitsmarkt befindet sich noch immer im Wandel. Der Einfluss des Staates ist weiterhin spürbar, so dass man noch nicht von einem freien und funktionsfähigen Arbeitsmarkt unter marktwirtschaftlichen Bedingungen sprechen kann. In China fehlt es an Arbeitgebervereinigungen, die Rechte und Interessen der Arbeitgeber vertreten sowie an unabhängigen Unternehmensgewerkschaften, die sich für den Arbeitnehmerschutz einsetzen. Dennoch wurde mit dem AVG zumindest nach dem geschriebenen Wort der gesetzlichen Bestimmungen ein Umfang an Kündigungsschutz erreicht, der bemerkenswert ist" (Bernartz, 2014, S. 39).

2020: „Opinion on Strengthening the United Front Work of the Private Economy in the New Era" schreibt vor, dass die Partei die ideologische Arbeit und den Einfluss im Privatsektor ausbauen soll. Nach dem 20. Parteitag dürfte Peking noch stärker als bisher darauf drängen, dass diese Direktive auch umgesetzt wird. *„In den nichtstaatlichen Firmen ... sollen die Parteizellen für die konsequente Umsetzung der Politik der KPCh sorgen. So könnten sie künftig verstärkt darauf drängen, dass sich die Firmen an der Umsetzung von Xis Politik des ‚allgemeinen Wohlstands' beteiligen, mit der Chinas Alleinherrscher die Kluft zwischen Arm und Reich verkleinern will. Das kann so weit gehen, dass die Parteizellen Einfluss auf Personalentscheidungen und die Gehaltsstrukturen der Unternehmen nehmen, aber auch das Benehmen der Mitarbeiter beobachten und beurteilen. Solche Massnahmen dürften die Dynamik des Privatsektors bremsen"* (Feldges & Kamp, 2022).

Die *Arbeitsproduktivität* verstanden als Bruttowertschöpfung pro geleistete Arbeitsstunde misst die Effizienz, mit der die Arbeitskräfte im Produktionsprozess eingesetzt werden, und sagt etwas über den materiellen Wohlstand sowie die Wettbewerbsfähigkeit aus. Gemessen daran gingen China sowie die kriegsversehrten Länder wie Deutschland und Südkorea von einem sehr tiefen Niveau aus. Die Steigerung in den rund sechs Jahrzehnten seither ist sehr groß bei den Tigerstaaten sowie Deutschland, deutlich geringer in China und mit Abstand am geringsten in Russland. Gemäß Stand 2019 ist Deutschland mit Abstand an der Spitze, gefolgt von den USA und Singapur. China und Russland liegen weit zurück, was sich in einem deutlich geringeren Wohlstandsniveau auswirkt, siehe Tab. 3.1.

Wanderarbeiter mit beschränkten Rechten
Chinas wirtschaftlicher Erfolg beruht zu einem wesentlichen Teil auf den Leistungen der Wanderarbeiter resp. der innerchinesischen Migration. Ende 2022 zählte die chinesi-

Tab. 3.1 Arbeitsproduktivität: Output pro gearbeitete Stunde International-US$ (zu Preisen von **2017**)/h

	1954	2019	Differenz absolut	Differenz relativ
China	1,50 (1970)	11,69	+10,19	+680 %
USA	19,80	73,70	+53,90	+272 %
Deutschland	4,80	68,85	+64,06	+1336 %
Russland	16,14 (1992)	29,55	+13,40	+83 %
Südkorea	1,53 (1953)	40,77	+39,24	+2559 %
Taiwan	1,73 (1951)	46,01	+44,28	+2558 %
Singapur	3,90 (1960)	54,55	+50,65	+1299 %

Quelle: Penn World Table. Volkswirtschaftliche Gesamtrechnung, ICP-KKP-Schätzungen, zahlreiche andere Quellen. Feenstra et al. (2015). https://ourworldindata.org/search?q=Labor+productivity

sche Regierung 295 Mio. Binnenmigranten, rund ein Drittel aller Erwerbstätigen.[40] Diese arbeiten vorwiegend auf dem Bau, in den Werkhallen von Fabriken oder in der Gastronomie. Wesentlicher Gestaltungsfaktor der Binnenmigration ist das chinesische Meldesystem, das Hukousystem, und die damit verbundene Ungleichheit zwischen Stadt und Land

Das *Hukousystem* ist seit 1958 ein „System der Wohnsitzregistrierung", das die Trennung in städtische und ländliche Haushalte festschreibt (eine umfassende Einführung dazu gibt Boquen, 2023; die sozioökonomischen Auswirkungen behandelt Girard, 2019). Historisch gesehen ging es dabei um eine Mobilitätsbeschränkung nach Herkunft und Wohnort, um die Landflucht zu kontrollieren resp. die Städte vor einer Überforderung durch Zuzüger zu schützen. Damit wurde die Trennung in städtische und

---

[40] Anzahl der Wanderarbeiter in China von 2011 bis 2022. Statista. https://de.statista.com/statistik/daten/studie/234492/umfrage/anzahl-der-wanderarbeiter-in-china/#:~:text=Im%20Jahr%202022%20hat%20es,China%20von%202011%20bis%202022.

ländliche Haushalte festgeschrieben. In China ist ein Umzug mit dem dabei verlangten Sich-Ummelden sehr kompliziert. Von einer Stadt in eine andere zu ziehen, ist gerade noch machbar, von einem Dorf in der Provinz nach Shenzhen oder Shanghai, ist für einen Wanderarbeiter so gut wie unmöglich. So kann man einen Wanderarbeiter u. a. auch als jemanden charakterisieren, der außerhalb des für ihn registrierten Hukou einer Arbeit nachgeht. Das hat für ihn schwerwiegende Konsequenzen.

Wer vom Land kommt, in einer großen Stadt arbeitet und kein Hukou hat, ist offiziell kein Bewohner dieser Stadt und hat damit keinen Anspruch auf Sozialleistungen, keinen Zugang zu Altersversicherung, zur Wohnraumbeschaffung, zu Bildung und zu Gesundheitsdiensten der Stadt. Kinder der Wanderarbeiter haben keinen Zugang zu den öffentlichen Schulen. Das nicht selten hohe Schulgeld für eine Privatschule muss der Wanderarbeiter selbst aufbringen, vermag dies in der Regel aber nicht. Dies führt dazu, dass Wanderarbeiter ihre Kinder unter der Aufsicht von Verwandten (meist der Großeltern) in der Heimat belassen, um allein in der Stadt einem Verdienst nachzugehen.

Die Verweigerung von Sozialleistungen ist aber nicht das einzige Risiko, das Wanderarbeiter in den Städten eingehen. Wie in den letzten Jahren in Peking zu beobachten war, können Personen, die nicht legal in einer Stadt registriert sind, mehr oder weniger sofort (wenn nötig auch gewaltsam) abgeschoben werden. Sowohl Geschäfts- als auch Wohneinrichtungen können sofort aufgehoben und sogar physisch zerstört werden. Etwas pointiert formuliert: Die Neureichen Shanghais werden von einer anderen Klasse von Menschen bedient, die keine Rechte haben, in ihrer Stadt zu leben, deren Dienste und Arbeit aber die Grundlage für die Entwicklung der Stadt bilden.

Doch das System kann von denjenigen überwunden werden, die finanziell und bildungsmäßig qualifiziert sind. Eine

Hukoureform (Jaramillo, 2022), die 2020 umgesetzt sein sollte, sieht Folgendes vor: Wer in eine Gemeinde oder Stadt mit weniger als einer Million Einwohnern zieht, soll künftig alle kommunalen Leistungen in Anspruch nehmen können. Für eine Niederlassung in einer Stadt mit mehr als 5 Mio. soll es ein strenges Punktesystem geben, ähnlich wie bei der Zuwanderung nach Australien. Umzugswillige, die ihren Hukoustatus ändern und sich als neue Bewohner in einer Großstadt wie Peking oder Shanghai registrieren wollen, können dafür einen Antrag stellen. Die Stadt wird diesen nach Kriterien wie Bildung (Schulabschluss), Arbeitserfahrung, beruflichen und technischen Leistungen und sozialer Absicherung beurteilen. Für die meisten Wanderarbeiter und ihre Kinder bleibt das eine kaum überwindbare Hürde. Die Unterschiede in den Verdienstmöglichkeiten zwischen einer Beschäftigung in der Stadt als Wanderarbeiter und in seinem Herkunftsort auf dem Lande scheinen aber so groß zu sein, dass viele (rund 300 Mio.) die damit verbundenen Nachteile und Risiken in Kauf nehmen.

Das Hukousystem der Wohnsitzregistrierung führt zu einer wirtschaftlichen und sozialen Diskriminierung derjenigen, die aus dem ländlichen China kommen, um in den Städten zu arbeiten. Die chinesische Gesellschaft ist in eine urbane und eine ländlich-bäuerliche Teilgesellschaft gespalten. Und diese Spaltung dürfte bis auf weiteres bestehen bleiben.

(2) Finanzmarkt

China ist auch eine Bankmacht. Fünf der zehn weltweit größten Finanzdienstleister sind gemessen am ausgewiesenen Gesamtvermögen chinesisch. Der Zentralstaat beherrscht über die Zentralbank („People's Bank of China") die vier größten, börsenkotierten, aber nach wie vor staatlichen Geschäftsbanken („the big four": Industrial and Commercial Bank of China, Bank of China, China Construction Bank und Agricultural Bank of China). Der Staat ist nach wie vor Mehrheitsaktionär der „big four", mit mindestens 54 % des Eigenkapitals. Nachdem die „big four" 2007 noch etwa 54 % aller Bankaktiva in China kontrollierten, waren es 2019 noch 41 %, ein Rückgang des Anteils aufgrund der raschen Entwicklung der Joint Stock Commercial Banks (JSCBs) und der städtischen und ländlichen Geschäftsbanken (Yeung, 2021, S. 206 f., und Tab. 2).

Finanzierung des Wachstums über Kredite Für das erzielte Wirtschaftswachstum der vergangenen Jahrzehnte spielte das Bankensystem mit seiner Kreditvergabe eine zentrale Rolle. Staatsausgaben und Staatsverschuldung waren im Vergleich dazu von geringerer Bedeutung. Das Banken- und Finanzsystem unterliegt der Kontrolle der politischen Führung, der KPCh. Staatsbanken dominieren den Markt. Diese leisten großzügige Kreditvergabe für strategisch wichtige Wirtschaftsbereiche, vorzugsweise an SOEs. Im Bereich der Banken besteht kaum Wettbewerb. Marktwirtschaftliche Prinzipien und Haftung für eingegangene Risiken spielen eine untergeordnete Rolle. Der Kreditboom von 2009 bis 2018 (im Nachgang zur Finanzkrise) für Privatunternehmen, Staatsunternehmen und private Haushalte generierte gemäß IMF für 2021 einen Grad von öffentlichen (71 %) und privaten (194 %) Schulden von total 265 % des BIP.[41] Da dabei ausländische Gläubiger nur eine geringe Rolle spielen, ist eine China-interne Kontrolle des Schuldenberges und seiner Folgen viel besser möglich.

Schattenbanksystem für mittelständische Unternehmen Chinas vier große Staatsbanken dominieren den Markt. Es bildete sich ein geschlossenes System: Staatsbanken leihen

---

[41] IMF Global Debt Database, 2022. https://www.imf.org/external/datamapper/datasets/GDD.

an Staatsunternehmen, für die wiederum der Staat garantiert. Die Leidtragenden dieses Systems sind private Unternehmen und kleine Sparer. Für die vielen kleinen und mittleren Unternehmen, die inzwischen zum Rückgrat der chinesischen Wirtschaft gehören, war und ist es extrem schwierig, von den Banken Kredite zu erhalten. Und den Sparern, die mangels Alternativen ihr Geld zur Bank tragen mussten, brachten die niedrigen Zinsen häufig kaum den Inflationsausgleich. Deshalb halfen sich private Unternehmen und kleine Sparer mit Krediten außerhalb des offiziellen Bankensystems. Ab 2009 füllten auch Tencent und Alibaba diese Lücke und etablierten sich als Finanzinstitute für Privathaushalte. Dabei wurden sie riesig und unkontrollierbar. In der Folge entwickelte sich parallel zum Bankensystem ein eigentliches System von Schattenbanken. 2016 waren je nach Schätzung 30 bis 60 % sämtlicher im chinesischen Bankensystem ausstehenden Kreditforderungen vom Schattenbanksystem (Shih, 2017, b). In der Einschätzung der wissenschaftlichen Dienste des Deutschen Bundestages stützte diese Praxis im Ergebnis zwar „kurzfristig das Wirtschaftswachstum, erhöhte aber die gesamtwirtschaftlichen Kreditrisiken sowie die Komplexität des Finanzsystems" (Deutscher Bundestag, 2019). Dieses Schattenbankensystem stellt ein großes Risiko für die Stabilität des ganzen Finanzierungssystems Chinas dar, steht außerhalb der Kontrolle der KPCh und ist ein echtes Problem für Chinas Führung.[42] Das will und muss die KPCh ändern. Inzwischen sind wirksame Maßnahmen ergriffen worden und das Volumen der Schattenbanken ist deutlich kleiner geworden.

---

[42] Shih (2017b) schätzt die außerbilanziellen, nicht standardisierten Kredite an den Unternehmens- und Staatssektor im Mai 2017 auf 50 Billionen RMB, was 64 % des BIP entspricht. Trotz des enormen Ausmaßes der Schattenkredite sieht er es als unwahrscheinlich, dass die Schattenfinanzierung in naher Zukunft implodieren wird, solange der Liquiditätsfluss aus dem Bankensektor anhält. Angesichts des enormen Ausmaßes der Schattenfinanzierung und der regelmäßigen Straffung durch die PBOC könnte allerdings eine Fehleinschätzung der PBOC leicht eine vorübergehende Panik auslösen.

Kreditvergabe des Bankensystems politisch gesteuert Das Bankensystem Chinas ist gefangen zwischen politischem Einfluss und wirtschaftlicher Notwendigkeit. Chinas große Banken sind Zwitterwesen, die von der Partei geführt werden und sich deshalb nicht frei bewegen können. Bis vor kurzem dominierte eindeutig der Staatseinfluss. Die Zentralbank (in Abstimmung mit dem Finanzministerium) setzte die Höhe der Bankzinsen fest. So kassierten die Banken z. B. für Kredite sechs Prozent, zahlten für Einlagen drei Prozent und profitierten damit von einer staatlich garantierten Zinsspanne von drei Prozent.

Für die Finanzierung ihrer strategischen Unternehmen setzt Peking schwergewichtig nicht auf volatile Aktienmärkte, sondern auf langfristige Kredite über das staatlich kontrollierte Bankensystem, auf Kapitalverkehrskontrollen sowie auf seine Zentralbank. Damit betreibt die Regierung Industriepolitik im eigenen Land und unterstützt mit diesen Instrumenten die weltweiten Aktivitäten der chinesischen Konzerne.

Staatliche Lenkung über eine Technologiebörse Chinesischen Wissenschafts- und Technologieunternehmen sollen bessere Finanzierungsmöglichkeiten geboten werden, um ihre Innovationen im Zuge der wachsenden Rivalität mit den USA zu fördern. Dafür wurde 2019 das „Shanghai Stock Exchange Science and Technology Innovation Board", besser bekannt als „STAR Market", gegründet, eine Nasdaq-ähnliche Technologiebörse auch für IPOs. Am STAR-Markt sind einige der größten chinesischen Unternehmen aus den Bereichen Halbleiter, Biotech, künstliche Intelligenz, Unternehmenssoftware und Robotik angesiedelt. 2021 erreichte diese neue Börse eine Marktkapitalisierung von rund US$ 1000 Mrd. Damit ist sie im Vergleich zu den Börsen von Shanghai und Shenzhen, dem chinesischen Markt für Unternehmensanleihen und den über das chinesische Bankensystem generierten Krediten immer noch sehr klein. Dennoch ist der STAR-Markt für Peking ein Mittel, um seine Unterstützung für bestimmte Hightechbranchen zu signalisieren, und ein Ort, an dem Unternehmen einen Teil ihrer Mittel aufnehmen können (The Trustee Chair Team, 2022).

Ausländische Investoren sind nur in geringem Umfang vertreten. Gegen ein Viertel der Investitionen am STAR-Market besteht aus Staatskapital. Zusätzlich hinzu kommt Kapital aus Versicherungen und Pensionskassen. Für die KPCh ist dies „Lenkungskapital". Chinas Kapitalmärkte werden zunehmend von der Partei gelenkt. Den politischen Entscheidungsträgern gelingt es immer besser, privates Kapital in die Branchen zu lenken, denen sie Vorrang einräumen. Und Unternehmen, in die der Staat investiert hat, müssen sich auch nach den Vorstellungen der Partei verhalten.

3.3 Öffentliche Aufgaben

3.3.1 Infrastruktur

Das Wachstum von Chinas Wirtschaft ist stark investitionsgetrieben. Dabei spielen staatlich gesteuerte Großinvestitionen insbesondere in die Infrastruktur wie Straßen, Brücken, Hafenanlagen, Wasserwerke/Dämme, Kraftwerke, Eisenbahnlinien (Hochgeschwindigkeits-Schienennetz) sowie die digitale Infrastruktur (schnelles mobiles Datennetz, Ausbau eines 5G-Netzes) eine wesentliche Rolle. Der Ausbau der Infrastruktur wurde seit 2000 massiv vorangetrieben (Dong Yan & Fan Hua, 2004). China strebt einen hohen Urbanisierungsgrad an. In und um die Zentren dürfte China in den 2020er-Jahren eine der besten Infrastrukturen der Welt haben, wesentlich moderner und leistungsfähiger als diejenige der USA.

Allerdings stoßen lokalen Regierungen, die für die Umsetzung der Infrastrukturvorhaben verantwortlich sind, zunehmend an Grenzen. Sie leiden infolge der Covid-Lockdowns unter erheblichen Steuerausfällen. Viele Kommunen sind hoch verschuldet und müssen die Verbindlichkeiten vergangener Bauvorhaben bedienen. So wuchsen Chinas Investitionen in Flughäfen, Bahnstrecken und Straßen 2020 und 2021 deutlich weniger als bisher. 2022 könnten sie sogar sinken. Die erklärten Ausbauziele bis 2035 sind gefährdet.[43]

3.3.2 Bildung und Forschung

Dengs Bildungsreform war eine Rückbesinnung auf die alten Tugenden der chinesischen Staatsverwaltung. Talent soll über Aufstieg entscheiden. Im Mittelpunkt steht Elitenbildung auf der Basis anonymisierter und leistungsorientierter Prüfungen.

Monate-, ja jahrelang bereiten sich chinesische Schülerinnen und Schüler auf die große Prüfung vor, *Gao Kao*, die landesweit einheitliche Aufnahmeprüfung für Hochschulen. Diese wird vom Ministerium für Bildung von China organisiert und angeordnet. Sie ist nicht die offizielle

---

[43] „Obwohl die Gesamtinvestitionen in die Infrastruktur in den letzten zehn Jahren weiter gestiegen sind, hat sich das Wachstum drastisch verlangsamt. Dies ist zum großen Teil auf die verschärften Beschränkungen für die Verschuldung der Kommunen und die strengeren Vorschriften für die Art der Projekte zurückzuführen, die von den Regierungen finanziert werden können (d. h., die Projekte müssen wirtschaftlich rentabel und in der Lage sein, die Schulden zurückzuzahlen). Dies hat dazu geführt, dass die Kommunalverwaltungen weniger Kredite aufnehmen und weniger Infrastrukturprojekte für Investitionen in Frage kommen" (Huld, 2022).

Abschlussprüfung der allgemeinen zwölfjährigen Schulbildung in China, aber doch einigermaßen vergleichbar mit der Matura in der Schweiz oder dem Abitur in Deutschland. Die Ergebnisse entscheiden darüber, wer an einer Universität studieren darf, aber auch, wer gar nicht zu den Hochschulen zugelassen wird. 2021 haben 10,7 Mio. Schülerinnen und Schüler Gao Kao bestritten, wobei 93 % erfolgreich waren. In den frühen 1990er-Jahren lag die Quote der Annahmen noch bei tiefen 25 bis 35 %. Ein Grund für die höhere Quote der Aufnahmen ist der massive Ausbau der Zahl der Ausbildungsplätze (Wikipedia Gao Kao. https://en.wikipedia.org/wiki/Gaokao).

- Ausbau der Universitäten: 2021 sind 44,3 Mio. Studierende an Hochschulen eingeschrieben (Unesco. https://uis.unesco.org/en/country/cn); 1.088 Mio. Studierende waren im Ausland; davon 344.000 in den USA; 144.000 in UK; 128.000 in Australien; demgegenüber waren 222.000 ausländische Studierende in China (Unesco. http://uis.unesco.org/en/uis-student-flow). China ist bestrebt, mehr Studierende aus Ländern entlang der Belt and Road Initiative und aus dem ASEAN-Raum anzuziehen und auszubilden.
- Förderung der MINT-Fächer – Mathematik, Ingenieurwesen, Technology, Naturwissenschaft: 2016 sind 57 % aller Hochschulabsolventen in MINT-Fächern weltweit in China, absolut 4,7 Mio. MINT-Absolventen (McKinsey Global Institut).
- In den vergangenen rund acht bis zehn Jahren hat die KPCh und damit die chinesische Führung ihre Auffassung von *Rolle und Funktion der Hochschulen* wesentlich geändert. Und diese neue Auffassung und Politik unterscheidet sich fundamental von derjenigen des Westens wie etwa der Schweiz oder Deutschlands. Aus öffentlich zugänglichen Reden und Verlautbarungen von

Staatspräsident Xi Jinping,[44] hochrangigen Parteikadern und dem Ministerium für Bildung ist u. a. zu entnehmen:

- Parteikomitees übernehmen die Hauptverantwortung für die Führung der Universitäten und verbessern die Hochschulbildung. Es handelt sich um Universitäten mit chinesischen sozialistischen Merkmalen.
- In Chinas Hörsälen sollen keine westlichen Werte und Konzepte verbreitet werden. Akademische Freiheit ist ein westliches Konzept wie Menschenrechte auch und soll neu definiert werden.[45]
- Die ideologisch-politische Leistung gemäß den Richtlinien der Partei soll das am stärksten gewichtete Einzelkriterium bei der Bewertung von Hochschullehrern sein. Dazu werden die Studierenden und Lehrenden verstärkt beobachtet und inspiziert. Regierungsbeamte besuchen Universitäten regelmäßig, um die ideologisch-politische Leistung der Lehrer zu bewerten (vgl. Box 3.5).[46]

---

[44] Zitate von Xi Jinping: 2015: „Wir können nicht zulassen, dass Schulbücher, die westliche Werte und Konzepte verbreiten, in unsere Klassenzimmer gelangen." 2016: „Die Partei leitet unsere Universitäten. Sie sind Universitäten mit sozialistischen Merkmalen Chinas." 2022: „Damit China sozialistische Universitäten von Weltrang mit chinesischen Merkmalen aufbauen und die nächste Generation von Sozialisten heranziehen kann, muss es Professoren von Weltrang geben" (Xinhua 2022-06-07). Siehe auch Wilson Centre. Xi's Statements on Education. https://www.wilsoncenter.org/xis-statements-education.

[45] „Der chinesische Bildungsminister Yuan Guiren hat Ende Januar 2015 sämtliche Universitäten und Schulen im Land angewiesen, Bücher zu beseitigen, die ‚falsche, westliche Werte' propagieren. Stattdessen sollen die Bildungseinrichtungen ‚die Werte von Staatspräsident Xi Jinping' vermitteln. Yuan forderte die Universitäten und Schulen zudem auf, die Seminare und Klassenräume ‚frei zu halten von Äußerungen, die die Herrschaft der Kommunistischen Partei infrage stellen, den Sozialismus verschmähen oder sich gegen die bestehenden Gesetze wenden'" (Lee, 2015).

[46] Aufgrund von Untersuchungen an einigen der besten universitären Einrichtungen des Landes durch Parteifunktionäre hat das Zentralkommission für Disziplinarinspektion (CCDI) der Partei mitgeteilt: „Einige Schulen hätten ihre ideologische Arbeit vernachlässigt, es fehle an strikter Durchsetzung der ‚Kontrolle der Partei', so die CCDI. Zudem gebe es in der wissenschaftlichen Forschung und Infrastruktur weiterhin Korruption" (zitiert nach Forschung und Lehre, 13.09.2021. https://www.forschung-und-lehre.de/politik/china-draengt-unis-zu-mehr-ideologischer-bildung-4004).

- Chinas Parteistaat erhält alle FuE-Ergebnisse der Universitäten, die er für die nationale Verteidigung braucht. Mehrere hundert Universitäten werden dafür auch vom Militär finanziell unterstützt.

Seit dem Amtsantritt von Xi Jinping im Jahr 2012 ist die Ideologisierung und Indoktrinierung auch an den chinesischen Schulen sukzessive verstärkt worden. In den *Richtlinien für die Grundschule* heißt es nun, ein Schwerpunkt solle sein, „in den jungen Köpfen den Keim der Liebe für die Partei und den Sozialismus zu pflanzen". Durch das Erzählen von Geschichten, durch anschauliche Sprache und moderne visuelle Methoden sollen die Kinder lernen, dass die Partei dafür arbeitet, „die Chinesen glücklich zu machen und die Nation wiederauferstehen zu lassen" (Böge, 2021).

Box 3.6 Messbarer politischer Einfluss in der Hochschulforschung

Ist im chinesischen Forschungs- und Wissenschaftsbetrieb durch die Präsenz mächtiger Führungspersonen, durch bürokratische Top-down-Entscheidungen und begrenzte Forschungsautonomie eine Wirkung auf Richtung und Qualität der Forschung festzustellen? Um dies zu testen, untersuchten Acemoglu et al. (2022) umfassende Daten über die wissenschaftlichen Veröffentlichungen von Forschern und über die Veränderungen in der personellen Führung an den 109 führenden chinesischen Universitäten.

Im Unterschied zu westlichen weisen die chinesischen Hochschulen ein höheres Maß an bürokratischer, von oben nach unten gerichteter Kontrolle auf. Hochschulpräsidenten, Mitglieder der Hochschulleitung, Vorsteher von Departementen/Dekane und Abteilungsleiter werden zentral ernannt und haben weitaus größere Befugnisse als im Westen. Sie entscheiden über die Zuweisung von Ressourcen innerhalb ihrer Einheit, sind direkt für die Beförderung von Lehrkräften verantwortlich und können Mitglieder ihrer Einheit ohne Berücksichtigung ihres Leistungsausweises entlassen. Darüber hinaus hat jede Hochschuleinheit von der Partei er-

> nanntes Führungspersonal, das verschiedene administrative Aufgaben wahrnimmt, unter anderem bei Beförderungen und Einstellungen.
> Acemoglu et al. (2022) führten statistische Untersuchungen über die Ähnlichkeit zwischen den Forschungsportfolios von Fakultätsmitgliedern und ihren Leitern durch. Daraus ging hervor, dass Fakultätsmitglieder unmittelbar nach dem Amtsantritt ihrer neuen Leiter beginnen, ihre Forschungsausrichtung auf die ihrer neuen Leiter anzupassen. Ihr Forschungsportfolio gleicht sich nachweislich demjenigen ihrer Leiter an. Weiter stellen die Autoren fest, dass in Disziplinen, die vor fünf Jahrzehnten (während der Kulturrevolution) politisch stärker unterdrückt wurden, Führungswechsel einen größeren Einfluss auf die Forschungsrichtung haben. Sie schließen daraus, dass bürokratische Karrierebelange in Disziplinen, die in der Vergangenheit stärker unter (politischer) Verfolgung gelitten haben, eine größere Rolle spielen.
> Acemoglu et al. führen solche Verschiebungen auf die politische Macht der Leiter zurück, über die Laufbahn der Fakultätsmitglieder bestimmen zu können. Von der KPCh ernannte Führungspersönlichkeiten üben einen messbaren Einfluss auf die Forschungsrichtung von Fakultätsmitgliedern aus. Die Autoren dokumentieren auch beträchtliche Kosten dieses Einflusses auf die Forschungsqualität. Sie weisen einen Rückgang der Zitierungen von Arbeiten von Forschern nach, die solche Angleichungen vorgenommen haben, und vermuten, dass ihre Innovationsleistung beeinträchtigt wird. Die Führungsorganisation scheint die Freiheit, zu experimentieren und neue und manchmal unkonventionelle Ideen und damit auch Innovationen zu verfolgen, zu erschweren.

Seit einiger Zeit betrachtet China auch den internationalen akademischen Austausch als Instrument zur Erreichung eigener wirtschaftlicher und politischer Ziele auf der globalen Bühne (Hamilton & Ohlberg, 2020, S. 329 ff.). Es geht um die Deutungshoheit der KPCh zur Stärkung ihrer Macht und der Macht der Nation. Es geht um die Verbreitung ihrer Sichtweise und die Einschränkung von Kritik daran. Konsequenterweise versuchen die chinesischen Behörden zunehmend, in anderen Ländern die akademische Lehre und Forschung zu beeinflussen.

Seit vielen Jahren mussten zehntausende chinesische Studierende, die mit staatlichen Stipendien im Ausland studieren, ein Dokument unterschreiben, in dem sie sich zur Loyalität gegenüber der herrschenden KPCh verpflichten und einen Bürgen stellen, der im Falle eines Verstoßes gegen die Vereinbarung zur Rückzahlung der Gelder gezwungen werden kann (Yitong Wu & Chingman, 2023).

In einem Bericht von Human Rights Watch (2021) über die Entwicklung an australischen Universitäten stellen Studierende und Akademiker, die aus China stammen oder über China arbeiten, in Interviews fest, dass sich die Atmosphäre der Angst in den letzten Jahren verschlimmert habe und die freie Meinungsäußerung und akademische Freiheit zunehmend bedroht seien. Seit der Machtübernahme durch Präsident Xi im Jahr 2013 habe der Nationalismus unter den Studierenden aus China deutlich zugenommen. Die chinesische Regierung versuche immer dreister, die Wahrnehmung des Landes an ausländischen Universitäten zu prägen, akademische Diskussionen zu beeinflussen, Studenten aus China zu überwachen, wissenschaftliche Untersuchungen zu zensieren oder anderweitig in die akademische Freiheit einzugreifen.

Weiter würden (gemäß Human Rights Watch) prodemokratische Studierende aus Festlandchina und Hongkong von chinesischen Mitschülern direkt belästigt und eingeschüchtert – einschließlich der Androhung von körperlicher Gewalt, der Meldung an die chinesischen Behörden in ihrer Heimat, der Onlinediskreditierung oder der Androhung der Diskreditierung. Diese Handlungen fanden in verschiedenen Umgebungen statt, darunter online, persönlich und auf und außerhalb des Campus.

Diese zersetzende Dynamik setze eine erhebliche Selbstzensur in Gang. Die Studierenden gaben an, dass die Angst, ihre Kommilitonen könnten sie an das chinesische Konsulat oder die Botschaft melden, und die möglichen Auswirkungen auf ihre Angehörigen in China zu Stress und Angst führten und ihre täglichen Aktivitäten beeinträchtigten.

Ähnliche Entwicklungen wurden an Universitäten in den USA (Allen-Ebrahimian, 2018) und in Europa (Boomsma, 2022) festgestellt und beschrieben.

Weiter übt China Druck auf wissenschaftliche Untersuchungen, Institute und Verlage aus, die zu für China sensible Themen publizieren. Namhafte westliche Verlage, so auch angesehene wissenschaftliche Verlage, haben diesem Druck nachgegeben und entsprechende Publikationen aus ihrem Programm gestrichen oder Angebote zur Publikation aus Rücksicht auf chinesische Befindlichkeiten abgelehnt („Selbstzensur").

Die chinesische Regierung nimmt massiven Einfluss direkt auf *wissenschaftliche Publikationen*, wie Cooper (2022) in seiner Arbeit ausführt. So werden Bücher und Artikel von den Onlineplattformen bestimmter akademischer Verlage in China entfernt, wenn sie auf der schwarzen Liste stehende Schlagwörter wie Tiananmen, Tibet, Taiwan, Xinjiang, Falun Gong oder Hongkong enthalten. In der Folge üben wissenschaftliche Verlage eine gewisse Selbstzensur aus. So habe Cambridge University Press (CUP) „heikle" Inhalte aus ihrer angesehenen Zeitschrift für China-Studien, The China Quarterly, entfernt. Auch andere Verlage sahen sich mit ähnlichen Vorwürfen konfrontiert, sie hätten sich dem Druck aus Peking gebeugt. Springer Nature habe den Zugang zu mehr als 1000 Artikeln eingeschränkt, während Taylor & Francis, Sage Publishing und Brill strenge inhaltliche Einschränkungen vorgenommen haben.

In China sind Verleger und Vertreiber von Verlagsmaterial verpflichtet, alle relevanten Werke bei staatlichen Behörden zur schriftlichen Genehmigung anzumelden, wobei jährliche Inspektionen und Sanktionen für Personen in Aussicht gestellt werden, die sich nicht daran halten. Diese Regelung betrifft inländische Verlage. Wie Erfahrungen von Cambridge University Press (CUP) und anderen westlichen Verlagen jedoch gezeigt haben, unterliegen auch nichtchinesische Unternehmen denselben Beschränkungen. Grund dafür ist, dass ausländische Verlage nicht direkt mit akademischen Einrichtungen und Bibliotheken in China handeln können. Verkaufsgeschäfte können nur über chinesische Publikationsimporteure vermittelt werden. Diese wiederum unterliegen der Meldepflicht und damit Chinas Vorschriften für den Import ausländischer Publikationen. Ausländische Verleger sind dem Druck ausgesetzt, mit chinesischen Publikationsimporteuren bei der Durchsetzung der Regeln zusammenzuarbeiten.

Im Jahr 2020 führte die Regierung ein neues Modell ein für die *Bewertung von Forschungspublikationen*, die mit öffentlichen Geldern zustande gekommen sind: Modell der „repräsentativen Arbeiten" für Grundlagenforschung (Zhang & Sivertsen, 2020). Dabei werden bis zu max. fünf Papers je Forscher und pro Jahr zugelassen und bewertet. Davon muss ein Drittel in inländischen Zeitschriften veröffentlicht werden, die speziell qualifiziert worden sind. Damit entfallen die bisher geleisteten Anreize für möglichst viele Publikationen. Auch dürfte damit das Angebot chinesischer Autoren bei internationalen (SCI-)Zeitschriften sinken.

Mit dieser Neuerung hat das chinesische Bildungsministerium weiter detaillierte Kriterien für zulässige internationale Veröffentlichungen in den Geistes- und Sozialwissenschaften publiziert, die Anlass zu neuen Bedenken hinsichtlich der Zensur geben (Tao, 2020). Forscher müssen in solchen Publikationen beispielsweise „die korrekte politische Richtung einhalten" und dürfen „China nicht absichtlich klein machen und verunglimpfen, um eine internationale Veröffentlichung zu erreichen" oder „die nationale Souveränität, Sicherheit und Entwicklungsinteressen schädigen". Angesichts der wachsenden Unterstützung in China für kostenpflichtige Open-Access-Publikationen in internationalen Zeitschriften schafft diese politische Entwicklung im Urteil von Tao einen starken Anreiz für Verlage, ihre Publikationen auf die politische Ausrichtung abzustimmen.

Der größte Teil der weltweiten FuE-Ausgaben wird von einigen wenigen Ländern durchgeführt.[47] 2019 führten die USA (27 % oder 656 Mrd. US$) und China (22 % oder 526 Mrd. US$), zusammen etwa die Hälfte der weltweiten FuE durch.[48] Bemerkenswert ist die Entwicklung in den letzten zehn Jahren.[49] Das Wachstum der FuE-Ausgaben in den Regionen Ost- und Südostasien war im Vergleich zu den anderen großen FuE-Gebieten mit Abstand am stärksten. Trugen die USA zwischen 2000 und 2019 23 % zum Wachstum der weltweiten FuE-Leistung bei, war der Beitrag der Länder in Ost- und Südostasien, darunter China, Japan, Malaysia, Singapur, Südkorea, Taiwan und Indien, 46 %. China allein trug 29 % bei, was auf sein hohes jährliches FuE-Wachstum zurückzuführen ist. Die jährliche Wachstumsrate der FuE-Ausgaben Chinas betrug von 2010 bis 2019 im Durchschnitt 10,6 % und übertraf bei weitem den jährlichen Durchschnitt der USA von 5,4 % im glei-

---

[47] Vergleiche dazu die Ausführungen der National Science Foundation (NSF) (2022).

[48] Japan (mit einem Anteil von 7 %), Deutschland (6 %) und Südkorea (4 %) waren ebenfalls sehr FuE-aktiv. Andere leistungsstarke Länder wie Frankreich, Indien und das Vereinigte Königreich trugen 2019 jeweils etwa 2 bis 3 % zu den weltweiten FuE-Gesamtausgaben bei.

[49] Schätzungen der absoluten FuE-Ausgaben unter Berücksichtigung der Kaufkraftparitäten, was direkte Vergleiche zwischen den Ländern ermöglicht.

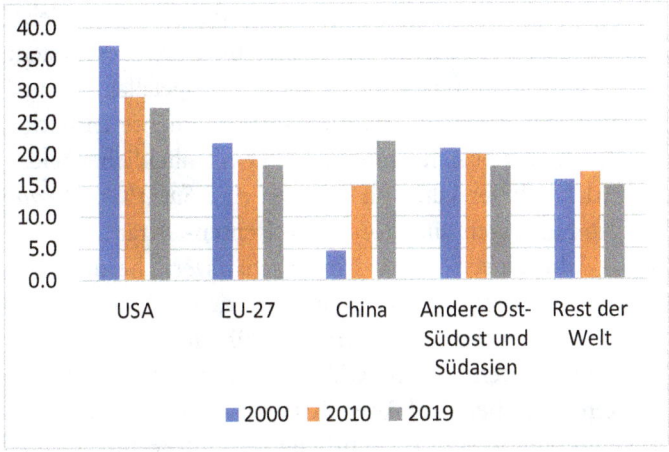

Abb. 3.2 Anteile an der weltweiten Forschung und Entwicklung in Prozent, ausgewählte Regionen, Länder oder Wirtschaften: 2000, 2010 und 2019. (Quelle: US National Science Foundation, Indicators 2022: R&D)

chen Zeitraum. Folglich ging der Anteil der USA an der weltweiten FuE von 29 % (2010) auf 27 % (2019) zurück, während derjenige Chinas von 15 % auf 22 % anstieg (Abb. 3.2). 2021 erreichte China mit einem BIP-Anteil von 2,44 % für FuE einen neuen Höchstwert.

Auf der Grundlage seiner FuE- und Industriestrategie ist China zu einem globalen Wettbewerber in schnell wachsenden Hightechsektoren wie Kernenergie, neue Energiefahrzeuge, Wind- und Solarenergie, künstliche Intelligenz und einige Teile der fortgeschrittenen Fertigung und Robotik (Drohnen) geworden.

3.3.3 Soziale Sicherheit, Sozialversicherung

Im Zuge der Transformation von der kommunistischen Planwirtschaft zur sozialistischen Marktwirtschaft wurde der Aufbau eines Sozialversicherungssystems notwendig.

Bisher erhielten die Arbeitnehmer von ihren Staatsbetrieben gewisse Sozialleistungen. Diese sind im Zuge des Systemwechsels für weite Teile der Arbeitenden weggefallen. Da auch im Sozialbereich vieles über lokale Experimente entwickelt worden ist, ergibt sich heute (noch) kein einheitliches Bild.

In den 1990er-Jahren hat China eine *Sozialversicherung* mit fünf Zweigen eingeführt: die Renten-, Kranken-, Unfall-, Arbeitslosen- und Mutterschaftsversicherung. Für Arbeitnehmer mit Hukoustatus in den Städten ist die Sozialversicherung obligatorisch. Für die ländliche Bevölkerung besteht eine freiwillige Sozialversicherung für die Risiken Krankheit und Alter. 2010 wurde mit einem Sozialversicherungsgesetz die rechtliche Grundlage für alle Versicherungszweige geschaffen (Darimont, 2011).

Bei der Finanzierung der Rentenversicherung verfolgt China im Grundsatz ein Dreisäulenmodell vergleichbar mit dem Modell der Schweiz : 1. Säule staatlich finanziert, 2. Säule durch Unternehmen und Arbeitnehmer gemeinsam finanziert und 3. Säule individuelles sparen. Bei den anderen Versicherungen wird ein Großteil über die Unternehmen in Prozenten der Lohnsumme finanziert.

Im *Gesundheitsbereich* ist es Ziel der Regierung, „der gesamten Bevölkerung landesweit einen bezahlbaren Zugang zu einer qualitativ guten Gesundheitsversorgung zu ermöglichen. Bis zum Jahr 2020 soll dieses Ziel erreicht sein. Das Investitionsvolumen ist enorm, es liegt bei mehreren hundert Milliarden Euro im Jahr" (Schmitt-Sausen, 2016). Die COVID-19-Pandemie verbunden mit riesigen Ausgaben des Staates im Gesundheitsbereich hat vorerst die Realisierung dieser Pläne verhindert.

Konzept des gemeinsamen Wohlstands („Concept of Common Prosperity") (Wu, 2022) Präsident Xi Jinping ist der Ansicht, dass die Ungleichheit die Ursache vieler gesellschaftlicher Probleme im Westen (besonders in den USA) sei und eine Gefahr für die langfristige Entwicklung

Chinas sowie die Herrschaft der Partei. Die Bekämpfung der Ungleichheit hat deshalb seit 2021 höchste innenpolitische Priorität. Private Pioniere werden wohl ermutigt, durch harte Arbeit, legale Mittel und Unternehmertum reich zu werden. Gleichzeitig teilt die Partei jedoch mit, dass „die Vorschriften und Anpassungen für hohe Einkommen verschärft, illegale Einkünfte ausgemerzt, diejenigen, die legal reich werden, geschützt und die gesunde Entwicklung des Kapitals gefördert werden sollen".

Auf der 10. Sitzung des Zentralen Ausschusses für Finanz- und Wirtschaftsfragen im August 2021 führte Xi Jinping erstmals das Konzept des gemeinsamen Wohlstands, „Common Prosperity", ein (Koty, 2022). Dazu gehört die Anhebung der Einkommen einkommensschwacher Gruppen, die Verringerung der Einkommensunterschiede zwischen sozialen Gruppen sowie von regionalen Ungleichheiten zwischen Stadt und Land, die Förderung von Fairness und die Betonung eines auf die Menschen ausgerichteten Wachstums. Weiter umfasst es nach Koty die Zusage, „übermäßig hohe Einkommen vernünftig zu regulieren und Menschen und Unternehmen mit hohem Einkommen zu ermutigen, mehr an die Gesellschaft zurückzugeben". Einzelne Großunternehmen wie Tencent und reiche Privatleute haben daraufhin Spenden zu wohltätigen Zwecken versprochen. Neben der Reduktion der Einkommensungleichheit zielt die „Common Prosperity" darauf ab, die wahrgenommenen sozialen Missstände zu bekämpfen, die aus dem Kapitalismus und dem unkontrollierten Wachstum resultierten.

Xi verstärkte damit, was er bereits 2017 auf dem 19. Nationalkongress der Kommunistischen Partei Chinas, erklärt hat. Gemäß Koty (2022) erklärte Xi, dass China in eine *neue Ära* eingetreten sei. *Die Zeit der Reformen und der Öffnung,* die durch mehr marktwirtschaftliche Mechanismen, Internationalisierung und ein schnelles – aber unausgewogenes – Wirtschaftswachstum gekennzeichnet war, sei *abgeschlossen*. Gemeinsamer Wohlstand impliziere, dass es nun, da einige Chinesen reich geworden sind, an der Zeit sei, *die Zurückgebliebenen mitzunehmen*, um das Streben nach gemeinsamem Wohlstand fortzusetzen und auszuweiten.

„Gemeinsamer Wohlstand", erklärte Xi gemäß Ang (2021), „bedeutet, dass alle Menschen zusammen gedeihen werden, sowohl materiell als auch geistig, und nicht nur eine kleine Minderheit". Es ist, wie Xi betonte, kein Aufruf zum „Egalitarismus, bei dem alle gleich sind". Die KPCh werde auch nicht in eine „Falle des Wohlfahrtsstaates" tappen, der die Faulen belohne. Stattdessen, so verspricht Xi, werde die Partei weiterhin „die Schaffung von Wohlstand durch Fleiß und Innovation" fördern.

Das „Common Prosperity Program" ist nicht nur ein wichtiger Teil der neuen Entwicklungsphase, vielmehr, wie Wu (2022, S. 5 f.) darauf hinweist, auch eine *politische Strategie zur Wiederbelebung der Wurzeln der kommunistischen Ideologie* und damit zur Stärkung der KPCh. Die Partei hofft, mit ihrer neuen Linie ihren Rückhalt in der Bevölkerung zu erhöhen, ihre Legitimität unter Arbeitern und in der Mittelschicht zu sichern und ihre ideologische Macht zu festigen. Sie mobilisiert und motiviert Bevölkerungsmassen als Druckmittel im Kampf gegen die Eliten. Dies ist ein ähnliches Vorgehen, wie es von Mao während der Kulturrevolution verfolgt worden ist. Damit lassen sich politische Maßnahmen rechtfertigen, die Xi seit seinem Amtsantritt ergriffen hat und weiter ergreifen will, wie Antikorruptionskampagnen, die Einschränkung der Macht großer privater Unternehmen und die weitere Förderung des staatlichen Sektors – alles mit dem Ziel, Xis persönliche Autorität innerhalb des Parteistaats und über die chinesische Gesellschaft zu stärken.[50]

Das „Common Prosperity Program" wurde bisher mit *regulatorischen Reformen* und *hartem Durchgreifen* von Parteigremien u. a. mit direkter Einflussnahme auf Unternehmensentscheide verfolgt. Diskutiert werden ehrgeizige sozioökonomische Maßnahmen wie die Erhöhung der Renten einkommensschwacher Gruppen, Ausbau öffentlicher Dienstleistungen, insbesondere für die Landbevölkerung und kulturelle Maßnahmen.

Eine wichtige Frage ist, welche Rolle, wenn überhaupt, eine *Reform des Steuersystems* im Zusammenhang mit dem gemeinsamen Wohlstand spielen soll (Wu, 2022, S. 13). In China spielt die Besteuerung traditionell nur eine begrenzte Rolle bei der Einkommensumverteilung, da der Löwenanteil der Steuereinnahmen auf *indirekte Steuern* entfällt – eine Situation, die in den meisten entwickelten Ländern umgekehrt ist.[51]

2022 kündigte die Regierung an, in mehreren Städten fünfjährige Versuche mit einer *Grundsteuer* durchzuführen. Die Grundsteuer soll Spekulationen auf dem Häusermarkt entgegenwirken. Diese Steuer, die seit rund zwei Jahrzehnten auf dem Tisch liegt, ist jedoch sehr umstritten.

---

[50] Viel profaner sieht dies Anne Stevenson-Yang in einem Interview: „Ich glaube nicht, dass ein echtes Interesse an Gleichheit besteht. Diese Rhetorik deutet eher daraufhin hin, dass die Regierung dringend mehr Staatseinnahmen braucht. So kommen aus den Provinzen sporadisch Meldungen zum Einbruch der Steuereinnahmen. Peking muss daher etwas dagegen unternehmen. Ich bin sicher, dass man sich darüber intensiv Gedanken gemacht hat und dann auf folgende Idee gekommen ist: ‚Erhöhen wir doch einfach die Steuern für die Reichen, denn diese sind politisch wenig relevant'" (Gisiger, 2021, 20. September).

[51] Im Verlaufe von 2022 dürfte es zu gesetzlichen Änderungen in den Bereichen Steuern, Sozialversicherungen und Transferleistungen kommen. Innenpolitische Diskussionen über die Erbschaftssteuer, die Vermögenssteuer und Steuern auf Kapitalerträgen haben bereits begonnen. Das könnte sich nachteilig auf Luxusgüter der obersten Preisklasse auswirken, könnte aber gleichzeitig positiv für den Gesamtkonsum sein, denn viele der Maßnahmen sollten Menschen in den niedrigen und mittleren Einkommensschichten zugutekommen (Wu, 2022, S. 13 f.).

Wohlhabende Immobilienbesitzer dürften die Einführung neuer Maßnahmen weiterhin erfolgreich verhindern. Und es wird befürchtet, dass sie sich negativ auf den Wohnungsmarkt auswirken könnte. Bisher zeigte das Programm noch keine messbare Wirkung. Seit 2015 haben sich die Einkommensunterschiede in städtischen Gebieten vergrößert und sind seit deren Messung von 1985 am größten. 2022 verdienten die obersten 20% 6.3-mal mehr als die untersten 20% (2025 5.3-mal mehr), so das nationale Statistikamt Chinas. In ländlichen Gebieten wuchs die Kluft 2022 auf 9.2-mal (Nikkei Asia. 2023, September 09).

Das „Common Prosperity Program" ist mit verschiedenen inneren *Widersprüchen* und Fallstricken konfrontiert, so z. B. beim Verhältnis von Zentralregierung und Provinzen für den Ausgleich regionaler Unterschiede, bei der Fähigkeit der Verwaltung aufgrund vorhandener bürokratischer Passivität oder bei neuen Möglichkeiten für Korruption in der Regierung. Von besonderer Bedeutung ist das Dilemma zwischen der Aufrechterhaltung von Wachstumsanreizen und der Forderung nach effektiver Umverteilung. Die KPCh hat noch keine Antworten, wie man die Exzesse des Kapitalismus zähmen kann, ohne sein kreatives Potenzial zu ersticken. „Wie Regierungen überall auf der Welt hat auch die KPCh noch nicht herausgefunden, wie man den Kuchen nicht nur genießen, sondern auch teilen kann" (Ang, 2021) und zitiert Xi: „Bei der Bekämpfung der Armut haben wir viel Erfahrung, aber bei der Verwaltung des Wohlstands müssen wir noch viel lernen."

3.3.4 Medien und Film

Etwas vom Allerwichtigsten für die KPCh ist ihre Kontrolle über Informationen und ihre Deutungshoheit über alles, was passiert. Dazu verwendet sie u. a. Massenpropaganda im Sinne von parteigelenkter, selektiver Informationsvermittlung gegenüber der Bevölkerung und Lenkung der öffentlichen Meinung mit Hilfe politisch kontrollierter Medien. Unter Staats- und Parteichef Xi Jinping hat die KPCh mit Hilfe modernster Technologie ihre umfassende Kontrolle über Nachrichten und Informationen weiter stark ausgebaut.

Umfassende Zensur
Die staatlichen Zensoren verschicken regelmäßig detaillierte Anweisungen an Chefredakteure und Redaktionsleiter der chinesischen Medien darüber, was und wie in den Medien zu berichten ist und was nicht erwähnt werden darf.[52] Achten fasst Xis Botschaft von 2016 an die Medien wie folgt zusammen: „Alle Berichte und Kommentare sämtlicher Medien müssten in die ‚richtige Richtung' gehen – und zwar in allen Ressorts, also von den News über die Wirtschaft und Politik bis hin zur Unterhaltung, dem Sport, den Beilagen und den Anzeigen. Auch der ‚internationale Einfluss' müsse ausgebaut werden" (Achten, 2016). „Bei einigen Themen müssen die Medien die Berichterstattung der amtlichen Nachrichtenagentur Xinhua exakt wiedergeben" (Hamilton & Ohlberg, 2020, S. 248).

Bestimmend ist dabei die *Propagandaabteilung des Zentralkomitees der KPCh*. Sie ist de facto dem Staatsrat unterstellt, wenn sie auch formal nicht Teil des Staatsrates ist. Diese Abteilung ist das wichtigste De-facto-Büro für die Durchsetzung der Medienzensur und der Kontrolle sowie den Umgang mit Propaganda, wofür es allerdings keine ausdrückliche gesetzliche Grundlage gibt. „Spezialisierte politische Redakteure durchsuchen Inhalte sorgfältig nach

---

[52] Gemäß Achten (2016), einem Journalisten, der Jahrzehnte in China lebte, „erhalten Redaktionen analoger und auch digitaler Medien jeden Tag präzise Anweisungen, worüber sie wann und wie berichten sollen beziehungsweise welche Themen sie kommentieren können oder müssen".

politischen Fehlern." „Jeder politische Fehler zieht für die Personen, die als verantwortlich betrachtet werden, Geldbußen und Degradierungen nach sich" (Hamilton & Ohlberg, 2020, S. 248). Medienorganisationen folgen diesen Vorgaben, beugen sich mit Selbstzensur oder laufen Gefahr, geschlossen zu werden.

In Konsequenz der strikten Zensurregelungen sind viele internationale Kommunikationsplattformen in China nicht oder nur schwer zugänglich. Die Regierung sperrt bestimmte „Uniform Resource Locators" (URL), den Standard für die Adressierung einer Website im World Wide Web. Laut dem Projekt GreatFire (https://en.greatfire.org/), einer auf China ausgerichteten Organisation zur Überwachung der Zensur, blockiert oder zensiert China 2022 rund ein Viertel der weltweit wichtigsten Domains resp. IP-Adressen, nämlich 198 von 827 (Sander, 2022). So sind in China praktisch alle Websites der großen westlichen Medien gesperrt. Gesperrte Internetseiten sind unter anderem YouTube, Facebook, Google mit seinen diversen Diensten, Twitter, Dropbox sowie Voice of America, BBC World News, aber auch New York Times, The Economist und Spiegel Online. Bestimmte Begriffe werden in den Suchmaschinen systematisch blockiert. TV-Kanäle wie BBC World und CNN sind nur in bestimmten politisch definierten Räumen (wie in bestimmten Stadtvierteln, Hotels oder Wohnblöcken) zugänglich. Sie werden aber überwacht und gelegentlich „verdunkelt". Satellitenempfangsanlagen, die den Empfang ausländischer Sender wie BBC oder CNN ermöglichen, sind verboten. Zeitungen wie die New York Times und Washington Post sind ebenfalls verboten. Einige dieser restriktiven Maßnahmen dürften neben propagandistischen Absichten auch wirtschaftspolitische Gründe haben. Dabei geht es darum, internationale Konkurrenten zu Gunsten chinesischer Unternehmen wie Baidu, Tencent und Alibaba.com aus dem Markt auszusperren und die inländischen Anbieter zu fördern.

3 China – autoritärer und paternalistischer ...

Chinas Internetzensur gilt als die am weitesten verbreitete und am höchsten entwickelte der Welt (Zittrain et al., 2005). Das System zum Blockieren von Webseiten und Artikeln wird als die *„Great Firewall Chinas"* bezeichnet. Die Kommunikation der Chinesen selber im Internet auf Plattformen und in Chaträumen wird unter Zuhilfenahme modernster Technologie wie künstlicher Intelligenz und Algorithmen systematisch und zeitnah kontrolliert und zensiert. Nicht genehme Eintragungen auf Webseiten können aufgrund einer Intervention der Zensoren innert Minuten wieder verschwinden, vgl. das chinesische Konzept der Internetsouveränität.[53]

Das *Staatsfernsehen CCTV* gehört zu den größten Rundfunkanstalten weltweit und ist der einzige nationale, lizenzierte Rundfunkanbieter in China. Alle Lokalsender müssen die Abendnachrichten von CCTV übernehmen und senden. Alle Sender sind den staatlichen Pressebehörden unterstellt.

Die chinesische Führung propagiert dieses Modell als *„neue Weltordnung der Medien"* und sieht es als Vorbild für andere Länder (Hamilton & Ohlberg, 2020, S. 273). Sie verbietet sich jede Kritik daran als Einmischung in die inneren Angelegenheiten und damit als Verletzung der Souveränität Chinas.

Die *Akkreditierung von ausländischen Journalisten* in China wird sehr bewusst politisch gesteuert. So wurden z. B. im Zuge der Covid-19-Pandemie 2020 und der Diskussion über

---

[53] *„Staatssouveränität im Cyberspace"*. Mit „Cybersouveränität" meint China, dass jedes Land das souveräne Recht habe, völlig zu bestimmen, wie das Internet in seinen eigenen Grenzen auszusehen hat. Jedes Land stellt seine eigenen Regeln für die Nutzung des Internets auf, alle Onlinedaten müssen im Land bleiben, d. h., in China erhobene Daten dürfen nur in China gespeichert werden. Ausländische Unternehmen werden gezwungen, ihre Quellcodes offenzulegen und in ihre Bauteile chinesische Komponenten einzubauen. Impliziert wird das Recht zur Zensur und zur völligen Überwachung der Nutzung des Netzes und bedeutet mehr Abschottung, mehr Kontrolle. Letztlich führt dies zu einer Spaltung des Internets in unterschiedliche Technosphären, vgl. Kap. 5.

deren Ursprung erfahrene Reporter von recherchestarken ausländischen Medien nach Ablauf der Akkreditierung des Landes verwiesen. Gemäß Deutscher Welle (2022) beklagen die internationalen Korrespondenten in China „nie da gewesene Hürden" bei ihrer Berichterstattung aus dem Land. In der jährlichen Umfrage des Auslandskorrespondentenclubs (FCCC) sagten 99 %, die Arbeitsbedingungen entsprächen nach ihrer Einschätzung nicht internationalen Standards. „Der FCCC ist besorgt über das halsbrecherische Tempo, mit dem die Medienfreiheit in China abnimmt" (vgl. dazu auch Reporter ohne Grenzen, 2021).

Film

Seit 2020 ist der Kinomarkt Chinas der weltweit größte Markt für Filme und dieser Markt wächst weiter. Exporte spielen keine Rolle mehr (Kretschmer, 2021a, b). China hat eine eigene leistungsfähige Filmindustrie aufgebaut, die mit Hollywood (zumindest auf dem chinesischen Markt) stark konkurriert. Filme werden oft zu großen Teilen vom Staat und Militär mitfinanziert. Dies verleiht Macht. Eine große Vielfalt von ausländischen Filmen drängt auf den chinesischen Markt. Um vorgeführt oder verkauft werden zu können, müssen diese Filme aber zuerst von den chinesischen Zensoren geprüft und als geeignet beurteilt werden. Für Filme, die im Ausland hergestellt wurden, bedeutet dies, dass kontroverses Material geschnitten werden muss, bevor sie zugelassen sind, oder dass bestimmte Themen gar keine Chance haben.

Große Hollywoodproduktionen sind auf chinesisches Geld angewiesen, und die kommunistischen Zensoren sorgen dafür, dass dem heimischen Kinopublikum nichts Negatives über China vorgeführt wird. Hollywood nimmt deshalb über *Selbstzensur* systematisch Rücksicht auf chinesische Geldgeber und auf die Wächter über den chinesischen Kinomarkt. Nach einer Übereinkunft von 2012 zwischen Peking und Washington steht für ausländische Filme jährlich bloß noch Platz für 34 Filme zur Verfügung (Suter, 2019). Entsprechend rangelt Hollywood um die Gunst von Produzenten und Zensoren in China.

Wie Sander (2023) am Beispiel des Science-Fiction-Films „The Wandering Earth II" ausführt, ist Film in der Volksrepublik „ein Kulturprodukt im Dienst der chinesischen Propaganda. Seine wichtigste Produktionsfirma ist ‚China Film', das grösste Filmkonglomerat des Landes, das der Zentralen Propagandaabteilung der Kommunistischen Partei untersteht." Der Executive Producer, Fu Ruoqing, thematisiert nach Sander offen, was die Botschaft seines Films ist: Es gehe „um das von Partei- und Staatschef Xi Jinping propagierte Konzept einer ‚Gemeinschaft mit einer geteilten Zukunft für die Menschheit'. Das Konzept zielt auf eine alternative Weltordnung nach dem Motto ‚weniger Westen, mehr China', deren Verwirklichung Xi … vorantreibt." Im Film „gibt (es) keine Religion mehr, keine Kunst und Philosophie, nur noch Wissenschaft und Technologie. Alles fokussiert sich auf das eine Ziel: überleben, koste es, was es wolle." Und China steht „als verantwortungsvolle, besonnene Supermacht, die dank ihrer Hochtechnologie und gegen Widerstände die Menschheit zur Erlösung führt".

3.4 Neuere Entwicklung: Suche nach einem nachhaltigen Wirtschaftsmodell

Reduktion technologischer Abhängigkeiten vom Ausland und nationale Sicherheit als politische Priorität
Die durch die Administration Trump ausgelösten verschiedenen Sanktionsmaßnahmen gegen China sowie die Erfahrungen aufgrund der Sanktionen des Westens gegen Russland als Reaktion auf den Angriff Russlands auf die

Ukraine zeigen Wirkung. Die dabei offen zu Tage getretenen Abhängigkeiten bestätigen und verstärken die Haltung Chinas, Abhängigkeiten zu reduzieren und dafür viel zu investieren. Die chinesische Führung versteht die Rivalität mit den USA als einen „langwierigen Kampf", der viele Jahre andauern wird (so Wuttke, 2020). Sie ist daran, ihre politischen Prioritäten entsprechend neu auszurichten, um diesen Kampf zu gewinnen. Aus dem 20. Parteitag ergibt sich für das Asia Society Policy Institute (2022) „das klare Bild einer KPCh und eines chinesischen Staates, die voll und ganz hinter Xis Vision der ‚umfassenden nationalen Sicherheit' und einer ‚Festungswirtschaft' stehen, wobei der Schwerpunkt auf der Vorbereitung auf geopolitische Konfrontation und Wettbewerb in absehbarer Zukunft liegt".

Toppriorität gemäß dem 20. Parteitag 2022 ist die *nationale Sicherheit*. Daraus abgeleitet wird ein *wirtschaftlicher Nationalismus*, eine auf Sicherheit ausgerichtete Politik der *„Eigenständigkeit"* („self-reliance policies") und eine Abkehr von der Reform- und Öffnungspolitik. Der Schwerpunkt liegt auf der Vorbereitung auf geopolitische Konfrontation und Wettbewerb. Die Verringerung der Abhängigkeit von grenzüberschreitenden Lieferketten und die Entwicklung von eigenen Spitzentechnologien werden prioritär verfolgt. Die Behörden haben einen Zehnjahresaktionsplan 2035 für die Grundlagenforschung mit Langzeitzielen aufgelegt.[54] Und die Regierung hat auf verschiedenen Ebenen Anreize geschaffen,

---

[54] Im 14th Five-Year Plan (2021–2025) for National Economic and Social Development and the Long-Range Objectives Through the Year 2035 heißt es, dass China bis 2035 „bedeutende Durchbrüche" in den Kerntechnologien erzielen und zu den innovativsten Nationen der Welt gehören soll. Wie Merics in seinem Industries Briefing vom 6. April 2021 festhält, signalisiert der Plan eine gezieltere Unterstützung für FuE, die sich auf die Grundlagenforschung konzentriert. In Anerkennung der Tatsache, dass China in diesem Bereich, der für die Überwindung von Technologieengpässen von entscheidender Bedeutung ist, hinterherhinkt, kündigte das Ministry of Science and Technology (MOST) an, einen Zehnjahresaktionsplan für die Grundlagenforschung herauszugeben.

3 China – autoritärer und paternalistischer ...

um Unternehmen zu belohnen, die Abhängigkeiten von ausländischen Technologien abbauen, vgl. mehr dazu in Kap. 5 sowie 7. u. a. das Konzept der „dualen Zirkulation".[55]

„Soft Tech" wie etwa E-Commerce, Kommunikation und Medien wurden, trotz des Erreichens von großen technologischen Erfolgen, von der Politik zurückgestuft. Der *Industriesektor wird wieder gezielt gefördert.* Ressourcen sollen in „Hard-Tech"-Sparten fließen wie Halbleiter, Quantencomputer und Luftfahrt. Diese Branchen würden reale Dinge produzieren, entwickelt auf wissenschaftlichen Grundlagen, die den Alltag eines jeden Bewohners verbessern.

Dazu soll auch der Privatsektor seinen Beitrag leisten. Die neuen *regulatorischen Eingriffe* sollen den Privatsektor nicht völlig beschneiden, aber auf strategische Ziele Pekings ausrichten. Die Unternehmen, die der Regierung helfen, ihre „Hard-Tech"-Ziele zu erreichen – z. B. im Bereich Batterietechnologie, Halbleiter oder 5G-Mobiltechnologie – werden belohnt. Sie sind zwar nominell privat, aber ihr Wachstum in ihren angestammten Bereichen gilt als „ordnungsgemäß" und wird mit den üblichen Instrumenten gefördert (Steuererleichterungen, verbilligte Kredite, Subventionen, Staatsaufträge usw.).

Unternehmen, die von den Zielen der KPCh abweichen, werden ausgegrenzt oder bestraft. So machen beispielsweise E-Commerce- und Lebensmittellieferdienste das Leben der Bevölkerung zwar bequemer, tragen in den Augen der Parteiführung aber nicht zur Lösung der dringendsten Probleme Chinas bei und werden mit Auflagen eingeschränkt. Das gut laufende Geschäftsmodell der Onlineausbildungsindustrie wurde schlicht verboten, vgl. vorne: Recht und Kontrolle in der Digitalwirtschaft.

---

[55] Weiter verfolgt die Regierung zunehmend eine „Buy-China"-Politik. 2021 wurde laut Pressemeldungen für staatliche Unternehmen eine Liste mit 315 Gütern eingeführt, welche zu 25 bis 100 % lokal eingekauft werden müssen.

Für die längerfristige Entwicklung zu hohe Investitions- und zu kleine Konsumquote Wie Pettis im Interview mit Dittli (2021) ausführt, basiert Chinas Wirtschaftswachstum stark auf Investitionen in alle Arten von Bauprojekten. Für Jahrzehnte habe dies ganz gut funktioniert, weil China enorm unterinvestiert war. Überinvestitionen hätten das Wachstum jahrelang aufgebläht. Ein Zuviel an Bahnlinien, Wohnhäusern, Flughäfen und dergleichen sei nun jedoch zu einem Problem geworden. Viele der zusätzlichen Projekte seien von geringem zusätzlichem wirtschaftlichem Nutzen.

Private Haushalte in China halten geschätzte 70 % ihres Vermögens in Form von *Immobilien* (Wu, 2022, S. 13). Der Immobilienmarkt macht fast 30 % des BIP aus und ist damit eine wichtige Säule der chinesischen Wirtschaft. Allerdings hat sich ein spekulativ überbewerteter Immobiliensektor entwickelt. Inzwischen ist dieser um 25 % bis 30 % eingebrochen. 2021 steht fast ein Viertel aller Wohnungen leer. Große Vermögen privater Haushalte sind gefährdet.

Die Abhängigkeit von kontinuierlichen, kreditfinanzierten Investitionen hatte zur Folge, dass die *Schulden* im Urteil von Pettis über die Schuldenkapazität Chinas wuchsen. Die Parteiführung steht vor der Herausforderung, die Investitionstätigkeit zu reduzieren und die übermäßige Abhängigkeit der Wirtschaft von schuldenfinanziertem Wachstum zu verringern. Damit muss sie Investitionen aber durch etwas anderes ersetzen, sonst kommt das Wachstum zum Erliegen. Hier kommt der Konsum ins Spiel.

Folge des hohen Investitionsanteils (vgl. Kap. 3, Abb. 3.1) ist der mit 55 % *geringe Anteil der Haushaltseinkommen am BIP und damit eine geringe Konsumtätigkeit.* Ihr Anteil ist so niedrig wie nie zuvor in der Geschichte Chinas. Weiter behält die Regierung, inklusive staatlicher Unternehmen, 20 % bis 25 % des BIP für sich. Diese Konstellation ist ein systemisches Problem von China. Die Parteiführung möchte den Anteil der Haushalte am BIP und damit den

Konsum erhöhen. Das aber verlangt eine massive Umverteilung der Einkommen. Einen höheren Anteil der Löhne am BIP und damit eine Verringerung der Anteile der Unternehmen inklusive SOE und der (regionalen und lokalen) Behörden, was politisch heikel ist. Hier setzt das „Common Prosperity Program" ein.

Anschauliche praktische Vorschläge zur *Steigerung der Konsumquote* liefert Pettis (im Interview mit Dittli, 2021): *„Die Lokalregierungen könnten ein stärkeres soziales Sicherheitsnetz finanzieren. Sie könnten billige Wohnungen bauen und sie den Armen zur Verfügung stellen, die Wohnsitzauflage, das Hukou-System, abschaffen oder die Mehrwertsteuer für Alltagsgüter senken. Sie könnten öffentliche Verkehrsmittel verbilligen. Im Grunde genommen würde alles funktionieren, was normale Haushalte auf Kosten der lokalen Regierungen reicher macht"*, sofern diese denn dazu bereit und aufgrund ihrer sehr schwierigen Finanzlage fähig sind.

Niedergang des Kapitalismus und Langzeitvision als überlegene Alternative

Xi Jinping und seine Kader der KPCh sind fest im Marxismus-Leninismus verankert und sind überzeugt, dass die Welt historische Phasen durchläuft, die von der Dialektik bestimmt werden. Demnach ist der Kapitalismus ein Vorläufer des Sozialismus, der wiederum von der Phase des Kommunismus abgelöst wird. Die Parteispitze ist absolut überzeugt, dass die *kapitalistische Phase zu Ende geht*. Nachdem der Staatskapitalismus dem Land viel Geld eingebracht hat, habe er seinen Zweck erfüllt.

Gemäß Xi ist „der Sozialismus mit chinesischen Merkmalen der einzige Weg, um eine in jeder Hinsicht gemäßigt wohlhabende Gesellschaft aufzubauen" (Xinhua, 2019), in der die Armut in den ländlichen Gebieten ausgerottet ist.[56]

---

[56] Die Weltbank charakterisiert den Entwicklungsstand so: „China is now an upper-middle-income country", https://www.worldbank.org/en/country/china/overview.

In seiner Vision wird China bis 2035 eine „sozialistische Modernisierung" erreichen, in der es ein führender Innovator mit einer starken Rechtsstaatlichkeit sein und eine große Bevölkerung mit mittlerem Einkommen und geringerem Einkommensgefälle haben wird. Und bis 2050 wird China ein „großes modernes sozialistisches Land" sein: eine „wohlhabende, starke, demokratische, kulturell fortschrittliche, harmonische und schöne" Weltmacht.

Nach Xi ist weder der (amerikanische) liberale Kapitalismus noch der (europäische) Wohlfahrtskapitalismus sozialdemokratischer Prägung in der Lage, die entstandenen Ungleichheiten zu bewältigen und damit gemeinsamen Wohlstand in seinem Sinne zu erreichen. Dies sei nicht nur politisch, sondern auch systemisch bedingt. Demgegenüber würden das System und die Institutionen der KPCh die notwendigen Lösungen für diese Probleme bieten. Das chinesische sozialistisch-autoritäre Modell mit dem „Common Prosperity Program" als integraler Teil sei dem westlichen kapitalistischen Entwicklungsmodell überlegen. Seine weltweite Verbreitung wird Chinas Überlegenheit in der Weltpolitik weiter stärken. Maßnahmen zur Realisierung des Programms liegen allerdings erst in groben Ansätzen vor und reichen bei weitem noch nicht aus, gemeinsamen Wohlstand merklich zu verwirklichen (Wu, 2022, S. 11 f.).

Um diese Ziele zu erreichen, setzt Xi auf den Ansatz, den er schon während seiner ersten Amtszeit verfolgt hat, indem er die Bedeutung der *Führung der Partei in der Wirtschaft und in allen anderen Bereichen der Gesellschaft* bekräftigt. Politisch hat die KPCh schon immer die uneingeschränkte Macht für sich beansprucht. Seit der Amtsübernahme von Xi Jinping wurde die Rolle der KPCh zu Lasten der Regierungsorgane noch weiter gestärkt.

Der 20. Parteitag: Konsequenzen für Politik und Wirtschaftsentwicklung von China

Das lange Zeit *sehr erfolgreiche Wirtschaftsmodell Chinas funktioniert nicht mehr*. Es braucht grundlegende Reformen. Gründe dafür sind bei den strukturellen Eigenheiten der Wirtschaft Chinas zu finden. Die stetigen staatlichen Investitionen in Infrastruktur wirken bei der inzwischen vorhandenen Überversorgung nur noch beschränkt als Wachstumsfaktor und bringen immer weniger wirtschaftlichen Fortschritt. Die Konsumnachfrage zur Stimulierung der Binnenwirtschaft ist zu gering. Die Krise im Immobilienbereich (große Leerstände und hohe Verschuldung der Kommunen) zeigt trotz einer graduellen Lockerung der Geldpolitik seitens der People's Bank of China (PBoC) keine Zeichen einer Abschwächung. Die Gesamtverschuldung von Staat, Unternehmen und Haushalten ist Ende 2021 mit rund 290 % des Bruttoinlandprodukts sehr hoch und wächst weiter.[57] Die Exporte dürften sich auch wegen der weltwirtschaftlichen Abkühlung weniger gut entwickeln.

Zusätzlich hat die Politik Xis einen deutlichen Einfluss auf die Wirtschaftsentwicklung. Sie dürfte diese Probleme eher noch verschärfen. Nach Xi soll Ideologie jeden Gesellschaftsbereich durchdringen. Ideologie zählt fortan für ihn und damit für die KPCh mehr als wirtschaftlicher Fortschritt (Dittli, 2022). Definitiv vorbei ist jener Pragmatismus, der es China in den letzten drei bis vier Jahrzehnten ermöglicht hat, zur reichen Welt aufzuschließen. Wirtschaftspolitischer Pragmatismus, Flexibilität und Anpassungsfähigkeit, welche unter Deng für den Wirtschaftsaufschwung so zentral waren, drohen verloren zu gehen. Der Kurs steht „derzeit auf ‚Festung China' – und ideologische Verhärtung, Parteistaatskontrolle und Sicherheit über alles" (Huotari, 2022).

---

[57] Bank für Internationalen Zahlungsausgleich (BIZ), https://stats.bis.org/statx/srs/table/f1.1.

Sehr ähnlich die Einschätzung von Rudd (2022): Derzeit finde ein grundsätzlicher Wandel statt weg vom während langer Zeit vorherrschenden schrittweisen Ausbau marktwirtschaftlicher Mechanismen, weg von der Abhängigkeit von Marktergebnissen, um die gesetzten Ziele zu erreichen. Zwei der wichtigsten Dynamiken des chinesischen Entwicklungsmodells der letzten 40 Jahre würden untergraben: das private Unternehmertum und der „Trial-and-Error"-Ansatz der Behörden bei politischen Veränderungen. Xi führe zurück zum Etatismus. Staatsunternehmen würden rehabilitiert, der Staat als Haupttreiber der technologischen Innovation bestimmt und der Privatsektor zurückgedrängt. Die Covid-Nulltoleranzpolitik mit immer wiederkehrenden Lockdowns hat der Wirtschaft massiv geschadet. Mittelfristig bestehen große Schwierigkeiten und Risiken, fehlen doch Grundlagen wie wirksamere Impfstoffe, hohe Impfraten und ein leistungsfähiges, flächendeckendes Gesundheitssystem. Wegen Covid, aber auch aus politisch-ideologischen Gründen soll China vermehrt gegenüber dem Ausland abgeschottet und ein Gegenmodell zum Westen aufgebaut werden (so Wuttke im Interview mit Dittli, 2022; Huotari, 2022).

Stellt sich noch die Frage, wie sich Umverteilungsmaßnahmen im Zuge des „Common Prosperity Programs" auf die Wirtschaftsentwicklung auswirken werden. Chinas Wirtschaftswachstum hat sich in den letzten Jahren aufgrund der erwähnten strukturellen makroökonomischen Faktoren bereits deutlich verlangsamt. Werden die Maßnahmen zur Förderung des gemeinsamen Wohlstandes falsch gewählt und eingesetzt, droht die Unterdrückung des Privatsektors und kann dies zum weiteren Nachlassen der wirtschaftlichen Dynamik führen. Zu all dem schrumpft die Bevölkerung Chinas gesamthaft, wobei der Anteil der Älteren steigt. Die Bevölkerung im erwerbsfähigen Alter dürfte gemäß Berechnungen der UNO bis 2050 um etwa 220 Mio. Menschen schrumpfen (Silver & Huang, 2022). Wird China alt, bevor es reich wird?

Angesichts dieser Entwicklung wird das Ausland skeptischer, ja wendet sich teilweise von China ab:[58] Der Anteil ausländischer Direktinvestitionen an der chinesischen Wirtschaft ist unter Xi rückläufig. Im zweiten Quartal 2023 fielen die neuen Direktinvestitionen in China auf den tiefsten Stand seit 25 Jahren. Handelskammern, die europäische Interessen vertreten, stellen einen dramatischen Einbruch des Geschäftsvertrauens fest (European Chamber of Commerce, 2022). Es ist eine deutliche Zunahme von Firmen festzustellen, die nach einem zweiten Produktionsstandort außerhalb von China suchen, z. B. in Vietnam oder Indonesien, um von dort den asiatischen Markt zu beliefern.

Die Folgen dieser Entwicklung könnten für China und die Welt schwerwiegend sein: So erwarten Projektionen eines Teams von Goldmann Sachs, dass China eine deutliche Verlangsamung des Potentialwachstums erfahren wird (von 7,7 % im Zeitraum 2010–2019 auf 4,0 % in 2024–2029 und 2,5 % in 2030–2039), zur langfristigen Entwicklung des BIP ausgewählter Länder, vgl. Abb. 3.3. Sie führen diese Verlangsamung größtenteils auf demographische Faktoren zurück. Damit würde Chinas potentielle Wachstumsrate deutlich unter die Rate einer Reihe von Ländern Asiens (wie Indien, Indonesien oder die Philippinen) fallen (Daly & Gedminas, 2022, S. 18 ff., Tab. 14). Dies könnte die zurzeit hohe Jugendarbeitslosigkeit in China (Juli 2022 offiziell 19,9 %,[59] effektiv wahrscheinlich noch deutlich höher) noch verschärfen. Der implizite Ge-

---

[58] Die Finanzmärkte reagierten negativ auf den XX. Parteitag. Gemäß Wall Street online vom 28. Oktober 2022 fiel der Hang Seng China Enterprises Index in Hongkong in der Woche nach dem Parteitag um 8,9 %. Das ist der größte Verlust in einem Fünftageszeitraum nach einem Parteitag seit der Einführung des Index im Jahr 1994. Zudem fiel der Index dabei auf den niedrigsten Stand seit der globalen Finanzkrise 2008. Der Kurs der chinesischen Währung fiel auf ein 14-Jahrestief.

[59] Monthly surveyed urban youth unemployment rate in China February 2021-2023, National Bureau of Statistics of China, Statista, https://www.statista.com/statistics/1244339/surveyed-monthly-youth-unemployment-rate-in-china/.

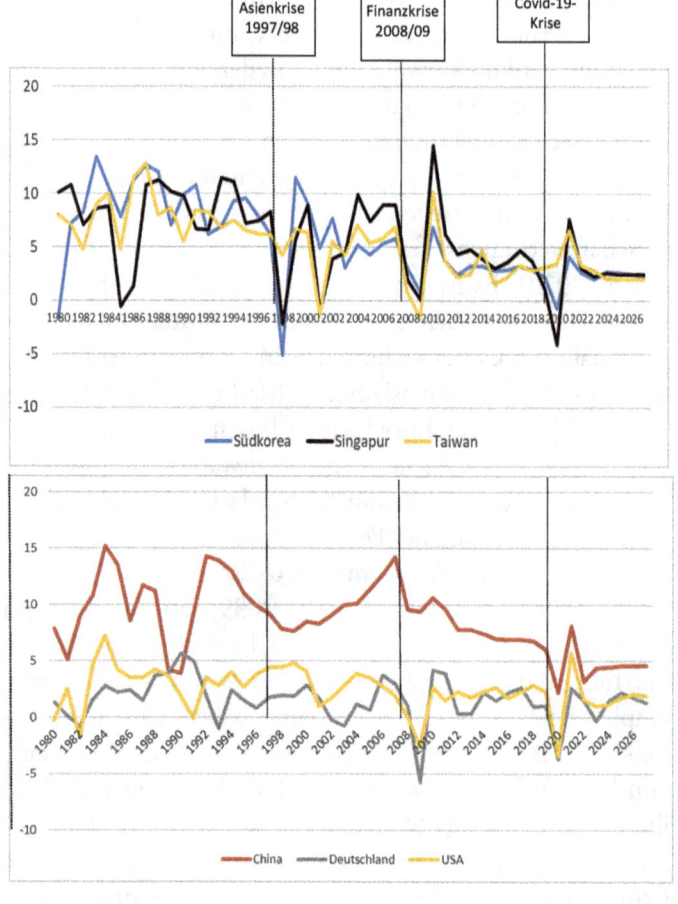

Abb. 3.3 BIP-Wachstum real 1980–2021 in Prozenten, Schätzung bis 2026. (Quelle: IMF 2022)

sellschaftsvertrag zwischen der KPCh und dem Volk und damit die Outputlegitimation der Partei ist brüchig und könnte in der Bevölkerung allmählich in Zweifel gezogen werden. Das ambitiöse „Common Prosperity Program" von Xi für Umverteilung und Wohlstandsausgleich wird schwieriger zu finanzieren und durchzusetzen sein. Spannungen wegen Umverteilungsproblemen sind eher möglich. In der

3 China – autoritärer und paternalistischer ...

Folge ist eine Zunahme der Repression aus Sicht der Partei zwangsläufig.[60] In der Einschätzung von Huotari (2022) ist „die Stabilität des Systems keinesfalls gesichert".

Die *„middle income trap"*, die Transformation des bisher stark exportorientierten, ressourcenintensiven Breitenwachstums zu einer produktiveren, innovativeren, wertschöpfungsstärkeren und mehr binnenorientierten Wirtschaft ist noch nicht überwunden. Ihre Bewältigung dürfte unter den neuen Politikrichtlinien sogar schwieriger werden. China ist mit Fragen konfrontiert wie: Gelingt es, autoritär zu führen und gleichzeitig eine dynamische und innovative Wirtschaft zu haben? Kann China einen dynamischen Privatsektor haben, der in der Lage ist, mit Innovationen an der Weltspitze zu sein, während die KPCh gleichzeitig sicherstellt, dass kein privates Unternehmen so groß und einflussreich wird, dass es die Vorherrschaft der Partei und ihres Kontrollapparats in irgendeiner Weise herausfordern könnte? Xi Jinping wird Russland-ähnliche Oligarchen nie zulassen und immer in die Schranken weisen, wie z. B. Jack Ma von Alibaba (Wuttke im Interview mit Dittli, 2022). So wurden umfangreiche regulatorische Maßnahmen ergriffen, um einige der großen Technologieunternehmen insbesondere in der Digitalwirtschaft, die als zu mächtig angesehen wurden, durch die Partei zu kontrollieren, ja zu zerschlagen (Carnap & Tan, 2021).

Die rasche Entwicklung Chinas zur Supermacht dürfte ins Stocken geraten, das Auf- und Überholen der Wirtschaft der USA dürfte zumindest um mehrere Jahre verzögert werden. Chinas hoch gesteckte Ambitionen wären

---

[60] Priess schreibt zur einer möglichen Krise des Gesellschaftsvertrags: „Dass diese Sorge die chinesischen Kommunisten umtreibt, lässt sich an der Verschärfung der innenpolitischen Repression in den zurückliegenden Jahren ablesen, an der umfassenden Kontrolle auch mit den modernsten technischen Mitteln. ... Die Konsequenz ist, dass individuelle Bedürfnisse und Schutzinteressen gnadenlos und brutal dem angenommenen Gemeinwohl untergeordnet werden. Einspruch mittels einer unabhängigen Justiz ist ausgeschlossen" (Priess, 2018).

u. U. von China selber anzupassen. Sind sie dazu gegenüber sich selber bereit und ehrlich genug? Könnte es unter internem Druck zu vermehrter Aggression gegen außen kommen? Seit dem 20. Parteitag muss in den höchsten Entscheidungsgremien kein Konsens unter Fraktionen in einem kollektiven Prozess mehr gefunden werden. Xi Jinping entscheidet alleine über alles. Wichtige Entscheide von großer Tragweite können rascher getroffen werden. Damit sind sie schwieriger vorhersehbar und unberechenbarer. Dies könnte geopolitisch zu mehr Unsicherheit und Instabilität führen, vgl. dazu Kap. 7.

Literatur

Acemoglu, D., Yang, D. Y. & Zhou, J. (2022, September 27). *Power and the direction of research: Evidence from China's Academia.* Massachusetts Institute of Technology und NBER. https://conference.nber.org/conf_papers/f173785.pdf. Zugegriffen am 10.10.2022.

Achten, P. (2016, Februar 29). Chinas Medien müssen der Partei dienen. *Infosperber.* https://www.infosperber.ch/politik/welt/chinas-medien-muessen-der-partei-dienen/. Zugegriffen am 15.09.2021.

Adachi, A., Brown, A., & Zenglein, M. J. (2022). *Fasten your seatbelts. How to manage China's economic coercion.* Merics China Monitor. https://www.merics.org/sites/default/files/2023-02/Merics_ChinaMonitor_EconomicCoercion_EN-4.pdf. Zugegriffen am 04.04.2022.

Allen-Ebrahimian, B. (2018). Chinas long arm reaches into American campuses. *Foreign Policy.* https://foreignpolicy.com/2018/03/07/chinas-long-arm-reaches-into-american-campuses-chinese-students-scholars-association-university-communist-party/. Zugegriffen am 20.09.2021.

Alsabah, N. (2016). *Nationale Sicherheit 2.0. Chinas Cyberspace-Behörde zähmt das Internet.* Merics.

Ang, Y. Y. (2021, December 8). Decoding Xi Jinping. How Will China's Bureaucrats Interpret His Call for "Common Prosperity?" *Foreign Affairs*.

Asia Society Policy Institute. (2022). *Decoding the 20th party congress. Top leadership – And the new factions of the Xi era*. https://asiasociety.org/policy-institute/decoding-chinas-20th-party-congress. Zugegriffen am 11.09.2022.

Behrends, J. C (2017, April 2017). Lenins Staat, der Wille zur Macht und die Genese totaler Herrschaft aus dem Geist des Bürgerkriegs. *Zeitgeschichte-online*. https://zeitgeschichte-online.de/kommentar/lenins-staat. Zugegriffen am 10.10.2021.

Bernartz, M. L. (2014). Die betriebsbedingte Kündigung im chinesischen Recht. *Zeitschrift für Chinesisches Recht, 21*(1). Max Planck Institut. Hamburg. https://www.zchinr.org/index.php/zchinr/article/view/522. Zugegriffen am 15.10.2021.

Böge, F. (2021, August 25). *Xi Jinping wird Unterrichtsstoff für Grundschüler. Frankfurter Allgemeine*. https://www.faz.net/aktuell/politik/ausland/china-grundschueler-sollen-lehren-xi-jinpings-lernen-17500972.html. Zugegriffen am 20.09.2021.

Boomsma, D. Ch. (2022). Always under surveillance. A Chinese student is never safe. *UKrant*. https://ukrant.nl/magazine/always-under-surveillance-a-chinese-student-is-never-safe/?lang=en. Zugegriffen am 25.09.2022.

Boquen, A. (2023). *What is the Hukou system in China? – Definition*. Pros & Cons. https://nhglobalpartners.com/the-chinese-hukou-system-explained/. Zugegriffen am 05.04.2023.

Borst, N. (2021). *Has China given up on state-owned enterprise reform? The interpreter*. Lowy Institute. https://www.lowyinstitute.org/the-interpreter/has-china-given-state-owned-enterprise-reform. Zugegriffen am 05.02.2022.

ten Brink, T. (2021). Das chinesische Wirtschaftsmodell im Wandel, Bundeszentrale für politische Bildung. https://www.bpb.de/themen/asien/china/326971/das-chinesische-wirtschaftsmodell-im-wandel/. Zugegriffen am 15.10.2021.

Bundeszentrale für politische Bildung. (2018). Der neue Mensch, Schriftenreihe Band 10247, Bonn. https://www.bpb.de/system/files/dokument_pdf/10247_Der_neue_Mensch_web.pdf. Zugegriffen am 15.10.2021.

Carnap, K., & Tan, V. (2021). *Tech regulation in China brings in sweeping changes*. Merics. https://merics.org/en/short-analysis/tech-regulation-china-brings-sweeping-changes. Zugegriffen am 30.01.2022.

Cartwright, M. (2019, February 8). The civil service examinations of Imperial China. https://www.worldhistory.org/article/1335/the-civil-service-examinations-of-imperial-china/. Zugegriffen am 27.09.2021.

Cheng Yu. (2023, März 9). Private sector set to drive economic growth. *China Daily*. https://www.chinadaily.com.cn/a/202303/09/WS64091a4ba31057c47ebb32c3.html#:~:text=It%20added%20that%20in%20recent,80%20percent%20of%20urban%20employment. Zugegriffen am 05.04.2023.

China Banking News Editor. (2020, September 17). Xi Jinping calls for greater guidance of private economy by Chinese communist party. *China Banking News*. http://www.chinabankingnews.com/2020/09/17/xi-jinping-calls-for-greater-guidance-of-private-economy-by-chinese-communist-party/. Zugegriffen am 05.09.2021.

China Briefing. (2022, April 12). *China's 2022 negative list for market access: Restrictions cut, financial sector opening*. https://www.china-briefing.com/news/chinas-2022-negative-list-for-market-access-restrictions-cut-financial-sector-opening/. Zugegriffen am 10.10.2022.

China's State Council Information Office. (2021). China: Democracy that works. *Xinhua*. http://www.china-embassy.org/eng/zgyw/202112/t20211204_10462468.htm. Zugegriffen am 17.09.2022.

ChinaFile. (2013). Document 9: how much is a hardline party directive shaping China's current political climate? *A Chinafile translation*. HTTPS://WWW.CHINAFILE.COM/DOCUMENT-9-CH'NAFILE-TRANSLATION. Zugegriffen am 11.10.2021.

Cooper, G. (2022, December 8). Can academic publishers resist self-censorship in China? *The Times Higher Education*. https://www.timeshighereducation.com/depth/can-academic-publishers-resist-self-censorship-china. Zugegriffen am 10.12.2022.

Cunningham, E. (2022). *What is the future of China's private sector?* https://www.hks.harvard.edu/faculty-research/policy-topics/international-relations-security/what-future-chinas-private-sector. Zugegriffen am 29.09.2022.

Daly, K., & Gedminas, T. (2022). *The path to 2075 – Slower global growth, but convergence remains intact.* Goldman Sachs, Global Economics Paper. https://www.goldmansachs.com/insights/pages/gs-research/the-path-to-2075-slower-global-growth-but-convergence-remains-intact/report.pdf. Zugegriffen am 17.09.2022.

Darimont, B. (2011). Das Sozialversicherungsgesetz der VR China, Zeitschrift für Chinesisches Recht. https://www.zchinr.org/index.php/zchinr/article/view/991. Zugegriffen am 05.09.2021.

Deutscher Bundestag. (2019). Schattenbanken: Internationale Regulierung und Situation in China. WD 4 – 3000 – 035/19.

DigiChina. (2021). *Translation: Personal information protection law of the people's Republic of China* (Effective Nov. 1, 2021). https://digichina.stanford.edu/work/translation-personal-information-protection-law-of-the-peoples-republic-of-china-effective-nov-1-2021/. Zugegriffen am 28.08.2022.

Dittli, M. (2021, Oktober 12). „Evergrande ist bloss ein Symptom für ein grosses systemisches Problem in China", Interview mit Michael Pettis. *NZZ/the market.*

Dittli, M. (2022, Oktober 25). „Ideologie steht in China jetzt klar über den Interessen der Wirtschaft", Interview mit Jörg Wuttke. *NZZ/the market.* https://themarket.ch/interview/ideologie-steht-in-china-jetzt-klar-ueber-den-interessen-der-wirtschaft-ld.7702. Zugegriffen am 26.10.2022.

Dong Yan, & Fan Hua. (2004). *Infrastructure, growth, and poverty reduction in China.* Institute of Comprehensive Transportation. National Development and Reform Commission. https://web.worldbank.org/archive/website00819C/WEB/PDF/CHINA_IN.PDF. Zugegriffen am 20.08.2021.

Donnelly, D. (2023). *China social credit system explained – What is it & how does it work?* https://nhglobalpartners.com/china-social-credit-system-explained/#:~:text=The%20system%20began%20with%20a,be%20monitored%20in%20real%2Dtime. Zugegriffen am 07.03.2023.

European Chamber of Commerce. (2022). *European business in China*. Position paper 2022/2023. https://www.europeanchamber.com.cn/en/publications-position-paper. Zugegriffen am 21.08.2022.

Fahrion, G., & Giesen, C. H. (2022, Oktober 20). *"Chairman of Everything" – The Omnipotence of China's Xi Jinping.* Beijing. *Der Spiegel.* https://www.spiegel.de/international/world/chairman-of-everything-the-omnipotence-of-china-s-xi-jinping-a-b45dbd67-24fc-40f4-a0f8-8f382da6fccc. Zugegriffen am 23.10.2022.

Feenstra, R. C., Inklaar, R., & Timmer, M. P. (2015). The next generation of the Penn world table. *American Economic Review, 105*(10), 3150–3182. https://www.rug.nl/ggdc/productivity/pwt. Zugegriffen am 30.08.2021.

Feldges, D., & Kamp. (2022, November 14). China im Wandel: wie Schweizer Firmen versuchen, sich mit der neuen Realität zu arrangieren. *NZZ.* https://www.nzz.ch/wirtschaft/china-schweizer-firmen-und-die-covid-restriktionen-ld.1711226. Zugegriffen am 15.11.2022.

Fukuyama, F. (2012, May 10). China's 'Bad Emperor' problem. *Financial Times.* https://www.the-american-interest.com/2012/05/28/chinas-bad-emperor-problem/. Zugegriffen am 23.09.2022.

Fukuyama, F. (2020). *What kind of regime does China have?* https://www.the-american-interest.com/2020/05/18/what-kind-of-regime-does-china-have/?mktcid=nled&mktcval=161_2020-05-22&kid=_2020-5-26&trco=. Zugegriffen am 27.09.2021.

German.China.Org.CN. (2017, November 1). Xis Gedanken sind ein praktischer Plan für die Zukunft. http://german.china.org.cn/txt/2017-11/01/content_50049948.htm. Zugegriffen am 29.09.2021.

Girard, B. (2019, November 8). Hukous: Being illegal in one's own country. *The Diplomat.* https://thediplomat.com/2019/11/hukous-being-illegal-in-ones-own-country/. Zugegriffen am 14.09.2021.

Gisiger, Ch. (2021, September 20). „China findet immer einen Weg, Probleme unter den Teppich zu kehren". Interview mit

Anne Stevenson-Yang. *NZZ the market*. https://themarket.ch/interview/china-findet-immer-einen-weg-probleme-unter-den-teppich-zu-kehren-ld.5046. Zugegriffen am 22.09.2022.
Gore, L. (2020). *The Chinese communist party in action, 2020*. Routledge.
Hamilton, C., & Ohlberg, M. (2020). Die lautlose Eroberung. Wie China westliche Demokratien unte4rwandert und die Welt neu ordnet, München.
Heilmann, S. (Hrsg.). (2016). *Das politische System der Volksrepublik China* (3. Aufl.). Springer.
Heilmann, S. (2019, Juni 29). Wer die falschen Filme schaut, kann keine Flugtickets mehr kaufen: Wie China den totalen Überwachungsstaat errichtet, im Interview mit Isler, T. *NZZ Magazin*. https://magazin.nzz.ch/hintergrund/ein-ueberwachungsstaat-wie-bei-george-orwell-nein-nein-das-ist-viel-konsequenter-und-intensiver-als-bei-orwell-ld.1492616?reduced=true. Zugegriffen am 03.07.2019.
Heilmann, S. (2020). Herde statt Werte. Internationale Politik. Januar/Februar 2020. S. 103–107. https://internationalepolitik.de/de/herde-statt-werte. Zugegriffen am 08.09.2021.
Heilmann, S. (2021, März 11). Systemwettbewerb in der Pandemie: Wird China als überlegenes System aus der Krise hervorgehen? Vortrag am Europa Institut der Universität Zürich.
Heilmann, S., & Rudolf, M. (2016). Die Verfassung des Parteistaates. In S. Heilmann (Hrsg.), *Das politische System der Volksrepublik China* (S. 38–43). Springer.
Heilmann, S., & Shih, L. (2016). Die Kommunistische Partei Chinas. In S. Heilmann (Hrsg.), *Das politische System der Volksrepublik China* (S. 44–58). Springer.
Heilmann, S., & Shih, L. (2016a). Die Zentralregierung. In S. Heilmann (Hrsg.), *Das politische System der Volksrepublik China* (S. 58–68). Springer.
Heilmann, S., Stepan, M., Wessling, C., & Ohlberg, M. (2018, September 7). Charakteristika des politischen Systems. Bundeszentrale für politische Bildung. https://www.bpb.de/themen/asien/china/44270/charakteristika-des-politischen-systems/. Zugegriffen am 25.08.2021.

Huld, A. (2022). China infrastructure investment in 2022 – Can it stimulate economic growth? *China Briefing*. https://www.china-briefing.com/news/china-infratsructure-investment-in-2022-spurring-economic-growth/. Zugegriffen am 13.10.2022.

Human Rights Watch. (2021). *"They don't understand the fear we have". How China's long reach of repression undermines academic freedom at Australia's Universities*. https://www.hrw.org/sites/default/files/media_2021/07/australia0621_web.pdf. Zugegriffen am 05.11.2021.

Huotari, M. (2022, Oktober 23). Festung China. Xi Jinping hat sich auf ganzer Linie durchgesetzt. China wird dadurch nicht unbedingt krisenfester – aber konfliktfähiger. Internationale Politik 6-2022. https://internationalepolitik.de/de/festung-china. Zugegriffen am 29.10.2022.

Isler, T. (2019, Juni 29). Wer die falschen Filme schaut, kann keine Flugtickets mehr kaufen: Wie China den totalen Überwachungsstaat errichtet. *NZZ am Sonntag*.

Jaramillo, E. (2022, April 20). *China's Hukou reform in 2022: Do they mean it this time?* Centre for International Studies. https://www.csis.org/blogs/new-perspectives-asia/chinas-hukou-reform-2022-do-they-mean-it-time-0. Zugegriffen am 21.08.2022.

Kaiser, M., & Wacker, G. (2008). Nachhaltigkeit auf chinesische Art: das Konzept der 'harmonischen Gesellschaft'. (SWP-Studie, S 18). Berlin: Stiftung Wissenschaft und Politik -SWP- Deutsches Institut für Internationale Politik und Sicherheit. https://nbn-resolving.org/urn:nbn:de:0168-ssoar-248870. Zugegriffen am 02.09.2022.

Koty, A. Ch. (2017). Key takeaways from Xi's speech at China's 19th party congress. *China Briefing*. https://www.china-briefing.com/news/key-takeaways/. Zugegriffen am 07.09.2021.

Koty, A. Ch. (2022, March 21). *How to understand China's common prosperity policy*. Posted by China Briefing, Dezan Shira & Associates. https://www.china-briefing.com/news/china-common-prosperity-what-does-it-mean-for-foreign-investors/. Zugegriffen am 13.09.2022.

Krätke, M. R. (2012). Die Entwicklung des Kapitalismus in China. *spw – Zeitschrift für sozialistische Politik und Wirtschaft*, 6, 16–20. http://www.ag-friedensforschung.de/regionen/China/kraetke.html. Zugegriffen am 05.10.2021.

Kretschmer, F. (2021a, August 6). Der Staat meldet sich zurück. *NZZ*. https://www.nzz.ch/pro-global/asien/china-der-staat-meldet-sich-zurueck-ld.1639105?reduced=true. Zugegriffen am 07.08.2021.

Kretschmer, F. (2021b, Oktober 6). Ein Film wie eine Kriegserklärung. *NZZ*. https://www.nzz.ch/international/chinas-teuerster-film-aller-zeiten-ist-eine-propagandaschlacht-ld.1648969?reduced=true. Zugegriffen am 08.10.2021.

Kuo, L. (2020, August 18). 'He killed a party and a country': A Chinese insider hits out at Xi Jinping. Interview mit Cai Xia. *The Guardian*.

Lee, F. (2015, März 29). Klassenkampf im Hörsaal. *taz*. https://taz.de/Bildungsreform-in-China/!5015344/. Zugegriffen am 17.09.2021.

Mahbubani, K. (2021). *Hat China schon gewonnen?* Chinas Aufstieg zur neuen Supermacht. Kulmbach.

Monopolkommission. (2020). Chinas Staatskapitalismus: Herausforderung für die europäische Marktwirtschaft, Kapitel IV aus dem XXIII. Hauptgutachten gemäß § 44 Abs. 1 Satz 1 GWB, 29. Juli 2020, S. 241–377. https://www.monopolkommission.de/index.php/de/beitraege/331-xxiii-staatskapitalismus.html. Zugegriffen am 28.08.2021.

Mumme, T. (2021, Juli 27). Bildungsreform zerstört Milliardenmarkt: Über Nacht verbietet China der E-Learning-Branche das Geld-Verdienen. *Tagespiegel*. https://www.tagesspiegel.de/wirtschaft/uber-nacht-verbietet-china-der-e-learning-branche-das-geld-verdienen-8000572.html. Zugegriffen am 21.08.2021.

Murthy, V. (2000). The democratic potential of confucian minben thought. *Asia Philosophy, 10*(1), 33–47.

National Science Foundation (NSF). (2022). *The State of U.S. science and engineering 2022*. https://ncses.nsf.gov/pubs/nsb20221. Zugegriffen am 08.10.2022.

New China Research, NCR. (2021). Pursuing common values of humanity – China's approach to democracy, freedom and human rights, White Paper, Xinhua, Beijing, Updated: December 07,2021.

Nikkei Asia (2023, September 09). China misses 'common prosperity' goal as income gap now widest. https://asia.nikkei.com/Economy/China-misses-common-prosperitygoal-as-income-gap-now-widest2. Zugegriffen am 29.09.2023.

Pei, M. (2021, Juli 25). Machterhalt und Selbstverstümmelung – die Pekinger Führung schlachtet Chinas goldene Tech-Gänse; sie will um jeden Preis die Fäden in der Hand behalten. *NZZ.* https://www.nzz.ch/meinung/machterhalt-chinas-regierung-schlachtet-die-goldenen-tech-gaense-ld.1636949?reduced=true. Zugegriffen am 06.08.2021.

Priess, F. (2018, Mai/Juni). Chinesischer Gesellschaftsvertrag. *Konrad Adenauer Stiftung, 63*(Ausgabe Nr. 550). https://www.kas.de/de/web/die-politische-meinung/artikel/detail/-/content/chinesischer-gesellschaftsvertrag. Zugegriffen am 10.09.2021.

Reporter ohne Grenzen. (2021). Der grosse Sprung zurück – Journalismus in China. https://rsf.org/sites/default/files/rsf_drupal7/2021-01-31_china_report_gr_0.pdf. Zugegriffen am 09.11.2021.

Reuters. (2016, Oktober 10). China's government tries again to stop forced confessions through torture. *South China Morning Post.* https://www.scmp.com/news/china/policies-politics/article/2026714/chinas-government-tries-again-stop-forced-confessions. Zugegriffen am 08.09.2021.

Rodrik, D. (2011). *Das Globalisierungs-Paradox – Die Demokratie und die Zukunft der Weltwirtschaft.* C.H. Beck.

Rudd, K. (2022, November 9). The Return of Red China – Xi Jinping Brings Back Marxism. *Foreign Affairs.*

Rudolf, M. (2021). *Xi Jinpings „Rechtsstaatskonzept" – Neue Substanz im Systemkonflikt mit China,* in: Stiftung Wissenschaft und Politik, Deutsches Institut für Internationale Politik und Sicherheit, NR. 30 April 2021, Einleitung.

Saich, T. (2021). *From rebel to ruler: One hundred years of the Chinese communist party.* Harvard University Press.

Sander, M. (2021, Juni 21). Chinas neues Gesetz zur Datensicherheit fragmentiert das Internet weiter – und es beansprucht weltweite Gültigkeit. *NZZ*. https://www.nzz.ch/technologie/china-fragmentiert-das-internet-mit-neuem-daten-gesetz-noch-mehr-ld.1631177. Zugegriffen am 23.07.2021.

Sander, M. (2021b, September 7). China unterwirft seine Tech-Konzerne. Der Rest der Welt sollte sich Sorgen machen. *NZZ*. https://www.nzz.ch/meinung/china-unterwirft-tech-und-social-media-das-geht-auch-europa-an-ld.1643010?reduced=true. Zugegriffen am 08.09.2021.

Sander, M. (2022, Oktober 25). Der frühere Staats- und Parteichef Hu Jintao wurde abgeführt, aber das weiss in China kaum jemand: wie Xi das Internet zensieren lässt. https://www.nzz.ch/technologie/wie-china-unter-xi-das-internet-kontrolliert-ld.1708411?reduced=true. Zugegriffen am 26.10.2022.

Sander, M. (2023, März 23). China rettet die Welt – mit Hilfe von Russland und künstlicher Intelligenz. Zumindest im Kino, NZZ. https://www.nzz.ch/technologie/wanderinge-arth-ii-china-rettet-die-welt-mit-russland-und-ki-ld.1727617?reduced=true. Zugegriffen am 25.03.2023.

Schmitt, St. (2020b, Mai 27). Entlassungen aus betrieblichen Gründen sind konfliktbeladen. Germany Trade & Investment. https://www.gtai.de/de/trade/china/wirtschaftsumfeld/entlassungen-aus-betrieblichen-gruenden-sind-konfliktbeladen-253924. Zugegriffen am 25.09.2021.

Schmitt, St. (2020, April 24). Gewerkschaften in China erfüllen soziale Funktionen. https://www.gtai.de/de/trade/china/wirtschaftsumfeld/gewerkschaften-in-china-erfuellen-soziale-funktionen-242022. Zugegriffen am 24.09.2021.

Schmitt-Sausen, N. (2016). Chinesisches Gesundheitswesen: Patienten kontra Ärzte. *Ärzteblatt.de*. https://www.aerzteblatt.de/archiv/182486/Chinesisches-Gesundheitswesen-Patienten-kontra-Aerzte. Zugegriffen am 03.10.2021.

Shih, V. (2017). Schattenbanken und Finanzregulierung. Eine Begrenzung der Liquidität könnte Panik auf Chinas Finanzmärkten auslösen. Mercator Institute for China Studies (Merics). https://www.merics.org/sites/default/files/2017-08/170725_Victor_Shih_Sonntagsoekonom.pdf. Zugegriffen am 12.10.2021.

Shih, V. (2017b, October 20). *Financial instability in China: Possible pathways and their likelihood.* Merics. https://merics.org/sites/default/files/2020-05/Financial%20instability%20 in%20China.pdf. Zugegriffen am 13.10.2021.

Silver, L., & Huang, C. (2022). *Key facts about China's declining population.* Pew Research Centre. https://www.pewresearch.org/fact-tank/2022/12/05/key-facts-about-chinas-declining-population/. Zugegriffen am 03.11.2022.

Strittmatter, K. (2018). *Die Neuerfindung der Diktatur. Wie China den digitalen Überwachungsstaat aufbaut und uns damit herausfordert.* Piper.

Suter, M. (2019, August 12). Hollywood unterwirft sich dem weltgrössten Filmmarkt China. Hollywood übt sich in Selbstzensur, um Filme in China zeigen zu können. Die Filmer brauchen chinesisches Geld. *NZZ.*

Tao, T. (2020, February 27). New Chinese policy could reshape global STM publishing. *The Scholarly Kitchen.* https://scholarlykitchen.sspnet.org/2020/02/27/new-chinese-policy-could-reshape-global-stm-publishing/. Zugegriffen am 27.08.2021.

The Trustee Chair Team. (2022, January 24). *Two years in, how does the STAR market measure up?* Centre for International Studies. https://www.csis.org/blogs/trustee-china-hand/two-years-how-does-star-market-measure. Zugegriffen am 07.08.2022.

US-China Economic and Security Review Commission. (2020). *China's corporate social credit system: Context, competition, technology and geopolitics.* https://www.uscc.gov/research/chinas-corporate-social-credit-system-context-competition-technology-and-geopolitics. Zugegriffen am 05.04.2021.

Vogel, E. F. (2013). *Deng Xiaoping und die Transformation Chinas.* Belknap Press: An Imprint of Harvard University Press.

Wang, J. (2020). The [Chinese Communist] party in China's legislature and judiciary. In L. Gore & Z. Yongnian (Hrsg.), *The Chinese communist party in action* (S. 181–198). Routledge. https://doi.org/10.4324/9780429243950. Zugegriffen am 10.04.2021.

Westphal, T. (2014). Secret "Document No. 9": Attack on Western Influence, in: Stiftung Asienhaus, Hintergrundinformation 1/2014, Bochum. https://www.asienhaus.de/file-

admin/_migrated/news_uploads/Secret__Document_No._9__-_New_Chinese_Leadership__s_Attack_on_Western_Influence_02.pdf. Zugegriffen am 30.03.2021.
Wikipedia. (o.J.). Politisches System der Volksrepublik China. https://de.wikipedia.org/wiki/Politisches_System_der_Volksrepublik_China. Zugegriffen am 17.03.2021.
Williams, A. (2020). The origins of China's copycat culture. *Global International Briefing*. https://www.global-briefing.org/2014/01/the-origins-of-chinas-copycat-culture/#:~:text=Seen%20through%20Chinese%20eyes%2C%20copying,teacherly%20authority)%20compounds%20the%20issue. Zugegriffen am 20.03.2021.
Wu, G. (2022). *China's common prosperity program: Causes, challenges, and implications* (A Report of the Asia society policy institute). Rockefeller Foundation. https://asiasociety.org/sites/default/files/2022-03/ASPI_ChinaCommonProsp_report_fin.pdf. Zugegriffen am 29.10.2022.
Wübbeke, J., Meissner, M., Zenglein, M. J., Ives, J., & Conrad, B. (2016). *Made in China 2025 – The making of a high-tech superpower and consequences for industrial countries*. Merics.
Wuttke, J. (2019, September 24). 2100 Jahre Debatte über die Rolle des Staates in Chinas Wirtschaft. *NZZ the market*. https://themarket.ch/meinung/2100-jahre-debatte-ueber-die-rolle-des-staates-in-chinas-wirtschaft-ld.897. Zugegriffen am 25.09.2019.
Wuttke, J. (2020,November 09). Wie die Beziehung zwischen den USA und China unter Joe Biden aussehen wird. *NZZ the market*. https://themarket.ch/meinung/wie-die-beziehung-zwischen-den-usa-und-china-unter-joe-biden-aussehen-wird-ld.3022. Zugegriffen am 11.11.2020.
Xi Jinping. (2022, Oktober 16). Das große Banner des Sozialismus chinesischer Prägung hochhalten und vereint für den umfassenden Aufbau eines modernen sozialistischen Landes kämpfen. Bericht auf dem 20. Parteitag der Kommunistischen Partei Chinas. http://de.china-embassy.gov.cn/det/zgyw_/202210/t20221026_10792296.htm. Zugegriffen am 20.10.2022.

Xinhua. (2016, Januar 7). Xi Jinping chairs the meeting of the standing committee of the politburo of the CCP. *Xinhua newswire*. http://news.xinhuanet.com/politics/2016-01/07/c_1117705534.htm. Zugegriffen am 07.09.2021.

Xinhua. (2017). *Q&A: Roles and functions of Chinese people's political consultative conference*. http://www.xinhuanet.com/english/2017-03/03/c_136098744.htm. Zugegriffen am 07.09.2021.

Xinhua. (2019, März 31). Xi's article on upholding, developing socialism with Chinese characteristics to be published. *China Daily*. http://www.chinadaily.com.cn/a/201903/31/WS5ca07ae0a3104842260b380b.htm. Zugegriffen am 12.09.2021.

Yeung, G. (2021). Chinese state-owned commercial banks in reform: inefficient and yet credible and functional? *Journal of Chinese Governance, 6*(2), 198–231. https://doi.org/10.1080/23812346.2020.1772537. Zugegriffen am 02.11.2021.

Yitong Wu, & Chingman, Hsia Hsiao-hwa. (2023). *Tens of thousands of students pledge loyalty to Beijing before arriving abroad*. Radio Free Asia. https://www.rfa.org/english/news/china/overseas-students-01202023144547.html. Zugegriffen am 05.04.2023.

Zhang J. (2022, October 05). *What's happened to China's economy?* Project Syndicate. https://www.project-syndicate.org/commentary/covid-lockdowns-centralization-impact-on-china-growth-by-zhang-jun-2022-10. Zugegriffen am 08.10.2022.

Zhang, L., & Sivertsen, G. (2020). The new research assessment reform in China and its implementation. *Scholarly Assessment Reports, 2*(1), 3. https://doi.org/10.29024/sar.15. Zugegriffen am 29.03.2021.

Zittrain, J., Palfrey, J. G., Deibert, R., Rohozinski, R., Villeneuve, N., & Bambauer, D. (2005). *Internet filtering in China 2004–2005*. https://opennet.net/sites/opennet.net/files/ONI_China_Country_Study.pdf. Zugegriffen am 07.04.2021.

4

Zukunftsfähigkeit der Kapitalismusmodelle China, Europa und USA

Hans Werder

Inhaltsverzeichnis

4.1	China	220
4.2	Europa	223
4.3	USA	227
4.4	Exkurs: Hinweise zu Südkorea, Taiwan und Singapur	229
4.5	Zur Zukunftsfähigkeit der Modelle China, Europa und USA	231
4.6	Fazit: Handlungsfähigkeit und Legitimation des Staates als Herausforderung	233
Literatur		238

Zusammenfassung Die drei unterschiedlichen Kapitalismusmodelle von China, Europa und USA werden mittels einer angepassten SWOT-Analyse einander gegenübergestellt und hinsichtlich ihrer Zukunftsfähigkeit beurteilt.

H. Werder (✉)
Bern, Schweiz
E-Mail: hanswerder@bluewin.ch

Dabei zeigt sich, dass sowohl China wie die USA und Europa vor großen, allerdings unterschiedlichen Herausforderungen stehen. Für China stellt sich die Frage, ob der Übergang zu wirtschaftlichen und technologischen Spitzenleistungen gelingt und die Wirtschaft weiterhin stark wächst. Denn dieses Wachstum ist die zentrale Legitimationsgrundlage für die Herrschaft der Kommunistischen Partei. In den USA bedrohen die zunehmenden sozialen Ungleichheiten und die schlechten öffentlichen Leistungen die Stabilität der Gesellschaft; Polarisierung und Populismus gefährden die demokratischen Institutionen. Zudem überfordert die „imperiale Überdehnung" das Land – das Konzept der „einzigen Supermacht" ist kaum überlebensfähig. Europa braucht in der neuen geopolitischen Situation eine stärkere Handlungsfähigkeit, welche heute weder die EU-Organe noch die einzelnen Mitgliedstaaten besitzen.

Die Zukunft der drei Systeme wird wesentlich davon abhängen, ob die notwendigen Reformen – die in China, Europa und den USA unterschiedlich sind – eingeleitet werden und gelingen.

4.1 China

Stärken
Wie in Kap. 3 ausgeführt, besteht die große Leistung Chinas darin, dass das Land nach langen Zeiten ausländischer Unterdrückung, Bürgerkriegen und Chaos (Kulturrevolution) eine hohe Stabilität erreicht hat. Die wirtschaftliche Entwicklung war bisher außerordentlich erfolgreich: Hunderte von Millionen Menschen wurden aus der Armut befreit, und der Wohlstand breiter Schichten ist stark angestiegen. Die Infrastrukturen sind für ein ehemaliges Entwicklungsland hervorragend und mittlerweile wesentlich

besser als in den USA. Ähnliches gilt für die technologische Entwicklung: Hier hat China in weiten Bereichen mit den USA und Europa gleichgezogen und teilweise die Weltspitze erreicht (z. B. 5G-Mobilfunk). Zusammen mit dem großen chinesischen Binnenmarkt führt dies dazu, dass China die USA als Supermacht herausfordern kann.

Diese Erfolgsgeschichte, die in vielen Ländern Asiens, Afrikas und Lateinamerika großen Eindruck macht, ist neben historischen und kulturellen Gründen vor allem auf die große Handlungs- und Entscheidungsfähigkeit des chinesischen Staates zurückzuführen. Dieser durch die Kommunistische Partei geführte Staat hat sich durch eine klare und langfristige Strategie und die konsequente Umsetzung dieser Strategie ausgezeichnet – gleichzeitig aber auch durch Lernfähigkeit, Flexibilität und Pragmatismus. Die immer stärkere Machtkonzentration bei Xi könnte allerdings Lernfähigkeit und Pragmatismus gefährden (vgl. Risiken).

Schwächen
Die Schwächen des chinesischen Modells ergeben sich teilweise spiegelbildlich aus den Stärken. Der chinesische Staat ist aus westlicher Sicht autoritär und wird durch eine einzige Partei geführt. Die Mitwirkungsrechte der Bevölkerung sind sehr begrenzt, und ein politischer Machtwechsel ist strukturell ausgeschlossen. Gewaltenteilung existiert nicht und die rechtsstaatlichen Sicherungen sind relativ. Dies bedeutet auch, dass es keinen rechtlich garantierten Freiraum für die privaten Unternehmen und den Markt gibt. Unter Deng, dem früheren Chef der Kommunistischen Partei, wurden diese Freiräume zwar gewährt und haben zum wirtschaftlichen Aufstieg Chinas geführt. Mit dem Machtantritt von Xi hat der Staat bzw. die Kommunistische Partei jedoch die früher existierenden wirtschaftlichen und gesellschaftlichen Spielräume stark eingeschränkt. Dies be-

trifft nicht nur ethnische Minderheiten oder Hongkong. Zunehmend wird die gesamte Gesellschaft in ein Überwachungssystem einbezogen – von den Unternehmen über Bildung und Forschung bis zur Kultur („digitaler Leninismus"). In wirtschaftlicher Hinsicht stellt sich die Frage, ob und wie diese enge staatliche Kontrolle die Entwicklung der Unternehmen und der Märkte gefährdet.

Risiken
Das chinesische System steht sowohl vor wirtschaftlichen wie politischen Risiken:

Wirtschaftlich stellt sich die große Frage, ob das beeindruckende Wirtschaftswachstum der letzten Jahre in Zukunft weitergeführt werden kann. Die Überwindung der „middle income trap" und der Übergang zu einer auf Innovation basierenden höheren Wertschöpfung stellen sehr hohe Anforderungen an Kreativität und Flexibilität der Bevölkerung. Es ist offen, ob die zunehmende Kontrolle des gesellschaftlichen und wirtschaftlichen Lebens dies ermöglicht. Dazu kommen die demographischen Probleme einer alternden Bevölkerung.

Damit verbunden sind die *politischen Risiken*: Die Legitimation der herrschenden Kommunistischen Partei basiert stark auf dem bisherigen Wirtschaftswachstum. Wenn die Wirtschaft – und damit der Konsum der breiten Bevölkerung – stagniert, könnte die Legitimation des geltenden Systems einbrechen. Zudem stellt sich die Frage, ob die chinesische Gesellschaft, insbesondere die wirtschaftlichen, wissenschaftlichen und kulturellen Eliten, auf die Dauer die systematische Kontrolle durch die Kommunistische Partei und den Staat akzeptieren. Schließlich ist im chinesischen System das zentrale Problem des „schlechten Kaisers" nicht gelöst: Können die regierenden Eliten der Kommunistischen Partei friedlich abgelöst werden, wenn sie ihrer Aufgabe nicht mehr gewachsen sind – oder drohen dann

Instabilitäten und Unruhen? Die durch Xi herbeigeführte Machtkonzentration erleichtert zweifellos die friedliche Ablösung der Eliten nicht. Die Beschlüsse des 20. Parteikongresses der Chinesischen Kommunistischen Partei im Oktober 2022 haben die Befürchtungen verstärkt, dass China immer autoritärer wird und sich die gesellschaftlichen und wirtschaftlichen Spielräume verengen.

Chancen für Reformen
Eine Reform des chinesischen Systems müsste in die Richtung einer schrittweisen und friedlichen Öffnung von Wirtschaft und Politik gehen und mehr Diskussion und Flexibilität ermöglichen – also wieder bei den Reformen von Deng ansetzen. Dies bedeutet kaum den Übergang zu einem europäischen oder amerikanischen Gesellschaftsmodell, sondern eher eine Annäherung an andere asiatische Gesellschaften wie Singapur, Südkorea oder Taiwan, mit ihrer Mischung von liberal-demokratischen und paternalistischen Zügen. Eine derartige Reform hätte zweifellos positive Auswirkungen auf Wirtschaft und Gesellschaft. Es ist aber eine sehr offene Frage, ob die herrschende Kommunistische Partei bereit ist, diesen Weg zu gehen (vgl. dazu Kap. 7) – nicht zuletzt auch vor dem Hintergrund der jüngeren chinesischen Geschichte mit ihrer Abfolge von Demütigungen, Bürgerkriegen und Chaos. Die Angst vor dem Chaos und der Wunsch nach Stabilität um jeden Preis könnten Reformen im Weg stehen. Der 20. Parteikongress deutet klar in diese Richtung.

4.2 Europa

Die Europäische Union (EU) ist ein „Staatenverbund", welcher einerseits aus den EU-Institutionen, anderseits aus den Mitgliedstaaten besteht. Die europäische und die nationale Ebene müssen zusammenwirken, damit eine kohärente Politik entsteht.

Stärken

Europa ist weltweit die Region mit der höchsten Lebensqualität für die Bevölkerung. Dazu trägt einerseits eine leistungsfähige Wirtschaft auf hohem Technologieniveau bei, welche einen breiten Wohlstand gewährleistet. Andererseits sorgt der europäische Wohlfahrtsstaat für einen „Service Public" auf weltweit einmaligem Niveau. Die Leistungen in den Bereichen Bildung, Gesundheit, soziale Sicherheit, Verkehr, Energie, Telekommunikation usw. gehören verglichen mit China oder den USA zur Spitzengruppe und kommen allen Bevölkerungsgruppen zugute. Soziale Ungleichheiten existieren auch in Europa, sind aber weniger groß als in China und den USA und werden politisch thematisiert. Wichtige Zukunftsthemen wie Klimawandel und Digitalisierung werden von der EU aktiv aufgegriffen („Green New Deal", Regulierung des digitalen Binnenmarktes). Die Spitzenposition Europas in den Dimensionen soziale Wohlfahrt, Nachhaltigkeit und Lebensqualität belegt auch eine neue McKinsey-Studie, welche die Wettbewerbsfähigkeit Europas mit den USA und China vergleicht: Europe „is further ahead than others in the battle against climate change … Europe also leads on equality, social progress, and life satisfaction" (Smit et al., 2022, S. 1).

Auf der politischen Ebene bekennt sich Europa zu Demokratie, Gewaltenteilung, Rechtsstaat und Menschenrechten. Die Europäische Union hat diesbezüglich klare Zielsetzungen sowohl für ihre Mitglieder wie für Beitrittskandidaten verabschiedet. Verletzungen werden thematisiert und, wenn manchmal auch zögerlich, sanktioniert.

Schwächen

Auf der Ebene der Zielsetzungen und Deklarationen weist die EU keine Schwächen auf – diese finden sich primär bei der konkreten Umsetzung.

4 Zukunftsfähigkeit der Kapitalismusmodelle ...

Dies gilt zunächst für den wirtschaftlichen Bereich. Die Wettbewerbsfähigkeit und Dynamik der europäischen Wirtschaft bleiben allen Erklärungen zum Trotz hinter der Entwicklung in China und den USA zurück. Dies gilt insbesondere für die disruptiven, ICT-basierten Technologien: Trotz starker wissenschaftlicher Leistungen liegt Europa hier nicht an der Spitze und ist stark von anderen Ländern abhängig. Das ist gefährlich, wie die McKinsey-Studie zeigt: „Technology is now permeating all sectors via transversal technologies such as artificial intelligence (AI), quantum computing, and cloud" (Smit et al., S. 15). Die Studie zeigt deutlich auf, dass Europa, obwohl es in vielen industriellen Bereichen noch führend ist, wegen des Rückstandes in diesen transversalen Technologien gegenüber den USA (und z. T. auch gegenüber China) an wirtschaftlicher Substanz verliert.

Eine weitere Schwachstelle Europas liegt in den wirtschaftlichen und z. T. politischen Diskrepanzen im Nord-Süd- und im West-Ost-Verhältnis. Diese Diskrepanzen führen zu ständigen Spannungen, zum Verlust an Kohäsion und Handlungsfähigkeit.

Die mangelnde Handlungsfähigkeit ist wohl die größte Schwäche Europas in einer Welt voller Spannungen und Krisen. Die globalen Herausforderungen und die neue geopolitische Situation erfordern längerfristige Strategien und klare Entscheidungen. Die Entscheidungsprozesse auf EU-Ebene sind jedoch zumeist langsam und inkremental und entsprechen eher dem Typus des „Durchwurstelns" als strategischer Weitsicht. Dies ist eine Folge der Kompetenzverteilung innerhalb der EU und der komplizierten Entscheidungsverfahren. Reformen der EU-Entscheidungsprozesse wurden immer wieder versucht, sind aber erfahrungsgemäß schwierig zu erreichen.

Risiken

Wirtschaftlich besteht das größte Risiko für Europa darin, dass es im technologischen Wettbewerb gegenüber USA und China weiter zurückfällt. Schon heute werden wichtige Zukunftstechnologien wie Halbleiter, künstliche Intelligenz oder Cloudcomputing durch die USA oder China dominiert – trotz hervorragender Grundlagenforschung in Europa. Europa ist es im Unterschied zu seinen Konkurrenten bisher nicht gelungen, eine überzeugende längerfristige Industriepolitik zu betreiben. Europa hat zudem eine relativ hohe Fiskalquote und eine dichte Regulierung. Für beides gibt es gute Gründe; es besteht aber das Risiko, gegenüber aufsteigenden Ländern zurückzufallen. Das auf hohem Niveau „satte" Europa könnte im globalen Wettbewerb zu den Verlierern gehören.

Das größte Risiko für Europa ist jedoch *politischer Natur*. Die großen globalen Herausforderungen und das geopolitische „Power Game" erfordern klare Strategien und Entscheidungen. Das bisherige inkrementale „Durchwursteln" der EU genügt nicht mehr. Die Union hat zwar in Krisensituationen immer wieder bewiesen, dass sie handlungsfähig werden kann. Das kurzfristige Reagieren auf auftretende Krisen ist jedoch ungenügend, wenn Europa in der zukünftigen geopolitischen Entwicklung eine Rolle spielen will.

Chancen für Reformen

Das europäische Kapitalismusmodell ist besonders anspruchsvoll, da es weder auf die brutale Kraft des US-Kapitalismus noch auf einen autoritären Staat wie China setzt. Es baut auf einem heiklen Gleichgewicht zwischen einer kapitalistischen Wirtschaft und einem ausgebauten Wohlfahrtsstaat auf. Zudem ist Europa ein Staatenverbund mit komplizierten und langsamen Entscheidungsprozessen. Reformen müssen deshalb auf zwei Ebenen ansetzen:

- Die Europäische Union muss rasch handlungsfähiger werden, sei es durch eine Reform der EU-Institutionen oder durch das bestehende Instrument der „verstärkten Zusammenarbeit", d. h. durch ein Europa der „verschiedenen Geschwindigkeiten" (vgl. dazu Kap. 9).
- Auf dieser Basis könnte die europäische Politik kohärenter und strategischer werden. Dies ist insbesondere im Bereich der technologischen Wettbewerbsfähigkeit, längerfristig auch in der Außen- und Sicherheitspolitik, notwendig.

4.3 USA

Stärken
Die USA verfügen über eine starke und sehr dynamische Wirtschaft. Sie sind hinsichtlich Innovation nach wie führend, auch wenn sie heute durch China herausgefordert werden. Praktisch alle wichtigen disruptiven Innovationen der letzten Jahrzehnte wurden durch amerikanische Unternehmen entwickelt und auf dem Weltmarkt kommerzialisiert. Die Dynamik der US-Wirtschaft hat zu einem großen Wohlstand, allerdings auch zu wachsenden Ungleichheiten (vgl. unten) geführt. Auf dieser Basis sind die USA zur alleinigen Supermacht der Welt aufgestiegen – mit einer wirtschaftlichen, politischen und militärischen Dominanz. Das politische System der USA mit seinen Kernelementen Demokratie, Rechtsstaat, Gewaltentrennung und Freiheitsrechten galt lange Zeit als Vorbild für andere Länder, zeigt in letzter Zeit aber auch Defizite (vgl. unten).

Schwächen
Die Schwächen hängen eng mit dem spezifischen amerikanischen Kapitalismustypus zusammen. Die Kehrseite des

„entfesselten Kapitalismus" sind große soziale Ungleichheiten. Dies führt dazu, dass die Lebensqualität eines wachsenden Teils der amerikanischen Bevölkerung prekär ist, was in der Literatur denn auch hart kritisiert worden ist (Reich, 2016; Milanovic, 2019; Mazzucato, 2021). Verstärkt werden diese sozialen Ungleichheiten durch die für ein entwickeltes Land ungenügenden staatlichen Leistungen in zentralen Bereichen wie Bildung, Gesundheit, Sozialversicherungen oder Infrastrukturen. Das „liberale" Konzept, wonach freie Märkte automatisch das Gemeinwohl befördern, ist in den USA klar gescheitert.

Die großen Ungleichheiten und die ungenügenden öffentlichen Leistungen führen zu einer zunehmenden Spaltung der amerikanischen Gesellschaft, welche sich auch politisch auswirkt. Es bestehen wenig Zweifel darüber, dass die Angst vor dem sozialen Abstieg und dem Verlust des Arbeitsplatzes wesentlich zum wachsenden Populismus beigetragen hat. Folge davon ist eine starke politische Polarisierung, welche das Land zunehmend blockiert.[1]

Risiken
Den USA drohen drei große Risiken:

Die *soziale Ungleichheit* führt zu einer weiteren Spaltung der Gesellschaft, zu einer Proletarisierung einzelner Bevölkerungsschichten und zu einem Anwachsen von Gewalt und Kriminalität.

Auf der politischen Ebene nimmt der Populismus weiter zu, und die *politische Polarisierung* wird stärker. Das politische System wird zunehmend blockiert und verliert seine Handlungs- und Reformfähigkeit. Die Legitimität der demokratischen und rechtsstaatlichen Institutionen wird

---

[1] Vergleiche dazu auch die RAND-Studie über „Societal Competitivness" (Mazarr, 2022).

von weiten Teilen der Bevölkerung in Frage gestellt. Gemäß Medienberichten halten 70 % der republikanischen Wählerinnen und Wähler die letzten Präsidentschaftswahlen für manipuliert.

Schließlich droht den USA eine *„imperiale Überdehnung"*. Ihr Anspruch, die alleinige Supermacht der Welt zu sein, die globalen Spielregeln zu bestimmen und bei Bedarf überall zu intervenieren, ist längerfristig weder finanziell noch wirtschaftlich noch politisch durchzuhalten.

Chancen für Reformen
Eine zukunftsfähige Reform müsste innenpolitisch die sozialen Ungleichheiten korrigieren, die öffentlichen Leistungen massiv verbessern und so die Gesellschaft stabilisieren. Außenpolitisch müsste sie die „imperiale Überdehnung" und den Anspruch auf globale Hegemonie zurücknehmen und Teil eines multilateralen und regelgebundenen globalen Systems werden. Beides setzt eine starke und handlungsfähige Regierung voraus, welche über mehrere Wahlperioden eine stabile Mehrheit hat. Die gegenwärtige politische Lage macht dies nicht sehr wahrscheinlich.

4.4 Exkurs: Hinweise zu Südkorea, Taiwan und Singapur

In Kap. 2 sind drei südostasiatische Länder dargestellt worden, welche als „Mischsysteme" die Vielfalt der Kapitalismusformen aufzeigen, ohne dabei einen eigenen Typus zu bilden. Folgende Aspekte sind für einen Systemvergleich interessant:

- Alle drei Länder haben – ähnlich wie China – eine beeindruckende wirtschaftliche und soziale Entwicklung in sehr kurzer Zeit geschafft und Millionen von Menschen aus der Armut befreit.

- Das Wirtschaftssystem ist kapitalistisch, mit einer starken Rolle des Staates. In allen drei Ländern übernimmt der Staat die strategische Führung für die Wirtschaftsentwicklung, teilweise in enger Kooperation mit den Unternehmen.
- Die Wirtschaft ist klar auf den Export in die globalen Märkte ausgerichtet. Die Öffnung auf den Weltmarkt erfolgte jedoch erst, als die einheimischen Unternehmen genügend wettbewerbsfähig waren.
- Die Staatsform war zuerst autoritär und wurde dann schrittweise demokratisch geöffnet. Heute finden in allen drei Ländern freie Wahlen statt[2] – im Vergleich mit Europa und den USA sind politische Machtwechsel jedoch selten.
- Es herrscht eine starke „Outputorientierung": Solange die regierende Partei einen guten Output (wirtschaftlich wie sozial) liefert, wird sie nicht ausgewechselt. In Singapur ist die Regierungspartei seit der Staatsgründung an der Macht. Dies ist zweifellos auch kulturell begründet.
- Der leistungsfähige „Output" basiert nicht zuletzt auch auf einer professionellen Bürokratie, welche nach meritokratischen Kriterien ausgewählt wird.
- In allen drei Ländern besteht ein stabiler Rechtsstaat.
- Wie in Europa wird die soziale Wohlfahrt als staatliche Aufgabe angesehen, wobei dieser Wohlfahrtsstaat z. T. noch in Entwicklung ist.
- Im Unterschied zu Europa und den USA (aber ähnlich wie in China) wird das Verhältnis von Staat und Wirtschaft sehr pragmatisch und technokratisch gehandhabt. Es gibt keinen Dualismus zwischen Markt und Staat – und weder eine „Ordnungspolitik" noch Forderungen nach „Überwindung des Kapitalismus". Der Staat setzt vielmehr unideologisch und situationsbedingt diejenigen

---

[2] Wobei in Singapur Zweifel darüber bestehen, wie fair diese Wahlen sind.

Instrumente ein (Protektionismus, Marktöffnung, Industriepolitik usw.), welche geeignet sind, die kapitalistische Wirtschaft zu entwickeln und Wohlstand zu produzieren.

Möglicherweise kann man von einem Typus der „asiatischen Demokratie" sprechen, welcher seine Legitimation nicht primär aus dem demokratischen Wettbewerb um Stimmen wie in Europa und den USA, sondern aus der staatlichen Leistung bezieht (Output- statt Inputlegitimation). Um diesen Output herzustellen, werden unideologisch und pragmatisch die jeweils geeigneten Instrumente eingesetzt. Hier besteht zweifellos eine Ähnlichkeit mit dem chinesischen Staatsverständnis. Im Unterschied zu China können jedoch die regierenden Eliten in den drei Ländern durch Wahlen grundsätzlich ausgewechselt werden.

4.5 Zur Zukunftsfähigkeit der Modelle China, Europa und USA

Die drei beschriebenen Kapitalismustypen befinden sich in einem Systemwettbewerb, welcher durch den geopolitischen Konflikt zwischen den USA und China zugespitzt wird. Bevor wir in den Kap. 6, 7, 8, 9 und 10 auf diese geopolitischen Auseinandersetzungen eingehen, soll versucht werden, ein erstes kurzes Fazit über die Zukunftsfähigkeit der drei Modelle zu ziehen. Dabei basieren wir auf den vorangehenden Abschnitten und versuchen herauszuarbeiten, welches die kritischen zukünftigen Herausforderungen für Europa, die USA und China in Zukunft sind.

Europa ist aus Sicht der Lebensqualität der breiten Bevölkerung zweifellos das attraktivste Modell. Es ist wirtschaftlich wohlhabend und zugleich sozial, die staatlichen Leistungen sind hochstehend, die individuellen Freiheiten groß und die demokratische Teilhabe ist gesichert. Die große Frage ist jedoch, ob dieser europäische Weg angesichts der geopolitischen Herausforderung auch längerfristig tragfähig bleibt. Denn die heikle Balance zwischen einer global wettbewerbsfähigen Wirtschaft und einem ausgebauten Wohlfahrtsstaat ist nicht für alle Zeiten gesichert – umso mehr, als Europa im technologischen Wettbewerb bereits zurückliegt. Zentrale Voraussetzung für ein wettbewerbsfähiges und soziales Europa ist die rasche Verbesserung der Handlungsfähigkeit der Europäischen Union. Es ist unsicher, ob dies gelingen wird.

Die *USA* sind ebenfalls wohlhabend, weisen aber große soziale Ungleichheiten auf. Der „American Dream" funktioniert nur noch für wenige: Wer aufsteigt, kann rasch wohlhabend werden und sich alles kaufen. Wer den Aufstieg nicht schafft und auf staatliche Leistungen angewiesen ist, bleibt unten und kann sogar in die Armut absinken. Die größten Herausforderungen für die USA bestehen darin, diese Ungleichheiten abzubauen, die öffentlichen Leistungen zu verbessern und so die Gesellschaft wieder zu stabilisieren. Ob die amerikanische Gesellschaft und Politik zu diesen großen Reformen in der Lage sind, ist eine offene Frage. Eine zweite Herausforderung besteht darin, den friedlichen Übergang von der dominierenden einzigen Supermacht zu einem multilateralen globalen System zu schaffen, was eine klare Abkehr vom bisherigen hegemonialen Paradigma voraussetzt.

China hat einen beeindruckenden wirtschaftlichen Aufstieg geschafft und ist auf dem Weg zur technologischen, wirtschaftlichen und politischen Supermacht. Die Legitimation des Regimes basiert primär auf dem Wirtschaftswachstum und den staatlichen Leistungen (Outputlegitimation). In Zukunft steht China vor zwei großen Herausforderungen:

- Der bisher erfolgreiche chinesische Kapitalismus muss auch die nächste Etappe, den Übergang zu wirtschaftlichen und technologischen Spitzenleistungen, schaffen. Ob dies gelingt, ist eine offene Frage. Die von Xi in den letzten Jahren verstärkten staatlichen Kontrollen und Interventionen sind kaum hilfreich für eine innovative Wirtschaft.
- Die starke Machtkonzentration könnte längerfristig auch die Legitimation des Regimes gefährden. Eine wohlhabende und gut ausgebildete Bevölkerung dürfte nach allen Erfahrungen mehr Spielräume, Freiheiten und Mitwirkungsrechte verlangen. Zudem muss China das Problem der geregelten und friedlichen Ablösung seiner regierenden Eliten lösen („schlechter Kaiser"). Die große Herausforderung besteht somit darin, auf der Grundlage der chinesischen Geschichte und Kultur ein politisches System zu entwickeln, welches eine breite Legitimation und einen friedlichen Machtwechsel ermöglicht und zugleich handlungsfähig ist. Der „Import" westlicher Modelle ist möglicherweise nicht zielführend, die immer stärkere Zentralisierung der Macht aber zweifellos auch nicht.

4.6 Fazit: Handlungsfähigkeit und Legitimation des Staates als Herausforderung

Die drei Kapitalismustypen von China, Europa und USA stehen in Zukunft vor großen Herausforderungen. Diese Herausforderungen hängen eng mit dem Verhältnis von kapitalistischer Wirtschaft und Staat zusammen.[3] Die Wirtschaft als Basis für den Wohlstand der Bevölkerung muss

---

[3] Wobei in China Staat und Kommunistische Partei eng verflochten sind.

innovativ und wettbewerbsfähig sein und darf durch den Staat nicht übermäßig belastet oder eingeschränkt werden. Umgekehrt ist ein starker Staat unerlässlich für eine gute Rahmenordnung, für die Korrektur von Ungleichheiten und für öffentliche Leistungen. Immer deutlicher zeigt sich zudem, dass große Innovationen nur durch ein enges Zusammenwirken von Staat und privater Wirtschaft möglich sind.

Damit wird der Staat zum entscheidenden Element für ein erfolgreiches kapitalistisches System. Er muss zwei zentrale Funktionen erfüllen, welche in einem gewissen Spannungsfeld zueinanderstehen:

- hohe Handlungs- und Leistungsfähigkeit,
- breite Legitimation in der Bevölkerung.

Die Legitimation durch die Bevölkerung kann unterschiedlich erfolgen. Historisch überlebt ist das Gottesgnadentum von monarchischen Herrschern. Im Westen hat sich eine „Inputlegitimation" durch demokratische, verfassungsmäßige Prozesse durchgesetzt. In Asien scheint die „Outputlegitimation", d. h. die Legitimierung durch gute wirtschaftliche und soziale Leistungen, eine zentrale Rolle zu spielen. Dies gilt insbesondere auch für *China*. Nach den langen Jahren der Unterdrückung und des Chaos haben die guten Outputleistungen des chinesischen Staates eine breite Legitimation für die Herrschaft der Kommunistischen Partei geschaffen. Die fehlende „Inputlegitimation" nach westlichem Muster, d. h. die demokratische Mitwirkung der Bevölkerung, war offensichtlich weniger wichtig. Allerdings kennt das chinesische System verschiedene Mechanismen, um die Bedürfnisse und Interessen der Bevölkerung aufzunehmen (Wahlen der Behörden auf den unteren Stufen, Konsultationen usw.). Wichtige Entscheide auf nationaler Ebene werden aber allein durch die herrschende Kommu-

4 Zukunftsfähigkeit der Kapitalismusmodelle ...

nistische Partei getroffen. Die große Frage ist, ob die bisherige Outputlegitimierung tragfähig bleibt, wenn die wirtschaftliche Entwicklung stagniert.

Europa und die USA haben mit ihren liberalen Demokratien traditionell eine starke Inputlegitimation. Die gegenwärtige Leistungsfähigkeit des Staates (Output) wirft jedoch Fragen auf. Dies kann längerfristig die Legitimation des Staates in Frage stellen, auch wenn die demokratischen Prozesse weiterhin funktionieren.

In den *USA* sind die öffentlichen Leistungen für ein entwickeltes Land ungenügend – und die Rolle als globale Supermacht kann dies auf die Dauer nicht kompensieren. Die zunehmende Ungleichheit und die Polarisierung gefährden heute die demokratischen Institutionen und damit die Inputlegitimation des Landes.

In *Europa* sind die staatlichen Leistungen gut und die demokratischen Institutionen stabil. Die Entscheidungsprozesse in der Europäischen Union sind jedoch kompliziert und aufwändig, so dass oft nicht genügend rasch und genügend gut auf neue Herausforderungen reagiert werden kann. Dies gilt insbesondere für geopolitische Herausforderungen. Die Europäische Union steht deshalb vor der großen Aufgabe, handlungsfähiger zu werden und gleichzeitig die bisher ausschließlich nationalstaatliche Legitimation auch auf der europäischen Ebene zu stärken.

Der vor allem von den USA proklamierte Gegensatz zwischen „Demokratie" und „Diktatur" bekommt in diesem Lichte eine etwas andere Färbung. Sowohl China wie die USA und Europa müssen ein Gleichgewicht finden zwischen staatlicher Handlungsfähigkeit und Legitimation des staatlichen Handelns. Dieses Gleichgewicht ist natürlich geprägt von historischen und kulturellen Faktoren eines Landes. Aber ein moderner Staat mit einer entwickelten Wirtschaft kann weder auf eine breite Legitimation verzichten und allein auf polizeiliche Überwachung und

Unterdrückung setzen, noch kann er sich leisten, die großen Probleme der Gegenwart nur ungenügend zu lösen. Der geopolitische Systemwettbewerb wird deshalb wesentlich durch die Fähigkeit der Staaten entschieden, rechtzeitig die notwendigen Reformen durchzuführen, um sowohl ihre Handlungsfähigkeit wie ihre Legitimation zu gewährleisten. In China, Europa und den USA sind unterschiedliche Reformen notwendig. Es geht aber immer um die folgenden drei Dimensionen:

- *Verhältnis Staat – Wirtschaft*: Die Herausforderungen des technologisch entwickelten Kapitalismus lassen sich mit den Ideologien des 19. Jahrhunderts nicht mehr lösen: Weder das marxistisch-leninistische Dogma der „Diktatur des Proletariates" (bzw. der Kommunistischen Partei) noch die liberale Lehre der Trennung von Wirtschaft und Staat sind eine geeignete Basis für die Lösung der Probleme des 21. Jahrhunderts. In China haben die Reformen von Deng zwar Freiräume für den Markt und die private Wirtschaft geschaffen. Diese Freiräume sind aber nicht verfassungsmäßig abgesichert, so dass sie – wie dies heute geschieht – durch den Staat bzw. die Kommunistische Partei schrittweise wieder zurückgenommen werden. In Europa und in den USA besteht eine verfassungsmäßige Wirtschaftsfreiheit, die aber durch das liberale Dogma der sauberen Trennung von Markt und Staat überhöht wird. In der politischen Praxis wird diese Trennung zwar immer wieder durchbrochen, aber dann regelmäßig als „ordnungspolitischer Sündenfall" kritisiert. Der Pragmatismus im Verhältnis Staat – Wirtschaft und die intelligente Kooperation zwischen diesen beiden Sphären, welcher die asiatischen Länder kennzeichnet, ist jedenfalls im westlichen Raum noch zu wenig entwickelt.

- *Öffentliche Leistungen*: Mit „neoliberalen" Reformen in den 1990er-Jahren ist versucht worden, die wohlfahrtsstaatlichen Leistungen zurückzufahren und den Staat auf seine Ordnungsfunktionen zu beschränken. Diese Versuche sind in Kontinentaleuropa auf dem Papier geblieben, haben jedoch in den USA, in Großbritannien und in verschiedenen Schwellenländern Wirkungen gehabt. In China, aber auch in den anderen entwickelten asiatischen Ländern, war die Zurückbindung des Staates auf seine Ordnungsfunktionen nie ein Thema. Heute zeigt sich klar, dass ein neoliberal geprägter Staat nicht nur zu großen Ungleichheiten, sondern auch zu politischer Instabilität führt. Der in den 1990er-Jahren oft kritisierte „Wohlfahrtsstaat" dürfte heute eine wichtige Voraussetzung für die Stabilität von Gesellschaft und Staat sein.
- *Staatssystem*: Es spricht Vieles dafür, dass das System der liberalen Demokratie nicht die einzige zukunftsfähige Regierungsform darstellt. Das amerikanische Missionieren für die globale Geltung des westlichen Modells („Freedom and Democracy") ist deshalb kaum sinnvoll. Unbestritten dürfte aber sein, dass friedliche Reformen und die Anpassung an neue Gegebenheiten in offenen Gesellschaften mit einer freien öffentlichen Diskussion viel einfacher sind als in totalitären Systemen. Der gegenwärtige „digitale Leninismus" Chinas mit seiner Kombination von Einparteienherrschaft und digitaler Überwachung ermöglicht diese öffentliche Diskussion um die besten Lösungen nicht. Europa und die USA haben hier zweifellos einen Vorteil. Dieser kommt allerdings nur dann zum Tragen, wenn die offene demokratische Diskussion am Schluss auch zur staatlichen Handlungsfähigkeit führt. Hier gibt es, wie wir gesehen haben, sowohl in Europa wie in den USA einige Fragezeichen.

Literatur

Mazarr, M. J. (2022). *The sources of societal competitiveness. How nations actually succeed in long-term rivalries.* RAND Corporation.

Mazzucato, M. (2021). *Mission. Auf dem Weg zu einer neuen Wirtschaft.* Campus.

Milanovic, B. (2019). *Capitalism, alone.* Harvard University Press.

Reich, R. (2016). *Rettet den Kapitalismus!* Campus.

Smit, S., Tyreman, M., Mischke, J., Ernst, P., Hazan, E., Novak, J., Hieronimus, S., & Dagorret, G. (2022, September). *Securing Europe's competitiveness.* Adressing its technology gap. McKinsey Global Institute. https://www.mckinsey.com/capabilities/strategy-and-corporate-finance/our-insights/securing-europes-competitiveness-addressing-its-technology-gap. Zugegriffen am 30.10.2022.

5

Interdependenz der Systeme in der Krise

Beat Hotz-Hart

Inhaltsverzeichnis

5.1 Einleitung: Krise der Interdependenz 241
5.2 Kernbereiche der Dependenz 243
    5.2.1 Handelsbeziehungen (Export/Importe) 243
    5.2.2 Währungen, Finanzmärkte 247
    5.2.3 Technologien 252
    5.2.4 Seltene Erden/Metalle 264
    5.2.5 Energie 267
    5.2.6 Nahrungsmittel 272
5.3 Krise der Interdependenz 273
    5.3.1 Abhängigkeiten als Instrument der Außen- und Sicherheitspolitik 273
    5.3.2 Sicherheit vor Effizienz – Verringerung von Abhängigkeiten 280

B. Hotz-Hart (✉)
University of Zürich, Zürich, Schweiz
E-Mail: Beat.Hotz-Hart@uzh.ch

© Der/die Autor(en), exklusiv lizenziert an Springer Fachmedien
Wiesbaden GmbH, ein Teil von Springer Nature 2023
B. Hotz-Hart et al., *Über Systemwettbewerb zu einer neuen Weltordnung?*,
https://doi.org/10.1007/978-3-658-42016-1_5

5.3.3 Reorganisation der Wertschöpfungsketten und damit der Weltwirtschaft 288
5.3.4 Weder totale Entkoppelung noch strategische Abhängigkeiten 297
5.3.5 Verstärkte Rolle des Staates – Politisierung der Wirtschaft 301
Literatur 303

Zusammenfassung Die Nationen sind rund um den Globus über vielfältige Beziehungen miteinander verbunden und verflochten wie über Handelsbeziehungen, Währungen und Finanzmärkte, Technologien, Seltene Erden/Metalle, Energie und Nahrungsmittel. Die damit einhergehende internationale Arbeitsteilung hat viel zu Effizienzsteigerung, zu Wachstum und Wohlstandssteigerung beigetragen. Viele haben davon profitiert, einige haben auch verloren. Diese Entwicklung führte zu Abhängigkeiten zwischen Nationen, auch zwischen Europa, China und den USA. Und Abhängigkeiten werden als Instrument der Außen- und Sicherheitspolitik als Anreiz- oder als Druckmittel z. B. über Sanktionen eingesetzt. Durch Schocks wie die Coronakrise und den Ukraine-Krieg wurden sich Politik und Wirtschaft dessen schmerzhaft bewusst. Die lange Zeit zunehmende und positiv beurteilte Interdependenz geriet in eine Krise. Sicherheit wird vor Effizienz und Wachstum gesetzt. Abhängigkeiten werden auf ihre strategische Bedeutung überprüft und verringert, Wertschöpfungsketten reorganisiert. Ein Decoupling hat aber auch Nachteile, kann letztlich nicht vollständig sein und hat damit Grenzen. Eine Folge der laufenden Entwicklung ist die wachsende Bedeutung der Politik, des Staates und damit eine stärkere Politisierung der Wirtschaft.

5.1 Einleitung: Krise der Interdependenz

Die Diskussion in den Kap. 1, 2, 3 und 4 drehte sich um die Wirtschaftssysteme, ihre Unterschiede und ihre Stärken und Schwächen. Natürlich sind diese Systeme nicht statische, abgeschottete und autonome Einheiten. Sie sind hoch dynamisch, in einem laufenden Wandel begriffen und über vielfältige Interaktionen miteinander verbunden. Der Grad der Globalisierung, die Organisation der Wertschöpfungsketten über den ganzen Globus hinweg hat in den vergangenen Jahrzehnten zugenommen. Ein wesentlicher Impuls dafür ging von der Liberalisierung des Welthandels nach Regeln der WTO und insbesondere vom Beitritt Chinas zur WTO 2001 aus. Resultat waren die vielfältigsten Interdependenzen, ein hoher Grad von Interkonnektivität insbesondere der wichtigsten Volkswirtschaften von USA, China und Europa.

Interdependenzen allgemein und die internationalen Wirtschaftsbeziehungen im Besonderen sind immer mit *Konflikten um Interessen und Vorteile* verbunden und führen zu Auseinandersetzungen. Ausgangspunkt für die Austragung von Konflikten sind oft Abhängigkeiten. Solche werden von Nationen und Unternehmen systematisch zur Erzielung eigener Vorteile genutzt. Anreize wie auch Druckversuche sind dabei u. a. Wirtschaftshilfen, Vorzugsbehandlung, Selektion im Marktzugang, Unterbrechungen oder zumindest Einschränkungen von Handel und Investitionen, von Internet, Transportwegen und Personenfreizügigkeit. Die Großmächte China, USA, Russland und Europa nutzen Abhängigkeiten systematisch zur Verfolgung ihrer geopolitischen Ziele.

In jüngerer Zeit, u. a. aufgrund der Weltfinanzkrise 2007/2008, der Coronakrise seit 2020 und des Angriffskrieges von Russland auf die Ukraine, sind diese Abhängigkeiten Nationen und Unternehmen stärker bewusst geworden. Sie werden in einem neuen Licht gesehen. Wertschöpfungsketten werden überprüft und neu organisiert mit dem Ziel der Reduktion von Abhängigkeiten und den damit verbundenen Risiken. Nach der Effizienz geht es vermehrt um Sicherheit. Die führenden Nationen versuchen Wertschöpfungsketten durch gezielte Politik neu zu gestalten, sei dies, um Abhängigkeiten abzubauen, z. B. die USA mit Anreizen für die Rückverlagerung von Arbeitsplätzen oder China über ein selektives „Decoupling", sei dies, Abhängigkeiten in ihrem Interesse auszubauen, z. B. von China über die Belt and Road Initiative. Abhängigkeiten und ihre Entwicklung sind ein besonders wichtiger Bereich der geopolitischen Auseinandersetzungen und ein wesentlicher Gestaltungsfaktor für die künftige Weltordnung.

Während Jahrzehnten wurde die internationale Arbeitsteilung im Zuge der Globalisierung trotz aller damit verbundener Nachteile als *Wachstumstreiber der Weltwirtschaft* und als Erfolg gesehen. Die jüngsten politischen Entwicklungen führten jedoch zu einer Krise der Interdependenz. Die internationale Arbeitsteilung und die damit verbundenen Verflechtungen werden in Frage gestellt. Es drohen Einschränkungen des freien Güterverkehrs, ein Verlust an Skalenökonomie und von Produktivitätsfortschritten u. a. m. Ein Technonationalismus könnte zu digitalen Räumen führen, die gegeneinander abgeschottet sind, zur Divergenz technologischer Ökosysteme. All dies kann höhere Preise der verschiedensten Produkte und geringeres weltwirtschaftliches Wachstum zur Folge haben.

Ziel dieses Kapitels ist es, beispielhaft diese Abhängigkeiten aufzuzeigen, auf ihre geopolitische Bedeutung hinzuweisen und die laufenden Auseinandersetzungen über ihre Neugestaltung und ihren Wandel sichtbar zu machen. Mit den hier aufgezeigten Zusammenhängen und Argumenten soll auch ein Übergang zu den folgenden Kapiteln über die Auseinandersetzung um eine neue geopolitische Weltordnung hergestellt werden.

5.2 Kernbereiche der Dependenz

5.2.1 Handelsbeziehungen (Export/Importe)

USA und China

- Die USA importieren regelmäßig mehr aus China, als sie in dieses Land exportieren. Diese Importe tragen in den USA zu tieferen Preisen bei und dämpfen die Inflation. Die tieferen Preise bedeuten pro Familie Ersparnisse von rund US$ 850 pro Jahr. Diese Handelsbeziehungen schafften 2015 in den USA rund 2,6 Mio. Arbeitsstellen (Schätzungen Oxford Economics, 2017).
- Die US-Exporteure sind am großen Binnenmarkt von China interessiert. Bis 2030 könnten die US-Exporte nach China gemäß Schätzungen ein Volumen von US$ 520 Mrd.[1] pro Jahr, d. h. 2,5 % des BIP, erreichen, vorausgesetzt, China führt Marktöffnungen und gleiche Wettbewerbsbedingungen ein. Für die USA wäre dank ihres Dollars als Leitwährung ein jährliches Leistungsbilanzdefizit von etwa US$ 500 Mrd. tragbar (Schätzung von Barry Eichengreen).
- Viele der chinesischen Exporte bestehen aus im Ausland hergestellten Komponenten, die zur Endmontage nach China geliefert worden sind. Auf Wertschöpfungsbasis ist das Handelsdefizit der USA mit China deshalb geringer, und zwar etwa gleich groß wie das (regelmäßige) US-Handelsdefizit mit der EU.

Hohe volkswirtschaftliche Kosten bei einer Entkopplung der USA von China Eine Studie der US Chamber of Commerce (Rosen & Gloudeman, 2021) untersuchte die

---

[1] USA GDP 2022 US$ 25'464 Mrd., Quelle: Weltbank.

volkswirtschaftlichen Kosten der Entkopplung von China für die USA und kam zum Schluss, dass diese für eine annähernd „vollständige" Entkopplung bedeutend und fühlbar hoch sein würden.

Die Schätzungen aufgrund von Modellsimulationen[2] mit Daten von 2019 sind: Verzicht von US$ 500 Mrd. Vermögenswerten und daraus US 25 Mrd. Erträgen jährlich; US$ 15 bis 30 Mrd. jährliche Verluste an Dienstleistungsexporten; Verlust an Einnahmen aus Verkäufen und damit verbundene Produktionsverluste in den erwähnten Branchen von jährlich US$ 150–200 Mrd.; in der Folge Abbau von Produktionskapazitäten und von mehreren 100.000 Arbeitsplätzen, Reduktion der FuE-Ausgaben in den entsprechenden Bereichen und Generierung von weniger Innovationen. Die USA würden als Folge eine weniger zentrale Rolle im gesamten Netz der globalen Technologielieferketten einnehmen. Weiter käme es zu einer Substitution von US-Aktivitäten bei Importen und Exporten mit China durch andere Länder und zur Umleitung von Lieferketten weg von den USA. Zusätzlich wären Vergeltungsmaßnahmen von China mit einzuberechnen. Eine vollständige Entkoppelung im Handel mit China wäre für die USA viel zu teuer und komme gar nicht in Frage.

Eine sehr kurze Übersicht über eine Großzahl von Studien zu den Kosten eines möglichen Decouplings liefert Glosserman (2023). Er stellt fest, dass die Studien auf einer Vielzahl von Annahmen basieren und mit Vorsicht aufzunehmen sind. Ein Decoupling im Handel habe bisher nicht

---

[2] Mit eingerechnet werden der Verkauf der Hälfte der US-Direktinvestitionen in China inkl. Verzicht auf deren jährliche Erträge, der Verlust chinesischer Tourismus- und Bildungsausgaben in den USA, die Reduktion des ideellen Austausches bez. Innovationen und damit Verluste in der US-Produktivitätsentwicklung. Auf Branchenebene werden die Verluste wie Abbau von Produktionskapazitäten und Arbeitsplätzen für die Luftfahrt-, Halbleiter-, chemische sowie Medizinalprodukte-Industrie untersucht.

stattgefunden. Im Gegenteil: Der Handel zwischen USA und China war 2022 so hoch wie nie zuvor. Jedoch gebe es Anzeichen für Decoupling in ausgewählten Bereichen wie in der Zusammenarbeit mit China in Wissenschaft und Forschung.

EU und China
Eine Studie von Merics (2020) zur ökonomischen Interdependenz zwischen Europa und China kommt zu folgenden Ergebnissen (Zenglein, 2020; Huotari et al., 2020 mit Grafiken zur EU/China-Interdependenz):

- China und die EU sind wirtschaftlich eng miteinander verflochten: 2019 erreichte das beiderseitige Handelsvolumen EUR 560 Mrd. – achtmal so viel wie im Jahr 2000.
- China ist nach den USA der zweitwichtigste Handelspartner der EU. Günstige Preise der Konsumgüter aus China tragen dazu bei, dass europäische Konsumenten real mehr Einkommen verfügbar haben. Umgekehrt hat die wachsende Nachfrage nach europäischen Produkten China zu einer wichtigen Exportdestination werden lassen.
- Chinas Innovationskraft und dynamischer Markt beeinflussen Entscheidungen von europäischen Unternehmen. Insgesamt bleibt deren Abhängigkeit vom chinesischen Markt jedoch beschränkt, wenn auch deutliche Unterschiede je nach Branche bestehen. Europa und die USA sind gegenseitig als Märkte ebenso wichtig, wenn nicht noch bedeutsamer.
- Die Covid-19-Pandemie hat die gegenseitigen wirtschaftlichen Abhängigkeiten sichtbar gemacht. Europa weist bei Pharma- (Arzneimittel/Medizin), Chemie- und Elektronikprodukten sowie bei Mineralen/Metallen eine kritische Abhängigkeit von Importen aus China auf.

- In den Bereichen Handel und Investitionen spielen chinesische Unternehmen, vor allem im Vergleich mit den USA, jedoch weiterhin eine relative geringe Rolle.
- *Die Abhängigkeit ist beidseitig*: Auch China würde unter schlechteren Beziehungen mit der EU leiden, da die EU in China zu den größten ausländischen Investoren zählt und damit zahlreiche Arbeitsplätze schafft. Zudem ist die EU für China ein wichtiger Markt und eine Quelle von dringend benötigtem technologischem Know-how.
- Angesichts wachsender politischer Divergenzen und wirtschaftlicher Konkurrenz müssen europäische Akteure Abhängigkeit, Schwächen und Stärken im Verhältnis zu China realistisch bewerten, um zwischen China als Wettbewerber und als Kooperationspartner zu balancieren.
- Peking ist zunehmend in der Lage, wirtschaftlichen Druck auf europäische Akteure auszuüben. Bislang blieb es jedoch meist bei Drohungen. Die chinesische Führung geht selektiv und pragmatisch vor und ist darauf bedacht, sich durch Druckausübung nicht selbst zu schwächen.

EU und USA

Die EU (der 27) und die USA unterhalten die mengenmäßig größten bilateralen Handels- und Investitionsbeziehungen der Welt und haben die am stärksten integrierten Wirtschaftsbeziehungen. Obwohl 2021 die EU neu mehr aus China importiert hat als aus den USA, bleiben die USA der bei weitem wichtigste Handels- und Investitionspartner der EU.[3]

- Die EU erzielt gegenüber den USA regelmäßig einen deutlichen Handelsbilanzüberschuss bei Gütern und ein leichtes Defizit bei den Diensten.

---

[3] Quelle: https://ec.Europa.eu/trade/policy/countries-and-regions/countries/united-states/.

- Die Gesamtinvestitionen der USA in der EU sind dreimal so hoch wie ihre Investitionen in ganz Asien. Die EU-Investitionen in den USA sind etwa achtmal so hoch wie die EU-Investitionen in Indien und China zusammen.
- Die Investitionen der EU und der USA sind der eigentliche Motor der transatlantischen Beziehungen und tragen zu Wachstum und Beschäftigung auf beiden Seiten des Atlantiks bei. Ein Drittel dieses transatlantischen Handels besteht aus unternehmensinternen Transfers. Die EU erzielte 2019 bei den Direktinvestitionen (FDI) gegenüber den USA einen Überschuss.
- Die transatlantischen Beziehungen bestimmen die Befindlichkeit der gesamten Weltwirtschaft. Für die meisten Länder ist entweder die EU oder die USA der größte Handels- und Investitionspartner.
- Zusammen erwirtschaften die EU und die USA etwa die Hälfte des weltweiten BIP und machen fast ein Drittel der weltweiten Handelsströme aus.

5.2.2 Währungen, Finanzmärkte

„Finanzialisierung"
Im Verhältnis zur Realwirtschaft sind die Finanzmärkte und Finanzinstitute der Welt überproportional groß und erzielen einen wachsenden Anteil an der gesamten Wertschöpfung und den Profiten. „Finanzialisierung" meint dabei die Verselbständigung (die wachsende Geschäftstätigkeit *innerhalb* des Finanzsektors) und hohe Eigendynamik des Finanzsektors mit starker Ausstrahlung auf die reale Wirtschaft und die Gesellschaft.

Für den Betrieb der nationalen und internationalen Wirtschaft spielen Finanzmärkte, Finanzakteure, Finanzinstitutionen und ihre primär finanziellen Motive eine immer wichtigere Rolle. Das Gewicht der Bestimmungsgründe für die Entwicklung der globalen Wirtschaft hat sich weg vom Industriekapitalismus (Realwirtschaft) und hin zum Finanzkapitalismus (Finanzwirtschaft) verlagert. Deshalb prägen internationale Verflechtungen und Abhängigkeiten in der Finanzwirtschaft die Wirtschaftsentwicklung immer stärker, wie das Beispiel der Subprime-Krise 2008/2009 drastisch gezeigt hat.

Schuldner und Gläubiger
- Die gemessen am BIP-Anteil am höchsten verschuldeten Volkswirtschaften der Welt sind auch die reicheren. Die drei größten Kreditnehmer der Welt – USA, China und Japan – machen mehr als die Hälfte aller weltweiten Schulden aus und übertreffen ihren Anteil an der globalen Produktion.
- Die Verteilung der Investitionen der Weltreserven ist völlig verzerrt. Die ärmeren und weniger kapitalisierten Länder der Dritten Welt sind die Hauptkreditgeber und die reicheren und besser kapitalisierten Industrieländer die Hauptreserve-Kreditnehmer.
- Der absolut größte Schuldner gegenüber der Welt sind die USA mit 96 % ihres BIP (2022 Schätzung, nach 101 % 2020) mit hoher und steigender Zinslast (China 2022 im Vergleich mit lediglich 13 %). Die wichtigsten ausländischen Gläubiger der USA sind China (Horn et al., 2023) vor Japan über die von ihnen gezeichneten US-Staatsanleihen („US government bonds"). 2020 hielt China US-Staatsanleihen im Umfang von US$ 1062 Mrd.[4]
- China ist immer stärker in die internationalen Finanzmärkte und über Handel und Direktbeteiligungen in die

---

[4] https://www.ceicdata.com/en/indicator/china/external-debt%2D%2Dof-nominal-gdp

5 Interdependenz der Systeme in der Krise

Weltwirtschaft integriert und damit immer stärker von deren Kausalitäten und Erfolg abhängig. Parallel dazu sind die USA, ja die gesamte Weltwirtschaft abhängiger von China geworden. Die FED, die US-amerikanische Zentralbank, muss bei ihren geldpolitischen Entscheiden die Entwicklung in China und die allfälligen Effekte ihrer Entscheidungen auf China mitberücksichtigen. Wird der Yuan schwach, kann die FED die Zinsen nicht beliebig anheben, weil der Yuan dann noch schwächer und die chinesischen Exportprodukte noch billiger und damit noch konkurrenzfähiger gegenüber den US-Konkurrenten werden.

- Risiken tragen nicht nur die Schuldner, sondern auch die Gläubiger: Die USA sind abhängig von weiteren Krediten von China. China wiederum ist mit seinen großen Beständen an US-Staatsanleihen im Dilemma: Kauft es keine neuen US-Anleihen mehr oder verkauft es größere Teile seiner Bestände, so schadet es sich selbst. Dann würde der Wert der US-Schuldpapiere sinken und die Zinsen steigen und damit die Zinslasten der Staaten ebenfalls. Dadurch wiederum würde der Druck zur Konsolidierung der öffentlichen Haushalte steigen. Das heißt, die USA müssen ein großes Interesse an einer guten wirtschaftlichen Entwicklung in China haben. China seinerseits dürfte bei sinkenden Preisen von US-Staatsanleihen und steigenden Zinsen große Verluste auf seinem Vermögen einfahren. Gleichzeitig hat China intern eine hohe Verschuldung seines staatlichen und privaten Sektors und erstmals wieder eine negative Leistungsbilanz. Beide Länder haben also kein Interesse an steigenden Zinsen.
- Vieles hängt also von China ab – von seiner Entwicklung (Wachstumsverlauf, Zahlungsbilanzsaldo) und seinem Verhalten (zusätzliche) Nachfrage nach US-Staatsanleihen. Auch Chinas Handelsbilanzüberschüsse sind – entgegen der Auffassung von Expräsident Trump – positiv aus Sicht der USA, solange die Chinesen diese

Überschüsse nicht aus den USA abziehen, vielmehr US-Staatsanleihen kaufen (Portfolioinvestitionen) und damit die Defizite des US-Staatshaushalts finanzieren.

Dollar als Leitwährung
Die Stellung als Leitwährung macht den US-Dollar einzigartig und verschafft den USA Vorteile, die keine andere Nation der Welt genießt. Die Vorteile sind bis heute enorm: Rohstoffe wie Öl und Gas werden fast ausschließlich in Dollar abgerechnet. Andere Länder müssen Dollars kaufen, um Rohstoffe zu erwerben. Die Amerikaner können mit der eigenen Währung bezahlen und sich, wenn nötig, in der eigenen Währung verschulden. Zur Not kann die USA ihre Gläubiger mit Hilfe der Geldschöpfung durch die FED bedienen. Der Dollar verdankt seine Ausnahmestellung den getroffenen Vereinbarungen von Bretton Woods nach dem 2. Weltkrieg und der starken und dynamischen US-Wirtschaft sowie der politischen Stabilität des Landes. Doch an diesen Eigenschaften der US-Wirtschaft und Politik gibt es immer mehr Zweifel, was schwerwiegende Konsequenzen haben könnte.

Um den Dollar als Leitwährung abzulösen, müsste es eine glaubwürdige Alternative geben. Aus verschiedenen Gründen scheiden der Euro (Dauerkrise der Europäischen Gemeinschaft), der chinesische Renminbi (Pekings politischer Einfluss) und auch eine etwa von Russlands Präsidenten Wladimir Putin vorgeschlagene internationale Kunstwährung (mangelnde Akzeptanz) aus. Ein Ansatz dazu könnte die Etablierung und Verbreitung einer Digitalwährung sein. Der Anstieg von Bitcoin könnte ein Anzeichen sein, dass zumindest an den Finanzmärkten eine wachsende Gruppe glaubt, die populärste Cyberwährung könnte zur Leitwährung werden.

China hat ein großes Interesse, die Rolle des US-Dollar als Leitwährung langfristig zu schwächen, und unternimmt auch einiges dafür (Liu, 2022). So werden z. B. alle internationalen Leistungsverträge der „Belt and Road Initiative" in der chinesischen Währung abgeschlossen. Die großen Erdölgeschäfte mit Saudi-Arabien werden in Yuan vereinbart. Eine weitere chinesische Initiative ist der Aufbau einer eigenen digitalen Währung und deren Durchsetzung gegenüber dem Ausland. Mit dem Verlust des US-Dollars als Leitwährung würde für die USA die enorme Verschuldung zu einem ernsthaften Problem. Ihre Kreditwürdigkeit wäre deutlich geringer. Es würde ihnen viel schwerer fallen, ihre Defizite zu finanzieren, was die Brisanz dieses Themas zeigt.

Internationale Finanztransaktionen
Die USA verfügen über umfassende Informationen über und Einflussmöglichkeiten auf internationale Finanztransaktionen. Die Stellung des Dollar als Leitwährung führt u. a. dazu, dass jede größere internationale Geldtransaktion früher oder später in Dollar abgewickelt werden wird. Alle internationalen Dollartransaktionen müssen Clearing-Accounts durchlaufen, was für die meisten Transaktionen in New York geschieht. Damit verbindet sich die beherrschende Stellung der USA im weltweiten Zahlungsverkehr.

Das „Office of Foreign Asset Control" (OFAC) des „US Department of the Treasury" erlässt Vorgaben für diese Transaktionen. Es verwaltet und vollstreckt Wirtschaftssanktionsprogramme der USA. Instrumente sind u. a. Einschränkungen des Handels, Unterbindung von Transaktionen oder Sperrung von Vermögenswerten. Diese dienen dazu, außenpolitische und nationale Sicherheitsziele der USA zu unterstützen, und richten sich hauptsächlich gegen Länder wie Iran und Personengruppen wie Terroristen und Drogenhändler.

In Europa ist es die „Society for Worldwide Interbank Financial Telecommunication" (SWIFT) in Brüssel, die über ihr besonders abgesichertes Netzwerk den Nachrichten- und Transaktionsverkehr von weltweit mehr als 11.000 Banken aus mehr als 200 Ländern abwickelt. Dabei hat SWIFT eine Monopolstellung für Interbanktransaktionen. Die USA haben sich Zugang zu SWIFT-Daten verschafft und sind damit über die wichtigsten internationalen Finanztransaktionen immer informiert. Auch beim alternativen Netzwerk Hawala für informelle Geldüberweisung haben sich die USA integriert. Damit sind sie auch über Transaktionen unter Nutzung dieser Umgehungsmöglichkeit von SWIFT bestens informiert.

Weiter nutzen die USA ihre führende Position in internationalen Wirtschaftsorganisationen wie der Weltbank oder dem IWF als Instrument ihrer Außenwirtschaftspolitik. So zeigten z. B. Dreher und Jensen (2007) in einer Paneldatenanalyse im Zeitraum von 1997 bis 2003, dass die Anzahl der Bedingungen für ein IWF-Darlehen vom Abstimmungsverhalten des kreditnehmenden Landes in der UN-Generalversammlung abhing. Enge Verbündete der USA (und andere Länder der Gruppe der 7 [G7]) erhielten IWF-Darlehen mit weniger Auflagen, insbesondere vor Wahlen.

5.2.3 Technologien

Im 21. Jahrhundert wird der geopolitische, wirtschaftliche und militärische Wettbewerb durch technologische Innovationen vorangetrieben. Die USA und China stehen an der Spitze des Feldes. Es besteht die Gefahr, dass sich ein globales bipolares technologisches Umfeld herausbildet, das Drittländer dazu zwingen könnte, sich entweder auf die Seite der USA oder Chinas zu schlagen. Europa hinkt im globalen Technologiewettlauf hinterher und hat einen schweren Stand bei seinen Bemühungen, wettbewerbsfähig zu bleiben (Smit et al., 2022).

5 Interdependenz der Systeme in der Krise

Bei „Smart Manufacturing" ist China noch im Rückstand China will insbesondere im Bereich der intelligenten Produktion („Smart Manufacturing") wie Robotik, industrielle Software und 3D-Druck aufholen und selber weltweit führend werden.

Dazu stellte Merics 2016 fest: Chinas Zulieferer verfügen nicht über die technologischen Fähigkeiten, um ihre ehrgeizigen Ziele des Planes „Made in China 2025" zu verwirklichen und die Industrie in kürzester Zeit in das Zeitalter der intelligenten Fertigung zu katapultieren. China hat keine andere Wahl, als sich (bis auf weiteres) auf ausländische Technologie zu verlassen, um seine Industrie zu modernisieren. Die technologische Kluft zwischen ausländischen und chinesischen Anbietern ist enorm. In vielen Fällen gibt es keine ernstzunehmende chinesische Alternative zu ausländischer Spitzentechnologie in Highendsektoren. Selbst wenn chinesische Unternehmen Produkte in diesen Sektoren anbieten, müssen sie sich weitgehend auf ausländische Kernkomponenten verlassen. Die Marktanteile chinesischer Anbieter von intelligenten Fertigungstechnologien sind gering. Seit 2016 dürfte China allerdings deutlich aufgeholt haben.

Digitalökonomie
Technologieabhängigkeit der EU (Sahin & Barker, 2021): Im Bereich der Digitaltechnologie besteht eine übermäßige Abhängigkeit der EU von ausländischen Technologieanbietern. Dies ist besonders akut in den Bereichen, in denen Europa nicht über eine starke einheimische industrielle Basis verfügt, wie beim Cloudcomputing, bei der künstlichen Intelligenz und in geringerem Maße bei der 5G-Mobiltechnologie.

Es macht einen Unterschied, ob die EU von den USA oder von China abhängig ist. Nach Einschätzung von Experten ist die EU bei Schlüsseltechnologien wie künstlicher Intelligenz und Cloudcomputing, aber auch bei Blockchain, Hochleistungscomputing und dem Internet der Dinge (IoT) am meisten auf die USA angewiesen. Nur bei 5G und Mobilfunknetzen sehen die Befragten eine größere Abhängigkeit von China. Es stellt sich die Frage, ob die EU einen unabhängigen Weg zwischen den USA und China einschlagen oder ob sie sich den USA annähern sollte. Zentrale Hindernisse für die Handlungsfähigkeit der EU sind der fehlende First-Mover-Vorteil und das Fehlen dominanter einheimischer Techplayer (wie Google, Microsoft, Amazon im Falle der USA oder Huawei in China).

Chinesische Digitalinfrastruktur in Südostasien Die chinesische digitale Infrastruktur wird über China hinaus immer stärker in der ganzen Region Südostasien verankert. So betreibt beispielsweise das chinesische Unternehmen Alibaba Cloud seit 2017 in Malaysia und seit 2018 in Indonesien lokale Rechenzentren im Wettbewerb und Unterschied zu amerikanischen Cloudcomputing-Anbietern für die Region, die hauptsächlich in Singapur ansässig sind.

Die digitale Seidenstraße (DSR) wurde 2015 als digitale Ergänzung zur „Belt and Road Initiative" ins Leben gerufen und ist praktisch eine „Dachmarke" für Kooperationsabkommen, die chinesische digitale Infrastruktur und Technologie in andere Länder bringen sollen.

Darüber hinaus sind Unternehmen wie Huawei und ZTE trotz der US-amerikanischen Bemühungen, ihre Verbündeten und Partner davon zu überzeugen, chinesische 5G-Technologieanbieter zu verbieten, weiterhin aktiv am Aufbau der Telekommunikationsinfrastruktur in Südostasien beteiligt. Zwar haben einige südostasiatische Länder versucht, ihre Anbieterbasis zu diversifizieren, doch ist dies nicht unbedingt ein Fall von einer Entscheidung zwischen den USA oder China.

5 Interdependenz der Systeme in der Krise

In der wettbewerbsintensiven Welt der *sozialen Medien und des elektronischen Handels* haben chinesische Unternehmen erkannt, dass es kein faires Spiel gibt und dass sie selber nicht ohne Druckmittel sind. Ihr Vorgehen offenbart eine sich verstärkende technologische Kluft zwischen den USA und China. Beide Länder streben unterschiedliche Modelle der globalen digitalen Governance an. Die Trump-Administration hatte Pläne für ein „sauberes Netzwerk" angekündigt. Alle dabei vorgesehenen Maßnahmen richten sich ausschließlich gegen China. Die Biden-Administration hat mit ihrer „Technodemokratie-Strategie" daran angeknüpft (Sander, 2020). Im Gegenzug dazu hat die Volksrepublik einen eigenen Vorschlag für Datensicherheitsstandards vorgelegt, der auf *„Cybersouveränität"* (selektive Abkopplung gegenüber dem Ausland) basiert. Dies würde es den einzelnen Ländern ermöglichen, ihre Nutzung des Internets selber zu regulieren und weitmöglichst zu kontrollieren („Great Firewall[5]"). Cybersouveränität steht allerdings in einem Spannungsverhältnis zu Chinas eigenen Absichten mit der digitalen Seidenstraße.

5G und Huawei

Aufbau und Nutzung eines 5G Netzwerkes ist zentral für die künftige Entwicklung und Wettbewerbsfähigkeit der Wirtschaft, ja sogar der Gesellschaft. In Zukunft muss jede hochentwickelte Nation unabdingbar über 5G verfügen können, je früher, je besser.

Risiken und Bedrohungen Ausgehend von der 5G-Technologie und der mit ihr zu erwartenden intensiven Interdependenz in Wirtschaft und Gesellschaft bestehen für die Nutzer vielfältige Risiken und Bedrohungen, gleichgültig, wer der Ausrüster ist. In einem Report der EU (NIS

---

[5] Ein Projekt des chinesischen Ministeriums für Staatssicherheit zur Überwachung und Zensur des Internetverkehrs in China.

Corporation Group, 2019, S. 11 ff.) wird eine Reihe von Bedrohungsszenarien im Zusammenhang mit Firmen und dem 5G-Netz genannt:

- *Bedrohung der Verfügbarkeit*: Unterbrechung des lokalen oder globalen 5G-Netzes; erhöhte Anfälligkeit für Angriffe und mehr potentielle Einstiegspunkte für Angreifer, z. B. wegen Sicherheitsmängeln in der Software der Anbieter oder im Zusammenhang mit der Wartung des Netzes durch den Anbieter,
- *Bedrohung der Integrität und/oder Vertraulichkeit*: Ausspionieren von Verkehr/Daten in der Infrastruktur des 5G-Netzes; Modifikation oder Umleitung des Verkehrs/der Daten,
- *Störung, Änderung, ja Zerstörung anderer digitaler Infrastrukturen oder Informationssysteme*, deren Anwendung und Nutzung auf dem 5G-Netz basieren, wie Internet der Dinge auf 5G-Basis im industriellen Bereich.

Der EU-Report stellt fest, dass die schwersten Bedrohungen durch eine Beeinträchtigung der Vertraulichkeit, Verfügbarkeit und Integrität in Verbindung mit einem vom Staat oder von ihm unterstützten Akteure entstehen. Und eine andere Studie hält dazu fest: „Die grösste Gefahr geht nicht von Spionage aus, sondern von einem ‚Kill Switch' – der Möglichkeit eines Angreifers, ein Netz per Knopfdruck komplett lahmzulegen" (Häberli, 2020), „Internet Shutdown."[6]

---

[6] Ein Internet-Kill-Switch ist ein Konzept für Abwehrmaßnahmen, bei dem ein einziger Abschaltmechanismus für den gesamten Internetverkehr aktiviert wird. Dabei soll ein einziger Kontrollpunkt (d. h. ein Schalter) für eine einzige Behörde eingerichtet werden, um das Internet zu kontrollieren oder abzuschalten, um es oder seine Benutzer zu schützen. Die Regierungen verschiedener Länder wie Iran, Ägypten, Weißrussland oder Indien haben dies auch effektiv getan. Im hier behandelten Kontext geht es demgegenüber um einen Shutdown durch den Ausrüster unter Druck von außen, z. B. durch einen anderen Staat.

5 Interdependenz der Systeme in der Krise

Huawei als Anbieter des 5G-Netzes Entscheidend ist nicht ein Nachweis, dass Huawei oder ein anderer Anbieter bisher etwas Kriminelles getan oder die Sicherheit gefährdet hat. Entscheidend ist die Beurteilung des Potentials dafür und der damit verbundenen Risiken. „Die Frage ist, ob die Risiken von Spionage oder Sabotage unannehmbar hoch sind, was zum Teil davon abhängt, ob das Unternehmen (Huawei) glaubwürdig behaupten kann, von der betreffenden ausländischen Regierung unabhängig zu sein." „Die Notwendigkeit Huaweis, nach den chinesischen Gesetzen über die Zusammenarbeit mit dem chinesischen Militär und den Geheimdiensten[7] zu arbeiten, gibt Anlass zur Sorge" (Häberli, 2020). Jedes vermeintlich sichere chinesische Produkt ist ein Firmwareupdate durch den Hersteller davon entfernt, ein unsicheres chinesisches Produkt zu sein. Und der Hersteller wird einen Strom von Softwareupdates für seine Produkte schneller herausgeben und einsetzen, als die Inspektoren des Nutzers diese überprüfen können. Der Nutzer ist eben abhängig von Huawei.

Aus der Sicht einer Nation, die die 5G-Technologie einkaufen und einsetzen will, gilt es, Risiken und Nutzen/Chancen im Rahmen einer hoch dynamischen Umwelt zu beurteilen und gegeneinander abzuwägen. Im Zusammenhang mit Huawei und seinen Leistungsangeboten ist zu beurteilen, was es bedeutet, dass Huawei in das chinesische politische System eingebettet und diesem verpflichtet ist; was es bedeutet, dass Huawei auf Gedeih und Verderben unter dem Einfluss der KPCh steht. Verträge können wohl

---

[7] PRC National Intelligence Law (as amended in 2018). China Law Translate. Artikel 7: „Alle Organisationen und Bürger sind verpflichtet, die Arbeit des nationalen Nachrichtendienstes in Übereinstimmung mit dem Gesetz zu unterstützen, zu fördern und mit ihm zusammenzuarbeiten und die ihnen bekannten Arbeitsgeheimnisse des nationalen Nachrichtendienstes zu schützen." https://www.chinalawtranslate.com/en/national-intelligence-law-of-the-p-r-c-2017/

eingehalten werden und alles kann gut gehen. Huawei basiert aber nicht auf einem rechtsstaatlichen Fundament. Garant ist auch nicht der Staat China, sondern die KPCh, eine zentralistisch geführte, leninistische Kaderpartei, die über dem Staat steht, und alleine ihre Interessen zählen, vgl. Kap. 3.

Die USA weisen gegenüber China im Bereich der 5G Kommunikation technologisch wie auch in deren Anwendung und Verbreitung einen deutlichen Rückstand auf.

Highendhalbleiter als wichtigste Technologie
Abhängigkeit der USA von Asien trotz Führung in der Halbleitertechnologie: Derzeit sind die USA führend in der Highendtechnologie der Halbleiter. Aber wegen der hohen Kosten in den USA haben die meisten Unternehmen ihre Chipproduktion nach Asien ausgelagert. Das taiwanesische Unternehmen TSMC beherrscht den Markt für Fertigungsstätten und fertigt die Entwürfe der Halbleiter im Auftrag von vielen US-Herstellern. Diese verfügen über keine eigenen Fertigungsstätten mehr. TSMC kontrolliert einen besonders großen Anteil der Produktion von Highendchips. 2019 machte die Produktionskapazität für die kleinsten Logikwafer (Technologie für die Informationsverarbeitung) von TSMC schätzungsweise mehr als 90 % der Weltkapazität aus. Die Abhängigkeit von Taiwans Highend-Chipproduktion ist eine echte Schwachstelle in der US-Lieferkette. Sollten die USA den Zugang zu diesen Fertigungsstätten verlieren, wäre das eine enorme Beeinträchtigung. Dies ist mit ein Grund für die Haltung der USA in der Taiwan-Frage. Analoges gilt für die Interessen von China an einer Übernahme Taiwans, würde seine Stellung im Halbleiterkrieg damit doch entscheidend gestärkt.

US-Unternehmen und US-Regierungsvertreter sind sich des Risikos dieser Abhängigkeit bewusst und haben begonnen, Maßnahmen zu ergreifen. Der US-Kongress hat 2020 eine großangelegte parteiübergreifende Initiative – „CHIPS for America Act" – verabschiedet, um die inländischen Fertigungskapazitäten durch Zuschüsse für die Entwicklung, Herstellung und Prüfung von Chips zu stärken. Dabei wurden US$ 52 Mrd. an Subventionen für die „Wiederbelebung der heimischen Halbleiterindustrie und die Förderung von Innovationen" bereitgestellt. Mit dem Gesetz verbunden ist die Zusage von Taiwans führendem Chiphersteller TSMC, ein großes neues Werk in Arizona zu bauen. Das Gesetz wirkt sich auch auf die Produktions- und Standortentscheidungen von US-Unternehmen aus. So kündigte der Halbleiterriese Intel im März 2021 eine Erweiterungsinvestition in Arizona für US$ 20 Mrd. an, siehe Box 5.1.

Box 5.1 Whitepaper des Centre for the Study of the Presidency and Congress (CSPC) (2021)

Halbleiter sind eine wesentliche Grundlage des modernen digitalen Lebens. Die Vereinigten Staaten und ihre Verbündeten sind seit langem führend in dieser Technologie, doch ihre Gegner versuchen, die Lücke bei der Innovationsführerschaft zu schließen. Die Politik Pekings zur Förderung der eigenen Halbleiterindustrie und der Entwicklung der „militärisch-zivilen Fusion" stellt gemäß dem CSPC-Whitepaper eine direkte Bedrohung für den wirtschaftlichen Wohlstand und die nationale Sicherheit der Vereinigten Staaten dar. Die Bedeutung von Halbleitern, das Geflecht globaler Lieferketten und die Notwendigkeit einer internationalen Zusammenarbeit würden dies zu einer komplexen Herausforderung machen, der sich die politischen Entscheidungsträger stellen müssten.

Das CSPC-Whitepaper analysiert aus US-Sicht die Geschichte der chinesischen Halbleiterindustrie und Pekings Politik der Subventionierung, der gezielten Akquisition im Ausland, des Diebstahls geistigen Eigentums, der Industriespionage und des erzwungenen Technologietransfers und legt Empfehlungen zur Entschärfung dieser Bedrohung dar.

Massive Investitionen Chinas zur Stärkung der eigenen Halbleiterindustrie China importierte 2019 Halbleiter im Wert von rund US$ 300 Mrd. und war damit der größte Chipimporteur der Welt. Rund die Hälfte davon wird in Produkten, die in China gefertigt werden, wieder exportiert. Auf Unternehmen mit Hauptsitz in China entfielen 2019 nur 6,1 % des gesamten chinesischen Chipmarktes, mit eingeschlossen Importe (Reuters).

Aufgrund der *„Direct Product Rule"*[8] können die USA Unternehmen weltweit daran hindern, ihre Produkte zu verkaufen, sofern diese US-Halbfabrikate oder US-Technologie verwenden und diese Komponenten US-Exportkontrollen unterliegen. Dies hat die Trump-Administration u. a. gegen Dritte bei Verkäufen an den chinesischen Telekommunikationsriesen Huawei angewendet, um Huawei an der Übernahme des globalen 5G-Marktes zu hindern. Die Biden-Administration will damit neu auch verbündete Länder wie Südkorea, Japan und die Niederlande daran hindern, fortschrittliche Chips sowie modernste Ausrüstungsgüter für die Chipproduktion an chinesische Firmen oder Organisationen zu verkaufen. Die Importe Chinas sind denn 2022 auch drastisch gesunken (Bloomberg, 2023; Nikkei Asia, 2023). „Chinas Chipindustrie wird durch die neuen US-Exportverbote um Jahre zurückgeworfen. Die USA wollen einen möglichst großen Tech-Vorsprung auf China wahren. Chinesische Experten fürchten die Auswirkungen. Einer rechnet mit einem Rückfall von mehr als zehn Jahren" (Sander, 2022a, 11. Oktober).

---

[8] Bureau of Industry and Security. US Department of Commerce. § 734.9 Foreign-Direct Product (FDP) Rules. https://www.bis.doc.gov/index.php/licensing/reexports-and-offshore-transactions/direct-public-guidelines#:~:text=Foreign%2Dproduced%20items%20located%20outside,a%20foreign%2Dproduced%20item%20is

5 Interdependenz der Systeme in der Krise

Diese Politik ist für China ein Weckruf und ein starker Anreiz, große Ressourcen für die einheimische Entwicklung fortschrittlicher Halbleiter einzusetzen. Auf nationaler Ebene verfolgt China seine stärkste Form des Technonationalismus, den „Juguo-tizhi-" oder „Whole-of-the-nation"-Ansatz, bei dem alle nationalen Ressourcen mobilisiert werden, um ein strategisches Ziel zu erreichen, vgl. dazu Kap. 7. Der von der Regierung geleitete „National Integrated Circuit Industry Investment Fund", bekannt als „Big Fund" zur Unterstützung der Halbleiterindustrie, hat seit seiner Gründung 2014 rund US$ 175 Mrd. an privaten und öffentlichen Mitteln dafür aufgebracht (Randall, 2022). Seine Hauptanteilseigner sind zentrale Regierungsinstitutionen und führende staatliche Unternehmen (SOEs). Der Fund investiert in Halbleiterfirmen Chinas in den verschiedensten Bereichen. Er hat damit Erfolge erzielt und China technologisch weitergebracht. Weiter wird mit aggressiven Methoden versucht, qualifiziertes Personal und Spezialisten von Taiwan für Chinas Zwecke auf das Festland zu bringen. Zur Halbleiterstrategie Chinas gehört auch die staatlich unterstützte Akquisition von Chipunternehmen im Ausland verbunden mit dem Transfer von deren Technologie, um festgestellte Schwachstellen zu beheben, wie Beispiele mit Firmen aus Großbritannien, Holland, Schweden oder Deutschland zeigen.[9]

Trotz dieser riesigen Ausgaben dürfte das Land Mühe haben, die Vorherrschaft der USA im Highend-Chipbereich zu brechen. China, aber auch die USA werden es aufgrund der Komplexität des Marktes und der verlangten großen

---

[9] Für Fallstudien zu strategischen Übernahmen Chinas im Halbleiterbereich in Europa, siehe Nuspliger, N. und Sander, M. (NZZ, 22.04.2022), Sander, M. (NZZ, 02.11.2022). Chinas Chipproduktion sinkt erstmals seit 2019. Daran sind nicht nur Lockdowns Schuld. „Den Herstellern fehlt gut ausgebildetes Personal. Auch Produktionsmaschinen sind schwer zu bekommen. Dafür sind vor allem amerikanische Sanktionen verantwortlich" (Sander, 2022, 30. Mai, NZZ).

Investitionen schwer haben, die globalen Halbleiterlieferketten zu dominieren. China sollte erkennen, dass die Halbleiterindustrie ein globalisierter Wirtschaftszweig ist. Kein einzelnes Land kann darin autark sein. Ein solches Ziel führt dazu, dass das Land seine Kräfte zu sehr verzettelt.

Es gibt jedoch klare Gründe dafür, weshalb die beiden globalen Supermächte dennoch die Führung, wenn nicht gar die Vorherrschaft, in der Halbleiterindustrie anstreben. Chips sind ein entscheidender Dreh- und Angelpunkt in der wachsenden digitalen Wirtschaft. Der Besitz der modernsten Technologie wirkt sich positiv auf die Einführung und Entwicklung vieler anderer neuer Technologien aus und ist auch militärisch und damit sicherheitspolitisch entscheidend: Halbleiter sind eine Schlüsseltechnologie.

Große Abhängigkeit Europas vom Halbleiterweltmarkt Die europäische Hightechindustrie ist in hohem Maße auf Halbleiterimporte aus Asien und den USA angewiesen. 1990 hatte Europa selber noch einen Marktanteil an der weltweiten Halbleiterproduktion von 44 %; 2021 waren es nur noch etwa 10 % (Weinold, 2021). Im Vergleich zu den Riesen der Chipindustrie – insbesondere Samsung in Südkorea, TSMC in Taiwan und Intel in den USA – ist Europa ein Zwerg. Dieser Rückgang ist darauf zurückzuführen, dass die Hersteller nicht in der Lage waren, sich anzupassen und sich weiterzuentwickeln, nachdem die einheimischen Mobiltelefonhersteller der ersten Generation, Nokia, Ericsson und Siemens, von der amerikanischen und asiatischen Konkurrenz verdrängt worden sind.

Die heute noch aktiven europäischen Unternehmen im Halbleiterbereich versuchen meist nicht, mit den großen asiatischen und US-amerikanischen Unternehmen zu konkurrieren, wenn es um die Herstellung der modernsten Chips geht, die in Highendcomputern, Telefonen und anderen Geräten verwendet werden. Stattdessen konzentrieren sich EU-Marktführer wie Infineon (Deutschland), NXP (Niederlande) und das französisch-italienische Unternehmen STMicroelectronics auf Herstellung und Lieferung von Bauelementen für die Automobil-, Luft- und Raumfahrt- sowie die Industrieautomatisierungsbranche.

Eine besondere Stärke weist Europa bei den Ausrüstungsgütern („Equipment") für die Halbleiterindustrie mit der niederländischen Firma ASML Holding N.V. auf. ASML ist der weltweit größte Anbieter von Lithographiesystemen. Diese überaus komplexen Maschinen spielen eine wichtige Rolle bei der Herstellung von integrierten Schaltkreisen (Mikrochips). Die meisten Chiphersteller (Foundries und IDMs) weltweit sind Kunden von ASML. Ihr Anteil am Weltmarkt betrug 2020 62 %.

China zeigt großes Interesse an ASML. 2021 gab ASML bekannt, Ausstattungen zur fortschrittlichsten EUV-Lithographie an die chinesische Semiconductor Manufacturing International Corporation (SMIC) verkaufen zu wollen, sofern die zuständigen Behörden dies zuließen. Das US-Handelsministerium verdächtigt SMIC, Wissenstransfer in militärnahe Unternehmungen zu betreiben, und hat sich deshalb eingeschaltet. Nach monatelangem Druck haben die USA Den Haag und Tokio dazu gebracht, weniger Maschinen zur Chipproduktion nach China zu exportieren. Wie Sander (2023) berichtet, hat sich Den Haag auch aus Furcht vor wahrscheinlicher Vergeltung aus Peking um die Unterstützung unter anderem von Deutschland bemüht, ist aber abgeblitzt. ASML ist ein gutes Beispiel, das zeigt, wie europäische Firmen zwischen die Fronten geraten können.

In Anbetracht der Bedeutung und der offensichtlichen Anfälligkeit des Halbleitersektors hat die EU 2020 eine eigene „europäische Initiative im Bereich Mikroprozessoren und Halbleitertechnologien" mit in Aussicht gestellten Investitionen in Höhe von EURO 145 Mrd. lanciert, um die EU-Halbleiterbranche wieder auf Erfolgskurs zu bringen.

5.2.4 Seltene Erden/Metalle

Seltene Erden (seltene Metalle) sind strategisch von größter Bedeutung: In zahlreichen zivilen und militärischen Technologien und deren Anwendung sind sie unentbehrlich u. a. bei LCD/LED-Bildschirmen, in Smartphones, in Notebooks, bei Windkraft- und Solaranlagen, in militärischen Kampfjets und Hightechbooten. Je moderner und technologisch anspruchsvoller das Militärgerät, desto vielfältiger sind der Einsatzbereich und damit der Gebrauch von Seltenen Erden für die Streitkräfte der Zukunft.

Gemessen am Umfang der weltweiten Reserven der Seltenen Erden ist China mit 44 Mio. t mit Abstand an erster Stelle und mit 140.000 t im Jahr 2020 mit Abstand der weltweit größte Produzent. Es folgen nach dem Umfang ihrer Reserven Vietnam, Brasilien, Russland, Indien, Australien und weit abgeschlagen USA/Grönland.

Versorgungssicherheit des Westens mit Risiken (Kullik, 2019) Seltene Erden sind Rohstoffe von strategischer Bedeutung für die wirtschaftliche und militärische Sicherheit des Westens. Die dominante Stellung Chinas bei diesen Rohstoffen ist ein strukturelles Marktproblem mit ernsthaften technologischen und sicherheitspolitischen Implikationen für die Industriestaaten des Westens. So beträgt die Importabhängigkeit etwa der NATO von Chinas Seltenen Erden derzeit nahezu 100 %. Allein die Tatsache, dass ein einzelner Staat (China) über das Potential verfügt, technologische Schlüsselrohstoffe für politische Verhandlungszwecke zu instrumentalisieren, sollte Entscheidungsträger aus Politik und Wirtschaft mobilisieren.

China beherrscht die Wertschöpfungskette vom Erz bis zum Endprodukt China produziert nicht nur die meisten Rohstoffe. Chinesische Firmen dominieren mittlerweile auch alle nachgeordneten Sektoren und Produktionsstufen der Wertschöpfungskette bis zum Endprodukt fast vollständig. Zugleich ist die Industrie der Volksrepublik größter Konsument von Seltenen Erden. China ist führend in der Aufbereitung der Erze, in der Fertigung von Komponenten und zunehmend auch bei den darauf basierenden Endprodukten wie Batterien und Computern. Im Bereich der Weiterverarbeitung sind in den letzten beiden Jahrzehnten wichtige Technologien und Know-how nach China abgewandert. In einigen Bereichen, wie der Separation der Rohstoffe, sind chinesische Unternehmen und Forschungseinrichtungen mittlerweile führend und halten entscheidende Patente.

Existierende und mögliche Folgen des chinesischen Rohstoffmonopols Mit niedrigen Produktionskosten, strategischen Firmenübernahmen, staatlicher Unterstützung (Subventionen), Technologietransfers und laxen Umweltauflagen wandelte sich die vormalige amerikanische Dominanz bei Seltenen Erden in ein chinesisches Monopol. Mit ein Grund dafür war, dass im Westen die Befürworter einer marktgesteuerten Lösung die Oberhand behielten, weshalb man die eigenen Firmen nicht vor dem Niedergang schützte und Konkurs gehen ließ. Marktdenken triumphiert(e) über politisch-strategische Sicherheitsbedenken. Aus betriebswirtschaftlicher Sicht ist dies nachvollziehbar, aus marktstrategischer und geopolitischer Sicht jedoch gefährlich.

Im aktuellen Handelskonflikt zwischen Washington und Peking könnte China Seltene Erden als zeitweiliges politisch-ökonomisches Druckinstrument verwenden. Peking könnte z. B. die Versorgung einzelner Länder oder des ganzen Weltmarkts (vorübergehend) aussetzen, u. a. mit der Begründung eines großen Eigenbedarfs. Oder es könnte mit seinen sechs staatlichen Unternehmenskonglomeraten den Markt fluten und damit das Angebot in dem Maße erhöhen, dass jedes rentable Investment westlicher Firmen im gleichen Bereich zunichtegemacht würde. China besitzt mehrere Hebel: etwa 40 % der weltweiten Reserven, 80 % der Produktion und damit Einfluss auf Angebot und Preisentwicklung.

Lösungsoptionen Grundsätzlich ist das Problem mit Seltenen Erden eines, das eine gemeinsame rohstoffökonomische, politische und geostrategische Lagebeurteilung und Lösung verlangt. Allein auf die Marktkräfte zu vertrauen, ist naiv und strategisch verantwortungslos. Letztendlich müsste die gesamte chinesisch kontrollierte Wertschöpfungskette durchbrochen werden, um die verlorengegangene Rohstoffsouveränität des Westens zumindest teilweise zurückzugewinnen. Es sollte ein Kerninteresse des Westens sein, die ungleichen Wettbewerbsbedingungen – staatlich unterstützte und politisch geführte Rohstoffkonzerne in China auf der einen Seite gegen privatwirtschaftliche Unternehmen ohne maßgebliche Staatsunterstützung im Westen auf der anderen Seite – künftig zu beseitigen. Will der Westen in dieser Konstellation eine wesentliche Verbesserung erzielen und die Versorgungssicherheit mit Seltenen Erden spürbar erhöhen, müsste er strategisch, antizyklisch und langfristig denken und agieren. Er muss das Problem als gekoppeltes politisches und ökonomisches begreifen. Das verlangt eine stärkere Rolle der Regierungen der maßgeblichen westlichen Industriestaaten. Damit käme dem Staat – in europäischen Handelsfragen der EU-Kommission – eine stärkere aktive Rolle zu. Die grundsätzliche Aversion gegen Industriepolitik als ordnungspolitisches Vergehen darf die geopolitische Herausforderung der Seltenen Erden nicht ausblenden. Seltene Erden sind ein Beispiel dafür, wie die Grundlagen der Wirtschaftspolitik in Europa herausgefordert werden. Wohl gibt es einen amerikanisch-europäisch-japanischen Rohstoffdialog zwischen Politik, Wirtschaft und Wissenschaft. Der hat bisher aber zu keinen gemeinsamen Aktionen geführt.

5.2.5 Energie

Energie ist eine hochrelevante strategische Ressource und verbunden mit vielfältigen Abhängigkeiten zwischen Nationen.

In **China** hatte Kohle mit 58 % 2020 den größten Anteil am Primärenergiemix, Erdöl hatte einen Anteil von lediglich 17 %. Von seinem gesamten Erdölverbrauch importierte China rund 60 %. Die wichtigsten Lieferanten waren 2021 Saudi-Arabien mit 15,9 %, Russland 15,5 %, Irak 10,9 %, Angola 7,9 %, Brasilien 7,9 %, Oman 7,3 %, Vereinige Arabische Emirate 5,5 %. Ein beträchtliches Volumen kommt aus dem Iran über Drittstaaten unter Umgehung der US-Sanktionen. Als Ersatz für die westlichen Sanktionen auf Grund des Angriffskriegs von Russland in der Ukraine hat Russland im Mai 2022 55 % mehr Erdöl an China geliefert als vor Jahresfrist und ist damit zum größten Öllieferanten Chinas geworden.

Abhängigkeiten und Risiken sind eng auch mit der Logistik und der Geographie verbunden. Schätzungsweise 70 % bis 85 % aller Ölimporte Chinas aus ölreichen Ländern in Afrika und im Nahen Osten müssen die Straße von Malakka passieren. Durch diese Meerenge zwischen der Malaiischen Halbinsel und der Nordostküste von Sumatra gelangen die Transporte an Singapur vorbei ins Südchinesische Meer. Das „Malakka-Dilemma", so Präsident Hu Jintao 2003, ist eine logistische Schwachstelle Chinas, die es zu überwinden gelte. Dafür bietet Russland mit Transportrouten über Land und durch das arktische Meer eine attraktive Alternative an, die mit „Belt and Road" ergänzt werden kann.

China verstärkt deshalb im Zuge seiner wohldurchdachten Energiepolitik seinen Einfluss in dieser Region. China und Russland sind Profiteure vom Abzug der USA aus Afghanistan. Die von beiden geführte „Shanghai Cooperation Organisation" dürfte allmählich expandieren, da Afghanistan, Iran und die Mongolei einen Beitritt erwägen, ja evtl. auch die Türkei. Zudem hat China einige Häfen in Anrainerstaaten im Indischen Ozean und im Südchinesischen Meer gemietet, was als Perlenkettenstrategie („String of Pearls") bekannt ist.

China hat ein enormes Potential, selber Energieproduzent zu werden. Größere Vorkommen von Schieferöl und -gas begünstigen China und es beschleunigt nun deren Ausbeutung. Über eine Teilnahme von Shell an dieser Exploration wurde schon berichtet.

Die **USA** konnten ihre Energieabhängigkeit vom Mittleren Osten durch die Entwicklung der Schieferöl- und Schiefergasproduktion in ihrem Land reduzieren. Je nach Preiskonstellation sind sie auch Exporteur. Damit hat sich das politische Interesse der USA am Mittleren Osten reduziert. Das Sicherheitsrisiko in dieser Region wie auch für Länder, die vom Öl aus dem Mittleren Osten abhängig sind, wie Japan, ist gestiegen. Zudem macht die immer stärker werdende chinesische Kontrolle im Südchinesischen Meer die Sicherung des japanischen Seeverkehrs etwa für Erdöllieferungen noch schwieriger.

Für die **EU** lag 2019 die Abhängigkeitsquote[10] im Energiebereich bei 61 %, d. h., weit über die Hälfte des gesamten Energiebedarfs der EU wurde durch Nettoimporte von Dritten gedeckt (Eurostat, EU energy mix and import dependency, 2022). Der wichtigste Energieimport betraf Erdölerzeugnisse. Stabilität und Sicherheit der Energieversorgung eines Landes oder einer Ländergruppe ist dann gefährdet, wenn sich ein hoher Anteil der Einfuhren auf relativ wenige externe Partner konzentriert.

---

[10] Die Energieabhängigkeitsquote gibt an, in welchem Umfang eine Volkswirtschaft zur Deckung ihres Energiebedarfs auf Einfuhren angewiesen ist. Sie wird durch den Anteil der Nettoeinfuhren (Einfuhren – Ausfuhren) am Bruttoinlandsenergieverbrauch (d. h. der Summe aus erzeugter Energie und Nettoeinfuhren) gemessen.

2019 war *Russland* der wichtigste EU-Lieferant von Erdöl (mit einem Anteil von 27 %), Erdgas (41 %) und festen fossilen Brennstoffen (47 %[11]). Die EU ist bei der Deckung ihres Energiebedarfs also besonders auf Russland angewiesen. Gleichzeitig ist Russland in Bezug auf seine Einnahmen auf Rohstoffexporte in die EU angewiesen. Die russische Wirtschaft hängt in großem Maße von Energieexporten ab, was bedeutet, dass Russlands gesellschaftliches Wohlergehen von seiner Fähigkeit abhängt, die Nachfrage nach seinen Energieprodukten zu sichern und zu stabilisieren. Der europäische Markt hat Russland bis Februar 2022 diese Sicherheit geboten.[12]

Diese wechselseitigen Energieabhängigkeiten sind im Zuge des Angriffskriegs Russlands auf die Ukraine in eine heiße Phase geopolitischer Auseinandersetzungen getreten, siehe Box 5.2.

Box 5.2 Erdöl- und Gasversorgung von Europa aus Russland 2022 als politisches Druckmittel: Chronologie

- 24. Februar 2022: Russischer Überfall auf die Ukraine.
- Ende April: russisches Gaslieferstopp für Polen und Bulgarien; Ende Mai für die Niederlande und Dänemark.
- Anfang Juni: Beschluss der EU-Staaten im Rahmen von Sanktionen als Reaktion auf den russischen Angriffskrieg gegen die Ukraine (zusammen mit den USA, Kanada, Australien und Japan), den Kauf und die Einfuhr von russischem *Rohöl*, das auf dem Seeweg transportiert wird, innerhalb von sechs Monaten einzustellen; Ausnahmen

---

[11] 2019 kamen EU-Rohöleinfuhren aus Russland (27 %), Irak (9 %), Nigeria und Saudi-Arabien (jeweils 8 %) sowie Kasachstan und Norwegen (jeweils 7 %). Erdgaseinfuhren kamen aus Russland (41 %), Norwegen (16 %), Algerien (8 %) und Katar (5 %); Einfuhren fester Brennstoffe (hauptsächlich Kohle) aus Russland (47 %), den Vereinigten Staaten (18 %) und Australien (14 %).

[12] Im Jahr 2017 entfielen rund 60 % des gesamten Exports von Russland in die EU auf Energieerzeugnisse.

für Ungarn, die Slowakei, Bulgarien und Finnland, da diese zwischen 75 und 100 % ihres Erdöls aus Russland beziehen. Deutschland hat seine Abhängigkeit von russischem Öl in Rekordtempo von 35 % auf noch 12 % (Ende April) gesenkt.
- Mitte Juni: Russland drosselt seine *Gaslieferungen* nach Europa. Die Lieferungen durch die Nord-Stream-1-Pipeline, die wichtigste Verbindung für russisches Gas nach Deutschland, wird auf 40 % der Kapazität gekürzt. Kurz darauf stoppt Russland die Gaslieferungen nach Frankreich und halbiert diejenigen nach Italien und in die Slowakei.
- Seit 11. Juli 2022: kein Gas mehr durch Nord Stream 1.
- 26. September 2022: Anschlag auf die Nord-Stream-Pipelines mit mehreren Sprengungen auf dem Meeresboden in der Ostsee. Beide Stränge von Nord Stream 1 wurden zerstört sowie einer von zwei Strängen von Nord Stream 2. Darauf Angebot von Russland, über die nie in Betrieb genommene und politisch umstrittene Pipeline Nord Stream 2 neu Gas nach Westeuropa zu liefern.

Preisentwicklung: Gas (europäischer Referenzpreis TTF in EURO je MWh) am 19. Juli 2021 36, nach Zwischenhochs im Dezember 2021 und März 2022 bei starker Volatilität (Höhepunkt am 25. August 2022 mit 308) am 28. Oktober wieder bei 36. *Öl* (Brent in US$) November 2021 (im Durchschnitt) 76, März 2022 (Maximum) 139, bei starker Volatilität im November 2022 wieder bei rund 95.

Ziele der russischen Aktionen: Über Versorgungsengpässe und Preisschocks für Wirtschaft, private Haushalte und die Staaten Europas die Solidarität und Unterstützung der Ukraine unterminieren.

Begründungen Russlands für Liefereinschränkungen: Diverse wie Fehlen einer Turbine wegen Reparaturarbeiten, Wartungsarbeiten, offene Rechtsfragen, ausstehende Zahlungen in Rubel, faktisch aber eine Reaktion auf die Sanktionen des Westens.

Reaktion in Europa: Rasche Erschließung alternativer Energieangebote in Afrika, im Mittleren Osten und in Übersee (Flüssiggas), Gasspeicher füllen, Notfallpläne aktivieren, Kostenausgleich an Haushalte bezahlen, Energiepreisdeckel einführen, Strukturanpassungen im Energiebereich verstärken; die EU will bis „deutlich vor 2030" unabhängig vom russischen Erdgas werden.

5 Interdependenz der Systeme in der Krise

Vor dem Krieg trugen Erdöl und Gas zu rund 45 % der Einnahmen des russischen Staates bei. 2022 sind die Preise von Erdöl und Gas aufgrund der Sanktionen stark gestiegen. Weil mit dem Ausfall russischer Mengen an einem ohnehin angespannten Erdölmarkt der Ölpreis in die Höhe kletterte, stiegen Russlands Einnahmen aus fossilen Brennstoffen in den ersten 100 Tagen des Ukraine-Kriegs, trotz der geringeren verkauften Mengen, auf ein Rekordniveau an.[13]

Die ganze Entwicklung von Druck und Gegendruck, Sanktionen und Gegenmaßnahmen im Energiebereich ist ein Schock für die Wirtschaft und verursacht große Unsicherheiten weit über Europa hinaus. Es dürfte zu massiven wirtschaftsstrukturellen Anpassungen kommen. Die Energiewirtschaft versucht sich neu zu orientieren, u. a. die Nachfrage nach der Energieherkunft zu diversifizieren. Die Infrastruktur für die Energielogistik wird im großen Stil und unter hohen Kosten umgebaut. Energieintensive Sektoren/Branchen und Unternehmen müssen sich neu aufstellen.

Russland hat sich schon seit einiger Zeit den großen Energiemärkten China und Indien zugewandt.[14] Aufgrund seiner Vorbereitungen war Russland in der Lage, seine Exporte rasch nach China und Indien zu verlagern und im Mai 2022 Saudi-Arabien als größten Öllieferanten Chinas zu überholen. Die Zukunft wird zeigen, inwiefern Russland durch seinen Krieg in der Ukraine deutlich geschwächt worden ist, geht es doch in seiner Energiewirtschaft nicht nur um den Absatz von Erdöl, sondern zusätzlich auch um den Ersatz von westlicher Technologie, Investitionen und

---

[13] Für die EU wäre es eine alternative Strategie gewesen, keinen Boykott zu verfügen und proaktiv und rasch Alternativen zu realisieren und damit den Öl- und Gaspreis im besten Fall deutlich zu drücken. Dies wäre für Russland gefährlicher gewesen, denn hohe Energiepreise helfen Russland. Aber die USA sahen dies anders, und sie haben die Politik angeführt. Europa ist gefolgt.

[14] Zum Beispiel mit einem großen Öllieferungsvertrag zwischen Rosneft und China National Petroleum Corporation, CNPC oder der Beteiligung von Rosneft an Nayara Energy, einer indischen Raffinerie.

Finanzierungsmöglichkeiten. China ist ein harter Verhandlungspartner und wird diese Konstellation gegenüber Russland zu seinem Vorteil zu nutzen wissen. Die Struktur der Weltmärkte für Erdöl und Gas ist in einem starken Wandel begriffen. Ein sich abzeichnender *Energieblock Russland, China und Indien* ist nicht nur geopolitisch, sondern auch für die Entwicklung des Klimas eine große Herausforderung, da diese Länder sehr skeptisch gegenüber einer Dekarbonisierung sind.

5.2.6 Nahrungsmittel

Abhängigkeiten bestehen auch bei Nahrungsmitteln. Auch sie können als Druckmittel in geopolitischen Auseinandersetzungen eingesetzt werden. Jüngstes Beispiel liefert der Krieg Russlands gegen die Ukraine. Ukraine und Russland zusammen sind wichtige Exporteure von Weizen, Mais und Sonnenblumenöl (vgl. Keusch, 2022). Rund ein Drittel der globalen *Weizenexporte* stammt aus der Ukraine und Russland. Einzelne Länder sind in hohem Maße von diesen Lieferungen abhängig. So bezieht Ägypten mehr als 80 % seines Bedarfs an Weizen aus Russland und der Ukraine und Libyen 43 % alleine aus der Ukraine. Weitere Länder aus Afrika und im Nahen Osten sind von bedeutenden Lieferungen abhängig, um einen Großteil ihres täglichen Nahrungsbedarfs mit Brot zu decken. Sollte Russland dauerhaft die Schwarzmeerküste kontrollieren, was es offensichtlich als Kriegsziel hatte resp. immer noch hat, kann es seinen dadurch deutlich gesteigerten Anteil am globalen Getreideexport als politische *Waffe* einsetzen und z. B. nach dem Wohlverhalten von nachfragenden Ländern die Lieferungen hoch- und runterfahren, so wie es das jetzt schon bei Öl und Gas tut.

Für die Ernährung der Weltbevölkerung sind *Düngemittel* unerlässlich. Nährstoffe wie Stickstoff, Phosphor und Kalium spielen eine wesentliche Rolle für die Steigerung landwirtschaftlicher Erträge. Bei allen drei Düngerarten ist Russland einer der führenden Exporteure. Zusammen mit Weißrussland war das Land 2019 für rund 40 % der weltweiten Kaliexporte verantwortlich. So ist z. B. Brasiliens Agrarindustrie auf Düngemittel aus Osteuropa angewiesen. Die könnten infolge des Ukraine-Kriegs knapp werden, was die Preise für Kaffee, Soja und andere Lebensmittel steigern würde.

Wie zu beobachten ist, verhalten sich sowohl Ägypten wie auch Brasilien außenpolitisch so, dass Importe aus Russland begünstigt werden.[15]

5.3 Krise der Interdependenz

5.3.1 Abhängigkeiten als Instrument der Außen- und Sicherheitspolitik

Die aufgeführten Bereiche und Beispiele zeigen die großen wechselseitigen Verflechtungen und damit die hohe Interdependenz der wichtigsten Volkswirtschaften USA, China und Europa. Zusammenfassend können folgende *Stärken und Schwächen* im System der Interdependenz, im Wechselspiel von China, den USA und Europa ausgemacht werden:

China verfügt über beachtenswerte Stärken Am wichtigsten ist der sehr große Binnenmarkt Chinas, der für viele

---

[15] Ein geleakter angeblicher US-amerikanischer Geheimdienstbericht beschuldigt das Regime in Kairo, dem Kreml heimlich Waffen verkaufen zu wollen. Gemäß Washington Post sollten ägyptische Fabriken rund 40.000 Raketen sowie Artilleriegeschosse und Schießpulver in Zukunft für Putins Krieg in der Ukraine bereitstellen (Böhm, 2023).

Unternehmen weltweit sehr attraktiv ist. Sein Zugang wird deshalb von China in vielfältiger Form als Druckmittel benutzt. Die Monopolstellung bei den Seltenen Erden verleiht China geostrategisch eine enorme Macht. Mit der weit fortgeschrittenen Digitalwirtschaft, u. a. der 5G-Technologie und der Internetökonomie, gehört China zur Weltspitze und versucht damit, andere Länder für seine Technologie, seine Normen und Standards zu gewinnen. Dabei ist China bestrebt, seine dominante Position auszubauen und zu festigen. Wohl besteht eine hohe Verschuldung von Staat und privaten, aber nicht bei internationalen Gläubigern, sondern weitgehend intern, in der eigenen Währung. Damit kann China seine Schuldenproblematik selber kontrollieren, internationale Abhängigkeit ist von geringerer Bedeutung. Der für den wirtschaftlichen Erfolg bisher sehr wichtige hohe Grad der Exportorientierung und damit die hohe Abhängigkeit von den internationalen Märkten, nicht zuletzt vom US-Markt, ist prägend. Abhängigkeiten resp. Schwächen bestehen im Bereich der Highendhalbleiter. Auch beim „Smart Manufacturing" dürfte ein gewisser Rückstand vorhanden sein. Nachteilig ist, dass China auf den US-Dollar als Leitwährung angewiesen ist. Wohl ist die Importabhängigkeit beim Erdöl mit rund 70 % hoch, Erdöl hat aber nur einen Anteil von 17 % am gesamten Energiemix Chinas.

Die US-Dominanz bröckelt Die USA weisen Handelsbilanzdefizite sowohl mit China wie auch mit Europa aus. Mit einer Exportquote von Waren und Dienstleistungen (2021) von lediglich 10,8 % des BIP besteht nur eine geringe Auslandabhängigkeit. Ihr Handel mit China ist kein entscheidender Faktor der Abhängigkeit. Der Dollar ist als Leitwährung zu ihrem klaren Vorteil. Ebenso ihre dominierende Rolle an den Finanzmärkten. Sie verfügen über einen eigenen, großen Binnenmarkt und dominieren in einzelnen Hightechbereichen insbesondere bei den Highendhalbleitern. Sie sind technologisch aber in einzelnen Bereichen in Rückstand geraten wie z. B. im 5G-Bereich. Importabhängigkeiten im Energiebereich konnten sie deutlich reduzieren und sind (temporär) zu einem Exporteur von Energie geworden. Abhängigkeiten bestehen bei den Seltenen Erden. Nachteile bestehen als Schuldner gegenüber China und Japan, wobei diese finanziellen Abhängigkeiten wechselseitig sind.

Europa ist mit einer BIP-Exportquote (2021) für Waren und Dienstleistungen von 50,7 % stark vom Gang der Weltwirtschaft abhängig. Mit China bestehen beidseitige Abhängigkeiten. Diese sind generell (mit Ausnahmen, z. B. in der Automobilindustrie) (noch) nicht so intensiv, dass sie kritisch sein könnten. Noch vermag die EU aufgrund eigener Stärken ein Gegengewicht gegen China zu bilden. Es ist im wirtschaftlichen Interesse Chinas wie auch der EU, gegenseitige Abhängigkeiten bis zu einem bestimmten Grad einzugehen. Die von China immer wieder zitierte „Win-Win-Situation" ist eine Ermessensfrage. Starke Verflechtungen können zwar zu politischen Zwecken ausgenutzt werden, aber oft auch die Eskalation von Konflikten verhindern helfen.

Europa und die USA haben intensive Handelsbeziehungen, wobei Europa regelmäßig Überschüsse erzielt. Überschüsse von Europa zeigen sich auch bei den Direktinvestitionen in den USA. Wie alle Länder in der Welt ist auch Europa vom US-Dollar als Leitwährung abhängig. Abhängig von den USA ist Europa technologisch im ganzen IT-Bereich und insbesondere bei den Highendhalbleitern.

Die Achillesferse von Europa ist die Versorgung mit Energie, insbesondere Erdgas, und die damit verbundene große Abhängigkeit von Russland. Hinzu kommt die starke

Stellung von Russland bei der Versorgung der Welt mit Mineralien resp. mit verschiedenen für wichtige Produkte kritische Metalle wie Nickel. Europa verfügt praktisch über keine Seltenen Erden.

Wie aufgezeigt, bestehen für fast alle Länder vielfältige wirtschaftliche Verflechtungen und Abhängigkeiten. Diese sind für mächtige Staaten über damit verbundene *Sanktionsmöglichkeiten* zu einem Schlüsselinstrument, zu einem strategischen Mittel der Wirtschafts-, Außen- und Sicherheitspolitik geworden. Kausikan (2023) bringt es auf den Punkt: Beim Wettbewerb gehe es darum, „die Interdependenz als Wettbewerbsinstrument zu nutzen: sich so zu positionieren, dass man weiterhin von der Interdependenz profitiert, und die eigenen Schwachstellen abzuschwächen, während man die Schwachstellen des Rivalen ausnutzt".

Dabei geht es im Wesentlichen um Kontrolle und Beschränkungen der Wirtschaftsströme, z. B. von Kapital, Rohstoffen, Handel und neulich auch von Daten. Sanktionen verfolgen in der Regel einen strategischen Zweck. Sie sollen den Zielstaat dazu bringen, etwas zu tun, was der Angreifer gerne hätte, oder etwas zu unterlassen, das der Angreifer verhindern möchte. Zur strategischen Logik der Anwendung und Umsetzung von Sanktionen gehört, anderen Staaten zu signalisieren, dass solche und ähnliche Maßnahmen auch sie treffen könnten, sollten sie sich sehr offensiv und gegen die Interessen des Konkurrenten verhalten. So haben die Sanktionen gegen Russland im Zuge des Ukraine-Kriegs ohne Zweifel eine beabsichtigte Signalwirkung für China oder die Sanktionen Chinas gegen Litauen (im Zusammenhang mit der Taiwan-Frage) eine Signalwirkung gegen die EU. Es geht auch um das *Drohpotential von Sanktionen*.

Die Wirksamkeit von Sanktionen hängt von funktionstüchtigen und verlässlichen *Allianzen* ab. Sanktionen funktionieren, wenn sie von einer Koalition von Staaten angewandt werden, die es dem Zielstaat schwer macht, die Sanktionen zu umgehen. Gegen demokratische Staaten wirken sie oft besser als gegen autoritäre Staaten, denn in autoritären Staaten muss sich die Führung nicht unbedingt so sehr um die Bedürfnisse der resp. Kosten für die Bevölkerung kümmern. Ob Sanktionen wirksam sind und ihre Ziele erreichen, wird generell wie auch konkret im Falle gegen Russland wegen des Überfalls auf die Ukraine höchst kontrovers diskutiert (Peksen, 2019).

Seit einiger Zeit zu beobachten sind drei große Trends in der Weltwirtschaft: Sanktionen werden als Waffe eingesetzt, Staaten versuchen sich vorsorglich dagegen abzusichern und Folge dieser Entwicklung ist eine *Fragmentierung und Balkanisierung der Weltwirtschaft*. Alle drei Trends werden durch die Krise und den Krieg in der Ukraine beschleunigt (Posen, 2022).

Nationen und Sanktionen – Beispiele[16]
USA: Aufgrund der zentralen Stellung des Dollars in der Finanzarchitektur der Weltwirtschaft und der damit verbundenen Fähigkeit der USA, internationale Finanztransaktionen zu kontrollieren und zu unterbinden, setzen diese vor allem *Finanzsanktionen* ein. Weiter ergreifen sie aber auch Sanktionen über den internationalen Handel (Zollzuschläge, Exportverbote, z. B. für Halbleiter nach China) oder Abnahmeverpflichtungen (z. B. gegenüber China für landwirtschaftliche Produkte). Wichtig für die Wirksamkeit ihrer Maßnahmen sind indirekte Sanktionen in Form von Druck auf Drittländer wie Europa oder einzelne Firmen zur gemeinsamen Einhaltung von US-Sanktionen (z. B. gegenüber dem Iran). Auch Cyberaktivitäten gegen Zielstaaten spielen eine wachsende Rolle.

---

[16] Vergleiche dazu ausführlicher zu Interdependenz als Waffe Leonard (2016) und Wirtschaftskriegen Oermann und Wolff (2019, Kap. 3).

EU Auch für die EU sind *Finanzsanktionen* besonders wichtig. Im Zuge der jüngsten Konfrontation mit Russland wurde das Sanktionsinstrumentarium massiv ausgebaut. Weiter hat die EU einen Vorteil als *regulative Macht*, im Setzen von Normen und Standards für ihren gemeinsamen und weltwirtschaftlich bedeutenden Markt. Die Einhaltung von EU-Gesetzen und -Standards ist Voraussetzung für den Zugang zum EU-Binnenmarkt sowie zur EU-Mitgliedschaft. EU-Normen und Standards werden von vielen Unternehmen und Ländern deshalb als *Benchmark* genommen und haben eine Wirkung weit über die EU hinaus. Viele Regierungen in Europa sind der Überzeugung, dass die Wirtschaft vor Politik und Geopolitik geschützt werden sollte und dass zwischenstaatliche Konflikte durch Integration und Interdependenz verhindert werden können. Diese Haltung wird durch autoritär regierte Nationen mit starken Staatsinterventionen und Politisierung der Wirtschaft allerdings ernsthaft herausgefordert.

China China kann und wird finanzielle Sanktionen nicht sehr wirksam einsetzen, da China (noch) keine zentrale Stellung in der globalen Finanzarchitektur einnimmt. Umso größer ist das Potential Chinas, den Zugang zu seinem Markt selektiv zu gestalten oder wirksame *Handelssanktionen* zu erlassen. China ergreift solche vor allem dann, wenn das Zielland oder der Zielstaat sehr abhängig von China und dem Handel mit China geworden ist. Weiter schafft und nutzt China Abhängigkeiten über Infrastruktur, physisch und institutionell im Rahmen der BRI und über Kreditvergabe oder über den Aufbau neuer institutioneller Strukturen parallel zur vorhandenen Weltordnung, aber unter der Kontrolle von China. *Kontrolle der virtuellen Welt*: Peking verfolgt eine Agenda der Cybersouveränität, die das von den USA bevorzugte offene Modell der Internetverwaltung ablehnt. Nach chinesischen Vorstellungen sollen nationale Regierungen Datenströme und World Wide Web innerhalb ihres Hoheitsgebiets beaufsichtigen, kontrollieren und abschotten können. Cyberangriffe auf Zielstaaten werden für Wirtschaftsspionage u. a. m. im großen Stil eingesetzt.

Russland Russland setzt seine starke Stellung im Energiebereich, aber auch bei Rohstoffen wie z. B. kritischen Mineralien sowie Nahrungsmitteln (Weizen, Düngemittel) über die Steuerung seiner Lieferungen gezielt für seine strategischen Ziele ein. Beschränkungen für bestimmte kritische Mineralien können z. B. die Automobil-, Luft- und Raumfahrt- und Halbleiterhersteller treffen, und vor allem die europäische Technologieproduktion wie z. B. 3D-Druck oder Robotik. Russland ist der drittgrößte Lieferant der Welt von Nickel, das in Fahrzeugbatterien und für rostfreien Stahl verwendet wird. Dies ist eine echte Bedrohung für die Fähigkeit der EU, die grüne und die digitale Transformation im großen Stil umzusetzen. Für Russland sind Cyberangriffe neben Propaganda und Fehlinformationen auch ein wichtiges außenwirtschaftspolitisches Instrument, sei dies für Wirtschaftsspionage, sei dies für Störung von kritischen Infrastrukturen im Zielstaat.

Hybride Konfliktaustragung Allgemein dürfte es in den internationalen Beziehungen und den damit verbundenen hohen Abhängigkeiten aufgrund von wachsendem Misstrauen und Interessengegensätzen zu wachsenden Unsicherheiten und Konflikten kommen. In der geschilderten Konstellation der Interdependenzen absehbar sind: Handelskriege, Technologiekriege, Krieg der Talente, Rückgang der ausländischen Direktinvestitionen sowie neue, aufkommende Währungsunsicherheiten, alles unter der Schwelle eines heißen Krieges.

5.3.2 Sicherheit vor Effizienz – Verringerung von Abhängigkeiten[17]

Die Coronakrise seit 2019 wie auch die Sanktionen im Zusammenhang mit dem Ukraine-Krieg und den Reaktionen Russlands darauf (Energiekrieg) seit 2022 haben vielen Nationen wie auch Unternehmen vorhandene Abhängigkeiten drastisch vor Augen geführt. Diese Erfahrungen zusammen mit der zunehmenden politischen Entfremdung gegenüber China („China als strategischer Konkurrent") haben in weiten Teilen der Weltwirtschaft eine *Gegenbewegung zur Globalisierung* ausgelöst. Wertschöpfungsketten werden von Unternehmen wie auch von Staaten überprüft. Sie sollen strategisch neu organisiert und dabei Abhängigkeiten und damit verbundene Risiken reduziert werden. Eine (zumindest selektive oder partielle) Entkoppelung („Decoupling") ist im Gange, vgl. dazu Szenario 2, Decoupling in Kap. 10.

Schwachstellen identifizieren, Absicherungen vornehmen
Staaten wollen sich mehr und mehr davor schützen, mit Sanktionen unter Druck gesetzt zu werden. Sie fangen an, ihre Anfälligkeit für Sanktionen genau zu prüfen. Das führt zu einer Art Absicherungsverhalten in der Weltwirtschaft und zu Protektionismus. Worin zeigt sich dies in China, den USA und Europa?

China (vgl. dazu auch Kap. 7) hat seine Verflechtungen mit der Weltwirtschaft schon seit langer Zeit auf eine sehr strategische Weise gesteuert und begrenzt gehalten. Gezielt selektiv wurde eine internationale Kopplung dort angestrebt, wo China ausländische Technologie oder Konkurrenten für die eigene Entwicklung brauchte. Beispiel ist

---

[17] Vergleiche dazu ausführlich nach Ländern gegliedert in den Kap. 7, 8 und 9 dieses Buches.

Chinas Entwicklung im Bereich der Hochgeschwindigkeitszüge durch Import, Anwendung und Weiterentwicklung europäischer Technologie bis zur eigenen absoluten Weltmarktführerschaft (Lee, 2019). Bewusst abgeschottet hat sich China in jenen Sektoren, wo es aus strategischen Gründen die eigene Kontrolle haben will. Diese Bereiche waren und sind weiterhin meist staatseigenen, nationalen Champions vorbehalten (European Union Chamber of Commerce in China & Merics, 2021, S. 3).

> **Box 5.3 Chinas Strategie der zwei Kreisläufe**
>
> Den Binnenkonsum (erster Kreis) beleben und stärken und zu einem eigenständigen Standbein der Wirtschaft machen; den Export (zweiter Kreis) weiter betreiben, aber kontrolliert selektiv, um Abhängigkeiten vom Ausland in Grenzen zu halten. China plant in etlichen Schlüsselbereichen, in denen es international eingebundenen ist, autonom zu werden. Zu diesem Zweck wird unter Führung und mit großen Mitteln des Staates gezielt investiert. Dies beeinflusst den internationalen Wettbewerb und kann mittelfristig zum Verlust bedeutender Marktanteile der internationalen Wirtschaft in China führen. Zum einen, indem China vormals offene lokale Märkte abschottet, zum anderen, weil lokale Wettbewerber herausgebildet werden, die dann auf den noch offenen internationalen Märkten zu subventionierten Konditionen in den Wettbewerb treten.

Seit rund zwei Jahrzehnten verfolgt die chinesische Führung eine *umfassende Industriepolitik*, die darauf abzielt, Selbständigkeit bei kritischen Technologien zu entwickeln und eine Vormachtstellung in Branchen mit hoher Wertschöpfung anzustreben, z. B. China Manufacturing 2025 (CM2025), die darauf abzielt, die globalen Wettbewerber in zehn strategischen Technologien zu ersetzen. Dabei geht es um die Überwindung der „middle income trap", die Weiterentwicklung ihres Wirtschaftsmodells. Chinas Vorgehen stellt für Europa und die USA eine völlig neue wirtschaftspolitische Herausforderung dar. Chinas Staat und Wirtschaft arbeiten Hand in Hand.

Beispiel Digitalwirtschaft Dank staatlicher Unterstützung, selektiver Abschottung des Marktes von internationalen Wettbewerbern und dem Erfindungsreichtum (meist privater) chinesischer Unternehmer hat sich das Land zur globalen Führungsmacht in der Digitalwirtschaft entwickelt (Scheuer, 2021, S. 219 f.). Chinas führende Digitalkonzerne wie Alibaba, Tencent oder Baidu werden sich langfristig nicht auf China begrenzen. Sie werden u. a. mit Hilfe der Kaufkraft chinesischer Touristen und damit an ihre Systeme gebundener Konsumenten Märkte in Europa, Südostasien und anderen Ländern erschließen, diese vollständig verändern und dabei chinesischen Normen und Standards zum Durchbruch verhelfen. Danach steigt auch der Einfluss der Politik Chinas auf diese Länder.[18]

Die derzeitige *„Krise der Interdependenz"* mit China begründet sich durch die Kombination der starken Anziehungskraft des chinesischen Marktes, Chinas selektiv bedingter (Ab-)Kopplung, eines riesigen staatlichen Hilfsapparats sowie Protektionismus, der auf nationale Champions ausgedehnt wird. Verbunden mit dem gestiegenen Selbstbewusstsein ist China nicht gewillt, zu den Normen und Regeln der OECD zu konvergieren resp. diese zu akzeptieren. Es betont die Unterschiede und sagt, dass es das nicht tun wird (Rosen, 2018).

---

[18] China reguliert mit einem neuen Gesetz von 2021 umfassend, wie chinesische Daten behandelt werden sollten, innerhalb wie außerhalb der Volksrepublik, mit einem klaren Fokus auf nationale Sicherheit. Damit will China auch international Standards in diesem Bereich setzen (Sander, 2021).

5 Interdependenz der Systeme in der Krise

China will sein *Bestreben nach Eigenständigkeit verstärken.* Europäische Unternehmen in China berichten gemäß einer Umfrage von European Union Chamber of Commerce in China und Merics (2021), dass dieses Bestreben gegenwärtig anders und radikaler ist als in der Vergangenheit. Wie in den Zusammenfassungen der Zentralen Wirtschaftskonferenz von China vom Dezember 2020 festgehalten wurde, sind die beiden wichtigsten Prioritäten des offiziellen Chinas (Xinhua, 2020, 18. Dezember):

- Ausbau der *wissenschaftlichen und technologischen Stärke* mit der Forderung nach einem „neuartigen System für die gesamte Nation"; u. a. unabhängig sein von kritischen Komponenten wie Technologien aus dem Ausland und
- Entwicklung einer *größeren Autonomie und Kontrolle* in den industriellen Versorgungsketten.

Jede weitere Marktöffnung und tiefere Integration in die Weltwirtschaft werden von Chinas Entscheidungsträgern von der Unterstützung dieser Ziele abhängig gemacht. China will ein eigenständiges Ökosystem einheimischer Technologie aufbauen und beherrschen und in seinen Binnenmarkt integrieren. Dazu schafft es staatlich geförderte nationale Champions.

Präsident Xi Jinping ist der Ansicht, dass die USA bewusst und gezielt Chinas Aufstieg blockieren wollen. China mobilisiert deshalb für seine technische Revolution, um die Abhängigkeit vom Westen zu verringern.[19] Das mit Abstand wichtigste Thema am Parteitag der KPCh vom Oktober 2022 war die umfassende nationale Sicherheit. Aus der

---

[19] Bereits 2015 wurde mit dem Plan „Made in China 2025" das ehrgeizige Ziel verfolgt, dass chinesische Unternehmen innerhalb eines Jahrzehnts 70 % der im Inland eingesetzten Technologiekomponenten wie Halbleiter selber herstellen sollen. Gleichzeitig wird in großem Stil auf neue Technologien wie Wasserstofffahrzeuge und Biotechnologie gesetzt.

Priorität Sicherheit abgeleitet wird ein *wirtschaftlicher Nationalismus*, eine auf Sicherheit ausgerichtete Politik der „Eigenständigkeit" („self-reliance policies") und eine (relative) Abkehr von der Reform- und Öffnungspolitik. Der Schwerpunkt liegt ausdrücklich auf der Vorbereitung auf geopolitische Konfrontation und Wettbewerb in absehbarer Zukunft. Hinzu kommt die Kampagne „Gemeinsamer Wohlstand" („Common Prosperity" Campaign), mit der die Ungleichheit verringert und die kulturelle Einheit gefördert werden soll. Um dies zu erreichen, wird gegen allzu mächtig werdende Einheiten im Privatsektor vorgegangen, u. a. über Kontrolle von großen IT-Konzernen.

Präsident Xi Jinping dürfte kurzfristig bereit sein, einige Zugeständnisse gegenüber den USA zu machen, um den Schaden eines Handelskriegs zu begrenzen. Aber er ist auch dabei, die chinesischen Exportmärkte rasch zu diversifizieren (siehe BRI) und sich mehr auf die Stärkung des Binnenkonsums zu konzentrieren.

USA Reduktion und Kontrolle von Abhängigkeiten ist auch für die USA ein Thema, wie folgende Beispiele zeigen: Die Administration Biden hat die restriktive Handelspolitik der Administration Trump zum Schutz der USA und Reduktion von Abhängigkeiten gegenüber China im Wesentlichen weitergeführt.

Einen Hinweis auf die Überlegungen und Absichten der Administration Biden in diesem Zusammenhang liefert die „Executive Order on America's Supply Chains", Durchführungsverordnung über Amerikas Lieferketten vom 24. Februar 2021:

> „Die Vereinigten Staaten brauchen widerstandsfähige, vielfältige und sichere Lieferketten, um unseren wirtschaftlichen Wohlstand und unsere nationale Sicherheit zu ge-

währleisten. Lieferketten sind dann widerstandsfähiger, sicherer und vielfältiger, wenn sie eine größere inländische Produktion, ein breiteres Angebot, eingebaute Redundanzen, angemessene Lagerbestände, sichere digitale Netzwerke und eine amerikanische Produktionsbasis und Belegschaft von Weltklasse ermöglichen und gewährleisten. Es sind Empfehlungen zu erarbeiten: u. a. Schritte zur Stärkung der Widerstandsfähigkeit der amerikanischen Lieferketten; Reformen, die erforderlich sind, um Analysen und Maßnahmen im Bereich der Lieferketten effektiver zu gestalten, einschließlich gesetzlicher, regulatorischer, verfahrenstechnischer und institutioneller Änderungen".[20]

Unter dem Stichwort *„Technodemokratie-Strategie"* schlägt die Administration Biden vor, dass die Staaten der Technodemokratien viel besser zusammenarbeiten, zusammen denken und zusammen handeln müssten, um entsprechende Normen und Standards zu setzen (White House, 2023). Um China zu begegnen, geben auch einige Republikaner die Orthodoxie der freien Marktwirtschaft auf. So wird argumentiert, Daten und Demokratie seien nicht mehr als Gegensätze zu verstehen. Vielmehr habe Demokratie ohne ausreichende Daten „viele blinde Flecken". Gleichzeitig brauchen Daten die Demokratie, da sie sich sonst in einen „algorithmischen Albtraum" verwandeln könnten. Die USA dürften Druck auf Verbündete und Partner in Südostasien ausüben, diese Bemühungen zu unterstützen, die im Vergleich zur „Clean Network Initiative" der Trump-Administration noch weitreichender sind.

---

[20] Dazu der Bericht vom Juni 2021: Building Resilient Supply Chains, Revitalizing American Manufacturing, and Fostering Broad-Based Growth, 100-Day Reviews under Executive Order 14017, a Report by the White House. Er prüft Abhängigkeiten der USA in vier Bereichen („sector-by sector approach"): „Semiconductor Manufacturing and Advanced Packaging", „Large Capacity Batteries", „Critical Minerals and Materials" und „Pharmaceuticals und active Pharmaceutical Ingredients" und formuliert Empfehlungen.

Im ersten Halbjahr 2021 hat der US-Senat den „United States Innovation and Competition Act" (USICA) verabschiedet. Dieses überparteiliche Gesetz zielt darauf ab, die Wettbewerbsfähigkeit der USA durch die Förderung der amerikanischen Führungsrolle in Wissenschaft und Technologie zu verbessern. Als Teil des Pakets sind Mittel für den „CHIPS for America Act" („Creating Helpful Incentives to Produce Semiconductors for America Act") vorgesehen. Das CHIPS-Gesetz soll zur Steigerung der Halbleiterproduktion in den USA beitragen. Dafür sollen Bundesinvestitionen in Höhe von US$ 52 Mrd. für Forschung, Entwicklung und Herstellung von Halbleitern im Inland eingesetzt werden.

Europa Auch in Europa sind Diskussionen und Aktionen im Gange, die einem partiellen „Decoupling" gleichkommen. Der neu geschaffene europäische Rahmen zur Überprüfung ausländischer Direktinvestitionen[21] dürfte besonders chinesische Investoren treffen.

2020 hat die EU die „europäische Initiative im Bereich Mikroprozessoren und Halbleitertechnologien" mit in Aussicht gestellten Investitionen in Höhe von EURO 145 Mrd. lanciert, um in der Halbleiterbranche in Europa wieder eine eigene, starke Basis zu schaffen. In den Medien wird allerdings kontrovers diskutiert, ob die EU mit dieser Initiative auf dem richtigen Weg ist. Dies insbesondere, weil

---

[21] Verordnung (EU) 2019/452 zur Schaffung eines Rahmens für die Überprüfung ausländischer Direktinvestitionen in der EU. Zweck dieser Verordnung ist u. a. eine Möglichkeit für die EU-Länder zu schaffen, transparente, vorhersehbare und diskriminierungsfreie Mechanismen für die Überprüfung ausländischer Direktinvestitionen aus Gründen der Sicherheit oder der öffentlichen Ordnung einzurichten.

die Initiative in enger Zusammenarbeit mit Intel (USA) erfolgen soll.[22]

Das 9. Forschungsrahmenprogramm der Europäischen Union (EU), Horizon Europe, dauert von 2021 bis 2027. Es ist das weltweit größte Forschungs- und Innovationsförderprogramm und stellt das bisher ambitionierteste entsprechende Programm in der Geschichte der EU dar. Allerdings wird die große Mehrheit in Forschung und Entwicklung von Staat und Privaten in den einzelnen Nationen und aufgrund ihrer Budgets geleistet. Die EU-Forschungsförderung bewegt sich im Bereich einstelliger Prozente der gesamten europäischen FuE-Anstrengungen.

Noch stärker ins Gewicht fallen für Europa neben den EU-Aktivitäten strategisch ausgerichtete Maßnahmen einzelner Länder. Exemplarisch sei auf die Hightech-Strategie 2025 von Deutschland hingewiesen (Bundesministerium für Bildung und Forschung, BMBF, 2022). Diese ist in drei (allerdings sehr offen formulierten) Handlungsfeldern organisiert:

- *gesellschaftliche Herausforderungen:* Förderung von Forschung und Innovation an den Bedarfen der Menschen – etwa in den Bereichen „Gesundheit und Pflege", „Nachhaltigkeit, Klimaschutz und Energie", „Mobilität", „Stadt und Land", „Sicherheit" und „Wirtschaft und Arbeit 4.0",
- *Zukunftskompetenzen:* Deutschland an die Spitze der nächsten technologischen Revolutionen bringen; die Förderung neuer Technologien mit Investitionen in Aus- und Weiterbildung verbinden,

---

[22] Semiconductors: Europe's expensive plan to reach the top tier of chipmakers – The EU wants to enhance 'strategic autonomy' in a sector facing shortages but the risk is that it squanders public money (21 July 2021). Financial Times.

- *offene Innovations- und Wagniskultur:* Freiräume schaffen für Neues; ein Angebot zur Kooperation und als Orientierung für die Zusammenarbeit der Innovationskräfte in Europa.

Mit der „Hightech-Strategie 2025" sollen die Ausgaben für Forschung und Entwicklung zusammen mit der Wirtschaft in Deutschland bis 2025 auf 3,5 % des BIP gesteigert werden.

Ein weiteres Beispiel für ein partielles Decoupling bietet die *Energiepolitik*. So hat die EU-Kommission am 18. Mai 2022 als Reaktion auf den Angriffskrieg Russlands auf die Ukraine ihren REPowerEU-Plan („R[enewable]E[energy]powerEU") mit konkreten Maßnahmen zur Reduktion der Abhängigkeit von Russland vorgelegt (EU Commission, 2022, 18. Mai). Diese sollen die Mitgliedstaaten bei dem Ziel unterstützen, die EU deutlich vor 2030 von fossilen Brennstoffen unabhängig zu machen. Das Schwergewicht liegt dabei beim beschleunigten Ausbau erneuerbarer Energien (EE), der Anhebung der Produktion von Gas aus erneuerbaren Quellen sowie der Reduzierung des Energiekonsums.

5.3.3 Reorganisation der Wertschöpfungsketten und damit der Weltwirtschaft

Gründe für die intensiveren Verflechtungen und Abhängigkeiten waren in den vergangenen 20 bis 30 Jahren die wachsende internationale Arbeitsteilung und Spezialisierung mit Skalenökonomie und Effizienzsteigerung, die Öffnung der Märkte und Liberalisierung im Handel insbesondere durch den WTO-Beitritt Chinas 2001 sowie die Verbesserungen in der Kommunikation wie Internet und E-Mail, in Logistik und Transport u. a. mit Containern. Im

5 Interdependenz der Systeme in der Krise

Zentrum stand die Suche nach Kostenvorteilen und verbesserter Effizienz, kurz: die *Globalisierung*. Dabei wurden autoritäre Regimes wie China in die Weltwirtschaft integriert. Es entwickelte sich ein globaler Marktplatz. Der Handel als Anteil am globalen BIP stieg in den zwei Jahrzehnten bis 2008 von 37 % auf 61 %. Kapital war hoch volatil. Vom damit verbundenen gestiegenen Wohlstand haben viele profitiert, wenn es auch Verlierer gab.

Seit der zweiten Hälfte der 2010er-Jahre ist ein *gegenläufiger Trend mit Rückverlagerungen* im Gange. Ein Auslöser waren die Tarifpolitik und Restriktionen der Administration Trump im Handel mit China. Verstärkt wurde dieser Trend durch den mit der Covid-19-Pandemie seit Ende 2019/Anfang 2020 verbundenen massiven Einschnitt in die internationalen Wirtschaftsbeziehungen sowie durch die Null-Covid-Politik von China mit immer wiederkehrenden Lockdowns; weiter seit Februar 2022 durch die russische Invasion in der Ukraine und die darauffolgenden gegenseitigen Sanktionen mit den Verwerfungen in den Märkten für Energie und Ernährung.[23] Als Reaktion wollten viele Staaten und Staatengemeinschaften wie die EU ihre Abhängigkeit von autoritären Regimes, die aggressive Ambitionen verfolgen, abbauen und vermeiden. Zur Trendumkehr trugen weiter steigende Löhne und damit steigende Lohnkosten an bisher bevorzugten Standorten wie China sowie Produktivitätssteigerungen durch Automatisierung und Roboterisierung an der Heimbasis bei.

---

[23] In seinem Bericht vom April 2022 über die Analyse von 18 Ländern stellt das European Think-tank Network on China etwas erstaunt fest, dass außer der EU-Institutionen nur ein Viertel der untersuchten Länder bisher konzentrierte Anstrengungen unternommen hatten, um ihre Abhängigkeiten etwas vertiefter zu untersuchen und zu bewerten. Es brauche offensichtlich Weckrufe wie die Covid-19-Pandemie oder den Ukraine-Krieg, um die Themen Abhängigkeit, Anfälligkeit und Widerstandsfähigkeit bei vielen überhaupt auf die politische Agenda zu bringen (Seaman et al., 2022).

> **Box 5.4 Entkoppelung von Nationen und Kontinenten**
>
> Eine Studie des European Think-tank Network on China (ETNC) und Merics (2021, S. 4) unterscheidet und untersucht Entkoppelung im globalen Kontext in vier Bereichen:
>
> - Makroentkoppelung – politisch und finanziell,
> - Entkopplung des Handels – Aufspaltung von Lieferketten und Absicherung von kritischen Inputs,
> - Innovationsentkopplung – Rückzug auf eigene Forschung und Entwicklung (FuE) und Normen und Standards und
> - digitale Abkopplung – Trennung von Datenverwaltung, Netzausrüstung und Telekommunikationsdiensten.
>
> In allen vier Bereichen sind sowohl von China wie den USA offensichtliche Schritte der Abkoppelung zu beobachten. China bleibt selektiv dort an die Weltwirtschaft angekoppelt, wo es zum eigenen Fortschritt ausländische Technologie oder Konkurrenz noch braucht. In als strategisch bewerteten Sektoren, wo es genügend stark ist, will es ungebunden sein und bleiben.

Die in der Phase der Globalisierung etablierten Wertschöpfungsketten und Geschäftsmodelle werden transformiert und neu organisiert. Neu wird *Sicherheit gegenüber Effizienz stärker gewichtet*. Wertschöpfungsketten sollen widerstandsfähig, robust und belastbar sein. Dies bedeutet u. a. größere Lagerhaltung entlang der ganzen Wertschöpfungskette, Diversifikation der Lieferanten von Rohstoffen und Halbfabrikaten, „dual-, multi-sourcing" oder „friendly sourcing" und längerfristige Verträge, Verlagerung der Produktionsstätte, wenn auch immer noch im Ausland, näher an die Heimbasis „near-shoring" (Regionalisierung der Wertschöpfungskette) bis hin zum „on-shoring". Die eigene Kontrolle wird durch vertikale Integration verbessert, wie z. B. bei Tesla. Gestiegenen Energiepreisen wird

5 Interdependenz der Systeme in der Krise 291

mit vermehrter Nutzung von erneuerbaren Energien entgegnet, was regionale Märkte stärkt. Geschäfte werden vor allem mit Kunden abgeschlossen, auf die man sich verlassen kann. Mit all dem verbindet sich eine Neigung der Staaten zu *vermehrtem Protektionismus* verbunden mit stärkeren Subventionen zur Unterstützung der eigenen Wirtschaft. Gemäß UN-Schätzungen verfolgten 2021 im Zuge dieser Entwicklung mehr als 100 Länder, die zusammen über 90 % des globalen BIP ausmachen, eine aktive Industriepolitik. Dies führt zu einer *Politisierung der Wirtschaft*, zu einer *Fragmentierung der Weltwirtschaft*.

Beispiel China Das Panel der vom European Union Chamber of Commerce in China und Merics (2021) befragten Unternehmen identifizierte zwei sich abzeichnende Bereiche der Divergenz und Entkopplung, die rasch an Bedeutung gewinnen:

- *Normen und Daten*. In nicht strittigen Bereichen wie Maschinen und Chemikalien sind Chinas Normen weitgehend an die internationalen Normen angeglichen. Doch in den Bereichen, die China entweder als strategisch wichtig einstuft oder in denen seine digitalen Champions weltweit führend sind, werden die Normen immer weiter von den US-amerikanischen oder europäischen abweichen. Im Trend werden sich die EU und China an der Datenfront wahrscheinlich gegenseitig entkoppeln, da beide bei ihren Datenverwaltungssystemen unterschiedliche Anforderungen an die Standorte der Datenspeicherung vorantreiben und Hindernisse für den grenzüberschreitenden Datentransfer errichten.
- Der *Zugang zu bestimmten kritischen Rohstoffen* ist ein großes Problem für jedes Unternehmen, das in China tätig ist

oder auch nur im Rahmen einer Lieferkette mit China verbunden ist. Während sich die meisten Diskussionen über den „Technologiekrieg" auf kritische Inputs wie Highendhalbleiter beschränken, sind die Auswirkungen des Konflikts in Wirklichkeit viel weitreichender. Um die Abkopplungsrisiken zu kalkulieren, empfiehlt die Studie Unternehmen dringend, ihre eigenen Abläufe sowie die ihrer vor- und nachgelagerten Unternehmen zu überprüfen, um kritische Engpässe zu identifizieren, die möglicherweise von den USA oder China zu strategischen Zwecken ins Visier genommen werden könnten.

Die Investitionen ausländischer Unternehmen in China fielen in der zweiten Hälfte 2022 mit einem Rückgang von 73 % gegenüber dem Vorjahr auf den niedrigsten Stand seit 18 Jahren. Ja, die Summe der Desinvestitionen ausländischer Firmen ist deutlich größer geworden als deren Neuinvestitionen. Gleichzeitig stiegen die ausländischen Direktinvestitionen chinesischer Unternehmen. Es resultierte ein Nettoabfluss von US$ 41,7 Mrd., der erste seit fünfeinhalb Jahren. Weiter ist eine interne Entkopplung festzustellen. Unternehmen, darunter große Automobilhersteller, trennen ihre chinesischen und nichtchinesischen Lieferketten, um Risiken wie z. B. technologische Lecks zu begrenzen. Andere Unternehmen haben ihre Aktivitäten in China zurückgefahren oder sich ganz aus dem Land zurückgezogen (Kawate, 2023).

Handelskammern stellen u. a. im Zusammenhang mit den Beschlüssen des 20. Parteitags der KPCh vom Oktober 2022 unter ihren Mitgliedern in China einen dramatischen Einbruch des Geschäftsvertrauens fest. Es ist eine deutliche Zunahme von Firmen festzustellen, die nach einem zweiten Produktionsstandort außerhalb von China etwa in Vietnam oder Indonesien suchen, um von dort den asiatischen

Markt zu beliefern (European Union Chamber of Commerce in China, 2022).[24]

Die Weltwirtschaft befindet sich in einer *Krise der Interdependenz*. Dies hat sowohl geoökonomisch und geopolitisch schwerwiegende Konsequenzen. Es findet ein selektiver Rückbau der Globalisierung statt, eine strukturelle Veränderung hin zu geringerer internationaler Verflechtung der Handelsströme sowie zu einer Abnahme der Direktinvestitionen im Ausland. Möglich sind eine starke Einschränkung des freien Verkehrs von Gütern und Dienstleistungen und ein Verlust an Skalenökonomie sowie eine Verlangsamung von Innovationen und Produktivitätsfortschritten. Diese Entwicklung bindet zusätzliche Mittel und verursacht Kosten. Dies dürfte zu Effizienzverlusten, höheren Preisen der verschiedensten Produkte und zu einer generellen Verlangsamung des Trendwachstums der Wirtschaft führen. Ein Technonationalismus könnte zur Divergenz technologischer Ökosysteme führen, zu digitalen Räumen, die durch nationale Grenzen voneinander getrennt sind. Die beschriebenen Maßnahmen zur Reduktion der Abhängigkeiten fördern einen *Trend zur „Balkanisierung" und Fragmentierung der Weltwirtschaft*. Covidkrise und Ukraine-Krieg verstärken diese Entwicklung und begünstigen eine Blockbildung mit den Zentren USA und China.

---

[24] „Die sich ständig ändernden Visa- und Arbeitserlaubnisverfahren sowie die extremen Beschränkungen für Reisen in und aus China haben den ohnehin bereits stattfindenden Exodus ausländischer Staatsangehöriger aus der Europäischen Union sowie aus Ländern wie Japan, Korea und den USA zusätzlich beschleunigt." So Wuttke und er fährt fort: „Es ist unwahrscheinlich, dass sich der Trend der rückläufigen ausländischen Direktinvestitionen umkehrt, solange europäische Führungskräfte stark daran gehindert werden, nach und aus China zu reisen, um potenzielle neue Projekte zu entwickeln. Tatsächlich zwingt die wachsende Liste der Herausforderungen viele dazu, ihre China-Aktivitäten zu reduzieren, zu lokalisieren und zu isolieren" (Wuttke, 2022, 21. September).

Technonationalismus am Beispiel der Informations- und Kommunikationstechnologien

Die drohende digitale Abkopplung von China wirkt sich stark auf die Unternehmen aus. Die Mitglieder der europäischen Kammer zeichnen ein Bild der *zunehmenden Divergenz der technologischen Ökosysteme* (European Union Chamber of Commerce in China & Merics, 2021, S. 5 f.). Die europäischen Hersteller von Telekommunikations- und Netzwerkausrüstungen fühlen sich zunehmend aus dem Markt China gedrängt. Am besorgniserregendsten ist für Unternehmen der Branche der Informations- und Kommunikationstechnologie und eine wachsende Zahl von Firmen aus allen anderen Branchen, dass sie immer weniger in der Lage sind, ihre digitalen Lösungen bei Kunden in China zu integrieren. Dies sei größtenteils auf Marktzugangsbarrieren für die Bereitstellung von Basis- und Mehrwert-Telekommunikationsdiensten zurückzuführen.

Die Handelsströme im Hochtechnologiebereich werden von China und den USA immer schneller und differenzierter reguliert. Zu den direkten Marktzugangsbarrieren wie Negativlisten und nationalen Sicherheitsmaßnahmen kommen zunehmend indirekte Barrieren wie nationale Normen oder Lizenzanforderungen hinzu, um zu *verhindern, dass sich die technologischen Ökosysteme der USA und Chinas überschneiden.*

Ob es sich nun um den US-Vorschlag für ein sauberes Netzwerk (Administration Trump), „Technodemokratie-Strategie" (Administration Biden) oder um Maßnahmen chinesischer Behörden handelt, die darauf abzielen, autonome und kontrollierbare Technologien zu schaffen, alles ist Teil derselben bedenklichen Entwicklung: Die Technologien, die die Zukunft bestimmen und zunehmend in jeden Wirtschaftssektor integriert werden, werden zwischen zwei der drei größten Volkswirtschaften der Welt aufgeteilt, von denen sich jede durch eine wachsende „Firewall" von der anderen abschottet.[25]

Die USA bewegen sich auf eine Welt zu, in der chinesische Technologie aus den Lieferketten für die Amerikaner verbannt wird, während China staatlich geförderte nationale Champions schafft, um ein eigenständiges Ökosystem einheimischer Technologien zu beherrschen, das in seinen Markt integriert ist. Die Antworten auf diese Entwicklung sind ungewiss, unsicher, sicher aber kostspielig.

Da die globalen Lieferketten vielschichtig sind und in hohem Maße von einer Kombination führender Technologien aus den USA und China abhängen, befürchten europäische Unternehmen der Informations- und Kommunikationstechnologie, die das Beste aus beiden Märkten integrieren möchten, sich für eine von *zwei Strategien* entscheiden zu müssen (European Union Chamber of Commerce in China & Merics, 2021, S. 5):

- *Duale Systeme*: Errichtung und Betrieb eines Lieferketten- und FuE-Systems, das ausschließlich China bedient, und ein anderes, das den Rest der Welt versorgt. Oder:
- *Flexible Architektur*: Alles, was auf beiden Märkten „neutral" angeboten werden kann, wird für beide Systeme entwickelt und gebaut, während andere Teile für jeden Markt separat entwickelt werden und ausgetauscht werden können.

---

[25] Scheuer (2021, S. 42) hält fest: China ist es gelungen, eine Art chinesisches Intranet zu schaffen. Die Onlinezensur über ihre „große Firewall" schirmt viele globale Bereiche des Internets ab. „Die weltgrößte Internetnation bewegt sich fast ausschließlich in einem von der Staatsführung vorgegebenen Internetuniversum" Und weiter: „Das System ist so ausgeklügelt, dass chinesische Bürger selbst bei Reisen im Ausland oft nicht in den Genuss eines freien Internetzugangs kommen." Ihre Verbindungen können z. T. nur über China hergestellt werden und unterliegen damit deren Kontrolle. Schon früh schafften es die Zensoren, einen weitgehend geschützten Bereich für einheimische Internetfirmen zu schaffen.

Die zusätzlichen Kosten jeder der beiden Optionen sind beträchtlich. *Jeder Schritt auf dem Weg der Entkopplung fügt Innovation, Effizienz, Kosteneinsparungen und Skaleneffekten weiteren Schaden zu.* Unter den neuen Bedingungen aufgrund der Entkoppelung sehen sich einige Unternehmen ihrer Größenvorteile beraubt und vom China-Markt verdrängt. Andere müssten ihre Unternehmensstrukturen umorganisieren, um im Wettbewerb zu bleiben. In jedem Fall bedeutet dies den Verlust von Investitionen und Arbeitsplätzen sowie höhere Kosten und weniger Auswahl für die Endverbraucher. Diese Entwicklung zeigt auch, dass China als Absatzmarkt für westliche Firmen keinen garantierten Erfolg bietet. Sich laufend neu ergebende Unwägbarkeiten und Erschwernisse, wie neue Regulationen oder staatliche Unterstützung für einheimische Konkurrenten, können bis zum Rückzug von Firmen aus China führen. Die Attraktivität des China-Geschäfts dürfte zumindest in einzelnen Bereichen deutlich abnehmen.

Die Welt bewegt sich auf einen *zunehmenden Technonationalismus* zu mit der Möglichkeit einer vollständigen digitalen Desintegration. Um dies zu verhindern, sollten die Regierungen alle Bereiche der Entkopplung angehen. Europäische Unternehmen in China befürchten gemäß Umfrage: Sollte es den Regierungen nicht gelingen, „sich zu verständigen und einen allgemein akzeptierten Rahmen für das Risikomanagement zu schaffen, werden ganze Branchen aufgrund intensiver Beschränkungen, die im Namen der nationalen Sicherheit oder der Eigenständigkeit auferlegt werden, völlig abgeschottet werden. Das unvorstellbare Ergebnis wäre die Lähmung globaler Wertschöpfungsketten, von Größenvorteilen und von Innovationssystemen" (European Union Chamber of Commerce in China & Merics, 2021, S. 83 f.). Für die Regierungen geht es darum, die Überschneidung von teilweise unvereinbaren Wirtschaftsmodellen und widersprüchlichen geoökonomischen Strategien so zu bewältigen, dass eine bedeutende Störung der Globalisierung verhindert wird.

Diese Befürchtungen mögen für einzelne Bereiche wie die Informations- und Kommunikationstechnologie berechtigt sein. Allgemein ist die Diversifizierung der Lieferketten und die Erlangung von Autarkie selbst für Großmächte wie USA und China bei den vorhandenen intensiven Verflechtungen sehr schwierig zu erreichen, sehr kostspielig und würde viel Zeit in Anspruch nehmen. Wohl hat eine partielle Aufspaltung wie oben ausgeführt bereits stattgefunden, und es dürfte zu weiteren Aufspaltungen kommen. Aufgrund der gemachten Ausführungen ist dem erfahrenen Akademiker, Diplomaten und Beamten aus Singapur Kausikan (2023) zuzustimmen: „Apokalyptische Szenarien eines außerordentlich komplexen globalen Systems, das sich über alle Sektoren hinweg sauber in zwei getrennte Systeme aufteilt…, werden sich nicht bewahrheiten. Die Kosten für die beiden Großmächte und für andere Länder wären einfach zu hoch. Der Wettbewerb zwischen den Großmächten wird sicherlich zu einer Verlangsamung der Globalisierung beitragen, aber nicht zu ihrer Umkehrung."

5.3.4 Weder totale Entkoppelung noch strategische Abhängigkeiten

Europa auf der Suche nach einem mittleren Weg Ein Bericht des European Think-tank Network on China (ETNC) von 2020 (Esteban & Otero-Iglesias, 2020) mit Einzelstudien in 18 Ländern der EU zeigt, wie der Unilateralismus der USA und das gestiegene Selbstbewusstsein Chinas ein Umdenken in der strategischen Landschaft der EU ausgelöst haben. Trotz der Unterschiede zwischen den untersuchten Ländern befinden sich alle in einer ähnlichen Lage.

Sie alle betrachten die USA als ihren wichtigsten Verbündeten und sind auf ihren militärischen Schutz angewiesen. Gleichzeitig wollen sie alle mit China so viele Geschäfte wie möglich tätigen.

Dieser Widerspruch wird noch deutlicher, wenn man bedenkt, dass Washington seine sicherheitspolitische Präsenz in Ländern wie Ungarn, Griechenland und Polen verstärkt, während die wirtschaftliche Wachstumsdynamik in diesen Ländern zugunsten Chinas zu wirken scheint. Daher sind die europäischen Volkswirtschaften weit davon entfernt, eine mögliche Abkopplung in Betracht zu ziehen. Sie versuchen vielmehr, ihr wirtschaftliches Engagement mit China aufrechtzuerhalten, eventuell sogar zu verstärken. Dies geschieht allerdings in einem stärkeren Bewusstsein für die damit verbundenen strategischen Dimensionen und mit neuen defensiven Instrumenten, wie dem europäischen Investitionsscreening.

In mehreren der untersuchten 18 EU-Länder wird China als wichtiger Partner bei der Bewältigung globaler Herausforderungen und Fragen der Weltordnungspolitik wie dem Klimawandel, der internationalen Kriminalität, Migrationsströmen, der Reform der WTO und dem Atomabkommen mit dem Iran bezeichnet. Gleichzeitig werden jedoch dieselben Klagen laut, die auch in Washington D. C. geäußert werden, nämlich ein gewisser Argwohn und Misstrauen gegenüber der Belt and Road Initiative (BRI), Unbehagen über einen beschränkten und selektiven Marktzugang und verzerrten Wettbewerb sowie Bedenken über den Diebstahl geistigen Eigentums, Cyberspionage, den Erwerb europäischer strategischer Technologie und Infrastruktur, die Menschenrechtsbilanz in Tibet und in Xinjiang und die Machtkonzentration in den Händen von Xi Jinping.

Eine vollständige Entkoppelung wäre – wie vorne beschrieben – mit vielfältigen Nachteilen für alle Beteiligten verbunden. Die erwähnten Probleme und Herausforderungen, die die ganze Welt betreffen, sind nur über gegenseitige Absprachen, Koordination und Kooperationen auf globaler Ebene wirksam anzugehen. Kooperation bedeutet aber wiederum Abhängigkeiten. Zwischen vollständiger Entkoppelung und einer mit hohen Risiken verbundenen Interdependenz muss ein Mittelweg gefunden werden, d. h. *verkraftbare Abhängigkeiten.*[26] Es muss eine Strategie entwickelt und umgesetzt werden, bei der Wertschöpfungsketten neu organisiert, diversifiziert, Abhängigkeiten auf ein verkraftbares Maß reduziert, bereichsweise aber dennoch Kooperationen mit China gepflegt und gemeinsame Problemlösungen gesucht werden. Ziel sollte es sein, ein *„Level-Playing-Field"* in den Beziehungen mit China zu etablieren. Dies ist nur mit und über Politik zu erreichen. In diesem Zusammenhang hat die Präsidentin der Europäischen Kommission, Ursula von der Leyen, vorgeschlagen, die EU nicht von China abzukoppeln, sondern die Beziehungen zu entschärfen („de-risking"), siehe Box 5.5. Eine denkbare Interpretation wäre auch die Beschränkung der Beziehungen auf *„manageable risks".*

Box 5.5 Beziehungen zwischen der EU und China nicht abkoppeln, sondern entschärfen („de-risking")

Die Präsidentin der Europäischen Kommission, Ursula von der Leyen, rief in einer Rede am 30. März 2023 in Brüssel dazu auf, die Beziehungen zwischen der EU und China nicht abzukoppeln, sondern zu entschärfen („de-risking"). Damit unterscheidet sich von der Leyen zumindest rhetorisch von der US-Politik der Abkopplung im Handel mit China. „De-Risking" der EU bedeutet gemäß Rede konkret die Einführung von Handelsbeschränkungen für hoch sensible Technologien, bei denen eine militärische Nutzung nicht

---

[26] Ein Beispiel für einen Beitrag dazu ist das (allerdings eingefrorene) umfassende Investitionsabkommen zwischen der EU und China, „EU-China Comprehensive Agreement on Investment" (CAI). Vergleiche EU-China agreement: Milestones and documents, https://policy.trade.ec.EUROpa.eu/eu-trade-relationships-country-and-region/countries-and-regions/china/eu-china-agreement/milestones-and-documents_en

ausgeschlossen werden kann oder die Auswirkungen auf die Menschenrechte haben. Es geht um die Schaffung eines Mechanismus zur Überprüfung von Auslandsinvestitionen von EU-Unternehmen in besonders sensible Technologien, die die militärischen Fähigkeiten von Rivalen verbessern könnten. Weiter will die EU das „Umfassende Investitionsabkommen mit China" neu bewerten, ein bedeutendes Abkommen, das nicht ratifiziert wurde und seit 2021 auf Eis liegt. Gemäß Politikexperten (Kynge, 2023) gehört zur Botschaft der Rede, dass Europa eine klare Sicht auf China einnehmen müsse, die sich auf das stütze, was China sagt und tut, und nicht auf das, was sich Europa von ihm erhofft. Dabei werde das Schwergewicht auf die wirtschaftliche Sicherheit gelegt. Nachdem die EU ihre Beziehungen zu China 2019 als die eines „Kooperations- und Verhandlungspartners, eines wirtschaftlichen Konkurrenten und eines systemischen Rivalen" bezeichnet hat, liege jetzt die Betonung klar auf Systemrivalität.

Die Reaktion der Volksrepublik folgte prompt. So schrieb die Global Times (2023, 2. April): „Die so genannte ‚Risikominderung' der EU ist kein pragmatischer Ansatz für die Beziehungen zwischen Europa und China, der den Interessen der EU entspricht, sondern eine ideologische Position und eine Mentalität, die sich gegen China richtet. Das Ergebnis ist, dass die Politik der EU mehr mit der der USA übereinstimmt und sie schließlich von den USA in ihrem Block oder ihrer Einflusssphäre ‚eingekreist' werden wird."

Es sei „relativ einfach, die Beziehungen der EU zu China in einem gewissen Abstand zu denen der USA zu halten. Die EU sollte pragmatisch sein, die Zusammenarbeit mehr schätzen und sie an ihren eigenen Interessen messen, nicht an Ideologie oder den Forderungen anderer Großmächte. Mit einer solchen Einstellung zur Entscheidungsfindung werden Themen wie das umfassende Investitionsabkommen zwischen China und der EU (CAI), das derzeit im Europäischen Parlament ‚eingefroren' wird, kein Problem darstellen."

Parallel dazu zeigte sich Fu, Botschafter Chinas bei der EU (2023, 4. April), im Interview mit CGTN enttäuscht über die Rede. Diese habe eine Menge falscher Darstellungen und Fehlinterpretationen der chinesischen Politik und Positionen enthalten. Von der Leyen sollte „… mehr über China lernen, damit sie die chinesischen Positionen und die chinesische Politik besser verstehen kann".

> „Wenn wir über De-Risking versus De-Coupling sprechen, dann ist De-Risking natürlich etwas besser als De-Coupling. ... Aber ich muss sagen, dass die Risiken im Hinblick auf die Abkopplung nicht von China ausgehen. Unserer Ansicht nach besteht das größte Risiko für eine normale Handelsbeziehung zwischen China und Europa in der Politisierung und Instrumentalisierung von Handelsfragen für geopolitische oder sogar ideologische Zwecke. Wenn wir die wirtschaftlichen Beziehungen zwischen China und Europa wirklich entschärfen wollen, ist es meines Erachtens wichtig, dass wir einander auf gleicher Augenhöhe behandeln und versuchen, ein für beide Seiten vorteilhaftes Ergebnis zu erzielen und die mögliche politische Einmischung in unsere wirtschaftlichen Beziehungen zu reduzieren."
>
> Weiter spreche von der Leyen „davon, dass China die globalen Lieferketten dominieren will. Das ist eine völlige Verzerrung unserer Position. Wir streben das nicht an. Was wir anstreben, ist die Fortsetzung der Globalisierung der Wirtschaft, damit alle Länder von der globalen Interaktion profitieren können."

5.3.5 Verstärkte Rolle des Staates – Politisierung der Wirtschaft

Der angloamerikanische Kapitalismus mit der klaren Vorherrschaft des Marktes und geringen Staatsinterventionen (als „ein ergebnisoffener Wettbewerb") ist durch die Methoden und die damit erreichten Leistungen des autoritären Staatskapitalismus Chinas fundamental herausgefordert. Der Markt alleine wird anstehende Herausforderungen im Systemwettbewerb mit China wie z. B. das Problem der Seltenen Erden oder die Entwicklungen von Spitzentechnologien nicht „automatisch" bewältigen. Die Politik ist gefordert.

Generell ist eine wachsende Rolle des Staates für die Wirtschaft und damit eine weitere *Politisierung der Wirtschaft* zu erwarten, vor allem in Europa. Aspekte wie Industriepolitik, Technologie- und Innovationsförderung sind in der intensiven und offensiven Konfrontation mit dem autoritären Staatskapitalismus grundlegend zu überdenken, weiterzuentwickeln und auf intelligente Art und Weise zu nutzen. Es geht um Komplementaritäten von Staat und Wirtschaft, von Politik und Markt, vgl. Kap. 2. Das ist eine große Herausforderung für die festgefahrenen, dogmatischen ordnungspolitischen Grundsätze vieler Europäer.

Lange war folgende *Konvergenzthese* beliebt: Die wachsende Interdependenz der Weltwirtschaft verbunden mit steigendem Wohlstand in China führe zur Konvergenz Richtung Marktwirtschaft und Demokratie. Oder auf Russland bezogen gelte „Wandel durch Handel". Diese These hat sich in der angedachten Form nicht bestätigt, jedoch in ihrer Umkehrung. Aufgrund der gemachten Beobachtungen findet ein Wandel aufgrund von Handel effektiv statt. Der zunehmende Erfolg Chinas und seines Staatskapitalismus drängt die Marktwirtschaften und die Demokratien zu Anpassungen und Zugeständnissen (Otte, 2022). Westliche Firmen und Staaten weichen für ihren geschäftlichen Erfolg von ihren eigenen Prinzipien ab und akzeptieren Vorgaben und Forderungen von China. So entscheiden sich Firmen z. B. für die bewusste Ausblendung heikler Themen wie Menschenrechtsfragen, die Ausgrenzung bestimmter Personen und Gruppen als Kunden,[27] Selbstzensur z. B. von Verlagsinhalten[28] oder von Drehbüchern von Hollywood-Filmstudios. Und Staaten betreiben z. B. eine offensive

---

[27] Zum Beispiel die Schließung des Bankkontos einer Stiftung von Ai Weiwei durch die Credit Suisse (Finews.ch. 8. September 2021).

[28] Namhafte Verlage wie Allen & Unwin, Routledge und Cambridge University Press selektionierten selber oder überließen es chinesischen Behörden zu entscheiden, welche Artikel oder Bücher mit China-sensitivem Inhalt aus ihrem Programm genommen werden, dies gemäß diversen Quellen in Hamilton und Ohlberg (2020, S. 353 ff.). Hollywood unterwirft sich dem weltgrößten Filmmarkt China. Hollywood übt sich in Selbstzensur, um Filme in China zeigen zu können. Die Filmer brauchen chinesisches Geld (Suter, 2019). Apple speichert alle Daten seiner in China registrierten Kunden vor Ort, wozu Datenverarbeiter nach chinesischem Gesetz verpflichtet sind. Die Daten liegen in mindestens zwei staatlichen Datenzentren. Es gibt Hinweise, dass auch die Schlüssel zu diesen verschlüsselten Daten in China liegen (Langer & Sander, 2021).

Industrie- und Technologiepolitik und setzen ein Mitspracherecht bei Investitionen ausländischer Firmen vor Ort sowie eigener Unternehmen im Ausland durch. Die USA wie auch die EU untergraben die Handelsordnung, die sie einst selber geschaffen haben. Die regelbasierte Weltwirtschaftsordnung verkommt zur Illusion.

Die größere Arbeitsteilung und stärkere Integration in der Weltwirtschaft haben zu keiner größeren Stabilität und Harmonie der Weltgemeinschaft geführt, vielmehr zu Abhängigkeiten und deren offensiver Ausnutzung durch mächtige Staaten und Unternehmen. Es ist fraglich, ob der zu beobachtende Rückbau der Globalisierung und die Fragmentierung der Weltwirtschaft diese Ziele eher erreichen werden. Zudem dürften die dabei anfallenden Kosten beträchtlich und sehr ungleich verteilt sein.

Literatur

Bloomberg. (2023, January 14). China's imports of ICs fell in 2022 for first time since 2004. *Bloomberg News*. https://www.bloomberg.com/news/articles/2023-01-14/china-s-imports-of-ics-fell-in-2022-for-first-time-since-2004#xj4y7vzkg. Zugegriffen am 05.02.2023.

Böhm, D. (2023, 13. April). 40 000 Raketen für Putin: Will Ägypten Russland Waffen liefern? *NZZ*. https://www.nzz.ch/international/aegypten-will-kairo-raketen-an-russland-liefern-ld.1733695. Zugegriffen am 14.04.2023.

Bundesministerium für Bildung und Forschung (BMBF). (2022). *Zukunftsstrategie Forschung und Innovation* (25. Oktober 2022), Berlin. https://www.bmbf.de/bmbf/de/forschung/zukunftsstrategie/zukunftsstrategie_node.html. Zugegriffen am 05.11.2022.

Centre for the Study of the Presidency and Congress (CSPC). (2021). *Geotech: Fostering competitiveness for technological competition*. https://www.thepresidency.org/geotech-report. Zugegriffen am 12.02.2022.

Dreher, A., & Jensen, M. N. (2007). Independent actor or agent? An empirical analysis of the impact of U.S. interests on international monetary fund conditions. *Journal of Law and Economics, 50*(1), 105–124.

Esteban, M., & Otero-Iglesias, M. (Hrsg.). (2020). *Europe in the face of US-China rivalry* (Annual report). European Think-tank Network on China (ETNC).

EU Commission. (2022, Mai 18). *REPowerEU: Affordable, secure and sustainable energy for Europe.* https://commission.europa.eu/strategy-and-policy/priorities-2019-2024/european-green-deal/repowereu-affordable-secure-and-sustainable-energy-europe_en. Zugegriffen am 05.06.2022.

Eurostat. (2022). Archive: EU energy mix and import dependency. https://ec.europa.eu/eurostat/statistics-explained/index.php?title=Archive:EU_energy_mix_and_import_dependency#Energy_mix_and_import_dependency. Zugegriffen am 21.02.2022.

EU-China Comprehensive Agreement on Investment (CAI). *Milestones and documents.* https://policy.trade.ec.EUROpa.eu/eu-trade-relationships-country-and-region/countries-and-regions/china/eu-china-agreement/milestones-and-documents_en. Zugegriffen am 13.02.2022.

European Think-tank Network on China (ETNC). (2022). *Dependence in Europe's relations with China weighing perceptions and reality* (Annual report).

European Think-tank Network on China (ETNC), & Merics. (2021). *Decoupling – Severed ties and patchwork globalisation.* https://merics.org/sites/default/files/2021-01/Decoupling_EN.pdf. Zugegriffen am 12.02.2022.

European Union Chamber of Commerce in China. (2022). *European business in China – Business confidence survey 2022.* https://europeanchamber.oss-cn-beijing.aliyuncs.com/upload/documents/documents/European_Chamber_Business_Confidence_Survey_2022[1020].pdf. Zugegriffen am 03.11.2022.

European Union Chamber of Commerce in China, & Merics. (2021). *Decoupling. Severed ties and patchwork globalisation.*

Finews.ch. (8. September 2021). *Credit Suisse schmeisst chinesischen Künstler Ai Weiwei raus.* https://www.finews.ch/news/banken/47794-credit-suisse-ai-weiwei-kontoschliessung#:~:text=Die%20Credit%20Suisse%20(CS)%20hat,schliessen%2C%20die%20einen%20Strafregistereintrag%20h%C3%A4tten. Zugegriffen am 10.09.2021.

Fu Cong. (2023, April 4). *Transcript of Ambassador Fu Cong's interview with CGTN.* http://eu.china-mission.gov.cn/eng/mh/202304/t20230404_11054290.htm. Zugegriffen am 10.04.2023.

Global Times. (2023, April 2). *Von der Leyen's 'de-risking' not a pragmatic approach to Europe-China relations.* https://www.globaltimes.cn/page/202304/1288422.shtml. Zugegriffen am 10.04.2023.

Glosserman, B. (2023, February 21). China decoupling debate misses the most important point. The focus on economic efficiency forgets to calculate the heavy price such a move would cost. *The Japan Times.* https://www.japantimes.co.jp/opinion/2023/02/21/commentary/world-commentary/china-decoupling/#:~:text=Forced%20to%20completely%20decouple%2C%20investment,to%20%2475%20billion%20a%20year. Zugegriffen am 03.03.2023.

Häberli, S. (2020, 13. März). Muss die Schweiz über Huawei sprechen? *NZZ.*

Hamilton, C., & Ohlberg, M. (2020). *Die lautlose Eroberung.* Deutsche Verlags-Anstalt.

Horn, S., Parks, B. C., Reinhart, C. M., & Trebesch, Ch. (2023). *China as an international lender of last resort* (Working paper 124). AIDDATA.

Huotari, M., Weidenfeld, J., & Wessling, C. (2020). *Towards a "Principles First Approach" in Europe's China policy – Drawing lessons from the Covid-19 crisis.* Merics.

Kausikan, B. (2023, April 11). Navigating the new age of great-power competition statecraft in the shadow of the U.S.-Chinese rivalry. *Foreign Affairs.* https://www.foreignaffairs.com/united-states/china-great-power-competition-russia-guide. Zugegriffen am 15.04.2023.

Kawate, I. (2023, February 28). Foreign investment in China slumps to 18-year low. Economic and political worries spur more exits and fewer new entries. *Nikkei Asia*. https://asia.nikkei.com/Economy/Foreign-investment-in-China-slumps-to-18-year-low. Zugegriffen am 05.03.2023.

Keusch, N. (2022, Juli 13). Weizen aus der Ukraine. *NZZ*.

Kullik, J. (2019). *Unter dem Radar Die strategische Bedeutung Seltener Erden für die wirtschaftliche und militärische Sicherheit des Westens*. Bundesakademie für Sicherheitspolitik, Arbeitspapier Sicherheitspolitik Nr. 13/2019.

Kynge, J. (2023, March 30). Von der Leyen's 'de-risking' is a tougher stance on China. *Financial Times*. https://www.ft.com/content/c89c9472-51d6-42fc-a305-22dba159cca2. Zugegriffen am 05.04.2023.

Langer, M. -A., & Sander, M. (2021, August 10). In China wirkt Apples Selbstverständnis als Datenschützer wie eine Farce. *NZZ*. https://www.nzz.ch/technologie/in-china-wirkt-apples-selbstverstaendnis-als-datenschuetzer-wie-eine-farce-ld.1634116?reduced=true. Zugegriffen am 13.08.2021.

Lee, F. (2019, Oktober 2). 1.300 Kilometer in viereinhalb Stunden – Gut kopiert: Vor zehn Jahren hing China noch von ausländischem Know-how ab. Heute baut das Land den schnellsten Zug der Welt – mit Technologie von Siemens. *Zeit online*. https://www.zeit.de/wirtschaft/2019-09/hochgeschwindigkeitszug-china-fuxing-crrc-zugverkehr?utm_referrer=https%3A%2F%2Fwww.google.ch%2F. Zugegriffen am 20.09.2021.

Leonard, M. (2016). Interdependenz als Waffe. Die EU muss die Zeichen der geoökonomischen Zeit erkennen. *Internationale Politik*. 94–103. https://internationalepolitik.de/de/interdependenz-als-waffe. Zugegriffen am 20.09.2021.

von der Leyen, U. (2023, March 30). *Speech on EU-China relations to the Mercator Institute for China Studies and the European Policy Centre*. Brussels. https://ec.europa.eu/commission/presscorner/detail/en/speech_23_2063. Zugegriffen am 02.04.2023.

Liu, Z. Z. (2022, September 21). China is quietly trying to dethrone the dollar. *Foreign Policy*. https://foreignpolicy.

com/2022/09/21/china-yuan-us-dollar-sco-currency/. Zugegriffen am 25.09.2022.

Nikkei staff writers. (2023, March 29). Chip equipment exports to China tumble as U.S. pushes decoupling. Impact could grow as Japan and Netherlands weigh their own restrictions. *Nikkei Asia.* https://asia.nikkei.com/Business/Tech/Semiconductors/Chip-equipment-exports-to-China-tumble-as-U.S.-pushes-decoupling. Zugegriffen am 04.04.2023.

NIS Corporation Group. (2019, October). *EU coordinated risk assessment of the cybersecurity of 5G networks* (Report 9).

Nuspliger, N., & Sander, M. (2022, April 22). Darf eine chinesische Firma Grossbritanniens grössten Chip-Hersteller kaufen? Die Debatte wirft ein Schlaglicht auf Pekings strategische Übernahmen. *NZZ.* https://www.nzz.ch/wirtschaft/newport-wafer-fab-chinas-strategische-uebernahmen-ld.1678170?reduced=true. Zugegriffen am 24.04.2022.

Oermann, N. O., & Wolff, H. -J. (2019). *Wirtschaftskriege. Geschichte und Gegenwart.* Herder.

Otte, Ch. (2022). *China erhöht wirtschaftlichen Druck auf Unternehmen.* GTAI. German Trade & Invest. https://www.gtai.de/de/trade/china/wirtschaftsumfeld/china-erhoeht-wirtschaftlichen-druck-auf-unternehmen-905092. Zugegriffen am 19.10.2022.

Oxford Economics. (2017). *Understanding the US-China trade relationship.* Report prepared for the US-China Business Council.

Peksen, D. (2019). When do imposed economic sanctions work? A critical review of the sanctions effectiveness literature. *Defence and Peace Economics, 30*(6), 635–647. https://www.tandfonline.com/doi/abs/10.1080/10242694.2019.1625250. Zugegriffen am 02.09.2022.

Posen, A. S. (2022, March 17). The end of globalization? What Russia's war in Ukraine means for the world economy. *Foreign Affairs.*

Randall, S. (2022, August 12). Why is China investigating the state-backed semiconductor "Big Fund"? By launching a series of investigation on the semiconductor Big Fund, China hopes to continue its push for chip self-sufficiency. *Technode.* https://technode.com/2022/08/12/silicon-why-is-china-

investigating-the-state-backed-semiconductor-big-fund/. Zugegriffen am 06.09.2022.
Rosen, D. H. (2018, January 19). *A post-engagement US-China relationship?* Rhodium Group. https://rhg.com/research/post-engagement-us-chinarelationship/. Zugegriffen am 27.09.2021.
Rosen, D. H., & Gloudeman, L. (2021). *Understanding US-China decoupling: Macro trends and industry impacts.* US Chamber of Commerce.
Sahin, K., & Barker, T. (2021, April). *Europe's capacity to act in the global tech race – Charting a path for Europe in times of major technological disruption* (Report no. 6). German Council on Foreign Relations.
Sander, M. (2020, November 19). Die USA wollen ein China-freies Internet. Dazu setzt die Trump-Regierung auch Verbündete wie Südkorea unter Druck. *NZZ.* https://www.nzz.ch/technologie/tech-konflikt-usa-china-biden-klingt-wie-trump-nur-hoeflicher-ld.1587583. Zugegriffen am 20.11.2020.
Sander, M. (2021, Juni 19). Chinas neues Gesetz zur Datensicherheit fragmentiert das Internet weiter – und es beansprucht weltweite Gültigkeit. *NZZ.* https://www.nzz.ch/technologie/china-fragmentiert-das-internet-mit-neuem-daten-gesetz-noch-mehr-ld.1631177. Zugegriffen am 20.06.2021.
Sander, M. (2022a, Oktober 11). „Keine Chance auf Versöhnung" – Chinas Chipindustrie wird durch die neuen US-Exportverbote um Jahre zurückgeworfen. *NZZ.* https://www.nzz.ch/technologie/keine-chance-auf-versoehnung-chinas-chip-industrie-wird-durch-die-neuen-us-exportverbote-um-jahre-zurueckgeworfen-ld.1706628. Zugegriffen am 12.10.2022.
Sander, M. (2022b, November 2). Deutsche Chipfabrik Elmos soll nach China verkauft werden – an einen Mann mit engen Verbindungen zu Partei und Militär. *NZZ.* https://www.nzz.ch/technologie/der-fall-elmos-eine-deutsche-chip-produktion-soll-nach-china-verkauft-werden-an-einen-mann-mit-engen-

verbindungen-zu-partei-und-militaer-ld.1710277?reduced=true. Zugegriffen am 03.11.2022.
Sander, M. (2023, März 2). Die Niederlande baten Deutschland vor neuen Chip-Restriktionen gegen China um Unterstützung – und erhielten eine Abfuhr. *NZZ*. https://www.nzz.ch/technologie/die-niederlande-baten-deutschland-vor-neuen-chip-restriktionen-gegen-china-um-unterstuetzung-und-erhielten-eine-abfuhr-ld.1726900. Zugegriffen am 03.03.2023.
Scheuer, S. (2021). *Der Masterplan. Chinas Weg zur Hightech-Weltherrschaft*. Herder.
Seaman, J., Ghiretti, F., Erlbacher, L., Martin, X., & Otero-Iglesias, M. (Hrsg.). (2022). *Dependence in Europe's relations with China – Weighing perceptions and reality* (Annual report). European Think-tank Network on China (ETNC).
Semiconductors: Europe's expensive plan to reach the top tier of chipmakers. (2021, July 21). *Financial Times*. https://www.ft.com/content/d365bfe0-98c4-49b5-8e82-dc4386623ace. Zugegriffen am 15.09.2022.
Smit, S., Tyreman, M., Mischke, J., Ernst, P., Hazan, E., Novak, J., Hieronimus, S., & Dagorret, G. (2022, September). *Securing Europe's competitiveness. Adressing its technology gap*. McKinsey Global Institute. https://www.mckinsey.com/capabilities/strategy-and-corporate-finance/our-insights/securing-europes-competitiveness-addressing-its-technology-gap. Zugegriffen am 03.10.2022.
Suter, M. (2019, August 12). Hollywood unterwirft sich dem weltgrössten Filmmarkt China. Hollywood übt sich in Selbstzensur, um Filme in China zeigen zu können. Die Filmer brauchen chinesisches Geld. *NZZ*.
Weinold, M. (2021, June 24). Europe is running out of semiconductors – Here's what it can learn from tech survivor Osram. *The Conversation*. https://theconversation.com/europe-is-running-out-of-semiconductors-heres-what-it-can-learn-from-tech-survivor-osram-154028. Zugegriffen am 07.09.2021.

White House. (2021). *Building resilient supply chains, revitalizing American manufacturing, and fostering broad-based growth, 100-Day reviews under executive order 14017*. Report by the White House.

White House. (2023, March 2). *Fact sheet: Biden-Harris administration announces National Cybersecurity Strategy*. https://www.whitehouse.gov/briefing-room/statements-releases/2023/03/02/fact-sheet-biden-harris-administration-announces-national-cybersecurity-strategy/. Zugegriffen am 10.03.2023.

Wuttke, J. (2022, September 21). China: Ideologie übertrumpft die Wirtschaft. *The market.* https://themarket.ch/meinung/china-ideologie-uebertrumpft-die-wirtschaft-ld.7415. Zugegriffen am 23.09.2022.

Xinhua. (2020, December 18). *The central economic work conference held in Beijing speeches by Xi Jinping and Li Keqiang.* http://www.xinhuanet.com/politics/leaders/2020-12/18/c_1126879325.htm. Zugegriffen am 08.09.2022.

Zenglein, M. J. (2020). *Mapping and recalibrating Europe's economic interdependence with China*. Merics.

Teil II

Auseinandersetzung um eine neue geopolitische Weltordnung

6

Ausgangslage: die noch geltende internationale Ordnung angelsächsisch-liberaler Prägung und die realen Machtverhältnisse

Johann Bucher

Inhaltsverzeichnis

6.1 Vorbemerkungen zum Begriff Weltordnung und
  zur Wissenschaft der internationalen Beziehungen 315
  6.1.1 Zum Begriff Welt- und Friedensordnung 315
  6.1.2 Gedankliche Grundlagen von
    Weltordnungsmodellen 316
  6.1.3 Die Wissenschaft der internationalen
    Beziehungen 319
  6.1.4 Das westfälische System 333
6.2 Die (noch) geltende internationale Ordnung
  angelsächsisch-liberaler Prägung 335
  6.2.1 Die Weltordnung von 1945. Allgemeines 335
  6.2.2 Die Entwicklung der Nachkriegsordnung 347
6.3 Schlussbetrachtung 386
Literatur 390

J. Bucher (✉)
Bern, Schweiz
E-Mail: johannbucher@bluewin.ch

© Der/die Autor(en), exklusiv lizenziert an Springer Fachmedien
Wiesbaden GmbH, ein Teil von Springer Nature 2023
B. Hotz-Hart et al., *Über Systemwettbewerb zu einer neuen Weltordnung?*,
https://doi.org/10.1007/978-3-658-42016-1_6

Zusammenfassung Die herrschende Weltordnung trägt noch Züge der Nachkriegsordnung von 1945, auch wenn sie sich inzwischen verändert hat. Als Sieger haben die USA die Ordnung aus einem aufklärerisch-liberalen Geist geschaffen und durch multilaterale internationale Organisationen abgestützt, deren wichtigste die UNO mit ihren Unterorganisationen ist. Die USA sind auch die Architekten der Weltwirtschaftsordnung gemäß dem Paradigma des Wirtschaftsliberalismus.

Dank ihrer überragenden militärischen Stärke wie auch ihrer Wirtschaftskraft besitzen die USA eine Vormachtstellung.

Die Nachkriegszeit zerfällt in zwei Epochen: Von 1945 bis zu den späten 1970er-/Mitte 1980er-Jahren herrschte politisch der Kalte Krieg; die Wirtschaft des Westens war weitgehend durch den Keynesianismus gekennzeichnet mit hohen Wachstumsraten und sozialer Stabilität.

Mit der Aufhebung der Dollar-Konvertibilität in Gold 1971 durch Präsident Nixon begann die Epoche des Finanzkapitalismus und des „Washington Consensus" gemäß den Leitworten Liberalisierung, Deregulierung, Privatisierung, Globalisierung.

Ende der 1980er-Jahre wurde mit dem Treffen zwischen den Präsidenten Ronald Reagan und Michail Gorbatschow das Ende des Kalten Kriegs eingeleitet und mit der Auflösung der Sowjetunion im Dezember 1991 zur Tatsache. Die USA errangen eine weltweite Hegemonie. Doch man verpasste die Chance, eine umfassende euroatlantische Friedens- und Sicherheitsarchitektur „von Vancouver bis Wladiwostok" zu schaffen. Stattdessen führten USA und NATO die Containment-Policy weiter. Russland fühlte sich in seinem Friedens- und Öffnungswillen betrogen und geopolitisch wie auch geoökonomisch eingeschnürt. Es machte den „Schwenk nach Osten" und sucht seither eine strategische Partnerschaft mit China.

Jetzt herrscht eine Großmächtekonkurrenz. Die geltende Weltordnung wird von den mit den USA rivalisierenden Großmächten und von „außereuropäischen" Kulturen in Frage gestellt. Sie fordern eine polyzentrische Weltordnung und ein System, in dem auch ihre Interessen und Wertvorstellungen zur Geltung kommen.

6.1 Vorbemerkungen zum Begriff Weltordnung und zur Wissenschaft der internationalen Beziehungen

6.1.1 Zum Begriff Welt- und Friedensordnung

Zweck dieses Vorspanns ist es, ein angemessenes Verständnis für die Begriffe Welt- und Friedensordnung zu gewinnen. Auch sollen die wichtigsten, oft ideologiebasierten und/oder interessengesteuerten Modellvorstellungen von Weltordnungen sowie die ausschlaggebenden Bauelemente von Weltordnungen und deren Funktionsweise vorgestellt werden. Mit anderen Worten, es soll einerseits der Mechanik der internationalen Beziehungsdynamik und andererseits der Frage nachgegangen werden, welche Faktoren das Verhalten der Staaten bestimmen. Ist es ihr „Nationalcharakter", ihre Innenpolitik oder gar der Charakter, das politische Rollenverständnis und der Machtwille der Staatsführung nach dem Motto „Große Männer machen Geschichte"? (Dieser Approach bestimmte weitgehend die Geschichtsschreibung des 19. Jahrhunderts und er ist auch heute noch anzutreffen.) Oder sind die internationalen Beziehungen ein Spiel von Actio und Reactio der Staaten als der Akteure im internationalen Beziehungsgeflecht? Anders gefragt, bestimmt und bedingt eher die Struktur des internationalen Systems und dessen Systemlogik das Verhalten der Staaten, als dass umgekehrt die Staaten das internationale System definieren und bedingen?

Schließlich soll in diesem Abschnitt ein kurzer Blick auf die Wissenschaft der internationalen Beziehungen geworfen werden, die – analog zu den verschiedenen Ordnungsmodellen – in verschiedenen Schulen auftritt. Diese Darstellung selbst folgt einer „ermäßigten" Theorie des „Realismus". (Siehe unter „Realismus", was damit gemeint ist.)

6.1.2 Gedankliche Grundlagen von Weltordnungsmodellen

Weltordnungskonzepte befassen sich damit, wie die zwischenstaatlich-politische Welt organisiert oder strukturiert ist (= empirisch/realistisch), beziehungsweise wie sie sein sollte (= normativ/idealistisch). Sehr verkürzt könnte man sagen, die Welt- und Friedensordnungen stellen ein Analogon zu den staatlichen Verfassungen dar. Michael Barnett (2021, S. 4) definiert internationale Ordnungen so: „International order regards how rules, institutions, laws and norms produce and maintain patterns of relating and acting." Gemäß Bentley Allan (2018, S. 8) sind internationale Ordnungen „stable patterns of behaviour and relations among states and other international associations". George Lawsons (2016, S. 3) Definition von Weltordnungen lautet „regularized practices of exchange among discrete political units that recognize each other to be independent". Und nach John Mearsheimer (2019, S. 3) ist eine Weltordnung „an organized group of international institutions that helps govern the interactions among the member states".

Neben solchen deskriptiv-analytischen Konzepten finden sich auch normative Vorstellungen. Aber keine Welt- und Friedensordnung kommt ohne gedankliche Vorannahmen, "Vorurteile", aus. Früher reflektierten sie eine mythologische oder theologische Weltsicht (z. B. Dantes Konzept von der göttlichen Bestimmung des römisch-deutschen Kaisertums zur Weltherrschaft). Seit der Moderne liefern philosophische und politische Grundüberzeugungen Basis und Rahmen von Weltordnungen. So finden sich je nach der fundierenden "Ideologie" "realistische", "idealistisch-liberale", marxistische, feministische usw. Modelle der internationalen Beziehungen. Was alle Modelle vereint, ist die Überzeugung, dass Weltordnungen selbständige Entitäten, in sich sinnvoll gegliederte Ganzheiten, sind und demnach ein System darstellen. Sie sind in diesem Sinne mit Systemen wie der Natur oder der Gesellschaft vergleichbare Realitätsordnungen. Das impliziert nebst anderem, dass auch in menschengemachten politischen Ordnungen gewisse Regelmäßigkeiten, um nicht zu sagen Gesetzmäßigkeiten, herrschen. Sie sind also erkennbar, und man kann sie wissenschaftlich (Wissenschaft der internationalen Beziehungen) erschließen und interpretieren. In der praktischen Außenpolitik müssen diese Strukturelemente in Rechnung gestellt werden.

In den jeweils geltenden und sich durchsetzenden Ordnungssystemen kommen aber nicht allein Ideologien, sondern auch die (Macht-)Interessen sowie die Ziele und Wertvorstellungen jener Mächte zum Tragen, welche sich bei deren Entstehung durchsetzen konnten. Das heißt, in Weltordnungen gelten Regeln, sie sind "regelbasiert". Es stellt sich aber die Frage, wer die Regeln und zu wessen Nutzen geschaffen hat.

In der (europäisch-amerikanischen) Geschichte waren die politischen Weltordnungen meistens das Ergebnis eines Friedensschlusses nach einem größeren Krieg und sie spiegelten die Sicht und die Interessen der Sieger. So setzten beispielsweise die konservativen Mächte Preußen, Habsburg-Österreich und Russland nach dem Sieg über Napoleon und damit über die Französische Revolution 1815 die vorrevolutionäre legitimistische Ordnung wieder in Kraft („Restauration") und sie bildeten die Heilige Allianz mit dem Ziel, jegliches Aufflammen von „revolutionären" Gelüsten und Bewegungen auch in den übrigen europäischen Staaten durch gemeinsame militärische Interventionen zu unterdrücken. Ähnlich handelten später die Sowjetunion und die USA in ihren jeweiligen Herrschaftsräumen (vgl. beispielsweise die „Breshnew-Doktrin"). Andere markante Beispiele für europäische Friedenordnungen sind der Westfälische Frieden von 1648 nach dem Dreißigjährigen Krieg, die Friedensschlüsse von Utrecht und Baden von 1713/1714 nach dem Spanischen Erbfolgekrieg, der Friede von Paris von 1763 nach dem Siebenjährigen Krieg oder der Friedensvertrag von Versailles von 1919. Bei jedem dieser Friedensverträge wurde Europa, bzw. die Welt, neu aufgeteilt und politisch neu geordnet; es galten neue wirtschaftliche und politische Regeln, und immer wieder übernahmen andere Staaten die Rolle der Führungsmacht. Was die Machtstruktur von Friedenordnungen betrifft, finden sich entweder Modelle des Mächtegleichgewichts (z. B. die Pentarchie nach dem Wiener Kongress), oder es setzen sich Hegemonialmächte durch, wie Großbritannien im 19. Jahrhundert oder die USA und die UdSSR nach 1945. Wieweit Weltordnungen auch Rechtssysteme, also Ordnungen darstellen, die auf dem Völkerrecht beruhen, oder ob sie in erster Linie Machtkonstellationen sind, die nach dem Prinzip der Machtmaximierung funktionieren, ist umstritten und wird je nach „Schule" anders beantwortet.

So stellte etwa der Politikwissenschaftler Stefan Schlieren (2015) (dazu auch: Herdegen, 2018) von der Universität Eichstätt-Ingolstadt bei der Jahrestagung der Prinz-Albert-Gesellschaft 2015 aus Anlass des 200-Jahr-Jubiläums des Wiener Kongresses fest, dass auf dem Völkerrecht abgestützte internationale Beziehungen heutzutage zunehmend an Bedeutung verlören.

6.1.3 Die Wissenschaft der internationalen Beziehungen

Eine formalisierte und anerkannte Wissenschaft der internationalen Beziehungen als Teildisziplin der politischen Wissenschaft gibt es erst seit dem Ende des Ersten Weltkriegs, obwohl Philosophen, Juristen und Historiker schon seit der Antike ihre Analysen, Thesen und Gedanken in mehr oder weniger systematischer Art entwickelt und dargelegt haben (Aristoteles, Thukydides, Dante, Machiavelli, Hobbes, Kant usw.). Im Mittelpunkt der Forschung stehen dabei vor allem Fragen nach Konflikt, Krieg, Konfliktvermeidung und Frieden. Die Wissenschaft der internationalen Beziehungen weist eine große Interdisziplinarität auf, die sich vor allem über die Politikwissenschaft, Wirtschaftswissenschaft, Rechtswissenschaft, Geschichtswissenschaft, die Psychologie, die Anthropologie und die Philosophie erstreckt. Abgestützt auf unterschiedliche metatheoretische und epistemologische Grundannahmen haben sich verschiedene Denkschulen herausgebildet. Das heißt aber auch, dass die Wissenschaft der internationalen Beziehungen dem Ideal einer wertfreien, „objektiven" Wissenschaft, wie sie etwa Max Weber gefordert hatte, nicht genügt. Heute wird weitgehend anerkannt, dass die Standards wissenschaftlicher Bewertung und die wissenschaftlichen Methoden immer schon von einem kulturellen Kontext

(„framing") vorgeformt sind, der selbst wiederum Werturteile enthält. Das verhält sich allerdings bei allen übrigen geistes- und gesellschaftswissenschaftlichen Disziplinen gleich. Davon ist eine bewusste Instrumentalisierung des gewonnenen Wissens für „parteiische" Zwecke zu unterscheiden.

Die bekanntesten Schulen sind:

- Idealismus/Liberalismus,
- Realismus,
- Funktionalismus,
- neoliberaler Institutionalismus mit den Bestandteilen Interdependenztheorie und Regimetheorie (Robert O. Keohane; hat nichts mit dem ökonomischen Neoliberalismus zu tun),
- (Sozial-)Konstruktivismus (Alexander Wendt).

Ein kurzer Blick auf vier heute besonders prominente Theorien:

Idealismus/Liberalismus Der Idealismus basiert auf dem Fortschritts- und Vernunftglauben. Langfristig müsse und werde sich das Vernunftprinzip durchsetzen und zu einer besseren Welt führen, in der jeder Konflikt und jeder Interessengegensatz kooperativ durch Kompromiss und Ausgleich lösbar sei. So lautet das „Kerndogma" des Liberalismus. Dass hier die aufklärerischen Ideale des 18. Jahrhunderts, insbesondere das „Programm" Immanuel Kants (1795 *Vom Ewigen Frieden*; „Geschichte in weltbürgerlicher Absicht"), am Werk sind, erkennt man leicht. Der Mensch gilt im Liberalismus als aufklärungs- und lernfähig. Deswegen spielen Bildung und Erziehung bei manchen Theoretikern des Liberalismus eine wichtige Rolle. Auch die idealistisch/liberale Schule leugnet die Staatenkonkurrenz nicht, doch glauben deren Vertreter, sie könne durch Kooperation so weit eingehegt werden, dass der (Welt-)Friede eine realisierbare Perspektive bleibe. Dabei setzt der Liberalismus nebst anderem auf Freihandel und Demokratie. Montesquieu (1748) zeigte sich überzeugt, dass durch Handelskontakte „störende Vorurteile" mithilfe der „Kenntnis der Sitten aller Völker" beseitigt würden und „ein gewisses Gefühl für die strenge Rechtlichkeit" geweckt würde. Denn „zwei Völker, die miteinander Handel treiben, werden wechselseitig abhängig voneinander" und sind deshalb zum Frieden geneigt, weil dieser „ihren wechselseitigen Vorteilen" entspricht; so Montesquieus „Beweisführung" in seinem Werk *L'esprit des lois* (Zitate aus P. Schlotter, 2014, S. 3, Mac Donalds und die Weltordnung. In Formel für den Frieden?) Ähnlich argumentierte Kant (1795), der Handel würde die Völker durch den „wechselseitigen Eigennutz vereinigen", denn: „Es ist der Handelsgeist, der mit dem Kriege nicht zusammen bestehen kann, und der früher oder später sich jedes Volkes bemächtigt." Der New-York-Times-Kolumnist Thomas L. Friedman (1996) fasste die These in den süffigen Satz „No two countries that both have a McDonald's have ever fought a war against each other", was seither gerne als „Big Mac Theory" apostrophiert wird.

Neben dem Handel erkennt der Liberalismus die innerstaatliche Demokratie als zweites Systemelement einer friedlichen Weltordnung. Kant etwa fordert für den „ewigen Frieden" zwingend, dass die Staaten demokratisch (in seiner Diktion „republikanisch") verfasst sein müssten, denn demokratisch organisierte Staaten würden sich auch im zwischenstaatlichen Verkehr friedlich verhalten (Zusammenhang von Herrschaftsform und Frieden). In der Tat ist die Zahl der Kriege zwischen Demokratien eher gering, nicht aber jene zwischen Demokratien und autoritären Regimen.

Als dritten Faktor einer friedensverbürgenden Ordnung nennt Kant das Völkerrecht und eine „föderative Vereinigung" der Staaten. Einen Weltstaat, oder wie er es ausdrückt, eine Universalmonarchie, lehnt Kant dagegen entschieden ab.

Man kann das „liberale Programm" also auf die „Kurzformel" bringen: „Freier Handel + internationale Organisationen + Demokratie = Friede." Der „liberale" deutsche Politologe Ernst-Otto Czempiel (1998) folgerte daraus vier Strategien für die Schaffung und Konsolidierung einer friedlichen Weltordnung:

- Friede durch Völkerrecht,
- Friede durch internationale Organisationen,
- Friede durch Wohlstand,
- Friede durch Demokratisierung der Herrschaftssysteme.

Zweifel an der fast zwangsläufig friedensstiftenden Wirkung des Handels gab es allerdings bereits im 18. Jahrhundert. Bekannt sind etwa Mephistopheles' spöttische Worte in Goethes *Faust*: „Krieg, Handel und Piraterie, dreieinig sind sie, nicht zu trennen." Und Kants berühmter „Nachfolger" G. F. W. Hegel (1995. S. 285–286) schrieb in den *Grundlinien der Philosophie des Rechts*: „Die Kantische Idee eines ewigen Friedens durch einen Staatenbund, welcher jeden Streit schlichtete und als eine von jedem einzelnen Staate anerkannte Macht jede Misshelligkeit beilegte und damit die Entscheidung durch Krieg unmöglich machte, setzt die Einstimmigkeit der Staaten voraus, welche auf moralischen, religiösen oder welchen Gründen und Rücksichten überhaupt immer auf besonderen souveränen Willen beruhte und dadurch mit Zufälligkeiten behaftet bliebe. Der Streit der Staaten kann deswegen, insofern die besonderen Willen keine Übereinkunft finden, nur durch Krieg entschieden werden."

Der Idealismus/Liberalismus hatte seine große Zeit nach dem Ersten Weltkrieg, als Präsident Woodrow Wilson

(1918) mit seinem 14-Punkte-Programm (Ende der Geheimdiplomatie, Freiheit der Meere, Freihandel, Abrüstung, friedliche Schlichtung von Kolonialkonflikten und Gründung eines Völkerbundes als Instrument der kollektiven Sicherheit) ein konkretes „liberales" Programm für die internationalen Beziehungen vorlegte. Auf dieser Basis kam es zur Gründung des Völkerbunds, dem ausgerechnet die USA fernblieben. Sein Ziel, den Frieden durch schiedsgerichtliche Beilegung internationaler Konflikte, internationale Abrüstung und ein System der kollektiven Sicherheit dauerhaft zu sichern, konnte der vergleichsweise bereits universale Völkerbund nicht erreichen.

Zu den Vertretern der liberal-idealistischen Schule gehören neben vielen anderen etwa: Norman Angell (1872–1967), John Maynard Keynes (1883–1946), Hersch Lauterpacht (1897–1960), Woodrow Wilson (1856–1924) Ernst-Otto Czempiel, (1927–2017), Andrew Moravcsik (geb. 1958) und Robert Putnam (geb. 1941).

Realismus Die Ernüchterung und die Enttäuschungen der Zwischenkriegsjahre und mehr noch der 2. Weltkrieg erschütterten das Vertrauen in die Chancen einer liberalen Welt- und Friedensordnung, und in der Folge setzte sich die „realistische" Schule durch, dies besonders in den USA.

Bereits während des 2. Weltkriegs entwickelte E. H. Carr (1939) grundlegende Ideen zu einem realistischen Konzept. Doch der wirkmächtigste Vertreter war sicher der Deutschamerikaner Hans Morgenthau. Auch heute noch beherrscht der Realismus v. a. das angelsächsische außenpolitische Denken, inzwischen in verschiedene Schulen ausdifferenziert („klassischer Realismus", „offensiver Realismus oder Neorealismus", „defensiver Realismus" usw.). Bekannte und einflussreiche Vertreter sind u. a. Henry Kissinger, Kenneth Waltz, John Mearsheimer oder Stephen Walt.

Die Realisten kritisieren am liberalen Konzept besonders das Ausblenden des Faktors Macht, des staatlichen Eigeninteresses und des schlichten Überlebenswillens („Selbstbehauptung"), kurz, der Staatsräson. Diese Faktoren bilden in ihren Theorien gar das Zentrum des Denkens. So z. B. Hans Morgenthau (1954): „International politics, like all politics, is a struggle for power." Oder John Mearsheimer (2012): „Power is the currency of International Relations." Wikipedia führt zum Begriff Staatsräson aus: „Der Begriff der Staatsräson bedeutet das Streben nach Sicherheit und Selbstbehauptung des Staates mit *beliebigen* Mitteln (Wikipedia o. J. -a)." In diesem Sinn ist die Staatsräson ein vernunftgeleitetes Interessenskalkül einer Regierung, unabhängig von der Regierungsform, und *einzig der Aufrechterhaltung des funktionierenden Staatsgebildes verpflichtet.* Wenn er auch dieses Wort nicht gebraucht, entwickelte bereits Niccolò Machiavelli das Konzept der Staatsräson.

Der (klassische) Realismus fußt auf zwei Grundannahmen:

- Zum einen betrachtet er Staaten als monolithische Blöcke (Blackboxtheorie) Der innere Zustand eines Landes, der durch die gemeinsame Geschichte und Kultur hervorgebrachte „Nationalcharakter" des Volkes oder gar der Charakter des jeweiligen Staatschefs spielen für das außenpolitische Verhalten gemäß dieser Lehre keine Rolle. Ein Realist würde eine Aussage wie jene des amerikanischen Historikers und Ronald Reagans ehemaligen Präsidentenberaters Richard Pipes (2014) nie unterschreiben, der als Erklärungsgrund für die russische Annexion der Krim ausführte: „Die Russen sind furchtbar imperialistisch, sie lieben es, zu expandieren." Das Verhalten von Staaten erklären die Realisten vielmehr aus dem Machtwillen und den Interessen der Staaten einerseits und der gegenseitigen Beeinflussung der Akteure der internationalen Beziehungen nach dem Gesetz von Actio und Reactio andererseits.

Man kann Motive und Antriebskräfte für das Verhalten von Staaten tatsächlich nicht einseitig aus einem angeblichen „Volkscharakter" herleiten, ohne in eine bedenkliche Völkerpsychologie zurückzufallen. Deshalb die Existenz von historisch entwickeltem kollektivem Verhalten zu leugnen, wäre jedoch ebenso realitätsblind. Solche kollektiven Verhaltensmuster und Reaktionsweisen sind eine Realität; in ihnen werden handlungsleitende Denkmuster und Mentalitäten tradiert. Hingegen sind sie keine „behavioristischen Zwangsjacken", sondern unterliegen geschichtlichen Veränderungen (sozialer Strukturwandel und Mentalitätswandel) und werden durch äußere Einflüsse, wie eben durch die Einwirkung durch andere Länder, verändert. Die Entwicklungen können ähnlich wie in der Individualpsychologie in eine progressive oder regressive Richtung verlaufen, sind aber immer pfadabhängig. Karl Marx (1852) hat in seinem Essay *Der achtzehnte Brumaire des Louis Napoleon* die Funktionsweise solcher Denkmuster und ihre Pfadabhängigkeit aphoristisch zusammengefasst: „Die Menschen machen ihre eigene Geschichte, aber sie machen sie nicht aus freien Stücken, nicht unter selbstgewählten, sondern unter unmittelbar vorgefundenen, gegebenen und überlieferten Umständen. Die Tradition aller toten Geschlechter lastet wie ein Alp auf dem Gehirne der Lebenden. Und wenn sie eben damit beschäftigt scheinen, sich und die Dinge umzuwälzen, noch nicht Dagewesenes zu schaffen, gerade in solchen Epochen revolutionärer Krise beschwören sie ängstlich die Geister der Vergangenheit zu ihrem Dienste herauf." Das ist eine klare Absage an jeglichen politischen „Voluntarismus".

Man begegnet deshalb im außenpolitischen Verhalten der Länder wiederkehrenden Stereotypen, die zum Verständnis und zur Deutung der jeweiligen Außenpolitik ebenso in Rechnung gestellt werden müssen wie die Systemeinflüsse. Kurz gesagt: Ohne die Gültigkeit der realistischen Theorie im Kern in Frage zu stellen, muss sie durch eine „Verhaltenstheorie des Kollektivs" ergänzt werden. Das meinen wir, wenn wir einleitend festhielten, die vorliegende Darstellung verstehe sich als „ermäßigten Realismus".

- Das internationale System ist ein offenes System ohne zentrale Entscheidungs- oder Sanktionsinstanz; es ist anarchisch (vgl. dazu Thomas Hobbes, 1642, 1996, „bellum omnium contra omnes"). Die Rivalität zwischen den Staaten ist daher unumgänglich; sie bestimmt ganz eigentlich die Prozessdynamik der internationalen Beziehungen. In der Folge neigt das System zu Instabilität und Krieg. Nun ist gemäß den Realisten das wichtigste (außenpolitische) Staatsziel aller Länder das eigene Überleben, die Selbstbehauptung. Folglich befinden sich die souveränen Nationalstaaten in einem permanenten Überlebenskampf. Daraus folgern die Vertreter des Realismus und in gesteigertem Maß die Neoconservatives, die Länder könnten ihre Selbstbehauptung, ihre Sicherheit und ihre außenpolitische Durchsetzungsfähigkeit nur durch Selbsthilfe in Form von Macht*überlegenheit* sicherstellen. In seinem Hauptwerk *The Tragedy of Great Power Politics* schreibt Mearsheimer (2001/2014, S. XV–XVI): „This cycle of violence will continue far into the new millennium. Hopes for peace will probably not be realized, because the great powers that shape the international system fear each other and compete for power as a result. Indeed, *their ultimate aim is to gain a position of dominant power* over others, because having dominant power is the best means to ensure one's own survival. Strength ensures safety, and the greatest strength is the greatest insurance of safety … so conflict and war are bound to continue as large and enduring features of world politics."

Noch nicht beantwortet ist damit die Frage der Machtmittel. Dazu gehören militärische Fähigkeiten und die Rüstung; Fähigkeiten zur „power projection" mithilfe eines weltweiten Netzes von Militärstützpunkten und Flugzeugträgern; Territorialbesitz und -kontrolle; Bündnissysteme; Kontrolle über Einflussgebiete; wirtschaftliche Macht; Fähigkeit zu Standard- und Normensetzung; eine starke Währung und weltweite Geltung einer Währung (Leitwährung); Wissenschaft und Technologie; Innovationskapazität (Patente); nationale Kohäsion; „kulturelle Hegemonie" (= politisch-weltanschauliche Definitionshoheit) usw.

In den 90er-Jahren des letzten Jahrhunderts erfuhr die realistische Machttheorie in den USA eine Zuspitzung und Verzerrung in den Theorien und Postulaten der Neoconservatives. So schrieben beispielsweise William Kristol und Robert Kagan (1996) in ihrem Essay „Toward a Neo-Reaganite Foreign Policy": „In a world in which peace and American security depend on American power and the will to use it … American hegemony is the only reliable defence against a breakdown of peace and international order." Oder wie ein anderer Neocon, Charles Krauthammer (1990), statuierte: „The alternative to unipolarity is chaos … Our best hope for safety in such times … is in American strength and the will to lead a *unipolar* world, unashamedly laying down the *rules of world order* [vgl. den aktuellen Ruf des ‚Westens' nach einer ‚rules based order' als Mittel gegen die wachsende Macht der ‚autoritären Staaten'] and being prepared to enforce them … *For the realist the ultimate de-*

terminant of the most basic elements of international life – security, stability and peace – is power." Diese alternativlose Machtposition der USA als einzigmöglicher Garant für eine funktionierende Weltordnung verficht Robert Kagan (2018) noch immer, wie er es in seinem Buch *The Jungle Grows Back. America and the Imperiled World* ausführt. (Davon später mehr.)

Allerdings führen „realistische", also machtbasierte, Außenpolitiken zwingend ins „Sicherheitsdilemma", auch Sicherheitsparadoxon genannt. Das gestehen sich die Verfechter des Realismus offensichtlich nicht gerne ein. Die Machtüberlegenheit des einen Akteurs bedeutet zwangsläufig Bedeutungsverlust und Verunsicherung des andern. Dieser fühlt sich herausgefordert und provoziert. Zum eigenen Schutz und zur Durchsetzung seiner Position innerhalb der internationalen Ordnung baut er deshalb eine Gegenmacht auf. Oder wie es der ehemalige Diplomat und Unterstaatssekretär im amerikanischen Verteidigungsministerium, Chas Freeman (2021, S. 5), als „das dritte Gesetz der strategischen Dynamik" formulierte: „[F]or every hostile act is a more hostile the reaction." Dies gilt umso mehr, wenn die beteiligten Parteien ihre Machtbeziehung als Nullsummenspiel verstehen. Einseitige Machtkumulierung verschafft deshalb paradoxerweise niemandem eine zusätzliche Sicherheit. Das internationale System wird instabiler und unsicherer, die Kriegsneigung nimmt zu und die Rüstungsspirale beginnt zu drehen. Der amerikanische Politikwissenschaftler Graham Allison (2017) fragt sich in seinem Buch *Destined for War. Can America and China Escape the Thucydides' Trap?* dieser Logik folgend, ob mit Blick auf das Erstarken Chinas und die zunehmende Machtrivalität zwischen den beiden Weltmächten die „Thukydides-Falle" wieder zuschnappen könnte. Der griechische Historiker des 5. vorchristlichen Jahrhunderts, Thukydides (1966, S. 25) – auch ein Realist! –, führte nämlich den Ausbruch des Peloponnesischen Kriegs auf das Erstarken Athens und die damit verbundene Gefährdung der spartanischen Vormachtstellung zurück: „Den letzten und wahren Grund, von dem man freilich am wenigsten sprach, sehe ich im Machtzuwachs der Athener, der den Lakedaimoniern Furcht einflößte und sie zum Krieg *zwang.*" Allison untersucht in seinem Buch 16 Fälle von durch Großmachtrivalitäten versursachten „Thukydides-Fallen". Davon mündeten 12 tatsächlich in einen Krieg. Besonders eindrucksvoll ist das Beispiel des 1. Weltkriegs. Vor dem Krieg seien das aufstrebende Deutsche Reich und die koloniale Großmacht Großbritannien schlafwandelnd in die Katastrophe geschlittert, schreibt Allison und erinnert damit an Christopher Clarks (2012) Bestseller *The Sleepwalkers: How Europe Went to War in 1914*. Auch in diesem Fall hätte es eine lange Phase des Aufrüstens, des imperialen Großmachtdenkens, der Bedrohungsfantasien und des hirnrissigen Übersehens von Risiken gegeben. Dass eine Thukydides-Falle zwangsläufig zum Krieg führe, weist Allison hingegen zurück.

Weltsystemtheorien, wie sie prominent Immanuel Wallerstein, Giovanni Arrighi, André Gunder Frank und Samir Amin vertreten, analysieren die heutige Weltordnung primär als Weltkapitalismus-System, welches grundlegend die Machtkonstellation im intergouvernementalen System bestimmt. Volker Borschier (1984) umschreibt das folgendermaßen: „Statt die Welt anzusehen als eine Summe der Eigenschaften von und der Beziehungen zwischen verschiedenen Ländern, hat eine wachsende Zahl von Sozialwissenschaftlern begonnen, die Welt als ein System zu betrachten, ein Weltsystem, das eine eigene Entwicklungslogik aufweist, die aus den Elementen nicht ableitbar ist. … Dabei ist das Weltsystem der Neuzeit als ein dezentrales, aber hierarchisches Ganzes aufgefasst. Die ungleiche Entwicklung, die diese hierarchische Gliederung hervorbringt, ist ein wesentliches, gemeinsames Element bei den verschiedenen Forschern." Es besteht ein starker Zusammenhang zwischen den verschiedenen Weltsystemtheorien und der in Lateinamerika (CEPAL) entwickelten Dependenztheorie. Die Dependenztheorie erkennt in der Weltwirtschaftsordnung und darauf fußend auch in der politischen, d. h. durch Macht definierten, Weltordnung grob gesagt eine Struktur von Zentren (Industrieländer) und Peripherien (Entwicklungsländer). Während sich die Länder des Zentrums nicht zuletzt dank ihrer dominanten Position entwickeln und festigen konnten, seien die Entwicklungsmöglichkeiten der Länder der Peripherie wegen ihrer strukturell verfestigten Abhängigkeit vom Zentrum in ihren Entwicklungsmöglichkeiten spürbar eingegrenzt.

Neoliberaler Institutionalismus, Regimetheorie und Global Governance Der Begriff Regime, wie er in der Regimetheorie verwendet wird, hat selbstverständlich nichts gemein mit dem üblichen, meist pejorativ gebrauchten Begriff von Herrschaftssystemen. Wikipedia definiert: „Internationale Regime sind kooperative Institutionen, die durch informelle und formelle, rechtliche und nichtverrechtlichte Strukturen gekennzeichnet sind und Konflikte zwischen Nationalstaaten bearbeiten. Sie sollen die Transaktionskosten reduzieren und ein beidseitiges Geben und Nehmen für alle Beteiligten bewirken. Zwar vertrauen sich die Staaten immer noch nicht, aber durch Kontrollen innerhalb der Regime soll dem entgegenzuwirken versucht werden (Wikipedia o. J. -b)." Gemäß Stephen Krasner (1982. S. 5) weisen Regime folgende Charakteristiken auf: „implicit or explicit principles, norms, rules and decision-making procedures around which actors' expectations converge in a given area of international relations. Principles are beliefs of fact, causation, and rectitude. Norms are

6 Ausgangslage: die noch geltende ...

standards of behaviour defined in terms of rights and obligations. Rules are specific prescriptions or proscriptions for action. Decision-making procedures are prevailing practices for making and implementing collective choice."

Man könnte demnach simplifizierend sagen, die Regimetheorie partizipiere sowohl am Realismus wie am Liberalismus: Einerseits geht sie von der antagonistischen Staatenkonkurrenz aus, ist andererseits jedoch überzeugt, dass dieser Antagonismus nicht ausschließlich von Machtüberlegenheit und Machtdurchsetzung beherrscht wird, sondern durch institutionalisierte Kooperation eingehegt werden kann. So gilt denn die Regimetheorie als Bestandteil des „neoliberalen Institutionalismus", dessen Grundlage die Tatsache der Interdependenz aller Staaten ist.

Beispiele internationaler Regime sind etwa Wechselkursregime (bspw. das Bretton-Woods-System), Welthandelsregime (GATT/WTO), Meeresbodenregime, Nichtverbreitungsregime für Nuklearwaffen, Abrüstungs- und Rüstungskontrollregime usw.

In dieselbe Richtung wie die Regimetheorie zielt die Theorie der Global Governance, die heute vielerorts diskutiert wird. In der Einleitung des Artikels über die Global Governance schreibt Wikipedia: „Global Governance bezeichnet den zur Bewältigung globaler Probleme erforderlichen internationalen Rahmen von Prinzipien, Regeln, Gesetzen und Prozessen der Entscheidungsfindung, inklusive einer Reihe von Institutionen, um diese aufrechtzuerhalten – und meint keine ‚Weltregierung' (Global Government). Gehörte in dem bisherigen Verständnis zur (Welt)Ordnungspolitik vorwiegend das System der zwischenstaatlichen internationalen Beziehungen, müssen zunehmend auch die Nichtregierungsorganisationen, Bürgerbewegungen und die multinationalen wirtschaftlichen Organisationen und globalen Finanzmärkte miteinbezogen werden. […] Als (ordnungs-)politisches Programm meint Global Governance die kooperative, multilaterale Gestaltung der Globalisierung mittels eines breit angelegten, dynamischen und komplexen Prozesses interaktiver Entscheidungsfindung, der sich ständig weiterentwickelt und sich den ändernden Bedingungen anpasst (Wikipedia o. J. -c)."

Die Idee und das Konzept der Global Governance ist umstritten. Vor allem die Großmachtrivalen der USA – China und Russland –, aber auch nichtwestliche Kulturräume (z. B. die islamische Welt) begegnen der Global Governance mit einer großen Portion Skepsis. Sie vermuten und befürchten, die USA und der Westen insgesamt versuchten die bisher ausgeübte alleinige faktische Führung in den internationalen Beziehungen als normative Ordnung für die Gestaltung der Global Governance festzuschreiben (man denke auch hier wieder an den westlichen Ruf nach einer „rules based order"). Deshalb melden sie Widerstand gegen eine so definierte „westliche Weltordnung" an. Der Abschlussbericht der zuständigen UN-Kommission (1995) hielt fest: „Eine wirksame globale Entscheidungsfindung muss daher auf lokal, national und regional getroffenen Entscheidungen aufbauen und diese ihrerseits beeinflussen und muss auf die Fähigkeiten und Ressourcen unterschiedlichster Menschen und Institutionen auf vielen Ebenen zurückgreifen."[1] Die Kritiker der „Global Governance" setzen auf das Völkerrecht als die allein gültige und von allen Staaten anerkannte Form einer Weltordnung.

---

[1] Dort auch folgender Satz: „Governance is the sum of many ways individuals and institutions, public and private, manage their common affairs. It is a continuing process through which conflicting or diverse interests may be accommodated and co-operative action taken. It includes formal institutions and regimes empowered to enforce compliance, as well as informal arrangements that people and institutions either have agreed to or perceive to be in their interest."

Zu den Vertretern des neoliberalen Institutionalismus gehören prominent Robert O. Keohane, Joseph Nye und Stephen D. Krasner.

Der wissenschaftliche Status der verschiedenen Denkschulen ist umstritten. Es ist kaum zu leugnen, dass in jeder dieser Theorien auch ein gewisses Maß an Ideologie am Werk ist. Etwas pauschal kann man sagen, dass sie nicht immer „absichtslose", rein sachorientierte Analysen und Theorien, sondern nicht weniger auch Rechtfertigungen für eine bestimmte Außen- und Sicherheitspolitik darstellen. Der deutsche Staatswissenschaftler und politische Philosoph Robert Christian Van Ooyen (2003) qualifizierte beispielsweise Kagans (2003) Weltordnungskonzept, wie es dieser in seinem Buch *Macht und Ohnmacht. Amerika und Europa in der neuen Weltordnung* entwickelte, in Anlehnung an Carl Schmitts Denken schlichtweg als „politische Theologie", und er urteilt: „Die politisch-anthropologische Prämisse des modernen ‚Realismus' von Machiavelli über Hobbes bis zu Nietzsche und Max Weber, der Kagans Weltbild der internationalen Politik aufsitzt, ist die Reduktion des Begriffs des Politischen auf die ‚Perspektive der Macht, des Kampfes und des Trieblebens'. Mit ‚Realismus' als einem Erfassen von politischer ‚Wirklichkeit' hat das nichts zu tun."

6.1.4 Das westfälische System

Als besonders systembildend und nachhaltig – und folglich als geeignetes Studienexempel – erweist sich der Westfälische Frieden. Deshalb sei hier ein kurzer Blick darauf geworfen, bestimmen doch einige seiner Grundsätze und von ihm geschaffene Strukturen noch heute gewisse Aspekte der geltenden weltpolitischen Architektur und deren „Mechanik". Das Ende des Reichsgedankens brachte 1648 ein System souveräner Einzelstaaten hervor, die umgehend in Konkurrenz zueinander standen. Gleichzeitig entwickelten politisch-juristische Denker wie Hugo Grotius oder Samuel Pufendorf das Völkerrecht, das damals noch fast ausschließlich ein Staatenverkehrsrecht war. Charakteristisch für das westfälische System sind drei Prinzipien:

- Souveränitätsprinzip: Jeder Staat ist souverän. Dem Insgesamt der Staaten ist keine Instanz übergeordnet; in einem „anarchischen" System herrscht das Prinzip der Selbsthilfe.
- Territorialprinzip: Die Staaten haben klare territoriale Grenzen, in denen sie über das Gewaltmonopol verfügen.
- Legalitätsprinzip: Die Staaten sind untereinander gleichberechtigt; Krieg als Mittel zur Durchsetzung der Selbstbehauptung und der Interessen eines Staates gilt als legitim („ius ad bellum").

Zusammenfassend kann man etwa folgende Kennzeichen eines westfälischen Systems angeben:

- Das internationale System ist ein solches von Staaten; der Staat gilt als alleiniger Akteur (Völkerrechtssubjekt).
- Der Monarch bzw. die Regierung vertritt den Staat mit seiner Bevölkerung nach außen.
- Staaten sind prinzipiell souverän und (völkerrechtlich) gleich (Gleichheit); *darauf beruht das Gebot der Nichteinmischung in innere Angelegenheiten.*
- Das Völkerrecht ist das Recht der Staaten.
- Staaten werden geleitet von der Staatsräson.
- Die Kommunikation zwischen Staaten wird durch Diplomatie gewährleistet.
- Das System strebt entweder nach Machtgleichgewicht zwischen den Staaten, vor allem durch Allianzen- und

Gegenmachtbildung, oder ein Staat kann sich als Hegemon etablieren (z. B. Frankreich in der zweiten Hälfte des 17. Jahrhunderts).
- Krieg bleibt ein weiterer normaler Teil des Staatensystems („ius ad bellum").

6.2 Die (noch) geltende internationale Ordnung angelsächsisch-liberaler Prägung

6.2.1 Die Weltordnung von 1945. Allgemeines

Auch die heute noch geltende internationale Ordnung, englisch oft als „Liberal International Order" betitelt, ist aus einem Friedensschluss hervorgegangen. Doch im Unterschied zu früheren Regelungen gelang es 1945 nicht, einen umfassenden und allseitigen Friedensvertrag zustande zu bringen. Erst in der KSZE-Schlussakte von 1975 wurden die durch den Krieg erfolgten territorialen Verschiebungen rechtsverbindlich (Völkervertragsrecht) anerkannt. Und erst mit dem Zwei-Plus-Vier-Vertrag von 1990/1991 (Vertrag über die abschließende Regelung in Bezug auf Deutschland) wurde auch mit dem „Feindstaat" Deutschland formell der Krieg beendet. Wie es Wikipedia auf den Punkt bringt: „Als die politisch geforderte und rechtlich notwendige Friedensregelung mit Deutschland nach dem Zweiten Weltkrieg markiert der Zwei-plus-Vier-Vertrag das Ende der Nachkriegszeit – Deutschland einschließlich Berlin ist infolgedessen endgültig von besatzungsrechtlichen Beschränkungen befreit – und gilt als ein maßgeblicher diplomatischer Beitrag zur Friedensordnung in Europa. Der Vertrag wird als sogenannter

Statusvertrag angesehen, dessen Rechtswirkungen sich auch auf dritte Staaten erstrecken (Wikipedia o. J. -d)."

Doch um den Frieden nach Kriegsende trotz des Fehlens eines umfassenden und allseitigen Vertrags so stabil wie möglich zu sichern und die zum Teil unterschiedlichen Interessen der Staaten unter einen Hut zu bringen, trafen die Siegermächte eine Reihe von Übereinkommen wie etwa an den Konferenzen von Jalta (1945) und Potsdam (1945). Nebst der Regelung territorialer Fragen und der Machtverteilung in Europa ist die (Selbst-)Verpflichtung der Sowjetunion, der UNO beizutreten (allerdings erst nach der Schaffung eines Vetorechts im Sicherheitsrat), sicher ein wichtiges Ergebnis der Konferenz von Jalta. Doch alle offenen Punkte und Unstimmigkeiten konnten weder in Jalta noch in Potsdam ausgeräumt werden. Der Boden für das Herabsenken des Eisernen Vorhangs und den Kalten Krieg war damit bereitet, was auch heißt, dass die neue Weltordnung von Beginn weg faktisch auf die westliche Hemisphäre beschränkt blieb. Sie wurde nie weltweit als vorbehaltlos gültig anerkannt. Nebst der sowjetisch beherrschten Welt betrachteten sich auch China, die arabischen Staaten und ein großer Teil der Entwicklungsländer, die 1945 noch europäische Kolonien waren, als nur bedingt in diese Nachkriegsordnung einbezogen (später: Non-Aligned Movement, Gruppe der 77). Aus diesen Gründen haftete der Friedensordnung von 1945 immer etwas Unabgeschlossenes, Vorläufiges und Unstabiles an. Aber immerhin wurde die Legitimität der Nachkriegsordnung von 1945 nie so grundsätzlich und aggressiv in Frage gestellt wie der Friedensvertrag von Versailles nach dem 1. Weltkrieg.

Anstelle einer umfassenden Friedensordnung konnten sich nach dem Zeiten Weltkrieg gemäß der Regimetheorie eine Reihe von weitreichenden Regimen auf multilateraler Basis etablieren, welche die verschiedensten Bereiche der zwischenstaatlichen Beziehungen regelten und damit die internationalen Beziehungen etwas stabilisierten. Im Zentrum dieser Organisationen steht die UNO. Weiter gehören dazu das Wechselkursregime (Bretton-Woods mit IWF und Weltbank), das Welthandelsregime (GATT/WTO), das Gesundheitsregime (WHO), das Menschenrechtsregime und andere mehr. Insofern darf man die geltende Weltordnung als eine „regelbasierte" bezeichnen. Doch jene, die bei Ausarbeitung und Festlegung der Ordnung ausgeschlossen waren, fragen heute, wer denn diese Regeln in wessen Interesse erlassen habe und ob sie universelle Gültigkeit beanspruchen dürfen.

Wer hat die Regeln erlassen? Es sind in erster Linie die beiden Siegermächte USA und Großbritannien, denn die Wurzeln der Nachkriegsordnung sind in der Atlantikcharta (Wikipedia) von 1941 zu suchen. Unter dem Eindruck des deutschen Überfalls auf die Sowjetunion vereinbarten Roosevelt und Churchill eine acht Punkte umfassende Charta: 1) Verzicht auf territoriale Expansion, 2) gleichberechtigter Zugang zum Welthandel und zu Rohstoffen, 3) Verzicht auf Gewaltanwendung, 4) Selbstbestimmungsrecht der Nationen, 5) engstmögliche wirtschaftliche Zusammenarbeit aller Nationen mit dem Ziel der Herbeiführung besserer Arbeitsbedingungen, eines wirtschaftlichen Ausgleichs und des Schutzes der Arbeitenden, 6) Sicherheit für die Völker vor Tyrannei, 7) Freiheit der Meere, 8) Entwaffnung der Nationen, um ein System dauerhafter Sicherheit zu gewährleisten.

Wie Wilsons 14-Punkte-Plan nach dem 1. Weltkrieg verfolgte die Altantikcharta das Ziel, eine Weltordnung unter Beachtung des Völkerrechts, aber auch auf dem Boden von „aufgeklärten", „liberalen", also „westlichen", Werten ins Werk zu setzen. Man spricht also zurecht von einer „angelsächsisch-liberalen" Prägung der noch geltenden Weltordnung. Aber auch wenn die Charta ausschließlich das Werk der beiden Westalliierten war, wurde die Erklärung am 24. September 1941 von der Sowjetunion und neun (Exil-)Regierungen des besetzten Europas unterzeichnet und das Dokument damit zur Basis für die Vereinten Nationen und indirekt für die noch heute geltende Friedensordnung.

Exkurs: amerikanischer Exzeptionalismus
Hier ist der Ort, um einen Blick auf das 200-jährige politische Selbst- und Weltverständnis der USA zu werfen, denn es hat die amerikanische Außenpolitik nachhaltig beeinflusst. Dass sich alle Länder als etwas „Besonderes", als „God's own country" verstehen, ist eine Binsenwahrheit. Ein Blick in einige Landeshymnen genügt, um das zu festzustellen. Vor allem in der Epoche des Kolonialismus und des Imperialismus haben viele Staaten ihre Eroberungen mit religions- oder kulturmissionarischen Motiven gerechtfertigt, aus denen das Bewusstsein einer Überlegenheit spricht. Bekannt ist etwa Rudyard Kiplings (1899) berühmtes Wort von der „White Man's Burden", von der er angesichts der US-amerikanischen Eroberung der Philippinen und anderer ehemaliger spanischer Kolonien sprach. Frankreich rechtfertigte seine Kolonialpolitik mit seiner „mission civilisatrice", Spanien mit der christlichen Mission, und Wilhelm II. motivierte seine offensive Politik mit dem Slogan „Am deutschen Wesen soll die Welt genesen". Der Exzeptionalismus als Bewusstsein der Auserwähltheit und *mithin eines missionarischen Auftrags* wurde und wird in der amerikanischen Publizistik und in der praktischen Politik aber als ein entscheidendes Identitätsmerkmal rezipiert und reflektiert, aufgrund dessen sich das Land von allen anderen abhebt.

Darüber, was mit American Exceptionalism gemeint ist, kann man in der englischen Version von Wikipedia lesen:

"American Exceptionalism is the idea that the United States is inherently different from other nations. Its proponents argue that the values, political system and historical development of the U.S. *are unique in human history*, often with the implication that the country is both destined and entitled to *play a distinct and positive role on the world stage*. Political scientist Seymour Martin Lipset traces the origins of American exceptionalism (o.J.) to the American Revolution, from which the U.S. emerged as ‚the first new nation' with a distinct body of ideas: ‚Americanism'. This ideology is based on liberty, equality before the law, individual responsibility, republicanism, representative democracy, and laissez-faire economics; these principles are sometimes collectively referred to as ‚American Exceptionalism', and entail the U.S. being perceived both domestically and internationally as *superior to other nations* or *having a unique mission to transform the world*".

Wie weitverbreitet und tief verankert die Auffassung vom amerikanischen Exzeptionalismus in der amerikanischen Bevölkerung und bei der politischen Elite heute noch ist und das Denken und Handeln der Politiker bestimmt, sei an einigen Beispielen gezeigt: Präsident R. Reagan (1981) rief in seiner Inauguralrede seinem Publikum zu: „Into the hands of America God has placed the destinies of an afflicted mankind. "(Reagan 1981) 2004 rechtfertigte George W. Bush seinen völkerrechtswidrigen Irak-Krieg mit dem Satz „We have a calling from beyond the stars to stand for freedom (Bush, 2004)", was schon beinahe ans Gottesgnadentum als Legitimation monarchischer Herrschaft während des europäischen Mittelalters erinnert. Die damalige Außenministerin M. Albright (1998) rechtfertigte in einem Interview im Sender NBC den Einsatz von Gewalt durch die USA mit dem Satz „We are the indispensable nation. We stand tall and we see further than other countries into the future." (Albright 1998) Vor rund zehn Jahren statuierte der damalige Gouverneur von Arkansas, Mike Huckabee, wie man bei Ben Smith and Jonathan Martin (2010) nachlesen kann: „To deny American exceptionalism is in essence to deny the heart and soul of this nation." Und der ehemalige Vizepräsident Cheney (2015. S 259–260) schrieb in seinem zusammen mit seiner Tochter Liz veröffentlichten Buch *Exceptional: Why the World Needs a Powerful America*: „… we are, as Lincoln said, ‚the last, best hope of earth'. We are not just one more nation, one more entity on the world stage. We have been essential to the preservation and progress of freedom, and those who lead us in the years ahead must remind us, as (Theodore) Roosevelt, Kennedy and Reagan did, of the unique role we play. Neither they nor we should ever forget that we are, in fact, exceptional."

Eine fassbare Form bekam die quasiheilsgeschichtliche und mit einem Sendungsauftrag verbundene Selbstwahrnehmung im sogenannten Manifest Destiny (o.J.). Die Redewendung, die so viel wie „offensichtliche" oder „unabwendbare Bestimmung" bedeutet, hatte der New Yorker Journalist John L. O'Sullivan (1845) in Artikeln der beiden Zeitschriften „The United States Magazine" und „Democratic Review" geprägt, als er schrieb, es sei „die offenkundige Bestimmung der Nation, sich auszubreiten und den gesamten Kontinent in Besitz zu nehmen, den die *Vorsehung* uns für die Entwicklung des großen Experimentes Freiheit und zu einem Bündnis vereinigter Souveräne anvertraut hat". (O'Sullivan 1845)

Offensichtlich diente das Manifest Destiny damals der Rechtfertigung der im Gang befindlichen Eroberung des Westens (gegen die indianische Urbevölkerung) und des Südens (gegen Mexiko), wurde jedoch auch viele Jahr später gerne zur Legitimierung von Interventionen in fremden Ländern angerufen.

Präsident James K. Polk (1845–1849) dokumentierte in seinen Tagebüchern seinen festen Entschluss, jedes mexikanische Territorium in Besitz zu nehmen, das in US-Hand falle. Im Mexikanisch-Amerikanischen Krieg (1846–1848) setzte er diesen Entschluss in die Tat um. Mit dem Frieden von Guadalupe Hidalgo (1848) gingen Texas, New Mexico, Arizona, Kalifornien, Nevada und Utah sowie Teile von Wyoming, Colorado und Oklahoma endgültig aus Mexiko in US-amerikanisches Staatsgebiet über.

Es gibt eine ideenmäßige Verbindung zwischen dem „Dogma" des Manifest Destiny und gewissen handlungsorientierten außenpolitischen Doktrinen, wie der Monroe-Doktrin (1823), dem Roosevelt-Corollary to the Monroe-Doktrin (1904) oder der Truman Doktrin (1947).

Monroe-Doktrin: Der Unabhängigkeitskampf der lateinamerikanischen Kolonien von ihren „Mutterländern", vor allem von Spanien und Portugal, im Nachgang zur Französischen Revolution und der Napoleonischen Kriege bildete den Hintergrund der Erklärung des amerikanischen Präsidenten James Monroe (1823) in seiner State-of-the-Union-Botschaft, in der er jegliche Einmischung europäischer Mächte auf dem amerikanischen Kontinent kategorisch zurückwies. Der Sinn dieser Erklärung wird oft im Schlagwort „Amerika den Amerikanern" zusammengefasst und zeigt in dieser Formulierung eine defensive Haltung. Schnell aber wurde offenbar, dass die Erklärung auf mehr zielte, nämlich auf eine US-Hegemonie in der westlichen Hemisphäre und auf den Schutz der US-Wirtschaftsinteressen gegenüber europäischer Konkurrenz in den unabhängig gewordenen Ländern des südlichen Kontinents. Salopp könnte man die Monroe-Doktrin auch in die Worte fassen: „Hände weg von unseren Jagdgründen." So gerieten die süd- und mittelamerikanischen Länder im Laufe der darauffolgenden Jahrzehnte immer stärker in Abhängigkeit von den USA und wurden zu deren „Hinterhof". In einer Pressekonferenz vom 19. Januar 2022 meinte Präsident Biden allerdings, Lateinamerika sei nicht mehr der Hinterhof („back yard") der USA, sondern vielmehr ihr Vorgarten („front yard"). Ob das das viel beruhigender ist?

Wie erwähnt, ging bereits Präsident Polk einen Schritt weiter und deutete die Monroe-Doktrin zur Rechtfertigung des nun einsetzenden Expansionismus um, der seinen vorläufigen imperialistischen Höhepunkt im Spanisch-Amerikanischen Krieg von 1898 fand. In diesem Krieg nahmen die USA Kuba, Puerto Rico, Guam und die Philippinen in Besitz. Damit änderten die USA ihre ursprünglich zumindest deklamatorisch defensive Haltung und wurden neben den europäischen Großmächten zu einer imperialistischen Kolonialmacht. Die Monroe-Doktrin diente fortan als deren Rechtfertigungsideologie.

Roosevelt-Corollary to the Monroe-Doctrine (1904/1905): Die von Präsident Theodor Roosevelt in seinen beiden State-of-the-Union-Botschaften gemachten „Ergänzungen" zur Monroe-Doktrin bringen den hegemonialen Führungsanspruch deutlicher zum Ausdruck: „Wenn eine Nation zeigt, dass sie vernünftig und mit Kraft und Anstand in sozialen und politischen Fragen zu handeln versteht, dass sie Ordnung hält und ihre Schulden bezahlt, dann braucht sie keine *Einmischung* von Seiten der Vereinigten Staaten zu befürchten. Ständiges Unrechttun oder ein Unvermögen, welches hinausläuft auf eine Lockerung der Bande der zivilisierten Gesellschaft, mag in Amerika wie anderswo schließlich die *Intervention durch irgendeine zivilisierte Nation* fordern, und in der westlichen Hemisphäre mag das Festhalten der Vereinigten Staaten an der Monroe-Doktrin sie in flagranten Fällen solchen Unrechttuns oder Unvermögens, wenn auch wider ihren Willen, zur *Ausübung einer internationalen Polizeigewalt* zwingen." Als Losungswort zitierte Roosevelt gerne ein altes Sprichwort: „Walk softly but carry a big stick; you will go far", weshalb man diese US-Politik seither gerne auch Big-Stick-Policy nennt. Man denkt bei solchen Worten auch an Begriffe wie „Achse des Bösen", „Schurkenstaaten" usw., womit Washington auch später (bewaffnete) Interventionen in anderen Staaten rechtfertigte. Spätestens mit dem Inkrafttreten der UNO-Charta besteht jedoch kein Zweifel, dass jede solche Selbstermächtigung illegal ist und dass nur die UNO, als völkerrechtlich legitimierte supranationale Organisation, Interventionen in einzelne Länder beschließen und rechtfertigen darf, vgl. Abb. 6.1.

Das Roosevelt Corollary leitete die Hochphase des neuzeitlichen amerikanischen Imperialismus ein. In der Folge griffen die USA in verschiedenen mittelamerikanischen Staaten mit Militärinterventionen und teils langjährigen Stationierungen von Truppen ein, so etwa in Haiti, Nicaragua, Panama und der Dominikanischen Republik.

Abb. 6.1 Eine zeitgenössische Karikatur illustriert pointiert Roosevelts „Big Stick Policy". (Quelle: William Allen Rogers (1904). Theodore Roosevelt and his Big Stick in the Caribbean. National Museum of American History http://americanhistory.si.edu/militaryhistory/exhibition/zoomify.asp?id=1937&type=g&width=640&height=480&hideAlt=1)

Hintergrundinformationen

- **Truman Doktrin** (1947): Im März 1947 gab Präsident Truman im amerikanischen Kongress eine Erklärung ab, wonach es zum außenpolitischen Grundsatz der Vereinigten Staaten von Amerika werden müsse, „freien Völkern beizustehen, die sich der angestrebten Unterwerfung durch bewaffnete Minderheiten oder durch äusseren Druck widersetzen." Wörtlich heißt es unter anderem: „Ich glaube, wir müssen allen freien Völkern helfen, damit sie ihre Geschicke auf ihre Weise selbst bestimmen können. ... *wir* können keine Veränderungen des status quo *erlauben*, die durch Zwangsmethoden oder Tricks wie der politischen Infiltration unter Verletzung der Charta der Vereinten Nationen erfolgen. Wenn sie freien und unabhängigen Nationen helfen, ihre Freiheit zu bewahren, verwirklichen die Vereinigten Staaten die Prinzipien der Vereinten Nationen. Die freien Völker der Welt rechnen auf unsere Unterstützung in ihrem Kampf um die Freiheit. Wenn wir in unserer *Führungsrolle* zaudern, gefährden wir den Frieden der Welt – und wir schaden mit Sicherheit der Wohlfahrt unserer eigenen Nation (Truman, 1947)." Um was es allerdings 1947 wirklich ging, kann man in einem Paper des State Department's Policy Planning Staff nachlesen: „To seek less than preponderant power would be to opt for defeat. *Preponderant power must be the object of U.S. policy*" (Zitat in: Melvyn J. Leffler (1992, S. 18 f. A Preponderance of Power: National Security, the Truman Administration, and the Cold War).

Hintergrund dieser Erklärung war der beginnende Kalte Krieg, als die Sowjetunion und die USA danach strebten, ihre Einflusssphären zu erweitern und zu festigen. Im Fokus standen damals vor allem Griechenland, in dem seit 1946 ein Bürgerkrieg zwischen einer kommunistisch dominierten Rebellenarmee und der konservativen Regierung herrschte; die Türkei, die seit 1945 unter dem Druck der UdSSR wegen territorialen Forderungen stand, und der Iran. Mit Sorge schaute Washington auch auf Italien und Frankreich, wo starke kommunistische Parteien am Werk waren. Doch was Truman hier zur außenpolitischen Richtschnur der USA erklärte, zielte über den zeitbedingten Kontext hinaus. Es war der Anspruch der USA als die globale Ordnungsmacht, die weitgehend von den USA definierte Nachkriegsordnung als universal gültige Ordnung durchzusetzen. Das beinhaltete selbstredend auch ein Interventionsrecht. Mehr oder weniger subtil lieferte Truman dazu selber die „moralische" und eine quasivölkerrechtliche Rechtfertigung: moralisch, weil es bei möglichen Interventionen angeblich um die Sicherung der Freiheit – die in den maßgebenden Nachkriegsdokumenten als eines der höchsten Rechtsgüter definiert wurde – ging. Und quasivölkerrechtlich, weil die USA damit angeblich „die Prinzipien der Vereinten Nationen verwirklichten", ohne allerdings von diesen dazu ermächtigt worden zu sein.

Der American Exceptionalism als politische Selbstvergewisserung der USA drückt sich im außenpolitischen Leitbild der Pax Americana aus. Im Wikipedia-Artikel „Pax Americana" liest man dazu: „Die Pax Americana (lat. amerikanischer Friede) ist ein an überkommene historische Friedensordnungen angelehntes politisches Schlagwort, mit dem plakativ auf eine Weltanschauung und ein Konzept der *weltpolitischen Dominanz in der heutigen Zeit* angespielt werden soll. ... Nach dem Ende des Kalten Krieges und dem Untergang der früheren Sowjetunion soll mit dem Begriff der ‚Pax Americana' vor allem der amerikanische *Gestaltungsanspruch hinsichtlich der Weltordnung* zum Ausdruck gebracht werden." Man kann demnach sagen, der American Exceptionalism ist der ideologische Überbau der weiterhin behaupteten weltpolitischen Vormachtstellung, der „American Primacy".

Kritik am American Exceptionalism und an der in verschiedenen offensiven außenpolitischen Doktrinen formulierten Selbstermächtigung der USA gab es von Beginn weg, und zwar sowohl inner- als auch außerhalb Amerikas. Für Noam Chomsky (2016 S. 49.) war das amerikanische Sendungsbewusstsein von Anfang an, also schon bei der

Eroberung des nordamerikanischen Kontinents, nichts als eine Ideologie, „um den skrupellosen und brutalen Imperialismus zu bemänteln und zu rechtfertigen". Der britische Historiker und Journalist Godfrey Hodgson (2009) geht in seinem Buch *The Myth of American Exceptionalism*, wie man in der Zusammenfassung im Wikipedia-Artikel „Amerikanischer Exzeptionalismus" nachlesen kann, mit dieser Ideologie ebenso scharf ins Gericht: Die Neigung der Amerikaner, sich selbst für einmalig und überlegen zu halten, „wirkt sich auf ihre Verhaltensweise gegenüber dem Rest der Welt aus, über den sie nun so viel Einfluss und Macht haben". Schließlich, so Hodgson, sei die Idee des amerikanischen Exzeptionalismus besonders schwer zu ertragen, wenn sie schrill verknüpft sei mit konservativen Überzeugungen und vor allem einer neokonservativen Außenpolitik. Der amerikanische Politikwissenschaftler Stephen Walt (2011) greift in seinem Essay „The Myth of American Exceptionalism" Hodgsons Argumentation auf und zerpflückt den amerikanischen Exzeptionalismus mit ähnlichen Worten. Den Ton seiner Untersuchung gibt er bereits im Untertitel des Artikels an: „The idea that the United States is uniquely virtuous may be comforting to Americans. Too bad it's not true." Und der deutsche Kognitionswissenschaftler Rainer Mausfeld (2018, S. 76 f.) erklärt jede exzeptionalistische Ideologie zu einer moralischen und intellektuellen Pathologie, da sie eine Rechtfertigung dafür biete, völkerrechtliche Normen zu missachten.

Damit beenden wir den Exkurs über den American Exceptionalism und kehren zur Schilderung der noch geltenden angelsächsisch geprägten Weltordnung zurück.

6.2.2 Die Entwicklung der Nachkriegsordnung

Wie jedes politisch-völkerrechtliche Ordnungssystem hat sich auch die Nachkriegsordnung in den letzten 76 Jahren weiterentwickelt. Obwohl man deren „Grundriss" weiterhin erkennen kann, haben sich im Verlauf der Zeit deutliche Veränderungen ergeben: Komplexere Beziehungsgeflechte zwischen den Ländern und Ländergruppen haben sich gebildet; im Gefolge der Dekolonisierung macht eine größere Anzahl von Staaten die Weltgemeinschaft aus; es gab Machtverschiebungen; die Werte- und Zielvorstellungen haben sich gewandelt; (wirtschaftliche) Paradigmenwechsel fanden statt; politische und wirtschaftliche Krisen zeichneten die verflossenen Jahrzehnte; wir stehen vor neuen, globalen Herausforderungen usw. Einen tiefergreifenden Umbruch kann man fraglos zwischen den späten 1970er- („Neoliberalismus") und den 1990er-Jahren (Ende des Sowjetreiches) ausmachen, weshalb die Nachkriegszeit in zwei Perioden zerfällt. Man könnte sie grob umschreiben als 1. Periode: Wirtschaftsboom („Wirtschaftswunder", „Les trente glorieuses")/Embedded Liberalism sowie Kalter Krieg und 2. Periode: Neoliberalismus und angestrebte amerikanische Unipolarität.

(1) Erste Periode: Embedded Liberalism und Kalter Krieg/Systemwettbewerb

Der Politikwissenschaftler Michael Zürn (2010, S. 14) stellt zusammenfassend fest: „Die internationalen Beziehungen nach dem 2. Weltkrieg waren durch zwei institutionelle Rahmensetzungen geprägt. Auf der einen Seite gelang es erstmals, die ökonomische Interdependenz zwischen den entwickelten Industrieländern im Rahmen der Bretton-Woods-Institutionen, zu denen das internationale Handelsabkommen (GATT), die Weltbank und der internationale Währungsfonds (IWF) gehörten, nutzbringend zu regeln. Auf der anderen Seite wurde in der Charta der Vereinten Nationen (UN) ein Verbot zwischenstaatlicher Gewaltanwendung festgelegt. Obgleich diese nach dem 2. Weltkrieg geschaffenen internationalen Institutionen auf den Schutz des Status quo und der nationalstaatlichen Souveränität zielten, stiessen sie jedoch gleichzeitig eine zunehmende gesellschaftliche Denationalisierung an."

Die amerikanische Handschrift der Nachkriegsordnung zeigt sich nicht zuletzt an der „Physiognomie" der multilateralen Organisationen, die am Ausgang des Krieges unter amerikanischer Vormacht und Agendasetting geschaffen wurden: die UNO mit ihren Unterorganisationen (v. a. Bretton-Woods-Institutionen [IMF, Weltbank], das GATT [später WTO]), die OECD, die NATO u. a. m. Die in diesen Organisationen geltenden Regeln definieren noch heute in beträchtlichem Maß auch die Funktionsregeln der tatsächlichen Weltordnung und der Weltwirtschaftsordnung. Zudem erlaubte die unangefochtene amerikanische Dominanz in diesen Gremien den USA, einen maßgebenden Einfluss auch auf die laufenden internationalen Beziehungen auszuüben und über dieses Vehikel die „westlichen" Staaten stärker in ihr eigenes System einzubinden. Amerika schuf in der westlichen Hemisphäre zudem einen vergleichsweise einheitlichen Wirtschaftsraum, in welchem es mehr als alle anderen Länder die Normen und Standards definierte und durchsetzte.

Politische Aspekte: Kalter Krieg/Systemwettbewerb
Die erste Phase der Nachkriegsordnung ist eine hohe Zeit des Multilateralismus, denn alle hier genannten Organisationen und andere mehr beruhen auf diesem Prinzip. Ein

solches Arrangement stärkt zumindest theoretisch die Position und die Chancen der kleineren Länder und schränkt das Machtgefälle ein, denn die Großmächte stehen fallweise einer größeren Interessenkoalition gegenüber. Doch auch auf diesem Weg lässt sich die asymmetrische Machtfülle der Großmächte nicht vollständig eliminieren. Die UNO beispielsweise beruht, wie erwähnt, auf dem Prinzip der souveränen Gleichheit. Doch das ist eine rein „formalrechtliche" Gleichheit und hat nichts mit dem real herrschenden Machtgefälle zu tun. Deutlich zeigt sich das schon am ständigen Sitz der fünf Siegermächte des 2. Weltkriegs (USA, Großbritannien, Frankreich, Russland [Sowjetunion], China) im Sicherheitsrat, ausgestattet mit dem Vetorecht. Auch besitzen größere Länder aufgrund ihrer höheren Mitgliedsbeiträge einen Hebel für die Durchsetzung ihrer Interessen und ihrer Ordnungsvorstellungen.

Betrachten wir als repräsentatives Beispiel der multilateralen Organisationen die UNO ein bisschen eingehender. Diese Institution spiegelt in ihrem Grundkonzept, niedergelegt in der Charta, deutlich den Geist des Idealismus/Liberalismus:

- Präambel: „… Fest entschlossen, künftige Geschlechter vor der Geisel des Krieges zu bewahren … unseren Glauben an die Grundrechte des Menschen, an Würde und Wert der menschlichen Persönlichkeit, an die Gleichberechtigung von Mann und Frau sowie von allen Nationen, ob groß oder klein … den sozialen Fortschritt und einen besseren Lebensstandard in größerer Freiheit zu fördern …"
- Art. 2, Absatz 4: „Alle Mitglieder unterlassen in ihren internationalen Beziehungen jede gegen die territoriale Unversehrtheit oder die politische Unabhängigkeit eines Staates gerichtete oder sonst mit den Zielen der Vereinten Nationen unvereinbare Androhung oder Anwendung von Gewalt."

Drei Jahre nach der Unterzeichnung der Charta operationalisierte und präzisierte die „Allgemeine Erklärung der Menschenrechte" den Wertekatalog der Charta zusätzlich. Da finden sich die bekannten Gebote und Verbote: das Recht auf Leben, das Diskriminierungsverbot, das Folterverbot, die Gedanken-, Gewissens- und Religionsfreiheit, die Meinungsäußerungsfreiheit, die Versammlungs- und Vereinsfreiheit, das Verbot der Sklaverei, die Freiheitssphäre des Einzelnen, die Freizügigkeit usw. Dass in diesem Wertekatalog die westlich-aufklärerische Weltsicht zur Richtschnur der geltenden Weltordnung erklärt wurde, ist unbestreitbar. Gleichzeitig kann man nicht leugnen, dass die westlichen Großmächte diese deklarierten Prinzipien mitunter auch zur Rechtfertigung für machtpolitisches Vorgehen gegen Drittstaaten nutzten und nutzen, ohne dass sie selber eine reine Weste hätten. Da setzen die Kritiker der westlichen kulturellen Hegemonie heute ein und verlangen die Aushandlung eines neuen Paradigmas.

Zu jener immer von Neuem erträumten überstaatlichen, sanktionsfähigen Ordnungsmacht, ausgestattet mit einem Machtmonopol, ist die UNO zwar nicht geworden, aber doch zu einer Organisation der kollektiven Sicherheit, basierend – und das ist neu – auf dem absoluten Verbot von Angriffskriegen. Damit haben die Vereinten Nationen einen Schritt über die vorausgehenden Friedensregelungen hinaus gemacht, denn diese beruhten ausschließlich auf dem Prinzip der kooperativen Konfliktregulierung. Eine Weltregierung ist die UNO trotzdem nicht geworden und wollte dies auch nie werden. Das hindert gewisse amerikanische Kreise nicht, der Organisation solche Weltherrschaftspläne zu unterstellen, wie es z. B. der Neocon Irving Kristol tat (2003), als er schrieb: „… world government is a terrible idea since it can lead to world tyranny. International institutions that point to an ultimate world government should be regarded with the deepest suspicion." Das dürfte wohl ein Versuch gewesen sein, die Weltorganisation und das in der Charta verbriefte Interventionsverbot – nicht zuletzt mit Blick auf die nachstehend erwähnte amerikanische Doktrin der „preemptive strikes" – zu delegitimieren.

Anders sieht es mit der Durchsetzungsmacht der UNO insbesondere für das Verbot von Angriffskriegen aus, wurde und wird dieses doch, wie zuletzt im Krieg Russlands gegen die Ukraine oder im Irak-Krieg der USA 2003, wiederholt verletzt. Zudem haben die USA unter George W. Bush (2002), der neokonservativen Doktrin folgend, das Verbot von Angriffskriegen überhaupt in Frage gestellt und ein Recht auf „preemptive strikes" reklamiert. In der National Security Strategy vom September 2002, der sogenannten Bush-Doktrin, liest man unter anderem: „For centuries, international law recognized that nations need not suffer an attack before they can lawfully take action to defend themselves against forces that present an imminent danger of attack. ... We must adapt the concept of imminent threat to the capabilities and objectives of today's adversaries. ... The greater the threat, the greater is the risk of inaction – and the more compelling the case for taking *anticipatory action* to defend ourselves, even if uncertainty remains as to the time and place of the enemy's attack. To forestall or prevent such hostile acts by our adversaries, the United States will, if necessary, *act preemptively*."

Vielleicht am deutlichsten spricht Charles Krauthammer (2001) im Vorfeld des zweiten Irak-Kriegs in seinem Essay „The Unipolar Moment Revisited" die Delegitimierung der UNO als Organ der kollektiven Sicherheit aus, wenn er das für eine militärische Intervention gemäß Charta notwendige Mandat der UNO schlicht in Abrede stellt und feststellt: „This logic is deeply puzzling. How exactly does the Security Council confer moral authority on American

Action? By what logic is it a repository of international morality?" Oder, um mit Richard Perle (2003) einen weiteren Neocon zu zitieren: „… in a parting irony he (Saddam Hussein) will take the United Nations down with him. Well, not the whole United Nations. The 'good works' part will survive, the low-risk peace-keeping bureaucracies will remain, the looming chatterbox on the Hudson will continue to bleat. What will die in Iraq is the fantasy of the *United Nations as the foundation of a new world order*."

Kurzum, die UNO und andere auf dem Multilateralismus beruhende Organisationen sollten einseitige Machtpolitik eindämmen, wurden aber immer auch als Vehikel gerade für eine solche Politik missbraucht.

So viel zur institutionellen Seite der (politischen) Nachkriegsordnung. Doch damit ist das Bild der tatsächlichen internationalen Politik in der Nachkriegsepoche sehr unvollständig. Wohl noch stärker als durch das Regelwerk der multilateralen Übereinkommen wurden das herrschende Machtgefüge und die Beziehungsdynamik durch die realen politischen Auseinandersetzungen, vor allem durch die Machtkämpfe der beiden Großmächte, durch deren Geopolitik und deren politisch-wirtschaftliche Einflussnahmen auf ihre „Klienten" geformt. Die USA und die UdSSR schufen eine weltweite Beziehungsstruktur, die wie ein zweipoliges Magnetfeld alle Länder in die Dynamik riss. Durch zusätzliche regionale multi- und bilaterale Organisationen wurden die Staaten noch fester in die jeweilige Hegemonialstruktur eingebunden. Die größte Rolle spielten die Verteidigungsbündnisse der beiden Protagonisten, die NATO (1949) einerseits und der Warschauer Pakt/WAPA (1955) andererseits. Zusätzlich dazu sicherten sich die USA die Flanken ihres Sicherheits- und Verteidigungsraums mit weiteren Bündnissen wie dem Bagdad-Pakt (Central Treaty Organization, abgekürzt CENTO) oder dem ANZUS-Abkommen (Australia, New Zealand und United States). Wenn nötig setzten beide Führungsmächte die Vorherrschaft in ihrem Machtbereich mit brachialen Mitteln durch. Die UdSSR beispielsweise schlug Aufstände gleich mehrmals blutig nieder, so 1953 in der DDR, 1956 in Ungarn und 1968 in der Tschechoslowakei. Die USA etwa in Nicaragua (Contra-Krieg, 1982–1989), in Grenada 1983, in Panama 1989 und 2003 im Irak.

Es gab allerdings auch andere Wege der Vorherrschaft. Eckart Conze (1995) umschreibt z. B. das Wesen der amerikanischen Europapolitik seit dem Ende des 2. Weltkriegs als „Hegemonie durch Integration". Als eines unter anderen Symptomen des amerikanischen hegemonialen Selbstverständnisses könnte man die Selbstverständlichkeit verstehen, mit der das Land seine eigenen, internen Gesetze auch im Ausland durchsetzt (exterritoriale Anwendung des nationalen Rechts). Umgekehrt aber widersetzen sich die USA der internationalen Rechtsprechung teilweise vehement, wie im Fall des Internationalen Strafgerichtshofs in Den Haag (International Criminal Court, ICC), dem sie wie China, Indien, Russland, die Türkei und Israel nicht angehören. Die US-Behörden drohten dessen Vertretern in der Vergangenheit bei angestrebten Strafverfolgungen gegen amerikanische Bürger mit Sanktionen oder ergriffen sie tatsächlich wie im Fall der Chefanklägerin Fatou Bensouda im Jahr 2020.

Die USA haben ihre Vormachtstellung im „Westen" nach dem Krieg nicht willkürlich an sich gerissen, sondern sie ist ihnen mit dem Ende des britischen Imperiums und der europäischen Kolonialherrschaft zugewachsen (von der „Pax Britannica" zur „Pax Americana"). Ebenso ausschlaggebend war, dass das Land nach dem Krieg so stark und kapitalkräftig wie kein anderes dastand, vor allem nicht die andere Weltmacht UdSSR. Die amerikanische Produktionskapazität war intakt und konnte sofort wieder zum Laufen gebracht werden. Große Teile der sowjetischen Industrieanlagen und der produktiven wie der sozialen Infrastrukturen waren dagegen zerstört. Die USA hatten den Tod von 1, 1 Mio. Soldaten zu beklagen – die Sowjetunion verlor im Krieg mindestens 24 Mio. Menschen. Niemand konnte Europa wieder auf die Beine helfen außer der USA, die mit der Marshallhilfe ein starkes Zeichen setzten. Und niemand sonst konnte dem am Boden liegenden Kontinent den nötigen strategischen Schutz – vor allem auch gegen die Sowjetunion – bieten.

Deshalb wurde die US-Hegemonie im Westen weitestgehend begrüßt und die neu entstandene Weltordnung dadurch auch legitimiert. Eine solche Legitimität war und ist von großer Bedeutung, denn wie jede Staatsmacht für ihre Akzeptanz eine Legitimation benötigt, so auch jede Welt- und Friedensordnung, wenn sie Bestand haben will.

Wirtschaftliche Aspekte. „Embedded Liberalism"
Der Begriff „Embedded Liberalism" stammt von John Ruggie (1982). Er charakterisierte damit die wirtschaftliche Nachkriegsordnung, die in erster Linie durch das Bretton-Woods-System und das GATT grundgelegt wurde und bis zum „Nixon-Schock" die Weltwirtschafts- und Weltwährungsordnung darstellte (Ruggie 1982). Die größten Nutznießer dieser liberalen Weltwirtschaftsordnung waren und sind die Industriestaaten und die multinationalen Unternehmen, die weltweit agieren und ihre Aktivitäten in allen Ländern der Erde ausbauen. Die Entwicklungsländer sind im Gegensatz zu den Handelsnationen durch diese Ordnung benachteiligt, weil sie die bestehenden Abhängigkeitsstrukturen verstetigt und weil sich die Entwicklungsländer in den internationalen Organisationen oft nur mit Mühe durchsetzen können. Zwar verfügen sie in den meis-

ten internationalen Gremien über eine überwältigende Stimmenmehrheit und doch stoßen sie wegen des Machtgefälles schnell an die Grenzen ihrer Gestaltungs- und Durchsetzungsmöglichkeiten.

Die ersten 30 Nachkriegsjahre waren bekanntlich geprägt durch ein rasantes Wirtschaftswachstum („Wirtschaftswunder", „les trentes glorieuses") und eine relativ stabile Währungsordnung. Auch erfreuten sich die westlichen Länder einer gefestigten sozialen Stabilität. Spielformen der sozialen Marktwirtschaft und des Keynesianismus galten allenthalben als wirtschaftspolitisches Paradigma.

Den Ausdruck „embedded", „eingebettet", verwendete Ruggie in bewusster Anlehnung an den von Karl Polanyi (1944) in seinem Werk *The Great Transformation* geprägten Begriff „embedded market". Polanyi weist darin nach, dass alle frühen Märkte bis in die 1830er-Jahre in politische und gesellschaftliche Systeme eingebettet waren, welche auch der Wirtschaft die übergeordneten Ziele und mithin die Funktionslogik vorgaben. Danach, so Polanyi, seien die Märkte von 1830 bis in die 1930er-Jahre in der Periode des klassischen Liberalismus „entbettet" worden.

Ruggie sah in der wirtschaftlichen Nachkriegsordnung ein Analogon zu dieser Markteinbettung. Ziel war es, das „Versagen des Wirtschaftsliberalismus", wie es Alexander Rüstow (1945/2001) in seinem gleichnamigen Buch beschrieb, und das zu den beiden Weltkriegen und zur Depression geführt hatte, nicht zu wiederholen. Rüstow (1959): „Der Markt hat jedoch einen überwirtschaftlichen Rahmen, der durch Gesetze usw. gebildet wird, und innerhalb dieses Rahmens kann die Sache gar nicht planmässig genug hergehen. ... An dieser Planmäßigkeit des Rahmens, insbesondere auf dem Gebiet der Sozialpolitik, fehlt es leider Gottes noch sehr. Dadurch unterscheiden wir Neuliberalen uns ja von den Altliberalen, dass wir uns der Notwendigkeit des Rahmens und seiner Gestaltung bewusst sind. Leider wird dieser Unterschied dadurch verwischt, dass es eine Anzahl von Altliberalen, zum Teil von sehr intransigenten Altliberalen gibt, besonders in Amerika, die sich fälschlicherweise- und irreführenderweise ‚Neuliberale' nennen und damit große Verwirrung stiften. Leider können wir dagegen nicht mit Patentprozessen und Markenschutz vorgehen." Offensichtlich meinte er mit diesen „Neuliberalen" Ökonomen wie Friedrich von Hayek und Ludwig von Mises, von denen sich die Vertreter der „sozialen Marktwirtschaft" nach anfänglichem Zusammengehen schnell und entschieden trennten. In einem Brief an Röpke vom Februar 1942 polemisierte Rüstow sogar: „Diesen ewig Gestrigen frisst kein Hund mehr aus der Hand, und das mit Recht. Hayek und sein Meister Mises gehörten in Spiritus gesetzt ins Museum als eines der letzten überlebenden Exemplare jener sonst ausgestorbenen Gattung von Liberalen, die die gegenwärtige Katastrophe heraufbeschworen haben" (Zitat in: Meyer-Rust, 1993, S. 69). Zwar sollte sich auch nach der Vorstellung der „Neuliberalen" der Handel mit (Industrie-)Waren grenzüberschreitend möglichst ungehindert entwickeln. Andererseits sollten die Staaten ihre Wirtschaftspolitik aber so autonom wie möglich gestalten und die wirtschaftlichen Erfordernisse mit den sozialpolitischen in größtmögliche Übereinstimmung bringen können (Wohlfahrtsprogramme, Vollbeschäftigung, Umverteilung). Dazu brauchte es nebst anderem eine stabile Weltwährungsordnung, aber ohne freien, grenzüberschreitenden Kapitalverkehr. Wikipedia English beschreibt die Vereinbarkeit von Freihandel und autonomer staatlicher Wirtschafts- und Sozialpolitik im System des „Embedded Liberalism" wie folgt: „Mainstream scholars generally describe embedded liberalism as involving a compromise between two desirable but partially conflicting objectives. The first objective was to revive free trade. Before World War I, international trade formed a large portion of global GDP, but the classical liberal order which supported it had been damaged by war and by the Great Depression of the 1930s. The second objective was to allow national governments the freedom to provide generous welfare programs and to intervene in their economies to maintain full employment. This second objective was considered to be incompatible with a full return to the free-market system as it had existed in the late 19th century – mainly because with a free market in international capital, investors could easily withdraw money from nations that tried to implement interventionist and redistributive policies."

Bretton-Woos-Institutionen
Die internationale Konferenz, zu der die USA bereits im Sommer 1944, also noch vor Kriegsende, nach Bretton Woods in New Hampshire 44 Staaten einluden, hatte die Aufgabe, eine neue Weltwährungsordnung zu vereinbaren, die nach Kriegsende gelten sollte. Es ging unter anderem darum, Europa als starke Wirtschaftsregion und als wichtigen Handelspartner der USA wiederaufzubauen. Das Abkommen von Bretton Woods verfolgte dafür vor allem ein Ziel: Die Wechselkurse zwischen den Währungen sollten stabilisiert werden, damit der Welthandel ohne Probleme und Handelsbarrieren funktionierte und es keine Schwierigkeiten bei Zahlungsabwicklungen gab. Dies wiederum sollte die Wirtschaft so weit stimulieren, dass auch vermehrt investiert würde. Um das Ziel zu erreichen, sollten spezielle Organe – Weltbank und Internationaler Währungsfonds (IWF) einerseits und andererseits eine umfassende Welthandelsorganisation als UNO-Sonderorgane – ein-

gerichtet werden. Eine UNO-Welthandelsorganisation kam nicht zustande. Stattdessen entwickelte die Bretton-Woods-Konferenz ein Vertragswerk außerhalb der UNO, das 1948 in Kraft trat: das Allgemeine Zoll- und Handelsabkommen (GATT). Mit der neuen Währungsordnung wollte man vor allem Abwertungswettläufe, wie jene zwischen dem 1. und 2. Weltkrieg, verhindern. Geschaffen wurde eine Währungsordnung mit Wechselkursbandbreiten und mit dem US-Dollar als Ankerwährung (Gold-Dollar-Standard). Diese Ordnung hatte bekanntlich Bestand bis zum 15. August 1971, als Präsident Nixon die Konvertibilität des Dollars in Gold aufhob. Damit waren das ursprüngliche Konzept des Bretton-Woods-Systems und die festen Wechselkurse Geschichte. Ohne es weiter auszuführen, sei hier angemerkt, dass das Versagen des Systems durch die Festlegung des Dollars als Ankerwährung von Beginn weg eingebaut wurde – sozusagen eine währungspolitische Obsoleszenz (siehe Triffin-Trilemma).

Der Vertreter Großbritanniens, John Maynard Keynes, schlug anstelle des Dollars eine „künstliche" Währungseinheit, den Bancor, als internationale Verrechnungseinheit vor, an die die teilnehmenden Währungen gekoppelt würden. Diese Weltwährung sollte nach Keynes Plänen von der International Clearing Union verwaltet werden. Als Anker der Währung sollte Gold dienen. Doch die USA lehnten Keynes' Bancor-Idee ab. Also verteidigte Keynes als Minimalforderung eine weiche Währung, mit der man leichter auf Krisen reagieren könne. Der amerikanische Chefunterhändler Harry Dexter White bestand aber auf einer harten, an den Goldkurs gekoppelten Währung. Da ging's weniger um Wirtschafts-, sondern um Machtpolitik, denn mit dem Dollar als Leitwährung kontrollierten die USA von nun an das weltweite monetäre und damit weitgehend auch das Wirtschaftssystem. Armee und Waffen sind ja nicht das einzige Machtinstrument. Die Wirtschaft und vor allem die Währung stehen als Machtvehikel nicht nach.

Die amerikanische Kontrolle und ihre Dominanz des Weltwirtschaftssystems mithilfe des Dollars verminderten sich auch nach dem Zusammenbruch des ursprünglichen Bretton-Woods-Systems kaum. Auch im neuen Setting kann es sich kaum eine Bank leisten, dem Dollar-Markt fernzubleiben. Und weil fast alle Commodities, insbesondere das Rohöl,[2] auf der Dollar-Basis gehandelt werden, verfügen die USA auch über ein mächtiges geoökonomisches Instrument; man denke nur an die weltweite Durchsetzungsfähigkeit ihrer Sanktionen.

Mithilfe des GATT wurde wie erwähnt ausschließlich der Handel mit Industrieprodukten schrittweise liberalisiert. Erst mit dem Ende des „originalen" Bretton-Woods-Systems und dem Siegeszug des Monetarismus und des Finanzkapitalismus Mitte der 70er-Jahre des letzten Jahrhunderts fielen auch die Grenzen für die globalen Kapitalbewegungen, und es entstand ein weltweiter Finanz- und Kapitalmarkt. Dies stärkte die amerikanische Einfluss- und Durchsetzungsmacht zusätzlich.

Anfänglich beteiligte sich auch die Sowjetunion an den Arbeiten in Bretton Woods, distanzierte sich aber rasch davon und führte sich und den ganzen „Ostblock" in eine

---

[2] Dazu liest man auf Wikipedia (Stichwort Petrodollar): „Mehreren Studien zufolge vereinbarten die Vereinigten Staaten 1972/1973 (also ein Jahr nach dem offiziellen Ende der Goldkonvertibilität des US-Dollars) mit Saudi-Arabien, dass das saudi-arabische Öl nur in US-Dollar fakturiert werde. Als Gegenleistung hätten die USA demnach militärische Unterstützung an Saudi-Arabien ausgesprochen. Offizielle Nachweise über eine solche Vereinbarung gibt es nicht.

Zu dieser Zeit war Richard Nixon US-Präsident. Henry Kissinger war sein wichtigster Berater in Sachen Sicherheit und Außenpolitik. Die USA waren damals bestrebt, die Einflüsse bzw. Einflussversuche der UdSSR in vielen Ländern der Welt einzudämmen; Nixon betrieb eine ‚Twin-Pillar-Policy' (Zwei-Säulen-Politik) genannte Politik, die darauf ausgerichtet war, den sowjetischen Einfluss im Persischen Golf (speziell im Iran und in Saudi-Arabien) einzudämmen."

langjährige wirtschaftliche Isolation mit schwerwiegenden wirtschaftlichen Folgen. So herrschte nach Kriegsende nicht nur eine politische, sondern auch eine wirtschaftliche Bipolarität. Die wirtschaftspolitische Spaltung vertiefte sich noch, als Stalin die Einladung an die UdSSR und die osteuropäischen Staaten, am European Recovery Program (ERP) (= Marshallplan) mitzumachen, ablehnte. Die USA konnten ihren Führungsanspruch in den Bretton-Woods-Institutionen umso ungehinderter durchsetzen. Dafür ist eine Äußerung Zbigniew Brzezinski (2019. S. 44–45) in seinem Buch *Die einzige Weltmacht* aufschlussreich. Dort heißt es: „*Als Teil des amerikanischen Systems* muss außerdem das weltweite Netz von Sonderorganisationen, allen voran die internationalen Finanzinstitutionen, betrachtet werden. Offiziell vertreten der Internationale Währungsfonds (IWF) und die Weltbank globale Interessen und tragen weltweite Verantwortung. *In Wirklichkeit werden sie von den USA dominiert*, die sie mit der Konferenz von Bretton Woods aus der Taufe hoben."

Als größte Anteilseigner verfügen die USA in der Weltbank und im Währungsfonds als einziges Land auch über eine Sperrminorität also ein De-facto-Vetorecht. Davon haben die USA öfters Gebrauch gemacht. Der deutsche Ökonomieprofessor Axel Dreher (2021) stellte in einem Interview in der Zeitschrift Capital ungeschminkt fest: „Länder, die in der UN-Vollversammlung häufiger mit dem wichtigsten Anteilseigner – den USA – stimmen, bekommen höhere Kredite und weniger Kreditauflagen. Das gilt für IWF und Weltbank. Auch beim regelmässigen Dialog mit den Mitgliedsländern über die Auswirkungen ihrer Wirtschafts- und Finanzpolitik, den Artikel-IV-Konsultationen des IWF, zählen nicht nur objektive Zahlen. Es gibt jede Menge Evidenz, dass wichtige Anteilseigner und mit ihnen ‚befreundete' Länder besser wegkommen … Ist er (der IWF) nur Handlanger der USA oder eine unabhängige Instanz?" Es besteht kein Zweifel, dass die USA mit den Bretton-Woods-Institutionen – ähnlich wie mit der Marshall-Hilfe nach dem Krieg – spürbare Abhängigkeiten geschaffen haben. Nicht zuletzt, um diese Abhängigkeit loszuwerden und den Ländern in der laufenden Großmächtekonkurrenz Alternativen zu bieten, hat China 1994 die China Development Bank (CDB) und 2015 die Asiatische Infrastrukturinvestmentbank (Asian Infrastructure Investment Bank, AIIB), eine multilaterale Entwicklungsbank mit zurzeit 85 Mitgliedstaaten (nebst anderen auch die Schweiz und Großbritannien), unter eigener Führung gegründet. Vor allem die AIIB wurde gezielt als Alternative zur Weltbank und zum Internationalen Währungsfonds ins Leben gerufen. Trotz Unmutsäußerungen der USA beteiligen sich auch westeuropäische Länder an der AIIB. Mithilfe dieser Institution vergibt China mehr Kredite als die Weltbank und der IMF. Ähnlich wie bei der Belt and Road Initiative zeichnet sich auch hier ein Netz von neuen Abhängigkeiten ab.

GATT (General Agreement on Tariffs and Trade; Allgemeines Zoll- und Handelsabkommen)
Das GATT von 1947 (in Kraft seit 1948) war, wie erwähnt, keine internationale Organisation, sondern ein völkerrechtlicher Vertrag. Das änderte sich mit der Gründung der WTO (World Trade Organization; Welthandelsorganisation). Der GATT-Vertrag legte fest, dass Zölle und Abgaben progressiv vermindert und mengenmäßige Beschränkungen sowie Maßnahmen gleicher Wirkung verboten wurden. Gleichzeitig galt die Meistbegünstigung.

Die nach dem Weltkrieg ins Leben gerufene liberale Wirtschafts- und Währungsordnung schuf Rahmen und

Basis für den raschen Wiederaufbau und den Aufschwung der kriegsgeschädigten westlichen Länder. Gleichzeitig etablierten die USA eine Art „Imperialism of Free Trade".

Begriff und Konzept „Freihandelsimperialismus" wurde von den beiden britischen Ökonomen John Gallagher und Ronald Robinson (1953) geprägt. Sie bezeichneten damit die Periode der sogenannten britischen „Indirect Rule" von etwa 1830 bis 1880, in welcher das Land seine imperialistische Weltherrschaft nicht durch die unmittelbare Kontrolle überseeischer Gebiete, sondern durch handels- und wirtschaftspolitische Regeln sicherte. Um seine wirtschaftlich-kommerzielle Überlegenheit ausspielen zu können, verlangten die Briten einen freien Zugang zu fremden Märkten, was sie, wenn nötig, auch gewaltsam erzwangen. Die Opiumkriege, die „ungleichen Verträge" und die amerikanische „Open Door Policy" illustrieren das deutlich. Deshalb, so schließen Gallagher und Robinson, war der durch England hochgehaltene Freihandel nicht etwa die Alternative zum Imperialismus, sondern nur dessen andere Form. Die Ambiguität solcher weltwirtschaftlichen Arrangements erkannte auch der Realpolitiker Bismarck. Er meinte mit Blick auf Großbritannien, Freihandel sei eine Waffe in der Hand der wirtschaftlichen Vormacht, um kleinere Länder am Aufbau einer konkurrenzfähigen Industrie zu hindern, weshalb er 1877/1878 zur Schutzzollpolitik überging.

Hier soll kurz auf die ökonomische Theorie des Imperialismus und dessen frühesten Vertreter, John Atkinson Hobson (1858–1940), hingewiesen werden. Hobson (1902) sah als Ursache des Imperialismus die Suche nach neuen Kapitalanlagemöglichkeiten. Unterkonsumption der breiten Masse bei gleichzeitigem Kapitalüberschuss einer kleinen Minderheit führe zu Kapitalexport: „Überall erscheinen übergrosse Produktionskräfte, übergrosse Kapitalien, die nach Investition verlangen. Sämtliche Geschäftsleute geben zu, dass der Zuwachs an Produktionsmitteln in ihrem Lande die Zunahme der Konsumption übertrifft, dass mehr Güter hervorgebracht als mit Gewinn abgesetzt werden können, dass mehr Kapital vorhanden ist, als lohnend angelegt werden kann. *Diese ökonomische Sachlage bildet die Hauptwurzel des Imperialismus* ... Imperialismus ist das Bestreben der großen Industriekapitäne, den Kanal für das Abfließen ihres überschüssigen Reichtums dadurch zu verbreitern, dass sie für Waren und Kapitalien, die sie zu Hause nicht absetzen oder anlegen können, Märkte und Anlagemöglichkeiten im Ausland suchen (in: Askani Bernhard u. a.: Anno 3. Braunschweig, 1996, S. 183)".

Als „flankierende Maßnahme" zur Marshall-Hilfe wurde 1948 die Organisation for European Economic Cooperation (OEEC) ins Leben gerufen, die 1961 in die Organisation for Economic Cooperation and Development (OECD; Organisation für wirtschaftliche Zusammenarbeit und Entwicklung), weiterentwickelt wurde. Kernziel der Organisation sind der freie Waren- und inzwischen auch der Kapitalverkehr. Auch in der OECD nehmen die USA einen Spitzenplatz ein.

Abschließend noch eine Anmerkung: Der Freihandel bringt Wohlstandssteigerung durch Arbeitsteilung; das gehört seit Adam Smith und David Ricardo (komparative Kostenvorteile) zum Kanon einer liberalen Wirtschaftsordnung. Aber trotz komparativer Kostenvorteile profitieren nicht alle Länder in gleichem Ausmaß vom System. Die strukturelle Schlechterstellung von Entwicklungsländern kann nämlich zum „Verelendungswachstum" führen, dies wegen der Überkompensation wohlstandssteigernder Wachstumseffekte durch wohlstandsmindernde Terms-of-Trade-Effekte.

(2) Zweite Periode: „Benevolent Global Hegemony" und Globalisierung 2.0

Die zweite Periode der Nachkriegszeit wurde durch zwei Ereignisse in Gang gesetzt: Mitte der 1970er-Jahre durch das Ende des ursprünglich gültigen Bretton-Wood-Systems und in den späten 1980er-Jahren durch das Ende des Kalten Kriegs.

Politische Aspekte: Unipolarität/„benevolent global hegemony"
Präsident Gorbatschow wollte die marode UdSSR radikal umbauen (Perestroika). Doch sowohl der Verschleiß von ungeheuren Mitteln im Kalten Krieg wie auch die andauernden politischen Spannungen erschwerten sein Projekt ernsthaft, weshalb er sich mit einem „Friedensangebot" an den Verhandlungstisch mit Präsident Reagan setzte.

Washington und der „Westen" insgesamt missdeuteten den Schritt als bedingungslose Kapitulation und fühlten sich als Sieger des Kalten Kriegs. Deshalb, so folgerten sie, seien sie berechtigt, eine neue Weltordnung nach westlichem „Design" und unter westlicher Führung zu konstruieren, in die sich auch Russland ein- und unterordnen müsse. Der Direktor des Moskauer Carnegie Center, Dmitri Trenin (2011), bemerkte hingegen, wie man in WOZ/ „Die Wochenzeitung" (2011) nachlesen konnte: „Wenn wir heute richtig einschätzen wollen, was der Kollaps der Sowjetunion bedeutet, dürfen wir nicht vergessen, dass es die russische Gesellschaft selbst war, die dem kommunistischen Regime ein Ende bereitet hat, *ohne Hilfe oder Ratschläge von aussen.*" Diese Einschätzung teilte George F. Kennan, der langjähre amerikanische Spitzendiplomat und „Erfinder" der Containment-Policy nach dem Ende des Kalten Kriegs (siehe dazu ausführlicher auch Kap. 8).

Man muss dabei im Auge behalten, dass Gorbatschow zwar den Systemwettbewerb beenden wollte, um die Ressourcen für den Umbau des Landes zu nutzen. Aber Russlands bzw. der Sowjetunion jahrhundertealten Großmachtstatus wollte er nicht aufgeben.

Im Westen herrschte eine unkritische Triumphstimmung, die ihren demonstrativsten Ausdruck in Francis Fukuyamas (1992) *The End of History and the Last Man* fand. Zur gleichen Zeit gingen die amerikanischen Politiker*innen und Politologen daran, eine neue, offensive Geopolitik und Geostrategie zu entwerfen und umzusetzen. Zum Beispiel legte Zbigniew Brzezinski in seinem bereits erwähnten Buch *The Grand Chessboard* eine Art Weißbuch für die künftige amerikanische Außen- und Sicherheitspolitik vor, in dem er sich stark an Halford Mackinders (1904) Hartlandtheorie orientierte. Mackinder formulierte den Kern seiner Theorie in folgendem Merksatz:

„Who rules Eastern Europe commands the Heartland.
Who rules the Heartland commands the World Island.
Who rules the World Island commands the World."

Es ging Brzezinski demnach darum, dass die USA entscheidenden Einfluss auf den ganzen eurasischen Kontinent gewinnen und sichern können, um so die weltpolitische Vormachtstellung zu konsolidieren. Das unterstrich er, indem er die USA als ein hegemoniales „Imperium" definierte. Mit der Einschätzung des eurasischen Kontinents als Schlüssel jeder künftigen Weltherrschaft bewies Brzezinski geostrategische Weitsicht. Hingegen unterschätzte er in den 1990er-Jahren Chinas Wachstumspotenzial. Inzwischen ist das Reich der Mitte dabei, den Amerikanern Eurasien streitig zu machen.

Noch schärfer und härter als Brzezinski forderten die Neoconservatives die Nutzung der Stunde, um eine weltweite Vorherrschaft zu etablieren (siehe oben Abschn. 6.1 1. „Realismus"). Zu diesem Zweck sollten nebst anderem die einschlägigen internationalen Organisationen instrumentalisiert werden. Statt nach dem Ende der Auseinandersetzung mit der UdSSR die Verteidigungsausgaben herunterzufahren und die „Friedensdividende" für innenpolitisch notwendige Projekte einzusetzen, sollte das Land, so die Neocons, seine unangefochtene Vormachtstellung nutzen und weltweit eine Pax Americana durchsetzen. Im schon erwähnten Essay „Toward a Neo-Reaganite Foreign Policy" nannten William Kristol und Robert Kagan (1996, S. 18–32) als Ziel einer neuen US-Außenpolitik eine „benevolent global hegemony": „What should [America's international role] be? Benevolent hegemony. Having defeated the evil empire, the Unites States enjoy strategic and ideological predominance. The first objective of U.S. foreign policy should be to *preserve and enhance that predominance* … advancing its interest, and stand up for its principles around the world." Und Charles Krauthammer (1990) forderte in seinem Essay „The Unipolar Moment" die amerikanische Führung auf, den günstigen Zeitpunkt zu nutzen, um als einzige Weltmacht die „Unipolarität" der weltweiten Machtkonstellation zu konsolidieren und auszubauen: „The post-Cold War world is not multipolar. It is unipolar. The center of world power is the unchallenged superpower, the United States." Eine multipolare Welt kann in den Augen Krauthammers nur eines sein: Chaos: „The alternative to such robust and difficult *interventionism*, the alternative to unipolarity is not a stable, static multipolar world. … The alternative to unipolarity is chaos." Deshalb, so Krauthammer, bleibt nur eine Strategie: „Our best hope for safety in such times, as in difficult times past, is in American strength and the will to *lead a unipolar world*, unashamedly *laying down the rules of world order and being prepared to enforce them.*" Diese Strategie verfolgt Robert Kagan (2018) noch heute, wie er das in seinem Buch *The Jungle Grows Back. America and our Imperiled World* darlegt.

Allerdings wurde die Hegemonie als geopolitisches Ziel bereits unter der Präsidentschaft von George H. W. Bush recht klar postuliert. Im „Pentagon's February 18, 1992 Draft of the Defense Planning Guidance for Fiscal Years 1994–1999" (Wolfowitz und Libby, 1992), kurz Wolfowitz-Doctrine genannt, liest man: „Our first objective is to prevent the re-emergence of a new rival, either on the territory of the former Soviet Union or elsewhere, that poses a threat on the order of that posed formerly by the Soviet Union. This is a dominant consideration underlying the new regional defense strategy and requires that we endeavour *to prevent any hostile power from dominating a region* whose resources would, under consolidated control, be sufficient to generate global power." Und das Ziel der geopolitischen Primacy wird auch im folgenden Abschnitt der „Guidance" klar gefordert: „The U.S. must show the leadership necessary to *establish and protect a new order* that holds the promise of convincing potential competitors *that they need not aspire to a greater role or pursue a more aggressive posture to protect their legitimate interests*. In non-defense areas, we must account sufficiently for the interests of the advanced industrial nations to *discourage them from challenging our leadership* or seeking to overturn the established political and economic order. *We must maintain the mechanism for deterring potential competitors from even aspiring to a larger regional or global role.*"

Unter der Präsidentschaft von George W. Bushs waren die Neocons nicht nur die strategischen und geopolitischen Vordenker, er holte sie gleich in großer Zahl in seine Regierung und setzte sie überall an Schlüsselstellen. Der prominente Neocon Charles Krautkammer (2005) schrieb in der einflussreichen Monatszeitschrift „Commentary" triumphierend: „The current practitioners of neoconservative foreign policy are George W. Bush, Dick Cheney, Condoleezza Rice and Donald Rumsfeld." (Er hätte zumindest noch den Vizeverteidigungsminister Vize Paul Wolfowitz nennen müssen.) Und er schloss: „What neoconservatives have long been advocating is now being articulated and *practiced* at the highest levels of government." Die neokonservativen strategischen Grundsätze finden sich in der National Security Strategy von 2002 wieder. Dieses militärische Handbuch bestätigte die neokonservativen Konzepte der Primacy und der unipolaren Weltordnung und machte sie so zur offiziellen außenpolitischen Doktrin der USA.

Den ersten Rivalen sahen die USA weiterhin „on the territory of the former Soviet Union": Russland. Zu dessen Kontrolle und um sein Wiedererstarken zu verhindern, führten die USA die Containment-Policy ungebrochen weiter (NATO-Erweiterung bis an die Grenzen Russlands; Kündigung des ABM-Vertrags; Raketenschild rund um Russlands Westgrenze; wiederholte Einladungen Washingtons an die Ukraine und Georgien, der NATO beizutreten). Gegen diese Pläne wehrte sich nicht nur der Kreml. Bereits 1997 äußerten auch ehemalige hochrangige Verantwortliche aus dem amerikanischen Außen- und dem Verteidigungsdepartement, unter ihnen Robert McNamara, Paul H. Nitze, Sam Nunn u. a. m., schwere Bedenken. In einem offenen Brief an Präsident Clinton (1997) bezeichneten sie die NATO-Erweiterung als „einen politisch-strategischen Fehler von historischem Ausmaß". In der deutschen Übersetzung des Briefs publiziert in den „Blättern für Deutsche und Internationale Politik" heißt es unter anderem: „Wir Unterzeichner sind der Auffassung, dass die gegenwärtigen, von den USA angeführten Bemühungen, die NATO auszuweiten, wie sie im Brennpunkt der jüngsten Gipfeltreffen von Helsinki und Paris standen, einen politisch-strategischen

Fehler von historischem Ausmaß darstellen. Wir glauben, dass die NATO-Erweiterung die Sicherheit der Alliierten verringern und die europäische Stabilität aus folgenden Gründen gefährden wird: In Russland wird die nach wie vor quer durch das gesamte politische Spektrum abgelehnte NATO-Erweiterung die *nicht-demokratische Opposition stärken und gleichzeitig die Bemühungen derer unterlaufen, die Reformen und eine Kooperation mit dem Westen anstreben*. Ferner hat die NATO-Erweiterung zur Folge, dass die Russen die gesamte nach dem Kalten Krieg gefundene Einigung wieder in Frage stellen könnten ... In Europa wird die NATO-Erweiterung eine neue Demarkationslinie zwischen denen, die dabei, und denen die nicht dabei sind, ziehen. Dies bewirkt wachsende Instabilität und wird das Sicherheitsgefühl jener Länder, die nicht miteingeschlossen werden, vermindern."

Am meisten hätten Clinton und Bush allerdings auf die Stimme des ehemaligen erfahrenen Spitzendiplomaten George Kennan, des „Erfinders" der Containment-Policy nach dem Zeiten Weltkrieg, hören sollen, der in einer Op Ed in der New York Times vom 5. Februar 1997 geschrieben hatte: „I think it is a tragic mistake ... This expansion would make the Founding Fathers of this country turn over in their graves ... *I was particularly bothered by the references to Russia as a country dying to attack Western Europe.* Don't people understand? Our differences in the cold war were with the Soviet Communist regime. And now we are turning our backs on the very people who mounted the greatest bloodless revolution in history to remove that Soviet regime. *Expanding NATO would be the most fateful error of American policy in the entire post-cold-war era.*" In der Zwischenzeit hat sich das alles in tragischer Weise bewahrheitet.

Einmal mehr bestätigte sich danach das Sicherheitsparadoxon mit der Bildung russischer Gegenmacht und dem Anfang einer neuen Aufrüstungsspirale. In seinen ersten

Regierungsjahren bemühte sich Präsident Putin allerdings noch, die Beziehungen zum Westen in Fortsetzung der Politik Jelzins zu festigen, und sei es auch nur, weil er allein dank der wirtschaftlichen Verflechtung mit dem Westen und dem Zugang zu dessen technologischem Know-how das wirtschaftlich ausgeblutete und rückständige Land voranbringen konnte. Obwohl von der Weiterführung der alten Containment-Policy tief enttäuscht, versuchte der Kreml die noch vorhandenen Spielräume für eine Zusammenarbeit mit dem „Westen" so gut wie möglich zu nutzen, weshalb Jelzin 1997 die NATO-Russland-Grundakte und Putin 2002 das Gründungsdokument für den NATO-Russland-Rat unterzeichneten. Bald aber stellte sich heraus, dass diese Gremien nicht viel mehr als geopolitische Placebos darstellten, da sie reine Konsultationsinstrumente ohne jegliche Mitbestimmung Russlands sind. Jetzt begann das Vertrauen des Kremls in die Aufrichtigkeit des westlichen Kooperationswillens zunehmend zu bröckeln. In seiner Rede vor der Münchner Sicherheitskonferenz von 2007 gab Putin diesem Zweifel Ausdruck und warnte vor der Fortsetzung der amerikanischen Hegemonialpolitik. Gleichzeitig unterstrich er aber noch einmal seinen Kooperationswillen. Doch die westlichen Politiker*innen in München und die Medien deuteten Putins Rede ganz anders, nämlich als provokante Herausforderung und Drohung an den Westen. Sogar von einem neuen Kalten Krieg war die Rede. Nichtsdestotrotz versuchte der inzwischen zum russischen Präsidenten gekürte Dmitri Medwedew, den Westen ein Jahr danach für eine umfassende euroatlantische Sicherheitsarchitektur unter gleichberechtigter Mitarbeit Russlands zu gewinnen. Er legte eine schon weitgehend operationalisierte Friedensordnung vor, die er vor verschiedenen Gremien erläuterte. Eine Reaktion darauf blieb aber vollständig aus. Nach solch frustrierenden Erfahrungen wandte sich Russland vom

Westen ab, vollzog eine Neuausrichtung nach Osten, den sogenannten „povorot na wostok", und sucht seither den Schulterschluss mit China.

Statt des erstrebten weltpolitischen Ausgleichs und einer neuen west-östlichen Kooperation begann wieder eine Great Power Competition. In diesem Setting erinnern Struktur und Prozesslogik der internationalen Beziehungen in Vielem an jene des Imperialismus, als sich die Großmächte im Kampf um Macht und Raum ausweglos in eine unerbittliche, sich immer mehr zuspitzende Konkurrenz verstrickten. Prof. Graham Allisons (2017) besorgte Frage „Can America and China Escape the Thucydides's Trap?" ist berechtigt. Zum Beispiel erinnern die von einer zunehmend kriegerischen Rhetorik begleiteten Vorgänge um Taiwan an das „Feiglingsspiel" oder „chicken game", eine Figur aus der Spieltheorie. Bezeichnenderweise warnte der chinesische Präsident Xi Jinping, wie man in verschiedenen Tageszeitungen rund um den Globus lesen konnte, seinen amerikanischen Kollegen Joe Biden in einem Telefongespräch vom 29. Juli 2022 nicht zuletzt mit Blick auf einen geplanten Besuch der Präsidentin des Repräsentantenhauses, Nancy Pelosi, in Taiwan: „Diejenigen, die mit dem Feuer spielen, werden nur verbrannt. Wir hoffen, dass die US-Seite dies klar sehen kann." Unbeeindruckt von solchen Warnungen besuchten danach nicht nur Nancy Pelosi, sondern weitere hochrangige amerikanische Politiker*innen die Insel, um deren Regierung der vorbehaltlosen Unterstützung durch die USA zu versichern. Peking reagierte nicht nur mit Protesten und militärischen Manövern, bei denen es die Seewege um Taiwan praktisch blockierte. Am 10 August 2022 veröffentlichte das Taiwanbüro des chinesischen Staatsrates auch ein Weißbuch mit dem Titel „Die Taiwan-Frage und Chinas Wiedervereinigung in der neuen Ära". Es bekräftigt darin, dass Taiwan ein Teil Chinas ist, und betont die Entschlossenheit der Kommunistischen

Partei Chinas und des chinesischen Volkes zu einer nationalen Wiedervereinigung. „Das historische Ziel der Wiedervereinigung unseres Heimatlandes muss und wird verwirklicht werden", so das Weißbuch. Man werde zwar große Anstrengungen unternehmen, eine friedliche Wiedervereinigung mit Taiwan zu erreichen. „Aber wir werden nicht auf die Anwendung von Gewalt verzichten, und wir behalten uns die Möglichkeit vor, alle notwendigen Massnahmen zu ergreifen." Das Papier zitiert auch die Resolution 2758 der UN-Generalversammlung vom 25. Oktober 1971, in der es heißt: „Die Vollversammlung der Vereinten Nationen … beschließt, all die Rechte der Volksrepublik China instand zu setzen und die Vertreter ihrer Regierung als die einzigen legitimierten Vertreter Chinas in den Vereinten Nationen anzuerkennen und von nun ab die Vertreter Chiang Kai-sheks von dem Platz zu entfernen, den sie zu Unrecht in den Vereinten Nationen und all ihren Organisationen einnehmen."

Auch in den USA erheben sich kritische und besorgte Stimmen, wenn auch nicht gerade viele. In einem Artikel in „Newsweek" vom 17. August 2022 drückt der „Senior Advisor at the Quincy Institute", Eli Clifton, seine Besorgnis gleich schon im Titel aus, wenn er schreibt: „Why Are We Sleepwalking Away From the One China Policy?" Im Artikel macht er vor allem geltend, dass sich die USA im „Shanghai-Protocoll" von 1972 klar zur One-China-Policy bekannt hätten: „The Shanghai Communique, a diplomatic agreement signed by the two countries, was the culmination of President Richard Nixon's groundbreaking 1972 trip to China. It acknowledged and did not challenge the Chinese view that ‚there is but one China *and that Taiwan is a part of China*‘. That position was later reflected in the 1979 Sino-U.S. diplomatic recognition agreement that established only ‚unofficial‘ U.S. relations with Taiwan (Clifton, 2022)." Wie andere Beobachter befürchtet Clifton in neuerdings erfolgten amerikanischen politischen Aktionen und Äusserungen ein langsames Abweichen von der rechtlich verbrieften „Ein-China-Politik" und der sogenannten strategischen Ambiguität, was eine gefährliche Provokation Chinas bedeute und unabsehbare Folgen haben könne.

Auch im Vorfeld des 1. Weltkriegs gab es vergleichbare Prozesse, wie etwa den deutschen „Panthersprung nach Agadir" von 1911. Er löste zwar „nur" die zweite Marokkokrise aus, hätte aber ebenso gut bereits den Weltkrieg in Gang bringen können. Erinnert sei hier noch einmal an Mearsheimers (2014, S. XV) *Tragedy of Great Power Politics*: „This cycle of violence will continue … because the great powers that shape the international system fear each other and compete for power …"

Relative militärische Stärken

Wie mehrfach erwähnt, ruht das Machtpotential jedes Staates auf verschiedenen Säulen: der militärischen Schlagkraft, der wirtschaftlichen Potenz, den wissenschaftlich-innovatorischen Fähigkeiten, der innerstaatlichen gesellschaftlichen Kohäsion, den außenpolitischen Koalitionen, der politisch-weltanschaulichen Definitionshoheit usw. Die militärische Stärke spielt dabei fraglos eine besonders große Rolle. Im Kalten Krieg standen sich zwei hochgerüstete Machtblöcke gegenüber, die sich in einem Patt befanden. Seit dem Ende der Sowjetunion, der Auflösung des WAPA, dem Rückzug der russischen Armee hinter die russischen Grenzen sowie der jahrelangen Vernachlässigung der russischen Armee befinden wir uns in einer ganz anderen Machtkonfiguration. Seit 1989 besitzen die USA weltweit ein enormes militärisches Übergewicht, entsprechen doch ihre jährlichen Rüstungsausgaben – wie unten in Abb. 6.2 dargestellt – etwa jenen der neun folgenden Budgets zusammengenommen. Selbst wenn die Rivalen nicht geringe Anstrengungen unternehmen, um ihre

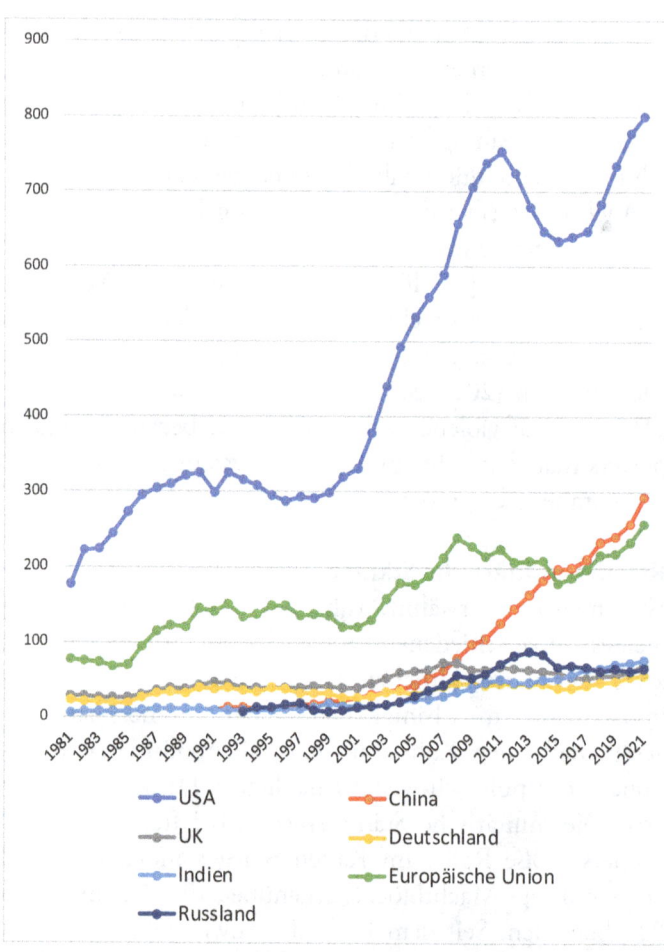

Abb. 6.2 Militärausgaben nach Ländern 1981–2021 in Mrd. US-Dollar zu laufenden Preisen. (Quelle: Weltbank mit Stockholm International Peace Research Institute (SIPRI), https://data.worldbank.org/indicator/MS.MIL.XPND.CD)

Armeen zu modernisieren und sie aufzurüsten, werden sie die Lücke, wenn überhaupt einmal, noch geraume Zeit nicht schließen. Was Russland betrifft, sind die russischen

Streitkräfte im Ukraine-Krieg weit unter jenem schon niedrigen Leistungsniveau geblieben, von dem die Strategieexperten zuvor ausgingen. Und die Kriegsschäden werden – verschärft durch den wirtschaftlichen Niedergang – nicht so schnell zu beheben sein.

Die einzelnen militärischen Komponenten:

- *Militärsausgaben* 1981–2021 in Mrd. US$ wie in Abb. 6.2 dargestellt:
  Interessant ist der Vergleich der kumulierten Rüstungsausgaben der EU-Länder mit jenen Chinas. Mit US$ 257 Mrd. investierten die EU-Länder 2021 nicht viel weniger in ihre Rüstung als China mit US$ 293,4 Mrd. im gleichen Jahr. Dieser Vergleich hat allerdings eine beschränkte Aussagekraft, denn die EU-Länder verfügen trotz der Institutionen der gemeinsamen Außen- und Sicherheitspolitik (GASP) sowie der gemeinsamen Sicherheits- und Verteidigungspolitik (GSVP) nicht über eine strategische Autonomie und bilden demnach keinen selbständig handlungsfähigen Machtblock. Immerhin hat sich die EU im Ukraine-Krieg in Anlehnung und enger Zusammenarbeit mit der EU mit Waffenlieferungen stark engagiert, weshalb das europäische Militärpotential als Ganzes doch nicht bedeutungslos ist. Dessen Wirksamkeit wird allerdings erheblich eingeschränkt, weil keine wirksame Koordination und keine gemeinsame Waffenproduktion bestehen und weil die vielen unterschiedlichen Waffen- und Gerätetypen teilweise nicht kompatibel sind. Aussagekräftiger sind folgende beiden Größen: Die Rüstungsausgaben der NATO-Staaten betrugen im Jahr 2022 gemäß dem Stockholm International Peace Research Institute (SIPRI) etwa 70 % der weltweiten Rüstungsausgaben, wobei allein jene der USA rund 40 % ausmachten.

- *Qualität der Bewaffnung, Einsatzdoktrin, Führungsqualität und Kampfwille*:
  Budgetzahlen allein sagen zu wenig über die Schlagkraft einer Armee aus. Diese hängt auch von der Art und der Qualität der Bewaffnung, von den Aufklärungsmitteln, vom Besitz moderner Cybertechnologien und von der Fähigkeit zur hybriden Kriegsführung ab. Bei allen diesen Vektoren übertreffen die USA die anderen Staaten deutlich.

  Zurzeit diskutieren die Sicherheitsexperten über die Bedeutung von Hyperschallwaffen. Vorerst entwickeln erst die drei Großmächte China, USA und Russland solche Systeme, wobei für einmal China und Russland die Nase leicht vorn zu haben scheinen. Wenn die Informationen stimmen, könnten diese Waffen die gegenwärtige Mächtekonstellation beeinflussen, denn Hyperschallraketen haben die Fähigkeit, alle bestehenden Raketenabwehrschirme zu durchbrechen. Offenbar bewahrheitet sich hier die These von der Gegenmachtbildung. George W. Bush hatte 2002 den ABM-Vertrag mit der unverkennbaren Absicht gekündigt, Russland die Zweitschlagskapazität aus der Hand zu nehmen und die uneingeschränkte strategische Überlegenheit der USA zu erlangen. Es war, wie wir wissen, das Ende der Jahrzehnte lang gültigen MAD-Doktrin („mutually assured destruction"; gegenseitig zugesicherte Zerstörung), volkstümlich auch Gleichgewicht des Schreckens genannt. Sie hatte der Welt im Kalten Krieg eine relative Sicherheit gewährt. Durch die neue strategische Überlegenheit der USA und den manifestierten Hegemoniewillen fühlten sich andere Mächte in ihren weltpolitischen Ansprüchen und in ihrer Sicherheit herausgefordert, weshalb sie intensiv nach Gegenmitteln forschten. Mit den Hyperschallwaffen scheinen sie einen ersten Weg zu solch einem Gegenmittel gefunden zu haben. Der „Klub" im Besitz von „hypersonic systems" wird sich in absehbarer

Zeit zweifelsohne vergrößern, denn wie man hört, sind auch Indien und Nordkorea mit entsprechenden Forschungs- und Entwicklungsarbeiten beschäftigt. Früher oder später dürfte zudem Israel in den Besitz dieser Waffen kommen.

- *„Power projection":*

  Mit der Rückkehr der Geopolitik und Geostrategie wurde auch das Konzept der „power projection" zu einem zentralen Faktor der Politik der Großmächte. Clemens Binder und Saskia Stachowitsch (2019, S. 4 und S. 6) definieren Geopolitik kurz wie folgt: „Geopolitik beschreibt … die Rolle von Geographie, meist verstanden im Sinne von Territorialität, Ausweitung von Einflusssphären und Zugang zu Ressourcen, als Motor von politischen Handlungen in der internationalen Politik … Nach diesem Verständnis versuchen Staaten über ihre Grenzen hinaus Macht auszuüben, um formal oder informell Kontrolle über weniger entwickelte Regionen und ihre Ressourcen zu bekommen und dabei andere große Mächte in ihrem Streben nach globaler oder regionaler Vormachtstellung zu über-holen." Wie in Wikipedia English nachzulesen ist, definiert das US-Verteidigungsministerium im „Department of Defense Dictionary of Military and Associated Terms" (2001/2007) Machtprojektion in folgenden Worten: „The ability of a nation to apply all or some of its elements of national power – political, economic, informational, or military – to rapidly and effectively deploy and sustain forces in and from multiple dispersed locations to respond to crises, to contribute to deterrence and to enhance regional stability." Neu ist das Konzept der „power projection" nicht. Wenn man zur Zeit des Imperialismus von Kanonenbootpolitik sprach, meinte man etwas Ähnliches.

Die „Fähigkeit eines Staates, schnell und effektiv Kräfte an weit entfernten Orten einsetzen zu können" hängt nebst anderem selbstverständlich in einem hohen Maß von der Anzahl und Qualität von Militärbasen und Flugzeugträgern ab. Auch hier ist ein Vergleich aufschlussreich: Militärbasen wie nachstehend in der Abb. 6.3 und 6.4.

Das Onlineportal Statista Research Department veröffentlichte im Januar 2022 hingegen folgende Zahlen:

„Die USA verfügten im Jahr 2015 über insgesamt 4855 militärische Stützpunkte. Der grösste Teil der Einrichtungen lag im Gebiet der Vereinigten Staaten, 114 lagen in US-Außengebieten. 587 Stützpunkte waren im Ausland angesiedelt."

Der große Unterschied bei diesen Zahlen erklärt sich wohl damit, dass viele dieser von Statista eingerechneten Militäreinrichtungen keine Militärstützpunkte im umfassenden Sinn sind.

Flugzeugträger

Die USA verfügen über 10 (nach anderen Angaben 11) große Flugzeugträger mit großem und kampfstarkem Begleitschutz. China besitzt dagegen lediglich drei und Russland einen großen Flugzeugträger plus einen Helikopterträger.

Rang	Land	Anzahl an Militärbasen im Ausland
1.	USA	58
2.	UK	26
3.	Russland	18
4.	Frankreich	11
5.	Indien	6
6.	Türkei	4
6.	Deutschland	4
8.	Italien	2
9.	Japan	1
9.	China	1

Abb. 6.3 Länder nach Anzahl an Militärbasen/Militärpräsenzen im Ausland 2015. http://commons.ch/deutsch/wp-content/uploads/L%C3%A4nder-nach-Anzahl-an-Milit%C3%A4rbasen-im-Ausland-2015-1.pdf

6 Ausgangslage: die noch geltende ...

U.S. Military Bases Abroad, 2020

In 2020, the United States controlled around 800 bases outside the 50 U.S. states and Washington, DC. Map reflects bases' relative number and positioning given best available data. For ease of comparison we use contemporary borders and a Mercator projection.

Abb. 6.4 US-amerikanische Militärbasen in Übersee, 2020. https://www.overseasbases.net/ Vine, D. (2021). Lists of U.S. Military Bases Abroad, 1776–2021, American University Digital Research Archive. https://doi.org/10.17606/7em4-hb13. Grafik: Martin Kelly, kmartindesign.com

Allianzen

Wie oben dargestellt, gelang es den USA im Kalten Krieg, ein weitgespanntes Netz von Allianzen und Koalitionen rund um den Globus zu spannen, wobei die NATO das Kernstück bildete. Nach dem Kalten Krieg strebten die meisten amerikanischen Regierungen danach, dieses Allianzgeflecht noch zu erweitern und zu stärken. Das Kernstück blieb die NATO, deren Bedeutung durch die Osterweiterung und die neue strategische Ausrichtung durch die 1992 beschlossenen Out-of-Area-Einsätze zusätzlich erhöht wurde. Auch im Bereich der Wirtschaft bemühte sich Washington, eine wachsende Zahl von Staaten durch bi- und multilaterale Freihandelsverträge an sich zu binden. Dabei trug man dem wachsenden strategischen Gewicht Ostasiens und der Bedeutung der Geoökonomie gebührend Rechnung. Besonders repräsentative Beispiele solcher Verträge sind einerseits die TTIP (Transatlantic

Trade and Investment Partnership) und die TPP (Trans-Pacific Partnership). Das Transatlantische Freihandelsabkommen steht allerdings noch nicht; es wird noch hart darum gerungen.

Präsident Trump und seine Administration wichen von dieser langjährigen Tradition ab und setzten unter dem Slogan „America First" vor allem auf die eigene Kraft. Trump stellte den Sinn der NATO in Frage, zog sich aus der Transpazifischen Partnerschaf TPP zurück und bemühte sich auch nicht weiter um die Transatlantic Trade and Investment Partnership TTIP.

Mit dem Übergang der Regierung in die Hände der Demokraten unter Präsident Biden wurde die traditionelle Außenpolitik nach kurzem Unterbruch wieder resolut aufgenommen. Die erste Auslandreise führte den amerikanischen Präsidenten bezeichnenderweise nach Europa und an den NATO-Gipfel. Um möglichst viele Staaten hinter die USA zu scharen, berief er im Herbst 2021 den sogenannten Demokratiegipfel ein. In Ostasien, wohin sich der strategische Schwerpunkt schon seit einigen Jahren verlagerte, strengt der amerikanische Präsident eine Wiederbelebung des Quadrilateral Security Dialogue (QSD) zwischen Australien, Indien, Japan und den USA, kurz QUAD genannt, an und er rief im September 2021 zusammen mit Großbritannien und Australien das trilaterale Verteidigungsbündnis AUKUS (Australia, United Kingdom, United States) ins Leben. Nach dem Verständnis von Präsident Biden handelt es sich dabei nicht um Einzelaktionen, sondern um eine kohärente Strategie im fernen Osten: Im Februar 2022 veröffentlichte das Weiße Haus ein neunzehnseitiges Papier mit dem Titel „Indo-Pacific-Strategy of the United States". In der Einleitung (2022, S. 4) liest man: „The United States is an Indo-Pacific power … In the years ahead, as the region drives as much as two-thirds of global economic growth, its influence will only grow – as will its importance to the United States. The United States has long recognized the Indo-Pacific as vital to our security and prosperity."

Die Kapitelüberschriften allein zeigen schon an, um was es Washington geht:

- ADVANCE A FREE AND OPEN INDO-PACIFIC
- BUILD CONNECTIONS WITHIN AND BEYOND THE REGION
- DRIVE INDO-PACIFIC PROSPERITY
- BOLSTER INDO-PACIFIC SECURITY
- BUILD REGIONAL RESILIENCE TO 21ST-CENTURY TRANSNATIONAL THREATS

Die Schlussfolgerung der Strategie beginnt (S. 18) mit den Worten „We have entered a consequential new period of American foreign policy that will demand more of the United States in the Indo-Pacific than has been asked of us since the Second World War. Our vital interests in the region have become ever-clearer just as they have become more difficult to protect; we will not have the luxury of choosing between power politics and combatting transnational threats; we will rise to our leadership charge on diplomacy, security, economics, climate, pandemic response and technology."

Mit dieser machtbetonten Strategie und dem Führungsanspruch auch im ostasiatisch-pazifischen Raum („We will rise to our leadership charge") stoßen die USA auf die entschiedene Abwehr Chinas. Außenminister Wang Yi (2022) erklärte an seiner Jahrespressekonferenz: „The real goal of the US Indo-Pacific strategy is to establish an Indo-Pacific version of NATO. It seeks to maintain the US-led system of hegemony, undermine the ASEAN-centered regional cooperation architecture, and compromise the overall and long-term interests of countries in the region. The perverse actions run counter to the common aspiration of the region for peace, development, cooperation and win-win outcomes. They are doomed to fail" (zitiert nach Ekman, 2022, S. 25).

Beim offiziellen Besuch Präsident Putins bei Präsident Xi Jinping anlässlich der Winterolympiade 2022 in Beijing veröffentlichten die beiden Staatsführer ein gemeinsames Statement (in: Ekman, 2022, S. 26), in dem es heißt: „The [Chinese and Russian] sides stand against the formation of closed bloc structures and opposing camps in the Asia-Pacific region and remain highly vigilant about the negative impact of the United States' Indo-Pacific strategy on peace and stability in the region. Russia and China have made consistent efforts to build an equitable, open and inclusive security system in the Asia-Pacific Region (APR) that is not directed against third countries and that promotes peace, stability and prosperity."

(Über Chinas eigenes geopolitisches und geostrategisches Konzept siehe die Ausführungen in Kap. 7. „Die Strategie Chinas zur Positionierung als globale Macht".)

Wirtschaftliche Aspekte: Finanzkapitalismus und Globalisierung 2.0
In wirtschaftlicher Hinsicht wurde die zweite Phase der Nachkriegsordnung Mitte der 1970er-Jahre durch das Ende des ursprünglich gültigen Bretton-Wood-Systems in die Wege geleitet. Es begann der Siegeszug eines neuen wirtschaftspolitischen Paradigmas, kurz und ungenau „Neoliberalismus" genannt, mit einer tiefgreifenden Veränderung der Weltwirtschaftsordnung: ein „entbetteter" Liberalismus.

Die klaren Gewinner des Paradigmenwechsels waren und sind die hoch entwickelten Industrieländer. Das wirtschaftspolitische Ordnungsschema, zu dem Marktfundamentalismus, Monetarismus/Finanzmarktkapitalismus (Finanzialisierung), Deregulierung, Privatisierung, weltweit offene Märkte für Waren, Dienstleistungen – auch für Finanzdienstleistungen – und Investitionen sowie „minimal states" gehören, wurde in den USA allerdings schon Jahre zuvor an Universitäten (Chicago: F. von Hayek, Milton Friedman) und in Thinktanks entwickelt und von den Regierungen Ronald Reagans und Margaret Thatchers tatkräftig umgesetzt. Diese neue Weltwirtschaftsordnung wurde, wie die politische Weltordnung, nach dem Prinzip „Amerika als Modell" entworfen. Die rasanten technologischen Entwicklungen – allen voran die Digitalisierung auch in der Finanzwirtschaft (Fintech) – erleichterten und beschleunigten die Durchsetzung der Doktrin.

Mit dem freien Floating mussten die finanz- und währungspolitischen Grenzen fallen, und die Kapital- und Finanzmärkte globalisierten sich. Mehr als je zuvor konnte der Dollar seine „Weltherrschaft" durchsetzen, und die weltweite Einfluss- und Entscheidungsmacht der US-Regierung steigerte sich im selben Maße. Welche Abhängigkeiten durch diese weltweite Verflechtung geschaffen wurden, führte etwa die weltweite Finanz-, Banken- und Schuldenkrise von 2008 vor Augen.

Wir haben die erste Nachkriegsphase von 1945 bis in die Mitte der 1970er-Jahre als eine Form des „Freihandelsimperialismus" umschrieben. Mithilfe des „Washington Consensus" schufen die USA (Finanzministerium) zusammen mit den von ihnen beherrschten Bretton-Woods-Institutionen jene Rahmenbedingungen, die ihnen erlaubten, ihren „Freihandelsimperialismus" noch konsequenter umzusetzen.

Als Einfallstor für den wirtschafts- und handelspolitischen Strategiewechsel erwies sich die lateinamerikanische Schuldenkrise der frühen 1980er-Jahre, zu der nicht zuletzt die Ölkrisen der 1970er-Jahre (1973 und 1979) beigetragen hatten. Noch in den 1970er-Jahren praktizierte man in Südamerika eine Wirtschaftspolitik, die sich an der Dependenztheorie orientierte, einem Paradigma, das nicht zuletzt in der UNO-Wirtschaftsorganisation für Südamerika, CEPAL, unter der Leitung von Raúl Prebisch entwickelt und praktiziert wurde. Die Dependenztheoretiker nehmen an, die Einbindung der Entwicklungsländer – zu einem großen Teil ehemalige Kolonien – als „Peripherien" der industrialisierten „Zentren" in den Weltmarkt habe ihre strukturelle Abhängigkeit verfestigt, statt dass dort – wie von den Modernisierungstheorien angenommen – ein Wachstumsprozess in die Wege geleitet wurde. Die Losung hieß deshalb „Importsubstitution", d. h. sich in einem gewissen Ausmaß aus der Einbindung in die Weltwirtschaft zu lösen und hinter dem Schutz von Zollschranken eine eigene Industrie aufzubauen. Dass eigentlich alle heutigen Industrieländer ihr Potential ursprünglich hinter Zollmauern aufgebaut haben, ist eine Binsenwahrheit (vgl. Fr. List: „Erziehungszoll"). Den Entwicklungsländern gelang es jedoch auch unter protektionistischen Bedingungen nicht, ihr Wirtschaftspotential in genügendem Maß zu mobilisieren, und so benötigten sie zunehmend mehr Kapital, was sie zusammen mit den Folgen der erwähnten Ölkrise in eine Schuldenfalle führte. Es blieb ihnen kein anderer Weg offen, als sich Kredite von IMF und Weltbank zu erbitten. Die Bretton-Woods-Institutionen gewährten sie aber nur unter der Auflage schmerzhafter Strukturanpassungsmaßnahmen („structural adjustment programs"). Man darf die Strukturanpassungsprogramme als eine Umsetzung des Washington-Konsenses sehen, ruht dieser „Konsens" doch auf Ideen wie Angebotsorientierung, Freihandel, exportorientierte Wirtschaftspolitik, Austerität und Einschränkung der Staatstätigkeit. Grob umfasst der Maßnahmenkatalog folgende Elemente:

- Nachfragedrosselung und Kürzung der Staatsausgaben durch Fiskal-, Kredit- und Geldpolitiken,
- Wechselkurskorrektur (Abwertung) und Verbesserung der Effizienz der Ressourcennutzung in der gesamten Wirtschaft (Rationalisierung und Kostenökonomie),

- Liberalisierung der Handelspolitik durch Abbau von Handelsbeschränkungen und Handelskontrollen; verbesserte Exportanreize und Marktöffnung auch für Investitionen,
- Deregulierung von Märkten und Preisen (was oft auch die Abschaffung von Preissubventionen für Grundbedarfsartikel bedeutete),
- Privatisierung öffentlicher Unternehmen und Einrichtungen,
- Entbürokratisierung,
- Abbau von Subventionen.

Der Washington Consensus verhalf keinem Entwicklungsland, auf die Beine zu kommen. Im Gegenteil. Deshalb sind die Bretton-Woods-Institutionen heute von solchen Programmen weggekommen, und die Dependenztheorie erlebt ein gewisses Revival („neue Dependenztheoretiker": Aníbal Quijano, Ramón Grosfoguel und Arturo Escobar).

Demselben Ziel wie der Washington-Konsens diente der Umbau des GATT zur WTO. Betrafen die im GATT vertraglich vereinbarten Liberalisierungen ausschließlich Industrieprodukte, so ruht die WTO heute auf einer grundlegend anderen Doktrin: Die Liberalisierungsverpflichtungen umfassen jetzt auch die Dienstleistungen (General Agreement on Trade in Services, GATS), das geistige Eigentum (Agreement on Trade-Related Aspects of Intellectual Property Rights, TRIPS), die Landwirtschaft u. a. m.

Wie im politischen Bereich kann man auch in der Weltwirtschaftsordnung von einer „rules based order" sprechen. Aber es stellt sich hier erneut die Frage: Wer hat die Regeln dieser Ordnung definiert und cui bono? Die Krise, in der sich die Welthandelsorganisation schon geraumer Zeit befindet, spiegelt den zunehmenden Widerstand von immer mehr Ländern gegen die dort und in der Weltwirtschaft herrschenden Machtverhältnisse. Auch das ist eine Facette der sich in Gang befindlichen Great Power Competition.

6.3 Schlussbetrachtung

Die noch geltende Weltordnung ruht auf dem Fundament der westlich-aufklärerischen Weltsicht. Die darin geltenden Spielregeln wurden durch die USA und ihre Verbündeten definiert, und Amerika etablierte sich als Führungsmacht. War der Führungsanspruch bis zum Ende des Kalten Kriegs faktisch auf den Westen beschränkt, postulierte Washington danach eine weltweite Hegemonie.

Jetzt wird die Gültigkeit der Ordnung und der globale amerikanische Führungsanspruch von anderen Großmächten und von nichtwestlichen Kulturen in Frage gestellt. Welches geopolitische „rebalancing" uns bevorsteht, hat vor Jahren der erste Premierminister Singapurs und exzellente Kenner Chinas Lee Kuan Yew (2013) in drastische Worte gefasst: „The size of China's displacement in the world balance is such that the world must find a new balance. It is not possible that China is just another player. This is the biggest player in the history of the world." Von Napoleon wird die Sentenz überliefert: „Laissez donc la Chine dormir, car lorsque la Chine s'éveillera le monde tremblera."

Der Westen, und allen voran die USA, fühlt sich von dieser Entwicklung verunsichert und herausgefordert. Man ruft nach einer „rules based world oder" und meint damit die bisher geltende, vom Westen definierte Ordnung, die erneut globale Gültigkeit haben soll. Als Präsident Biden für den 9. und 10. Dezember 2021 einen „globalen Demokratiegipfel" ansetzte, begründete er dies, wie damals in den Medien nachzulesen, mit folgenden Worten: „Der Westen befindet sich in einem Wettbewerb nicht nur mit China, vielmehr mit autoritären Regierungen rund um die Welt", womit er deutlich gemacht hat, dass nicht so sehr die Förderung und Konsolidierung der Demokratie sein vordringliches Anliegen ist, sondern die weitere Dominanz der „westlichen" Weltordnung. Daneben ging es ihm offensichtlich auch noch darum, möglichst viele Länder in der Great Power Competition als Verbündete hinter den USA zu scharen.

Eine Strategie, die erneut bereits im Programm die moralische Überlegenheit der eigenen Seite ausspielt, scheint problematisch, wenn es um die Schaffung einer neuen inklusiven Weltordnung geht. China z. B. hat prompt mit der Behauptung reagiert, eine echtere Demokratie und eine besser funktionierende Staatsordnung zu besitzen.

Wie erwähnt, sind nicht nur militärische, wirtschaftliche, diplomatische und politische Potentiale Herrschaftsinstrumente. Auch die Deutungshoheit über grundlegende, zielsetzende und handlungsleitende Werte und Grundsätze der Weltordnung gehört ins innen- wie außenpolitische Arsenal von Regierungen. Antonio Gramsci (1998 / 1947) nannte das in seinen Gefängnisheften „kulturelle Hegemonie", was im politischen Alltagsslang gerne „Lufthoheit über die Stammtische" genannt wird. Gramsci: „Die Vorherrschaft einer sozialen Gruppe zeigt sich auf zwei Arten, als Beherrschung und als intellektuelle sowie moralische Führung. Eine soziale Gruppe ist dominant, wenn sie die gegnerischen Gruppen unterwirft und die verbündeten Gruppen anführt. Eine soziale Gruppe kann, ja muss sogar *vor der Machtübernahme die intellektuelle Führung* übernommen haben; wenn sie dann an der Macht ist, … wird sie dominant, aber sie muss weiterhin führend bleiben."

Diese innenpolitische Analyse Gramscis lässt sich mühelos auf die zwischenstaatliche Dynamik übertragen, und in diesem Sinne spielt das Postulat von „Demokratie, Rechtsstaat und Menschenrechte" als politikleitende Ideologie eine polemisch-agonale Rolle. Dagegen wehren sich autoritäre Machtstaaten wie China und Russland, aber auch Länder aus anderen Kulturkreisen, die einen vom aufklärerischen, säkularisierten und individualistischen unterschiedenen Wertekatalog als politisch verbindlich betrachten. Dies, weil sie z. B. kollektive Werte als wichtiger denn individuelle bewerten oder weil sie religiösen Pflichten Vorrang vor säkularisiert-rational begründeten Individualrechten einräumen. Man denke etwa an die Kairoer Erklärung für Menschenrechte im Islam von 1990 (Bedeutung der Scharia). Auch die übergeordnete Geltung herkömmlicher Verhaltensregeln, der sogenannten Sitten, die in traditionalen Gesellschaften als kulturelle Orientierungsmuster und Ordnungsstrukturen für Politik und Gesellschaft und als politisch verbindliches Regelwerk wirken, kann mit unserem rational begründeten und als universell gültig behaupteten Verständnis von Demokratie, Rechtsstaat und Menschenrechten kollidieren.

Der Anspruch der „demokratischen Länder", als moralische Richter aufzutreten, sei längst entlarvt worden, wirft man dem „Westen" vor, da er die von anderen eingeforderten Demokratie- und Menschenrechtsstandards nur zu oft selbst missachte.

Der Systemwettbewerb in der Great Power Competition spielt sich offensichtlich auch im weltanschaulich-kulturellen Bereich ab. Man wird hier an Samuel Huntingtons (1996) berühmtes und umstrittenes Buch *The Clash of Civilizations* erinnert. Einige seiner Thesen scheinen sich zu bewahrheiten, darunter seine Kritik an der einseitigen Modernisierungstheorie, die letztlich auf eine behauptete universelle Gültigkeit des westlichen Kulturparadigmas hinauslaufe. Deshalb wies Huntington Fukuyamas These vom „End of History" entschieden zurück; sie stelle eine groteske Überspitzung der Modernisierungstheorie dar. Huntington entlarvte Fukuyamas Deutung als Deckmantel für handfeste wirtschaftliche und politische Interessen des Westens. Die Vorstellung einer Universalität der „westlichen Kultur" sei „falsch, unmoralisch und gefährlich", schrieb er und richtete sich gleichzeitig gegen die imperialen Träume der damaligen amerikanischen Neokonservativen, Träume, die einige Jahre später in den Irak-Krieg führten.

Auf welche neue Weltordnung steuert die Welt zu? Bekanntlich sind mehrere Ordnungsschemata denkbar: ein hegemonial-monopolares Schema, ein bipolares oder ein multipolares. Die Geschichte kennt alle diese Spielformen. Die USA werden ihren hegemonialen Führungsanspruch wohl kaum schnell und kampflos aufgeben. Damit stoßen sie anderorts auf Widerstand, wie jetzt in Russlands Krieg gegen die Ukraine, der von Moskau als Stellvertreterkrieg gegen die USA/NATO verstanden und geführt wird. Ein ähnliches Szenario zeichnet sich im sich zuspitzenden Taiwan-Konflikt ab.

Aus europäischer Sicht wäre ein multipolares System mit einem Machtgleichgewicht wohl die beste Weltordnung. Eine solche Ordnung entspräche am besten den geopolitischen und geostrategischen Interessen Europas. Der Kontinent könnte in einem solchen System zudem zu einem weltweiten Machtausgleich beitragen, wie es sich England während des 18. Jahrhunderts zur außenpolitischen Maxime gemacht hatte. Das setzte allerdings voraus, dass die Mitgliedstaaten der EU ihre Souveränitätsrechte im außen- und sicherheitspolitischen Bereich an „Bruxelles" abgäben und deutlich mehr Entscheide nicht mehr im Einstimmigkeits-, sondern im Mehrheitsverfahren gefällt würden. Es setzte voraus, dass sich die Union langfristig in einem gewissen Maß von den USA emanzipierte und seine eigene Verteidigungsfähigkeit stärkte („strategische Autonomie"). Das würde nicht nur große zusätzliche Mittel erfordern, sondern ebenso eine Änderung im Mindset gewisser Gesellschaften voraussetzen (v. a. in Polen und den baltischen Staaten), die bisher die transatlantische Solidarität und Loyalität im Zweifelsfalle immer höher gewichteten als die innereuropäische. Bedenkt man den resolut vollzogenen Schulterschluss Europas mit den USA im Gefolge des Ukraine-Kriegs, dürfte die strategische Autonomie der EU jetzt noch schwieriger zu erlangen sein als zuvor. Es zeichnet sich eher eine Tendenz zu einer neuen bipolaren Weltordnung (USA – China) ab. (Siehe zur Rolle Europas in der Mächterivalität ausführlich Kap. 9: „Die Rolle Europas in der neuen geopolitischen Lage: Ist strategische Autonomie möglich?". Dort werden die Chancen für eine strategische Autonomie günstiger eingeschätzt.)

Literatur

Allan, B. (2018). *Scientific cosmology and international orders*. Cambridge University Press.

Allison, G. (2017). *Destined for war. Can America and China escape the Thucydides' Trap?* Houghton Mifflin Harcourt.

Albright, M. (1998). Interview on NBC-TV „The Today Show" with Matt Lauer. Columbus Ohio, February 19, 1998. US Department of State Archive. https://1997-2001.state.gov/statements/1998/980219a.html. Zugegriffen am 13.07.2022.

American exceptionalism. (o.J.). Wikipedia. https://en.wikipedia.org/wiki/American_exceptionalism. Zugegriffen am 15.05.2023.

Amerikanischer Exzeptionalismus. (o.J.). Wikipedia. https://de.wikipedia.org/wiki/Amerikanischer_Exzeptionalismus#Kritik. Zugegriffen am 15.05.2022.

Askani, B., et al. (1996). *Anno 3*. Westermann.

Atlantik-Charta. (o.J.). Wikipedia. https://de.wikipedia.org/wiki/Atlantik-Charta. Zugegriffen am 27.05.2022.

Barnett, M. (2021). International progress, international order, and the liberal international order. *The Chinese Journal of International Politics, 14*(1), 1–22. https://www.researchgate.net/publication/350175442_International_Progress_International_Order_and_the_Liberal_International_Order. Zugegriffen am 11.05.2022.

Big stick ideology. (o.J.). Wikipedia. https://en.wikipedia.org/wiki/Big_stick_ideology. Zugegriffen am 24.05.2022.

Binder, C., & Stachowitsch, S. (2019). *Die Rückkehr der Geopolitik? Möglichkeiten und Limitation geopolitischer Analysen*. Österreichisches Institut für Internationale Politik – oiip. Wien. Arbeitspapier 105/August 2019. https://nbn-resolving.

org/urn:nbn:de:0168-ssoar-64465-7. Zugegriffen am 06.06.2022.

Borschier, V. (1984). *Artikel in Pipers Wörterbuch zur Politik*. München: Piper.

Brzezinski, Z. (2019). *Die einzige Weltmacht. Amerikas Strategie der Vorherrschaft*. Rottenburg: Kopp. (Englische Erstausgabe. (1997). *The grand chessboard*. Basic Books.)

Bush, G. H. W. (1992). *State of the Union address*. George Bush Presidential Library Dallas. https://millercenter.org/the-presidency/presidential-speeches/january-28-1992-state-union-address. Zugegriffen am 16.06.2022.

Bush, G. W. (2002). *The national security strategy*. https://georgewbush-whitehouse.archives.gov/nsc/nss/2002/index.html. Zugegriffen am 24.05.2022.

Bush, G. W. (2004). *President's remarks at the 2004 republican national convention*. https://georgewbush-whitehouse.archives.gov. Zugegriffen am 24.05.2022.

Carr, E. H. (1939). *The twenty years' crisis, 1919–1939. An introduction to the study of international relations*. Macmillan.

Cheney, D., & Cheney, L. (2015). *Exceptional why the world needs a powerful America*. Simon & Schuster.

Chomsky, N. (2016). *Wer beherrscht die Welt?* Ullstein.

Clark, Chr. (2012). The Sleepwakers: how Europe went to war 1914. London. Allen Lane.

Clifton, E. (2022, August 17). Why are we sleepwalking away from the one China policy? *Newsweek*. https://www.newsweek.com

Conze, E. (1995). Hegemonien durch Integration? Die amerikanische Europapolitik und ihre Herausforderung durch de Gaulle. *Vierteljahreshefte für Zeitgeschichte, 43*(2), 297–340.

Czempiel, E. (1998). *Friedensstrategien*. Westdeutscher Verlag.

Dictionary of Military and Associated Terms. 2001/2007. Published by Department of Defense US Government Printing Office

Dreher, A. (2021, Oktober 14). Vorwürfe gegen IWF-Chefin Georgiewa: „Es bleibt ein Glaubwürdigkeitsproblem". *Capital*.

Ekman, A. (2022). *China and the battle of coalitions. The 'circle of friends' versus the Indo-Pacific stra-tegy*. Europan Institute for Security Studies. https://www.iss.europa.eu

Embedded liberalism. (o.J.). Wikipedia English. https://en.wikipedia.org/wiki/Embedded_liberalism. Zugegriffen am 07.07.2022.

Freeman, C. W., Jr. (2021). Washington is playing a losing game with China. *East Asia Forum Quarterly, 13*(1).

Friedman, Th. L. (1996, December 8). Golden arches theory of conflict prevention; Although slightly tongue-in-cheek. *New York Times*.

Fukuyama, F. (1992). *The end of history and the last man*. Free Press.

Gallagher, J., & Robinson, R. (1953). *The imperialism of free trade*. (The economic history review) (2. Aufl., Bd 6(1)). https://onlinelibrary.wiley.com

Gramsci, A (1998). *Gefängnishefte*. (Band 8, Heft 19 § 24, S. 1947). Hamburg: Argument. 1998 Wikipedia. https://de.wikipedia.org/wiki/Kulturelle_Hegemonie. Zugegriffen am 26.05.2022.

Hegel, G. F. W. (1995). *Grundlinien der Philosophie des Rechts*. Meiner.

Herdegen, M. (2018). *Der Kampf um die Weltordnung. Eine strategische Betrachtung*. C. H. Beck.

Hobbes, Th. (1642). *De Cive*. London.

Hobbes, Th. (1996). *Leviathan oder Stoff, Form und Gewalt eines kirchlichen und bürgerlichen Staates*. Suhrkamp.

Hobson, A. (1902/2017). *Imperialism a study*. Macat Library/Routledge.

Hodgson, G. (2009). *The myth of American exceptionalism*. Yale University Press.

Indo-Pacific Strategie oft he United States. (2022). *The white house Washington*. https://www.whitehouse.gov/wp-content/uploads/2022/02/U.S.-Indo-Pacific-Strategy.pdf. Zugegriffen am 09.06.2022.

Joe Bidens Demokratiegipfel. (2021). Schweizer Radio und Fernsehen SRF. https://www.srf.ch/news/international/demokratie-offensive-der-usa-biden-laedt-viele-undemokratische-zum-demokratie-gipfel. Zugegriffen am 21.07.2022.

Kagan, R. (2003). Macht und Ohnmacht. Amerika und Europa in der neuen Weltordnung, Berlin. Siedler Verlag.

Kagan, R. (2018). *The jungle grows back. America and the imperiled World*. Vintage Books.

Kant, I. (1795/1981) *Zum ewigen Frieden. Ein philosophischer Entwurf.* Immanuel Kant. Werkausgabe Band XI. Suhrkamp. Frankfurt a. M.

Kennan, G. (1997, February 5). A fateful error. *New York Times.* https://www.nytimes.com/1997/02/05/opinion/a-fateful-error.html. Zugegriffen am 18.05.2022.

Kipling, R. (1899, February 12). The white man's burden. The United States and the Philippine Islands. *McClure's Magazine.*

Krasner, S. (1982). *Structural causes and regime consequences: Regimes as intervening variables.* International Organization.36, 2

Krauthammer, Ch. (1990). The unipolar moment. America and the world 1990. *Foreign Affairs, 70*(1).

Krauthammer, C. (2001). The unipolar moment revisited. *The National Interest, 70,* 5–18.

Krauthammer Ch. (2005, July/August). The Neoconservative Convergence. *Commentary* 20:21–56

Kristol, I. (2003, August 25). The neoconservative persuasion. *The Weekly Standard.*

Kristol, W., & Kagan, R. (1996, July/August). Toward a Neo-Reaganite foreign policy. *Foreign Affairs, 75*(4) 18.

Länder nach Anzahl an Militärbasen/Militärpräsenzen im Ausland 2015. In http://commons.ch/deutsch/weltlisten. Zugegriffen am 19.07.2022.

Lawsons G. (2016, December). *The rise of modern international order.* In: Baylis, J., Smithson S., & Owens P. (Hrsg.), *The globalization of world politics: An introduction to international relations.* Oxford University Press. LSE Research Online. http://eprints.lse.ac.uk/68644/. Zugegriffen am 07.06.2022.

Lee Kuan Yew. (2013, March 5). On the future of U.S.-China relations. *The Atlantic.* https://www.theatlantic.com/china/archive/2013/03/interview-lee-kuan-yew-on-the-future-of-us-china-relations/273657/. Zugegriffen am 02.05.2022.

Leffler, M. P. (1992). *A preponderance of power: national security, the truman administration, and the cold war.* Stanford University Press.

Leiva, O. C. (2007). The world economy and the United States at the beginning of the twenty-first century. *Latin American Perspectives, 34–1*(152), 9–15.

Mackinder, H. J. (1904/2019). The geographical pivot of history. *The Geographical Journal, 170*(4). Royal Geographical Society of London. https://www.rgs.org. Deutsche Neuausgabe. (2019). *Der geographische Drehpunkt der Geschichte – Die Heartland-Theorie*. Westend Verlag.

Manifest Destiny. (o.J.). Wikipedia. https://de.wikipedia.org/wiki/Manifest_Destiny. Zugegriffen am 19.05.2022.

Marx, K. (1852). *Der achtzehnte Brumaire des Louis Napoleon*. Die Revolution. Eine Zeitschrift in zwanglosen Heften. New York

Mausfeld, R. (2018). *Warum schweigen die Lämmer? Wie Elitendemokratie und Neoliberalismus unsere Gesellschaft und unsere Lebensgrundlagen zerstören*. Westend.

Mearsheimer, J. (2012, June 24). *On power as the currency of international relations. Disciplining US foreign policy, and being an independent variable*. Theory Talk #49. http://www.theorytalks.org. Zugegriffen am 19.05.2022.

Mearsheimer, J. (2001/2014). *The tragedy of great power politics*. W. W. Norton & Company.

Mearsheimer, J. (2019). Bound to fail: The rise and fall of the liberal international order. *International Security, 43*(4), 7–50.

Meyer-Rust, K. (1993). *Alexander Rüstow – Geschichtsdeutung und liberales Engagement*. Klett-Cotta.

Montesquieu, Ch. de. (1748). *De l'esprit des loix*.

Morgenthau, H. (1954). *Politics among nations, the struggle for power and peace*. Alfred A. Knopf.

O'Sullivan, J. L. (1845). Manifest Destiny. In The American Yawp Reader. https://www.americanyawp.com/reader/manifest-destiny/john-osullivandeclares-americas-manifest-destiny-1845/#:~:text=John%20Louis%20O'Sullivan%2C%20a,motivated%20wars%20of%20American%20expansion. Zugegriffen am 11.05.2022.

Pax Americana. (o.J.). Wikipedia. https://de.wikipedia.org/wiki/Pax_Americana. Zugegriffen am 25.05.2022.

Perle, R. (2003, März 20). Thank God for the death of the UN. *The Guardian*.

Petrodollar. (o.J.). Wikipedia. https://de.wikipedia.org/wiki/Petrodollar. Zugegriffen am 02.06.2022.

Pipes, R. (2014, April 19). Interview. *Der Bund*.

Polanyi K. (1944/2019) *The great transformation*. Suhrkmp.

Power Projection. (o.J.). Wikipedia English. https://en.wikipedia.org/wiki/Power_projection. Zugegriffen am 25.05.2022.

Reagan R. (1981) Inaugural Address. National Archives. Ronald Reagan Presidential Library and Museum. https://www.reaganlibrary.gov/archives/speech/inaugural-address-1981. Zugegriffen am 17.05.2022.

Reagan, R. (1983). Speech to the National Association of Evangelicals on March 8, 1983. https://en.wikipedia.org/wiki/Evil_Empire_speech. Zugegriffen am 06.07.2022.

Roosevelt, Th. (1904/1905). *State of the Union adresses 1904 und 1905*. National Archives. https://history.house.gov. Zugegriffen am 24.05.2022.

Ruggie, J. (1982). International regimes, transactions, and change: Embedded liberalism in the postwar economic order. *International Organization*, 36(2). Cambridge University Press. https://www.cambridge.org. Zugegriffen am 17.05.2022.

Rüstow, A. (1945/2001). *Das Versagen des Wirtschaftsliberalismus*. Metropolis.

Rüstow, A. (1959). Sozialpolitik diesseits und jenseits des Klassenkampfes. In Aktionsgemeinschaft Soziale Marktwirtschaft (Hrsg.), *Sinnvolle und sinnwidrige Sozialpolitik*. Ludwigsburg Hoch.

Schlieren, S. (2015). Der Wiener Kongress und seine Folgen. *Tagungsbericht der Prinz-Albert-Gesellschaft*. Clio-online. (H-Soz-Kult 30.11.2015.) http://www.hsozkult.de

Schlotter, P. (2014). McDonald's und die Weltordnung. In Forum für den Frieden? https://heiup.uni-heidelberg.de/journals/index.php/rupertocarola/article/view/13840/7727. Zugegriffen am 10.05.2022.

Smith B., & Martin J. (2010, August 20). The new battle: What it means to be American. *Politico*. https://foreignpolicy.com. Zugegriffen am 11.05.2022.

Smith D. (2022, January 20). Winter of peril and impossibility: Biden faces hard truth at anniversary press conference. *The Guardian*. https://www.theguardian.com/us-news/2022/jan/19/joe-biden-press-conference-republicans. Zugegriffen am 07.06.2022.

Thukydides. (1966). *Der Peloponnesische Krieg*. Übersetzt und herausgegeben von Helmuth Vretska und Werner Rinner. Ditzingen: Reclam.

Trenin, D. (2011). WOZ DIE WOCHENZEITUNG. (Nr. 48/2011). Genossenschaft infolink. Zürich

Truman, H. (1947/1948). *Erklärungen vor dem Kongress am 12. März 1947 und am 4. Juli 1948*. In: Our documents: 100 milestone documents from the national archives and records. National Archives and Records Administration. Washington, DC. https://www.archives.gov. Zugegriffen am 24.05.2022.

UN-Commission-Report *"Our Global Neighbourhood."* (1995). The report of the commission on global governance. https://www.gdrc.org. Zugegriffen am 18.05.2022.

Van Ooyen, R. Ch. (2003). *Moderner Realismus – auch ein Fall von politischer Theologie. Zu Roberts Kagans Thesen*. Internationale Politik und Gesellschaft. (1/2003). www.ipg-journal.de

Walt, St. (2011, October 11). *The myth of American exceptionalism. Foreign Policy*.

Wilson, W. (1918). *Rede vor beiden Häusern des US-Kongresses vom 8. Januar 1918. ("14-Punkte-Programm")*. DocumentArchiv.de

Wikipedia (o. J. -a) https://de.wikipedia.org/wiki/Staatsr%C3%A4son. Zugegriffen am 07.09.2022

Wikipedi (o. J. -b) https://de.wikipedia.org/wiki/Regimetheorie. Zugegriffen am 15.06.2022

Wikipedia (o. J. -c) https://de.wikipedia.org/wiki/Global_Governance. Zugegriffen am 16.06.2022

Wikipedia (o. J. -d) https://de.wikipedia.org/wiki/Zwei-plus-Vier-Vertrag. Zugegriffen am 12.05.2022

Wolfowitz, P., & Libby, S. (1992). *Pentagon's February 18, 1992 draft of the defense planning guidance for fiscal years 1994–1999*. One World, No Rivals. Middle East Report (176, May/June 1992).

Zürn, M. (2010). *Internationale Institutionen und nichtstaatliche Akteure in der Global Governance*. Aus Politik und Zeitgeschichte. (34–35/2010. S. 14–19). https://www.bpb.de. Zugegriffen am 05.05.2022.

7

Die Strategie Chinas zur Positionierung als globale Macht

Beat Hotz-Hart

Inhaltsverzeichnis

7.1	Großartige Erneuerung der chinesischen Nation nach dem Jahrhundert der Demütigung	399
	7.1.1 Von der Strahlkraft des Reichs der Mitte zur Demütigung	399
	7.1.2 Xis chinesischer Traum	402
	7.1.3 Positionierung als globale Macht in einer sinozentrischen Weltordnung	405
7.2	Chinas gezielte Durchdringung der Wirtschaftsräume	406
	7.2.1 Belt and Road	407
	7.2.2 Einfluss über Handelspolitik und Wirtschaftsräume	432
	7.2.3 Exkurs: Indien unter dem Druck wachsender geostrategischer Einkreisung durch China20	436

B. Hotz-Hart
University of Zürich, Zürich, Schweiz
E-Mail: Beat.Hotz-Hart@uzh.ch

© Der/die Autor(en), exklusiv lizenziert an Springer Fachmedien Wiesbaden GmbH, ein Teil von Springer Nature 2023
B. Hotz-Hart et al., *Über Systemwettbewerb zu einer neuen Weltordnung?*, https://doi.org/10.1007/978-3-658-42016-1_7

7.3 Abhängigkeiten von den USA reduzieren 443
    7.3.1 Die zwei Kreisläufe („dual circulation") 443
    7.3.2 Abhängigkeit vom Dollar und dem US-kontrollierten internationalen Zahlungssystem reduzieren 446
7.4 Einfluss auf die Entwicklung internationaler Organisationen gewinnen 450
    7.4.1 „Sinisierung" der UNO 450
    7.4.2 Gründung neuer paralleler internationaler Organisationen unter der Führung Chinas 452
7.5 Sicherheit: Aufbau überlegener militärischer Macht 456
    7.5.1 Wachsende Rüstungsanstrengungen 456
    7.5.2 Ausweitung von Chinas „power projection" 460
7.6 Eigene Narrative und Deutungshoheit aufbauen und verbreiten 464
    7.6.1 Narrativ und Deutungshoheit aufbauen 464
    7.6.2 Eigene Vorstellungen und Narrativ weltweit verbreiten und durchsetzen 470
7.7 Stabilität und Kontinuität der Geopolitik Chinas – eine Einschätzung 478
7.8 Fazit: globale Ambitionen mit klarer Strategie 483
Literatur 488

Zusammenfassung Ausgehend von der Erneuerung der chinesischen Nation werden die wichtigsten Elemente der Strategie Chinas für seine Positionierung als globale Macht dargestellt. Bei Chinas Weg der Globalisierung steht die Belt and Road Initiative an erster Stelle. Sie wird begleitet durch bilaterale und multilaterale Handelspolitik. Zu Chinas Strategie gehört weiter, seine Abhängigkeiten von den USA und seine Verletzlichkeit gegenüber Sanktionen Dritter zu reduzieren. Dafür wird das Konzept der zwei Kreisläufe verfolgt. Auf der Ebene der internationalen Organisationen soll einerseits der Einfluss Chinas, vor allem in der

UNO, deutlich gestärkt, anderseits aber sollen auch parallele neue Organisationen unter der Führung Chinas aufgebaut werden. Militärisch wird die Volksarmee zu einer Truppe von Weltklasse ausgebaut, um die Interessen Chinas in der ganzen Welt zu verteidigen (Xinhua, 2022). Als globale Macht strebt China an, sein eigenes Narrativ zu Geschichte und Politik zu formulieren, weltweit zu verbreiten und die Kontrolle darüber aufrechtzuerhalten. Zum Schluss wird eine Einschätzung vorgenommen, ob China in der Lage sein wird, diese Strategie über längere Zeit beharrlich und kontinuierlich zu verfolgen.

7.1 Großartige Erneuerung der chinesischen Nation nach dem Jahrhundert der Demütigung

7.1.1 Von der Strahlkraft des Reichs der Mitte zur Demütigung

Chinas Selbstverständnis und Orientierung von heute ist durch seine Geschichte, den Fall des Reichs der Qing im 19. Jh. und die chinesischen Revolutionen bis 1948 ganz wesentlich geprägt. „Die Geschichte Chinas im 19. und 20. Jahrhundert ist eine Geschichte von Niedergang und Aufstieg, von Demütigung und Selbstbehauptung. Sie handelt von vielen, teils äußerst gewaltsamen Neuanfängen. Und sie handelt von einer Hoffnung, dass China wieder werde, was es jahrtausendelang war: das mächtigste Land der Welt" (Weigelin-Schwiedrzik, 2012). Zusammengefasst führt die Professorin für Sinologie der Universität Wien weiter aus:

China begriff sich bis zur Konfrontation mit dem Westen als ein Reich, das ‚alles unter dem Himmel' (tianxia) umfasst. Das Zentrum des Reiches bildete der Kaiser. Er war mit dem ‚Mandat des Himmels' ausgestattet und übte eine charismatische Form von Herrschaft aus. Wer sich ihm unterstellte, gehörte zum Reich; wo er regierte, war das Reich, und das Reich war die Welt. In dieses Weltbild konnten alle Völker der Region, ja der Welt unabhängig von ihrer ethnischen Zugehörigkeit integriert werden. Entscheidend war ihre Loyalität gegenüber dem Kaiser: Wer immer sich ihm zu- resp. unterordnete und sich dadurch in den Kontext der chinesischen Kultur stellte, gehörte zum Reich. Auch Europa hätte nach dieser Vorstellung ein Teil Chinas sein können.

Die chinesischen Kaiser hielten es nicht für nötig, ihr Territorium immer weiter auszudehnen. Nach damaliger Vorstellung war das kaiserliche Charisma, verbunden mit der Überzeugungskraft der konfuzianischen Kultur, so groß, dass Krieg zu führen im Grunde überflüssig war. Die chinesische Zivilisation, so die Überzeugung, strahlt in alle Himmelsrichtungen, und alles, was das Zentrum umgibt, wird zu diesem Zentrum hingezogen.

„Mit dem Eindringen des Westens während des 19. Jahrhunderts wurden das Kaiserhaus und die Elite der Beamtengelehrten erstmals damit konfrontiert, dass ihre Definition von China und der Welt eine andere war als die europäische. Die westlichen Mächte traten dem Kaiser nicht als Tributpflichtige gegenüber. Sie forderten, dass China sich dem Weltmarkt öffnet und seine Vorschriften für ausländische Händler aufhebt" (Weigelin-Schwiedrzik, 2012).

Von 1839 bis 1949 wurden die Qing-Dynastie und die Republik China und damit weite Teile Chinas durch westliche Mächte wie Großbritannien, die USA und durch Japan erobert und unterworfen: Der Vertrag von Nanjing von 1842 markiert für das heutige China den Beginn des „Jahrhunderts der Schande". Unterlegen waren die Chine-

7 Die Strategie Chinas zur Positionierung als …

sen vor allem bei den Seestreitkräften, während sie in den kriegerischen Auseinandersetzungen zu Lande harten Widerstand leisteten (Elliott, 2002, S. 143 nach Wikipedia: Jahrhundert der Demütigung[1]).

Schuld am Niedergang des Reichs der Mitte waren aber nicht nur militärische Niederlagen, sondern auch die chinesischen Eliten, insbesondere der Kaiserhof in Peking. Diese verstanden die laufenden Modernisierungsprozesse nicht. Völlig verkannt wurde vor allem die „Meiji-Restauration" ab 1868 im benachbarten Japan und der damit verbundene rasante gesellschaftliche und wirtschaftliche Wandel. Der reaktionäre Mandschu-Hof der Qing blockte die zaghaften Versuche zur Modernisierung der chinesischen Gesellschaft immer wieder ab. Er war in seiner letzten Phase vor allem an der Aufrechterhaltung und am Schutz seiner eigenen Macht interessiert und orientiert. Damit war er nicht reformfähig genug. Auch der letzte Versuch 1898, die hundert Tage Reform fanden ein abruptes Ende durch die Kaiserin und die Konservativen am Hof. Ironischerweise war die enge Verzahnung von wirtschaftlichen Ressourcen, Status und politischer Macht einerseits eine Säule der Stabilität, anderseits aber gleichzeitig auch ein großes Hindernis für institutionelle Reformen und Innovationen und damit mit ein Grund für den Niedergang der Qing-Dynastie (Mühlhahn, 2021, S. 218 ff.).

Die siegreichen westlichen Kolonialmächte setzten ihre Wirtschaftsinteressen gegenüber China rücksichtslos durch. China wurde nach mehreren militärischen Niederlagen ge-

---

[1] https://de.wikipedia.org/wiki/Jahrhundert_der_Dem%C3%BCtigung. Darin wird die Behauptung mit Verweis auf weiterführende Literatur als zu vereinfachend kritisiert, wonach sich China geweigert habe, sich zu modernisieren oder nicht in der Lage gewesen sei, westliche Armeen zu besiegen.

[2] Die Ausländer beanspruchten für sich u. a. Exterritorialität auf Chinas Festland. Dies bedeutete faktisch die Preisgabe der chinesischen Hoheit, Tarifautonomie, Ungleichbehandlung von Westlern und Chinesen, Marktöffnung und damit allgemeine westliche Dominanz. Es bestand eine Halbkolonialisierung von China.

zwungen, seine Märkte zu öffnen, Opium zu importieren und die sogenannten ungleichen Verträge abzuschließen.[2] Es wurde besetzt, geplündert, imperial ausgebeutet und gedemütigt. Damit musste sich China zwangsläufig von seinem universellen Anspruch „tianxia" (alles unter dem Himmel), Reich der Mitte verabschieden und sich fortan partikular, als ein „guojia" (ein Land) unter vielen verstehen.

Vor diesem Hintergrund entstand 1915 in einer Atmosphäre des aufkommenden chinesischen Nationalismus der Begriff „Jahrhundert der Demütigung", „Jahrhundert der Schande". Dies war damals ein Aufruf zum Widerstand gegen die Forderungen der japanischen Regierung und gegen deren Annahme durch Yuan Shikai, den damaligen Staatspräsidenten der Republik China.

Dass die chinesische Gesellschaft als Ganzes durch die Siege und das Verhalten der westlichen Mächte traumatisiert worden sei, wird u. a. von Elliott (2002) insofern bezweifelt und damit relativiert, als viele chinesische Bauern (damals 90 % der Bevölkerung) von den gegenüber dem Westen gemachten Zugeständnissen nicht betroffen waren und ihr tägliches Leben ohne jegliches Gefühl der „Demütigung" weiterführten.

7.1.2 Xis chinesischer Traum

Die Kuomintang, die Chinesische Nationalistische Partei, wie auch die Kommunistische Partei Chinas (KPCh) nutzten die Bezeichnung „Jahrhundert der Demütigung" später in ihrer Geschichtsschreibung und machten sie populär. Dabei legten sie besonderes Gewicht auf die zu verteidigende „Souveränität und Integrität des [chinesischen] Territoriums" (zitiert nach Presseamt des Staatsrates der VR China 2004). Aktuell ist die Weiterführung dieses Narratives 2012 durch Xi Jinpings mit seinem Konzept des „chinesischen Traums", dem Traum „der großen Wiederauferstehung der chinesischen Nation", „der großen Wiedergeburt der chinesischen Nation", „der großartigen Erneuerung der chinesischen Nation" und damit der Wiederaufstieg zu alter Macht (Xi Jinping, 2012). Ja, in der „Volkszeitung", dem offiziellen Zentralorgan von Chinas KP, war die Rede von einem Verschmelzen des „chinesischen Traumes" mit dem „Traum der ganzen Welt". China sieht im Erstarken des Landes vor allem die Korrektur einer historischen Anomalie.

Xi anlässlich der Jahrestagung des Volkskongresses vom März 2018: „Wir haben starke Fähigkeiten, unseren rechtmäßigen Platz in der Welt einzunehmen" (zitiert nach Zeit online 2018). Ist damit gemeint in Anknüpfung an das ausgeprägte Geschichtsbewusstsein der Chinesen Rückkehr zur Größe vergangener Dynastien, zu China als das „Land der Mitte", als Zentrum und mächtigstes Land der Welt?

Die Vision vom „chinesischen Traum" ist so vage und zugleich so umfassend gehalten, dass darunter unterschiedlichste Botschaften vermittelt werden können. „Wer die Deutungshoheit über die Inhalte der Formel hat, kann nahezu alles als Teil zur Realisierung des ‚Chinesischen Traums' definieren." Damit bringt Hein (2018) zum Ausdruck, was die KPCh wiederholt auszeichnet. Konzepte bis zu einzelnen Gesetzen werden so offen formuliert, dass die Herrschenden situativ ihre Interpretation vorbringen können.

Mit dem „chinesischen Traum" will die KPCh ihre Macht, die aktuelle Entwicklung und ihre Zukunft als logische Fortsetzung der Geschichte Chinas begründen und behaupten. „Anlässlich des Jubiläums des 1. Oktober (2019) fasste es der Staatsrat der Volksrepublik in einen einfachen Satz: ‚Auf der Grundlage der 5000-jährigen Kultur Chinas ... hat sich das chinesische Volk den Weg des Sozialismus mit chinesischen Charakteristiken eröffnet'". „Mit der Verknüpfung von ‚marxistischer Theorie und traditioneller chinesischer Staatsführung' soll das Land den ‚chinesischen Traum' realisieren, einen ‚rechtmäßigen Platz in der Welt' wieder einnehmen" (Hilpert et al., 2019, S. 4).

Die Autoren folgern daraus, dass es für Chinas Partner komplizierter wird: Von ihnen verlangt die KPCh implizit oder explizit immer wieder, dass sie zugeben und anerkennen, China ein „Jahrhundert der Demütigung" aufgezwungen zu haben. Das gelte es richtigzustellen und zu korrigieren. Mit diesem zentralen Element des derzeit herrschenden Narrativs würden Forderungen nach Sonderbehandlung in der Weltgemeinschaft begründet – einer Sonderbehandlung, die sonst in einer internationalen Ordnung keinen Platz hätte.

Geschichte wird zum Instrument der Machtausübung und der Außenpolitik, so Hilpert et al. weiter. Peking erwarte, dass nicht nur die eigene Bevölkerung, sondern auch seine ausländischen Partner den chinesischen Narrativen folgen würden mit all ihren Verästelungen und Wertungen: seien es die „5000 Jahre" chinesische Geschichte, der „immer friedliche" Charakter Chinas oder die historisch begründeten und legitimen Besitzansprüche der Volksrepublik in der südchinesischen See.

Die durch die Partei konstruierte Deutung der Geschichte richte sich als Machtanspruch nicht nur an die eigene Gesellschaft, sondern auch an die mit China interagierenden ausländischen Partner, insbesondere Regierungen und Unternehmen. Die Erinnerung an historische Ereignisse würde ideologisiert und soll die Herrschaft der KPCh legitimieren. „Auch Chinas Partner sollen akzeptieren, wie die historischen Fakten selektiv verschwiegen, verdrängt oder umgedeutet werden, und dass dadurch Politik und Gesellschaft der Gegenwart in einem für die KPCh günstigen Licht erscheint" (Hilpert et al., 2019, S. 1).

7.1.3 Positionierung als globale Macht in einer sinozentrischen Weltordnung

Zielsetzung der KPCh ist die Positionierung die Volksrepublik China (VRC) (People's Republic of China, PRC), als globale Macht in einer sinozentrischen Weltordnung. Die KPCh ist entschlossen, die Welt nach ihren Vorstellungen in eine *sinozentrische Welt* mit entsprechender internationaler Ordnung und Weltsicht zu verändern. Die Wiederauferstehung des chinesischen Volkes als Reich der Mitte soll zu einer von VRC dominierten Ordnung führen. Die VRC soll bis 2049 (100 Jahre nach der Gründung der Volksrepublik China 1949) zu einer starken Weltmacht werden, die Regeln aufstellt, anstatt die Regeln anderer zu befolgen, die in der Lage ist, eine starke Rolle bei der Festlegung globaler Normen und Praktiken zu spielen, statt diejenigen des Westens zu übernehmen. „Die internationale Stellung und der internationale Einfluss Chinas sollen sich weiter erhöhen, damit unser Land eine stärkere Rolle in der Global Governance entfalten kann" (Xi Jinping, 2022, S. 29). Es gehe um ein ausgewogenes globales Governancesystem, in dem Wünsche und Interessen der meisten Länder zum Ausdruck gebracht werden können. Ein Jahr später hat der Staatsrat (2023, September 26) in einem Grundsatzdokument die Vorstellungen Chinas einer Global Governance verkündet. Die darin vertretene „gemeinsame Zukunft für die Menschheit" ist ein Code für eine durch China dominierte Weltordnung. Die veraltete und zunehmend dysfunktionale Weltordnung des Westens beruhe auf Ungerechtigkeit, Tyrannei und Ausplünderung gegenüber den Entwicklungsländern, was enorme Risiken für die Welt mit sich gebracht und zur Spaltung und Konfrontation geführt habe. Sie sei durch Chinas globale Ordnungspolitik zu ersetzen, um Ungerechtigkeiten und Ungleichheiten entgegenzuwirken, so Li Haidong, Professor der China Foreign Affairs University, zitiert nach Global Times 2023, September 13). Und Global Times 2023, September 26) schreibt mit Verweis auf Experten, „dass China nun offen mit der von den USA vorgeschlagenen „regelbasierten Ordnung" nicht einverstanden ist, die ein Weg ist, die alte, von der US-Hegemonie dominierte Ordnung zu bewahren". Mit den folgenden Ausführungen soll erläutert werden, wie Chinas Führung diese Ambitionen verfolgt und zu verwirklichen anstrebt, vgl. Box 7.1.

> **Box 7.1 Dimensionen der Strategie Chinas für seine Positionierung als globale Macht**
>
> Die Volksrepublik China strebt ihre Positionierung als globale Macht über verschiedene Dimensionen an, die langfristig angelegt und weitgehend miteinander koordiniert sind ähnlich einem Projekt Weltmacht mit Masterplan.
>
> - Wirtschaftsräume von strategischer Bedeutung gezielt durchdringen: Belt and Road Initiative und Handelspolitik,
> - Abhängigkeiten von den USA und vom Westen allgemein reduzieren,
> - Einfluss auf Politik und Entwicklung internationaler Organisationen gewinnen und neue, alternative internationale Organisationen unter eigener Führung einrichten,
> - überlegene militärische Macht aufbauen u. a. durch eine Armee von Weltklasse,
> - eigene Narrative und Deutungshoheit entwickeln und weltweit verbreiten.
>
> Diese Dimensionen werden im Folgenden erläutert.

7.2 Chinas gezielte Durchdringung der Wirtschaftsräume

Zur Förderung dieser Agenda setzt China schwergewichtig auf wirtschaftliche Beziehungen, die Handels- und Investitionspolitik und Diplomatie und (zumindest bis heute) weniger auf militärische Macht.

7.2.1 Belt and Road

(1) Belt and Road – die Strategie

2012 lancierte die VRC die Belt and Road Initiative (BRI). Sie besteht aus *zwei Routen*. Einerseits dem Seeweg über Südasien und das Horn von Afrika und Richtung Mittelmeer, andererseits dem Landweg über die zentralasiatischen Länder, den Iran und die Türkei nach Europa. Der Landweg besteht aus sechs Korridoren: nach Südostasien, nach Burma/Myanmar, nach Zentralasien bis zur Türkei, nach Pakistan, in die Mongolei nach Russland sowie nach Europa, vgl. Abb. 7.1.

Die BRI ist in ihrer ursprünglichen, einfachen Form als offene und inklusive Kooperationsplattform für Nationen konzipiert, als ein Langfristprogramm gemäß einem wohlüberlegten geostrategischen Entwurf der KPCh. Mit Partnerländern will China die Infrastruktur entlang dieser Routen und Korridore ausbauen, also Straßen, Schienen für Zugverbindungen, Brücken, Tunnels, Häfen usw. Dazu

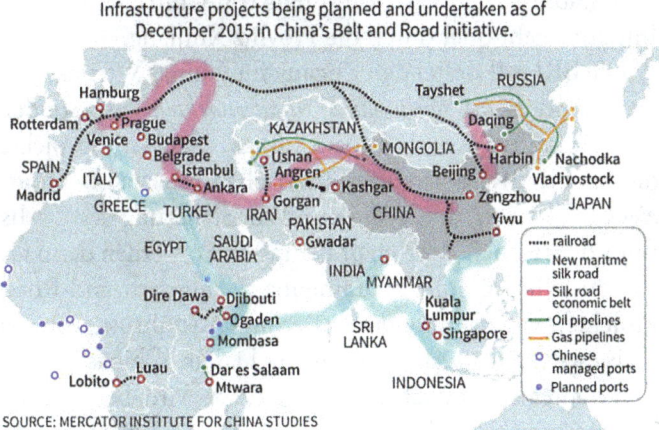

Abb. 7.1 The reviving of the Silk Road, Infrastructure projects being planned and undertaken as of December 2015 in China's Belt and Road Initiative. (Quelle: Mercator Institute for China Studies)

werden Verträge mit den jeweiligen Staaten abgeschlossen, Kredite zugesprochen und die Realisierung der Projekte in Angriff genommen. Zur Realisierung werden fast ausschließlich Kapazitäten aus China und damit chinesische Unternehmen beigezogen. Für die Verträge und Projekte gilt chinesisches Recht und chinesische Rechtsprechung im Falle von Streitigkeiten. Die Kredite und Zahlungsabwicklungen erfolgen in der chinesischen Währung Yuan.

(2) Ziele der Volksrepublik China mit Belt and Road

Die BRI dient mehreren der VRC ausdrücklich festgehaltenen Zielen (vgl. u. a. Zhang, 2018):

Die BRI soll den Zugang zu und die Kontrolle über die für China *lebenswichtigen Rohstoffe wie Energie oder Metalle* sichern. Dazu sollen nicht nur die dabei relevanten Regionen in ein gemeinsames System eingebunden werden. Auch die Transportkorridore aus diesen Regionen nach China sollen ausgebaut, abgesichert und stabilisiert werden. Mit zur BRI gehören auch Anstrengungen zur Entwicklung und Stabilisierung des Nordostens von China. Ein Ast der Initiative geht quer durch die Provinz Xinjiang.

Die BRI soll weiter den Zugang für Chinas Wirtschaft zu bedeutenden *internationalen Absatzmärkten* insbesondere im kaufkraftstarken Europa eröffnen. Die Großprojekte, die für die BRI notwendig sind, sollen mit zur *Auslastung eigener Wirtschaftskapazitäten* und zur Sicherung des Wachstums der eigenen Wirtschaft beitragen. So werden denn fast alle Aktivitäten im Zusammenhang mit Belt-and-Road-Projekten wie Planung, Finanzierung, Ausführung von den Chinesen selber wahrgenommen. Das in Chinas Wachstumsstrategie altbewährte Erfolgsrezept wird bei der BRI im internationalen Maßstab angewendet: schwergewichtig großangelegte Infrastrukturinvestitionen finanziert über Kredite der Staatsbanken. Die Schuldner sind dieses Mal jedoch ausländische Staaten, die damit auch Risiken übernehmen. Falls Ostafrika, Süd- und Zentralasien durch Belt and Road Wohlstandsgewinne verzeichnen, kommt das als positiver Nebeneffekt Peking entgegen.

Es geht der kommunistischen Führung um die Ausweitung ihrer *Industriepolitik*. Um Überkapazitäten in vielen Industriezweigen anzugehen, führte sie angebotsseitige Strukturreformen und Verlagerungen ins Ausland durch: Abbau von Überkapazitäten, insbesondere in den Bereichen Stahl, Eisen und Kohle; Abbau von Lagerbeständen und Schulden durch Debt-Equity-Swaps und Kostensenkungen. Infrastrukturunternehmen bemühen sich um Aufträge in anderen Teilen der Welt, um ihre Probleme der Überkapazitäten zu lindern. Energieintensive und umweltverschmutzende Industrien werden ausgelagert (wie es Industrieländer in der Vergangenheit auch getan haben).

Es geht um *diplomatische Ziele*. Die VRC hat einen Führungsanspruch und will zum Patron der Belt-and-Road-Staaten aufsteigen. Symbolisch dafür sind die Konferenzen der Staatspräsidenten zu Belt and Road in Peking unter dem Vorsitz von Xi Jinping.[3] Xi will die Länder entlang der früheren Seidenstraße vorwiegend über bilaterale Verträge enger aneinanderbinden, von Asien über den Nahen Osten und Europa bis nach Afrika. Partnerländer sollen autonom sein und florieren. Nur der Führungsanspruch Pekings darf nicht hinterfragt werden. Zweck ist die Gewinnung von Wohlverhalten, Unterstützung bis zu Sympathie für China.[4]

Letztlich erfüllt Belt and Road auch *militärische und sicherheitspolitische Ziele* u. a. über die Militarisierung im

---

[3] So z. B. der erste Gipfel der Belt and Road Initiative in Peking vom 15. Mai 2017, an dem rund 28 Staats- und Regierungschefs teilnahmen; es folgte ein zweiter Gipfel am 29. April 2019.
[4] Vergleiche aus der Geschichte Chinas die Beziehungen mit dem charismatischen Kaiser und die Besucher im Reich der Mitte.

südchinesischen Meer. Im Falle eines Krieges im südchinesischen Meer können die für China wichtigen Versorgungswege und Verbindungskorridore offen und intakt gehalten werden, vgl. Abschn. 7.5.

(3) Finanzierung und Währungspolitik und Belt and Road

Seit der Lancierung der BRI 2013 hat China bis 2021 gegen US$ 1000 Mrd. investiert, davon etwas mehr als die Hälfte in Bauten (Wang, 2021). Die Finanzierung erfolgt aus verschiedenen Quellen: Aus …

- dem Seidenstraßen-Fonds finanziert durch staatliche chinesische Institutionen,
- der 2014 gegründeten Asiatischen Infrastrukturinvestitionsbank (AHB), einer multilateralen Entwicklungsbank und komplementären Alternative zur Weltbank, der bisher über 100 Länder beigetreten sind,
- staatlichen Banken Chinas.

Chinas jährliche Investitionen in die BRI erreichten 2015 mit rund US$ 130 Mrd. ihren Höhepunkt und haben sich seither stetig zurück entwickelt.

Im Rahmen von BRI 2013 bis 2021 tätigte Chinas die größten Investitionen mit Abstand im Bereich der Energie, gefolgt von Transport, Metallen und Immobilien; nach Regionen an erster Stelle ist Westasien, gefolgt von Ostasien und Subsahara mit vergleichbarem Anteil, etwas weniger im arabischen Mittleren Osten zusammen mit Nordafrika

---

[5] Regelmäßige Statistik Updates zu BRI liefert das American Enterprise Institute (AEI), China Global Investment Tracker, https://www.aei.org/china-global-investment-tracker/ sowie der Merics Belt and Road Tracker: https://www.merics.org/en/tracker/mapping-belt-and-road-initiative-where-we-stand.

und am wenigsten in Südamerika, für eine Auswertung, siehe Wang (2021).[5] China dürfte inzwischen der mit Abstand größte öffentliche Geldgeber der Welt für Entwicklungs- und Schwellenländer sein.

Währung, Internationalisierung des Yuan Finanzielle Integration der Partnerländer ist eines der Ziele der BRI. Dabei gilt es, den Yuan als Währung zu internationalisieren. Die chinesische Devisenbehörde arbeitet aktiv mit der BRI zusammen und sieht diese als eine Möglichkeit für die Internationalisierung des digitalen Yuan bei der Abwicklung von Zahlungen, der Bereitstellung von Krediten, internationalen Überweisungen und Devisengeschäften. Alle Verträge und damit verbundenen Transaktionen werden in Yuan abgeschlossen. Weiter soll Chinas grenzüberschreitendes Zahlungssystem, das „Cross-Border Inter-Bank Payments System (CIPS)", vermehrt zur Anwendung kommen. Derzeit ist CIPS Partner und Konkurrent der „Society for Worldwide Interbank Financial Telecommunication (SWIFT)". Eine stärkere Nutzung des CIPS anstelle des US-dominierten SWIFT-Systems würde die Offenlegung der globalen Zahlungsdaten Chinas gegenüber den USA verringern, was aus Chinas Sicht höchst erstrebenswert ist, vgl. Abschn. 7.3.2.

(4) Ausweitung des Konzepts von Belt and Road

China hat das 2012 bei der ersten Lancierung der BRI vorgestellte Konzept aufgrund gemachter Erfahrungen in der Zwischenzeit angepasst und viel umfassender ausgelegt. 2022 geht es um ein breiteres Spektrum von Inhalten und Instrumenten und damit verbundenen Wirkungen, die äußerst strategisch verfolgt werden. Das gesamte Investitionsvolumen wurde zurückgefahren und die Maßnahmen intelligenter gemacht. So gibt es nun die „Polar Silk Road" (Erschließung und Nutzung der Arktis), die

„Digital Silk Road", die „Solar Silk Road", „Green Belt Road", „Health Silk Road", „Space Silk Road" (Weltraumgeopolitik) und die „Educational Silk Road" (Mardell, 2022). Weitere Initiativen, die den weltweiten Führungsanspruch der VRC untermauern sollen, dürften folgen. Forciert werden vor allem die „Digital Silk Road" und „China Standards 2035", also globale Technologie- und Normierungsprojekte, sowie die „Green Belt and Road".

„Digital Belt and Road" (Merics, 2019) Die „Digital Belt and Road" umfasst den Ausbau der Infrastruktur eines Partnerlandes in den Bereichen Kommunikationsnetze, Verkabelung/Glasfasernetz, Dienste wie E-Commerce sowie mobile Systeme, z. B. Aufbau einer Smart City. Dies alles mit der Technologie und dem Knowhow von China, durch chinesische Unternehmen mit chinesischen Systemen (Rahn, 2019).

Nach Xi Jinping will China eine „Cybersupermacht" werden (Shi-Kupfer & Ohlberg, 2019). Dementsprechend verfolgt die „Digital Belt and Road" drei Ziele:

- chinesische Unternehmen zu globalen IT-Champions zu machen und ihren globalen Marktanteil zu vergrößern,
- China zu einer breit angelegten Hightechführung zu verhelfen,
- die Stärke des chinesischen IT-Sektors zu nutzen, um Chinas eigene Cybernormen und -standards zu etablieren und zu verbreiten.

Weiter soll der Zugang zum Internet in Entwicklungs- und Schwellenländern gefördert werden. Dafür finanzierte China Infrastruktur in Informations- und Kommunikationstechnologien in Afrika und gab dafür in den Jahren 2015 und 2017 jährlich über US$ 1 Mrd. aus. Dies ist mehr als

7 Die Strategie Chinas zur Positionierung als ...

alle anderen internationalen Organisationen im gleichen Zeitraum zusammen.

> **Box 7.2 Sicherheitsrisiken**
>
> Über die Aktivitäten der „Digital Belt and Road" werden indirekt auch Zugang, Einfluss und eine gewisse Kontrolle von China über die IT in einem Land oder einem Unternehmen möglich. Entscheidend ist nicht ein Nachweis, dass Huawei oder ein anderer Anbieter solcher Systeme aus China bisher die Sicherheit gefährdet oder etwas Kriminelles getan hat. Entscheidend für den Anwender ist die Beurteilung des Potentials dafür und der damit verbundenen Risiken. Kann der Anbieter, z. B. Huawei, glaubwürdig behaupten, von seiner Regierung unabhängig zu sein? Das geltende chinesische Gesetz über die Zusammenarbeit von Unternehmen mit dem chinesischen Militär und den Geheimdiensten (National Intelligence Law)[6] schließt dies praktisch aus. So steht in Artikel 7:
>
> „Alle Organisationen und Bürger sind verpflichtet, die Arbeit des nationalen Nachrichtendienstes in Übereinstimmung mit dem Gesetz zu unterstützen, zu fördern und mit ihm zusammenzuarbeiten und die ihnen bekannten Arbeitsgeheimnisse des nationalen Nachrichtendienstes zu schützen."
>
> Zudem: Jedes vermeintlich sichere chinesische IT-Produkt ist ein Firmwareupdate davon entfernt, ein unsicheres chinesisches IT-Produkt zu sein. Und der Hersteller wird einen Strom von Softwareupdates schneller herausgeben, als die Inspektoren auf der Anwendungsseite diese überprüfen können (Grotto, 2019).

Die VRC gewährt großzügige staatliche Beihilfen, um ihre geopolitische Vision zu unterstützen. Zusätzlich zur

---

[6] PRC National Intelligence Law (as amended in 2018). China Law Translate. https://www.chinalawtranslate.com/en/national-intelligence-law-of-the-p-r-c-2017/.

projektbezogenen Finanzierung gewährten staatliche Banken Unternehmen wie ZTE und Huawei in den Jahren vor der BRI großzügige Kredite. Im Zuge der „Digital Belt and Road" konnten diese Ausrüstung um 30 bis 40 % billiger anbieten als westliche Konkurrenten (Merics 2019), eine große Herausforderung, auf die sich die europäischen Unternehmen einstellen müssen.

Über diese Politik hat die VRC auch die Ausbreitung des digitalen Autoritarismus gefördert. Sie stellt die EU-Vorschriften und europäischen Normen, die die Freiheit des Internets und die Multi-Stakeholder-Governance unterstützen, in Frage. Autoritäre Regierungen haben von China oft Hightech-Überwachungstechnologie erhalten, die sie sich sonst vielleicht nicht hätten leisten können. Dadurch wird ihre Position gestärkt und ihre Kontrolle und Unterdrückung der Gesellschaft gefestigt.

„China Standards 2035" Im Anschluss an den Strategieplan „Made in China 2025" hat China 2018 den Aktionsplan „China Standards 2035" ins Leben gerufen. Damit wollen die chinesische Regierung und führende chinesische Technologieunternehmen globale Standards für neue Technologien wie 5G, das Internet der Dinge (IoT) und künstliche Intelligenz (KI) festlegen. Am Boao Forum for Asia (BFA) 2021 führte Xi Jinping dazu aus: „Wir dürfen nicht zulassen, dass die von einem oder einigen wenigen Ländern aufgestellten Regeln anderen aufgezwungen werden oder dass der Unilateralismus bestimmter Länder den Takt für die ganze Welt vorgibt." „Was wir in der heutigen Welt brauchen, ist Gerechtigkeit, nicht Hegemonie" (Krishanan, 2021). China will seine Führerschaft bei Innovation auch als Schlüssel zur Formulierung von Industriestandards nutzen. Der Aktionsplan bietet konkrete Maßnahmen, die den Prozess der Entwicklung von technologischen Innovationen und von Normen und Standards miteinander verbinden. China ist bestrebt, eine zunehmende Rolle bei der Formulierung internationaler Normen zu spielen, und ist in den entsprechenden internationalen Gremien auch sehr aktiv vertreten. Wenn ein Land in der Lage ist, die Normen zu bestimmen, kann es mehr Kontrolle über die Systemgestaltung und die weitere Festlegung von Regeln erlangen.

Durch Investitionen in die eurasische Infrastruktur und die Handels- und Investitionskorridore will China nicht nur Marktanteile gewinnen, sondern auch seine Rolle bei der Festlegung und Verbreitung der Normen ausbauen. Nach Xi werde China „die ‚harte Konnektivität' der Infrastruktur und die ‚weiche Konnektivität' von Regeln und Standards fördern" (Krishanan, 2021). Das Projekt „China Standards 2035" strebt an, in den Partnerländern seine eigenen Normen und Standards, wie Technologien funktionieren und miteinander verbunden sind, und seine eigene Normungsstrategie zu implementieren. Damit sollen chinesische Standards, vor allem bei Zukunftstechnologien, entlang der Seidenstraße und indirekt weltweit vorangetrieben und etabliert werden. Unter anderem können damit auch Lizenzeinnahmen generiert werden, China festigt seine Stellung und wird in einigen wichtigen Technologien weltweit führend und nur noch schwer zu verdrängen sein.

„Green Belt and Road"[7] Die Ambition Chinas ist es, eine kohlenstoffarme Entwicklung entlang von Belt and Road mit den richtigen politischen Maßnahmen und Anreizen (einschließlich relativer Preise) auf kosteneffiziente und wirksame Weise zu erreichen. Die Nachhaltigkeit in allen

---

[7] China Center for International Economic Exchange, United Nations Development Programme (2021). Paving the Way for Low-Carbon Development Globally and Along the Belt and Road, Peking.

beteiligten Ländern soll verbessert und ein entscheidender positiver Beitrag zur globalen Umwelt geleistet werden. Dabei werden drei Stoßrichtungen verfolgt: Förderung der Entwicklung sauberer Energie, Kanalisierung nachhaltiger Finanzmittel und Investitionen sowie Stärkung des Kapazitätsaufbaus grüner Technologien. Dazu verfügt China über die fortschrittlichsten Produkte, die auch zur Anwendung kommen sollen.

(5) Die größten Nutznießer

Die größten Nutznießer ergeben sich aus der Führung und der strategischen Bedeutung der Korridore.[8]

Russland und Pakistan

Rein finanziell haben die vier Transitländer Russland, Pakistan, Malaysia und Indonesien die Hälfte der gesamten Ausgaben Chinas erhalten. Absoluter Spitzenreiter ist die Russische Föderation mit deutlich über US$ 100 Mrd. (Wang, 2021). Dabei ging es vor allem um den Ausbau der russischen Energieinfrastruktur letztlich für Lieferungen nach China. Seit Beginn des Angriffs Russlands auf die Ukraine bis Herbst 2022 hat China keine Belt-and-Road-Investitionen mehr in Russland getätigt, aber deutlich mehr an Öl und Gas von Russland gekauft (White, 2022).

Die Atommacht Pakistan ist eine überragend wichtige Seidenstraßen-Partnerin Chinas. Für die VRC hat der *„China-Pakistan Economic Corridor"* (CPEC) hohe Priorität. Pakistan spielt eine zentrale Rolle im Afghanistan-Konflikt und befindet sich mit Indien im Dauerzwist. Beides nutzt China zu seinem Vorteil.

---

[8] Zu den BRI-Gesamtinvestitionen pro Jahr und nach Regionen sowie zur neueren Entwicklung der BRI, siehe Kuhn (2021).

Mittlerer Osten

2019 unterzeichnete die VRC ein auf zwanzig Jahre angelegtes Kooperationsrahmenabkommen mit dem *Irak*. Darin wird Öl gegen den Wiederaufbau der Infrastruktur getauscht. Anfang 2021 trat es in Kraft.

Öl- und Gasimporte spielen auch eine wichtige Rolle in einem fünfundzwanzigjährigen diplomatischen und wirtschaftlichen Pakt über friedliche Zusammenarbeit der VRC mit dem *Iran*. Diese „dauerhaften und strategischen" Beziehungen zum Iran wurden bei einem Besuch von Staatsrat und Außenminister Wang Yi besiegelt. Wang Yi forderte bei dieser Gelegenheit neue, unabhängige Entwicklungspfade für den Nahen Osten, die den regionalen Gegebenheiten entsprechen und „nicht im Schatten der Rivalität der Großmächte stehen". Konkret schlug er einen dritten Weg und eine *„Fünf-Punkte-Initiative"* vor, die das Festhalten an gegenseitigem Respekt (Nichteinmischung in die inneren Angelegenheiten anderer Länder), Gleichheit und Gerechtigkeit (in der Palästina-Frage), Nichtverbreitung von Atomwaffen (der Nahe Osten als atomwaffenfreie Zone), kollektive Sicherheit (ein Vorschlag, in China eine multilaterale Dialogkonferenz für regionale Sicherheit am Golf abzuhalten) und Entwicklungszusammenarbeit (die BRI und Freihandelsabkommen) umfasst.

Aus den Ausführungen von Chinas Außenminister Wang Yi anlässlich der Konferenz mit Iran vom 24. November 2021:[9] China hat erfolgreich seinen eigenen Weg der Modernisierung eingeschlagen, eine neue Form der menschlichen Zivilisation geschaffen und den

---

[9] Nach CGTN, dem chinesischen Ausland Fernsehsender, https://newsaf.cgtn.com/news/2021-11-25/Wang-Yi-Speaks-with-Iranian-Foreign-Minister-15sAye5aq9G/index.html.

Entwicklungsländern neue Wege zur Modernisierung eröffnet. China hat nicht die Absicht, sein Entwicklungsmodell zu exportieren, sondern ist bereit, dem Iran und anderen Ländern, die ihre Entwicklung beschleunigen und gleichzeitig ihre Unabhängigkeit bewahren wollen, als Vorbild zu dienen. China ist bereit, mit dem Iran zusammenzuarbeiten, um sich allen einseitigen Handlungen und Schikanen zu widersetzen, den Grundsatz der Nichteinmischung in innere Angelegenheiten zu wahren und internationale Fairness und Gerechtigkeit zu schützen.

Die Volksrepublik hat in jüngster Zeit ihre Beziehungen zu den Staaten des Nahen Ostens durch große Energie- und Bauaufträge deutlich gestärkt. Inzwischen ist *Saudi-Arabien* zu einem der größten Nutznießer der BRI geworden. Peking schloss in der ersten Hälfte 2022 Geschäfte mit Saudi-Arabien im Wert von US$ 5,5 Mrd. ab – mehr als mit jedem anderen Land –, während die chinesischen Auslandsinvestitionen im Großen und Ganzen stagnierten (White, 2022). Die enger werdende Kooperation Chinas mit Saudi-Arabien kam auch am Klimagipfel vom November 2022 in Ägypten zum Ausdruck. China hat sich in Partnerschaft mit Saudi-Arabien und Russland gegen neue konkrete Verpflichtungen beim Klimaschutz gestellt. Weiter hat China zusammen mit Saudi-Arabien und einigen anderen Ländern versucht, das 1,5-Grad-Ziel des Pariser Abkommens aus der Schlusserklärung zu streichen, was allerdings nicht gelang.[10]

---

[10] Während des Gipfeltreffens zwischen China und den Ländern des Golf-Kooperationsrates (GCC) in Riad im Dezember 2022 sagte Xi, China wolle auf der derzeitigen Zusammenarbeit zwischen dem GCC und China im Energiebereich aufbauen. Die Volksrepublik werde weiterhin „konsequent und in großen Mengen Rohöl aus dem Golf-Kooperationsrat importieren und ihre Erdgaseinfuhren aus der Region erhöhen". China ist der größte Erdölabnehmer der Welt, und Saudi-Arabien ist sein wichtigster Lieferant. Saudi-Arabien hat 2022 rund

Afrika

Afrika ist eine weitere wichtige Region von Belt and Road. „Peking will die Zusammenarbeit mit Afrika auf breiter Front vertiefen": An der Ministerkonferenz des Forums für chinesisch-afrikanische Kooperation im November 2021 versprach Chinas Staats- und Parteichef Xi Jinping den afrikanischen Ländern umfangreiche Hilfen und Investitionen[11] (Kamp, 2021). Peking verspricht …

- den afrikanischen Ländern eine Milliarde zusätzliche Coronaimpfdosen zur Verfügung zu stellen, 600 Mio. davon kostenlos,
- in afrikanischen Ländern insgesamt zehn Projekte zur Gesundheitsförderung zu starten und dazu entsprechendes Personal zu entsenden sowie eine zusätzliche Anzahl von Experten zur Armutsbekämpfung,
- in den kommenden drei Jahren im Rahmen der Handelsförderung Waren im Gesamtvolumen von US$ 300 Mrd. aus Afrika zu importieren und Handelsfinanzierungen in der Höhe von US$ 10 Mrd. bereitzustellen,
- in den kommenden drei Jahren durch Unternehmen aus China insgesamt US$ 10 Mrd. in Afrika zu investieren.

China hat die wirtschaftlichen und politischen Beziehungen zu den Ländern Afrikas in den vergangenen zwei Jahrzehnten massiv ausgebaut und ist inzwischen der größte

---

US$ 10 Mrd. über seinen Ölkonzern Aramco in eine Raffinerie und einen petrochemischen Komplex im Nordosten Chinas investiert. Die beiden Länder vereinbarten auch eine Zusammenarbeit bei der friedlichen Nutzung der Kernenergie, bei der Entwicklung moderner Technologien wie der künstlichen Intelligenz und bei Innovationen im Energiesektor.

[11] Begleitet wurde das Feuerwerk an Hilfs-, Handels- und Investitionszusagen von der Herausgabe eines neuen Weißbuchs zur chinesisch-afrikanischen Zusammenarbeit. Außerdem verabschiedeten China und Afrika eine „Vision 2035 für die China-Afrika-Kooperation".

Handelspartner des Kontinents. 2022 betrug das Handelsvolumen US$ 280 Mrd. gegenüber rund US$ 90 Mrd. der USA (US Census Bureau, GACC). China baut unter anderem Schnellstraßen, Eisenbahnlinien, Brücken und Sonderwirtschaftszonen, aber auch Bauten für das Image und Prestige wie Fußballstadien und Regierungspaläste. Bis Ende 2021 hatte China insgesamt rund 43 Mrd. Dollar in Afrika investiert.

Chinas Engagement ist auf einige wenige Länder Afrikas konzentriert, hauptsächlich Südafrika, Sambia, Äthiopien, Kenia, Nigeria, Tansania und die Demokratische Republik Kongo. Es handelt sich dabei um bedeutende Staaten des Kontinents, die Peking als Verbündete auf internationalem Parkett an sich binden möchte, um seinen Hebel in den Konflikten mit westlichen Staaten zu verlängern.

Diese Länder Afrikas sind außerdem wichtige Lieferanten von Rohstoffen wie etwa Bauxit oder Kobalt, das chinesische Firmen u. a. für ihre E-Auto-Industrie benötigen.

Die Vorbehalte in der afrikanischen Bevölkerung gegenüber der massiven chinesischen Präsenz haben in den vergangenen Jahren deutlich zugenommen. China verfolge konsequent seine eigenen Interessen. Von den Belt-and-Road-Projekten profitierten in erster Linie chinesische Firmen und Banken.[12] Trotz allem ist Pekings Engagement in den betroffenen Ländern nach wie vor willkommen, vor allem als Lieferant wichtiger Infrastruktur.

---

[12] So zitiert die Journalistin Mara Bernath Alex Perry, langjähriger Afrikakorrespondent des Magazins „Time". „China konnte den Westen so geschickt überflügeln, weil es rasch handelte und den Afrikanern nicht sagte, was sie bräuchten. Sondern einfach fragte und lieferte." Und sie selber fügt hinzu: „China bindet sein Geld statt an Auflagen zu Menschenrechten an Vorgaben, dass chinesische Unternehmen die Aufträge ausführen sollen" (Bernath, 2023).

(6) Europa und Belt and Road

Die VRC fürchtet sich vor einem starken Europa, das wie die USA ein geopolitischer Rivale sein könnte. Peking ist daher ein heterogenes und gespaltenes Europa lieber, mit dem es viele verschiedene wirtschaftliche Verbindungen haben kann. Belt and Road soll deshalb Europa stärker an China anbinden, stärker als Europa heute an die USA angebunden ist.

Europa als Partner in relativer Abhängigkeit gewinnen (Merics EU China Briefing, 2021, S. 3 ff.; Sander, 2023)
„Wir freuen uns über eine stärkere strategische Autonomie Europas" (Wang Yi, damaliger Außenminister Chinas 2022a, b, c). Aus chinesischer Sicht gilt eine besondere Aufmerksamkeit dem von der EU selber gesetzten *Ziel der strategischen Autonomie* (vgl. Kap. 9). Dieses wird von China interpretiert als Verhinderung eines „Zustands der totalen Abhängigkeit von den Vereinigten Staaten". Den USA wird vorgeworfen, offen und verdeckt zu versuchen, die EU an der Erreichung dieses Ziels zu hindern. So forderte der chinesische Botschafter bei der EU, Fu Cong, 2023 in einem Interview, dass „sich die Beziehungen zwischen China und der EU weder gegen Dritte richten noch von Dritten unterjocht oder kontrolliert werden". Europa soll also nicht Vasall der USA sein und nicht dem China-kritischen Kurs der USA folgen (Sander, 2023). Peking versteht die EU als auf der Suche nach einem „dritten Weg" inmitten der Spannungen zwischen den USA und China. In diesem Lichte wird die EU weniger als strategischer Rivale als vielmehr *strategischer Partner* und geopolitisch abhängiger Akteur gesehen, mit dem man eine gemeinsame Basis finden möchte.

Nach dieser Logik ist es für die EU eine Notwendigkeit, ihre Zusammenarbeit mit China als Gegengewicht zu den

USA zu pflegen und aufrechtzuerhalten. Die EU-internen Herausforderungen, die durch die Pandemie noch verschärft worden sind, erhöhen die Bedeutung der Aufrechterhaltung starker wirtschaftlicher Beziehungen mit China. Die Sanktionen und die Spannungen der EU mit China sind aus Sicht Pekings daher „immer wieder auftauchende Abweichungen von der Politik gegenüber China" (Merics 2021), die, so hofft Peking, die strategischen Überlegungen nicht grundsätzlich beeinträchtigen. Eine Deeskalation und die Aufrechterhaltung des Status quo in den Beziehungen zwischen der EU und China scheinen nach dieser Auffassung erreichbar, solange die EU sich weiterhin für ihre größere Autonomie einsetzt.

China wird weiterhin auf seine starke Position gegenüber Europa vertrauen und versuchen, die Unklarheiten im Konzept der strategischen Autonomie der EU auszunutzen, um die transatlantische Partnerschaft aufzulockern. „China will die transatlantischen Unterschiede maximieren und die Kooperation zwischen der EU und den USA minimieren", so der französische China-Experte Bondaz gemäß dem Beitrag von Sander (2023).

Ding Chun, Professor der Fudan-Universität: „China sollte (gegenüber der EU) das Prinzip des gegenseitigen Nutzens und der Win-Win-Situation beibehalten, sich jedoch nicht auf arrogante Menschenrechtsbelehrungen einlassen und den ungerechtfertigten, die Fakten ignorierenden Sanktionen der europäischen Seite entschlossen entgegentreten." (zitiert nach Merics 2021) Harte Vergeltungsmaßnahmen Chinas gegen die EU-Sanktionen und die zunehmenden Einschüchterungsversuche seitens chinesischer Diplomaten in Europa entsprechen Pekings Kalkül: Können Personen und Institutionen, die Peking als „Stolpersteine" für die Beibehaltung der „richtigen" Richtung in den Beziehungen zwischen der EU und China ansieht, zum Schweigen gebracht oder entfremdet werden, so hat der für die Volksrepublik günstige strategische Kurs bessere Chancen, sich durchzusetzen.

Eine Region von besonderer Priorität für China ist der *Balkan.* Hauptempfänger ist Serbien u. a. für eine Eisenbahnlinie, wo China noch im April 2021 investierte. Überdies wurden in Ungarn, Polen und Bosnien-Herzegowina trotz Corona neue Projekte gestartet.

Ungarn mit dem Campusprojekt der Fudan-Universität in Budapest: Die geplanten Kosten von umgerechnet rund CHF 1,7 Mrd. für den Campus sind mehr, als Ungarn in einem Jahr für sein gesamtes Hochschulwesen ausgibt. Die Finanzierung über einen chinesischen Kredit würde Budapest in eine riskante Abhängigkeit von Peking treiben. Die mangelnde Transparenz und die enorme Summe bergen zudem große Korruptionsgefahr.

In *Griechenland* hat die chinesische Reederei Cosco 2016 die Mehrheit des Hafens von Piräus und damit die Kontrolle übernommen, den Hafen ausgebaut und das Handelsvolumen deutlich gesteigert.[13]

Chinas 16 + 1-Initiative im Balkan und in Osteuropa

Damit bekommt Belt and Road auch eine politische Komponente: „*Teilen und anbinden*" (Maçáes im Interview mit Zoll, 2019a) gehört zur chinesischen Strategie der internationalen Vernetzung und läuft unter dem Ziel der Koordinierung seiner Politik. Ein Instrument dazu ist der jährlich stattfindende Gipfel China-Mittel-Ost-Europa, auch 17 + 1-Gipfel genannt.

---

[13] Weitere Beispiele von BRI-Aktivitäten: Indonesien, Serbien und Kenia mit Investitionen in Eisenbahnlinien, Sri Lanka, Pakistan und Griechenland mit Häfen, Montenegro mit einer Autobahn und Kroatien mit einer Brücke. Zu den Belt-and-Road-Projekten zählen aber auch direkte Beteiligungen Chinas, etwa an Windparks in Großbritannien und Deutschland.

Nach dem Austritt Litauens resp. 16 + 1 verbleiben 11 EU-Länder in der Gruppe: Bulgarien, Kroatien, die Tschechische Republik, Estland, Griechenland, Ungarn, Lettland, Polen, Rumänien, die Slowakei und Slowenien. In der Zwischenzeit hat China weitere fünf Länder – Albanien, Bosnien und Herzegowina, Nordmazedonien, Montenegro und Serbien – in die Initiative einbezogen. Sie wurden u. a. mit kostenlosen Impfstoffen und Masken gegen das Coronavirus versorgt. Aus Sicht der VRC ist der Balkan ein Schwerpunkt von Belt and Road und eine Möglichkeit, in ihrem Sinne Einfluss auf die Politik der EU zu nehmen.

Unter dem Vorsitz Chinas treffen sich die Regierungschefs der 16 mittel- und osteuropäischen Länder mit dem Ziel, die Geschäftsbeziehungen mit China auszubauen und Investitionsmöglichkeiten für chinesische Unternehmen in diesen Ländern zu erschließen. Dies wird weiter unterstützt durch vielfältige *bilaterale Verträge*, die China bisher insbesondere mit Griechenland und Ungarn abgeschlossen hat. Ohne Zweifel verliert damit die EU an Autorität und Fähigkeit, gegenüber der Politik der Volksrepublik geschlossen und mit einer Stimme aufzutreten.[14]

Aus Sicht Chinas soll ganz Europa Lieferant hochwertiger Industriegüter sein und Partner in Bildung, Wissenschaft und Forschung, zur Entwicklung von neuen Technologien und Ideen. Endpunkt wie auch Ausgang von Belt and Road ist nicht zufällig Europa. Teil der Belt-and-Road-Vision ist ein umfassender wirtschaftlicher Verbund und eine Arbeitsteilung im Großraum Eurasien mit China als der führenden und ordnenden Macht. Dafür soll Europa über eine gemeinsame, vernetzte Entwicklung integriert werden.

---

[14] Beispiele dazu sind China-dienliche Vetos, die Ungarn und Griechenland bei einstimmig zu fällenden Entscheidungen der EU eingelegt haben.

Anzeichen für ein schwindendes Interesse an Chinas großer Strategie in Osteuropa gab es Anfang 2020, als einige EU-Mitglieder der Gruppe 16 + 1 eine Einladung Pekings an ihre Spitzenpolitiker zur Teilnahme an einem Gipfel mit Präsident Xi Jinping ausschlugen, resp. zweitrangige Diplomaten schickten. Grund war u. a., dass die hohen Erwartungen bez. der Belebung der Wirtschaftsbeziehungen für viele Länder nicht erfüllt worden sind. Es scheint, dass Belt and Road mit hochtrabenden rhetorischen Versprechungen in den Empfängerländern unrealistische Erwartungen an die „chinesische Großzügigkeit" weckt. Dies wiederum führt zu Enttäuschung, Desillusionierung und Ressentiments mit diplomatischen Folgen, ein Risiko für China.

(7) Einschätzung der Bedeutung von Belt and Road für eine neue Weltordnung

Es ist Plan und Strategie der Volksrepublik, eine neue politische und wirtschaftliche Weltordnung nach ihren Vorstellungen zu schaffen. Dies wird nicht ein Kolonialreich nach europäischem Stil sein, sondern ähnlich wie die bisherige amerikanische Weltordnung: „ein Netzwerk der Macht, das auf wirtschaftlichen Verbindungen, Abhängigkeiten und Druck basiert" (Maçães im Interview mit Zoll, 2019a). Belt and Road ist Chinas Weg der Globalisierung, der Schaffung einer eigenen Einflusssphäre. Belt and Road ist das Projekt der VRC, um ihre Macht auszuweiten.

„**Teilen und anbinden**" ist Chinas Doktrin. Es geht um eine geostrategische Positionierung, vordergründig durch Mittel wie Infrastruktur, Diplomatie, Technologien und Wirtschaft, hintergründig um internationales Recht, Geschichtsnarrative und Informationsdominanz. Peking ist der Ansicht, wer dieses Netzwerk aus ökonomischer Kooperation und Infrastrukturprojekten kontrolliert, regiert die Welt (Maçães im Interview mit Zoll, 2019a). Darum ist Belt and Road nicht bloß eine Initiative der VRC, sondern eine Strategie, die eigene Position in der Weltwirtschaft zu stärken und auf eine neue politische und wirtschaftliche Weltordnung nach Chinas Vorstellungen hinzuwirken.

- Die Infrastrukturinvestitionen sind strategisch gewählt gemäß einem großangelegten Konzept mit Weitsicht. Zum Beispiel ein Korridor für Erdgas durch Pakistan und durch das von Pakistan besetzte Kaschmir nach Iran. Dieser Korridor macht Kaschmir, die von Indien abtrünnige Provinz, auch zur Sache Chinas, was eine Rücknahme durch Indien beinah unmöglich macht und Indien massiv unter Druck setzt.
- „Die allgemeine Strategie Chinas besteht darin, zahlreiche und enge wirtschaftliche Verflechtungen zu suchen – nicht nur mit den USA, sondern auch mit Europa, Japan und anderen Akteuren. Das verringert die Wahrscheinlichkeit, dass diese Länder eine harte Linie gegen Peking einschlagen. China ist ein Meister darin, seinen wirtschaftlichen Einfluss zu nutzen, um aussen- und sicherheitspolitische Ziele zu erreichen" (Rudd im Interview mit Dittli, 2021).

China verschafft sich *Freunde und Einfluss* durch das Angebot von Krediten, Investitionen und Handelsmöglichkeiten sowie Geschäften mit jedem souveränen Staat, unabhängig von seinem Charakter und seiner Erfolgsbilanz im eigenen Land und ohne Auflagen z. B. betr. Klima oder Menschenrechte. Es geht in erster Linie ums Geschäft. Viele von Chinas Partnern, insbesondere in den meist autoritär regierten Entwicklungsländern, begrüßen diese Art von Engagement und unterstützen im Gegenzug die

Kerninteressen Chinas. Ihre Unterstützung ist in der Regel primär diplomatischer Natur – z. B. durch die Bekräftigung von Pekings „Ein-China-Prinzip", durch Schweigen oder sogar Lob für die repressive Politik der VRC in Xinjiang und durch die Unterstützung der chinesischen Agenda in multilateralen Foren wie den Vereinten Nationen.[15]

In Verbindung mit den vielfältigen Aktivitäten Chinas in Afrika muss Belt and Road gesamtheitlich als ein neues Modell der Globalisierung, *als der chinesische Weg der Globalisierung* verstanden werden. Unter der Führung von China werden neue Wertschöpfungsketten im globalen Maßstab auf- und ausgebaut. Globalisierung bedeutet, verschiedene Stufen der Bereitstellung einer Leistung als eine Kombination von global verteilten Tätigkeiten zu organisieren. Diese vielfältigen Tätigkeiten verbrauchen Ressourcen, sind in Prozessen miteinander verbunden und schaffen Werte. Entscheidend ist, wer diese Wertschöpfungsketten organisiert, steuert, kontrolliert und wer in bedeutendem Ausmaß von den dabei geschaffenen Werten profitiert.

Gemäß der Sinologin Marina Rudyak (im Interview mit Büchenbacher & Wolf, 2023) sagte Xi „bereits 2015, es solle global keine relevante Produktionskette geben, die ohne China auskomme". Xi wolle China wirtschaftlich so positionieren, dass es über Abhängigkeiten einen enormen Hebel bekommt. China ist denn auch über Belt and Road daran, dies über Vernetzung von Einrichtungen, Investiti-

---

[15] Der Antrag westlicher Länder, den lange Zeit verzögerten Bericht des Hochkommissariats für Menschenrechte der UNO über die uigurische Minderheit in Xinjiang im Menschenrechtsrat zu diskutieren, wurde am 6. Oktober 2022 von den 47 Mitgliedern des Rates abgelehnt. 19 stimmten dagegen, 17 dafür und 11 enthielten sich der Stimme. Als das Ergebnis bekannt wurde, kam Applaus auf. Auf Chinas Seite standen unter anderen Venezuela und Kuba und auch einige mehrheitlich muslimische Länder, so Katar, Indonesien, die Vereinigten Arabischen Emirate und Pakistan. Pakistan begründete seine Entscheidung ausdrücklich damit, es bestehe die Gefahr, China zu verärgern (Zeit Online, 2022).

ons- und Handelskooperation initiativ selber in die Hände zu nehmen und zu gestalten. Die USA oder andere Staaten, die bisher genau diesen Prozess dominiert haben, werden dabei verdrängt und ausgelassen.

Der chinesische Plan deckt sich aus der Perspektive der Partnerländer nicht immer mit der Angemessenheit und Funktionalität der Projekte. Die meisten öffentlichen Großprojekte von Belt and Road werden von Kritikern als zu teuer, zu spät und weniger nützlich für das betreffende Land als ursprünglich erwartet gesehen; Belt-and-Road-Projekte nutzen der lokalen resp. regionalen Wirtschaft wenig. Oft sind sie auch von schlechter Qualität, nicht dauerhaft und nicht nachhaltig, z. B. Zerfall von neu gebauten Fußballstadien. Für die Partnerländer stellen sich Fragen der nationalen Sicherheit, z. B. im IT-Bereich. Die Versuchung für Korruption bei den Beteiligten an Belt and Road, z. B. durch Manipulation der gestellten Rechnungen, ist groß und wurde verschiedentlich auch aufgedeckt.

Mangelnde Transparenz Die Verträge zwischen einem Land und China beinhalten weitreichende Geheimhaltungsklauseln. China schreibt fast allen Schuldnerstaaten vor, dass sie keine Details zu den erhaltenen Krediten publik machen dürfen. Manche dürfen nicht einmal öffentlich machen, dass sie bei China Geld aufgenommen haben. Es besteht keine Transparenz. Damit bleiben auch Klauseln für die Absicherung von China bedeckt. China nimmt sich in fast allen Verträgen heraus, an einer allfälligen multilateralen Entschuldung im Rahmen des Pariser Klubs nicht teilzunehmen.[16]

---

[16] Für eine Auswertung von Verträgen, soweit diese öffentlich sind, vgl. die Studie von Gelpern et al. (2021).

„Schuldendiplomatie?" (Hofer, 2021) Verschiedentlich wird China vorgeworfen, Partnerländer mit – gemessen an der Größe und Wirtschaftskraft des Landes – völlig überrissenen kreditfinanzierten Projekten, deren Schulden sie kaum je werden begleichen können, in eine Abhängigkeit zu führen. Nach einer Untersuchung von Kratz et al. (2020) übernimmt China bei größeren Zahlungsproblemen allerdings äußerst selten ausländische Vermögenswerte. Das vielzitierte Beispiel des Hafens von Hambantota in Sri Lanka, den China als Schuldenerlass wegen Zahlungsunfähigkeit des Partnerlandes für 99 Jahre (in Parallele zu Hongkong und den Briten!) übernommen hat, sei eher eine Ausnahme.[17] Genauso wenig schreibe Peking die Schulden direkt ab. Sie würden in aller Regel neu verhandelt – sprich: gestundet (Zoll, 2021).

Eine neuere Studie von Horn et al. (2023) zeigt, wie China in diesem Zusammenhang seine globale Finanzmacht ausbaut. Viele der Schuldnerländer entlang der Seidenstraße können ihre Kredite an China nicht zurückzahlen und sind von Zahlungsunfähigkeit bedroht. Laut Horn et al. galt dies bis 2022 für rund 60 % aller chinesischen Auslandskredite. China hat deshalb diesen hochverschuldeten Entwicklungs- und Schwellenländern umfangreiche Rettungspakete angeboten. Zwischen 2008 und 2021 erhielten insgesamt 22 Länder Liquiditätsspritzen von insgesamt 240 Mrd. Dollar. Damit rettete Peking in

---

[17] Aus einer ARD-Reportage vom 03.08.2019: „In der Stadtmitte ist von Aufschwung wenig zu spüren." Die örtliche Wirtschaft beklagt, dass bisher null Arbeitsplätze für Einheimische entstanden sind. Im Gegenteil: „Die Chinesen haben Steuererleichterungen ausgehandelt, gegen die wir nicht ankommen können. Sie beschäftigen uns nicht, sie machen uns Konkurrenz. Und wir werden auf der Strecke bleiben", erklärt Unternehmer Tharanga De Silva. Chesmi Kumara, Hotelbesitzer, ergänzt: „Ich sehe keinen von denen hier auf unseren Märkten. Sie handeln untereinander oder sie importieren, was sie brauchen."

erster Linie seine eigenen Banken, zieht aber auch die betroffenen Länder noch tiefer in die Abhängigkeit.

China etabliert über das dabei gespannte globale Swapnetzwerk der People's Bank of China ein neues globales System für grenzüberschreitende Rettungskredite an Länder in Schuldennot. Dieses unterscheidet sich – wie die Studienautoren festhalten – von denen etablierter internationaler Kreditgeber letzter Instanz wie dem IMF dadurch, dass sie (i) undurchsichtig sind, (ii) relativ hohe Zinssätze aufweisen und (iii) fast ausschließlich für Schuldner der BRI bestimmt sind.

Alle Rettungsaktionen Chinas im Ausland zusammengenommen werden 2021 auf mehr als 20 % der gesamten IWF-Kreditvergabe in den letzten zehn Jahren geschätzt. China baut auf diese Weise seine Stellung als globale Finanzmacht und damit seinen Einfluss weiter aus.

BRI ist der Export von volkswirtschaftlichen Kapazitäten von China zugunsten anderer Nationen. Damit sichert China seinen Zugang zu Rohstoffen oder politische Vorteile bei der „Power Projection", bezahlt dafür aber auch selber: China verzichtet damit auf Produktionskapazitäten im eigenen Land. Angesichts des Ziels Wohlstandssteigerung wäre das Wachstum der volkswirtschaftlichen Kapazität im Inland anzustreben. Mit Belt and Road stellen sich strukturelle Probleme, vgl. Kap. 3, die Kritik Pettis. In China selber besteht eine gut ausgebaute Infrastruktur mit einer Überkapazität der dafür zuständigen Bauwirtschaft. Ihr Export über BRI wirkt strukturerhaltend, verzögert die für Fortschritte notwendigen Strukturanpassungen und den Umbau in Richtung stärkerer Konsumnachfrage in der Binnenwirtschaft. Dies erschwert die Bewältigung der „middle income trap", die größte Herausforderung Chinas für die nächsten 10 Jahre. KPCh-intern dürfte dies ein kontroverses Thema sein.

Globale Entwicklungsinitiative (GDI) An der UN-Generalversammlung 2021 hatte Xi Jinping Chinas globale Entwicklungsinitiative (GDI) angekündigt, die Wang Yi in Reden näher ausführte (Wang Yi, 2022b). China steht der Entwicklungsarchitektur der Nachkriegszeit als vom Westen geprägt skeptisch gegenüber und will eine eigene Organisation aufbauen. Bei der GDI geht es um einen neuen Aufbau der Entwicklungszusammenarbeit unter Chinas Führung ausgehend von seiner Süd-Süd-Kooperation (SSC). Dazu bietet die GDI einen normativen Rahmen mit ausformulierten Grundsätzen. 2022 wurde die Gruppe der Freunde der GDI, der mehr als 50 Länder angehören, bei den Vereinten Nationen ins Leben gerufen, gefolgt von einem Ministertreffen der Gruppe der Freunde am Rande der UN-Generalversammlung 2022.

Die GDI soll die BRI nicht ersetzen oder abschwächen, sondern parallel dazu geführt werden. „Während die BRI auf Wirtschaftswachstum ausgerichtet ist, ist die GDI entwicklungsorientiert. Die BRI liefert Hardware und Wirtschaftskorridore, während sich die GDI auf Software, Lebensgrundlagen, Wissenstransfer und Kapazitätsaufbau konzentriert. Die BRI ist marktorientiert, wobei Unternehmen eine Schlüsselrolle spielen. Im Gegensatz dazu ist die GDI öffentlich ausgerichtet und stellt Zuschüsse und Entwicklungshilfe bereit. Während die BRI hauptsächlich bilaterale und regionale Wege beschreitet, die MOUs mit Partnerländern beinhalten, fördert die GDI vielfältige Partnerschaften mit multilateralen Organisationen, NROs und dem privaten Sektor" (Mulakala, 2022). Kritiker sehen die GDI als eine „Propagierung der chinesischen Ideologie in den Entwicklungsländern" (Lemoine & Gaafar, 2022).

7.2.2 Einfluss über Handelspolitik und Wirtschaftsräume

Südostasiatischer und pazifischer Raum China versucht seinen Einfluss über bilaterale und multilaterale Handelspolitik zu stärken. Seit 2020 besteht die *„Regional Comprehensive Economic Partnership" (RCEP)*, ein Freihandelsabkommen zwischen den zehn ASEAN-Mitgliedsstaaten und fünf weiteren Staaten in der Region Asien-Pazifik mit einbezogen China. Es ist die größte Freihandelszone der Welt.

> „RCEP umfasste in der ursprünglich beabsichtigten Form (mit Indien) Staaten mit insgesamt ca. 3,6 Milliarden Menschen und einem Bruttoinlandsprodukt von etwa 17 Billionen US-Dollar, ohne Indien sind es zum Zeitpunkt des Vertragsabschlusses noch rund 2,2 Milliarden Menschen. Es betrifft (ebenfalls Stand 2020) knapp 30 Prozent des Welthandels, mit Indien wären es etwa 40 Prozent (zum Vergleich: die Europäische Union repräsentiert rund 33 % des Welthandels). Da für Asien, im Unterschied zu Europa, ein weiteres Bevölkerungswachstum prognostiziert wird und insbesondere für die Volksrepublik China ein weiterer starker Anstieg des Bruttoinlandsprodukts, wird die RCEP auch ohne Indien künftig die größte Handelszone der Welt sein. Dies dürfte den Wirtschaftsraum stärken (Wikipedia[18])."

Demgegenüber wurde darauf hingewiesen, dass die damit vollzogenen Liberalisierungsschritte eher bescheiden sind und die Wirkung dementsprechend gering.

Die transpazifische Partnerschaft, *„Trans-Pacific Partnership" (TPP)* ist ein Handelsabkommen, das von der

---

[18] https://de.wikipedia.org/wiki/Regional_Comprehensive_Economic_Partnership.

7 Die Strategie Chinas zur Positionierung als ...

Administration Obama ausgehandelt worden ist. Es umfasst Australien, Brunei, Chile, Japan, Kanada, Malaysia, Mexiko, Neuseeland, Peru, Singapur, Vietnam und ursprünglich auch die USA. Anfang Februar 2016 wurde das Abkommen durch Vertreter aus allen zwölf Ländern unterzeichnet. Im November 2016 gab die Administration Trump den Austritt der USA bekannt mit der Begründung, in Zukunft bilaterale Abkommen vorzuziehen. Die verbliebenen elf TPP-Mitglieder vereinbarten im November 2017 das Abkommen als *„Comprehensive and Progressive Agreement for Trans-Pacific Partnership" (CPTPP)* weiterzuführen, wobei Japan die treibende Kraft war. Im September 2021 stellte China einen Antrag zum Beitritt zu dieser transpazifischen Partnerschaft. Auch Taiwan bekundete daraufhin Beitrittsinteresse und reichte kurz nach China seine Bewerbung ein. Im März 2023 ist Großbritannien beigetreten und hat damit ein Vetorecht bez. eines Beitritts Chinas.

Beide Abkommen, RCEP und CPTPP, tragen potentiell zur Wirtschaftsintegration des südostasiatischen und pazifischen Raumes und – sollte es zum Beitritt Chinas kommen – zur internationalen Verankerung der Wirtschaft Chinas und letztlich zur Stärkung ihres Einflusses bei.

In diesem Zusammenhang erhebt die Volksrepublik wiederholte die Forderung nach *multilateralen Lösungen*. Multilateral bedeutet aus der Sicht Chinas die Ablehnung, ja Bekämpfung der Hegemonie der USA und des Westens allgemein. Dazu Xi Jinping am 20. Parteitag: „Wir respektieren die von allen Völkern frei gewählten Entwicklungswege und Gesellschaftssysteme. Jede Form von Hegemonismus und Machtpolitik lehnen wir entschieden ab" (Xi Jinping, 2022, S. 75). Konkret bedeutet dies: Die Weltgemeinschaft soll autoritäre Systeme akzeptieren und deren Werten denselben Stellenwert geben wie ihren eigenen, den demokratischen und pluralistischen. Faktisch operiert China deutlich stärker mit bilateralen Verträgen, so z. B. bei allen formellen Beziehungen im Rahmen von Belt and Road.

Im Rahmen der Handelskonflikte hat China ein *Antisanktionsgesetz*, das „Gesetz der VR China zur Abwehr ausländischer Sanktionen", geschaffen und damit ein Signal gesendet. Danach können u. a. gegen ausländische Personen und Firmen inner- und außerhalb Chinas, die sich an Sanktionen der EU oder der USA gegenüber China beteiligen, massive Vergeltungsmaßnahmen vorgenommen werden, wie Ausschluss vom chinesischen Markt.[19] Dieses Gesetz dürfte die Wirtschaftsbeziehungen mit China weiter politisieren.

Die chinesische Staatsführung geht ohne Rücksicht auf Verluste gegen Wirtschaftspartner vor, wenn die Regierungen ihrer Herkunftsländer sich in ihren Augen unangemessen verhalten.

- *Druck ausüben* am Beispiel Australien: „Australien schlug vor, dass die Weltgesundheitsorganisation die Ursprünge der COVID-19-Pandemie untersuchen sollte. Die Idee wurde von fast allen Mitgliedern der Weltgesundheitsversammlung unterstützt, aber Peking beschloss, Canberra für seine Unerschrockenheit zu bestrafen. Schon bald begann China, die Einfuhr von australischem Rindfleisch, Gerste, Wein, Kohle und Hummer zu beschränken. Dann veröffentlichte die KPCH eine Liste von 14 sogenannten

---

[19] Zudem ermächtigt das Gesetz chinesische Behörden, Unternehmen und Personen auf eine schwarze Liste zu setzen. Denjenigen, die auf dieser schwarzen Liste stehen, kann die Einreise nach China verweigert werden, oder sie können abgeschoben werden, wenn sie sich in China aufhalten, ihr Vermögen und ihr Eigentum kann eingefroren werden, oder es kann ihnen verboten werden, mit chinesischen Personen und Organisationen zusammenzuarbeiten. Die Entscheidungen der zuständigen Abteilungen sind endgültig, was bedeutet, dass die betroffene Partei keine administrative Überprüfung beantragen und keine Verwaltungsklage einreichen kann.

7 Die Strategie Chinas zur Positionierung als ... 435

‚Streitigkeiten', bei denen es sich im Grunde um politische Forderungen an die australische Regierung handelt. Dazu gehört, dass Canberra Gesetze aufhebt, die den verdeckten Einflussnahmen der KPCh in Australien entgegenwirken, dass Canberra die australische Presse durch Unterdrückung von Kritik an Peking mundtot und Zugeständnisse an Chinas territoriale Ansprüche im Südchinesischen Meer macht" (Pottinger, 2021, S. 107).

- Neben dem Fall von Australien illustriert die Politik über Druck der Fall von *Litauen* mit aller Deutlichkeit. 2021 erlaubte Litauen die Eröffnung eines Repräsentationsbüros in Vilnius mit der Nennung des Landesnamens Taiwan statt wie üblich nur der Landeshauptstadt Taipeh. Die chinesische Regierung reagierte massiv und wollte ein Exempel statuieren. So zog China seinen Botschafter aus Litauen ab und provozierte die Schließung der litauischen Botschaft in Peking. Hinzu kamen Wirtschaftssanktionen in Form eines informellen Handelsboykotts, der zwar von chinesischer Seite offiziell bestritten wird, der aber im Handel klar zu spüren ist und sich auf die ganze EU auswirkt. Der chinesische Zoll fertigt litauische Exporte nach China immer weniger ab. China beruft sich auf vermeintliche Fehler im Computersystem bei der Handelsabwicklung – und teils darauf, dass chinesische Kunden litauischen Waren (plötzlich) misstrauen. Dieser Vorgang ist kein rein bilaterales Problem, sondern betrifft via indirekte Sanktionen den EU-Binnenmarkt mit seinen verflochtenen Wertschöpfungsketten. Denn europäische Tochterfirmen, die in Litauen produzieren und nach China exportieren oder von Litauen importieren, sind ebenfalls von den Einschränkungen betroffen. Das gilt auch für alle europäischen Firmen, die Vorleistungen aus Litauen beziehen und ihre fertigen Produkte nach China exportieren. Sie wurden von den chinesischen Behörden aufgefordert, jegliche Vorleistungen aus Litauen zu vermeiden. „Das chinesische Vorgehen gegenüber Litauen hat grundsätzliche Implikationen für den Umgang mit China. Es zeigt, wie willkürlich China agiert, wie wenig es sich an Regeln hält, wie sehr es dies zu verschleiern sucht und wie unerbittlich es gegenüber vermeintlich schwächeren Staaten agiert, wenn es seine Interessen verletzt sieht" (Matthes & Fritsch, 2022).

Marktzutritt gegen Wohlverhalten China nutzt seinen sehr großen, wachsenden und damit sehr attraktiven Markt für lukrative Geschäfte als Machtfaktor gegen Staaten und Unternehmen. Und es funktioniert. Wirtschaftspartner machen unter Druck für ihren Marktzutritt nicht selten Zugeständnisse. Letztlich ist dies eine Entwicklung Richtung Korruption: Staaten und Unternehmen wägen ihre Geschäftsmöglichkeiten gegen z. B. Widerstand bei massiven Verletzungen von Menschenrechten, eine Kritik an der Unterdrückung von Oppositionellen oder Fragen im Zusammenhang mit Covid-19 ab und lassen sich damit ihr Wohlverhalten durch Zutrittsrechte kaufen resp. bezahlen. Demgegenüber argumentiert China mit der nationalen Souveränität, die jegliche Einmischung in interne Angelegenheiten verbiete, vgl. Kap. 3.

7.2.3 Exkurs: Indien unter dem Druck wachsender geostrategischer Einkreisung durch China[20]

Ausgangslage Indien verfügt mit etwa 1,42 Mrd. Einwohnern über die zweitgrößte Bevölkerung der Erde knapp nach der Volksrepublik China. Nach den demographischen

---

[20] Quellen: Grossman (2022), Menon (2021), Mohan (2021).

7 Die Strategie Chinas zur Positionierung als …

Prognosen der UNO dürfte Indien China bevölkerungsmäßig in absehbarer Zeit sogar noch überholen. Für Indien ist der Subkontinent der wichtigste Einflussbereich. Seine Fähigkeit, einen größeren regionalen oder sogar globalen Bereich zu gestalten, hängt davon ab, ob es ihm gelingt, seine Peripherie zu verwalten und zu konsolidieren. Indien ist sowohl eine Kontinentalmacht als auch eine Seemacht. Indiens *Strategie* dürfte darin bestehen, die umkämpften Landgrenzen mit feindlichen Gegnern – China und Pakistan – im Norden und Westen zu halten und im maritimen Bereich rund um die Halbinsel zu expandieren. Weiter sollte Indien die Fähigkeiten haben, es für diese Länder so kostspielig zu machen, dass sie Provokationen und feindliche Handlungen unterlassen.

Die Zusammenstöße mit China 2020 machten jedoch deutlich, dass die Abschreckung nicht mehr wirkt. Die gesamte Grenze zwischen Indien und China ist umstritten. Die Unsicherheit in den Beziehungen und das Risiko einer Fehlkalkulation an der Grenze sind hoch. Zudem führt China mit Indien zurzeit eine intensive Auseinandersetzung um Einfluss im indopazifischen Raum.

Einkreisung von Indien In den Nationen rund um Indien hat der Einfluss Chinas deutlich zugenommen. Dabei scheint China mit seinem intelligenten und offensiven Vorgehen im Vorteil zu sein. China hat seine Anstrengungen um Einfluss in *Sri Lanka* vergrößert. Der Militärputsch im benachbarten *Myanmar* hat das dortige Regime näher an Peking herangeführt. Die Regierung wird von China militärisch unterstützt. Sie sieht sich in einer besonderen „Verwandtschaft" mit China. Die Belt-and-Road-Projekte wie der China-Myanmar-Wirtschaftskorridor seien von „großer Priorität". Würde Indien von der Militärregierung die Rückkehr zu einer demokratischen

Regierung fordern, würde es wahrscheinlich weiteren Boden in Myanmar an China verlieren.

Der Abzug der USA aus *Afghanistan* hat ein Sicherheitsvakuum hinterlassen mit völlig neuen Optionen. In Pakistan ansässige Terrorgruppen mit Zielen in Indien haben jetzt ein befreundetes Regime in Afghanistan, das möglicherweise wegschaut oder sogar einen sicheren Hafen bietet. Zwar verurteilt Islamabad diese Terrorgruppen öffentlich, hat aber jahrzehntelang deren Operationen stillschweigend zugelassen oder sogar unterstützt. Indien muss damit rechnen, dass von Afghanistan aus eine größere Sicherheitsbedrohung ausgeht, möglicherweise mit Ermutigung oder zumindest vorsätzlicher Ignoranz seitens Pakistans.

Pakistan hat Pekings Beziehungen zu den Taliban erleichtert, deren Hauptnutznießer China inzwischen geworden ist. Eine künftige diplomatische Anerkennung der Taliban durch Pakistan und China scheint so gut wie sicher. Dies wird Peking weiteren Zugang zu den reichhaltigen natürlichen Ressourcen Afghanistans verschaffen. In einer bedeutenden Kehrtwende und vielleicht begünstigt durch seine wachsenden Beziehungen zu China und Pakistan arbeitet der Iran nun auch mit den Taliban zusammen. Neu-Delhis Zögern, die Taliban zu akzeptieren, eröffnet den Gegnern Indiens neue Möglichkeiten.

Grenzkonflikte zwischen Indien und China sind virulent, wobei *China* den offensiven und aggressiven Part spielt. China ist daran, in seinem grenznahen Raum Fakten zu schaffen, wozu Peking im Herbst 2021 ein *Grenzgesetz* erlassen hat. Besonders provokant ist dabei, dass das Gesetz den Bau dauerhafter Einrichtungen in der Nähe von Chinas Grenzen, d. h. in den Nachbarländern durch deren eigene Bevölkerung und Regierungen, ohne die Genehmigung Pekings verbietet. Dies ist nicht nur für Indien ein Problem, sondern auch für seine Nachbarn. Einer der engsten Partner Indiens, *Bhutan*, ist seit Jahren Opfer der grenzüberschreitenden Siedlungsstrategie Pekings und hat die Kontrolle über Teile seines Territoriums verloren. Die Kodifizierung dieser chinesischen Landnahmen wird das Problem wahrscheinlich noch verschärfen. Im Oktober 2021 unterzeichneten Bhutan und China ein Grenzabkommen, das die jüngste chinesische Expansion im Wesentlichen legitimiert – ein Zeichen dafür, dass Bhutan wenig oder gar keine Möglichkeiten zum Widerstand hat, selbst mit Indien an seiner Seite.

China beschloss, in Gebiete jenseits der tatsächlichen Kontrolllinie einzudringen und diese zu besetzen. So werden Territorien von Indien von China mit Infrastruktur und neuen Dörfern erschlossen. Dies und anderes verstößt gegen die während der 1980er-Jahre ausgearbeiteten Protokolle und das Abkommen von 1993 über Frieden und Ruhe an der Grenze. Damit hat China auch an Glaubwürdigkeit, sich an Abkommen zu halten, verloren. Indien könnte durch China besetzte Gebiete nur mit Gewalt zurückholen. Da dies schwierig ist, verfügt Indien Wirtschaftssanktionen gegen China, z. B. im Telekomsektor.

Klar ist, dass die Entscheidungen Chinas für diese Aktionen auf höchster Ebene aus politischen und strategischen und nicht nur aus taktischen Gründen getroffen worden sind. Chinas Militär verschob sich in großem Maßstab und an mehreren Punkten gleichzeitig. In offiziellen Erklärungen und in seinem Gesetz über die Landgrenzen hat China sein Vorgehen als eine *Frage der Souveränität* dargestellt. Dies erschwert die Beilegung des Streits. China hat die Grenzstreitigkeiten früher als ein Produkt der Geschichte beschrieben, das Raum für ein Geben und Nehmen und damit für Verhandlungen ließ. Souveränität hingegen ist unantastbar.

Es dürfte die Absicht Pekings sein, den indischen Einfluss in der gesamten Region des Indischen Ozeans herauszufordern und einzudämmen. So wetteifert China mit Indien um Einfluss bei den kleineren südasiatischen Staaten – Bangladesch, Bhutan, den Malediven, Nepal und Sri Lanka –, die sich traditionell mehr oder weniger damit begnügten, in Indiens strategischer Umlaufbahn zu sein. Mit Ausnahme von Bhutan nehmen alle an Chinas Belt and Road teil, z. B. die Malediven mit einem Flughafen und einer Freundschaftsbrücke zwischen drei Inseln. Die China-freundliche Regierung von Sri Lanka ist mit China über zahlreiche Belt-and-Road-Projekte verbunden und China verpflichtet, obwohl Sri Lanka direkt vor der indischen Küste liegt.[21]

Weiter baut China seine Beziehungen zu *Pakistan* kontinuierlich aus. Am deutlichsten zeigt sich dies beim Chinesisch-Pakistanischen Wirtschaftskorridor, einem Vorzeigeprojekt von Belt and Road, das Straßen und Energiepipelines umfasst. China hat auch den Iran, einen zunehmend wichtigen Partner für Pakistan, zur Teilnahme an Belt and Road eingeladen.

Indiens Versuch, durch den Beitritt zur *Shanghaier Organisation für Zusammenarbeit* regionalen Einfluss zu gewinnen, wurde vereitelt, indem China parallel dazu für die Aufnahme Pakistans sorgte und damit jeglichen größeren

---

[21] Aktuell ist eine Gegenbewegung von Seiten Indiens und insbesondere der USA mit Indien, aber auch mit verschiedenen kleineren Staaten im indischen Ozean im Gang. So unterzeichneten die Malediven Im Jahr 2020 ein Rahmenabkommen über die Zusammenarbeit im Verteidigungsbereich mit den USA, offenbar in voller Absprache mit Indien. Colombo, Sri Lanka, reagierte auf Einwände Neu-Delhis, indem es einen Vertrag mit einem chinesischen Unternehmen über den Bau von Windparks in der engen Palkstraße, die Sri Lanka von Südindien trennt, kündigte und den Auftrag stattdessen einem indischen Konkurrenten anbot. Das Pendel schlägt auch in Nepal in Richtung Indien und Vereinigte Staaten aus. Quelle: Mohan (2022).

Einfluss, den Indien aus der Teilnahme an der Gruppe hätte ziehen können, verwässerte.

Die traditionell guten Beziehungen von Indien mit *Russland* haben sich rapide verschlechtert. Die chinesisch-russischen Beziehungen sind stärker denn je, was Zweifel daran aufkommen lässt, ob Neu-Delhi Moskau weiterhin so vertrauen kann, wie es das zu Zeiten des Kalten Krieges getan hat, als die beiden Länder auch gegen Peking verbündet waren. Das indische Militär ist überwiegend mit russischer und sowjetischer Hardware ausgestattet. Indien möchte die Verbindung mit Russland daher weiterhin offenhalten. Es sollte sich jedoch nicht der Illusion hingeben, dass Russland insbesondere nach der Katastrophe in der Ukraine bereit oder in der Lage ist, dem Land gegen China zu helfen. In der Tat haben Russland, China und der Iran im Herbst 2022 ihre dritten gemeinsamen Marineübungen in Indiens Hinterhof im Indischen Ozean durchgeführt.

Zwangsläufige Umorientierung von Indien Chinas harte Haltung hat Neu-Delhi gezwungen, sich selbst zu stärken und ein Gegengewicht zu China zu schaffen. Neu-Delhi ist von seiner alten Strategie der strikten Blockfreiheit abgekommen. Unter Modis Führung hat sich Indien den USA und ihrer indopazifischen Strategie angeschlossen, um ein aufstrebendes China auszugleichen und die Region offen und frei von Zwang zu halten. Das Land baut seine militärischen und sicherheitspolitischen Beziehungen zu Washington aus. Indiens Teilnahme am *quadrilateralen Sicherheitsdialog – oder Quad –* mit Australien, Japan und den Vereinigten Staaten ist eine wichtige Initiative, um eine aktivere Rolle im maritimen Asien zu übernehmen. Intensivere Beziehungen zu diesen Ländern könnten auch Indiens Ansehen außerhalb seiner unmittelbaren Nachbarschaft stärken und es in die Lage versetzen, mit China in

Ländern wie Ostafrika und Zentralasien auf einer gleichberechtigten Basis zu konkurrieren. Die Teilnahme am „Build-Back-Better-World"-Programm der Biden-Administration, ergänzt durch Infrastruktur- und Investitionsprojekte anderer Länder, könnte Indien helfen, sich gegen Chinas Belt and Road zu wehren.

Aber die Verflechtungen mit China sind groß und wachsen China ist der zweitgrößte Handelspartner Indiens, und die chinesischen Investitionen in Indien sind von einem vernachlässigbaren Betrag vor einigen Jahren auf derzeitige und geplante Investitionen in Höhe von rund US$ 26 Mrd. gestiegen, auch im Technologiesektor. In den letzten Jahren ist auch die Zahl der Inder gestiegen, die nach China reisen, um dort zu studieren, und die Zahl der chinesischen Touristen, die Indien besuchen. Diese Anzeichen für eine stärkere Zusammenarbeit können jedoch nicht über den wachsenden Wettbewerb zwischen den beiden Ländern hinwegtäuschen.

China wurde 2020, im Jahr der Zusammenstöße, wieder Indiens wichtigster *Handelspartner,* und der indisch-chinesische Handel im Jahr 2021 hat frühere Rekorde bereits wieder gebrochen. Die beiden Länder haben ein gemeinsames Interesse an der Bekämpfung des Klimawandels, am Kampf gegen den Terrorismus und der Förderung der Energiesicherheit. Ähnlich wie die Vereinigten Staaten und China müssen auch Indien und China Wege finden, ihren Wettbewerb zu zähmen, damit sie bei Bedarf zusammenarbeiten können.

Indien treibt die Handelsverhandlungen mit Australien, der Europäischen Union und dem Vereinigten Königreich voran. Die Aussichten auf eine Verhandlungslösung zwischen Indien und China sind deutlich gesunken, und die

Beziehungen zwischen den beiden Ländern werden in nächster Zeit eher antagonistisch sein.

Auf der Ebene der *globalen Institutionen* glauben indische Beamte, dass China versucht, Indiens Ambitionen auf der internationalen Bühne zu unterdrücken, indem es seine Mitgliedschaft in Organisationen wie der Gruppe der Nuklearlieferanten und dem Sicherheitsrat der Vereinten Nationen blockiert. China wiederum befürchtet, dass eine stärkere indische Koordinierung mit den Vereinigten Staaten in multilateralen Institutionen wie der „Financial Action Task Force", den Vereinten Nationen und der Weltorganisation für geistiges Eigentum die chinesischen Interessen bedrohen könnte.

7.3 Abhängigkeiten von den USA reduzieren

7.3.1 Die zwei Kreisläufe („dual circulation")

Seit Jahrzehnten ist Chinas politische Elite überzeugt, dass die USA eine absteigende Macht sind, die ihre letztlich unhaltbare Position zu verteidigen versucht. Deshalb wollten die USA zumindest die Ausdehnung des chinesischen Einflusses eindämmen. Ja, dass die USA versucht, China auszubremsen, zu unterdrücken, zu zerstören. Aus Sicht der chinesischen Führung werden die USA niemals freiwillig China einen größeren internationalen Einfluss zugestehen. Streit über den Handel steht zwar im Vordergrund und hat unmittelbare Auswirkungen auf die Weltwirtschaft. Gleichwohl stellen handelspolitische Auseinandersetzungen nur einen und keineswegs den wichtigsten Aspekt der Rivalität dar. Ausgehend von dieser zentralen Prämisse entwickelt China seine Strategie gegenüber den USA, so Gewirtz (2020).

Um 2018 fand in der chinesischen Elite aufgrund der Erfahrungen mit dem Handels- und Technologiekrieg der Administration Trump ein grundsätzlicher Meinungsumschwung über ihre Politik gegenüber den USA statt: Diejenigen, die bisher dafür plädierten, sich bei der Entwicklung der chinesischen Wirtschaft arbeitsteilig in das internationale Wirtschaftssystem zu integrieren, waren völlig desillusioniert. Die Lehre für alle war, dass „China die Tradition der Eigenständigkeit fortsetzen und die Abhängigkeit von außen verringern muss". Im Frühjahr 2020 stellte XI Jinping eine Agenda für die Wirtschaft vor, die darauf abzielt, die wirtschaftliche Entwicklung Chinas nach innen zu verlagern und sich stärker auf den riesigen chinesischen Binnenmarkt, die Inlandsnachfrage und weniger auf die „instabile und unsichere Welt" zu stützen (Buckley, 2020).

Die Führung Chinas verfolgt seither eine *Strategie der zwei Kreisläufe*. Dualer Kreislauf („dual circulation") bedeutet, die Binnennachfrage zu steigern, sich auf den heimischen Markt zu konzentrieren, die Innovationsfähigkeit des Landes zu verbessern und die Abhängigkeit von ausländischen Märkten zu verringern, aber gleichzeitig offen für die Außenwelt zu bleiben. Handel sei dort zu betreiben, wo keine Abhängigkeit entstehen kann und China die Kontrolle behält. „Im Wesentlichen ist ‚dual circulation' Teil von Chinas Masterplan, der darauf abzielt, in Bezug auf Ressourcen und Technologie, aber auch in Bezug auf die Nachfrage durch seinen riesigen Markt sowie durch Drittmärkte, die durch die BRI zugänglich sind, unabhängig zu werden" (Herrero, 2021, S. 1).

„Dual circulation" ist Ausdruck des seit langem bestehenden Bestrebens Chinas, international unabhängiger, wenn nicht autark zu werden. Dies wurde das erste Mal 2015 mit der Vorstellung des industriepolitischen Masterplans „Made in China 2025" zum Ausdruck gebracht. Im

Wesentlichen geht es darum, den heimischen Markt vom Rest der Welt abzuschotten. Engpässe, sei es bei den natürlichen Ressourcen oder bei der Technologie, sollen beseitigt, die Produktion vertikal integriert und ein hoher Selbstversorgungsgrad erreicht werden, d. h. vom riesigen chinesischen Binnenmarkt bedient werden. Sollte dies gelingen, hätte dies große Konsequenzen für die Weltwirtschaft. China wird nicht mehr auf den Import von Highendprodukten angewiesen sein. Dies würde merkbare negative Folgen für wichtige Technologieexporteure wie Deutschland, Japan, Südkorea und die USA haben. Allerdings dürfte dies noch einige Zeit dauern. Die Ziele von „Made in China 2025" werden kaum alle erreicht. Die Kaufkraft der Inlandsnachfrage und damit die Konsumquote sind zu gering für eigenständiges Wachstum, ein – wie bereits erwähnt – strukturelles Problem von China.

Der zweite Aspekt der „dual circulation", die selektive Nutzung der *Auslandsnachfrage*, steigert wegen der westlichen Eindämmung durch Handelsschranken die Bedeutung von Belt and Road. Dabei geht es darum, offene Märkte in Schwellenländern oder Europa zu erschließen und abzusichern und damit weniger erpressbar zu werden. Sanktionsmöglichkeiten als Machtinstrument der Konkurrenten sollen möglichst weitgehend ausgeschaltet werden. So weit ist es allerdings noch nicht. Will China ein höheres Wohlstandsniveau erreichen und dafür eigene technologisch fortgeschrittene Produkte verkaufen, so dürfte die Kaufkraft, ja generell die Art der Nachfrage vieler Belt-and-Road-Partner nicht ausreichen. Sie sind kein vollwertiger Ersatz für die Nachfrage der hochentwickelten Industrieländer des Westens. Deshalb braucht China mehr Zeit.

China versteht die Rivalität mit den USA als einen „langwierigen Kampf", der viele Jahre andauern wird, und ist daran, seine politischen Prioritäten entsprechend anzupassen, um diesen Kampf zu gewinnen.[22] Dabei möchte Xi Jinping die Handels- und Technologiekonflikte mit den USA vorerst deeskalieren, um Zeit für den eigenen Auf- und Umbau zu gewinnen. Er möchte auch, dass China seine Beziehungen zu anderen Volkswirtschaften auf der ganzen Welt stärkt und damit diversifiziert, unter anderem durch BRI, was Chinas geopolitischen Einfluss über ein internationales Netzwerk vergrößern soll. China „deglobalisiert" sich nicht so sehr, es „entamerikanisiert" sich vor allem.

7.3.2 Abhängigkeit vom Dollar und dem US-kontrollierten internationalen Zahlungssystem reduzieren

„Society for Worldwide Interbank Financial Telecommunication" (SWIFT) ist ein Finanznetzwerk, das den Banken weltweit grenzüberschreitende Finanztransaktionen ermöglicht. Das System unterstützt die meisten Interbankenmeldungen und verbindet über 11.000 Finanzinstitute aus mehr als 200 Ländern. Damit begründet sich aber auch eine Abhängigkeit der Banken, ja ganzer Länder von diesem Austausch- und Kommunikationssystem. Wohl hat SWIFT seinen Sitz in Belgien. Seine Führung wird jedoch maßgebend durch US-Banken unter US-amerikanischer Jurisdiktion bestimmt. Das operative SWIFT-Zentrum ist in Virginia. Dies ermöglicht es der US-Regierung, gegen Banken und Aufsichtsbehörden auf der ganzen Welt vorzu-

---

[22] Huotari (2022) weist darauf hin, „wie Xi beispielsweise in der zentralen ‚historischen Resolution' vom November 2021 und dann wieder kurz vor dem Parteitag in der Parteizeitschrift Qiushi die Eliten des Landes auf ‚das große Ringen' einschwört. Nationale Sicherheit sei die oberste Priorität, und alle Parteimitglieder sollen mit Kampfgeist und entsprechenden Fähigkeiten ihre Verantwortung wahrnehmen, das Land und die Partei vor Gefahren zu schützen sowie Risiken zu minimieren. Die Zeit der Konzessionen sei jedenfalls vorbei."

gehen. SWIFT zusammen mit dem Dollar als Leitwährung ermöglicht den USA, über den Zahlungsverkehr besonders wirksame Sanktionen gegen Länder und deren Banken zu verhängen. Drastisches Beispiel ist der Ausschluss von Iran und der damit verbundene Druck auf alle Banken weltweit, die trotzdem Transaktionen mit dem Iran durchführen wollen. Jüngstes Beispiel ist der Ausschluss großer und wichtiger Banken von Russland aus dem System im Zusammenhang mit den Sanktionen wegen Russlands Überfall auf die Ukraine.

Die globale Finanzkrise 2007/2008 haben China wie auch Russland drastisch gezeigt, dass ihre übermäßige Abhängigkeit vom US-Dollar und vom US-kontrollierten Zahlungssystem große Gefahren beinhaltet. Sie begannen, dem entgegenzuwirken.

Um sich zu schützen, unternimmt *Russland* große Anstrengungen, seine eigene Finanzkommunikationsplattform aufzubauen. Die russische Plattform, das „System for Transfer of Financial Messages" (SPFS), hat mehr als 400 Mitgliedsbanken und wickelte bis Ende 2020 ein Fünftel der gesamten inländischen Finanzkommunikation ab. Russland dürfte versuchen, sein SPFS für grenzüberschreitende Transaktionen international auszuweiten. Außerdem hat die Regierung ihre Devisen- und Goldreserven auf über US$ 620 Mrd. aufgestockt und liegt damit an vierter Stelle in der Welt. Beides ist Teil der Strategie „Festung Russland", an der gearbeitet wird. Allerdings hat sich im Krieg gegen die Ukraine gezeigt, dass ein Großteil dieser Reserven auf Konten im Ausland liegt. Sie wurden im Zuge der Sanktionen gesperrt und können ihre Pufferfunktion für Russland nicht wahrnehmen.

Auch *China*, dessen Wirtschaft weit größer ist als diejenige Russlands, entwickelt eine Alternative zu SWIFT. 2015 startete Peking das grenzüberschreitende Interbank-Zahlungssystem *„Chinas Cross-Border Interbank*

Payment System" (CIPS), unter anderem mit dem Ziel, die weltweite Verwendung der chinesischen Währung Yuan zu fördern. In Zukunft soll CIPS die Banken des Landes vor einem drohenden Ausschluss von SWIFT schützen. Eine stärkere Nutzung des CIPS anstelle von SWIFT würde auch die Offenlegung globaler Zahlungsdaten Chinas gegenüber den USA verringern. CIPS ist mit dem russischen SPFS verbunden. Der Iran zeigt ein Interesse an einem Anschluss an beide Systeme.

Da Zahlungssysteme eng mit Handelssystemen verknüpft sind, können der Yuan und insbesondere der neue digitale Yuan und das CIPS langfristig die Vorherrschaft des US-Dollar in Frage stellen, was ohne Zweifel ein Ziel Chinas ist. Die chinesische Devisenbehörde ist bereits daran, Belt and Road als Einstieg für die Internationalisierung des digitalen Yuan proaktiv zu nutzen. So sollen die Verträge mit den Partnerländern in Yuan abgeschlossen werden und damit auch die Bereitstellung von Krediten, die damit verbundene Abwicklung von Zahlungen, die internationalen Überweisungen und Devisengeschäfte.

Allerdings ist bisher die weltweite Verwendung des Yuan im Vergleich zur Größe der chinesischen Wirtschaft immer noch sehr klein. Der Anteil der Yuan-Zahlungen über SWIFT lag im Juli 2021 bei 2,2 %, unter Ländern des ASEAN bei 8 %, also praktisch bedeutungslos (Yiu, 2022). Schranken für eine Internationalisierung des Yuan setzt sich Peking selber, da kein freier Kapitalverkehr zugelassen wird. Für Auslandsinvestitionen von China gelten strikte Kapitalkontrollen. Der Zugang zu in Yuan denominierten Investitionen ist beschränkt. Dies hilft der Regierung bei Übersicht und Kontrolle über ihre Wirtschaft und sorgt für Stabilität. Das ist gut für das chinesische Wirtschaftsmodell, steht aber der angestrebten Internationalisierung des Yuan im Wege.

Derzeit ist Chinas CIPS aber nicht nur ein Konkurrent von SWIFT, sondern auch ein Partner. Der Tätigkeits-

7 Die Strategie Chinas zur Positionierung als ...

bereich des 2021 gegründeten Joint Venture von SWIFT und CIPS, „Finance Gateway Information Services Co.", umfasst die Integration von Informationssystemen, Datenverarbeitung und technische Beratung und dürfte China bei der Internationalisierung des Yuan zumindest in technischer Hinsicht unterstützen.

China braucht SWIFT, um seinen digitalen Yuan weltweit einzuführen. SWIFT wiederum ist an Geschäftsmöglichkeiten durch grenzüberschreitende Transaktionen von digitaler Währung interessiert. SWIFT kann von Chinas Erfahrungen profitieren, um die notwendige Infrastruktur für die künftige Abwicklung digitaler Währungen aufzubauen. Unter den 17 Zentralbanken der Welt, die digitale Währungen planen, ist China Spitzenreiter mit der grenzüberschreitenden Verwendung seines digitalen Yuan.

China bindet sich immer stärker in SWIFT ein. Damit dürfte die Kontrolle, die die USA bisher über diese Dienste hatten, nicht mehr dieselbe sein. Als Nächstes dürfte China auf technische Dienstleistungen und Onlineplattformen zurückgreifen, die sich im Besitz chinesischer Unternehmen befinden, um die weltweite Verwendung des digitalen Yuan auszuweiten und unabhängiger zu werden.

Alternativen zu SWIFT werden aufgebaut. SWIFT ist ein starkes Machtmittel der USA, wahrscheinlich aber nur noch auf Zeit. Der Kampf um die Systeme für internationale Finanztransaktionen ist ein gutes Beispiel für die *duale Strategie der Volksrepublik in internationalen Angelegenheiten*. Einerseits strebt sie eine Integration in das bestehende, etablierte System an, mit dem Ziel, dieses von innen mitzugestalten und in ihrem Sinne zu beeinflussen. Andersseits baut sie Alternativen auf, um das bestehende System mindestens zum Teil ersetzen zu können. Der folgende Abschnitt zeigt dies am Beispiel der internationalen Organisationen.

7.4 Einfluss auf die Entwicklung internationaler Organisationen gewinnen

7.4.1 „Sinisierung" der UNO

Die Durchsetzung eigener Ziele soll durch eine „Sinisierung" der UNO, durch die gezielte Besetzung von wichtigen Positionen der UNO mit chinesischem Personal und durch Einflussnahme und Ausübung von Druck auf die UN-Administration sowie auf andere UN-Mitgliedsnationen erreicht werden (Hamilton & Ohlberg, 2020, S. 363 ff.).

- Chinas Interesse an Führungspositionen innerhalb der Vereinten Nationen ist groß. Von den insgesamt 15 technischen Organisationen der UNO hat China inzwischen in vier den Vorsitz und prägt deren Politik: Internationale Zivilluftfahrt-Organisation (ICAO), Internationale Fernmeldeunion (ITU), Ernährungs- und Landwirtschaftsorganisation (FAO), Organisation für industrielle Entwicklung (UNIDO). Kein anderes Land stellt gegenwärtig mehr als einen Vorsitz einer Unterorganisation. Chinas Verhalten bei der Bereitstellung von Finanzmitteln, in Abstimmungen und seine diskursiven Taktiken prägen die Arbeit internationaler Institutionen. Einfluss wird aber auch durch die internationalen Bediensteten der Volksrepublik ausgeübt, die in der UN-Verwaltung tätig sind. So will China denn auch seine Personalquote im UN-System durch eine nationale Initiative erhöhen (Fung & Lam, 2020).
- Die UN-Vollversammlung hat 2020 u. a. China, Russland und Kuba für drei Jahre zu Mitgliedern des Menschenrechtsrates gewählt. Der Menschenrechtsrat

mit 47 Staaten und Sitz in Genf ist das höchste UN-Gremium gegen Unterdrückung, Diskriminierung und Folter. Gegenwärtig gehören ihm auch Libyen und Venezuela an. China betont, dass es kein einheitliches Modell für den Schutz der Menschenrechte gebe. Die Menschenrechtscharta der UNO soll ganz neu geschrieben oder neu interpretiert werden. Der Schutz der Menschenrechte ist nach Chinas Auffassung Teil eines *Entwicklungspfads einer Gesellschaft*, der den spezifischen Bedingungen eines Landes entspricht, also situativ zu verstehen ist: „Entwicklungspfad der Menschenrechte mit chinesischen Merkmalen" (Wang Yi, 2022a, b, c).[23] Dies bedeutet, dass westliche Auffassungen ihre Berechtigung haben, aber nur für eine zeitlich befristete Phase gelten. Universalität und Unveräußerlichkeit der Menschenrechte trifft für China demnach nicht zu (siehe dazu 7.6.1).

- China beteiligt sich proaktiv an UNO-Friedensmissionen weltweit und leistet dabei positive Beiträge. Unter den ständigen Mitgliedern des UN-Sicherheitsrates gilt China als dasjenige Peacekeeping-Beitragsland, dessen Entsendung von Friedenspolizisten und -soldaten zahlenmäßig am größten ist. Proaktiv bietet China Ausbildung von friedenshaltenden Kräften für alle Länder an und hat bisher mehr als 1500 Fachkräfte für Dutzende von Ländern ausgebildet und dürfte dabei auch seine Narrative vermittelt haben.

---

[23] „Peking macht in Xinjiang alles richtig", sagen Chinas Anhänger im UNO-Menschenrechtsrat. Nachdem 22 Länder in einem Brief Chinas Politik in Xinjiang kritisiert hatten, lobten 37 andere Staaten Pekings Politik. „Wir stellen anerkennend fest, dass die Menschenrechte in China im Rahmen des Kampfes gegen den Terrorismus und bei der Deradikalisierung respektiert werden", schrieben die 37 Unterzeichnerländer, zu denen Nordkorea, Russland und Saudi-Arabien gehörten (Zoll, 2019a, b). Zur Ablehnung einer Plenardiskussion des UN-Berichts über die Uiguren im Menschenrechtsrat, vgl. vorne.

7.4.2 Gründung neuer paralleler internationaler Organisationen unter der Führung Chinas

Peking investiert viel Energie und Ressourcen in den Aufbau neuer *multilateraler Institutionen* unter seiner Führung, um damit auf eine Neugestaltung der Weltordnung hinzuwirken:

Die *Asiatische Infrastrukturinvestitionsbank* („Asian Infrastructure Investment Bank", AIIB) ist eine multilaterale Entwicklungsbank unter chinesischer Führung (Sitz in Peking), die 2015 gegründet wurde und der 2022 105 Staaten angehörten. Zu ihren Mitgliedern gehören auch 26 europäische Staaten, darunter Großbritannien, Deutschland, Italien und die Schweiz. Ziel der AIIB ist es, die erhebliche finanzielle Lücke zwischen der Nachfrage nach nachhaltiger Infrastruktur im asiatischen Raum und den verfügbaren Finanzmitteln zu schließen und dadurch dazu beizutragen, die wirtschaftliche Entwicklung sowie die Lebens-, Umwelt- und Sozialstandards in den Ländern zu verbessern. AIIB steht im Wettbewerb zur Weltbank, zum Internationalen Währungsfonds und zur Asiatischen Entwicklungsbank, die alle unter US-Einfluss stehen.

„Shanghai Cooperation Organization" (SCO) mit China, Indien, Kasachstan, Kirgisistan, Pakistan, Russland, Tadschikistan und Usbekistan. Die SCO beschäftigt sich mit der sicherheitspolitischen Zusammenarbeit der Mitgliedstaaten sowie Wirtschafts- und Handelsfragen und der Stabilität in der Region. Derzeit vertritt die SCO circa 40 % der Weltbevölkerung und stellt damit die weltweit größte Regionalorganisation dar. Seit Dezember 2004 hat die SCO Beobachterstatus bei den Vereinten Nationen.

BRICS Die fünf Länder Brasilien, Russland, Indien, China und Südafrika haben sich 2001 als relativ loser Verbund

7 Die Strategie Chinas zur Positionierung als ...

aufstrebender Ökonomien zur BRICS-Staatengruppe zusammengetan. BRICS wurde vor allem in der Finanzwelt für dynamische Schwellenländer breit bekannt und für Investitions- und Anlagemöglichkeiten analysiert. Im Verlaufe der Zeit hat sich die Gruppe unter der Führung von China immer stärker zu einem sich geopolitisch artikulierenden Akteur entwickelt. Und China, unterstützt durch Russland, drängt zu einem weiteren Ausbau. Nach 2011 und 2017 war China 2022 zum dritten Mal Gastgeber des BRICS-Gipfels.

Eine wichtige Entwicklung auf dem Gipfel 2022 war die Schaffung einer neuen Reservewährung definiert als Korb von BRICS-Währungen und gedeckt durch Edelmetalle. Diese Währung sollte eine Alternative zum US-Dollar bieten, den BRICS-Zahlungsverkehr untereinander vom US-Dollar unabhängig machen und eine Alternative zu SWIFT bilden. Weiter möchten die BRICS-Staaten gemäß ihren volkswirtschaftlichen Schwerpunkten Nahrungsmittelmärkte gestalten und im Zusammenhang mit Notreserven für Ernährungskrisen eine regulierende Rolle übernehmen. Ähnliches wird hinsichtlich der Energiezusammenarbeit unter Beteiligung des Iran diskutiert. Am Gipfel 2023 in Südafrika ist die Aufnahme von Iran, Saudi-Arabien, der Vereinigten Arabischen Emirate, Ägypten, Äthiopien und Argentinien als vollwertige Mitglieder beschlossen worden. das Einzige, was die BRICS-Staaten vereint, ist ihr Widerstand gegenüber den USA. BRICS tendiert eine heterogene, anti-westliche, anti-demokratische Vereinigung und damit ein weiteres Instrument der Diplomatie Chinas zu werden.

Wie Maihold (2022) zur jüngsten Entwicklung ausführt, versuchen die BRICS-Staaten sich als Alternative zur G7 zu positionieren und streben mit einer möglichen Erweiterung zu BRICSplus nach mehr geopolitischem Gewicht. Beitrittsinteresse haben Staaten mit globalen Aspirationen wie Ägypten, Indonesien, Saudi-Arabien und die Türkei. Stark angelehnt an die Interessen und Überlegungen von China sollen die BRICS zur *zentralen Plattform des Süd-Süd-Dialogs* werden. Wir wollen, „dass sich die Einflusskraft von Kooperationsmechanismen wie der BRICS-Staaten oder der Shanghaier Organisation für Zusammenarbeit (SCO) erweitert. Auch wollen wir die Repräsentativität und das Mitspracherecht der Schwellen- und Entwicklungsländer in den globalen Angelegenheiten weiter stärken", so Xi Jinping in seinem Bericht am 20. Parteitag (Xi Jinping, 2022, S. 77).

Geopolitisch möchten die BRICS-Staaten und ihre Interessenten nicht in die wachsende Konfrontation zwischen den USA und China beziehungsweise Russland hineingezogen werden. Sie möchten den Protektionismus und die Sanktionspolitik des Westens wenn immer möglich vermeiden und stimmen z. B. der internationalen Isolierung Russlands im Zuge der Ukraine-Invasion nicht zu. Maihold (2022) betont sehr zu Recht: „Der Westen sollte das nicht ignorieren."

Bilateral: „*China-Russia Comprehensive Strategic Partnership of Coordination for a New Era*": Am 4. Februar 2022, genau 20 Tage vor dem Überfall Russlands auf die Ukraine, verkündeten Xi und Putin die Vertiefung ihrer Partnerschaft. Sie erklärten ihre Absicht, ein gemeinsames Gegengewicht gegen die USA auf der globalen Bühne zu bilden, und ihre ausdrückliche Verpflichtung, die Sicherheitsbelange des jeweils anderen zu unterstützen. Beide Länder sind der Meinung, dass kein Land sich in innere Angelegenheiten anderer Länder einmischen und globale Spaltungen verursachen sollte. Beide Länder glauben an Frieden und Entwicklung und streben danach, den Aufbau von Chinas Belt and Road und Russlands eurasischer Wirtschaftsunion voranzutreiben. Und beide Länder sind über ernsthafte Sicherheitsbedrohungen weltweit besorgt und verpflichten sich, ihre Souveränität und territoriale Integrität zu wahren und sich gegen ausländische Einmischung zu wehren. Nach dem Überfall Russlands auf die Ukraine kamen beide in einen Erklärungsnotstand, wofür sie geeignete Formulierungen fanden, wie „berechtige Sicherheitsinteressen von Russland müssen ernst genommen und angemessen berücksichtig werden", vgl. dazu Abschn. 7.6.1. Peking und Moskau stehen unter dem Druck, gemeinsam gegen die von den USA geführten Koalitionen vorzugehen. Obwohl Peking weiterhin darauf besteht, dass China und Russland „keine Verbündeten" seien, hat es begonnen, im gleichen Atemzug zu erklären, dass „keine Bereiche ausgeschlossen sind" und es „keine Obergrenze" für ihre Partnerschaft gebe. China stimmte allerdings in der Schlusserklärung der G-20-Konferenz vom November 2022 in Indonesien der Formulierung zu: „Die meisten Mitglieder verurteilten den Krieg in der Ukraine aufs Schärfste."

Chinas Vertretung in Interpol
Interpol, die Internationale Kriminalpolizeiliche Organisation, ist eine zwischenstaatliche Vereinigung von 195 Mitgliedsländern. Sie hilft der Polizei in all diesen Ländern zusammenzuarbeiten mit dem Ziel, die Welt sicherer zu machen. Zu diesem Zweck wird ihnen ermöglicht, Daten über Verbrechen und Kriminelle weltweit auszutauschen und darauf zuzugreifen und von einer Reihe technischer und operativer Unterstützung zu profitieren. Im Herbst 2021 wurde ein chinesischer Regierungsbeamter trotz des Widerstands von Menschenrechtsgruppen und Gesetzgebern aus 20 Ländern in ein führendes Gremium von Interpol gewählt.

Hu Binchen, stellvertretender Generaldirektor der Abteilung für internationale Koordination des chinesischen Ministeriums für öffentliche Sicherheit, nimmt seit 2021 einen von zwei Sitzen für Asien im Exekutivkomitee der Organisation ein. Praveen Sinha aus Indien gewann den anderen asiatischen Sitz. Als neuer Präsident wurde Ahmed

Nasser al-Raisi aus den Vereinigten Arabischen Emiraten gewählt.[24] Damit dürfte Interpol über die weltweite Verfolgung von Kriminalität hinaus auch für politische Ziele (Verfolgung von Dissidenten) genutzt und eingesetzt werden. Die Grenzen zwischen Kriminalität, Terrorismus und politischer Illegalität sind fließend.

7.5 Sicherheit: Aufbau überlegener militärischer Macht

7.5.1 Wachsende Rüstungsanstrengungen

Die Volksarmee, „People's Liberation Army" (PLA) steht unter der uneingeschränkten Führung der Kommunistischen Partei. Seit seinem Amtsantritt als oberster Führer im Jahr 2012 hat Xi Jinping immer wieder betont, dass eine globale PLA seinen „chinesischen Traum" von der „nationalen Verjüngung" als Großmacht untermauern muss. In seiner Rede vor dem 19. Kongress der KPCh im Oktober 2017 versprach er und wiederholte am 20. Kongress 2022 mit Nachdruck, die PLA bis Mitte des Jahrhunderts zu einer „Weltklassetruppe" auszubauen (Xinhua, 2022). Sie

---

[24] 2016 wurde Meng Hongwei als erster Chinese zum Chef von Interpol gewählt. China konnte damit seinen Einfluss in der Weltpolitik vergrößern. Als Interpolchef wurde er am 25. September 2018 aus Paris kommend in Peking verhaftet und verschwand spurlos. Nach einiger Zeit publizierten chinesische Behörden schwere Anschuldigungen gegen Meng: „Er habe ‚Bestechungsgelder angenommen', erklärte das Ministerium für öffentliche Sicherheit in Peking. Einzelheiten zu den Korruptionsvorwürfen wurden nicht genannt. Die Staatspolizei veröffentlichte eine Stellungnahme. Sie unterstütze Mengs Festnahme ‚aus vollen Herzen'. Er sei ideologisch untreu gewesen und habe Verrat an Parteichef Xi Jinping begangen. Fünfmal beschwor die Staatspolizei ihre Loyalität zu Xis absoluter Führung und Autorität, an der es Meng aus chinesischer Sicht offenbar gefehlt hat" (Erling, 2018). Damit macht Peking deutlich, was es von einem Chef Interpol erwartet, sollte er Chinese sein. Dies schadet dem Image und der Glaubwürdigkeit von China.

7 Die Strategie Chinas zur Positionierung als ...

werde nicht nur in der Lage sein, Pekings Souveränitätsansprüche im indopazifischen Raum durchzusetzen, sondern auch Chinas Interessen in der ganzen Welt zu verteidigen. China arbeitet an einem umfassenden Plan für Aufstellung und Kriegsvorbereitung, um sofort auf schwierige Situationen reagieren zu können. Damit sollen nationale Souveränität, Sicherheit und Entwicklungsinteressen verteidigt und der Aufbau eines modernen sozialistischen Landes unterstützt werden. Aus Sicht von Xi Jinping ist militärische Superiorität gleichermaßen Mittel und Ziel. Und Rudd (im Interview mit Zoll, 2022) urteilt: „Die Kommunistische Partei ist eine revolutionäre Partei, deren Macht auf Gewehrläufen und der Kontrolle des Militärs basiert. Daher wird sie nie auf Gewalt verzichten, weder im Innern noch nach aussen."[25]

China hat seine militärischen Fähigkeiten in den letzten zwei Jahrzehnten schnell und stark ausgebaut.[26] Das Budget für das Militär wächst regelmäßig stärker als das BIP und enthält schätzungsweise nur zwei Drittel des gesamten Aufwandes Chinas für den militärischen Aufbau. So ist die chinesische Marine zahlenmäßig bereits die weltgrößte. China erbringt auch *militärtechnologische Spitzleistungen*. Dazu trägt die bewusst betriebene Fusion von zivilem und militärischem Fortschritt bei. Alle zivilen Ergebnisse von FuE sowie neuen Technologien, sei es von Unternehmen oder Hochschulen, müssen auch dem Militär zur freien Ver-

---

[25] „Jeder Kommunist muss diese Wahrheit begreifen: Die politische Macht kommt aus den Gewehrläufen"
(Probleme des Krieges und der Strategie, 6. November 1938, Ausgewählte Werke Mao Zedongs, Bd. II.).

[26] „China unternimmt enorme Anstrengungen, um die Mängel seiner „carrier strike groups", CSGs zu beheben, und wird den Abstand zu den fortschrittlichsten westlichen Streitkräften bis 2035 verringern – um wie viel, ist allerdings umstritten" (The Hague Centre for Strategic Studies, 2021).

wendung zur Verfügung stehen.[27] Bei bestimmten Kampftechnologien der Zukunft liegt China schon weit vor allen anderen, auch vor den USA. Aktuelle Beispiele:

- Hyperschallraketen, die aus der Erdumlaufbahn ihre Ziele angreifen. Ein solches Waffensystem könnte einen fundamentalen Wandel im Gleichgewicht des Schreckens der Großmächte bedeuten. Es erlaubt, die etablierten und in eine Richtung orientierten Raketenabwehrsysteme, konkret z. B. die Nord-Ost-Orientierung eines US-Raketenabwehrsystems gegen China, durch Angriffe aus dem Süden zu umgehen und damit auszuhebeln. Eine weitere Drehung der Rüstungsspirale zwischen den Supermächten wäre die Folge.
- In der Entwicklung des Quantencomputings kombiniert mit künstlicher Intelligenz ist China führend. Mit dem damit verbundenen Potential könnten Verschlüsselungssysteme, die bislang als absolut sicher resp. geschützt galten, entschlüsselt werden mit massiven Konsequenzen für die militärische Kommunikation und der aufwendigen Suche nach neuen Sicherheitssystemen.

Sicherheits- oder Pufferzone für China Chinas jüngste Expansion im Südchinesischen Meer und der Taiwanstraße ist so etwas wie die „Chinesische Mauer zu Wasser". Für die Nachbarländer ist das vielleicht nicht akzeptabel, aber für China ist das eine kleine Ausweitung seines Einflussbereichs, um sich vor ausländischen Armeen zu schützen. Im Mittelpunkt seiner Aktivitäten steht die Sicherheit einer wichtigen Schifffahrtsroute für chinesische Öltanker. Dabei geht es allerdings nicht nur um die Sicherheit Chinas, son-

---

[27] Vergleiche dazu https://www.state.gov/chinas-military-civil-fusion-strategy-poses-a-risk-to-national-security/ sowie https://unitracker.aspi.org.au.

dern um die Navigationsfreiheit auf den Weltmeeren. Das sind wichtige Routen für den Welthandel allgemein und auch für den Wohlstand in den USA, in Japan und Europa.

„Heute ist China die dominierende Macht in seinem eigenen Hinterhof und verdrängt allmählich die Machtprojektion der USA von seiner Küste. Die nahen Meere, insbesondere die küstennahen Gebiete Chinas, sind das einzige Gebiet der Welt, in dem China wahrscheinlich in der Lage ist, einen Krieg gegen die Vereinigten Staaten zu gewinnen " (The Hague Centre for Strategic Studies, 2021).

Je mehr China zur Großmacht wird, je eher dürfte China seinen Handlungsraum ausweiten und dabei Schritt für Schritt von der Doktrin der Küstenverteidigung zu der einer aktiven Verteidigung im maritimen Raum übergehen. Chinas Weißbuch zur Verteidigung von 2019 bezeichnete die Interessen in Übersee als „entscheidend" und die Bemühungen der PLA, eine Hochseemarine aufzubauen, Logistikeinrichtungen in Übersee zu errichten und maritime Operationen durchzuführen, als wichtige „Mechanismen zum Schutz der chinesischen Interessen in Übersee" (vgl. dazu auch U.S.-China Economic and Security Review Commission, 2020, S. 391). Die PLA soll zu robusten Militäroperationen im Ausland fähig sein (China's State Council Information Office, 2019).

Bis 2049 will die PLA eine Weltklassearmee sein, welche überall auf dem Globus Kriege und Operationen erfolgreich durchzuführen vermag. Mit einer 2015 lancierten umfassenden Umstrukturierung des Militärs werden die Streitkräfte dynamisiert und gemäß der Doktrin der informationsgetriebenen Kriegsführung über das Element Information vernetzt. Dazu gehört die Schaffung der „Strategic Support Force" (SSF), einer Weltraum-, Cyber- und elektronischen Kampftruppe, um die „power projection" der PLA im Weltraum und im Cyberspace zu verbessern. Die Reform impliziert ein holistisches Sicherheitsverständnis, welches neben dem klassischen Militär rechtliche, psychologische und mediale Kriegsführung miteinschließt. Im Weiteren werden auch die Parteikontrolle der PLA ausgebaut und die zentralen Institutionen gefestigt (China's State Council Information Office, 2015).

Im Arbeitsbericht von Xi Jinping am 20. Parteitag vom 16. Oktober 2022 (Xi Jinping, 2022) war die Vision der „umfassenden nationalen Sicherheit" erste Priorität.[28] Es gehe um die Vorbereitung auf geopolitische Konfrontation und Wettbewerb in absehbarer Zukunft. Der ambitiöse militärische Aufbau gehe weiter. Xi Jinping verlangte: „Die militärischen Übungen und die Vorbereitungen für Kriegsfälle sind in aller Hinsicht zu intensivieren und unsere kriegsbezogene Siegesfähigkeit ist zu erhöhen." Es gelte, die „Siegesfähigkeit in Bezug auf regional begrenzte Kriege sicherstellen". Seine Regierung habe „mit Entschlossenheit gehandelt, um die Aufmerksamkeit des gesamten Militärs auf die Kriegsvorbereitung zu richten". Peking habe „koordinierte Anstrengungen unternommen, um den militärischen Kampf in allen Richtungen und Bereichen zu verstärken". Und wenige Tage später beim Briefing der Zentralen Militärkommission gab Xi den Befehl, die Ausbildung und Einsatzbereitschaft der Soldaten umfassend zu stärken. Die Armee muss sich auf jede Art von Krieg vorbereiten.

7.5.2 Ausweitung von Chinas „power projection"

Wichtige verteidigungspolitische Dokumente, die unter Xi Jinping veröffentlicht worden sind, spiegeln seine Absicht

---

[28] Das Wort „Sicherheit" kommt im Arbeitsbericht von Xi Jinping 136-mal vor, demgegenüber das Wort „Wirtschaft" nur 36-mal.

wider: Die PLA soll eine Truppe werden, die auch zu robusten Militäroperationen im Ausland fähig ist. Zurzeit verfügt die Volksrepublik noch nicht über einige wichtige Voraussetzungen, die für den Einsatz ihres Militärs außerhalb ihrer Region notwendig sind. China verfolgt aber eine klare Strategie, um seine Fähigkeit dazu langfristig aufzubauen und seine Macht nachhaltig zu demonstrieren. Der Bericht „China's Military Rise and the Implications for European Security" vom Thinktank The Hague Centre for Strategic Studies (2021) kommt zusammenfassend zu folgender Einschätzung:

China betrachtet das Südchinesische Meer zunehmend als sein eigenes Territorium. Dies wird die chinesischen Verteidigungsressourcen wohl belasten, aber auch eine Grundlage für seine Machtprojektion außerhalb der Region bieten. Für eine globale Präsenz fehlt der chinesischen Marine noch ein Netz von Militärbasen, wo Schiffe aufgetankt, Lebensmittel und Munition an Bord genommen, Reparaturen ausgeführt und Crews ausgewechselt werden können. So ist China dabei, seinen strategisch günstig gelegenen Stützpunkt in Dschibuti – in Ostafrika, in der Nähe des Nahen Ostens – auszubauen. Weiter bestehen Anzeichen, dass China seinen Zugang zu und Einfluss über Standorte in Pakistan, Bangladesch, Myanmar, Sri Lanka, Kambodscha am Golf von Thailand und Salomonen in der Südsee ergänzen will.[29] Chinas Basismodell umfasst sowohl militärische Einrichtungen, die ausschließlich von der PLA, als auch zivile Häfen, die von chinesischen Firmen betrieben werden oder sich mehrheitlich in deren Besitz befinden und die zu Logistikeinrichtungen mit doppeltem Verwendungszweck (zivil und militärisch) ausgebaut werden können.

---

[29] „String of pearls" bezeichnet ein Netzwerk chinesischer militärischer und kommerzieller Einrichtungen und Beziehungen entlang der Seekommunikationslinien, die sich vom chinesischen Festland bis nach Port Sudan am Horn von Afrika erstrecken.

Die chinesische Strategieplanung geht davon aus, dass China seine Macht über den westlichen Pazifik hinaus ausweiten muss, um seine wirtschaftlichen, politischen und militärischen Interessen im Indischen Ozean, im Nahen Osten und in Afrika zu schützen. Chinesische Politiker glauben, dass der ihrer Ansicht nach untergehende Westen nicht in der Lage sein wird, China bis 2027 daran zu hindern, seine Macht im Südchinesischen Meer und über den westlichen Pazifik hinaus auszudehnen. Dies, weil China zu diesem Zeitpunkt bereits über ein Militär von Weltrang verfügen wird, so der Bericht aus Holland.

„China wird nicht unbedingt in der Lage sein, den USA und ihren Verbündeten in allen Eventualitäten Paroli zu bieten, aber es sollte in der Lage sein, Missionen zu starten, um kleine und mittelgroße Mächte durch Offshore-Bedrohungen einzuschüchtern und zu erpressen und die Versorgungsketten im Indischen Ozean, im Nahen Osten und in Afrika zu schützen, vor allem, wenn China nicht von einem gleichrangigen Konkurrenten herausgefordert wird", so der Bericht weiter.

China verfügt über *keine formellen Allianzen*, hat stattdessen aber eine große Anzahl strategischer Partnerschaften aufgebaut. China verfügt über enorme Ressourcen, darunter die bei weitem größte Schiffbaukapazität der Welt sowie eine große und moderne Rüstungsindustrie. China ist der fünftgrößte Waffenexporteur der Welt und hat ein Quasimonopol auf wichtige Rohstoffe. Diese Ausgangslage verschafft der PLA einen deutlichen Vorteil für das Durchhalten in einem langwierigen Konflikt.

Bei einem Ausbruch eines chinesisch-amerikanischen Konflikts in den küstennahen Gebieten, z. B. wegen Taiwan, würde sich für Europa ein strategisches Dilemma ergeben: Europa könnte sich entweder auf die Seite der USA stellen und ein Gleichgewicht gegen China herstellen, mit allen Komplikationen, die eine solche Entscheidung mit sich bringen würde, wie Sanktionen und Druck von Seiten Chinas. Oder Europa könnte sich dafür entscheiden, nicht in den Konflikt verwickelt zu werden. Damit würde Europa seinen wichtigsten Verbündeten im Stich lassen, auf den es für seine eigene Sicherheit angewiesen ist und von dem es bei der Ukraine-Invasion von Russland massiv profitiert hat, siehe Kap. 9.

Im Cyberspace, wo die Offensivfähigkeiten der PLA geographisch nicht begrenzt sind, könnte sie sich bei ihren Vergeltungsmaßnahmen auf verwundbare (zivile) kritische Infrastrukturen wie strategisch wichtige Häfen in Europa oder die europäische Gas- und Ölversorgung konzentrieren. Auf eine europäische Intervention in einem chinesisch-amerikanischen Konflikt könnten durchaus großangelegte Cyberangriffe auf europäische Ressourcen folgen, von denen die Wirtschaft und vielleicht auch das Militär abhängen. Schließlich dürfte Peking wahrscheinlich ein Wirtschaftsembargo gegen Europa verhängen, das auch die Versorgung mit wichtigen Rohstoffen einschließt, und Vergeltungsmaßnahmen gegen europäische Unternehmen, Bürger und Vertretungen ergreifen, die in China tätig sind.

Mit einem längeren Andauern eines Konflikts, entweder gegen die USA oder gegen die USA und ihre europäischen Verbündeten, könnte die PLA einen großen Vorteil besitzen. Auf längere Frist ist China dank seiner weltweit führenden Schiffsbaukapazitäten in der Lage, seine militärischen Kapazitäten schnell und effizient zu reparieren und zu erweitern. Allerdings verfügt es über eine relativ geringe Anzahl von Versorgungsschiffen zur Unterstützung militärischer Operationen (The Hague Centre for Strategic Studies, 2021, S. 100). Demgegenüber besitzen die europäischen Staaten und die USA nicht dieselben Reparatur- und Schiffbaukapazitäten und werden wahrscheinlich nicht mit der chinesischen Effizienz mithalten können. Darüber hinaus dürften die chinesischen Programme zur militärisch-zivilen

Fusion und die damit verbundenen Größenvorteile die Qualität der Fähigkeiten der PLA weiter verbessern und ihr Vertrauen in die eigenen Fähigkeiten stärken.

7.6 Eigene Narrative und Deutungshoheit aufbauen und verbreiten

7.6.1 Narrativ und Deutungshoheit aufbauen

Es ist ein erklärtes Ziel der KPCh, ihr eigenes Narrativ zu formulieren, weltweit zu verbreiten und die Kontrolle darüber aufrechtzuerhalten. Dazu gehört, etablierte Schlüsselbegriffe wie z. B. „Demokratie", „Menschenrechte" oder „Nichteinmischung in interne Angelegenheiten" beizubehalten, in ihrem Kern aber umzudeuten, neu zu besetzen und dieses neue Verständnis weltweit durchzusetzen.[30] Damit wird ein Gegensatz zum System des Westens aufgelöst. Chinas Narrativ besagt z. B., auch wir haben eine „Demokratie" und beachten „Menschenrechte", wir machen dies aber anders, nämlich besser. Klare Gegensätze, wie z. B. der von Präsident Biden mit (dem allerdings viel zu sehr vereinfachenden) Gegensatz „Demokratie versus Autokratie" (Rudolf, 2022), werden unterlaufen. So hat Wang Yi[31] dazu geantwortet: „Wir haben auch das falsche

---

[30] „China stellt sich stets als Verteidiger der UNO-Charta dar. Doch was wir tatsächlich sehen, ist, dass die Grundprinzipien der Charta uminterpretiert und mit ‚chinesischen Charakteristiken' versehen werden. Zum Beispiel gibt es für China nicht bloß eine Art von Demokratie, sondern mehrere. Sich selbst bezeichnet es als ‚Gesamtprozess-Volksdemokratie'" (die Sinologin Marina Rudyak im Interview, Büchenbacher 2023).

[31] Wang Yi war bis Dezember 2022 chinesischer Außenminister. Seit 2023 ist er Direktor des Zentralen Kommission für auswärtige Angelegenheiten, der das Außenministerium untersteht. Damit ist er der ranghöchste Diplomat Chinas.

7 Die Strategie Chinas zur Positionierung als ...

Narrativ ‚Demokratie gegen Autokratie' entlarvt und deutlich gemacht, dass es in Wirklichkeit darum geht, die Konfrontation zwischen den Ländern zu schüren, die internationale Gemeinschaft zu spalten und sich im Namen der sogenannten ‚Demokratie' in die inneren Angelegenheiten anderer Länder einzumischen. Wir haben der Welt erklärt, wie und warum unsere Volksdemokratie in China funktioniert, wir haben den wahren demokratischen Geist hochgehalten und ein richtiges Verständnis von Demokratie gefördert, um Recht von Unrecht und Wahrheit von Lüge zu unterscheiden. Die Welt akzeptiert kein Monopol auf die Definition von Demokratie, und die Rufe gegen das Ziehen ideologischer Trennlinien werden immer lauter" (Wang Yi, 2022c). Die KPCh vermeidet damit offene Systemgegensätze, vielmehr verfolgt sie – so ihr Narrativ – gleiche oder zumindest ähnliche Ansätze, nur anders ausgelegt, besser ausgeführt und dem Westen überlegen.

Im Zuge dieser Strategie verwendet die chinesische Politik in den verschiedensten Themenfeldern das bekannte Vokabular mit global etablierten Begriffen, meint inhaltlich damit aber etwas ganz anderes. Die Absicht dabei ist, dass nach einer Phase der Verunsicherung mit der Zeit die große Mehrheit der Länder unter diesen Begriffen ihre, die chinesischen, Inhalte verstehen und anerkennen. Öffentliche Erklärungen aus China sind also immer sorgfältig zu interpretieren.

Diese Bestrebungen sollen an zwei Beispielen kurz illustriert werden: Menschenrechte und Demokratie.

„China setzt der Universalität der Menschenrechte eine Menschenrechtshierarchie entgegen und sagt, das Recht auf Entwicklung sei das höchste Menschenrecht. ... Die individuelle Freiheit kommt irgendwann am Ende, wenn alles andere erreicht ist. Aus dieser Perspektive haben Individuen keine eigene Handlungsfähigkeit (agency). Über Handlungsfähigkeit verfügen aus Chinas Sicht lediglich

Grossmächte. China, die USA, Russland und vielleicht ein paar wenige weitere Staaten", so die Sinologin Marina Rudyak im Interview mit Büchenbacher und Wolf (2023).[32]

China vertritt ein Narrativ von *Menschenrechten*, das kollektive soziale und wirtschaftliche Menschenrechte in den Vordergrund stellt. Dabei werden zivile und politische Menschenrechte ebenso ausgeblendet wie der Anspruch von Menschenrechten, das Individuum gegen die Autorität des Staates zu schützen, für eine etwas ausführlichere Auslegung der Menschenrechte aus Sicht Chinas, siehe Ministry of Foreign Affairs of the People's Republic of China 2023, September 13, Abschnitt III.

Die Unterschiede, die bei Definition von Werten, insbesondere politischen, Werten auftreten, beschreibt Mahbubani (2021, S. 274) mit seinem Hintergrund von Singapur wie folgt: „Für Amerikaner sind die Ideale der Meinungsfreiheit, der Pressefreiheit, der Versammlungsfreiheit und der Religionsfreiheit heilig, ausserdem vertreten sie die Ansicht, dass jedes menschliche Wesen Anspruch auf dieselben grundlegenden Rechte hat. Die Chinesen wiederum glauben, dass soziale Bedürfnisse und soziale Harmonie wichtiger als die Bedürfnisse und Rechte des Einzelnen sind, und dass die Hauptaufgabe der Regierung darin besteht, Chaos und Turbulenzen abzuwenden." Dabei haben nach westlichen Vorstellungen grundlegende individuelle Rechte in den Hintergrund zu treten und können, ja müssen je nach Situation im Interesse des übergeordneten Wohls aller verletzt werden.

---

[32] Die KPCh argumentiert wiederholt mit „kultureller Relativierung". „Jeder Staat habe seine eigenen Gegebenheiten und kulturellen und historischen Hintergründe. Bei den Menschenrechten gebe es ‚keine einheitlichen Standards in der Welt'" (Außenminister Qin Gang 2023, 14. April anlässlich einer Medienkonferenz mit Aussenministerin Baerbock in Peking, keystone-sda).

[33] So verkündete das Staatsfernsehen CCTV: „Wir sind der Meinung, dass Äußerungen, die die nationale Souveränität und die soziale Stabilität in Frage stellen, nicht in den Bereich der Meinungsfreiheit fallen" (zitiert nach Economy, 2022, S. 62). Peking gab damit zu verstehen, dass es glaubt, das Recht zu haben, die Rede eines jeden Einzelnen überall auf der Welt zu kontrollieren.

Abwehrrechte des Einzelnen gegenüber dem Staat, wie sie nach liberaler Auffassung wichtig sind, entfallen.[33]

Und weiter: Der Schutz der Menschenrechte ist nach Chinas Auffassung Teil eines *Entwicklungspfads*, der den spezifischen Bedingungen und der Entwicklungsphase eines Landes zu entsprechen hat, also situativ zu verstehen ist. Konsequenterweise ist es die führende Elite resp. die Partei, die interpretiert, in welcher Phase sich ein Land befindet und was an Menschenrechten gelten soll.

Das Konzept der *Demokratie* soll eine neue, chinesische Interpretation erhalten und weltweite Anerkennung finden, siehe Kap. 3. Im Dezember 2021 publizierte China das Whitepaper „Demokratie, die funktioniert" (China's State Council Information Office, 2021). Im Vorwort heißt es u. a. „Die Demokratie ist keine Zierde, sie dient nicht zur Dekoration, sondern zur Lösung der Probleme, die das Volk zu lösen hat. Der Faktor, der darüber entscheidet, ob ein Land demokratisch oder undemokratisch ist, liegt darin, ob die Menschen die Herren des Landes sind." Die „chinesische Demokratie" beinhalte „konkrete und pragmatische demokratische Lösungen". Die westlichen Demokratien seien nur Dekoration, Fassade, und Menschen seien dort nicht Herren des Landes.

Das Weißbuch liefert im Wesentlichen *vier Gründe* dafür, warum die Version von Chinas Demokratie anderen Formen der Demokratie überlegen sei:

- Die Rolle des Nationalen Parteikongresses bei der Schaffung einer „Basisdemokratie".
- Die Auswahl der Berater für die Politische Konsultativkonferenz des chinesischen Volkes („Chinese People's Political Consultative Conference", CPPCC, Xinhua, 2017). Weiter würden Forscher zu Konsultativzwecken ins Land ausgesandt, um mit den Gemeinschaften zu reden und der Parteileitung davon zu berichten.

- Die Direktwahlen auf Dorfebene: Eine relative Stärkung der Demokratie auf Dorfebene war ein Trend, bevor Xi Jinping an die Macht kam.
- Die Existenz von acht politischen Parteien, die ebenfalls in den Konsultationsprozess einbezogen werden.

Der Zweck dieses Weißbuchs sei es nicht, irgendjemandem zu gefallen oder gar jemanden zu widerlegen, sondern „eigene Standards" zu setzen. Die KPCh vertritt die Auffassung, dass ihr Konsultationsprozess die wahren Bedürfnisse und Interessen der Bevölkerung besser wahrnehme und damit verfahrensmäßig besser sei als die Wahldemokratie im Westen. So kam dann die digitale Gegenveranstaltung von China zum US-Gipfel der Demokratie im Dezember 2021 mit Vertretern u. a. aus Syrien und Kuba auch zum Schluss, dass die chinesische Demokratie der westlichen überlegen sei.[34]

Dabei ist zu beachten: Der Nationale Parteikongress führt keine kontroversen Debatten, sondern winkt die von der KPCh intern vorbereiteten Entscheide durch. Laut dem Sinologen Peter Mattis (2021) ist die Politische *Konsultativkonferenz* (CPPCC) „der einzige Ort, an dem alle relevanten Akteure innerhalb und außerhalb der Partei zusammenkommen: Partei-Älteste, Geheimdienstler, Diplomaten, Propagandisten, Soldaten und politische Kommissare, Mitarbeiter der Einheitsfront, Akademiker und Geschäftsleute". In der Praxis diene die CPPCC „als Ort, an dem Botschaften entwickelt und unter den Parteimitgliedern und den Nicht-Parteigläubigen verbreitet werden, die die Wahrnehmung der KPCh und Chinas prägen".[35] Anstatt

---

[34] Dabei wurde dem Begriff Demokratie eine andere Bedeutung gegeben: „Die sozialistische Demokratie ist eine ehrlichere und überlegene Form der Demokratie" (Roland Boer, Professor am Marxismus-Institut der Technologiehochschule im nordchinesischen Dalian) (Eyssel, 2021).

[35] Zitiert nach Wikipedia, Chinese People's Political Consultative Conference, https://en.wikipedia.org/wiki/Chinese_People%27s_Political_Consultative_Conference.

die Entscheidungsfindung der KPCh zu beeinflussen, arbeite die CPPCC als unabhängiges Instrument der Partei, um deren Agenda in der Wirtschaft, der Diplomatie und den kulturellen Interaktionen zu fördern.

Die Dorfwahlen werden zunehmend so abgehalten, dass die KPCh über eine Vorauswahl der Kandidaten sicherstellt, dass ein von ihr genehmigter Kandidat für das Amt des Dorfparteisekretärs gewinnt. Das politische System der Volksrepublik China beruht formal, gemäß Verfassung, auf dem Führungsanspruch der KPCh gegenüber dem gesamten Land. Die erwähnten anderen politischen Parteien haben die KPCh 1948 beim Aufbau eines „neuen Chinas" unter ganz anderen Umständen unterstützt und sind heute bestenfalls Konsultativorgane, haben faktisch aber keinen Einfluss auf die Politik.

Ein jüngeres Beispiel für eine neue, eigene Interpretation von vermeintlich international allseitig anerkannten Begriffen liefert China im Zusammenhang mit dem Überfall und der Besetzung Russlands in der Ukraine. In ihrer diplomatischen Initiative für eine Lösung schrieb die Volksrepublik (zum vollständigen Wortlaut, siehe Infosperber, 2023): „Das allgemein anerkannte Völkerrecht, einschließlich der Ziele und Grundsätze der Charta der Vereinten Nationen, muss strikt eingehalten werden. Die Souveränität, Unabhängigkeit und territoriale Unversehrtheit aller Länder müssen wirksam gewahrt werden." Der unbefangene Leser könnte damit verstehen, dass ein unrechtmäßiger Verstoß Russlands vorliege. Im gleichen Dokument wird aber auch festgehalten: „Die legitimen Sicherheitsinteressen und -belange aller Länder müssen ernst genommen und angemessen berücksichtigt werden." Anlässlich der Medienkonferenz mit Macron vom 5. März 2023 in Peking wiederholte Xi Jinping diese Relativierung. Friedensgespräche sollten so schnell wie möglich wiederaufgenommen werden „unter Berücksichtigung der begründeten Sicherheitsbedenken aller Seiten". Dies lässt sich kaum anders verstehen als: Eine Verletzung der „Souveränität, Unabhängigkeit und territoriale Unversehrtheit" durch ein Land kann gerechtfertigt sein, wenn die „legitimen Sicherheitsinteressen und -belange" dieses Landes nicht „ernst genommen und angemessen berücksichtigt werden", in diesem Falle die Sicherheitsinteressen des Aggressors und Okkupators Russland. Damit aber werden Konzepte wie „Souveränität, Unabhängigkeit und territoriale Unversehrtheit" aufgeweicht und stehen für eine neue Definition zur Disposition.

7.6.2 Eigene Vorstellungen und Narrativ weltweit verbreiten und durchsetzen

China verfolgt weltweite Kampagnen zur Verbreitung und Durchsetzung seiner Deutungshoheit Die grundlegende Doktrin für die diplomatische Arbeit der Volksrepublik findet sich 2018 in „Gedanken des Generalsekretärs Xi Jinping zur Diplomatie". Die Diplomatie sei so weit wie möglich auf die bilaterale Ebene auszurichten und gleichzeitig die formale Architektur des internationalen Systems zu unterstützen. Außenpolitisch hat Xi Jinpings „Major-Country-Diplomacy"-Doktrin den früheren Slogan der Deng-Xiaoping-Ära „Keep a low profile" abgelöst. Xi fordert und legitimiert eine aktivere Rolle Chinas auf der Weltbühne, insbesondere im Hinblick auf die Reform der internationalen Ordnung, die Aufnahme eines offenen ideologischen Wettbewerbs mit dem Westen und die Übernahme einer größeren Verantwortung für globale Angelegenheiten entsprechend der wachsenden Macht und dem Status Chinas (Smith, 2021). „Die internationale Stellung und der internationale Einfluss Chinas sollen sich weiter erhöhen, damit unser Land eine stärkere Rolle in der

Global Governance entfalten kann" (Xi Jinping, 2022, S. 29). Damit wurde die Diplomatie stärker konfrontativ und kämpferisch ausgerichtet. Jeder Kritik an China wird in allen Ländern entschieden und machtvoll entgegengetreten. Damit will China in der internationalen Politik „Diskursmacht" erlangen (vgl. die Wolfskrieger-Diplomatie, Zhang, 2020).

Vereinnahmung gesellschaftlicher Eliten im Ausland über die Einheitsfront („United Front Work Department of the Central Committee of the Chinese Communist Party", UFWD)[36] Die Einheitsfront ist ein von der KPCh und dem Ministerium für Staatssicherheit in Peking geführtes Netzwerk, das sowohl im In- wie im Ausland aktiv ist. Im Ausland verfolgt sie mit einem beträchtlichen organisatorischen und finanziellen Aufwand das Ziel, die Wahrnehmung des politischen Systems der Volksrepublik und die öffentliche Meinung über die Politik der KPCh positiv zu gestalten und vielfältige Unterstützung dafür zu organisieren. Das autoritäre China und die herrschende KPCh sollen als normale, konstruktive und vertrauenswürdige Partner gesehen und behandelt werden und allseitige Anerkennung finden, so Ralph Weber im Interview mit Klingbacher (2020).

Die Einheitsfront arbeitet subtil und verdeckt. Sie operiert nicht mit öffentlichen Propagandaparolen und provoziert keine Konfrontation mit Kritikern. Ihre Strategie besteht im Aufbau von engen Beziehungen zu ausländischen

---

[36] Hamilton und Ohlberg (2020) untersuchen und dokumentieren umfassend die verschiedenen Mittel und Wege, wie China westliche Demokratien unterwandert und für seine Ziele und Interessen dienlich machen will. Dabei beschreiben sie auch den weitentwickelten Stand der Arbeiten der Einheitsfront in den Ländern Europas und darüber hinaus anhand zahlreicher Fallbeispiele.

Persönlichkeiten mit Meinungsmacht. Dafür betreibt sie ein weitgehend informelles und kaum sichtbares Beziehungsnetzwerk mit allen, die sie für ihre Zwecke nützlich findet und zu instrumentalisieren können glaubt: einflussreiche Persönlichkeiten von Politik, Wirtschaft, Gesellschaft und Kultur, die chinesische Diaspora, Austauschstudierende und viele mehr.

Für Zielpersonen und Zielgruppen zeigen Vertreter der Einheitsfront Wertschätzung z. B. durch Einladungen, Preise, Geschenke, Veranstaltungen für die Freunde Chinas, Gefälligkeiten wie Vermittlung von hochkarätigen Kontakten, Dokumentation und Information. Ihre Aktivitäten sind teilweise vergleichbar mit Lobbytätigkeit und Werbung, wie dies große Firmen mit ihren VIP-Kunden auch betreiben. Die Zielpersonen werden psychologisch beeinflusst und sollten das Gefühl haben, für China etwas ganz Besonderes zu sein. Viele Ausländer realisieren gar nicht, „dass sie ein Werkzeug der chinesischen Propaganda geworden sind. Ihnen wird glaubhaft vermittelt, sie gehörten zu den Wenigen, die Chinas vermeintlich wahre Anliegen wirklich verstehen" und deshalb besonders geschätzt werden (Weber im Interview mit ntv, Grzanna, 2021). Zielgruppen werden je nach Bedarf aber auch observiert. Fallweise kommen auch mehr oder weniger offene Drohungen, z. B. unter Ausnutzung von Abhängigkeiten zum Einsatz. Wenn es für nötig erachtet wird, schaltet die Einheitsfront andere Institutionen des Machtapparats ein. So kooperiert sie bei Bedarf mit Agenten der chinesischen Staatssicherheit, ja sie dient u. U. selbst als Deckung für oder die Rekrutierung von Geheimdienstagenten des Ministeriums für Staatssicherheit.

Die Aktivitäten der Einheitsfront befinden sich in einer *Grauzone* von allgemein üblicher, legitimer und unverdächtiger Kontakt- und Imagepflege einerseits und gesinnungsmäßiger Beeinflussung und Manipulation u. U. mit mehr oder weniger subtiler Druckandrohung und -anwendung anderseits. Über dieses Netzwerk schafft die Einheitsfront Bindungen und Abhängigkeiten, die die Zielpersonen auch korrumpieren können. Zum Beispiel, wenn ein Partner, der besondere Wertschätzung und Anerkennung durch China erfahren hat, mit Ereignissen wie dem Sicherheitsgesetz in Hongkong konfrontiert ist, sich dann mit seinem Urteil zurückhält, Verständnis zeigt und zur Selbstzensur neigt. Damit hat die Einheitsfront ein wesentliches Ziel erreicht. Oft sind sich die Betroffenen der politischen Zusammenhänge, in die sie geraten sind, gar nicht bewusst.

„Anstatt Diplomatie zu betreiben, sammelt die Einheitsfront Informationen über Privatpersonen und Regierungsbeamte im Ausland und versucht, diese zu beeinflussen, wobei der Schwerpunkt auf ausländischen Eliten und den von ihnen geführten Organisationen liegt. … Die Partei stellt Dossiers über Millionen ausländischer Bürger auf der ganzen Welt zusammen und nutzt das gesammelte Material, um sie einzuschüchtern und zu beeinflussen, zu belohnen und zu erpressen, zu demütigen und zu erniedrigen, zu spalten und zu erobern. Die Politikwissenschaftlerin Anne-Marie Brady nennt die Arbeit der Einheitsfront ein Instrument, um ausländische politische Systeme zu zersetzen und zu korrumpieren, ‚um uns zu schwächen und gegeneinander aufzubringen, um die kritische Stimme unserer Medien zu untergraben und unsere Eliten zu Kunden der Kommunistischen Partei Chinas zu machen, deren Münder mit Geld gefüllt sind'" (Pottinger, 2021, S. 108).

Chinas Diasporapolitik Gemäß einer Studie von Schäfer (2022) spielen Auslandschinesen „aus Sicht Xi Jinpings eine ‚unersetzliche Rolle' für Chinas Aufstieg zur Weltmacht. Peking bemüht sich intensiv darum, auslandschinesische Ressourcen für eigene Zielsetzungen in den Bereichen Wirtschaft, Wissenschaft und Technik sowie Diplomatie und Soft Power nutzbar zu machen." Für chinesische Studierende oder Geschäftsleute im Ausland setzt die Einheitsfront einen Ordnungsrahmen für politisch relevantes Verhalten. Diesen setzt sie über eine entsprechende Überwachung, durch ein enges Netz von Informanten und Informantinnen auch durch (Grzanna, 2021).[37] „Die Kommunistische Partei Chinas betrachtet die Studien junger Chinesen an ausländischen Universitäten als patriotische Mission. Das Motto: Sei loyal, transferiere Technologie, assimiliere dich nicht. Die Einheitsfront, ein Dachverband von Kulturorganisationen, soll Studenten von der europäischen Außenwelt abschirmen" (Tatlow, 2019; Hotz-Hart, 2023).

Einfluss auf die westliche akademische Welt und Abschottung von westlichem Einfluss auf das Bildungssystem von China resp. seine Bildungsinhalte In Chinas Hörsälen sollen keine westlichen Werte und Konzepte verbreitet werden. Akademische Freiheit, Lehr- und Forschungsfreiheit sei ein westliches Konzept wie Menschenrechte auch und solle neu definiert werden.[38] Angestrebt wird ein Transfer der Auffassungen von China ins Bildungssystem anderer Länder, z. B. über den geplanten Campus der Fudan-Universität in Budapest, siehe Kap. 3.

---

[37] Beispiel: 2019 wurden Demonstrationen an mehreren UK-Universitäten zur Unterstützung der Prodemokratieproteste in Hongkong von Pro-Peking-chinesischen Studierenden und anderen Personen fotografiert und gefilmt, eingeschüchtert, belästigt und niedergeschrien. Verschiedentlich musste die Polizei eingreifen, um sie von den Gegendemonstrationen zu trennen. Es gibt Hinweise dafür, dass die Gegendemonstrationen mit in UK ansässigen chinesischen Studierendenorganisationen in Verbindung stehen, die von der chinesischen Regierung unterstützt werden (Quinn, 2019).
[38] Wilson Centre. Xi's Statements on Education. https://www.wilsoncenter.org/xis-statements-education.

7 Die Strategie Chinas zur Positionierung als ...

2024 soll der erste Campus der Eliteuniversität Fudan außerhalb Chinas entstehen – gebaut von der staatlichen chinesischen Baufirma CSCEC und bezahlt von den ungarischen Steuerzahlern. Die geplanten Kosten von umgerechnet rund 1,7 Mrd. Franken sind mehr, als Ungarn in einem Jahr für sein gesamtes Hochschulwesen ausgibt. Die Finanzierung über einen chinesischen Kredit würde Budapest in eine riskante Abhängigkeit von Peking treiben und wäre ein weiteres Beispiel für die Hinwendung Ungarns zu autoritären Regimen, während man zugleich der auf rechtsstaatliche Prinzipien pochenden EU den Rücken zukehrt. Die mangelnde Transparenz und die enormen Summen bergen zudem große Korruptionsgefahr (Baumann, 2021).

> „Das Streben der KPCh nach totaler Kontrolle reicht nun leider bis in die liberalen Demokratien der Welt. Die Hunderttausenden von Chinesen, die im Ausland studieren, arbeiten und leben, tun dies, weil sie ihr Leben verbessern wollen und finden, dass das Ausland bessere Möglichkeiten bietet als ihr eigenes. Doch die KPCh will sie mit Hilfe ihrer Einheitsfront-Abteilung an China binden und sie, wo immer möglich, zur Durchsetzung der Interessen der chinesischen Außenpolitik einsetzen. Diese Ausübung der sogenannten ‚sharp power' hat die akademische Freiheit an vielen westlichen Universitäten bedroht, wo der Druck chinesischer Studentengruppen und anderer Organisationen spürbar ist. Dadurch werden ethnische chinesische Bürger zu Unrecht verdächtigt, was zu Vorurteilen und unbegründeten Anschuldigungen der doppelten Loyalität führt (Fukuyama, 2020)."[39]

---

[39] Vergleiche dazu u. a. die öffentliche Protestkampagne gegen Prof. Helbing, ETHZ, weil er in seiner Vorlesung eine Folie betr. China verwendet hat, die von China-Sympathisanten als politisch nicht korrekt beurteilt worden ist.

Internetsouveränität und Standards für neue Technologien Die „Great Firewall"[40] bedeutet die totale Kontrolle über Internet und soziale Medien in China gegenüber dem Ausland. Ausländische Plattformen und Internetadressen sind nur sehr selektiv zugelassen. Die Zensur Chinas ist in der Lage, unliebsame Meldungen oder Posts innerhalb von wenigen Stunden aus den sozialen Netzwerken verschwinden zu lassen oder bestimmte Worte oder Begriffe zu verbannen. Damit wird im Inland das Narrativ und die Deutungshoheit über alle, auch internationale Ereignisse und Entwicklungen beherrscht. 2019 ging die Einheitsfront eine Partnerschaft mit der Cyberspace Administration of China ein, um ihre eigene Arbeit mit Social-Media-Influencern auch im Ausland zu fördern.

Staatsmedien mit weltweiter Ausstrahlung China Central Television (CCTV) ist als Fernsehsender ausschließlich dem Staatsrat (der Regierung) und dem Zentralkomitee der KPCh gegenüber verantwortlich und ist dementsprechend den Richtlinien der Propaganda unterstellt. CCTV unterhält mit einem großen Aufwand eine weltweite Präsenz, um die chinesische Sicht der Dinge zu verbreiten (Nelson, 2013).

Xinhua News Agency ist Nachrichtenagentur und -monopolist der Volksrepublik und ebenfalls direkt dem Staatsrat untergeordnet. Sie stellt den Massenmedien im In- und Ausland Nachrichten im Sinne der KPCh und der chinesischen Zentralregierung zur Verfügung. Dafür betreibt sie u. a.

---

[40] Die „Great Firewall" ist eine Kombination aus legislativen Maßnahmen und Technologien, die von der Volksrepublik China zur Regulierung des Internets im Inland eingesetzt werden.

7 Die Strategie Chinas zur Positionierung als ...

Xinhuanet, eine globale Newsplattform, sowie New China Research (NCR, 2021), einen Thinktank, der sich auf politische Forschung zu wichtigen nationalen und internationalen Themen konzentriert. Der Vorstand von Xinhua ist Mitglied des Zentralkomitees der KPCh.

Die Global Times ist eine der zwei landesweiten englischsprachigen Tageszeitungen in China mit internationaler Ausstrahlung. Sie erscheint unter der Schirmherrschaft der Renmin Ribao, dem Organ der KPCh.

Dies zeigt: Die Medien Chinas mit internationaler Ausstrahlung sind gemäß den inhaltlichen Richtlinien und dem Narrativ der KPCh geführt und orchestriert. Ist die Massenkommunikation systematisch geplant und will sie nicht informieren oder argumentieren, sondern überreden oder überzeugen, bedient sie sich einer symbolisch aufgeladenen und ideologiegeprägten (Bild-)Sprache, welche Informationen falsch vermittelt oder ganz unterschlägt, dann haben wir es mit Propaganda zu tun. „Ziel von Propaganda ist es, bei den Empfängern eine bestimmte Wahrnehmung von Ereignissen oder Meinungen auszulösen, nach der neue Informationen und Sachverhalte in den Kontext einer ideologiegeladenen Weltsicht eingebettet werden (Framing). Der Wahrnehmungsraum, in dem die Empfänger Informationen einordnen oder bewerten können, wird so durch Propaganda langfristig manipuliert" (Bussemer, 2013, S. 2). Dies ist bei den chinesischen Medien der Fall, werden sie denn auch durch die Propagandaabteilung des Zentralkomitees der KPCh geführt. Diese ist de facto dem Staatsrat unterstellt, wenn sie auch formal nicht Teil des Staatsrates ist. Diese Abteilung ist das wichtigste De-facto-Büro für die Durchsetzung der Medienzensur und der Kontrolle sowie den Umgang mit Propaganda.

7.7 Stabilität und Kontinuität der Geopolitik Chinas – eine Einschätzung

Kann und wird China seine geopolitische Strategie, wie sie in diesem Kapitel skizziert und dokumentiert worden ist, ohne größere Probleme kontinuierlich über eine längere Zeit verfolgen und durchsetzen oder wird dieser Pfad möglicherweise durch Krisen und Instabilitäten gestört werden?

Verschiedene Überlegungen und Autoren kommen zum mehr oder weniger gleichen Schluss: Die Faktoren, die über Erfolg und Misserfolg in der großen geopolitischen Auseinandersetzung zwischen China und den USA zu einem ganz wesentlichen Teil beitragen werden, sind in der Innenpolitik resp. den innenpolitischen und binnenwirtschaftlichen Entwicklungen der Supermächte zu suchen (u. a. Mahbubani, 2021, S. 270), vgl. auch Kap. 3.

Im Falle von China
Die Wachstumsraten der Volkswirtschaft Chinas dürften künftig etwas geringer ausfallen. Damit verliert die materielle Absicherung der Legitimation der Macht der Partei an Gewicht (vgl. Kap. 3). Diese Herausforderung wurde durch die Willkür der Null-Covid-Politik und die damit verbundenen volkswirtschaftlichen und sozialen Kosten noch verschärft. Xi Jinping versucht, dies durch einen stärkeren Nationalismus, das „Common Prosperity Program", sowie durch den Kult um seine Person zu kompensieren. Doch: „Im Gegensatz zu Mao verfügt Xi nicht über eine starke Ideologie, die ihm Legitimität verleiht; der ‚Sozialismus mit chinesischen Merkmalen' oder der ‚Xi-Jinping-Gedanke' sind keine Ideen, für die viele Menschen sterben würden" (Fukuyama, 2020).

In der Einschätzung von Fukuyama (2020) ist es „sehr unwahrscheinlich, dass der Wandel von unten in Form einer breiten Volksbewegung kommt … Angesichts der bestehenden Kontrolle durch die KPCh und der schieren Größe des Landes wäre es äußerst schwierig, eine Massenmobilisierung zu koordinieren. Das Regime verfügt über reichlich repressive Mittel, von denen es nicht abgeneigt war, wenn nötig Gebrauch zu machen." Und weiter: „Wenn es zu einem Wandel kommen sollte, müsste dieser von den oberen Ebenen der Partei selbst ausgehen. In gewisser Weise sind die Mitglieder des Ständigen Ausschusses des Politbüros am meisten von Xi Jinpings Machtübernahme betroffen." Veränderungen müssten also von den chinesischen Eliten ausgehen, die wissen, wie ihr gegenwärtiges System funktioniert und wo die möglichen Druckpunkte für Veränderungen liegen.

Entscheidend wird damit die Entwicklung innerhalb der KPCh sein. Im Wesentlichen werden nur Veränderungen in und von der Partei zu einer anderen Politik führen. Damit gilt es, die Partei und ihre Entwicklung zu beobachten und zu beurteilen.

Kommunistische Partei Chinas
Die „KPCh als ein einheitliches und undifferenziertes politisches Organ zu betrachten … ist naiv und irreführend. Jeder Versuch, die chinesische Innenpolitik zu verstehen, erfordert ein Verständnis der verschiedenen inoffiziellen Fraktionen innerhalb der Partei und ihrer unterschiedlichen Ziele" (Grano, 2021). Das Primat der Politik und dabei die Führungsrolle der KPCh ist völlig unbestritten. Das politische System der Volksrepublik China beruht auch formal, gemäß Verfassung auf dem uneingeschränkten Führungsanspruch der KPCh gegenüber dem gesamten Land. Und der Vorsitzende der KPCh, Xi Jinping, ist der

„Überragende Führer" bzw. „Oberste Führer". Die KPCh wird autoritär und zentralistisch geführt.[41] Fukuyama hält anerkennend fest, dass Xi mit Mut und Geschick das riesige, weit verzweigte Parteisystem nach seinem Willen umgestaltet hat. Xis Fraktion basiert auf einem klientelistischen Netzwerk zwischen den oberen und den unteren Rängen der Partei und hat sich durchgesetzt.

Es ist das Bestreben von Xi und der KPCh, eine totalitäre Kontrolle über die chinesische Gesellschaft zu erlangen, wie sie in der bisherigen Menschheitsgeschichte noch nie versucht worden ist. In dieser Hinsicht lehnt sie sich mehr an Stalins Sowjetunion an als an irgendetwas in der früheren Geschichte Chinas. Xi tut alles in seiner Macht Stehende, um so viel wie möglich vom maoistischen Modell wiederherzustellen. „Selbst Mao hatte Rivalen in der Führung. Xi hat im Moment dafür gesorgt, dass er keine hat" (McGregor, 2019).

Am 20. Parteitag im Oktober 2022 hat sich Xi Jinping die absolute Macht gesichert. Innerhalb der KPCh gibt es das alte, auf Konsens zwischen den verschiedenen Fraktionen ausgelegte Modell nicht mehr. Im Politbüro sowie im Zentralkomitee sind keine anderen Fraktionen mehr vertreten. Auch wurden alle Reformer kaltgestellt und steht Ideologie nun über der Wirtschaft.

Cai Xia (2021), ehemalige Professorin der zentralen Parteihochschule, die die Spitzenkräfte der KPCh ausbildet, hat dies offensichtlich kommen sehen, als sie 2021 dazu Folgendes schrieb: Die Ereignisse 2014 und 2015 in China würden bestätigen, „dass Xi China in Sachen Reformen von der Stagnation in die Regression geführt hatte". „Xi ist kein Reformer. Im Laufe seiner Amtszeit ist das Regime weiter zu einer politischen

---

[41] Heute wacht die KPCh über die Regierung; die Organisationsabteilung der Partei wacht über die Partei, und unter Xi Jinping wurde die Zentrale Kommission für Disziplinaraufsicht ermächtigt, die Organisationsabteilung zu überwachen und das System als Ganzes von Korruption zu befreien (vgl. Fukuyama, 2020).

7 Die Strategie Chinas zur Positionierung als ...

Oligarchie verkommen, die sich mit Brutalität und Rücksichtslosigkeit an der Macht halten will. Es ist noch repressiver und diktatorischer geworden. Xi ist von einem Personenkult umgeben, der die Ideologie der Partei fest im Griff hat und den wenigen Raum, den es für die politische Meinungsäußerung und die Zivilgesellschaft gab, beseitigt hat."[42]

Und Wandel? Pessimistische Einschätzung
Cai Xia schildert 2020 am Beispiel der KPCh eine typische Fehlentwicklung eines autoritären Regimes. In ihrer Einschätzung (im Interview mit Kuo, 2020) hat die KPCh die Fähigkeit verloren, Fehler zu korrigieren. Ob es sich nun um eine nationale oder internationale Angelegenheit handelt, Xi Jinping entscheidet über alle großen Fragen selbst. Für andere ist es sehr schwierig, Xi zu beeinflussen, ja gar einzuschränken. Damit sei es unvermeidlich, dass bei seinem Urteil und seinen Entscheidungen früher oder später auch Fehler passieren. Aber da er aufgrund seiner Macht jeden bestrafen kann, den er will, wagt es niemand, ihm eine andere Meinung zu sagen oder auch nur die wirkliche Situation zu schildern: Gruppendenken (Echokammer) ist die Folge.[43] Da ihm niemand die Wahrheit sagt oder diese sogar vor ihm verbirgt, kennt er die Wahrheit nicht unbedingt und kommt auch deshalb zu Fehlurteilen.[44]

---

[42] Cai Xia lebt heute in den USA. Im Juni 2020 kritisierte sie gemäß einem Bericht im The Guardian (Kuo, 2020) den moralischen Zerfall der Partei. Sie war 2020 der Meinung, dass die meisten Parteimitglieder in der aktuellen chinesischen Regierung auf einen Machtwechsel hoffen, jedoch nicht zu reden wagen.

[43] Der (2016 verabschiedete) Disziplinarkodex für Parteimitglieder enthält eine Maßnahme, die besagt, dass man die Politik der Partei nicht verfälschen oder entstellen darf. Sobald man eine andere Meinung vertritt, verstößt man gegen die Parteidisziplin, und Xi oder die Partei kann das für Disziplinarmaßnahmen verwenden.

[44] Cai Xia meint, dass es deshalb eine Reform der KPCh geben müsse, und schätzt 2020, dass innerhalb der KPCh rund 70 % und unter den mittleren und hohen Beamten ein noch höherer Anteil dies auch so sieht. Der 20. Parteitag führte jedoch in eine andere Richtung.

Es ist ein Teufelskreis („vicious cycle"). Wurde eine falsche Entscheidung getroffen, so ist das Ergebnis negativ. Aber die in den unteren Rängen haben zu viel Angst, es Xi zu sagen, und so werden weiterhin falsche Entscheidungen getroffen, bis die Situation außer Kontrolle gerät, vgl. die Null-Covid-Strategie. In diesem Teufelskreis gibt es keine Möglichkeit, das Abgleiten Chinas in eine Katastrophe aufzuhalten. McGregor (2019) verweist auf die Erfahrungen der jüngsten chinesischen Geschichte und meint, dass Xi „das System früher oder später einholen (wird). Es ist nur eine Frage des Zeitpunkts."

Grano (2021) kommt zu einer eher pessimistischen Einschätzung zur eingangs in diesem Abschnitt gestellten Frage: „Langfristig würden als Folge einer Schwächung des innerparteilichen Institutionalisierungsprozesses destruktive Machtkämpfe wahrscheinlicher und damit auch eine Destabilisierung des Systems." Huotari (2022) schreibt im gleichen Zusammenhang von einer heftigen Auseinandersetzung der KPCh und deren Führung um die Zukunft Chinas. „Diese Auseinandersetzung definiert Xi immer offener in harten marxistisch-leninistischen Zügen, historisch- und materialistisch-dialektisch als Kampf und Bearbeitung zentraler ‚Widersprüche', als notwendige und geradezu positiv aufgeladene Konfrontation beziehungsweise Schlachten, die zu schlagen sind, um die Partei, die Führung und den Aufstieg Chinas abzusichern." Und Grano fährt weiter: „Unter der Führung von Xi steigt die Möglichkeit einer Regimekrise stetig, da er die politische Macht weiter auf sich konzentriert und etablierte politische Normen individualisiert. Es ist wahrscheinlich, dass das politische System weiter in Strukturen starrer Repression einfrieren wird, was eine Reihe von Herausforderungen mit sich bringen würde, die globale Auswirkungen haben könnten" (Grano, 2021).

7.8 Fazit: globale Ambitionen mit klarer Strategie

Aufgrund der Analyse in diesem Kapitel kommt klar zum Ausdruck, dass die Volksrepublik in den internationalen Beziehungen klare Ziele verfolgt. Es geht darum, sich als globale Macht zu positionieren und dabei die Weltordnung in ihrem Sinne und gemäß ihren Interessen neu zu gestalten. So sagte Xi Jinping bei seiner Verabschiedung von Putin in Moskau: „Derzeit finden Veränderungen statt, wie wir sie seit hundert Jahren nicht mehr gesehen haben. Und wir sind es, die diese Veränderungen gemeinsam vorantreiben", worauf Putin zustimmte (Speck, 2023). So sollen z. B. Werte und Normen gelten, die chinesische Präferenzen widerspiegeln.[45] China ist in verschiedener Hinsicht bereits sehr mächtig und wird sich als globale Macht weiter etablieren und sich Anerkennung verschaffen. Das ist eine Tatsache, mit der sich die Welt längerfristig einrichten muss.

Peking verfolgt eine *ambitiöse Vision*: „Ein globales Netzwerk von Partnerschaften, in dessen Mittelpunkt China steht, würde an die Stelle des US-amerikanischen Systems von Vertragsbündnissen treten, die internationale Gemeinschaft würde Pekings autoritäres Regierungsmodell als überlegene Alternative zur westlichen Wahldemokratie betrachten, und die Welt würde der Kommunistischen Partei Chinas dafür danken, dass sie einen neuen Weg zu Frieden, Wohlstand und Modernität entwickelt hat, dem andere Länder folgen können" (Tobin, 2019, S. 42).[46]

---

[45] Zum Beispiel, dass das Recht auf Entwicklung über die individuellen politischen und bürgerlichen Rechte gestellt wird und dass technische Standards festgelegt werden, die eine staatliche Kontrolle des Informationsflusses ermöglichen.

[46] Nach Nadège (2020) hat die KPCh noch keine explizite alternative Vision davon entworfen, wie die Welt aussehen sollte. „Die kollektiven intellektuellen Bemühungen spiegeln die Sehnsucht nach einer partiellen Hegemonie wider, die locker über große Teile des ‚globalen Südens' ausgeübt wird – ein Raum, der frei

Dies verfolgt die Volksrepublik über eine wohlüberlegte, umfassende und langfristig ausgerichtete Strategie. Ihre Ziele werden über mehrere Kanäle wie Wirtschaft (Belt and Road, „dual circulation"), Politik/Diplomatie, Militär und Technologie gleichzeitig und konzertiert angestrebt. Dazu wird ein Netzwerk von vielfältigen Beziehungen verbunden mit Koalitionen aufgebaut und genutzt. Ob diese Strategie aufgrund von im Verlaufe der Zeit gemachten Erfahrungen im gleichen Stil pragmatisch und flexibel angepasst und weiterentwickelt wird, wie dies vor Xis absoluter Machtübernahme der Fall war, bleibt abzuwarten.

Der Staats- und Parteiapparat der VRC, der diesen Prozess führt, ist gut organisiert und leistet analytisch eine sehr gute Arbeit. Dies betont Mahbubani (2021) und würdigt wiederholt dessen große Leistungsfähigkeit. Zudem dürfte China seine Politik mittelfristig stetig und beharrlich verfolgen. Demgegenüber wurden im letzten Abschnitt auch einige Zweifel an der Stabilität und Reformfähigkeit der KPCh in der längeren Frist und damit verbundene Risiken festgehalten.

Als autoritäres System verfügt die Volksrepublik über Vorteile gegenüber demokratischen Systemen. Sie kann politische Entscheide rascher fällen, top-down und zumindest mittelfristig stetig und beharrlich durchsetzen. Das Durchhaltevermögen ist größer; die Empfindlichkeit gegenüber anfallenden Kosten und kurzfristigen Rückschlägen geringer. Allerdings bestehen auch Nachteile wie ein Risiko zur Sklerose, Reformunfähigkeit und damit Selbstblockierung und mögliche Inkonsistenzen oder für Externe die geringe Vorhersehbarkeit.

---

von westlichem Einfluss und von liberalen Idealen gereinigt wäre. Die Konturen dieses neuen Systems würden nicht entlang präziser geografischer oder ideologischer Linien gezogen, sondern durch das Maß an Ehrerbietung definiert, das diejenigen, die sich in Chinas Einflussbereich befinden, bereit sind, Peking entgegenzubringen." Vergleiche dazu das zu Beginn des Kapitels geschilderte traditionelle chinesische Denken und die Vorstellung vom kaiserlichen Charisma.

7 Die Strategie Chinas zur Positionierung als ...

Die autoritären Züge der VRC und der KPCh in internen Angelegenheiten kommen auch in der Außen- und Geopolitik deutlich zum Ausdruck: eine autoritäre Politikkultur. China gestaltet seine internationalen Beziehungen mit und über seine Macht. Der Auftritt ist machtbewusst, mit großem Selbstbewusstsein, einem Gefühl der Überlegenheit, zum Teil rechthaberisch bis arrogant („wolf warrior diplomacy"). Ein Risiko von Fehlurteilen aufgrund einer Selbstüberschätzung besteht.

„Großmächte streben eine militärische Expansion an, um die Sicherheit zu erhöhen, den Zugang zu Ressourcen aufrechtzuerhalten oder zu erhalten, um inländische Interessengruppen zu befriedigen und um ihr Prestige zu stärken" (The Hague Report, 2021). Das trifft auch für China zu und entsprechende militärische Entwicklungen sind im großen Umfang bereits im Gange.

Die VRC nutzt ihre „power projection" und damit ihre Fähigkeit, ihre politischen Interessen mit Androhung oder Anwendung der verschiedensten Formen von Gewalt auch weit entfernt von ihrem eigenen Territorium durchzusetzen. Dazu dienen in erster Linie Chinas Größe, die Attraktivität und Anziehungskraft von Chinas Markt, damit verbundene Abhängigkeiten Dritter und das große Potential für Handelssanktionen. Zur „power projection" gehören weiter Chinas gut organisierte und schlagkräftige Diplomatie, die Einheitsfront sowie die Größe und Demonstration militärischer Macht, die laufend ausgebaut und bald noch deutlicher werden dürfte.

Die „Soft Power" Chinas ist der indirekte und nichtmilitärische Einfluss der Volksrepublik, der außerhalb des Landes auf der ganzen Welt zu beobachten ist. Inwiefern kann die Volksrepublik „andere dazu bringen, sich konsistent mit ihren Interessen, ja unterstützend zu verhalten", ohne dass sie auf harte Macht zurückgegriffen werden muss? China verfügt aufgrund seiner Kultur, Geschichte, seines Bildungsstandes und der intellektuellen Fähigkeiten seiner Gesellschaft über ein großes Potential an „Soft

Power". Diese ist in den letzten Jahren (vor allem in hochentwickelten Ländern) nachweislich deutlich zurückgegangen.[47] Es besteht keine Begeisterung oder gar Identifikation mit aktuellen chinesischen Vorstellungen und Werten. Die Konfuzius-Institute als Element einer „Soft-Power"-Initiative Chinas waren ein Misserfolg.

Bisher waren militärische Interventionen Chinas eher selten. Die Volksrepublik verfolgte ihre Ziele schwergewichtig mit wirtschaftlichen und diplomatischen Anreizen verbunden mit Drohungen, mit Zwang und Druck u. a. über Abhängigkeiten. Andere Nationen sollten sich fürchten. Dies entsprach der landesinternen Politik über Kontrolle und Repression. Es stellt sich die Frage, wie nachhaltig eine Strategie im globalen Kontext ist, die alleine auf Macht, Abhängigkeiten, Drohungen und Kontrolle beruht. Sie dürfte längerfristig an Grenzen stoßen.

Eine aktuelle und breit diskutierte Frage ist, ob die VRC gemäß ihrer Strategie rein auf die Stärkung der eigenen Sicherheit ausgerichtet oder international ausgreifend und expansiv ist. Wie in diesem Kapitel aufgezeigt, gibt es viele Anzeichen und Maßnahmen, seien sie in Vorbereitung oder bereits getroffen, die eindeutig auf eine Expansion schließen lassen. Gemäß eigenem Narrativ will die VRC nicht expansiv sein und ihr Modell nicht aktiv exportieren. Gleichzeitig sieht sich die Volksrepublik als attraktives Vorbild für andere Nationen. Und als Vorbild würde sie von vielen Nationen angefragt und eingeladen zusammenzuarbeiten, z. B. in Afrika, worauf sie gerne eintritt.

Die VRC macht oft ambitionierte Ankündigungen und tritt mit hohen Ansprüchen auf, obwohl einige davon noch

---

[47] Laut dem Asia Power Index 2019 steht China an der Spitze des diplomatischen Einflusses und rangiert nach den USA auf Platz 2 von 25 Ländern, was den kulturellen Einfluss angeht. Im Soft Power Index für 2018 und 2019, der von Portland Communications und dem USC Center on Public Diplomacy veröffentlicht wurde, liegt China jedoch lediglich auf Platz 27 von 30 Ländern. Quelle: Wikipedia, Soft Power of China.

nicht erreicht sind, ja ihre Erfüllung nicht absehbar ist. Zu erwarten sind Rückschläge. Handlungsspielräume dürften in Zukunft enger werden, z. B. aufgrund einer zu erwartenden Wachstumsabflachung und Strukturkrisen (u. a. im Immobilienmarkt). Einige der ambitionierten Programme und Ankündigungen werden nicht mehr erreichbar sein. Ist die VRC, die KPCh in der Lage, zu redimensionieren, veröffentlichte Ambitionen selbständig zurückzunehmen und den möglichen Gesichts- und Imageverlust zu riskieren? Genügt Repression alleine sogar noch mit einer Intensivierung oder könnte es nicht doch zu protestartigen Ausbrüchen kommen?

Die Strategie der VRC ist teuer und erfordert einen riesigen Aufwand, sei es an Personal, sei es an Finanzen. BRI (als Infrastrukturstrategie) sowie der militärische Aufbau absorbieren massive volkswirtschaftliche Ressourcen, die für andere Zwecke wie z. B. weitere Armutsbekämpfung oder Ausbau des Gesundheitssystems im Inneren eingesetzt werden könnten. Es wird sich zeigen, ob es zu einer Überforderung Chinas, ja Überdehnung der eigenen Möglichkeiten kommen wird.

Wesentlich für die globale Entwicklung wird sein, wie die VRC auf eine solche neue Konstellation reagieren wird. Wird sie durch offensives Verhalten gegen außen, im internationalen Auftreten die Schwierigkeiten zu überspielen versuchen? Wird die VRC den Nationalismus noch stärker mobilisieren und etwa ihre Ansprüche gegenüber Taiwan nutzen, um die eigenen Reihen zu schließen?

Aufgrund der hohen Ansprüche der VRC und der geschilderten Konstellation sind Konflikte, Spannungen und Probleme in den internationalen Beziehungen unvermeidlich. Der Machtanspruch der VRC provoziert Reaktionen, eine Gegenmacht oder auch mehrere. Dies werden in erster Linie die USA sein (siehe Kap. 3), möglicherweise aber auch andere Nationen oder Bündnisse wie die EU (siehe Kap. 9). Alles läuft auf „Great Power Competition" hinaus (dazu Kap. 10). Der Erfolg der Strategie der VRC hängt wesentlich von der Fähigkeit der Welt ab, sich dem chinesischen Zwang zu widersetzen, sowie von der Fähigkeit der Demokratien der Welt, ihre eigene überzeugende Vision für die Zukunft der Welt zu formulieren und pragmatisch und erfolgversprechend zu verfolgen, durch eigene Leistungen von hoher Qualität zu überzeugen. Eine Ausgrenzung Chinas alleine dürfte bestenfalls kurzfristige und partielle Erfolge bringen und keine Lösung für die Zukunft sein.

Heute konkurrieren die USA und China, oft mit Russland an seiner Seite, um die Gestaltung der Sicherheitsarchitektur sowie der Weltwirtschaftsordnung mit Normen und Praktiken weltweit, einschließlich Handels- und Investitionsregelungen und der Entwicklung und Regulierung neuer technologischer Infrastrukturen. Die damit verbundenen Reibungen und Auseinandersetzungen werden sich über Jahrzehnte auswirken, nicht nur in China, den USA und Russland, sondern auch in Indien, Afrika und Europa, in der Arktis, im Weltraum und im Cyberspace. Die große Herausforderung für die Weltgemeinschaft wird es sein, eine funktionsfähige und friedliche Koexistenz westlich geprägter Systeme mit dem autoritären System der Volksrepublik und anderen herzustellen und zu leben.

Entwicklung und Resultat dieser Auseinandersetzung sollten nicht primär über Militär oder Kriege geführt und gewonnen resp. „gelöst" werden. Vielmehr spielen die jeweilige interne Verfassung und die Leistungs- und Reformfähigkeit der großen Mächte und die damit verbundenen Beziehungen zwischen Staat, Wirtschaft, Technologie und Diplomatie eine zentrale Rolle.

Literatur

Baumann, M. (2021, 10. Juni). Im Streit um die chinesische Universität erleidet Ungarns Ministerpräsident Orban eine empfindliche Niederlage. *NZZ*. https://www.nzz.ch/mei-

nung/fudan-universitaet-in-budapest-orban-erleidet-eine-niederlage-ld.1629785. Zugegriffen am 10.02.2022.
Bernath, M. (2023, April 9). China und die USA in Nigeria – Warum Afrika kein Spielball der Supermächte ist. *Bund.* https://www.derbund.ch/warum-afrika-kein-spielball-der-supermaechte-ist-792422927900. Zugegriffen am 03.05.2022.
Büchenbacher, K., & Wolf, Ph. (2023, April 3). China-Expertin: „Die USA unternehmen alles, damit das autoritäre China technologisch zurückbleibt". *NZZ.* https://www.nzz.ch/international/china-expertin-usa-wollen-dass-china-technologisch-zurueckbleibt-ld.1730237. Zugegriffen am 07.05.2022.
Buckley, Ch. (2020, October 14). Xi's post-virus economic strategy for China looks inward. *New York Times.* https://www.nytimes.com/2020/09/07/business/china-xi-economy.html. Zugegriffen am 15.02.2022.
Bussemer, Th. (2013). *Propaganda. Theoretisches Konzept und geschichtliche Bedeutung.* Version: 1.0. Docupedia-Zeitgeschichte. http://docupedia.de/zg/bussemer_propaganda_v1_de_2013. Zugegriffen am 02.02.2022.
China Centre for International Economic Exchange, United Nations Development Programme. (2021). *Paving the way for low-carbon development globally and along the belt and road.*
China's State Council Information Office. (2015, May). *China's military strategy.* Xinhua.
China's State Council Information Office. (2019, July). *China's national defense in the new era.* Xinhua.
China's State Council Information Office. (2021). *China: Democracy that works.* Xinhua.
Dittli, M. (2021, September 29). „Das autoritäre kapitalistische Modell Chinas fordert Amerika heraus". *NZZ the market.* https://www.nzz.ch/pro-global/asien/das-autoritaere-kapitalistische-china-fordert-amerika-heraus-ld.1578909. Zugegriffen am 02.10.2021.
Economy, E. (2022). Xi Jinping's new world order – Can China remake the international order? *Foreign Affairs, 101*(01), 52–67.
Elliott, J. E. (2002). *Some did it for civilisation, some did it for their country: A revised view of the boxer war.* Chinese University Press. https://lib.ugent.be/en/catalog/rug01:000825315?i=14

&q=Art%2C+Chinese+Ming-Qing+dynasties%2C+1368-1912&search_field=subject. Zugegriffen am 20.02.2022.

Erling, J. (2018, 8. Oktober). Mit der Festnahme des Interpol-Chefs setzt China sein Image aufs Spiel. Welt. https://www.welt.de/politik/ausland/article181803920/Meng-Hongwei-Mit-der-Festnahme-des-Interpol-Chefs-setzt-China-sein-Image-aufs-Spiel.html. Zugegriffen am 21.10.2021.

Eyssel, B. (2021, Dezember 15). China – Plötzlich eine „Demokratie". *ARD-Tagesschau.* https://www.tagesschau.de/ausland/asien/china-975.html. Zugegriffen am 03.03.2022.

Fu Cong. (2023, March 28). *China and the EU are partners rather than rivals.* Ambassador Fu Cong's Exclusive Interview with the Diplomatic World. china-mission.gov.cn. Zugegriffen am 05.03.2022.

Fukuyama, F. (2020). What kind of regime does China have? *The American Interest.* (15/6) May 18.

Fung, C., & Lam, S. (2020). Chinas ‚bürokratischer Fußabdruck' in den UN. *Zeitschrift für die Vereinten Nationen und ihre Sonderorganisationen, 6,* 243 ff.

Gelpern, A., Horn, S., Morris, S., Parks, B., & Trebesch, C. (2021). *How China lends – A rare look into 100 debt contracts with foreign governments.* Kiel Institute for the World Economy/Georgetown Law and Peterson Institute for International Economics.

Gewirtz, J. (2020, November/December). China thinks America is losing – Washington must show Peking it's wrong. *Foreign Affairs.*

Global Times (2023, September 13). China issues proposals on reform, development of global governance. https://www.globaltimes.cn/pages/202309/1298513,shtml. Zugegriffen am 26.09.2023.

Global Times (2023, September 26). China releases a white paper on its proposals, actions on „building a global community of shared future". https://www.globaltimes.cn/page/202309/1298963.shtml. Zugegriffen am 27.09.2023.

Grano, S. A. (2021, Juni 25). Die Kommunistische Partei Chinas: Fraktionen, Konflikte und Zukunftsszenarien. *NZZ pro Global.*

Grossman, D. (2022, February 4). Modi's foreign-policy juggling act. *Foreign Policy.*

Grotto, A. (2019, September). The Huawei problem: A risk assessment. *Global Asia, 14*(3), 13 f. https://www.globalasia.org/v14no3/cover/the-huawei-problem-a-risk-assessment_andrew-grotto. Zugegriffen am 05.02.2020.

Grzanna, M. (2021, Juli 3). Propagandamaschine im Ausland. Chinas „magische Waffe" heißt Einheitsfront. *Ntv.* https://www.n-tv.de/politik/Chinas-magische-Waffe-heisst-Einheitsfront-article22660713.html. Zugegriffen am 05.03.2022.

Hamilton, C., & Ohlberg, M. (2020). *Die lautlose Eroberung. Wie China westliche Demokratien unterwandert und die Welt neu ordnet.* Deutsche Verlags-Anstalt.

Hein, M. von. (2018, Mai 7). Xi Jinping und der „Chinesische Traum". *Deutsche Welle.* https://www.dw.com/de/xi-jinping-und-der-chinesische-traum/a-43545156. Zugegriffen am 07.03.2021.

Herrero, A. G. (2021, September 1). What is behind China's dual circulation strategy. *China Leadership Monitor,* (69). https://www.prcleader.org/_files/ugd/af1ede_23bce3e803574025848156e2ba8ca776.pdf. Zugegriffen am 13.03.2022.

Hilpert, H. G., Krumbein, F., & Stanzel, V. (2019). Chinas gelenkte Erinnerung – Wie historische Ereignisse erinnert, glorifiziert, umgedeutet und verschwiegen werden. *Stiftung für Politik-aktuell,* Nr. 70, Dezember.

Hofer, R. (2021, Oktober 19). Wie hoch sind die Schulden der Entwicklungsländer bei China? Daten zur neuen Seidenstrasse geben Auskunft. *NZZ.*

Horn, S., Parks, B. C., Reinhart, C. M., & Trebesch, Ch. (2023). *China as an international lender of last resort* (Working paper 124). *AIDDATA.*

Hotz-Hart, B. (2023, August 2). Chinas akademischer Nachwuchs im Ausland steht unter der Kontrolle der Kommunistischen Partei. NZZ. https://www.nzz.ch/meinung/chinas-studentenstehen-unter-kontrolle-der-partei-ld.1746278?reduced=true. Zugegriffen am 04.08.2023.

Huotari, M. (2022, Oktober 23). Festung China. Xi Jinping hat sich auf ganzer Linie durchgesetzt. China wird dadurch nicht unbedingt krisenfester – aber konfliktfähiger. *Internationale Politik* 6–2022. https://internationalepolitik.de/de/festung-china. Zugegriffen am 05.11.2022.

Infosperber. (2023, Februar 26). Der chinesische „Friedensplan" für die Ukraine im Wortlaut. https://www.infosperber.ch/medien/medienkritik/der-chinesische-friedensplan-fuer-die-ukraine-im-wortlaut/. Zugegriffen am 27.02.2023.

Kamp, M. (2021, November 30). Peking will die Zusammenarbeit mit Afrika auf breiter Front vertiefen. *NZZ*. https://www.nzz.ch/pro-global/asien/peking-will-die-zusammenarbeit-mit-afrika-vertiefen-ld.1657798. Zugegriffen am 10.03.2022.

Klingbacher, B. (2020, August 28). „Ich weiss nicht, auf welcher Seite jemand steht". Interview mit Chinaexperte Ralph Weber. *NZZ*. https://www.nzz.ch/folio/ich-weiss-nicht-auf-welcher-seite-jemand-steht-ld.1623226. Zugegriffen am 15.03.2022.

Kratz, A., Mingey, M., & D'Alelio, D. (2020). *Seeking relief: China's overseas debt after COVID-19*. Rhodium Group. https://rhg.com/research/seeking-relief/. Zugegriffen am 10.11.2021.

Krishanan, A. (2021, April 20). A few countries cannot set global rules, says Chinese President Xi Jinping. *The Hindu*. https://www.thehindu.com/news/international/a-few-countries-cannot-set-global-rules-says-chinese-president-xi-jinping/article34368804.ece. Zugegriffen am 20.11.2021.

Kuhn, B. (2021). Chinas Belt and Road Initiative wandelt sich. *Wirtschaftsdienst, 11*, 901–905. https://www.wirtschaftsdienst.eu/inhalt/jahr/2021/heft/11/beitrag/chinas-belt-and-road-initiative-wandelt-sich.html. Zugegriffen am 13.01.2022.

Kuo, L. (2020, August 18). 'He killed a party and a country': A Chinese insider hits out at Xi Jinping. Interview with Cai Xia. *The Guardian*.

Lemoine, J., & Gaafar, Y. (2022, August 18). There's more to China's new global development initiative than meets the eye. *New Atlanticist*. https://www.atlanticcouncil.org/blogs/new-atlanticist/theres-more-to-chinas-new-global-development-initiative-than-meets-the-eye/. Zugegriffen am 13.09.2022.

Mahbubani, K. (2021). *Hat China schon gewonnen? Chinas Aufstieg zur neuen Supermacht*. Kulmbach. Börsenmedien.

Maihold, G. (2022). Von BRICS zu BRICS+: Suche nach Allianzen und neuer Identität. *Stiftung für Wissenschaft und Politik*. https://www.swp-berlin.org/publikation/von-brics-zu-brics-suche-nach-allianzen-und-neuer-identitaet. Zugegriffen am 16.09.2022.

Mardell, J. (2022, March 2). *The belt and road: Bigger than infrastructure*. China Observers in Central and Eastern Europe (CHOICE). https://chinaobservers.eu/the-belt-and-road-bigger-than-infrastructure/. Zugegriffen am 04.09.2022.

Matthes, J., & Fritsch, M. (2022, Januar 28). Auswirkungen der Sanktionen Chinas gegen Litauen auf die EU. Institut der Deutschen Wirtschaft. *IW-Kurzbericht* 4/2022, 28.01.2022.

Mattis, P. (2021). Politische Konsultativkonferenz des chinesischen Volkes. Wiki.edu. https://wiki.edu.vn/wiki18/2021/01/04/politische-konsultativkonferenz-des-chinesischen-volkes/. Zugegriffen am 08.09.2021.

McGregor, R. (2019, September/October). Party man – Xi Jinping's quest to dominate the party. *Foreign Affairs, 98*(5), 18.

Menon, S. (2021, December 8). How India and China can keep the peace – Better diplomacy and stronger guardrails can prevent war. *Foreign Affairs*.

Merics. (2019, August 28). *Networking the "belt and road" – The future is digital*. https://merics.org/de/tracker/networking-belt-and-road-future-digital. Zugegriffen am 14.09.2020.

Merics (2021, April 28). *"Correct choice" on strategic autonomy: What China wants from the EU*. MERICS Europe China 360°. Berlin. https://merics.org/en/mericsbriefs/correct-choice-strategic-autonomy-what-china-wants-eu. Zugegriffen am 07.09.2021.

Ministry of Foreign Affairs of the People's Republic of China. (2023, September 13). Proposal of the People's Republic of China on the Reform and the Development of Global Governance. https://www.fmprc.gov.cn/eng/wjbxw/202309/t20230913_11142010.html#:~:text=China%20will%20enhance%20international%20exchange,benefit%2C%20to%20tap%20into%20China%27s. Zugegriffen am 26.09.2023.

Mohan, C. R. (2021, March 19). India romances the west – In a deepening geopolitical shift, New Delhi is inching closer on many fronts. *Foreign Policy*.

Mohan, C. R. (2022, April 6). Across South Asia, U.S. and India push back against China – Beijing's strategic initiatives on the subcontinent are sputtering. *Foreign Policy*.

Mühlhahn, K. (2021). *Geschichte des modernen China. Von der Qing-Dynastie bis zur Gegenwart*. Beck Verlag.

Mulakala, A. (2022). China's global development initiative: Soft power play or serious commitment? *Devpolicyblog*. Development Policy Centre. Australia National University. https://devpolicy.org/chinas-gdi-soft-power-play-or-serious-commitment-20221018/. Zugegriffen am 21.09.2022.

Nadège, R. (2020). *China's vision for a new world order* (nbr special report #83). National Bureau of Asian Research.

Nelson, A. (2013). *CCTV's international expansion: China's grand strategy for media?* Centre for International Media Assistance.

New China Research (NCR). (2021, December 7). *Pursuing common values of humanity – China's approach to democracy, freedom and human rights* (White paper). Xinhua.

Pottinger, M. (2021). Peking's American hustle how Chinese grand strategy exploits U.S. power. *Foreign Affairs, 100*(5), 102.

Prantner, Ch. (2021, Januar 3). China versucht, Deutschland mit der Einheitsfront aufzurollen. *NZZ*.

Presseamt des Staatsrates der VR China (2004). Das „Ein China"-Prinzip und die Taiwan Frage. http://de.chinaembassy.gov.cn/det/zt/zgzfbps/200404/t20040429_3130683.htm. Zugegriffen am 12.10.2021.

Quinn, B. (2019, October 18). Hong Kong protesters in UK say they face pro-Beijing intimidation. *The Guardian*. https://www.theguardian.com/uk-news/2019/oct/18/hong-kong-protesters-uk-pro-beijing-intimidation. Zugegriffen am 10.09.2020.

Rahn, W. (2019, April 26). Will China's 5G 'digital Silk Road' lead to an authoritarian future for the internet? *Deutsche Welle*. https://www.dw.com/en/will-chinas-5g-digital-silk-road-lead-to-an-authoritarian-future-for-the-internet/a-48497082. Zugegriffen am 05.09.2020.

Rudolf, P. (2022, Januar 6). *Kollektive Gegenmachtbildung – US-Chinapolitik unter Präsident Biden*. Stiftung für Wissenschaft und Politik. SWP-Aktuell 2022/A 02. https://www.swp-berlin.org/10.18449/2022A02/. Zugegriffen am 20.02.2022.

Sander, M. (2023, April 4). China sieht Europa teilweise als Vasallen der USA – und will es am liebsten loseisen. *NZZ*. https://www.nzz.ch/technologie/china-sieht-europa-teilweise-als-vasallen-der-usa-und-will-es-am-liebsten-loseisen-ld.1732367. Zugegriffen am 05.04.2023.

Schäfer, C. (2022). *Chinas Diasporapolitik unter Xi Jinping: Inhalte, Grenzen und Herausforderungen.* (SWP-Studie. 9/2022). Stiftung Wissenschaft und Politik -SWP- Deutsches Institut für Internationale Politik und Sicherheit. https://doi.org/10.18449/2022S0. Zugegriffen am 11.10.2022.

Shi-Kupfer, K., & Ohlberg, M. (2019, April). *China's digital rise. Challenges for Europe* (Papers on China no 7). Merics. Mercator Institute for China Studies.

Smith, St. N. (2021, February 16). "China's "Major Country Diplomacy": Legitimation and foreign policy change". *Foreign Policy Analysis, 17*(2).

Speck, U. (2023, März 29). Putin hat Russland in ein geopolitisches Desaster geführt. Der Besuch von Xi hat das für alle Welt sichtbar gemacht. *NZZ.* https://www.nzz.ch/pro-global/xi-in-moskau-kishida-in-kiew-wie-der-krieg-die-globale-geopolitik-dynamisiert-ld.1732342. Zugegriffen am 30.03.2023.

State Council Information Office of the People's Republic of China (2023, September 26). Full Text: A Global Community of Shared Future: Chinas Proposal and Actions. Beijing.

Tatlow, K. (2019). *Das chinesische Streben nach Einfluss: Verdeckt und vor aller Augen.* Deutsche Gesellschaft für Auswärtige Politik. https://dgap.org/de/forschung/publikationen/das-chinesische-streben-nach-einfluss-verdeckt-und-vor-aller-augen. Zugegriffen am 21.09.2021.

The Hague Report (2021). China's military rise and the implications for European security. The Hague Centre for Strategic Studies. The Hague.

Tobin, L. (2019). Xi's vision for transforming global governance a strategic challenge for Washington and its allies. In S. D. McDonald & M. C. Burgoyne (Hrsg.), *China's global influence: Perspectives and recommendations.* Asia-Pacific Centre for Security Studies. https://dkiapcss.edu/chinasglobalinfluence/. Zugegriffen am 15.10.2021.

U.S.-China Economic and Security Review Commission. (2020). *Section 2: China's growing power projection and expeditionary.* 2020 Report to Congress of the U.S.-China Economic and Security Review Commission, 386–430.

Wang, Ch. N. (2021, July). *China Belt and Road Initiative (BRI) investment* (Report H1 2021). IIGF Green BRI Center. https://greenfdc.org/wp-content/uploads/2021/07/21_07_22_BRI-Investment-Report-H1-2021.pdf. Zugegriffen am 05.10.2021.

Wang Yi. (2022a, August 15). *Global human rights governance should be strengthened on the basis of "four upholds"*. Ministry of Foreign Affairs of the Peoples Republic of China. https://www.fmprc.gov.cn/mfa_eng/wjdt_665385/wshd_665389/202208/t20220821_10747200.html. Zugegriffen am 17.10.2022.

Wang Yi. (2022b, September 21). *Jointly advancing the Global Development Initiative and writing a new chapter for common development. keynote address at the ministerial meeting of the group of friends of the Global Development Initiative.* https://www.fmprc.gov.cn/eng/zxxx_662805/202209/t20220922_10769721.html. Zugegriffen am 22.10.2022.

Wang Yi. (2022c, December 25). *Maintain a global vision, forge ahead with greater resolve and write a new chapter in major-country diplomacy with Chinese characteristics.* Address at the Symposium on the international situation and China's foreign relations. https://www.fmprc.gov.cn/mfa_eng/wjb_663304/wjbz_663308/2461_663310/202212/t20221225_10994828.html. Zugegriffen am 17.01.2023.

Weigelin-Schwiedrzik, S. (2012, Februar 28). Der geteilte Himmel – Der Zusammenbruch der chinesischen Welt. *ZEIT online*. https://www.zeit.de/zeit-geschichte/2012/01/China-Essay?utm_referrer=https%3A%2F%2Fwww.google.ch%2F. Zugegriffen am 29.09.2021.

White, E. (2022, July 24). China's belt and road spending in Russia drops to zero. *Financial Times*. https://www.ft.com/content/470e2518-410b-4e78-9106-cf881dd43028. Zugegriffen am 02.09.2022.

Xi Jinping. (2012, November 29). *Achieving rejuvenation is the dream of the Chinese people. Speech made when visiting the exhibition "The Road to Rejuvenation."* https://www.neac.gov.cn/seac/c103372/202201/1156514.shtml

Xi Jinping. (2022, Oktober 16). Das große Banner des Sozialismus chinesischer Prägung hochhalten und vereint für den umfassenden Aufbau eines modernen sozialistischen Landes kämpfen. *Bericht auf dem XX. Parteitag der Kommunistischen Partei Chinas*, Peking.

Xia, C. (2021, January/February). The party that failed – An insider breaks with Beijing. *Foreign Affairs, 100*(1), 78.

Xinhua. (2017). *Q&A: Roles and functions of Chinese people's political consultative conference.* http://www.xinhuanet.com/english/2017-03/03/c_136098744.htm. Zugegriffen am 07.02.2022.

Xinhua. (2022, August 2). *Xi focus: PLA striving to build world-class military under Xi's leadership.* https://english.news.cn/20220802/a1990d2381244c06899751bab3ce739d/c.html. Zugegriffen am 09.09.2022.

Yiu, E. (2022, December 7). Chinese yuan playing 'complementary' role in interbank settlement, but CIPS won't rival Swift, says global central bank boss. *South China Morning Post.* https://www.scmp.com/business/article/3202333/chinese-yuan-playing-complementary-role-interbank-settlement-cips-wont-rival-swift-says-global. Zugegriffen am 05.02.2023.

Zeit online (2018, 20. März). Xi Jinping will „rechtmäßigen Platz in der Welt". https://www.zeit.de/politik/ausland/2018-03/china-xi-jiping-volkskongress-taiwan?utm_referrer=https%3A%2F%2Fwww.google.ch%2F. Zugegriffen am 12.10.2021.

Zeit online. (2022, Oktober 6). *China: UN-Menschenrechtsrat lehnt Debatte über Uiguren ab.* https://www.zeit.de/politik/ausland/2022-10/un-menschenrechtsrat-china-uiguren-debatte?utm_referrer=https%3A%2F%2Fwww.google.ch%2F. Zugegriffen am 22.10.2022.

Zhang, J. (2020, August 25). Chinas „Wolfskrieger"-Diplomatie ist ein Irrweg – und auch wenn Peking jetzt merkt, dass es den Bogen überspannt hat, bedeutet dies in der Sache keine Konzilianz. *NZZ.*

Zhang, Z. (2018). The belt and road initiative: China's new geopolitical strategy? *Stiftung für Wissenschaft und Politik*, Research Division Asia, BCAS 2018, Session NR. 2.

Zoll, P. (2019a, April 25). „China schafft eine neue Weltordnung – ein Zoll der Macht, das auf wirtschaftlichem Druck basiert". Interview mit Bruno Maçães. *NZZ.*

Zoll, P. (2019b, Juli 17). „Peking macht in Xinjiang alles richtig", sagen Chinas Anhänger im Uno-Menschenrechtsrat. *NZZ.*

Zoll, P. (2021, April 14). „Viele ärmere Länder haben keine andere Möglichkeit, als sich bei China zu verschulden". *NZZ*.

Zoll, P. (2022, Mai 29). „Ich glaube nicht, dass die USA und China sich gegenseitig das Hirn rauspusten wollen". Interview mit Kevin Rudd. *NZZ*.

8

Die Zukunft der USA als bisherige globale Führungsmacht. Konsolidierung oder Niedergang einer Weltmacht?

Johann Bucher

Inhaltsverzeichnis

8.1	Einleitung	503
	8.1.1 Problemstellung	503
	8.1.2 Niedergang einer Weltmacht?	504
	8.1.3 Aufbau und Logik des folgenden Textes	507
8.2	Amerikanischer Führungsanspruch (Machtwille)	508
	8.2.1 Äußerungen der Regierung zum globalen Führungsanspruch	508
	8.2.2 Stimmen aus dem außenpolitischen Establishment und der Bevölkerung	512
	8.2.3 Die Konkretisierung des Führungswillens: der strategische Grand Design der Administration Biden	517

J. Bucher (✉)
Bern, Schweiz

© Der/die Autor(en), exklusiv lizenziert an Springer Fachmedien
Wiesbaden GmbH, ein Teil von Springer Nature 2023
B. Hotz-Hart et al., *Über Systemwettbewerb zu einer neuen Weltordnung?*,
https://doi.org/10.1007/978-3-658-42016-1_8

8.3	Machtmittel: Hard Power	526
	8.3.1 Hard Power: Militärmacht und Geopolitik/Geostrategie	527
	8.3.2 Hard Power: Wirtschaftskraft	551
8.4	Machtmittel: Soft Power, Staatsvertrauen und gesellschaftlich-politische Kohäsion	566
	8.4.1 Soft Power	567
	8.4.2 Staatsvertrauen und gesellschaftlich-politische Kohäsion	570
8.5	Schlussfolgerung	580
Literatur		582

Zusammenfassung Nach dem Kalten Krieg standen die USA als einzige Weltmacht da; es ist der „Unipolar Moment" (Krauthammer, 1990) oder, wie Stephen Walt (2002) in der Frühjahrnummer der Naval War College Review unter dem Titel „American Primacy: Its Prospects and Pitfalls" kurz und bündig festhielt: „The end of the Cold War left the United States in a position of power unseen since the Roman Empire." Washington (Document 1992) bemühte sich, die erlangte globale Hegemonie zu konsolidieren und „… to prevent the re-emergence of a new rival, either on the territory of the former Soviet Union or elsewhere, that poses a threat on the order of that posed formerly by the Soviet Union". Doch die erneute Containment-Policy gegenüber Russland bewirkte ihr Gegenteil: Das Land verhärtete sich nach innen, wendete sich vom Westen ab und sucht seither den Schulterschluss mit China. Das „Reich der Mitte" baut seine geoökonomischen und geostrategischen Positionen aus und will Taiwan gemäß der Ein-China-Doktrin mit Kontinentalchina vereinen. Zudem bemüht es sich um vermehrten Einfluss in den internationalen Organisationen. China und Russland postulieren eine multipolare Ordnung. Aber auch nichtwestliche Kulturen fordern eine Weltordnung, die ihren Wertvorstellungen und Interessen Rechnung trägt. Die „American Primacy" scheint zu Ende zu gehen, aber noch sind die USA die größte Militärmacht, die stärkste Volkswirtschaft und eines der innovativsten und kompetitivsten Länder. Ein „Nachruf auf die Weltmacht USA" (Emmanuel Todd, 2003) ist fehl am Platz. Die Weltmacht USA wird weniger durch die Rivalen als durch innere Entwicklungen gefährdet. Das Land ist tief gespalten, und wie der Sturm aufs Kapitol am 6. Januar 2021 durch einen entfesselten Mob offenbarte, schreckte Donald Trump selbst vor einem Staatsstreich nicht zurück.

Vorbemerkungen zur Zielsetzung und zur Analysemethode des Kapitels
Dieses Kapitel untersucht nicht die mögliche Zukunft der USA, sondern geht ausschließlich der geopolitisch/geostrategischen Frage nach, ob die bisherige „einzige Weltmacht" (Brzezinski, 2019) diesen Status künftig behaupten kann oder ob es Anzeichen für ein Ende der globalen amerikanischen Hegemonie gibt. Eine einfache und eindeutige Antwort ist zurzeit nicht möglich, dazu sind die internationalen Beziehungen und die innerstaatlichen Entwicklungen der Großmächte zu stark im Fluss. Man kann hingegen das Problembewusstsein schärfen und sich der angemessenen Analysemethoden versichern. Das soll dieses Kapitel leisten.

Den Bezugs- und Interpretationsrahmen der Untersuchung bildet die laufende Great Power Competition, in der sich die USA gemäß ihrem erklärten Selbstverständnis als weltweite Vormacht (Biden, 2021, Interim National Security Strategic Guidance) vor allem von China und Russland herausgefordert sehen. Die Machtrivalität spielt sich zwar weltumspannend ab, und der entscheidende Konkurrenzkampf ist jener zwischen China und Amerika. Trotzdem konzentriert sich der vorliegende Text schwergewichtig auf die *geostrategische* Auseinandersetzung zwischen den USA und

Russland, weil jene zwischen China und Amerika in den Kap. 3, 4 und 7 ausführlich behandelt wird.

Die Frage nach der Konsolidierung oder dem Niedergang der amerikanischen Weltmacht soll in erster Linie durch einen Vergleich der Stärken und Schwächen der drei bedeutendsten Rivalen behandelt werden. Dazu lautet die ausschlaggebende methodische Frage: „Über welches Potential (militärisch, wirtschaftlich, wissenschaftlich, gesellschaftlich) verfügen die Akteure?" Doch die hier angestellten Vergleiche beschränken sich nicht auf eine „buchhalterische" Gegenüberstellung von Zahlen und Fakten, sondern sie beschreiben auch die strategischen Ambitionen der Kontrahenten und die daraus resultierende, potentiell konfliktive, zwischenstaatliche Dynamik. Dabei bedient sich die Untersuchung der im Kap. 6 beschriebenen Methode eines „ermäßigten Realismus".

Die letzte Entwicklungsphase, die in die heutige geopolitische/geostrategische Konfliktsituation mündete, beginnt nach dem Kalten Krieg am Ende der 1980er-Jahre. Der Zeitabschnitt zwischen dem Berliner Mauerfall und heute wird relativ eingehend dargestellt, aber nicht im Sinne eines historischen Rückblicks, sondern als Beschreibung jenes Prozesses, der in den heutigen Konflikt führte, einen Weg, den die US-Administration Biden – so unsere These – in ihrer Außen- und Sicherheitspolitik weiterverfolgt. Anders gesagt, der Prozess ist selber Teil des Resultats, der heutigen Situation. Im Bild der Theorie des klassischen Schauspiels wird der 2. Akt geschildert – die „Schürzung des Knotens" – der fatal zum 5. Akt, in die Tragödie, führt. In diesem Sinn hat Leslie Gelb (2015), ehemaliger amerikanischer Diplomat und Präsident des Council on Foreign Relations, angesichts der Krimkrise geschrieben: „Yet most Americans won't give an inch when it comes to recognizing the far greater trauma for Russians after their utter defeat in the Cold War and *NATO's almost immediate march eastward to their borders*. Those profound shocks are central to fathoming recent Russian provocations and key to combating them. *That's why it is essential to consider Russian history since the collapse of the Berlin Wall, not to justify Putin's course, but to comprehend it.*"

8.1 Einleitung

8.1.1 Problemstellung

Am Ende des Kalten Kriegs erreichte die weltpolitische Macht der USA ihren Höhepunkt. Kein anderer Staat zeigte sich wirtschaftlich, militärisch oder in wissenschaftlich-technologischer Hinsicht nur annähernd so stark und zur weltpolitischen Führung entschlossen wie Amerika. Es war die Epoche, als sich nicht nur die amerikanische „Hard Power", sondern, wie es schien, auch das politisch-kulturelle Paradigma – Demokratie, Kapitalismus, freie Marktwirtschaft, Menschenrechte –, also die „Soft Power", durchgesetzt hatte. Aus der Sicht gewisser Politologen und Politiker bedeutete das bekanntlich das „Ende der Geschichte". Die politische Führung zeigte sich entschlossen, die neu gewonnene Machtposition zu konsolidieren und die bisherige bipolare Ordnung in eine monopolare, hegemoniale umzubauen.

Wenn sich damals weit und breit kein ernstzunehmender Rivale zeigte, der die alleinige Weltmacht-Stellung der USA, die „Hegemonie neuen Typs" (Brzezinski, 2019, S. 17) in Frage stellen konnte, hat sich das inzwischen geändert. Mit China ist in unerwartet kurzer Zeit eine beeindruckend vitale und selbstbewusste Macht herangewachsen, welche die amerikanischen Hegemonieansprüche schroff zurückweist und für sich einen wichtigen Platz im geopolitisch/geostrategischen und geoökonomischen Machtgefüge einfordert. Auch Russland hat seine anfänglich entschiedene Westöffnung spätestens 2008 beendet und einen strategischen Schwenk nach Osten vollzogen. Mit Nachdruck fordert das Land eine polyzentrische Weltordnung und zeigt sich entschlossen, seine Selbstbehauptung zu stärken, seine alten Sicherheits- und Einflusszonen zu sichern sowie seinen weltpolitischen Einfluss und seinen Platz im „Konzert" der Großmächte zu verteidigen.

Bei Amerikas zwei geopolitischen Konkurrenten China und Russland dürfte es auf die Länge nicht bleiben. In den nächsten Jahren und Jahrzehnten werden wohl weitere Mächte wie Indien und Japan im Wettbewerb um Macht, Raum und Einfluss mitspielen.

Werden sich die USA unter diesen Umständen als einzige globale Führungsmacht behaupten können oder müssen sie, relativiert durch die wachsende Macht der Rivalen und eventuell geschwächt durch einen angeblichen innerstaatlichen Niedergang, ihre bisherige Macht, ihren weltweit bestimmenden Einfluss und ihren Reichtum mit Konkurrenten teilen? Wie könnte sich eine tiefgreifende Neustrukturierung der globalen Mächtekonstellation abspielen? Werden die weiteren tektonischen Verschiebungen der Geopolitik mit noch mehr Kriegen begleitet sein?

Die sich verschärfende Großmächtekonkurrenz erinnert in vielem an die letzten Jahrzehnte des 19. Jahrhunderts im Zeitalter des Imperialismus. Auch der „Modus Operandi" der heutigen internationalen Beziehungen, die „Mechanik" oder „Grammatik" der Beziehungsprozesse, ähnelt den Regeln und „Ablaufgesetzen" der imperialistischen Weltordnung. Damals wie heute ist die *Macht* das bestimmende Strukturelement und der Motor der zwischenstaatlichen Beziehungsdynamik.

8.1.2 Niedergang einer Weltmacht?

Von einem Niedergang der USA wird bereits seit einigen Jahren gesprochen. Es begann, als das strahlende Bild des Siegers des Kalten Kriegs erste Risse und Flecken zeigte.

8 Die Zukunft der USA als bisherige globale …

1999 verursachte das Platzen der Dotcomblase einen Börsencrash, dem 2008 mit der Finanz-, Banken- und Schuldenkrise ein weit dramatischerer Einbruch folgte. 9/11 traf das amerikanische Selbstbild mitten ins Herz und rüttelte am Sicherheits- und Überlegenheitsgefühl der USA. Der völkerrechtswidrige Irak-Krieg 2003 mit einem raschen Sieg über Saddam Hussein erwies sich als Pyrrhus-Sieg, und mit der ebenso völkerrechtswidrigen Invasion in Afghanistan, die 2001 begann, verhedderte sich das Land in einen Kleinkrieg, der 2021 mit einem demütigenden Rückzug der USA und der NATO-Verbündeten endete.

In dieser Stimmung veröffentlichte der französische Politikwissenschaftler Emmanuel Todd (2003) sein Buch *Weltmacht USA: Ein Nachruf*, in dem er die Vereinigten Staaten von Amerika als eine Supermacht im Niedergang beschreibt. Die aggressive und beunruhigende Außenpolitik der Regierung von George W. Bush, so Todd, sei kein Zeichen der Stärke, sondern ein letztes Aufbäumen einer inzwischen stark vom Rest der Welt abhängigen Macht. George Packer (2014), um einen anderen Autor zu zitieren, diagnostizierte „die Abwicklung" der Vereinigten Staaten. Das große Versprechen von Glück und Wohlstand für alle gelte nicht mehr; Institutionen und Werte seien ausgehöhlt, so Packer. Christopher Layne (2012a), ein englisch-amerikanischer Historiker, schrieb in der amerikanischen Zeitschrift „The Atlantic" einen Essay unter dem Titel „The End of Pax Americana: How Western Decline Became Inevitable". Dort finden sich Sätze wie: „… the post 1945 international order, often called Pax Americana, in which the United States employed its overwhelming power to shape and direct global events. That era of American dominance is drawing to a close as the country's relative power declines, along with its ability to manage global economics and security … Now the Old Order of nearly seven decades' duration is fading from the scene."

Doch nicht alle Politiker und Autoren sehen das so. Hillary Clinton[1] (2016) beispielsweise trat der Niedergangdiagnose mit einer entschiedenen Erklärung eines „New American Moment" entgegen, welcher „lay the foundations for lasting American leadership for decades to come". Und auch ihr damaliger Chef, Präsident Obama (2014), wollte von einem Niedergang nichts wissen: „Anyone who tells you that America is in decline doesn't know what they are talking about", schrieb er damals auf Twitter, und der frühere amerikanische Botschafter in China, Jon Huntsman, nannte die Vorstellung eines amerikanischen Niedergangs, wie wir im erwähnten Artikel Christopher Layenes lesen, schlicht „un-american". In seinem Essay unter dem Titel „Why American Power Endures. The U.S.-Led Order Isn't in Decline", erschienen in der 2022 November-/Dezemberausgabe von „Foreign Affairs", führt der bekannte Politologe G. John Ikenberry diese Argumentation auch in der gegenwärtigen kritischen Weltlage weiter. Dort lesen wir etwa „But in truth, the United States *is not foundering*. The stark narrative of decline ignores deeper world-historical influences and circumstances that will continue to make the United States the dominant presence and organizer of world politics in the twenty-first century." Und weiter: „Nonetheless, the deep sources of American power and influence in the world persist." In Ikenberrys Sicht sind die USA – wie es zu ihrer Zeit Secretary of State Madeleine Albright (1998) formulierte – „The Indispensable Nation". Auch Stephan Bierling (2021), Professor für internationale Beziehungen an der Universität Regensburg, spezialisiert auf die USA und auf die amerikanisch-europäischen Beziehungen, hält Kassandrarufe über einen stetigen amerikanischen Niedergang für völlig unberechtigt. In einem Gastkommentar in

---

[1] Die Redewendung von einem „New American Moment" verwendete Präsident Trump danach in seiner State of the Union Address von 2018.

der NZZ vom 10. April 2021 („Die Katze der Weltpolitik") argumentierte Bierling, bei der Prophezeiung, „dass Amerika den Gipfel seiner Macht überschritten habe", handle es sich „um einen wiederkehrenden Topos im westlichen Denken, der schon mehrfach ins Leere gelaufen ist". Ähnlich sieht das Karl-Heinz Kamp, Direktor des NATO-Defense College in Rom.

Sind diese entschiedenen Zurückweisungen der Niedergangsthese nur „Pfeifen im Wald" eines verunsicherten Akteurs und seiner treuen Verteidiger, oder sind sie durch Fakten gestützt?

8.1.3 Aufbau und Logik des folgenden Textes

Der Frage nach einem möglichen Niedergang der USA, vor allem im Kräftevergleich mit seinen Rivalen, soll in vier Schritten nachgegangen werden:

- Zuerst fragen wir, ob die USA weiterhin eine weltweite Leaderstellung, unterfüttert von einem machtbewehrten Durchsetzungswillen, beanspruchen (politischer Wille).
- Danach soll ein Vergleich zwischen der amerikanischen „Hard Power" mit jener von China und Russland gemacht und nach den geopolitisch/geostrategischen Absichten dieser Länder gefragt werden. Die geostrategischen Ambitionen der USA im Bereich Eurasien kollidieren heftig mit der russischen Ambition, weiterhin eine eurasische Macht zu bleiben. Die Darstellung dieses Konflikts bildet daher den Schwerpunkt dieses Abschnitts.
- Als Drittes werfen wir einen Blick auf die amerikanische „Soft Power".
- Schließlich nehmen wir den inneren Zustand der USA etwas unter die Lupe.

Die Wiederholung gewisser Einschätzungen, wie sie im 6. Kapitel gemacht wurden, lässt sich nicht vermeiden. Die Darstellung der chinesischen und der russischen Stärken und Schwächen (Machtmittel) fällt sehr kursorisch aus; sie werden nur so weit ausgeführt, dass die amerikanischen Fähigkeiten und Kapazitäten an ihnen gemessen werden können. Europa kommt im Kräftevergleich kaum zur Sprache, denn zum einen ist die EU zwar eine wirtschaftliche, aber keine geopolitische Macht und zum andern versteht sich der Kontinent nicht als Rivale, sondern als ein verlässlicher Partner der USA (siehe dazu Kap. 9. „Die Rolle Europas in der neuen Weltordnung").

8.2 Amerikanischer Führungsanspruch (Machtwille)

Nicht nur Machtmittel entscheiden, wer sich in der Großmächtekonkurrenz durchsetzt, sondern auch der Machtwille.

Gefragt wird deshalb als Erstes, halten die USA an ihrem weltweiten Führungsanspruch auch unter der Regierung Joe Bidens fest? Die Antwort suchen wir an drei Orten: in Regierungsverlautbarungen, in den Äußerungen von Vertretern des amerikanischen außenpolitischen Establishments und in der konkreten Ausgestaltung des weltweiten Führungswillens, dem strategischen Grand Design der Administration Biden.

8.2.1 Äußerungen der Regierung zum globalen Führungsanspruch

Die außenpolitische Doktrin, also die weltpolitischen Absichten, die strategische Lageeinschätzung und die sicherheitspolitischen Ziele für die kommenden Jahre findet man am zuverlässigsten in offiziellen Regierungsdokumenten wie einem „Whitepaper" oder der „National Security Strategy". Die Regierung Biden hat ihre National Security Strategy am 12. Oktober 2022 vorgelegt (Biden 2022). Doch bereits im März 2021 veröffentlichte sie eine „Interim National Security Strategic Guidance", in der die wichtigsten Positionen schon festgelegt wurden. Deren Bedeutung hat Biden (2021, S.1) in den Satz gefasst: „Today, I am issuing this interim guidance to convey *my vision for how America will engage with the world.*"

Dieses Dokument sowie Reden des Präsidenten, Äußerungen seiner engsten Mitarbeiter und die bisherigen außenpolitischen Schritte genügen zur Schlussfolgerung: Ja, die Administration Biden hält am weltweiten Führungsanspruch fest.

Ein paar Beispiele sollen die Behauptung untermauern:

Interim National Security Strategic Guidance: Das Paper definiert die weltpolitische Lage als Great Power Competition. Als Amerikas größte Herausforderer in diesem Machtwettbewerb werden China und Russland genannt. Ihnen will Amerika mit „Stärke" begegnen (S. 1): „... with strength we will meet every challenge and *outplace every challenger.*" Deutlicher wird der Führungsanspruch in folgendem Abschnitt (S. 2): „And as we do this work, we must also demonstrate clearly to the American people that *leading the world* isn't an investment we make to feel good about ourselves. It's how we ensure the American people are able to live in peace, security and prosperity. It's in our undeniable self-interest." Und weiter (S. 9): „... we must lead by the power of example ..." Aufschlussreich ist auch das Statement „We will move to earn back our position of leadership in international institutions." Bedenkt man, dass die USA, wie Zbigniew Brzezinski (2019, S. 44 f.) geschrieben hat, die internationalen Organisationen immer auch als Instrumente ihrer Machtpolitik verstanden haben, erhält Bidens Ankündigung erst ihr ganzes Gewicht. Brzezinski: „Als Teil des amerikanischen Systems muss außerdem das weltweite Netz von Sonderorganisationen, allen voran die internationalen Finanzinstitutionen, betrachtet werden. Offiziell vertreten der Internationale Währungsfonds (IWF) und die Weltbank globale Interessen und tragen weltweite Verantwortung. In Wirklichkeit werden sie von den USA dominiert, die sie mit der Konferenz von Bretton Woods aus der Taufe hoben."

Auf zwei Aspekte von Bidens Ausführungen sei noch hingewiesen:

- Die USA müssen, so schreibt der Präsident, „a leading role in writing the rules" behaupten. Das heißt, Amerika will in der Großmächtekonkurrenz nicht nur die Führung behalten, sondern weiterhin die Spielregeln der Weltordnung vorgeben. Wenn der „Westen" neuerlich mit besonderem Nachdruck eine „rules-based order" fordert, meint er offensichtlich die Konsolidierung der bisherigen „liberalen", von den USA dominierten Ordnung, was Patrick Porter (2018) wie folgt beurteilt: „When they call for the reclamation of the old order, they also call for the perpetuation of American primacy."
- Die Gegner im weltpolitischen Kräftemessen werden nicht auf der Sachebene als Herausforderer, sondern als Feinde bezeichnet. Joe Biden setzt mit dieser moralisierenden Rhetorik eine lange amerikanische Tradition fort, wenn man sich an Ronald Reagans „Evil Empire" (Reagan, 1983) oder an Bushs „Axis of Evil" (Bush, 1992) und an seine Begriffe „Rogue State", „Outlaw State" usw. erinnert. Solche Rhetorik verwandelt den tatsächlich herrschenden Machtwettbewerb in einen angeblichen Kampf zwischen Gut und Böse oder, wie Patrick Porter (2018) schreibt: „It sanitizes history into a morality tale",

8 Die Zukunft der USA als bisherige globale ...

ein „Framing", das wirkt! Denn es delegitimiert den Gegner, rechtfertigt den eigenen Macht- und Führungsanspruch und mobilisiert die eigene Basis. Vor dem Kalten Krieg wurden weltpolitische Auseinandersetzungen kaum je mit dergleichen rhetorischen Waffen geführt. Gerade der Imperialismus bemühte keine „moralische" Rechtfertigung für den Kampf um Macht und Raum. Aber seit geraumer Zeit, und erst recht seit der Ukraine-Krise, erleben wir im Westen eine stark moralisierende rhetorische Aufrüstung. Ein solcher Diskurs ist mit seinem apologetischen Charakter nicht unproblematisch, und die Position lässt sich zudem kaum durchhalten. So etwa, wenn Präsident Biden den russischen Präsidenten Putin einen „Killer" nennt, aber ein Abkommen mit dem saudischen Kronprinzen Mohammed bin Salman anstrebt; wenn die deutsche Außenministerin Annalena Baerbock mit Blick auf den „Kreml-Diktator" betont, wie wichtig es sei, „dass wir mit Wertepartnern zusammenstehen", um dann beim Diktator in Katar um Hilfe bei Öllieferungen zu bitten, oder wenn die EU-Kommissionspräsidentin Ursula von der Leyen von Putins Russland unabhängig werden will, aber dafür die Zusammenarbeit mit Aserbaidschans Autokraten Ilham Aliyev sucht, dessen Land in Sachen Demokratie, Rechtsstaatlichkeit und Wahrung der Menschenrechte noch schlechter als Russland dasteht. Der so geführte Diskurs wird noch fragwürdiger, wenn man an die vielen Kriegs- und Menschenrechtsverbrechen denkt, die die USA in Korea, Vietnam, Irak, Afghanistan und während des „War on Terror" begangen haben, ohne nennenswerte Reaktionen (Sanktionen) des „Westens". Der strenge Ethiker Immanuel Kant (1795/2018) traf deshalb in seiner Studie *Zum Ewigen Frieden. Ein philosophischer Entwurf* die Unterscheidung zwischen einem moralischen Politiker und einem politischen Moralisten.

Und Theodor Fontane (1898) kritisierte in einem Brief vom 14. März an seinen Freund James Morris das „Weltregierenwollen im Jeremiasstil nach Sittlichkeitsgesetzen", da es in der Natur des Menschen liege, dass sich auch das „Lauterste und Reinste beständig verzerrt", unecht werde und daher mehr Elend stifte und tiefer durch Blut wate als „die naive von Hoheitsbestrebungen unangekränkelte Sündhaftigkeit". An gleicher Stelle verurteilte er die Hohlheit und Heuchelei altruistischer Argumente bei den Verbrechen, denen sich die Großmächte schuldig machten, wenn sie versuchten, „dem Universum Gesetze vorzuschreiben".

8.2.2 Stimmen aus dem außenpolitischen Establishment und der Bevölkerung

Bidens Regierung handelt nicht im politisch luftleeren Raum. Sie ist eingebunden in eine landesweite, lebhafte außenpolitische Debatte. Als wichtige Meinungsträger und Meinungsmacher wirken neben dem Kongress auch finanzstarke Thinktanks, spezialisierte Hochschulinstitute, „Older Statesmen", wichtige Medien, Wirtschaftskreise und prominente Intellektuelle. Jede Regierung muss zudem die Stimmung im Volk im Auge behalten.

Werfen wir einen Blick auf das herrschende Meinungsbild in den USA.

Um das Ergebnis vorwegzunehmen: Kaum überraschend findet sich das ganze Meinungsspektrum von der entschiedenen Ablehnung des amerikanischen Machtstrebens wie z. B. durch die notorischen US-Kritiker Noam Chomsky (2016) und Gore Vidal (2002) auf der einen bis zum harten Verfechter einer rücksichtslosen amerikanischen Machtpolitik, dem neokonservativen Robert Kagan (2018), auf der anderen Seite. Insgesamt trifft Bidens

Macht- und Führungsanspruch bei der amerikanischen Bevölkerung und ebenso im befreundeten Ausland mehrheitlich auf Zustimmung. Ein Caveat ist allerdings anzubringen: Kriege schmieden das amerikanische Volk regelmäßig zusammen. Aber wenn sie sich in die Länge ziehen und spürbare Opfer fordern, kann die Stimmung schnell kippen.

Der ehemalige Präsident Obama (2014) stützt Bidens Kurs, denn auch er hatte den Führungsanspruch der USA in einer außenpolitischen Grundsatzrede vor Kadetten der Militärakademie in West Point mit den Worten verteidigt: „America must always lead." Der vormalige Verteidigungsminister Robert Gates (2021) unterstrich in seinem Buch *Exercise of Power. American Failures, Successes, and a new Path Forward in the Post-Cold War World*, dass nur die weltweite amerikanische Vormachtstellung eine stabile Weltordnung garantieren kann. Auch aus dem Kongress hört man kaum kritische Stellungnahmen, sondern viel Lob für Bidens Kurs. Der deutsche Politikwissenschaftler Matthias Kennert, um eine Stimme aus dem befreundeten Ausland zu zitieren, unterstreicht insbesondere die Rolle der (amerikanischen) Hegemonie. In seinem Aufsatz „Die Mär von der multipolaren Weltordnung – Hegemonie in der Sicherheitspolitik des 21. Jahrhunderts" schreibt Kennert (2015, S. 1): „Multipolarität ist ein Übergangszustand, der Instabilität und Krisenanfälligkeit mit sich bringt. Hegemonie hingegen, im besten Falle wohlwollende, ist eine Konstante in der Sicherheitspolitik, denn sie ist für einen längeren Zeitraum stabil".

Zu den Kritikern der Machtpolitik zählt nebst anderen der Politikwissenschaftler Stephen Walt (2019). In seinem Essay „Restraint Isn't Isolationism – and It Won't Endanger America" kritisierte er jegliche hegemonialen Bestrebungen und plädierte für „restraint". Seine Hauptthese lautet: „Americans have repeatedly expressed their frustration with the overly ambitious and mostly failed strategy of liberal hegemony that has been in place since the end of the Cold War. Instead of making the United States more secure and prosperous, while defending core U.S. values, the misguided attempt to *remake the world in the United States' image* sparked needless rivalries with some states, made the terrorism problem worse, led to costly quagmires and failed states, and failed to deliver prosperity beyond the richest 1 percent." Man darf das nicht mit einem Plädoyer für den Rückzug der USA aus der Weltpolitik, für den viel zitierten angeblichen „Isolationismus", verwechseln. Es ist auch kein Ruf nach einem völligen Verzicht auf jegliche militärische Macht, denn Interventionen können, so Walt, unter Umständen nötig und gerechtfertigt sein.

Einer kritischen Haltung gegenüber dem weltweiten Machtanspruch der USA begegnen wir auch beim 2019 gegründeten „The Quincy Institute for Responsible Statecraft". Der Thinktank umschreibt seine „Philosophie" wie folgt:

> „The Quincy Institute for Responsible Statecraft is an action-oriented think tank to promote ideas that move U.S. foreign policy away from endless war and toward vigorous diplomacy in the pursuit of international peace (The Quincy Institute, 2021)."

Besondere Aufmerksamkeit widmet das Institut (The Quincy Institute for Responsible Statecraft, 2021) der geopolitischen und geostrategischen Lage in Ostasien. Im Januar 2021 legte es eine Studie für eine neue Ostasienpolitik vor, in der es schreibt: „The United States today is on a course in East Asia that threatens the peace and prosperity of a region that is vital to a wide range of American interests". Die Hauptforderung lautet deshalb: „America needs a new strategy in East Asia – one that reflects the complexities of a region that desires stable relations with both Beijing

8 Die Zukunft der USA als bisherige globale ... 515

and Washington, cannot be dominated by either power, and is moving toward higher levels of economic integration. The United States must foster an inclusive, stable order in East Asia that is designed to manage shared challenges such as climate change and pandemics, promote broad prosperity and peacefully resolve disputes. It must rebalance U.S. engagement in East Asia toward deeper diplomatic and economic engagement and away from military dominance and political control."

Wenn trotz einiger kritischer Stimmen jene überwiegen, die Bidens außenpolitischen Führungsanspruch unterstützen, wird aber die praktische Umsetzung der Politik verschiedentlich kritisiert. Besonders bemängeln einige Kritiker das Missverhältnis im Einsatz von militärischen Mitteln und der Diplomatie, weiter die strategische Überdehnung und schließlich die mangelnde strategische Schwerpunktbildung.

Zu den Kritikern einer „Übermilitarisierung" gehören nebst anderen der amerikanische Historiker Daniel Immerwahr, der ehemalige Verteidigungsminister Gates und, wie eben erwähnt, das Quincy-Institut.

Immerwahr (2021) kritisiert in seinem Artikel „Joe Biden oder: Das Ende der US-Hegemonie?" zudem die strategische Überdehnung, die, wie er meint, eine bedauernswert lange Tradition habe. Prof. Hal Brands (2022b) pflichtet ihm bei. In seinem Artikel „The Overstreched Superpower" schreibt er: „The United States is an overstretched hegemon, with a defence strategy that has come out of balance with the foreign policy it supports. Biden's first year has already shown how hard it is to manage an unruly world when Washington has more responsibilities – and more enemies – than it has coercive means. ... America's defence strategy is increasingly focused on the Indo-Pacific, but its foreign policy remains stubbornly global. That's a recipe for trouble all around ... a mismatch between commitments and capabilities." So sieht es auch Christopher Layne (1998). In seinem Artikel „Rethinking American Grand Strategy. Hegemony or Balance of Power in the Twenty First-Century" lesen wir: „With interest throughout Asia, the Middle East, Africa, Europe and the Caucasus ... a strategically overextended United States inevitably will need to retrench." Besonders aufschlussreich liest sich das „Longer Telegram" eines anonymen Autors (Anynomous 2021), von dem man nur weiß, dass es ein früherer hochrangiger Mitarbeiter des State Department ist. Er wirft der Administration das Fehlen einer ernstzunehmenden Strategie gegenüber dem Reich der Mitte vor. Der Regierung fehle es an einer China-Kompetenz, die mit George Kennans (Verfasser des „Long Telegrams") damaliger Sowjetkompetenz vergleichbar wäre. Statt sich voll und ganz auf den wichtigsten Herausforderer, China, zu konzentrieren, verbrauchten die USA ihre Kräfte auf dem „Nebenschauplatz" Russland. Die USA sollten mit dem Kreml vielmehr einen Ausgleich suchen, um den Rücken für die wirklich entscheidende Auseinandersetzung frei zu haben, jene mit China: „United States must rebalance its relationship with Russia whether it likes it or not. Effectively reinforcing US alliances is critical. Dividing Russia from China in the future is equally so. *Allowing Russia to drift fully into China's strategic embrace over the last decade will go down as the single greatest geostrategic error of successive US administrations.* That is not to argue for any singular virtue on the part of Russian leader Vladimir Putin. It is simply to argue that it has been clear for the better part of two decades that China, not Russia, is the United States' central strategic challenge for the century ahead. While modern Russia is a *strategic irritant* to US interests, it is no longer by itself a great *strategic threat*. However, the importance of Russia for future US strategy can be seen in the extraordinary level of strategic condominium that has now been achieved between Putin and Xi over a relatively short period of time and the significant additional strategic leverage this has provided China."

8.2.3 Die Konkretisierung des Führungswillens: der strategische Grand Design der Administration Biden

Man kann den Führungswillen nicht nur an Verlautbarungen, sondern ebenso an konkreten Plänen und Handlungen ablesen, denn wie Patrick Porter (2018, S. 2) anmerkt: „Ideas matter … Just as material power enables or forecloses certain choices, ideas condition and constrain a country's grand strategic decisions." Wie oben kurz erwähnt, finden sich Bidens geopolitische Ideen – so unsere These – nirgends besser vorgezeichnet als in Brzezinskis Buch *Die einzige Weltmacht. Amerikas Strategie der Vorherrschaft*, weshalb das Kapitel über die Bedeutung Eurasiens im Folgenden etwas ausführlicher rezipiert wird.

Bidens starkes Engagement in der Ukraine-Krise und im Krieg kann man kaum durch mangelnde strategische Stringenz im Kampf mit dem wichtigsten Herausforderer, China, erklären, sondern man darf darin die Befolgung jener Strategie sehen, die Zbigniew Brzezinski in seinem Buch entworfen hat. In deren Mittelpunkt steht „Eurasien" als jener Raum, in dem die Great Power Competition mehr als irgendwo sonst ausgetragen und entschieden wird. So schreibt Brzezinski (2019, S. 49): „Dieses riesige, merkwürdig geformte eurasische Schachbrett, das sich von Lissabon bis Wladiwostok erstreckt, ist Schauplatz des *global play*." Und weiter (S. 47): „Amerikas geopolitischer Hauptgewinn ist Eurasien. Ein halbes Jahrtausend haben europäische und asiatische Mächte und Völker im Ringen um die regionale Vorherrschaft und dem Streben nach Weltmacht die Weltgeschichte bestimmt. Nun gibt dort nicht eine eurasische Macht den Ton an – *und der Fortbestand der globalen Vormachtstellung Amerikas hängt unmittelbar davon ab, wie lange und wie effektiv es sich in Eurasien behaupten kann.*"

Seine geopolitische Analyse und seinen Strategieentwurf stützte Brzezinski ausdrücklich auf Halford Mackinders (1904) „Heartlandtheorie" (siehe zum Folgenden auch die Ausführungen in Kap. 6). Wie dieser denkt auch Brzezinski (2019, S. 54) in Kategorien der politischen Geographie: „Amerika kann seine globale Vormachtstellung nur eingedenk des zentralen Stellenwertes der politischen Geographie in der internationalen Politik zum Tragen bringen." Damit war Brzezinski nicht der erste amerikanische Geo- und Sicherheitspolitiker, der seine weltpolitische Analyse und sein geostrategisches Konzept auf Mackinder abstützte. Zuvor orientierten sich schon George Kennan und Henry Kissinger am englischen Geopolitiker.

Für den Erhalt des exklusiven Weltmachtstatus Großbritanniens – und der stand in den Nullerjahren des 20. Jahrhunderts zunehmend auf dem Spiel – genüge es nicht, dass sein Land die größte Seemacht bleibe, so Mackinder. Der Kampf um die Weltherrschaft werde sich auf dem Kontinent, d. h. in Eurasien, abspielen. Wer die Welt weiterhin beherrschen wolle, müsse das „Herzland" beherrschen.

Mackinder hat seine These in folgender Sentenz zusammengefasst (Box 8.1):

> **Box 8.1 Mackinder-These**
>
> „Who rules Eastern Europe commands the Heartland.
> Who rules the Heartland commands the World Island.
> Who rules the World Island commands the World."

Was meinte Mackinder mit den Begriffen Herzland und Weltinsel?

- Die Weltinsel ist der aus den zusammenhängenden Kontinenten Europa, Asien und Afrika bestehende Teil der Erde. Es war zu Mackinders Zeit die größte, bevölkerungsreichste und wohlhabendste aller möglichen Ländergruppierungen. Und zudem beruhte Großbritanniens Macht stark auf den afrikanischen Kolonien. Die Great Power Competition in der Hochphase des Imperialismus (1880 – bis zum Ersten Weltkrieg) spielte sich ja nicht zuletzt als Kampf um Afrika („Wettlauf um Afrika", „Scramble for Africa") ab. Im gegenwärtigen Großmächte-Konkurrenzkampf aber ist die Rolle Afrikas wesentlich bescheidener.
- Das Heartland (Pivot Area) liegt im Zentrum der Weltinsel und erstreckt sich von der Wolga bis zum Jangtsekiang und vom Himalaya zur Arktis, kurz es ist das Russische Reich. Trotz der Gebietsverluste bei der Auflösung der Sowjetunion 1991 ist die Russische Föderation auch heute noch der größte Flächenstaat und erstreckt sich über die ganze Länge Eurasiens. Deshalb spielt Russland auch in Brzezinskis geostrategischem Konzept die Schlüsselrolle als „Herzland".

Brzezinski (2019, S. 56) spricht deutlich aus, was für die USA geopolitisch auf dem Spiel steht: „In der Geopolitik geht es nicht mehr um regionale, sondern um globale Dimensionen, *wobei eine Dominanz auf dem gesamten eurasischen Kontinent noch heute die Voraussetzung für die globale Vormachtstellung ist.*" Das heißt, das Ziel der amerikanischen Geopolitik muss es demnach sein, die weltweite amerikanische Vormachtstellung, jene „Hegemonie neuen Typs", wie sie Brzezinski nannte, zu sichern, und die

Voraussetzung dazu ist die Kontrolle über Eurasien. Das ist aber, so haben wir gesehen, auch Präsident Bidens geopolitisches Ziel.

Doch wie kann man den Einfluss auf Eurasien behalten? Aus Brzezinskis Sicht ist dies nur möglich, wenn Amerika das „Herzland" – Russland – „in Schach hält", will sagen, wenn es verhindert, dass im Raum der ehemaligen Sowjetunion je wieder eine Macht entsteht, die die amerikanische Hegemonie gefährden und die USA am dominanten Einfluss auf dem eurasischen Kontinent hindern könnte. Diese Lagebeurteilung entspricht genau jener im oben zitierten Paper des Pentagons von 1992: „… to prevent the re-emergence of a new rival, either on the territory of the former Soviet Union or elsewhere, that poses a threat on the order of that posed formerly by the Soviet Union (Document, 1992)."

Um Brzezinskis Strategieentwurf richtig zu verstehen, muss noch seine Unterscheidung zwischen geostrategischen Akteuren und geopolitischen Dreh- und Angelpunkten vorgestellt werden:

- Geostrategische Akteure sind „Staaten, die die Kapazität und den nationalen Willen besitzen, über ihre Grenzen hinaus Macht oder Einfluss auszuüben, um den geopolitischen Status quo in einem Amerikas Interessen berührenden zu verändern" (S. 58). Diese Länder müssen die USA „in Schach halten". Zu ihnen zählt Brzezinski besonders Russland. (China erschien in den 1990er-Jahren noch nicht als größter Herausforderer am Horizont.) Zudem müssen die USA die geostrategischen Akteure auch deshalb kontrollieren, weil „das gefährlichste Szenario eine große Koalition zwischen China, Russland und vielleicht dem Iran … ein antihegemoniales Bündnis (wäre)" (S. 75).
- Daneben gibt es die geopolitischen Dreh- und Angelpunkte. Gemäß (Brzezinski, 2019, S. 58 f.) sind das

„Länder, die entweder den Zugang zu geopolitisch wichtigen Gebieten festlegen oder einem geostrategisch bedeutsamen Akteur bestimmte Ressourcen verweigern können". Dass die Ukraine für den amerikanischen Geostrategen ein ganz besonders wichtiger Dreh- und Angelpunkt war, versteht sich von selbst, denn das Land ist der wichtigste Zugang, das Tor, zum geopolitisch entscheidenden „Herzland" Russland und es verfügt zudem über geoökonomisch ausschlaggebende Rohstoffvorräte. Gemäß Brzezinski (S. 59) darf Russland die Ukraine nie mehr kontrollieren, „weil ihre (sc. die Ukraine) bloße Existenz als unabhängiger Staat zur Umwandlung Russlands beiträgt. Ohne die Ukraine ist Russland kein eurasisches Reich mehr." Und genau das, die Verhinderung Russlands, ein eurasisches Reich zu bleiben oder wieder zu werden, muss nach Brzezinski eines der vorrangigsten geostrategischen Ziele der USA sein.

- In einem schematischen Bild illustriert Brzenzinski die geostrategische Rolle, die er der Ukraine im Kampf um Eurasien zumisst: Er umreißt die Länder Frankreich, Deutschland, Polen und die Ukraine als jenes geopolitische Terrain, das „jenseits des Jahres 2010 die kritische Zone für die Sicherheit Europas" sein werde (Brzezinski, 2019, S. 110), siehe dazu Abb. 8.1.

Brzezinskis Erwägungen sind eingebettet in seine Auffassung von der Rolle Westeuropas und sie müssen auch im Licht der in den 1990er-Jahren von den USA vorangetriebenen NATO-Osterweiterung gelesen werden. Erst wenn man diese beiden Faktoren mitdenkt, wird völlig klar, warum die Kontrolle über die Ukraine für Amerika so matchentscheidend ist. Brzezinski (2019, S. 103 f.): „Die alte Welt – schreibt Brzezinski – ist für die USA von enormem strategischem Interesse. … Das atlantische Bündnis verankert die politische und die militärische Macht Amerikas unmittelbar

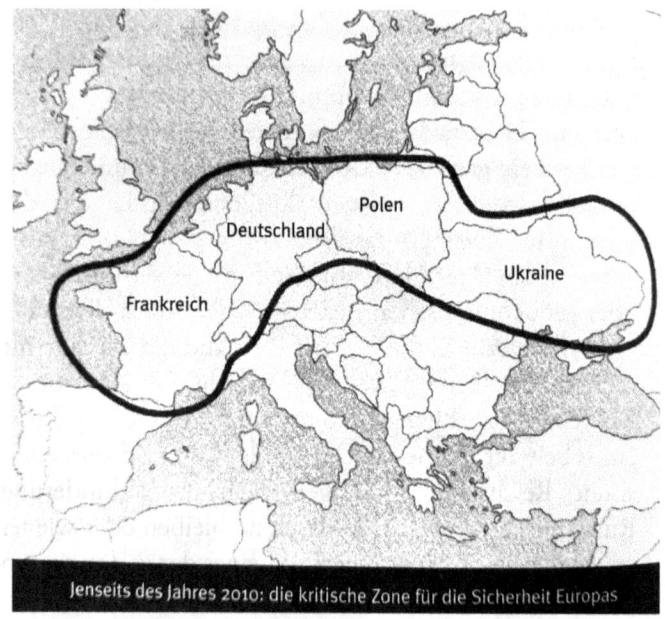

Abb. 8.1 Die kritische Zone für die Sicherheit Europas. (Quelle: Brzezinski, 2019. S. 110.)

auf dem europäischen Festland (Wie begründete doch Lord Ismay, der erste NATO-Generalsekretär, die Raison d'être der NATO: ‚to keep the Soviet Union out, the Americans in, and the Germans down …' Zitat aus der Website der NATO. (NORTH ATLANTIC TREATY ORGANIZATION). Beim derzeitigen Stand der amerikanisch-europäischen Beziehungen, da die verbündeten europäischen Nationen immer noch stark auf den Sicherheitsschild der USA angewiesen sind, erweitert sich mit jeder Ausdehnung des europäischen Geltungsbereichs automatisch auch die direkte Einflusssphäre der Vereinigten Staaten. Umgekehrt wäre ohne diese engen transatlantischen Bindungen Amerikas Vormachtstellung in Eurasien schnell dahin. Seine Kontrolle über den Atlantischen Ozean und die Fähigkeit, Einfluss und Macht tiefer in den euroasiatischen Raum hinein

8 Die Zukunft der USA als bisherige globale ...

geltend zu machen, wären dann äusserst beschränkt" (S. 79). „Der entscheidende Punkt bei der NATO-Erweiterung ist, dass es sich um einen ganz und gar mit der Ausdehnung Europas selbst verbundenen Prozess handelt. ... Wenn dieses neue Europa (sc. die EU) geopolitisch ein Teil des ‚euroatlantischen' Raumes bleiben soll, *ist die Erweiterung der NATO von entscheidender Bedeutung. Sollte die von den Vereinigten Staaten in die Wege geleitete NATO-Erweiterung ins Stocken geraten, wäre das das Ende einer umfassenden amerikanischen Politik für ganz Eurasien.*" (Nota bene: Diesen Satz schrieb Brzezinski 1997, als die NATO-Osterweiterung noch ein umstrittenes Projekt war!) Wie der Ukraine-Krieg zeigt, sind „die verbündeten europäischen Nationen noch immer, oder vielleicht mehr denn je, auf den Sicherheitsschild der USA angewiesen".

Präsiden Biden und seine Administrations folgen ganz offensichtlich diesen geostrategischen Einschätzungen zu Eurasien.

2017 beschlossen die Außen- und Verteidigungsminister von 25 EU-Staaten die PESCO (englisch: Permanent Structured Cooperation; deutsch: Ständige Strukturierte Zusammenarbeit, kurz SSZ). Wie man im Wikipedia-Eintrag zum Stichwort PESCO lesen kann, haben verschiedene Vertreter der USA sich immer wieder deutlich gegen dieses Vorhaben zur Wehr gesetzt. Wörtlich heißt es: „Laut Françoise Grossetête, die von 1994 bis 2019 Mitglied des Europäischen Parlaments war, betreiben die USA massive Lobbyarbeit gegen eine verstärkte, autarke militärische Zusammenarbeit zwischen den EU-Mitgliedstaaten. Ihr zufolge gehen die USA gar so weit, dass sie Abgeordnete des Europäischen Parlaments zu ‚privaten Abendessen' einladen, um sie zu überreden, gegen sämtliche Strategien und Gesetze zu stimmen, die eine stärkere militärische Zusammenarbeit innerhalb der EU vorsehen." James Mattis (2018), Verteidigungsminister im Kabinett Trump, forderte von der EU mit Blick auf ihre Pläne für eine Verteidigungsunion ein schriftliches Bekenntnis, dass die EU-Verteidigung allein der Nato obliege. Matthis wörtlich: „Es besteht klar Einvernehmen darüber, schriftlich in die EU-Dokumente aufzunehmen, dass die gemeinsame Verteidigung eine Nato-Mission ist *und nur eine Nato-Mission.*" Bereits früher warnten hohe amerikanische Politiker die EU, die Schaffung einer eigenständigen europäischen Verteidigungskapazität würde die NATO zerstören. An der Tagung der NATO-Verteidigungsminister vom Dezember 2000 beispielsweise sagte US-Verteidigungsminister William Cohen, die Verwirklichung der europäischen Sicherheits- und Verteidigungspolitik (ESVP) reduziere die NATO auf „a relic of the past", und 2003 doppelte Nicholas Burns, der US-Botschafter bei der NATO in Brüssel, nach und qualifizierte solche Pläne als „one of the greatest dangers to the transatlantic community". John Bolton, der Sicherheitsberater im Kabinett Trump, nannte die Pläne für die Schaffung einer europäischen „Rapid Reaction Force" sogar „a dagger pointed at NATO's heart" (zitiert nach Carpenter, 2021).

Schlussfolgerung: Wenn sich Biden und seine Administration im Ukraine-Konflikt so vorbehaltlos engagieren und nicht weniger als den „Sieg" der Ukraine über Russland fordern, wie es Außenminister Antony Blinken und Verteidigungsminister Lloyd Austin nach ihrem Besuch bei Staatspräsident Selenskyj in Kiew Ende April 2022 taten, geschieht das nicht aus mangelnder Stringenz in der China-Strategie, sondern weil die Ukraine auch für sie jener geopolitische Dreh- und Angelpunkt ist, den man nicht (an Russland) verlieren darf. Kurz gesagt: *Die Ukraine ist im laufenden Großmächtekampf um Eurasien nicht nur für Russland, sondern nicht weniger für die USA und die NATO die entscheidende Einflusszone, die man im Ringen um Eurasien kontrollieren muss.* Deshalb wird von beiden Seiten so erbittert um das Land gekämpft. So schätzt das auch Iain Ferguson (2018) ein. In seiner Studie „Introduction: The Return of Spheres of Influence?" argumentiert er, die Einflusssphären seien für die großen Blöcke der EU bzw. NATO auf der einen und Russland auf der anderen Seite von strategischer Signifikanz. Die Ukraine sei in diesem Fall Opfer ihres „geopolitischen Unglücks", als Pufferzone zwischen zwei rivalisierenden Großmächten wahrgenommen zu werden. Aus diesem Grund sei der Konkurrenzkampf um den Einfluss auf die Ukraine groß.

Der Ukraine-Krieg ist also ein Stellvertreterkrieg zwischen Russland und den USA/NATO Das betonen neben dem Kreml auch verschiedene Stimmen im Westen. Hal Brands (2022a) etwa schrieb in der Washington Post: „Russia is the target of one of the most ruthlessly effective proxy wars in modern history", und der Militärexperte Michel Wyss (2022) der Militärakademie der ETH Zürich stützt sein Urteil auf folgende Analyse: „Von Stellvertreterkriegen spricht man, wenn Drittparteien versuchen, den Verlauf oder Ausgang eines bewaffneten Konflikts gemäss ihren eigenen strategischen Zielen indirekt zu beeinflussen. So zum Beispiel mit Ausbildung, Geld, Waffen oder Unterstützung bei der Planung und Durchführung von Militäroperationen, allerdings ohne eigene ‚boots on the ground'." Der britische Politikwissenschaftler, Gastprofessor am King's College London und Senior Fellow am Quincy Institute for Responsible Statecraft, Anatol Lieven (2022), schließlich schrieb in einem Beitrag im deutschen Politmagazin Cicero: „Ihren jüngsten Äußerungen nach zu urteilen, ist die Regierung Biden zunehmend bestrebt, den Konflikt in der Ukraine zu nutzen, um einen Stellvertreterkrieg gegen Russland zu führen, dessen Ziel die Schwächung oder gar Zerstörung des russischen Staates ist."

Welch große Bedeutung die Ukraine im strategischen Denken Präsident Bidens hat, lässt sich auch an seiner Berufung von Victoria Nuland, der Ehefrau Robert Kagans, als Under Secretary for Political Affairs ablesen, die im State Department für die außenpolitische Planung und Strategiearbeit verantwortlich zeichnet. Die neokonservative Nuland gehört seit etlichen Jahren zu den prominentesten Falken in Washington. In der Regierung Obama/Biden diente sie als Assistant Secretary of State, also auf dem dritten Platz im Außenministerium. In dieser Funktion nahm sie während des Euromaidan 2014 vor Ort entscheidenden Einfluss auf die Richtung, in die die Proteste gegen Präsident Viktor Yanukowitsch getrieben wurden. Man erinnert sich an ihr geleaktes Telefongespräch mit dem amerikanischen Ukraine-Botschafter Geoffrey Pyatt, in dem der ominöse Satz fiel: „Fuck the EU." Als Nulands bevorstehende Ernennung auf den neuen Posten bekannt wurde, schrieb der nationale Sicherheitsreporter der konservativen Zeitschrift „The National Interest", Mark Episkopos (2021), einen Artikel unter dem Titel „Joe Biden's Pick of Victoria Nuland Means Relations with Russia Could Get Worse". Darin hielt er fest: „Reports of Victoria Nuland's future appointment … send perhaps the clearest message yet to Moscow that the prospects for meaningful U.S.-Russian rapprochement under a Biden administration appear exceedingly slim."

8.3 Machtmittel: Hard Power

Dass die USA weltweit die Nr. 1 bleiben und die noch geltende westlich-amerikanische Weltordnung konsolidieren und verteidigen wollen, scheint somit festzustehen. Aber hat das Land auch die nötigen Machtmittel dazu?

Dies soll nachstehend in einem Vergleich der USA mit China und Russland in Bezug die Hard Power und die Soft Power untersucht werden. Wikipedia umschreibt Hard Power so: „In politics hard power is the use of military and economic means to influence the behaviour or interests of other political bodies. This form of political power is often aggressive (coercion), and is most immediately effective when imposed by one political body upon another of lesser military and/or economic power." Doch ob sich die USA „im Niedergang" befinden oder nicht, entscheidet sich nebst der Hard und der Soft Power auch am politischen und „mentalen" Zustand der amerikanischen Gesellschaft, also an der gesellschaftlichen Kohäsion, am (positiven oder negativen) Selbstbild, am Glauben des Staatsvolks an die Legitimität und die Problemlösungsfähigkeit der Regierung und des politischen Systems.

8.3.1 Hard Power: Militärmacht und Geopolitik/Geostrategie

Militärische Macht misst sich an der Größe und der Schlagkraft der Armee, am Umfang, der Modernität und der Spezifikation der Rüstung, am wirtschaftlich nachhaltig gesicherten Umfang des Militärbudgets, an den verfügbaren Mitteln und Humanressourcen zur waffentechnischen Forschung und Entwicklung, an der realistischen, weitsichtigen Strategieentwicklung und Armeeorganisation sowie am Kampfwillen und der Disziplin der Truppe. Von Bedeutung ist – wie oben erwähnt – auch der geopolitische/geostrategische Grand Design, welcher den politischen Handlungsrahmen bestimmt und den Interpretationsrahmen definiert.

(1) USA

- Streitkräfte:
Die militärische Stärke der USA und ihre weiterhin bestehende Überlegenheit in praktisch allen Vektoren militärischer Fähigkeiten – Atomwaffen, Heer, Luft- und Seestreitkräfte, Raketenarsenal, Drohnen, Stützpunkte im Ausland, Cyberoffensiv- und -Defensivfähigkeiten, Spionagetechnik (hybride Kriegsführung), Unterstützung durch Alliierte – wurde bereits im ersten Kapitel dargestellt. Amerika strengt sich an, diesen Vorsprung so lange wie möglich zu halten, weiß aber, dass seine Rivalen große Mittel in die Hand nehmen, um erstens den Abstand zu verringern, sodann um ihre Zweitschlagkapazität wiederzugewinnen, weiter um Waffensysteme zu entwickeln, welche die USA „verletzbar" machen (Hyperschallraketen), und schließlich um das „Kriegsgeschehen" zunehmend in den Bereich der hybriden Kriegführung zu verlagern, wo die eindeutige Unterscheidung zwischen Krieg und Frieden verschwimmt.
- Geostrategie
Der geopolitische Grand Design der USA wurde oben beschrieben. Wie in Kap. 6 erwähnt, hat der „Sieg" des Westens im Kalten Krieg und seine spezifisch westlich/amerikanische Deutung als „unconditional surrender" der Sowjetunion das weltpolitische und geostrategische Denken in Washington nachhaltig geprägt: Als „einzige Weltmacht" hatten die USA damals keine ernstzunehmenden Gegner mehr und sie konnten die monopolare Weltordnung festigen und ausbauen (siehe Bush-Doktrin bzw. die National Security Strategy von 2002). Die errungene unipolare Vormachtstellung führte aber zu zwei Fehlentscheiden, die sich als beträchtliche Hypotheken einer modernen Geopolitik und Geostrategie herausstellen: 1. Man verpasste die Gelegenheit, eine

euro-atlantische Friedensordnung mit Russland als gleichwertigem Partner auszuarbeiten,[2] und strebte stattdessen nach einer „benevolent global hegemony". 2. Man betrieb eine weltweite „power projection", die sich heute als strategische Überdehnung erweist.

Ad 1: Euro-atlantische Friedensordnung
War der russische Wille, das Kriegsbeil endgültig zu begraben, sich entschieden dem Westen anzuschließen sowie die staatlich-gesellschaftlichen Strukturen in Richtung auf Demokratie, Kapitalismus und liberale Marktwirtschaft umzubauen, wirklich ernst gemeint? Diese Frage ist angesichts des Ukraine-Kriegs berechtigt, und deshalb sehen viele die von den USA und der NATO schon in den 1990er-Jahren eingeleitete Fortführung der Containmentpolitik als absolut gerechtfertigt. Andere – und diese Meinung vertritt auch diese Darstellung – deuten das damalige Misstrauen im Gegenteil als „self-fulfilling prophecy", die den heutigen Zustand erst eigentlich mitverursachte. Der deutsche Historiker Bernd Greiner (2022) nennt die 1990er-Jahre in diesem Sinne „ein sicherheitspolitisch vergeudetes Jahrzehnt voller Versäumnisse und Fehleinschätzungen". Tatbeweise und Vorleistungen für die Aufrichtigkeit des Gesinnungswandels hatten in der einen oder anderen Form alle russischen Präsidenten der Übergangsjahre – Gobatschow, Jelzin und Putin – erbracht. Gorbatschows Leitbild vom „gemeinsamen Haus Europa" war keine bloße Floskel, löste er doch 1989 die Breschnew-Doktrin durch die „Sinatra-Doktrin" („I did it my way ...") ab, d. h., die Länder Ostmitteleuropas sollten selber über ihre Reformen und ihre Zukunft bestimmen können. An-

---
[2] Aufschlussreich in diesem Zusammenhang: Klein Margarete/Richter Solveig: „Russland und die euro-atlantische Sicherheitsordnung." Stiftung Wissenschaft und Politik-Studie Nr. 34, 2011.

ders gesagt: Die Sowjetunion verzichtete freiwillig auf den „Cordon Sanitaire", den sie in Jalta gewonnen hatte, und sie löste 1991 den WAPA auf, ohne dass die NATO gleichgezogen hätte. Nach Unterzeichnung des Mittelstreckennuklearstreitkräfte-Vertrags (INF-Vertrag) durch Ronald Reagan und Michail Gorbatschow 1987 zerstörten die USA 846 Raketen, die Sowjetunion/Russland insgesamt 1846 Raketen, und schließlich zog die UdSSR/Russland alle ihre Truppen hinter die eigenen Grenzen zurück. Mit dem „Belowescher Abkommen" vom 31. Dezember 1991 zwischen den drei Staatsoberhäuptern Russlands (Boris Jelzin), der Ukraine (Leonid Krawtschuk) und Belarus (Stanislav Schuschkewitsch) löste sich auch die Sowjetunion ohne äußeren Druck auf. Intern führte Russland von einem Tag auf den andern die Marktwirtschaft („Schocktherapie) und die Demokratie ein und privatisierte den Staatsbesitz. Die ersten Schritte in die Richtung hin zum Westen wurden also gemacht. Dabei musste allerdings jedem nüchtern Denkenden klar sein, dass ein so tiefgreifender struktureller, politischer, gesellschaftlicher und mentaler Wandel Jahrzehnte in Anspruch nehmen wird und immer rückfallgefährdet bleibt, also von allen Seiten Geduld und Unterstützung erfordert. In einem weltpolitischen Umfeld voller Spannungen konnte und kann ein solcher Prozess jedenfalls nicht gelingen. Auch die Errichtung einer den ganzen euroatlantischen Raum umfassenden Sicherheitsordnung, wie sie Moskau anstrebte, wäre sicher kein leichtes Unterfangen gewesen und hätte von allen Seiten ebenfalls ein großes gegenseitiges Vertrauen, viel Flexibilität und nicht weniger Geduld erfordert. Dass der „Westen" aber trotz aller Gesten des guten Willens von russischer Seite die Containmentpolitik mit der NATO-Osterweiterung, der Kündigung des ABM-Vertrags und der Errichtung des Raketenschilds nahe der russischen Grenze ungebrochen weiterführte, rief in Russland Enttäuschung, Frustration und Angst hervor. Man empfand diesen geopolitischen Schritt des Westens als tiefe Demütigung und als potentielle Bedrohung. Gerade in prowestlichen Kreisen Russlands wuchs das Gefühl, wieder hinter eine Mauer gesperrt zu werden und im Westen nicht willkommen zu sein. Man begann zunehmend am ehrlichen Willen des Westens zu zweifeln. Bei einer Preisverleihung in Berlin in den Nullerjahren sagte Michail Gorbatschow, wie man bei Winfried Schneider-Deters (2008, S. 69) nachlesen kann: „Lassen Sie mich noch etwas zur Situation in Russland sagen. Jelzin hat die Union zerstört, er hat den Staat zerstört, er hat die Armee zerstört, er hat die Kultur zerstört, er hat alles zerstört – und der Westen hat ihm Beifall geklatscht. Das ist paradox. Da kam bei uns Russen zum ersten Mal der Verdacht auf, dass der Westen umso lauter Beifall klatscht, je schlechter es um uns bestellt ist. Diese Wirtschaft – das war schon kein Staat mehr – dieses ganze Chaos fiel Wladimir Putin als Erbe zu. Ich bin Putin wie alle Russen dankbar."

Russland war damals so entscheidend geschwächt, dass keine Sicherheitsbedenken ein solch umfassendes Containmentdispositiv rechtfertigen konnten. Umso deutlicher tritt das globale Hegemonieziel hinter der damaligen USA/NATO-Strategie zutage, wie es in mehreren US-amerikanischen Dokumenten und Denkschriften festgehalten wurde.

Man macht im Westen heute gerne geltend, man sei dem russischen Sicherheits- und Zusammenarbeitsbedürfnis doch durch die Schaffung neuer Foren entgegengekommen, und man meint damit die Partnerschaft für den Frieden (PfP), den Euro-Atlantischen Partnerschaftsrat (EAPC), die NATO-Russland-Grundakte (1997) und den NATO-Russland-Rat (2002). Tatsächlich trat Russland auf diese Angebote ein, denn das Land gab die Hoffnung auf eine „Integration in den Westen" trotz der neuen Containmentpolitik nicht gleich auf, sondern kämpfte noch einige Jahre hartnäckig darum. So äußerte etwa W. Putin Hoffnungen auf die Chancen des NATO-Russland-Rates, den er 2002 auf der NATO-Tagung in Rom unterzeichnete. Und auch der Entwurf für eine umfassende euroatlantische Sicherheitsarchitektur des damaligen Präsidenten Medwedew von 2008 offenbart die damals noch immer bestehende Hoffnung des Kremls auf eine enge Zusammenarbeit mit dem „Westen". Bei verschiedenen Vorstellungen des Plans begründete Medwedew die Notwendigkeit für eine neue Friedensarchitektur mit der Feststellung, dass das Ziel der Charta von Paris – ein Europa zu schaffen, das geeint, frei und sicher sei – verfehlte wurde. Es brauche jetzt einen umfassenden euro-atlantischen Gipfel aller Staaten von „Vancouver bis Wladiwostok". Dort solle ein völkerrechtlich bindender Sicherheitsvertrag ausgearbeitet und verabschiedet werden, der auf fünf Prinzipien beruht:

1. Die Basisprinzipien der Sicherheit und Zusammenarbeit im euro-atlantischen Raum sollen bekräftigt werden.
2. Alle beteiligten Staaten verpflichten sich, gegeneinander weder Gewalt einzusetzen noch deren Einsatz anzudrohen.
3. Der Vertrag muss gleiche Sicherheit für alle gewährleisten.
4. Kein Staat und keine internationale Organisation darf exklusive Rechte zum Schutz des Friedens und der Stabilität in Europa besitzen (richtet sich selbstverständlich gegen die USA und die NATO).
5. Im Vertrag müssen Basisparameter der Rüstungskontrolle festgeschrieben werden.

Auch drei „Verbotstafeln" umfasste der Plan:

1. Niemand darf seine Sicherheit auf Kosten anderer gewährleisten.
2. Militärallianzen oder Koalitionen sollen keine Aktionen durchführen, die die Einheit des gemeinsamen Sicherheitsraums unterhöhlen.

3. Militärallianzen dürfen sich nicht derart entwickeln, dass sie die Sicherheit anderer Vertragsparteien bedrohen.

Medwedews Vertragsentwurf wäre erst die Initialzündung zu einem jahrelangen Verhandlungsprozess gewesen, dessen war sich auch der Kreml bewusst. Aber der Westen ging überhaupt nicht darauf ein. Im Gegenteil: Während Präsident Medwedew in westlichen Ländern seinen Plan für eine umfassende euro-atlantische Friedensarchitektur vorstellte, lud Präsident George W. Bush die Ukraine und Georgien ein, der NATO beizutreten.

Der Kreml musste schließlich feststellen, dass er vom Westen mit Placebos ruhiggestellt wurde, denn der NATO-Russland-Rat ist lediglich ein Konsultationsorgan ohne jegliche Mitsprachemöglichkeiten Russlands in den gesamteuropäischen Sicherheitsfragen. Von einem auch nur halbwegs gleichwertigen Konstrukt wie einer gemeinsamen Sicherheitsarchitektur kann keine Rede sein.

Zur NATO-Osterweiterung macht man heute weiter geltend, dass es osteuropäische Länder, allen voran Polen und die baltischen Staaten waren, die nach ihren Erfahrungen als sowjetische Satelliten und früherer Auseinandersetzungen mit dem russischen Reich unter den Schutzschild des westlichen Militärbündnisses drängten. Das trifft zu, und man kann es gut verstehen. Dass die Initiative für die Osterweiterung aber nicht von diesen Ländern, sondern von den USA mit dem erwähnt klaren geopolitischen Ziel eingeleitet und vorangetrieben wurde, bestätigt nicht nur Brzezinski in seinem Buch, wie oben ausführlich geschildert. Auch aus jenem bereits erwähnten Appell von rund 40 hochrangigen ehemaligen Politikern, Offizieren und Diplomaten an Präsident Bill Clinton mit der eindringlichen Warnung vor der NATO-Osterweiterung (1997) sowie George Kennans (1997) Op-Ed vom 5. Februar 1997 in der New York Times zeigt sich das deutlich (vgl. dazu Kap. 6). Zu bedenken ist auch, dass die NATO-Erweiterung lediglich ein Element eines umfasseneren Maßnahmenbündels zur Eindämmung Russlands war.

Die Sieger des 2. Weltkriegs wiederholten 1945 den Fehler des Versailler „Schandfriedens" nicht. Statt Frankreich und Deutschland einmal mehr durch eine neutrale Pufferzone – einen „Cordon Sanitaire" – zu trennen, vereinte man die ehemaligen Erzfeinde im selben Lager und überwand so die jahrhundertealte westliche geopolitische Bruchzone von der Nordsee bis zum Mittelmeer (Lotharii Regnum). Mit einer umfassenden euro-atlantischen Sicherheitsarchitektur unter einer gleichwertigen Beteiligung Russlands hätte zumindest die Chance bestanden, auch die östliche, ebenso alte geopolitische Bruchzone vom Baltikum bis zum Schwarzen Meer überwinden zu können.

Die westliche Politik führte nicht nur zur bewussten Abwendung Russlands vom Westen und zur Hinwendung zu China, sondern das sich „belagert" fühlende Russland verhärtete sich zunehmend auch im Innern. Solches Verhalten kennt man ebenso von anderen Ländern. Im gerade zitierten Leitartikel in der New York Times schrieb George Kennan (1997): „The view, bluntly stated, is that expanding NATO would be the most fateful error of American policy in the entire post-cold-war era. Such a decision may be expected *to inflame the nationalistic, anti-Western and militaristic tendencies in Russian opinion; to have an adverse effect on the development of Russian democracy*; to restore the atmosphere of the cold war to East-West relations and to impel Russian foreign policy in directions decidedly not to our liking."

Man darf hier zum Vergleich auf das individualpsychologische Phänomen der Regression verweisen. Darunter versteht man einen seelischen Abwehrmechanismus, mit dem Menschen in persönlichen Krisensituationen mit einem zeitweisen Rückfall auf eine frühere Stufe der Persönlichkeitsentwicklung reagieren. Sie suchen damit eine erneute Sicherheit und Selbstgewissheit. Vor solchen Entwicklungen sind auch ganze Gesellschaften nicht gefeit, wenn sie sich unter Druck oder in Gefahr fühlen. Das gesellschaftliche, wirtschaftliche und politische Chaos, das die „Transition" mit sich führte, die Demütigung und der macht- und sicherheitspolitische Druck, dem sich Russland durch die Weiterführung der Containment-Policy ausgesetzt sah, hat eine kollektive Regression begünstigt: Statt der Weiterführung des demokratischen und kapitalistischmarktwirtschaftlichen „Experiments" forderte eine Mehrheit wieder die „Diktatur des Rechts" (Putin), und man orientierte sich erneut an Uwarows (russ. Bildungsminister Mitte des 19. Jahrhunderts) „Triade" „Orthodoxie, Autokratie, Nationalität". Putin hat in seinen ersten Jahren aus Sicht einer breiten Bevölkerungsschicht seinem Land diese Orientierungssicherheit und die Selbstachtung zurückgegeben. Aber alle diese Tatsachen entlassen Regierung und Volk Russlands in keiner Weise aus der Selbstverantwortung für die eigene Entwicklung. Und kein noch so großer äußerer Druck rechtfertigt die Tatsache, dass sich das Regime zu einer rücksichtslosen Diktatur entwickelt hat.

Als George W. Bush 2008 die Ukraine und Georgien einlud, der NATO beizutreten, ließ Putin die USA und die NATO wissen, dass dies einen Casus Belli bedeuten würde. Angela Merkel zog die Notbremse. Man muss die langjährige Ukraine-Krise und den Krieg auch als eine Spätfolge der hier kurz resümierten Entwicklung verstehen. Diese Mechanik beschrieb John Mearsheimer schon 2014 im Zusammenhang mit dem Euromaidan und der Annexion der Krim in seinem Essay „Why the Ukraine-Crisis is the West's Fault. The Liberal Delusions That Provoked Putin".

Nach allem, was geschehen ist, wird es heute viel schwieriger sein, eine den ganzen euro-atlantischen Raum, inklusive Russland, umfassende Sicherheits- und Friedensordnung zu errichten. Es werden allerdings Stimmen laut, die das gar nicht mehr anstreben, sondern als Konsequenz aus dem Ukraine-Krieg eine euro-atlantische Sicherheitsarchitektur nicht mit, sondern gegen Russland postulieren. Doch erzielt man mit einem neuen Eisernen Vorhang angesichts der in Gang befindlichen Großmächtekonkurrenz und mit einer erneuten Demütigung Russlands, wie es z. B. die bekannte US-Historikerin und Journalistin Anne Applebaum anlässlich des Swiss Economic Forum 2022 expressis verbis forderte, wirklich eine größere Sicherheit für Europa und den atlantischen Raum? Andrew Latham (2020), Professor am Institut für internationale Beziehungen des Macalester College in Saint Paul/Minnesota, widerspricht Appelbaum ganz entschieden. Im Onlinepolitmagazin „The Hill" schrieb er, es sei „Narretei", auf eine vollständige Niederlage Russlands und eine Demütigung Putins zu setzen. Das möge zwar emotional für manchen befriedigend sein, wie jede Fantasie über die Bestrafung von Übeltätern: „For if history teaches us anything relevant to the current conflict, it is that inflicting such a defeat would most definitely not have the salutary effect on international security that its advocates assume. Indeed, quite the opposite. Inflicting a comprehensive and humiliating defeat on Russia would be far more likely to set the stage for further discord, conflict and war on Europe's eastern marches than to usher in an era of regional peace and tranquility. To put it bluntly, indulging fantasies of inflicting near-total defeat on Russia would be a terrible mistake – one that we can, and must, avoid making." Es sei hier erneut auf den „Schandfrieden" von Versailles 1919 hingewiesen, der erst den Boden für das Erstarken und die Machtübernahme des Nationalsozialismus legte. Man darf bezweifeln, dass es für Europa leichter sein wird, mit einem erneut gedemütigten Russland auf demselben Kontinent zusammenzuleben. Und ohne irgendeine Form des Zusammenlebens wird es nicht gehen, denn das Land ist und bleibt trotz allem ein gewichtiger Teil Europas und vor allem bleibt es eine Atommacht. Hingegen verstärkt man auf diesem Weg die Allianzbildung zwischen China und Russland und damit eine neue gefährliche, weil unter permanenter Spannung stehende, bipolare Weltordnung.

Ad 2: Strategische Überdehnung
Die Vorstellung von der unangefochtenen American Primacy führte zu einer weltweiten Ausweitung der Power Projection in allen dazugehörigen Dimensionen (siehe Kap. 6). Eindrücklich ist allein schon die Zahl der Militärbasen im Ausland. 75–85 % aller bekannten Militärbasen sind amerikanische Einrichtungen. Dazu kommen die großen Flugzeugträger mit den zugehörigen Begleitgeschwadern auf allen Weltmeeren, die auf den Flugzeugträgern und den Stützpunkten stationierten Luftstreitkräfte sowie die ebenfalls in allen Weltmeeren operierende U-Boot-Flotte. Solange die USA ausschließlich von Regionalmächten herausgefordert wurden, hatte es Platz für die sogenannte Zwei-Kriege-Doktrin, d. h. für die strategische Zielsetzung, gleichzeitig zwei völlig unabhängige Kriege führen zu können. Doch in der heutigen Großmächtekonkurrenz erweist sich ein solches weitgespanntes Dispositiv trotz der enormen „global firepower" auch für die Weltmacht USA als „overstretched" (Miller, 2012, siehe auch oben: Daniel Immerwahr und Hal Brands).

(2) China

Im Kap. 7 findet sich alles Wichtige zu den chinesischen Streitkräften sowie zum geopolitischen und geostrategischen Grand Design des Landes. Hier geht es ausschließlich darum, das chinesische Potential kurz an jenem der USA zu messen.

- Streitkräfte:
  China hat zwar mit US$ 252 Mrd. (2020) das zweitgrößte Rüstungsbudget weltweit, doch es beträgt lediglich ein Drittel der amerikanischen Ausgaben.
  China verfügt mit einem Bestand von 2 Mio. Wehrdienstpflichtigen über die zahlenmäßig größte Armee der Welt und es hat mehr Panzer als alle anderen Länder. Zudem hat China die größte Marine. Doch bei den großen Schiffen, insbesondere bei den Flugzeugträgern, sind die USA den chinesischen Streitkräften noch deutlich überlegen: Zehn (elf?) amerikanischen Flugzeugträgern stehen lediglich drei chinesische gegenüber. Es wird aufschlussreich und interessant sein, die chinesische Entwicklung in diesem Bereich in den nächsten Jahren zu beobachten, denn einen weiteren Ausbau müsste man wohl als Indiz für den Willen zu einer ausgeweiteten „power projection" lesen.
- Geopolitik/Geostrategie:
  Es sei daran erinnert, dass sich China, genau wie Russland, grundsätzlich gegen die amerikanische Hegemonie wie und wo auch immer, aber ganz besonders im asiatisch-pazifischen Raum wehrt. Wie in Abschn. 6.2.2 (Politische Aspekte: Unipolarität/„benevolent blobal hegemony") angemerkt, wehrt sich das Reich der Mitte entschieden gegen die amerikanische „Indo-Pacific-Strategy" und hält dieser ihr eigenes „Asia-Pacific-Concept" entgegen, dargelegt im Whitepaper „China's Policies on Asia-Pacific Security Cooperation" vom 11. Januar 2017. Das Ziel ist eine grundlegend andere Sicherheitsarchitektur, abgestützt auf ein flexibles und informelles Netzwerk von Partnerländern, in dem China selbstredend der Primus inter Pares sein will. In seiner Jahrespressekonferenz vom 7. Februar 2022 gab sich Außenminister Wang Yi, wie man im Artikel von Zhang Zh. im China Daily vom 7. März 2022 nachlesen kann, überzeugt, dass „the global governance has entered its Asia period".

8 Die Zukunft der USA als bisherige globale …

Stand heute strebt China keine mit den USA vergleichbare weltumspannende „power projection" an.

Beim heute im Vergleich zu den USA noch beschränkten Aktionsradius geht es eher darum, dass China in dem, was es als „mare nostrum" versteht, eine militärische Überlegenheit erreichen will, d. h. in jenem großen Teil des süd- und ostchinesischen Meers innerhalb der „Nine-Dash Line", wie sie in der folgenden Karte (Abb. 8.2) dargestellt ist (manchmal auch als Ten-Dash Line oder Eleven-Dash Line bezeichnet).

Bereits die Republik China hat 1947 dieses Gebiet (damals noch Eleven-Dash Line) als Hoheitsgebiet reklamiert, und die Volksrepublik China hat den Anspruch kurz nach dem gewonnenen Bürgerkrieg bekräftigt. 2016 hat zwar ein internationales Schiedsgericht, gestützt auf die UNO-Seerechtskonvention, die chinesischen Ansprüche zurückgewiesen, doch Peking anerkennt den Richterspruch nicht.

Bei den Antischiffsraketen hat die chinesische Marine Amerika überholt. Diese Raketen besitzen eine Reichweite von mehr als 200 Kilometern, fliegen mit Überschall-

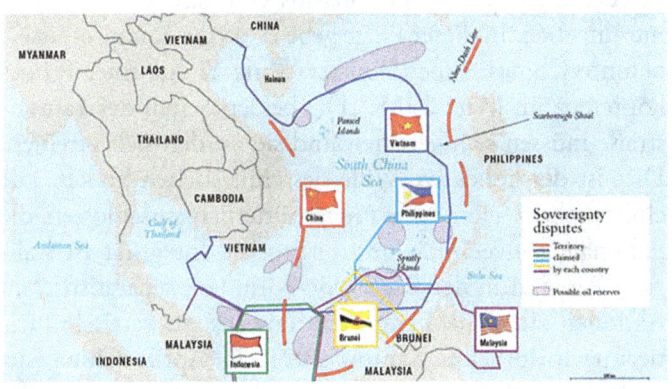

Abb. 8.2 Das Südchinesische Meer und die „Nine-Dash Line". (Quelle: Wikipedia)

geschwindigkeit und verfügen über ein „Sea Skimming", d. h., sie fliegen knapp über der Wasseroberfläche, unbemerkt von jedem Radar. Dazu sind sie im Nahkampf kaum zu besiegen, denn die US-Marine hat noch immer ihr „Harpoon"-System. Diese Raketen fliegen im Unterschallbereich und sind weniger manövrierfähig als eine chinesische Rakete vom Typ „YJ-18".

James Fanell (2019) – bis 2015 Chef des Marine-Nachrichtendienstes der US-Pazifikflotte und heute an der Genfer Denkfabrik „Geneva Centre for Security Policy" tätig – vertritt die Meinung, dass die USA derzeit in einem offenen Seegefecht, z. B. vor Hawaii, nicht gegen Chinas Marine bestehen könnten. Obwohl China gerade mal über einen Flugzeugträger (inzwischen sind es drei) verfüge, habe es eine Antwort auf Amerikas erdrückende Übermacht: „China hat ballistische Anti-Flugzeugträger-Raketen entwickelt, nur dafür konstruiert, Flugzeugträger zu versenken. So können sie die US-Navy auf dem Meer von Guam bis nach China bedrohen", so Fanell.

Ein strategisches und staatspolitisches Ziel Chinas ist besonders im Auge zu behalten: Peking wird, wie in letzter Zeit mehrmals lautstark verkündet, den Anspruch auf die Wiedereingliederung Taiwans ins chinesische Staatsgebiet nie aufgeben. In dieser Frage gebe es „keine Kompromisse", betonte Chinas Außenminister Wang Yi auf einer Pressekonferenz im März 2021: „Die beiden Seiten der Taiwanstraße müssen sich vereinen und sie werden sich vereinen. Dies ist der kollektive Wille des chinesischen Volkes. Die chinesische Regierung ist unerschütterlich entschlossen, die nationale Souveränität und territoriale Integrität zu wahren. Wir sind in der Lage, jede Form von separatistischen Aktionen zur ‚Unabhängigkeit Taiwans' zu vereiteln" (zitiert nach Rother & Zantow, 2021, 25. April). China entwickelt deshalb Kapazitäten zum Truppentransport in der Luft und zur See. Im zitierten Artikel von Carina Rother und Andre Zantow liest man weiter: „Die Luftwaffe hat jetzt großräumige Transportflugzeuge (Y-20). Die Marine entwickelt amphibische Angriffsschiffe (Typ 075) und Transportschiffe für amphibische Landeeinheiten (Typ 071). Das sind Mittel zur Machtprojektion. Diese Kapazitäten könnten im Südchinesischen Meer oder noch weiter entfernt zum Einsatz kommen, aber natürlich auch gegenüber Taiwan."

Peking strebt vorerst keine militärische Wiedereingliederung Taiwans an, es sei denn, Taiwan oder die USA treiben die Provokation zu weit. Die chinesischen Strategen scheinen Sunzis berühmtes Buch *Über die Kriegskunst* verinnerlicht zu haben. Sunzi beginnt sein Werk nämlich mit einer Ermahnung, dass der Krieg ein großes Wagnis sei, „Ausgangspunkt für Leben und Tod, Weg zum Weiterbestehen oder zum Untergang". Und die erste der „fünf wesentliche[n] Voraussetzungen für den Sieg", die Sunzi in Kapitel III nennt, lautet: „Siegen wird der, der weiß, wann er kämpfen muss und wann nicht." Und weiter: „In all deinen Schlachten zu kämpfen und zu siegen, ist nicht die größte Leistung. Die größte Leistung besteht darin, den Widerstand des Feindes ohne einen Kampf zu brechen."

- Koalitionen
Wie A. Ekman (siehe oben Abschn. 8.1.3) darlegt, lehnt die chinesische Regierung zwar formale, festgefügte Allianzen, wie sie die USA weltweit geschaffen haben, ab. Aber selbstverständlich muss und will auch sie sich für die Durchsetzung ihrer geopolitischen Ordnungsvorstellungen und ihrer Machtentfaltung auf zuverlässige Partner stützen. Statt eines Allianzsystems hat China deshalb ein lockeres Netz von Partnerstaaten geknüpft – offiziell China's Circle of Friends genannt –, die es einer-

seits in seinen geostrategischen Zielen unterstützen, die ihm andererseits aber auch in multilateralen Gremien wie der UNO, vor allem bei heiklen Fragen wie Hongkong, Taiwan oder Xinjiang, Schützenhilfe leisten sollen. Die Belt and Road Initiative ist ein besonders potentes Vehikel für diese Koalitionsbildung.

- Fazit:
Die amerikanischen Streitkräfte sind den chinesischen weiterhin überlegen und können nicht so rasch überholt werden. China verfügt aber über Waffensysteme, mit denen es die US-amerikanische „power projection" im Raum des süd- und ostchinesischen Meers einschränken und eigene Ziele in beachtlichem Maß durchsetzen kann. Die Taiwan-Frage ist ein gefährlicher Konfliktherd, an dem sich eine größere kriegerische Auseinandersetzung entzünden könnte, eine echte „Thukydides-Falle" (Allison G. (2017) Destined for War. Can America and China escape the Tucydides' Trap? und Thukydides, 1966). Präsident Biden hat im September 2022 schon zum wiederholten Mal geäußert, er wolle die Insel militärisch verteidigen, „if in fact there was an unprecedented attack". Mitarbeiter*innen des Weißen Hauses haben solche Aussagen jeweils umgehend relativiert. Trotzdem bleibt eine Beunruhigung über die künftige amerikanische Chinapolitik. Dies umso mehr, als sich auch andere hohe Repräsentanten der amerikanischen Regierung und Vertreter des außenpolitischen „Establishments" in ähnlicher Richtung geäußert haben. Hat Washington die Doktrin der „strategischen Ambiguität" aufgegeben? Phelim Kine (2022) scheint davon überzeugt zu sein, denn er überschreibt seinen Artikel in „Politico" vom 19.09.2022 kurz und bündig: „Biden leaves no doubt: ‚Strategic ambiguity' toward Taiwan is dead".

(3) Russland

- **Streitkräfte:**
Mit gerade mal US$ 61,7 Mrd. Militärausgaben im Jahr 2020, also etwas weniger als 8 % des amerikanischen Militärbudgets, liegt Russland, noch hinter Großbritannien, lediglich auf dem vierten Platz der Länder mit den größten Rüstungsausgaben.

Am Ende des Kalten Kriegs, als die Sowjetunion aufgelöst und die Sowjetarmee aufgeteilt wurde, befanden sich die russischen Streitkräfte in einem desolaten Zustand. Die Waffen und Geräte waren veraltet, der Truppenbestand ungenügend, die Truppen waren demoralisiert, das Offizierskorps schlecht geschult und die Einsatzdoktrin trug den neuen Entwicklungen keine Rechnung. Von Einsatzbereitschaft und der Fähigkeit zu raschem Eingreifen, über die jede moderne Armee heute verfügen muss, konnte keine Rede sein. Als sich das Land auch noch in die Tschetschenien-Kriege verstrickte, verlor die Armee bei der Bevölkerung Ansehen und Glaubwürdigkeit. Das war ein bedenklicher Verlust für den Staat, denn dank des Siegs über Nazideutschland im „Großen Vaterländischen Krieg" war die Rote Armee der Stolz der Sowjetbürger. Als Identifikationsvehikel trug sie nicht wenig zum „Wir-Gefühl" des riesigen, sprachlich und ethnisch hochdifferenzierten Landes bei, und sie lieferte anstelle der längst obsoleten Staatsdoktrin des Marxismus-Leninismus die notwendige staatliche Legitimation. Der desaströse Ukraine-Krieg wird der Armee wohl noch mehr an Respekt rauben als der Tschetschenien-Krieg.

Der Wiederaufbau der Streitkräfte wurde nicht sofort nach der Auflösung der UdSSR in Angriff genommen, denn primäres Ziel der Regierungen Jelzin und Putin war die wirtschaftliche und gesellschaftliche Modernisierung, die „Transition" von der Diktatur zur Demokratie und von der Kommandowirtschaft zur kapitalistischen Marktwirtschaft. Die Erneuerungsimperative in Wirtschaft, Gesellschaft und Politik waren so groß und umfassend, dass sie zu einem eigentlichen „Systemoverload" führten. Man vergesse nicht, dass das „neue" Russland nach dem Ende des Bolschewismus im Unterschied zu den osteuropäischen Ländern an keine vorausgehende demokratisch-rechtsstaatliche und marktwirtschaftliche Periode anschließen konnte. Der alle politischen, wirtschaftlichen und gesellschaftlichen Bereiche umfassende Umbau erforderte enorme Finanzmittel und die ganze Aufmerksamkeit der Regierung. Deshalb trat der Wiederaufbau der Armee vorerst in den Hintergrund. Für die Landesverteidigung verließ man sich auf die Atomstreitkräfte. Zudem fühlte man sich unmittelbar nach der Wende vom Westen noch nicht herausgefordert und bedroht. Die Mittel für den Wiederaufbau einer starken Armee fehlten damals erst recht, weil mit den verheerenden Privatisierungen auch der Staatsschatz verschleudert wurde. Erst als der Westen nicht mehr als wohlgesinnter Partner, sondern als Bedrohung wahrgenommen wurde, startete Russland das Mammutprojekt einer größeren Militärreform. Zudem machten die ernüchternden Erfahrungen beim Krieg gegen Georgien 2008 die dringende Notwendigkeit einer Reform deutlich. Für diesen beschränkten Konflikt musste das Land nämlich die massiven Mittel seines alten, unbeweglichen Massenheeres einsetzen. Es fehlte an modernen Führungsmitteln, es fehlte die operative Beweglichkeit, es fehlten hochpräzise Waffen mit beschränkter Zerstörungskraft usw. Der heutige Verteidigungsminister Sergej Schojgu verstärkte die von seinem Vorgänger eingeleiteten Anstrengungen, aber, wie der Ukraine-Krieg zeigt, mit bescheidenem Erfolg. Die russischen Hyperschallwaffen werden an der eklatanten amerikanischen Überlegenheit kaum Wesentliches ändern.

Nach Beendigung des Ukraine-Kriegs wird der Kreml nicht um eine gründliche Analyse des Zustandes seiner Streitkräfte und der Kriegsführung herumkommen. Jedenfalls schrumpft Russlands Rolle als „Big Player" auf der weltpolitischen Bühne beträchtlich. In den Bedrohungsszenarien des „Westens" spielt das Land trotz gegenteiliger Rhetorik wohl keine entscheidende Rolle mehr. Russland als Risikofaktor so weit wie möglich auszuschalten ist, wie Biden, Blinken und Verteidigungsminister Lloyd Austin erklärten, ein vorrangiges Ziel im Ukraine-Krieg (siehe oben zum Stichwort Stellvertreterkrieg). Und es scheint, die USA können mit diesem Krieg tatsächlich einen ihrer Rivalen in der Großmächtekonkurrenz empfindlich schwächen. Ohne das Atomarsenal ließe sich der Großmachtanspruch Russlands kaum noch aufrechterhalten.

- **Geostrategie:**
  Russlands geostrategisches Denken ist durch verschiedene Faktoren bedingt: durch seine geographische Lage als größter Flächenstaat, der den größten Teil der eurasischen Landmasse bedeckt; durch seine nur beschränkten Zugänge zu den Weltmeeren; durch sein historisch geformtes Selbstbild als gefährdete Großmacht (Angriffe vom 13. bis ins 20. Jahrhundert: vom Deutschen Orden, von Schweden, Polen-Litauen, Napoleon, Japan, Hitler) und vor allem durch die enttäuschten Erwartungen nach dem Ende des Kalten Kriegs.

Angesichts des Ukraine-Kriegs und der Annexionen ostukrainischer Gebiete im Herbst 2022 mag die Aussage befremden, Russlands Geostrategie sei in der Geschichte kaum expansiv gewesen. Wie auch Schweden, Polen-Litauen und Preußen kämpfte es zwar während Jahrhunderten um die Vorherrschaft im baltischen Raum. Dies deshalb, weil es einen eisfreien Hafen und ein „Fenster zum Westen" anstrebte. Seit 1617 fand sich das Land in einer Binnenlandposition und vom restlichen Europa abgeschnitten. Das änderte sich erst als Resultat des Großen Nordischen Kriegs (1700–1721). Auch die wiederholten Auseinandersetzungen mit der Großmacht Polen-Litauen, bei denen die Offensive auch von diesem Staat ausging (z. B. Polnisch-Russischer Krieg 1609–1618), dauerten über Jahrhunderte und schufen auf beiden Seiten verfestigte Feindbilder, tief sitzende Ressentiments und Argwohn. Wenn vom Imperialismus Putins und seinem angeblichen Traum von einer Wiedererrichtung des Sowjetimperiums die Rede ist, vergisst man, dass sich der Kreml in seinem Selbstverständnis in einem Abwehrkampf gegen den immer näher rückenden Westen sieht. Und, wie oben ausgeführt, kann man den Ukraine-Krieg mit Fug und Recht als Stellvertreterkrieg qualifizieren. Aus dem erwähnten Artikel Hal Brands (2022a) dazu noch folgende Sätze: „The key to the strategy is to find a committed local partner – a proxy willing to do the killing and dying – and then load it up with the arms, money and intelligence needed to inflict shattering blows on a vulnerable rival. *That's just what Washington and its allies are doing to Russia today.*" Im November 2022 bestätigte das Pentagon, dass auch US-Truppen in der Ukraine vor Ort sind, auch wenn diese angeblich nicht für Kampfeinsätze, sondern für die Inspektion von gelieferten NATO-Waffen dort seien.

Auch ist es offensichtlich, dass Moskau gar nicht die Mittel für eine expansive Geostrategie hätte. Grundsätzlich kommt Norbert Eitelhuber (2019), Strategieexperte an der Forschungsstelle Osteuropa an der Universität Bremen, zum Schluss, die russische Strategie sei primär defensiv ausgerichtet: „Russland hingegen besitzt eine strategische Kultur, die von einem ausgeprägten Streben nach innerer und äußerer Sicherheit geprägt ist. In seiner Eigenwahrnehmung war das Land selbst eher Opfer von Aggression, sei es durch Einfälle fremder Mächte oder Einmischungen von außen."

Was können Russlands geostrategische Ziele mit Blick auf alle diese Entwicklungen und Umstände sowie seine Selbstwahrnehmung sein?

1. Sicherung der Verteidigungsfähigkeit auch im Sinne, dass das Land durch militärische Drohungen nicht politisch erpressbar wird.
2. Sicherung der Sicherheits- und Einflusszonen. Zu diesen gehören nebst der Ukraine, Belarus und der Moldau im Westen die GUS-Staaten in Zentralasien. Damit will Russland auch die nötige strategische Tiefe sicherstellen. Kennzeichnend für diese Risikoeinschätzung ist der Satz des ehemaligen, entschieden prowestlichen Premierministers Jegor Gaidar, der nach Bushs Einladung von 2008 an die Ukraine und Georgien zum NATO-Beitritt monierte: „Wer die Ukraine in der Nato sehen will, übersieht, dass Russland damit im Ernstfall nicht mehr verteidigungsfähig ist."

Es wurde rund um den Ukraine-Krieg von verschiedenen Seiten, nebst anderen auch vom NATO-Generalsekretär Jens Stoltenberg, betont, Einfluss- und Sicherheitszonen hätten in der Weltordnung des 21. Jahrhunderts nichts mehr zu suchen und es gäbe zudem kein Recht auf solche Zonen. Ein Recht (Völkerrecht) auf Einflusszonen gibt es nicht, aber die Geschichte kennt keine Großmächte ohne Einflusszonen („Realismus"). Einige Politologen betrachten sie gar als ein Kriterium zur Definition einer Großmacht, so z. B. Z. Brzezinski (2019, S. 58): „Geostrategische Akteure sind jene Staaten, die die Kapazität und den *nationalen Willen besitzen, über ihre Grenzen hinaus Macht und Einfluss auszuüben."* Oder Frank Schimmelfennig (2008, S. 75): „Eine offensive Großmacht [muss] in der Lage sein, weltweit militärisch Einfluss zu üben." Zudem nehmen die Kritiker des russischen Beharrens auf Einflusszonen dieses Recht selber in Anspruch, allen voran die USA (Monroe-Doktrin, Roosevelt-Corollary-to-the-Monroe-Doktrin; weltweite „power projection" usw.). Joe Biden soll sich 1991 als Senator, so berichtet Norbert Mappes-Niedieck (2022), für eine bewaffnete Intervention der USA/NATO in Jugoslawien mit folgender Begründung stark gemacht haben: „Es geht um viel mehr als um humanitäre Interessen", es gehe um die künftige Rolle der NATO. In jener Epoche erweiterte die NATO ihr ursprüngliches Konzept durch „Out-of-Area"-Einsätze. Und der damalige deutsche Verteidigungsminister Peter Struck rechtfertigte den Einsatz des NATO-Mitglieds BRD im Afghanistan-Krieg 2002 mit dem ominösen Satz: „Die Sicherheit der Bundesrepublik Deutschland wird auch am Hindukusch verteidigt."

3. Sicherung des eigenen Großmachtstatus. Dazu muss Russland neben den Atomwaffen (Zweitschlagsfähigkeit), einer leistungsfähigen Luftwaffe und strategischen Raketentruppen inkl. Hyperschallraketen auch über eine schlagkräftige Marine verfügen. Sie muss in den für Russlands Sicherheit wichtigen Meeren (Nordatlantik, Ostpazifik, Schwarzes Meer, Mittelmeer, arktisches Meer [„Wettlauf um den Nordpol"]) operieren können. Einen ganzjährig offenen maritimen Zugang zum Nordatlantik gibt es für Russland nur über das Baltische Meer und zum Mittelmeer nur durch das Schwarze Meer und die türkischen Meerengen. Diese Umstände erklären teilweise die Annexion der Krim im Jahr 2014, wo die russische Schwarzmeerflotte seit 1783 stationiert ist.

Der drohende NATO-Beitritt der Ukraine in der Folge des „regime change" hätte nicht allein den Verlust der Marinebasis Sewastopol gebracht; das ganze Schwarze Meer wäre auch zu einer direkten NATO-Grenze geworden.
4. Die Schaffung einer polyzentrischen Weltordnung und die Hinderung der USA an der Beherrschung Eurasiens im Sinne der Herzlandtheorie.
5. Mitsprache bei allen weltpolitisch bedeutsamen Fragen. Anders gesagt, bei der Definition und der Führung der Weltordnung will Russland eine Rolle spielen. Gewisse Autoren, so z. B. der Historiker Erich Bayer (1960), sehen in dieser Fähigkeit das Wesen einer Großmacht. Er schreibt, Großmächte seien Staaten, die „einen bestimmenden Einfluss auf die Weltpolitik" haben. Nicht zufällig haben sich die fünf Großmächte bei der Schaffung der UNO einen ständigen Sitz mit Vetorecht im Entscheidungsorgan der UNO – dem Sicherheitsrat – gesichert.

Russlands Ziele und erst recht seine Mittel zur „power projection" kennen enge Grenzen. Wie oben erwähnt, verfügt das Land lediglich über einen Flugzeug- sowie einen Helikopterträger. Zudem besitzt es außer in einigen ehemaligen Sowjetstaaten lediglich einen Marine- und neuerdings einen Luftwaffenstützpunkt im Ausland, nämlich in Syrien. Ebenfalls gering ist die Zahl der russischen Alliierten. Neben Belarus kann das Land auf eine begrenzte Gruppensolidarität der Länder der „Organisation des Vertrags über kollektive Sicherheit" (OVKS) zählen, zu der nebst Russland die folgenden Länder gehören: Armenien, Belarus, Kasachstan, Kirgistan, Tadschikistan. Die Vereinigung, die erstmals bei den Unruhen in Kasachstan 2022 zum Einsatz kam, ist zwar analog zur NATO konzipiert und kennt auch die Beistandsverpflichtung im „Bündnisfall", ist aber in ihren militärischen Kapazitäten überhaupt nicht mit dem Nordatlantikpakt zu vergleichen Eine gewisse Gruppensolidarität besteht schließlich noch im Rahmen der Shanghai Cooperation Organisation (SOC), einer internationalen Organisation mit Sitz in Peking. Sie wurde 2001 gegründet und ging aus den 1996 Shanghai Five von 1996 hervor. Ihr gehören die Volksrepublik China, Indien, Kasachstan, Kirgisistan, Pakistan, Russland, Tadschikistan und Usbekistan an. Die Allianz ist aber, wie auch die OVKS, weder mit den militärischen Fähigkeiten noch dem Organisationsgrad der NATO vergleichbar. Und den Lead in der SOC hat klar Peking. Bezeichnenderweise stellt sich im Ukraine-Krieg keines dieser Länder entschieden hinter Russland. Die zentralasiatischen Länder halten im Gegenteil die EU-Sanktionen gegen Russland ein.

- **Fazit:**
  Russland kann militärisch mit den USA außer bei den Atomwaffen und vielleicht bei den Hyperschallraketen in keiner Weise gleichziehen und hat nur wenige und zumeist schwache Verbündete. Nach der weitgehenden Isolierung durch den Westen und den schweren Verlusten im Ukraine-Krieg bleibt Russland als strategische Option nur ein enger Schulterschluss mit China. Der Preis dafür ist hoch: die sehr große Abhängigkeit von Peking! Der Ukraine-Krieg zeigt schonungslos, wie recht der Autor des „Longer Telegram" hat, wenn er schreibt „While modern Russia is a strategic irritant to US interests, it is no longer by itself a great strategic threat."

(4) Europa

Die Stellung Europas in der Weltordnung wird ausführlich im Kap. 9 unter dem Titel „Die Rolle Europas in der neuen Weltordnung" dargestellt. Hier geht es dagegen wieder ausschließlich darum, zu ermessen, ob und in welchem Maß Europa den globalen amerikanischen Führungsanspruch in Frage stellen könnte.

Die EU ist zwar der weltgrößte Binnenmarkt und somit fraglos eine mit den USA in Konkurrenz stehende Wirtschaftsmacht. Eine Großmacht im geopolitischen und geostrategischen Sinne ist sie dagegen nicht. Und die bescheidenen Ansätze, eine gewisse strategische Autonomie zu gewinnen, sind noch kaum weit gediehen. Seit dem Ausbruch des Ukraine-Krieges scheinen solche Emanzipationsversuche noch schwieriger geworden zu sein und einem fast vorbehaltlosen Zusammengehen mit den USA Platz gemacht zu haben. Amerika muss sich also auf absehbare Zeit mit keinem geopolitischen und geostrategischen „Rivalen Europa" messen. Dagegen wird es darum bemüht sein, sich dessen Bündnistreue auf längere Sicht zu versichern.

8.3.2 Hard Power: Wirtschaftskraft

(1) Geopolitik versus Geoökonomie? Wirtschaft als Waffe

Das Wirtschaftspotenzial war immer ein wichtiger Faktor in einer machtbewehrten Auseinandersetzung zwischen Staaten und Ländergruppen. Umgekehrt wurden mit der Drohung oder dem Einsatz von Waffengewalt wirtschaftliche Konzessionen erzwungen sowie Rohstoffquellen oder Absatzmärkte erobert und gesichert. Man denke nur an die Opiumkriege oder an die wirtschaftlich begründete Imperialismustheorie von John Hobson, Rosa Luxemburg, Hanna Arendt u. a.

In Kap. 6 wurde hervorgehoben, dass eine Wirtschaftsordnung zugleich ein grundlegendes Element jeder Weltordnung darstellt. Die Hegemonie der USA im Westen nach dem 2. Weltkrieg beruhte nicht zuletzt auf dem von ihnen geschaffenen und beherrschten liberal-kapitalistischen, marktwirtschaftlich organisierten Wirtschaftsraum und dem weltweit als Leitwährung wirkenden Dollar. Dank dieser Ordnung konnte das Land nicht nur seine wirtschaftlichen Vorteile optimal ausspielen, sie wirkte auch als Boden für den „imperialism of free trade". Schließlich wirkte der Wirtschaftsraum als Instrument zur Einbindung der daran Beteiligten: „Hegemonie durch Integration" wie Eckart Conze (1995) seine Untersuchung über die Dominanz der USA in Europa nach dem 2. Weltkrieg betitelte. Den Höhepunkt erreichte die wirtschaftlich-politische Hegemonialmacht der USA im Regelwerk des Washington Consensus (1990) und durch die „Finanzialisierung", denn die internationalen Finanzmärkte, als wichtigste ökonomische Stellgröße im neuen Setting, werden weitgehend von den USA beherrscht.

Dass die Bedeutung der Wirtschaft für die Geopolitik unter den Bedingungen der quantitativ und qualitativ enorm ausgeweiteten Globalisierung noch erheblich gesteigert wurde, ist eine Binsenwahrheit.

Man kann von mindestens drei Dimensionen einer neuen Geoökonomie sprechen:

- Die wechselseitigen Abhängigkeiten, die lange als stabilisierender Faktor im internationalen System galten, sind zu einem Element wachsender Unsicherheit geworden. Handels- und Investitionsverflechtungen und die immer längeren globalen Wertschöpfungsketten haben die außenwirtschaftliche Verwundbarkeit und Erpressbarkeit vieler Staaten deutlich erhöht. Das betrifft die schwächeren Ökonomien der Entwicklungsländer stärker als die hochentwickelten, offenen Volkswirtschaften.
- Verstärkte Machtverschiebungen und -asymmetrien im internationalen Wirtschafts- und Finanzsystem: Die

8 Die Zukunft der USA als bisherige globale …

Rückkehr des Protektionismus und auch der Systemkonflikt zwischen der westlichen Welt und autoritären Regimen trieben diese Entwicklung voran. Die Teilhabe an Digitalisierung und technologischer Revolution sind entscheidende Faktoren in der Großmächtekonkurrenz; es läuft ein Wettrennen um die Kontrolle neuer Schlüsseltechnologien: künstliche Intelligenz, Cloudcomputing, Quantencomputing, Mobilfunk (5G), Chipproduktion usw. Innovationskraft und technologischer Vorsprung sind unmittelbar sicherheits- und machtrelevante Faktoren. Zudem läuft ein Wettbewerb um die Sicherung des Zugangs zu strategischen Rohstoffen (Kobalt, Lithium, Wolfram, Tantal u. a.m.). So hat beispielsweise die Europäische Kommission im September 2020 einen Aktionsplan zu kritischen Rohstoffen vorgelegt. Auch den Wettlauf um die Arktis muss man nebst anderem unter diesem Aspekt verstehen.
- Zwischenstaatliche Konflikte werden tendenziell seltener militärisch ausgetragen, und deshalb kämpft man umso mehr mit wirtschaftlichen Waffen. Das machen nicht zuletzt die massiven Sanktionen des Westens gegen Russland, Venezuela, den Iran usw. deutlich. Auch werden ausländische Direktinvestitionen zunehmend mit politisch-strategischen Zielsetzungen und weniger nach wirtschaftlichen Renditekriterien getätigt bzw. verweigert.

Bedeutet das die Ablösung der Geopolitik durch die Geoökonomie? Nein. Vielmehr verschränken sich beide noch mehr als zuvor. Es geht, wie eh und je, einerseits um die Festigung der eigenen politisch-militärischen Machtposition mit Hilfe geoökonomischer Instrumente und umgekehrt um die Erzwingung wirtschaftlicher Vorteile und Chancen durch die Androhung oder den Einsatz militärischer Gewalt. Nichts macht das so deutlich wie die chinesische Belt and Road Initiative (BRI).

Dieses „Panorama" muss man im Hinterkopf behalten, wenn nachstehend ein Kräftevergleich zwischen den wirtschaftlichen Fähigkeiten und Potentialen der USA, Chinas und Russlands gemacht wird.

(2) USA

Noch sind die USA gemessen am BIP die größte Wirtschaftsmacht der Welt (berechnet in Kaufkraftparität, wurden sie allerdings von China überholt) (siehe Abb. 8.3).

Unmittelbar nach dem 2. Weltkrieg betrug der Anteil der USA am globalen BIP 50 %, heute sind es noch etwas mehr als 15 %.

Das Land nimmt auch Platz 1 beim nationalen Gesamtvermögen ein. Der Besitz an Immobilien, Aktien und Bargeld belief sich 2020 auf insgesamt 93,56 Billionen US$, womit die amerikanischen Haushalte knapp ein Drittel des weltweiten Vermögens von ca. 280 Billionen US$ besaßen. Allerdings ist der Reichtum in den USA sehr ungleich verteilt, was sich im Gini-Koeffizienten spiegelt. 2017 lag er bei 85,9 %. Die obersten 10 % der amerikanischen Bevölkerung besaßen 76,7 % und das oberste 1 % 38,3 % des Vermögens. Das ist die höchste Vermögenskonzentration aller entwickelten Länder. Doch nicht nur die Vermögen, auch die Einkommen haben sich sehr ungleich entwickelt.

Die Schere zwischen Arm und Reich öffnete sich in der Periode des „Neoliberalismus", also seit den späten 1970er-Jahren, zwar weltweit. Doch nur in den USA wurden die Armen systematisch ärmer, während in den andern Staaten Einkommen und Vermögen der unteren 50 % der Bevölkerung wenigstens ganz bescheiden wuchsen.

Das bleibt für die Kohäsion und die Stabilität des Landes und damit indirekt auch für seine Machtposition in der Welt nicht folgenlos. Zum Beispiel wuchs in den Trump-

8 Die Zukunft der USA als bisherige globale ...

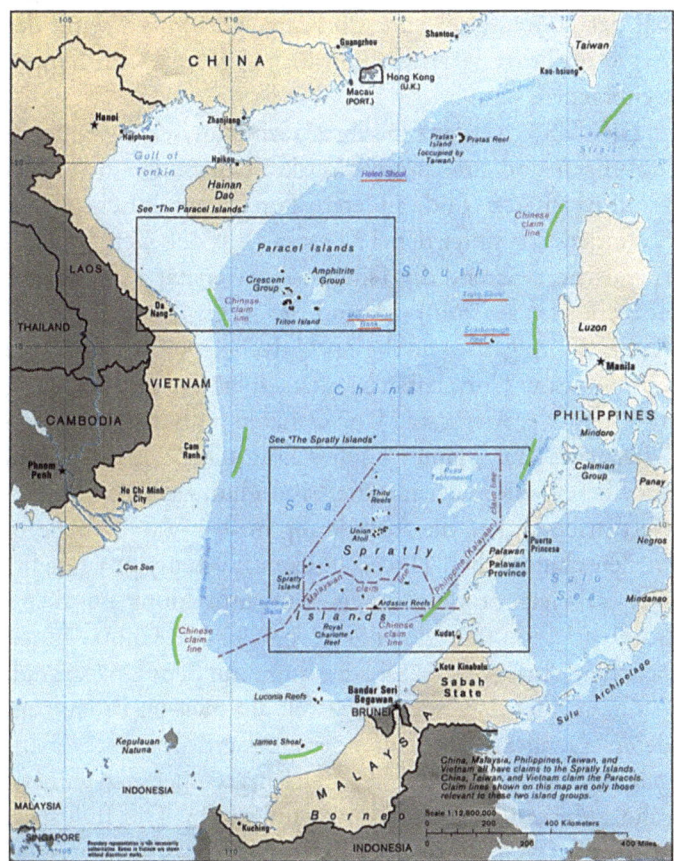

Abb. 8.3 Ranking gemäß BIP in Mrd. US$. (Quelle: Weltbank)

Jahren der amerikanische Chauvinismus deutlich an, und die Spaltung der Bevölkerung vertiefte sich, wie wir später genauer sehen werden.

Die amerikanische Wirtschaft ist noch immer eine der dynamischsten und kompetitivsten. Auf dem Global Competitiveness Index des WEF liegt sie auf Platz 2 (von 137 Staaten), während China erst auf Rang 26 und Russland auf Platz 43 zu finden sind. Doch das Reich der Mitte hat seit der Jahrtausendwende 20 Ränge gutgemacht, und der Catch-up-Prozess dürfte, wenn auch in gebremstem Tempo, weitergehen.

Die USA verdanken ihre technologischen Spitzenleistungen und ihre Innovationskraft besonders den Spitzenuniversitäten und anderen Forschungseinrichtungen. So finden sich unter den 13 besten Unis der Welt 10 amerikanische, während die Tsinghua-Universität als beste chinesische erst auf Rang 21 und die Peking-Universität auf Rang 23 folgen. Die beste Universität Russlands, die Lomonossow-Universität Moskau, folgt gar erst auf Rang 194. Fünf der weltbesten Universitäten für künstliche Intelligenz sind laut „Times Higher Education" amerikanisch, aber bereits die nächsten drei sind chinesisch. China forciert insbesondere die Ausbildung in den MINT-Fächern. In den chinesischen Hochschulen schließen jährlich achtmal so viele Student*innen ihre Ausbildung in dieser Studienrichtung ab wie in den USA; 40.000 Chines*innen beenden jährlich ihr MINT-Studium mit dem Doktorgrad. China meldet inzwischen weltweit am meisten Patente an, deren Qualität sich laufend verbessert. In den tonangebenden wissenschaftlichen Zeitschriften nehmen chinesische Publikationen einen Spitzenplatz ein. Die Industrie, auch die Waffenindustrie, setzt das erworbene wissenschaftlich-technische Wissen und Können konsequent in innovative Produkte und Fähigkeiten um. Die Greater Bay Area, gegenüber von Hongkong gelegen, mit den Städten Shenzhen, Kanton, Dongguan, Zhongshan und Zhuhai ist ein Innovationshotspot, ein größeres „Silicon Valley". In der von der World Intellectual Property Organization (WIPO) in Genf erstellten globalen Rangliste der Ballungsräume für Innovationen steht die GBA auf dem zweiten Platz. Die chinesischen Universitäten bringen mehr technisch-wissenschaftliche Kader hervor als die USA, aber diese kompensieren die Lücke weiterhin mit Hilfe eines nicht abbrechenden positiven Braindrains. Auch hervorragend ausgebildete Chines*innen finden den Weg in die USA. So bleiben die USA trotz dieser harten chinesischen Konkurrenz noch immer die innovativste Volkswirtschaft, und die US-Technologiefirmen können in vielen Sparten weltweit Trends vorgeben und ihre Standards durchsetzen: ein entscheidender strategischer Vorteil in der Geoökonomie.

Eine wirtschaftliche Stärke der USA ist auch ihr großer finanzkräftiger Binnenmarkt. Das stützt die in- und ausländischen Investitionen und sorgt für eine kontinuierliche Modernisierung des Produktionsapparates und der angebotenen Produkte. Allerdings konzentrierte sich das Land in den letzten Jahren so einseitig auf den Finanz- und den übrigen Dienstleistungssektor, dass es empfindlich deindustrialisiert wurde und permanent ein sehr hohes Handelsdefizit ausweist. Ganze Landstriche sind vom Prozess gezeichnet (Rust Belt), was bekanntlich große politische und soziale Verwerfungen zeitigte. Präsident Trump reagierte darauf mit hartem Protektionismus und er kokettierte mit der Idee, die amerikanische Wirtschaft stark von jener Chinas zu lösen (Decoupling). Doch die US-Wirtschaft ist weiterhin intensiv mit der Weltwirtschaft verflochten und von wichtigen Importen (Chip-Knowhow, Seltene Erden usw. [90 % Seltener Erden werden derzeit in China gefördert]) abhängig. Mit dem zeitweiligen Rückzug aus dem institutionalisierten Freihandel beeinträchtigte Präsident Trump den amerikanischen Einfluss und die Führerschaft in den multilateralen Gremien, was die Administration Biden zu korrigieren trachtet.

Eine besondere Stärke der US-Wirtschaft ist, wie wiederholt hervorgehoben, die Rolle des Dollars als globale Leitwährung. Noch immer halten die meisten Zentralbanken ihre Reserven vor allem in US-Dollars, und die Transaktionen (Öl!) werden zu einem erheblichen Teil über den US-Dollar abgewickelt. Dank dem Dollar können sich die USA, wenn auch nicht beliebig, über die kritische Schwelle hinaus verschulden, und der Greenback kann als politische Waffe eingesetzt werden (Sanktionen!).

Problemlos aber ist das rasante Schuldenwachstum nicht. Im Jahr 2000 lag es noch bei 55 % des BIP, 2020 aber bereits bei 136 %. Das heißt, die Schulden sind seit 2000 jährlich um 4 % stärker als die Wirtschaftsleistung gewachsen. Die USA liegen jetzt auf demselben Niveau wie gewisse europäische Sorgenkinder, z. B. Spanien oder Italien. Und das Schuldenwachstum hält an. Das Schuldenmanagement und die Budgetplanung ist ein regelmäßiger Zankapfel zwischen Republikanern und Demokraten und bringt das Land immer wieder in eine politische Sackgasse. Allein seit 1980 stand das Land elfmal vor einem Government Shutdown auf Bundesebene. Das beeinträchtigt die Regierungstätigkeit jeweils empfindlich.

Der rasante Anstieg der Inflation seit 2021 brachte die Zentralbank in die Bredouille. Die massive Teuerung wiegt politisch schwer und schadet der Popularität der Regierung Biden. Der Entscheid, die Zinsen stark anzuheben, beeinträchtigt dagegen das Wirtschaftswachstum. Auf dem Spiel steht auch das weltweite Vertrauen in die Stabilität des Landes und die Stellung des Dollars. Christopher Layne (2012, S. 208) bemerkte zurecht „America's political preeminence hinges on the dollar's role as a reserve currency. If the dollar loses that status, U.S. primacy would be literally unaffordable." Viele Länder schichten ihre Devisenreserven zugunsten anderer Währungen wie Euro oder sogar Renminbi um, damit sie weniger vom US-Dollar als Reservewährung abhängig sind – kein unwesentlicher Aspekt der Geoökonomie.

Ein jahrzehntealtes Problem der USA ist der lamentable Zustand der Infrastruktur. Nicht nur ist sie veraltet und marode, sondern auch chronisch unterfinanziert. Jede Regierung seit Eisenhower hat das Thema auf ihre politische Agenda gesetzt. Passiert ist aber wenig, weil jede Regierung andere Prioritäten setzte. Die American Society of Civil Engineers schlägt seit Jahren Alarm und stellt immer schlechtere Noten für den Zustand von Straßen, Brücken, Stromnetzen und Schifffahrtswegen aus. Für das Jahrzehnt 2020–2030 identifizierten die Ingenieure eine Investitionslücke von fast 2,6 Billionen (2600 Mrd.) Dollar.

Fazit
Noch immer wirkt die von den USA nach dem Krieg geschaffene Wirtschaftsordnung, wenn auch nicht unangefochten, als Regelwerk für die Weltwirtschaft und gibt dem Land einen wichtigen politischen Hebel in die Hand. Dasselbe gilt für den Dollar als globale Leitwährung. Doch der Druck auf dieses Ordnungssystem steigt, ganz besonders durch das erstarkende China.

(3) China

Die Stärken und Schwächen von Chinas Wirtschaft und deren Entwicklungstrends sind in Kap. 7 ausführlich dargestellt worden und ebenso die geoökonomisch-geostrategischen Aspekte der chinesischen Wirtschaft und Geopolitik (BRI!). Hier geht es deshalb lediglich um einen knappen Stärkevergleich.

Chinas BIP erreichte 2020 nominal erst knapp ¾ des amerikanischen BIP, doch wuchs die chinesische Wirtschaft bis 2022 überdurchschnittlich. Man nahm deshalb an, dass China in absehbarer Zeit die USA überholen würde. Doch die Null-Covid-Politik bremste das Wirtschaftswachstum stark. Die Weltbank rechnet für das ganze Jahr 2022 mit einem Wachstum von gerade mal 2,8 %. Das wäre eine der schwächsten Steigerungsraten der Wirtschaftsleistung seit fast einem halben Jahrhundert.

Ein anderes Bild zeigt sich beim BIP pro Kopf. Während die USA im Jahr 2019 mit US$ 65.254 auf Rang 7 lagen, folgte China mit US$ 10.522 lediglich auf Rang 69.

Einkommen und Vermögen sind sehr ungleich verteilt, obwohl das Land einst zu den egalitärsten gehörte. Im Jahr 2018 betrug der Gini-Koeffizient 51 %, und gemäß den neuesten Erhebungen beträgt das Verhältnis des obersten Dezils zum untersten 34:1, wobei das oberste Bevölkerungsprozent über 13,9 % des Vermögens verfügte (USA: 20,2 %).

Aber auch bei den Einkommen gibt es einen erheblichen Gap, und zudem werden lediglich 8 % des BIP für Soziales ausgegeben, während die Sozialausgaben in den USA immerhin 18,7 % betragen. (Zum Vergleich: BRD: 25,1 %, Italien: 27,9 %, Frankreich: 31,2 %, Schweiz: 24,6 %.)

Noch ist China der „middle income trap" nicht entronnen und steht vor großen demographischen, sozialen und umweltbedingten Herausforderungen. Die Coronaepidemie und die Null-Covid-Strategie versetzen der Wirtschaft einen zusätzlichen Dämpfer. Das Land hat nicht unbeschränkte Ressourcen, um gleichzeitig den wirtschaftlichen Aufschwung am Laufen zu halten, die gesellschaftlichen (Wanderarbeiter; rasch wachsende soziale Ungleichheit; Stadt-Land-Graben/Landflucht; Korruption auf fast allen gesellschaftlichen und politischen Stufen), die demographischen (Überalterung; Stagnation der Geburtenrate) sowie die gravierenden Umweltprobleme zu bewältigen und auch noch große Mittel in den Machtaufbau in der Großmachtkonkurrenz mit den USA zu investieren („Butter-and-Guns-Dilemma"). Das Regime stützt sich ausschließlich auf die Outputlegitimation. Wenn Wohlstand und soziale Sicherheit spürbar abnehmen sollten, ist die Herrschaft der Regierenden in Gefahr.

(4) Russland

Nach Beendigung des Ukraine-Kriegs muss eine grundsätzliche Neueinschätzung der russischen Wirtschaft vorgenommen werden. Schon heute aber steht fest, dass die Schäden in der Folge des Kriegs enorm sind. Vor dem Ukraine-Krieg erwirtschaftete Russland etwa die Hälfte seines Außenhandelsumsatzes mit den Mitgliedsstaaten der EU. Entsprechend leidet das Land langfristig unter den historisch beispiellos großen Wirtschaftssanktionen. Gemäß dem Militärökonomen Marcus Keupp von der ETH Zürich reden wir von dreimal mehr Sanktionen, als bisher gegen Nordkorea erlassen wurden. Gemäß Correctiv.org vom 08. Juli 2022 handelt es sich seit Ausbruch des Kriegs um 5796 Einzelsanktionen und zusammen mit jenen seit der Krim-Annexion von 2014 sogar über 10.000. Und noch immer schnüren die USA und die EU weitere Sanktionspakete. Sie betreffen beinahe alle Bereiche der Wirtschaft sowie den Zugang zu westlichem Know-how und zu wichtigen Komponenten. Aber auch Unternehmen sowie politische, wirtschaftliche und kulturelle Persönlichkeiten wurden vom Zugang zum „Westen" abgeschnitten. War die russische Wirtschaft bereits vor dem Krieg das schwächste Element russischer Machtentfaltung, so fällt sie seither weitgehend aus dem geoökonomischen Wettbewerb heraus. Am empfindlichsten dürfte die russische Wirtschaft wohl am weitgehenden Verlust des Know-how-Transfers leiden. In den 30 Jahren nach dem Ende der Sowjetherrschaft ist es Russland nämlich nicht annähernd gelungen, eine eigenständige technologische Know-how-Kapazität zu schaffen. Ein großer Teil seiner modernen Maschinen, Apparate und Transportmittel – sei es im Luftverkehr, in der Energiegewinnung, im Schienenverkehr, in jeder Art von Steuerungssystemen und sogar in der Waffentechnik – bleibt auf die weitere westliche Versorgung angewiesen. Ohne diesen „Nachschub" wird die Wirtschaft um Jahrzehnte zurückgeworfen.

Die westlichen Investitionen schufen nach der Wende viele hochwertige Arbeitsplätze. Das stärkte die Kaufkraft eines gewissen Bevölkerungssegments und verhalf zur Bildung einer städtischen Mittelschicht. Auf Auslandreisen lernten diese Menschen eine andere, „liberalere" und leistungsorientierte Mentalität kennen, die zum Vorbild wurde. Zumindest in den Städten dynamisierte sich das Leben; es herrschte ein neuer Geist.

Trotz des bewussten Ankuppelns an die westliche Wirtschaft (bis 2014 war das Land Teil der G7 bzw. G8) und gewissen Reformen blieben die Fortschritte allerdings auch vor dem Ukraine-Krieg bescheiden.

2020 betrug das BIP knapp 1,5 Billionen Dollar, womit Russland erst auf Platz 11 auf der Liste der größten Volkswirtschaften erscheint, hinter Ländern wie Italien, Kanada oder Korea. Nimmt man als Maßstab das BIP pro Kopf, dann zeigt sich die wirtschaftliche Performance als noch dürftiger: 2020 betrug es gerade mal US$ 10.115, während dieser Wert einige Jahre zuvor noch US$ 15.000 US-Dollar betrug (umgerechnet in die Kaufkraft-Parität steigt der Wert auf US$ 27.550).

Die Industrie ist seit eh und je eine der größten Schwachstellen der russischen Wirtschaft. Vor dem Ukraine-Krieg trug sie lediglich etwas mehr als 13 % zur gesamten Wirtschaftsleistung bei, ohne dass dies durch einen potenten, modernen und dynamischen Dienstleistungssektor wettgemacht würde. Die Produkte entsprechen größtenteils nicht den modernen Anforderungen; auf dem Weltmarkt haben sie – außer den Waffen – keine Absatzchancen. Auch die Fabrikanlagen und die Fertigungstechniken sind größtenteils veraltet und betriebswirtschaftlich nicht auf der Höhe. Das Innovationsvermögen ist begrenzt. Die Produktivität liegt tief. Aus den russischen Universitäten und Forschungseinrichtungen gehen zwar traditionell viele und hervorragende Mathematiker, Ingenieure und Naturwissenschaftler hervor, doch sie verbleiben größtenteils in der Grundlagenforschung; das gewonnene Wissen fließt nur beschränkt in die anwendungsorientierte Entwicklung.

Auch vor der Krim-Krise hielt sich die Lust des Auslands in Russland, in Russland zu investieren, in Grenzen. Korruption und mafiöse Netzwerke, die Herrschaft der Oligarchen, mangelnde Rechtsstaatlichkeit und andere Unsicherheiten sowie eine schwache Landeswährung bremsten das Vertrauen in das Land. Im Doing Business Report der Weltbank von 2020 lag Russland auf dem abgeschlagenen 92. Rang und im Korruptionsindex von Transparency International gar auf Platz 133 (Ukraine: Ränge 128 und 117).

Der Reichtum des Landes sind die großen Rohstoffvorräte, deren Exporterlöse mehr als die Hälfte zum BIP beitragen und auch die wichtigste Einnahmequelle des Staates darstellen. Doch das ist Segen und Fluch zugleich. Wie andere rohstoffreiche Länder leidet Russland am „Ressourcenfluch" oder der „Dutch Disease". Damit wird das Phänomen beschrieben, dass Staaten, die über hohe Vorkommen an Bodenschätzen verfügen, einen wirtschaftlichen Vorteil gegenüber ressourcenarmen Staaten haben und sich dieser Vorteil in höheren Wachstumsraten des BIP widerspiegeln müsste. Häufig ist jedoch das Gegenteil der Fall. Schon vor vielen Jahren äußerte die politische Führung den Willen, die Erlöse aus dem Rohstoffsektor gezielt für den Umbau der Wirtschaft zu einer leistungsstarken, modernen Industrie- und Dienstleistungswirtschaft zu nutzen. Weit ist man in diesem Prozess aber nicht gekommen. Lamentabel ist auch der Entwicklungsstand der technischen und der sozialen Infrastruktur.

Schließlich limitiert die Demographie die Wirtschaftskraft. Als eines von wenigen Ländern weist Russland ein negatives Bevölkerungswachstum aus. Von 150 Mio. Einwohner zur Sowjetzeit ist die Zahl inzwischen auf leicht über 145 Mio. gesunken. Die Lebenserwartung der männlichen Bevölkerung liegt mit knapp 65 Jahren äußerst tief, was größtenteils auf eine ungesunde Lebensweise zurückzuführen ist: Alkoholismus und Nikotingenuss sind in Russland deutlich höher als in anderen Ländern. Und die Suizidrate gehört mit 25 pro 100.000 zu den höchsten in Europa (Schweiz: 14,5; Österreich: 14,6; Frankreich: 13,8; Italien: 6,7).

Fazit

Noch sind die USA die größte, maßgebendste und innovativste Wirtschaft weltweit. Aber ihre geoökonomische und mithin geopolitische Machtposition wird trotz dessen neuerlicher Wachstumsschwäche durch China herausgefordert.

Trumps Protektionismus hat Chinas Aufstieg nicht bremsen können, und das dürfte auch der Regierung Biden kaum gelingen. Mit der BRI schafft China einen Wirtschaftsraum, in dem es Standards setzt und neue Abhängigkeiten schafft. Das Land arbeitet auch zäh daran, die Bedeutung des Dollars zugunsten des Renminbis zu vermindern. Die Ziele der BRI-Strategie erinnern an die Schaffung des relativ einheitlichen Wirtschaftsraums durch die USA nach dem 2. Weltkrieg. Wie in Kap. 7 dargestellt, flankiert China dieses geoökonomische Projekt zudem mit der Schaffung neuer multilateraler Gremien unter seiner Führung und dadurch, dass es vermehrt Spitzenposten in

8 Die Zukunft der USA als bisherige globale ...

den bestehenden multilateralen Institutionen anstrebt („Sinisierung" der internationalen Organisationen). Die G7 haben an ihrem Gipfeltreffen vom 26. bis 28. Juni 2022 im bayerischen Elmau beschlossen, den Entwicklungs- und Schwellenländern in den nächsten fünf Jahren Kredite im Umfang von U$ 600 Mrd. zukommen zu lassen. Unschwer erkennt man in diesem Plan eine Antwort auf Chinas Asiatische Infrastruktur-Investitionsbank (AIIB) und die BRI, weshalb das Projekt als „westliche Seidenstraße" apostrophiert wurde. Am „Afrika-Gipfel" vom 14.,15. und 16. Dezember 2022 in Washington versprach Präsident Biden den rund 50 anwesenden afrikanischen Staats- und Regierungschefs Investitionen im Umfang von U$ 55 Mrd. in den nächsten Jahren. Zudem sagte er, er befürworte eine Mitgliedschaft der Afrikanischen Union in der G20, und im UNO-Sicherheitsrat sollte Afrika institutionell permanent vertreten sein. Der amerikanische Präsident will auf diesem Weg das an China und Russland verlorene Terrain auf dem „schwarzen Kontinent" wiedergutmachen.

Es wurde schon mehrmals versucht, die verschiedenen Vektoren der Machtmittel zu einem aussagekräftigen Indikator der nationalen Stärke zu bündeln, was einen zuverlässigen Machtvergleich zwischen den verschiedenen Staaten erlauben sollte. Bereits 1963 entwickelte J. David Singer, Politikwissenschaftler an der Universität von Michigan, mit diesem Ziel den Composite Index of National Capability (CINC), indem er sechs möglichst aussagekräftige Indikatoren wie militärische Stärke, Wirtschaftskraft, Demographie usw. als Anteil am weltweiten Potential definierte.

In den 1980er-Jahren des letzten Jahrhunderts entwickelten dann chinesische Wissenschaftler mit dem gleichen Ziel das Konzept der Comprehensive National Power (CNP). Dabei kombinierten sie acht unterschiedliche Komponenten – von den Rüstungsausgaben über das

Bruttoinlandprodukt, die Bevölkerungsgröße, die Größe des Staatsterritoriums bis zu technologischen Kapazitäten usw. – zu einer Kennziffer, der CNP. Diese besteht dann aus dem gewichteten Durchschnitt aller genannten Faktoren als Anteil am weltweiten Machtpotential.

Inzwischen hat eine große Zahl weiterer Wissenschaftler ähnliche Messkonzepte entwickelt. Darunter findet sich auch ein Index, den die englische Wochenzeitschrift „The Economist" ausgearbeitet hat. Dieser Index kombiniert das BIP pro Kopf, die Rüstungsausgaben und das Sozialprodukt ohne Rüstungsausgaben. Diese Faktoren werden miteinander multipliziert, so dass ein tiefer Faktor auch im Gesamtindex zum Ausdruck kommt. The Economist (2023, May 13th–19th, S. 17 f.) erstellte diesen Index aufgrund der Daten der acht mächtigsten Staaten in Form eines prozentmäßigen Anteils. Dabei stehen die USA 2021 mit beinahe 35 % an der Spitze, gefolgt von China mit rund 20 % und Russland mit etwa 9 % und weiter in dieser Reihenfolge Indien (8 %), Deutschland Japan, Großbritannien und Frankreich. Der machtmäßige Vorsprung der USA gegenüber China ist seit 2005 bis 2021 von 30 % auf 15 % deutlich kleiner geworden. Er ist gegenüber allen ihren Rivalen jedoch immer noch so beträchtlich, dass die USA noch lange nicht eingeholt werden dürften.

8.4 Machtmittel: Soft Power, Staatsvertrauen und gesellschaftlich-politische Kohäsion

In diesem Abschnitt soll, gemäß der Ausgangsfrage nach einem möglichen Niedergang der USA, der Blick ausschließlich auf Amerika und nicht auf seine Konkurrenten gerichtet werden. Dies ist umso mehr gerechtfertigt, als weder China noch Russland ihre weltpolitische Machtposition ihrer Soft Power verdanken.

8.4.1 Soft Power

Der vom amerikanischen Politikwissenschaftler Joseph Nye eingeführte Begriff meint bekanntlich eine Form der Machtausübung von Staaten über andere Staaten und Gesellschaften, die nicht auf militärischen Ressourcen beruht. Zu den Mitteln der Soft Power zählt man etwa die Vorbildfunktion, die Attraktivität der Denk- und Lebensweise, die Vermittlung eigener Normen und Werte sowie eine wirkmächtige Definitionshoheit. Antonio Gramsci (1947) nannte Letzteres eine „kulturelle Hegemonie" als Produktion zustimmungsfähiger Ideen. Eine kulturelle Hegemonie verhilft den Großmächten zur Legitimation ihres weltpolitischen Führungsanspruchs.

Werfen wir einen Blick auf einige Komponenten der amerikanischen Soft Power seit dem Ende des 2. Weltkriegs:

- Denkweise und Lebensstil: Der „American Way of Life", oder was man dafür hielt, wurde nach dem 2. Weltkrieg zum Leitbild für den neuen Lebensstil und ein neues Lebensgefühl ganzer Generationen in weiten Teilen der Welt, vor allem in Europa. Oberflächlich setzten viele den American Way of Life mit gesellschaftlicher Freizügigkeit und Konsumrausch, kurz mit einem optimistischen Hedonismus, gleich. Das kontrastierte scharf mit dem düsteren Bild des armseligen und unterdrückenden Sowjetkommunismus und wirkte in dieser Form als psychologisch-mentale Ressource im Kalten Krieg.
- Ernstzunehmender war das Vorbild einer amerikanischen Gesellschaft, geprägt von einem weltoffenen, „li-

beralen" Geist, von einem optimistischen Machbarkeitsglauben und von einer scheinbar unbegrenzten sozialen Mobilität: der „American Dream" einer Karriere vom Tellerwäscher zum Multimillionär; das „Land der unbegrenzten Möglichkeiten".

- Fasziniert war man weiter vom wirtschaftlichen Erfolg der USA, basierend auf Kapitalismus und freier Marktwirtschaft, was angeblich nur in einem demokratischen Umfeld gedeihen könne. Der Zwillingsbegriff Marktwirtschaft ∞ Demokratie entwickelte sich zum Leitbild. Bis zum spektakulären Erfolg des chinesischen Kapitalismusmodells galt das eine als unabdingbare Voraussetzung für das andere.
- Als Vorbild wirkte schließlich Amerikas anscheinend gefestigte Demokratie und sein Rechtsstaat. So etwa beim Wiederaufbau der durch den Krieg zerstörten Länder und bei der „Umerziehung" der Kriegsgeneration in Deutschland („Entnazifizierung"). Dass die USA gleichzeitig in ihrem mittel- und südamerikanischen Hinterhof oft ihre eigenen Werte verrieten, nahm man in Europa kaum zur Kenntnis.

Inzwischen ist das Bild vom demokratischen Musterstaat aber getrübt, und spätestens seit dem Vietnam-Krieg und den dort begangenen Menschenrechtsverbrechen (Napalmkrieg; Agent Orange; Massaker von My Lai usw.) schwindet auch der unerschütterliche Glaube an Amerika als Friedens- und Freiheitsgarant. Mit den vielen „regime changes", wie jenem im Iran (1953) oder in Guatemala (1956), seinen bewaffneten Interventionen, wie in Grenada (1983) oder in Panama (1989), seinen offenen Kriegen, wie im Irak 2003 und in Afghanistan 2001–2021, alle begleitet von Kriegsverbrechen und Menschenrechtsverletzungen v. a. während des „War on Terror", mit den geheimen

CIA-Gefängnissen, mit der Folter von irakischen Kriegsgefangenen im Gefängnis Abu Ghraib, mit dem illegalen Gefangenenlager in Guantanamo usw. wurde die Vorbildfunktion der USA getrübt.

Seit den Bildern rund um die letzten Präsidentschaftswahlen und Trumps unausgesetzter Propagierung der „Big Lie" hat auch der Glaube an die demokratische DNA der USA gelitten. Die „Economist Intelligence Unit" stuft Amerika nicht mehr als eine „full democracy", sondern nur noch als „flawed democracy" ein. Eine europaweite Umfrage durch Ivan Krastev und Mark Leonhard für den European Council on Foreign Relations, veröffentlicht im Januar 2021, ergab ein ähnliches Bild (Krastev und Leonhard 2021):

- Eine Mehrheit der Europäer*innen glaubte, das politische System der USA sei zerbrochen, und Europa könne sich für seine Verteidigung nicht mehr auf die USA verlassen. Deshalb forderten 2/3 der Befragten, Europa sollte die eigene Verteidigungsfähigkeit auf- und ausbauen.
- Das politische System des jeweils eigenen Landes wurde dem amerikanischen vorgezogen, und bei der Frage nach der Führungsmacht orientierte man sich lieber an Berlin als an Washington.
- China, so nahmen die meisten an, werde in zehn Jahren stärker sein als die USA. Sollte es zu einem militärischen Konflikt zwischen den beiden Weltmächten kommen, wünschte man, dass das eigene Land „neutral" bleibt.

Wahrscheinlich dürften aber erneute Umfragen nach dem Überfall Russlands auf die Ukraine ein anderes Bild liefern.

Christopher Layne (2012a, S. 22) sieht einen Zusammenhang zwischen dem Umfang der Hard und der Soft Power: „Further, there is a critical linkage between a great power's military and economic standing, on the one hand, and its prestige, soft power and agenda-setting-capacity, on the other. As the hard power foundation of Pax Americana erode, so too will the U.S. capacity to shape the international order through influence, example and largesse. ... Given America's relative loss of standing, emerging powers will feel increasingly emboldened to test and probe the current order with an eye toward shaping the international system in ways that reflect their own interests norms and values."

8.4.2 Staatsvertrauen und gesellschaftlich-politische Kohäsion

Die beeindruckenden politischen, wirtschaftlichen und technisch-wissenschaftlichen Erfolge der USA in den Nachkriegsjahrzehnten waren nebst anderem nur dank einer vitalen, sozial stark integrierten Gesellschaft (Zugehörigkeitsgefühl, Teilhabe und Anerkennung) möglich, dank eines Staatsvolks also, das an sich, seine Regierung und seine Ideale glaubte und das stolz auf seinen Staat, kurz höchst patriotisch war.

Heute bietet sich ein etwas anderes Bild:

- Tiefe gesellschaftliche Spaltung. Die Gesellschaft, genauso wie das politische „Establishment", ist durch tiefe Gräben gespalten. Angeheizt wird der Streit durch publizistische Scharfmacher (Murdoch-Medien, Politportal Breitbart, Moderatoren wie John Bannon, Tucker Carlson. Sean Hannity u.a.m.) und auf Social Media.

Donald Trump war nicht die Ursache der bedenklichen Lage. Er war und ist mehr ein Symptom der seit geraumer Zeit schwelenden Krise, wenn er auch die fatale Ent-

8 Die Zukunft der USA als bisherige globale ...

wicklung zu einem noch nie dagewesenen Extrem getrieben hat, das am 6. Januar 2021 einen neuen Höhepunkt erreichte. Spätestens seit der Entstehung der Tea-Party-Bewegung im Jahr 2009 tritt die Polarisierung vermehrt ins Bewusstsein. Die Fragmentierung der Öffentlichkeit hat zur Erosion einer gemeinsamen Realitätswahrnehmung geführt; die politischen Lager stehen sich unversöhnlich gegenüber. US-amerikanische Politologen sprechen von einer „pernicious polarization", bei der die jeweils andere Seite nicht mehr als legitimer politischer Gegner, sondern als existenzieller Feind gesehen wird. Kann man auch die wiederholten Amokläufe, und ganz allgemein die Waffengewalt, die seit 2014 beinahe 130.000 Menschen das Leben gekostet haben, als Symptom dafür lesen, dass sich viele als völlig aus der Gesellschaft herausgefallen empfinden? Der deutsche Psychologe und Psychotherapeut Georg Milzner (2010) diagnostiziert das jedenfalls so in seinem Buch mit dem Titel *Die amerikanische Krankheit: Amoklauf als Symptom einer zerbrechenden Gesellschaft*.

Die Spaltung der Gesellschaft hat zum Ersten materielle Gründe: den enormen Unterschied zwischen reich und arm. Eine weitere traditionelle („kulturelle") Bruchlinie besteht zwischen dem ländlichen Zentrum des Landes („flyover states") und den urbanen Gürteln an der Ost- und der Westküste. Vielleicht am verhängnisvollsten aber wirken sich Fragen von Identität und kultureller Zugehörigkeit aus. Bei solchen Konflikten ist es fast unmöglich, Kompromisse zu finden, geht es bei religiösen und ethnischen Konflikten doch oft darum, wer überhaupt als rechtmäßiger Teil einer Gemeinschaft anerkannt wird und wer nicht. Erschreckend zeigte sich dies beispielsweise in den tagelangen Straßenkämpfen nach dem gewaltsamen Tod George Floyds bei einer Polizeikontrolle 2020. In einem von Zeit Online wiedergegebenen Interview urteilte Christina Greer (2020), Professorin für Politikwissenschaft und Amerikastudien an der Fordham University in New York: „So viele US-Amerikaner haben Angst, sind frustriert und wütend, und dieses Gefühl manifestiert sich auf der Straße. Wir erleben den *Zusammenbruch einer Gesellschaft.*"

Auf dem „Hill" zeigt sich die Spaltung und Polarisierung durch eine scheinbar unüberbrückbare Blockadepolitik der jeweiligen Minderheitspartei. Die für das gute Funktionieren des spezifisch amerikanischen politischen Systems unerlässliche „Bipartisanship" hat arg gelitten. Die Spaltung geht so weit, dass etliche Kommentatoren auch einen Bürgerkrieg nicht mehr ausschließen wollen. Der Kolumnist Charles Blow (2021) schrieb in der New York Times: „Wir nähern uns einem Bürgerkrieg. … Ich stelle viele unheimliche Parallelen fest zwischen dem, was sich vor beinahe 200 Jahren ereignet hat und was heute geschieht. Ich sehe ein Land am Abgrund eines Bürgerkrieges" (zitiert nach Löpfe Ph., 2021, Warum man in den USA wieder von einem Bürgerkrieg spricht). Christian Weisflog (2022), Korrespondent der Neuen Zürcher Zeitung, setzte über seinen Artikel den Titel „Mit oder ohne Trump: Über den USA schwebt das Gespenst eines Bürgerkriegs". Und um noch ein Beispiel zu nennen, Florian Rötzer (2021) berichtete am 20. Dezember 2021 auf der deutschen Informationsplattform Telepolis von drei ehemaligen US-Generälen, die sich in einem Kommentar in der Washington Post zu Wort gemeldet haben. Darin warnen sie davor, dass es bei den nächsten Präsidentschaftswahlen 2024, bei denen Trump wieder antreten dürfte, zu einem Aufstand oder gar einem Bürgerkrieg kommen könnte.

Schauen wir etwas genauer hin.

- Erosion der Demokratie
    - Jede Demokratie setzt den Glauben und das Vertrauen des Staatsvolkes in die Rechtmäßigkeit (Legitimität) der Staatsmacht bzw. der jeweiligen Regierung und in

deren Problemlösungsfähigkeit voraus. Das scheint arg gelitten zu haben. Schimpfwörter wie „deep state" oder „Sumpf von Washington" signalisieren einen ernsten Vertrauensverlust. Viele Menschen fühlen sich vom Staat nicht mehr vertreten, sondern von ihm abgehängt und übergangen. Trotz schlagender Gegenbeweise glaubt ein großer Teil der republikanischen Basis, Präsident Biden habe den Wahlsieg gestohlen. Zwei Drittel der befragten Amerikaner*innen betrachten die USA nicht mehr als funktionierende Demokratie, wie ein im Jahr 2020 durchgeführter Poll ergab.

– Von Oligarchie und Plutokratie in den USA zu reden, heißt vielleicht hart zu urteilen, aber es hat zumindest einen Kern von Wahrheit. In seinem 2003 auf Deutsch erschienenen Buch *Die amerikanische Geldaristokratie: Eine politische Geschichte des Reichtums in den USA* qualifiziert Kevin Phillips sein Land jedenfalls rundheraus als Plutokratie. Die Chance, aktiv an der Gestaltung des Staates und seiner wichtigen Agenturen teilzuhaben, hat sich auf einen relativ kleinen, sehr wohlhabenden Personenkreis, vor allem auf ökonomische Eliten, reduziert. Allein die Wahlkämpfe auf allen Staatsstufen verschlingen Unsummen, zu denen die Kandidat*innen eigene finanzielle Mittel in beträchtlichem Umfang beisteuern müssen. Es finden sich deshalb viele Multimillionäre unter den Präsidentschaftskandidaten der letzten Jahre. Den Löwenanteil der Wahlkampfkosten steuern allerdings finanzstarke Lobbyorganisationen, Wirtschaftsunternehmen – an vorderster Stelle Erdöl-, Tabak-, Rüstungsindustrie, Silicon Valley, Wall Street – und hyperreiche Einzelpersonen bei, wie etwa die Gebrüder Koch, Richard Murdoch, Michael Bloomberg, George Soros und andere mehr. Diese Kreise haben damit ein demokratisch nicht legitimiertes Steuerungs- und gegenüber Kandidaten für politische Ämter ein Druckinstrument in der Hand. Der USA-Korrespondent Thomas Spang (2022) schrieb in der „Mittelbayerischen" einen Artikel unter dem Titel „Die Macht ist in den USA käuflich". Und im Lead heißt es „Wer ins Weiße Haus möchte, braucht dreistellige Millionenbeträge. Das System bevorzugt Superreiche wie Bloomberg und Trump." Kommt hinzu, dass auch viele Medien, nicht zuletzt die höchst einflussreichen Social Media und die Fernsehkanäle, in den Händen finanzkräftiger Kreise konzentriert sind. Man denkt dabei schnell einmal an Marx' ominöses Wort aus der *Deutschen Ideologie*: „Die herrschende Meinung ist immer die Meinung der Herrschenden."

– Weiter leidet die amerikanische Demokratie am strukturellen Ausschluss großer Bevölkerungsteile, vor allem der Schwarzen und Latinos. Gewisse Bundesstaaten passen ihre Wahlgesetze so an, dass dadurch unterprivilegierten Kreisen die Teilnahme an Wahlen erschwert wird (z. B. durch restriktive Öffnungszeiten der Wahllokale, durch die Abschaffung der Briefwahl, durch diskriminierende Ausweiserfordernisse, durch rigide Ausschlusskriterien usw.).

– Eine seit Jahrzehnten geübte Praxis ist schließlich das „Gerrymandering". Dabei werden die Wahlkreise (Einerwahlkreise!) willkürlich so zugeschnitten, dass sie der jeweils regierenden Partei die Stimmenmehrheit sichern.

Die parlamentarische und juristische Aufarbeitung des 6. Januar 2021 stimmt bedenklich: Anscheinend war ein abtretender Präsident willens, sich mit einem Staatsstreich an der Macht zu halten.

8 Die Zukunft der USA als bisherige globale ...

- Wachsende Ungleichheit und Armut
  - Populismus. Die gesellschaftliche Spaltung hat, wie eben erwähnt, auch materielle Gründe. Der Grat zwischen einem durchschnittlichen bis guten Einkommen und dem Sturz in die Armut ist schmal. Wegen einer unerwarteten Kündigung der Arbeitsstelle, wegen des Anstiegs der Hypothekarzinsen, wegen eines Krankheitsfalles oder der Unfähigkeit, die Schulden zu bedienen, verlieren jährlich Millionen von Amerikaner*innen ihr Haus oder ihre Wohnung. Gleichzeitig mit dem Job verlieren sie zudem ihre Krankenversicherung (vgl. dazu Jessica Bruders 2017 veröffentlichtes Buch *Nomadland: Surviving America in the Twenty-First Century*, das im Jahr 2020 unter dem Titel „Nomadland" verfilmt wurde). Von solchen Schicksalsschlägen sind besonders die Ureinwohner, die Schwarzen, die Latinos und die Menschen im Rust Belt betroffen. Sie sind eine leichte Beute für „Populisten" im Stile Trumps. Wegen der starken Zuwanderung von Latinos und der relativen Statusverbesserung der Schwarzen befürchten viele unterprivilegierte Weiße (oft verächtlich „White Trash" genannt) zur „Minderheit im eigenen Land" zu werden. Deshalb skandierten sie bei den Demonstrationen am 6. Januar neben anderen Slogans „We want our country back".

In ihrem berühmten Buch *Elemente und Ursprünge totaler Herrschaft* hat die deutsch-amerikanische Philosophin Hannah Arendt (1986, S. 188) bereits 1951 die Struktur dieser Unterprivilegierten mit solchem Scharfsinn analysiert, dass ihre Bemerkungen ohne Abstriche auf die aktuellen Vorgänge in den USA anwendbar bleiben. Es sei hier deshalb ein Zitat aus dem Buch wiedergegeben: „Der Mob setzt sich zusammen aus allen Deklassierten. In ihm sind alle Klassen der Gesellschaft vertreten. Er ist das Volk in seiner Karikatur und wird deshalb so leicht mit ihm verwechselt. Kämpft das Volk in allen großen Revolutionen um die Führung der Nation, so schreit der Mob in allen Aufständen nach dem starken Mann, der ihn führen kann. Der Mob kann nicht wählen, er kann nur akklamieren oder steinigen. … Der Mob hasst die Gesellschaft, aus der er ausgeschlossen, und das Parlament, in dem er nicht vertreten war." Hannah Arendt weist in ihrer Studie auch darauf hin, dass in einem solchen Klima Verschwörungstheorien blühen.

- Geschwächter Rechtsstaat
  – „Richterstaat". Damit bezeichnet man eine staatspolitische Konstellation, bei der demokratische Prozesse durch richterliche Entscheide stark eingeschränkt oder gar ersetzt werden. Die Urteile der obersten Gerichte gelten zwar in den meisten Ländern als sogenannte Präjudizien. Das heißt, sie dienen den unteren Gerichten und den rechtsanwendenden Behörden als Wegweiser, wenn es darum geht zu entscheiden, wie ein Gesetz oder eine Verordnung genau anzuwenden ist. Es kommt auch vor, dass die obersten Gerichte eine rechtliche Frage klären müssen, die gesetzlich gar nicht geregelt ist. Insofern kann man sagen, die obersten Gerichte seien vielerorts neben der Legislative und der direkten Volksbeteiligung eine rechtschöpferische Staatsgewalt, wenn auch in engen Grenzen. Die Kompetenzen des amerikanischen Supreme Courts gehen hingegen darüber hinaus, wodurch die Gefahr besteht, dass demokratische Entscheidungsfindungsprozesse durch Gerichtsurteile, wenn nicht ersetzt, so doch spürbar eingeschränkt werden.

8 Die Zukunft der USA als bisherige globale ...

- Die Problematik verschärft sich noch dadurch, dass das oberste Gericht in den USA stark politisiert ist. Die jeweilige Administration arbeitet zielstrebig darauf hin, mithilfe ihrer Senatsmehrheit offene Stellen des Supreme Courts mit Vertreter*innen ihrer Couleur zu besetzen. Diese sind auf Lebzeiten gewählt, sodass eine Partei ihren politischen Willen noch zur Geltung bringen kann, wenn sie die Regierungsverantwortung nicht mehr innehat. Ein Lehrstück dieses Vorgangs lieferte der Supreme Court im Juni 2022 mit der Aufhebung des 1973 vom damaligen höchsten Gericht gefällten Entscheid Roe v. Wade, der das landesweite Recht auf Abtreibung gewährt hatte. Eine landesweite Umfrage des Pew Research Center im März 2022 ergab eine 60 %-Mehrheit für das geltende Abtreibungsrecht, womit ein langjähriger Trend bestätigt wurde. Man kann also sagen, dass das Gericht eine Mehrheitsmeinung, die sich über einen demokratischen Parlamentsbeschluss hätte als Mehrheitswillen durchsetzen müssen, unterbunden hat. Das konnte nur geschehen, weil die Administration Trump gleich zwei sehr konservative Richter und eine Richterin in den Supreme Court setzen und so ein deutliches konservatives Übergewicht von 6 zu 3 auf Jahre sichern konnte. Der Entscheid Roe v. Wade wurde im Verhältnis 5 zu 4 also fast genau entlang der Trennlinie zwischen konservativen und „demokratischen" Richter*innen gefällt.
- Der „politisierte Richterstaat" zeigt in den USA eine zusätzliche Problematik. Die für jeden Rechtsstaat unerlässliche Gewaltenteilung wird in Amerika durch den bereits in der Verfassung von 1787 erstmals festgeschriebenen Grundsatz der „Checks and Balances" ergänzt, ein Begriff, den man am besten mit Ge-

waltenverschränkung oder Kontrolle und Verflechtung übersetzt. Die Checks and Balances sollen verhindern, dass eine der Institutionen mehr Macht gewinnt, als ihr durch die Verfassung zugesichert wird, und damit das Machtgleichgewicht stört. Oder wie es auf der einschlägigen Informationsseite der Cornell Law School heißt: „Separation of Powers in the United States is associated with the Checks and Balances system. The Checks and Balances system provides each branch of government with individual powers to check the other branches and prevent any one branch from becoming too powerful." Es bedarf keiner weiteren Ausführungen, um zu sehen, dass dieses Gleichgewicht heute durch das Übergewicht des Supreme Courts gestört ist.

– Rassismus in der (Straf-)Justiz. Die Tötung des Afroamerikaners George Floyd im Mai 2020 und die im Jahr 2013 gegründete „Black-Lives-Matter"-Bewegung haben die Debatte um den strukturellen Rassismus wieder stärker ins Bewusstsein gehoben. Rassismus erleben vor allem Schwarze sowohl im täglichen Leben wie auch durch Polizeigewalt. Im bereits zitierten Interview hielt Christina M. Greer fest: „Man darf nicht unterschätzen, dass es bei George Floyd nicht um einen tragischen Einzelfall geht, sondern um strukturelle Gewalt, die viele Communities täglich erleben" (Greer, 2020). Auch in der Justiz begegnet man dem Rassismus. Der texanische Richter Franklin Bynum (2020, RND Redaktionsnetzwerk Deutschland, *Ein Richter und sein Kampf gegen Rassismus in der US-Strafjustiz*) hat den Rassismus in der US-Strafjustiz klar beim Namen genannt. Er meinte sogar, in Amerika gäbe es keine Straf*justiz,* denn im Wort Justiz stecke der Begriff Gerechtigkeit. Doch was in den Vereinigten Staaten geschehe, sei „Bestrafungsbürokratie", die auf Rassismus beruhe (vgl. Abb. 8.4). „Der Geist aus der Zeit der Sklaverei lebt bei Polizei, Gerichten und Gefängnissen bis heute fort", so Bynum. Der Hauptgrund dafür, sagt der Richter, sei die Ausgrenzung, die zu Armut führe – und die werde kriminalisiert. „Viele Menschen würden nicht bei mir im Gerichtssaal landen, wenn sie nicht obdachlos wären. Wer auf der Strasse schläft, begeht schneller eine Straftat." Nicht wenige weitere Richter*innen und Rechtsgelehrte teilen diese Auffassung.

Ein ähnliches Bild zeigt sich bei den ergangenen Todesurteilen. Afroamerikanerinnen und Afroamerikaner machen nur 13 % der US-Bevölkerung aus, stellen aber 34 % der Häftlinge im Todestrakt.

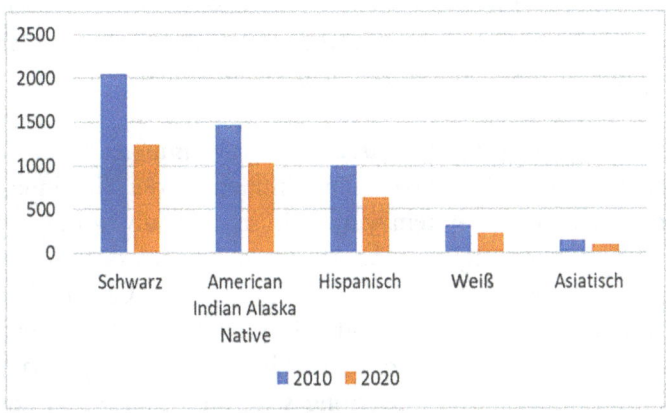

Abb. 8.4 Anzahl der Inhaftierten in den USA nach Ethnie im Jahr 2019 (je 100.000 Einwohner innerhalb jeder demographischen Gruppe). (Quelle: US Department of Justice; US Bureau of Justice Statistics)

8.5 Schlussfolgerung

Die Zukunft der USA als bisherige globale Führungsmacht; Konsolidierung oder Niedergang einer Weltmacht? Das ist die Fragestellung dieses Kapitels.

Nach den vorgelegten Fakten und Erwägungen muss die Antwort differenziert ausfallen. Weder kann man mit Emmanuel Todd bereits einen „Nachruf auf die Weltmacht USA" anstimmen, noch sollte man mit Stephan Bierling unkritisch auf die bisher immer wieder bewiesene amerikanische Resilienz vertrauen, auch wenn Amerika in der Auseinandersetzung mit Russland um die Ukraine seine Position zumindest im Westen deutlich gestärkt hat.

Bei den Faktoren der Hard Power haben die USA die Nase weiterhin klar vorne, und die politische Agenda Chinas zeigt, dass der entscheidende „Showdown" mit den USA erst in ein paar Jahrzehnten bevorstehen dürfte! Doch die unumstrittene „American Primacy" steht auf schwachen Füßen, der neokonservative Traum vom „Unipolar Moment" und von einer „benevolent global hegemony" dürfte endgültig ausgeträumt sein.

Christopher Layne (2012) ist zuzustimmen, wenn er festhält „America's power and influence over the international political system will diminish markedly from what it was at the apogee of Pax Americana." Doch der relative Machtverlust bedeute kein abruptes Ende. Christopher Lane weiter: „The American Era is nearing its end. For now, and for some time to come the United States will remain primus inter pares – the strongest of the major world powers – though it is uncertain whether it can maintain the position over the next twenty years."

Mit dem Ende der amerikanischen Vormachtstellung endet auch die von den USA nach dem 2. Weltkrieg etablierte, jahrzehntelang unangefochtene Weltordnung. Zugleich damit endet die unbestrittene Geltung der ideologischen Grundlage dieser Ordnung, nämlich das jahrhundertealte euro-atlantische, politisch-philosophische Paradigma, das auf dem Individualismus, dem Säkularismus und dem Liberalismus beruht. Mentalitätsgeschichtlich speist sich diese Ordnungsvorstellung aus der Gedankenwelt des Humanismus und der Aufklärung, ist also die Frucht einer spezifisch euro-atlantischen Kulturentwicklung. Ein solcher „Eurozentrismus" wird von verschiedenen Seiten zunehmend in Frage gestellt. Fast scheint es, Samuel Huntington (1996) behalte mit seiner These vom „Clash of Civilisation" zumindest ein Stück weit recht.

Gleichzeitig verschiebt sich der Schwerpunkt des weltpolitischen Geschehens aus dem nordatlantischen in den südostasiatischen Raum.

Es zeichnet sich eine multipolare Weltordnung ab, die sich aber leicht in eine neue bipolare Ordnung weiterentwickeln könnte. Henry Kissinger mahnt Washington besonders eindringlich, diese Tatsache anzuerkennen. Nicht zufällig hatte er seine Dissertation unter dem Titel „A World Restored" über die nach dem Wiener Kongress ins Leben gerufene nachrevolutionäre „Weltordnung", die „Pentarchie", geschrieben. Auch im Zusammenhang der von ihm als Außenminister unter Richard Nixon in die Wege geleiteten Wiederannäherung der USA an China in den 1970er-Jahren prüfte er die Möglichkeit, ob bald eine neue Weltordnung in Form einer Pentarchie, gebildet aus den USA, der Sowjetunion, China, Indien und Japan (bezeichnenderweise fehlte Europa in diesem weltpolitischen Ordnungsschema!) Platz greifen könnte. Eine Geopolitik, die weiterhin nach einer globalen Vormachtstellung strebt, ist mit beträchtlichen Konfliktrisiken behaftet. Ein nüchterner Realismus verlangt vielmehr ein polyzentrisches System mit einem Mächtegleichgewicht, wie wir es aus anderen historischen Epochen kennen. Es wäre – nebenbei erwähnt – auch jenes System, das Europas Interesse an einer „strategischen Autonomie" am besten diente. In einem solchen System könnte unser Kontinent auch eine ausgleichende Friedensrolle spielen (vgl. dazu auch Kap. 9). Ob ein Ordnungssystem stabil ist, hängt allerdings nicht allein von der Zahl der Pole, sondern auch davon ab, ob zwischen den Staaten ein immer wieder neu auszuhandelnder Interessenausgleich stattfindet. Polyzentrismus schließt demnach einen fairen Wettbewerb unter den Staaten und Staatengruppen nicht aus, erhöht aber die Chance, dass er sich friedlich abspielt.

Konsolidierung oder Niedergang der Weltmacht USA? Die USA bleiben wohl noch geraume Zeit der mächtigste Staat. Aber gleichzeitig kann man Anzeichen für einen gewissen Niedergang nicht übersehen. Nur sind diese nicht beim Kräftevergleich mit den weltpolitischen Konkurrenten zu finden, sondern im gegenwärtigen prekären inneren Zustand des Landes.

Literatur

Albright, M. (1998). Interview on NBC-TV „The Today Show" with Matt Lauer. Columbus Ohio, February 19, 1998. US Department of State Archive. https://1997-2001.state.gov/statements/1998/980219a.html. Zugegriffen am 25.08.2022.

Allison, G. (2017). *Destined for war. Can America and China escape the Thucydides' Trap?* Houghton Mifflin Harcourt.

Anonymous. (2021). *The longer telegram: Toward A New American China Strategy.* Atlantic Council Strategy Papers. https://www.atlanticcouncil.org/content-series/atlantic-council-strategy-paper-series/the-longer-telegram/. Zugegriffen am 17.08.2022.

Arendt, H. (1986). *Elemente und Ursprünge totaler Herrschaft*. Piper.

Bayer, E. (1960). *Wörterbuch zur Geschichte*. Alfred Kröner.

Biden, J. (2021, March). *Interim National Security Strategic Guidance.* https://www.whitehouse.gov/wp-content/uploads/2021/03/NSC-1v2.pdf. Zugegriffen am 20.05.2022.

Biden, J. (2022). *National Security Strategy*. 2022 (October 12) Washington. https://www.whitehouse.gov/wp-content/uploads/2022/10/Biden-Harris-Administrations-National-Security-Strategy-10.2022.pdf. Zugegriffen am 15.11.2022.

Blow, CH. (2021, Dezember 13). Wir nähern uns einem Bürgerkrieg. Zitiert nach Löpfe, Ph. (2021). Warum man in den USA wieder von einem Bürgerkrieg spricht. Watson https://www.watson.ch/international/analyse/554968114-warum-man-in-den-usawieder-von-einem-buergerkrieg-spricht. Zugegriffen am 14.09.2022.

Brands, H. (2022a). Russia is right: The U.S. is waging a proxy war in Ukraine. *The Washington Post*. 10.0.2022. https://www.washingtonpost.com/business/russia-is-right-the-us-is-waging-aproxy-war-in-ukraine/2022/05/10/2c8058a4-d051-11ec-886b-df76183d233f_story.html. Zugegriffen am 07.07.2022.

Brands, H. (2022b, January 18). The overstreched superpower. *Foreign Affaires*. https://www.foreignaffairs.com/articles/china/2022-01-18/overstretched-superpower. Zugegriffen am 06.05.2022.

Bruder, J. (2017). *Nomadland – Surviving America in the twenty-first century*. W. W. Norton & Company.

Brzezinski, Z. (2019). *Die einzige Weltmacht. Amerikas Strategie der Vorherrschaft*. Rottenburg. Kopp. (Englische Erstausgabe 1997: *The Grand Chessboard*. New York. Basic Books).

Bush, G. H. W. (1992). *State of the Union address*. George Bush Presidential Library. https://millercenter.org/the-presidency/presidential-speeches/january-28-1992-state-union-address. Zugegriffen am 08.06.2022.

Carpenter, T. G. (2021, June 23). Arrogant narcissism: The essence of U.S. foreign policy. *The American Conservative*.

https://www.cato.org/commentary/arrogant-narcissism-essence-us-foreign-policy. Zugegriffen am 10.06.2022.

Chomsky, N. (2016). *Wer beherrscht die Welt?* Ullstein.

Clinton, H. (2016, November 9). Concession speech for the 2016 presidential election. *Time Magazine.* https://time.com/4564480/read-hillary-clintons-concession-speech-full-transcript/. Zugegriffen am 14.06.2022.

Conze, E. (1995). *Hegemonie durch Integration. Die amerikanische Europapolitik und ihre Herausforderung durch de Gaulle.* In Vierteljahreshefte für Zeitgeschichte. April 1995. https://www.ifz-muenchen.de/heftarchiv/1995_2_4_conze.pdf. Zugegriffen am 19.05.2022.

Cornell Law School. Legal Information Institut (LII) *Separation of powers.* https://www.law.cornell.edu/wex/separation_of_powers. Zugegriffen am 17.08.2022.

Document. (1992, May/June). *One world, No rivals. Excerpts from the Pentagon's February 18, 1992 draft of the Defense Planning Guidance for Fiscal Years 1994–1999.* In Middle East Research and Information Project. 176. https://merip.org/1992/05/one-world-no-rivals/. Zugegriffen am 02.06.2022.

Economist. (2023, May 13th–19th). Comprehensive national power. Sun Tzu's slide-rule. S. 17 f.

Ein Richter und sein Kampf gegen Rassismus in der US-Strafjustiz. (2020). RND Redaktionsnetzwerk Deutschland. https://www.rnd.de/politik/ein-richter-und-sein-kampf-gegen-rassismus-in-der-us-strafjustiz-EZGDICXJVFCLTB7BYTRH5DTTHY.html. Zugegriffen am 07.07.2022.

Eitelhuber, N. (2019). *Russlands Streitkräfte – Entwicklungen und Zielsetzungen.* SWP Arbeitspapier NR. 04, August 2019. https://www.swp-berlin.org/publications/products/arbeitspapiere/Arbeitspapier_Eitelhuber_Fg03_2019.FINAL.pdf. Zugegriffen am 16.07.2022.

Ekman, A. (2022). *China and the battle of coalitions. The ‚circle of friends' versus the Indo-Pacific strategy.* Europan Institute for Security Studies. https://www.iss.europa.eu/content/china-and-battle-coalitions. Zugegriffen am 16.07.2022.

ENGLISH.GOV.CN THE STATE COUNCIL THE PEOPLE'S REPUBLIC OF CHINA *Chinas Policies on Asia-Pacific Security Cooperation.* (2017, January 11). http://english.www.gov.cn/archive/white_paper/2017/01/11. Zugegriffen am 15.07.2022.

Episkopos, M. (2021, January 15). Joe Biden's Pick of Victoria Nuland means relations with Russia could get worse. *The National Interest.* https://nationalinterest.org/feature/joe-biden%E2%80%99s-pick-victoria-nuland-means-relations-russia-could-get-worse-176516. Zugegriffen am 12.07.2022.

Ex-Außenminister Pompeo: USA sollten Taiwan als unabhängig anerkennen. In finanz.net 27.09.2022. https://www.finanzen.net/nachricht/aktien/ex-aussenminister-pompeo-usa-sollten-taiwan-als-unabhaengig-anerkennen-11745119. Zugegriffen am 14.10.2022.

Fanell, J. (2019). China's global naval strategy and expanding force structure. Pathway to Hegemony. *Naval War College Review, 72*(1), Winter. https://digital-commons.usnwc.edu/nwc-review/vol72/iss1/1/. Zugegriffen am 12.07.2022.

Ferguson, I. (2018). Introduction: The return of spheres of influence? *Geopolitics, 23.* https://www.tandfonline.com/doi/full/10.1080/14650045.2018.1461335?scroll=top&needAccess=true. Zugegriffen am 06.07.2022.

Fontane, Th. (1898). *Brief an James Morris.* Theodor Fontane Briefdatenbank. Fontane Archiv. https://www.fontanearchiv.de/fontane-briefdatenbank. Zugegriffen am 03.08.2022.

Gates, R. (2021). *Exercise of power. American failures, successes, and a new path forward in the post-cold war world.* Penguin Random House.

Gelb, L. (2015, June 9). Russia and America: Toward a new Détente. *The National Interest.* https://nationalinterest.org/feature/russia-america-toward-new-detente-13077?page=0%2C2. Zugegriffen am 13.05.2022.

Gramsci, A. (1947). Gefängnishefte. (Band 8, Heft 19 § 24, S. 1947). Hamburg: Argument. Wikipedia. https://de.wikipedia.org/wiki/Kulturelle Hegemonie. Zugegriffen am 02.09.2022.

Greer Ch, M. (2020, Juni 2). *Wir erleben den Zusammenbruch einer Gesellschaft*. Interview mit Johanna Roth. *Zeit-Online*. https://www.zeit.de/politik/ausland/2020-06/christina-m-greer-usa-polizeigewalt-proteste-vorwahlen-corona-krise. Zugegriffen am 08.09.2022.

Greiner, B. (2022, April 1). *Was lief schief seit dem Ende des Kalten Krieges?* Bundeszentrale für politische Bildung bpb. https://www.bpb.de/Documents/Aktualitäten/Russland-USA. Zugegriffen am 11.10.2022.

Hard Power. (o.J.). Wikipedia. https://en.wikipedia.org/wiki/Hard_power. Zugegriffen am 11.10.2022.

Huntington, S. (1996). *The clash of civilization and the remaking of world order*. Simon & Schuster.

Ikenberry, G. J. (2022, November/December). Why American power endures. The U.S.-Led order isn't in decline. *Foreign Affairs*. https://www.foreignaffairs.com/united-states/why-american-power-endures-us-led-order-isnt-in-decline-g-john-ikenberry?utm_medium. Zugegriffen am 09.12.2022.

Immerwahr, D. (2019). *How to hide an Empire: A History of the greater United States*. Pan Macmillan, Picador.

Immerwahr, D. (2021, Januar). *Joe Biden oder Das Ende der Hegemonie*. Blätter für deutsche und internationale Politik. https://www.blaetter.de/ausgabe/2021/januar/joe-biden-oder-das-ende-der-us-hegemonie. Zugegriffen am 22.06.2022.

Kagan, R. (2018). *The Jungle grows back. America and the imperiled World*. Vintage Books.

Kant, I. (1795/2018). Zum ewigen Frieden. Ein philosophischer Entwurf. In K. Immanuel (Hrsg.), *Werkausgabe* (Bd. XI). Suhrkamp.

Kennan, G. (1997, February 5) A fateful error. *The New York Times*. https://www.nytimes.com/1997/02/05/opinion/a-fateful-error.html. Zugegriffen am 24.05.2022.

Kennert, M. (2015). *Die Mär von der multipolaren Weltordnung – Hegemonie in der Sicherheitspolitik des 21. Jahrhunderts*. Bundesakademie für Sicherheitspolitik Berlin. Arbeitspapiere. Nr. 5. https://www.baks.bund.de/de/arbeitspapiere/2015/diemaer-von-der-multipolaren-weltordnung-hegemonie-in-der-sicherheitspolitik. Zugegriffen am 12.07.2022.

Kine, Ph. (2022, September 19). Biden leaves no doubt: ‚Strategic ambiguity' toward Taiwan is dead. *POLITICO*. https://www.politico.com/news/2022/09/19/biden-leaves-no-doubt-strategic-ambiguity-toward-taiwan-is-dead-00057658. Zugegriffen am 05.10.2022.

Krastev, I., & Leonard, M. (2021, Januar 19). *The crisis of American power: How europeans see biden's America*. European Council on Foreign Realtions. Policy Brief. https://ecfr.eu/publication/the-crisis-of-american-power-how-europeans-see-bidens-america/. Zugegriffen am 15.06.2022.

Krauthammer, Ch. (1990). The unipolar moment. America and the world 1990. *Foreign Affairs* (1990/1991, 70(1), 23–33). https://users.metu.edu.tr/utuba/Krauthammer.pdf. Zugegriffen am 18.05.2022.

Kristol, W., & Kagan, R. (1996). Toward a neo-reaganite foreign policy. *Foreign Affaires, 75*(4), 18–32. https://www.foreignaffairs.com/articles/1996-07-01/toward-neo-reaganite-foreign-policy. Zugegriffen am 20.05.2022.

Latham, A. (2020, Mai 25). The folly of humiliating Russia. The Hill. https://thehill.com/opinion/3501660-the-folly-of-humiliating-russia/. Zugegriffen am 07.07.2022.

Layne, Ch. (1998). Rethinking American grand strategy: Hegemony or balance of power in the twenty-first century? *World Policy Journal, 15*(2), Summer, 8–28. https://www.jstor.org/stable/40209580. Zugegriffen am 05.08.2022.

Layne, Ch. (2012a, April 26). The end of Pax Americana: How western decline became inevitable. *The Atlantic*. https://www.theatlantic.com/international/archive/2012/04/the-end-of-pax-americana-how-western-decline-became-inevitable/256388/. Zugegriffen am 06.07.2022.

Layne, Ch. (2012b, May/June). The global power shift from West to East. *The National Interest* (No. 119). https://www.jstor.org/stable/42896450?read-now=1&seq=2#page_scan_tab_contents. Zugegriffen am 06.07.2022.

Layne, Ch. (2012c, März). This time it's real. The end of unipolarity and the „Pax Americana". *International Studies Quarterly, 56*(1). https://www.researchgate.net/publication/263384978_This_Time_It's_Real_The_End_of_Unipolarity_and_the. Zugegriffen am 03.08.2022.

Lieven, A. (2022, April 27). *Drohender Stellvertreterkrieg in der Ukraine-Aus der Geschichte nichts gelernt?* https://www.cicero.de/aussenpolitik/drohender-stellvertreterkrieg-russland-ukraine-usa-anatol-lieven. Zugegriffen am 07.06.2022.

Löpfe, Ph. (2021). *Warum man in den USA wieder von einem Bürgerkrieg spricht.* Watson (2021, 13. Dezember). https://www.watson.ch/international/analyse/554968114-warum-man-in-den-usa-wieder-von-einem-buergerkrieg-spricht. Zugegriffen am 06.09.2022.

Mackinder, H. J. (1904/2019). The geographical pivot of history. *The Geographical Journal, 170*(4), 2019. Royal Geographical Society of London. https://www.iwp.edu/wp-content/uploads/2019/05/20131016_MackinderTheGeographicalJournal.pdf. Deutsche Neuausgabe. (2019). *Der geographische Drehpunkt der Geschichte – Die Heartland-Theorie.* Frankfurt. a. M.: Westend Verlag. Zugegriffen am 15.07.2022.

Mappes-Niedieck, N. (2022). *Krieg in Europa. Der Zerfall Jugoslawiens und der überforderte Kontinent. Hamburg.* Rowohlt.

Mattis, J. (2018, Februar 15). USA fordern Bekenntnis der EU zur NATO. *Zeit Online.* https://www.zeit.de. Zugegriffen am 12.07.2022.

Mearsheimer, J. (2014, September/October). Why the Ukraine-crises is the west's fault. The liberal delusions that provoked Putin. *Foreign Affairs, 93*(5). https://www.foreignaffairs.com/articles/russia-fsu/2014-08-18/why-ukraine-crisis-west-s-fault. Zugegriffen am 11.05.2022.

Miller, P. D. (2012, January 6). Why we need to move beyond the "Two War" doctrine. *Foreign Policy.* https://foreignpolicy.com/2012/01/06/why-we-need-to-move-beyond-the-two-war-doctrine/. Zugegriffen am 21.06.2022.

Milzner, G. (2010). *Die amerikanische Krankheit: Amoklauf als Symptom einer zerbrechenden Gesell-schaft.* Gütersloher Verlagshaus.

8 Die Zukunft der USA als bisherige globale ... 589

NATO-Russland Rat (o.J.). NATO-Russia Relations: A New Quality. Declaration by Heads of State and Government of NATO Member States and the Russian Federation. https://www.nato.int/cps/en/natohq/official_texts_19572.htm. Zugegriffen am 30.08.2022.

NATO-Russland- Grundakte. (1997). Founding Act on Mutual Relations, Cooperation and Security between NATO and the Russian Federation signed in Paris, France. https://www.nato.int/cps/en/natohq/official_texts_25468.htm. Zugegriffen am 30.08.2022.

Nine-dash line. (o.J.). Wikipedia. https://en.wikipedia.org/wiki/Nine-dash_line. Zugegriffen am 19.07.2022.

North Atlantic Treaty Organization. (o.J.). https://www.nato.int/cps/en/natohq/declassified_137930.htm. Zugegriffen am 14.09.2022.

North Atlantic Treaty Organisation, NATO-Russland Grundakte. (1997). Founding Act on Mutual Relations. Cooperation and Security between NATO and the Russian Federation signed in Paris, France. https://www.nato.int/cps/en/natohq/official_texts_25468.htm. Zugegriffen am 30.08.2022.

Obama, B. (2014, May 28). *Remarks by the president at the United States Military Academy Commencement Ceremony. U.S. Military Academy-West Point, New York.* The White House Office of the Press Secretary. https://obamawhitehouse.archives.gov/the-press-office/2014/05/28/remarks-president-united-states-military-academy-commencement-ceremony. Zugegriffen am 13.07.2022.

Packer, G. (2014). *Die Abwicklung. Eine innere Geschichte des neuen Amerika*. S. Fischer.

PESCO. (o.J.). Wikipedia. https://de.wikipedia.org/wiki/PESCO#Kritik_und_Anti-PESCO-Lobbyarbeit_seitens_der_Vereinigten_Staaten. Zugegriffen am 14.09.2022.

Phillips, K. (2003). *Die amerikanische Geldaristokratie: Eine politische Geschichte des Reichtums in den USA (Frankfurter Beiträge zu Wirtschafts- und Sozialwissenschaften)*. Campus.

Politisch-strategischer Fehler von historischem Ausmaß. Offener Brief zur NATO-Osterweiterung an Präsident Bill Clinton vom 26. Juni 1997. (o.J.). In Blätter für Deutsche und Internationale Politik (Ausgabe August 1997). https://www.blaetter.de/ausgabe/1997/august/politisch-strategischer-fehler-von-historischem-ausmass. Zugegriffen am 14.04.2022.

Pompeo Says U.S. Should Recognize Taiwan as Ukraine War Flares. (2022, März 4). Bloomberg Europe Edition. https://www.bloomberg.com/news/articles/2022-03-04/u-s-should-recognize-taiwan-as-a-country-visiting-pompeo-says. Zugegriffen am 05.10.2022.

Porter, P. (2018, June 5). *A world imagined. Nostalgia and liberal order.* Policy Analysis. (Nr. 843). https://www.cato.org/policy-analysis/world-imagined-nostalgia-liberal-order. Zugegriffen am 24.05.2022.

Reagan, R. (1983). Speech to the National Association of Evangelicals on March 8, 1983. https://en.wikipedia.org/wiki/Evil_Empire_speech. Zugegriffen am 30.08.2022.

Rother, C., & Zantow, A. (2021, April 25). *Militärmacht China. Aufrüsten für eine neue Weltordnung?* Deutschlandfunk.

Rötzer, F. (2021). *Droht den USA ein Bürgerkrieg?* Telepolis (2021, 20. Dezember). https://www.heise.de/tp/features/Droht-den-USA-ein-Buergerkrieg-6299312.html?seite=all. Zugegriffen am 25.08.2022.

Schimmelfennig, F. (2008). *Internationale Politik.* Stuttgart. UTB GmbH (= Grundkurs Politikwissenschaft, Band 3107). Paderborn.

Schneider-Deters, W., Schulze, P. W., & Timmermann. (2008). *Die Europäische Union, Russland und Eurasien: die Rückkehr der Geopolitik.* Berliner Wissenschafts-Verlag/BWV.

Spang, T. (2022, Februar 19). Die Macht ist in den USA käuflich. *Mittelbayerische Zeitung.* https://www.presseportal.de/pm/62544/4525024. Zugegriffen am 20.10.2022.

Sunzi oder SunTsu. (2008). *Die Kunst des Krieges.* Nikol.

The Quincy Institute for Responsible Statecraft. (2021). „*Toward an inclusive & balanced regional order. A new U.S. strategy in East Asia.*" https://quincyinst.org/event/toward-an-inclusive-

and-balanced-regional-order-a-new-u-s-strategy-in-east-asia/. Zugegriffen am 15.05.2022.
Thukydides. (1966). *Der Peloponnesische Krieg*. Übersetzt und herausgegeben von Helmuth Vretska und Werner Rinner. Ditzingen: Reclam.
Todd, E. (2003). *Weltmacht USA – ein Nachruf*. Piper.
Trump, D. (2018). *State of the union address to the congress of the United States*. Transcript. https://edition.cnn.com/2018/01/30/politics/2018-state-of-the-union-transcript/index.html. Zugegriffen am 22.08.2022.
Vidal, G. (2002). *Perpetual war for perpetual peace. How we got to be so hated*. New York. Thunder'sMouth Press/Nations Book. Deutsch (2003) *Ewiger Krieg für ewigen Frieden. Wie Amerika den Hass erntet, den es gesät hat*. Europäische Verlagsanstalt.
von Daniels, J., Jacobsen, M., & Peters, J. (2022, Juli 8). Über 10.000 Sanktionen gegen Russland – Eine Zwischenbilanz. https://correctiv.org/thema/aktuelles/russland-ukraine-2/. Zugegriffen am 03.09.2022.
Walt, St. (2002). American primacy: Its prospects and pitfalls, 55(2), Article 2. https://www.belfercenter.org/publication/american-primacy-its-prospects-and-pitfalls. Zugegriffen am 16.09.2022.
Walt, St. (2019, July 22). Restraint isn't isolationism – And it won't endanger America. *Foreign Policy*. https://foreignpolicy.com/2019/07/22/restraint-isnt-isolationism-and-it-wont-endanger-america-offshore-balancing-quincy-institute/. Zugegriffen am 13.09.2022.
Weisflog, H. (2022, Mai 7). Mit oder ohne Trump: Über den USA schwebt das Gespenst eines Bürgerkriegs. *NZZ*. https://www.nzz.ch/international/ueber-den-usa-schwebt-das-gespenst-eines-buergerkriegs-ld.1691374?reduced=true. Zugegriffen am 21.07.2022.
Wyss, M. (2022, August 16). *Militärexperte gibt Maurer Rückendeckung*. Blick. https://www.blick.ch/politik/nach-kritik-an-stellvertreterkrieg-aussage-militaerexperte-gibt-maurer-rueckendeckung-id17794994.html. Zugegriffen am 14.09.2022.

Zhang, Z. (2022, March 7). Wang Yi: Global governance has entered its Asia period. *Chinadaily*. https://global.chinadaily.com.cn/a/202203/07/WS6225d943a310cdd39bc8af83.html. Zugegriffen am 05.10.2022.

9

Die Rolle Europas in der neuen geopolitischen Lage: Ist strategische Autonomie möglich?

Hans Werder

Inhaltsverzeichnis

9.1	Europa in der neuen geopolitischen Situation	594
9.2	Drei mögliche Szenarien für Europa in der neuen Weltordnung	597
	9.2.1 Wieso Szenarien 1 und 2 nicht wünschbar sind	598
	9.2.2 Ist Szenario 3 („strategische Autonomie") möglich?	602
9.3	Skizze eines pragmatischen Szenarios: „schrittweise Erhöhung der europäischen Autonomie"	605
	9.3.1 Institutioneller Träger einer autonomen Außen- und Sicherheitspolitik	606
	9.3.2 Ziele und Inhalte einer autonomen Außen- und Sicherheitspolitik	609

H. Werder (✉)
Bern, Schweiz
E-Mail: hanswerder@bluewin.ch

© Der/die Autor(en), exklusiv lizenziert an Springer Fachmedien Wiesbaden GmbH, ein Teil von Springer Nature 2023
B. Hotz-Hart et al., *Über Systemwettbewerb zu einer neuen Weltordnung?*,
https://doi.org/10.1007/978-3-658-42016-1_9

9.3.3 Autonome europäische Verteidigung 623
9.3.4 Schrittweiser Übergang zur strategischen
Autonomie 629
Literatur 634

Zusammenfassung Europa ist eine wirtschaftliche Großmacht, aber außenpolitisch kaum handlungsfähig und militärisch vollständig von den USA abhängig. Die große Frage ist, ob Europa auch in der neuen geopolitischen Situation diese Rolle spielen soll. Nach der Diskussion von drei denkbaren Szenarien (Hilfssheriff der USA, Teil des durch „Belt and Road" konstituierten eurasischen Blocks, strategische Autonomie) wird der lange Weg zu einer schrittweisen Erhöhung der europäischen Autonomie skizziert:

- eigenständige Außen- und Sicherheitspolitik durch die verstärkte Zusammenarbeit von Kerneuropa,
- neue geopolitische Positionierung gegenüber den USA, China und Russland,
- Aufbau einer autonomen europäischen Armee; „integrierte Abschreckung" durch den französischen Nuklearschirm.

Der Übergang zur strategischen Autonomie ist anspruchsvoll und kann nur schrittweise erfolgen. Er erfordert einen klaren strategischen Willen und ein intelligentes Konfliktmanagement.

9.1 Europa in der neuen geopolitischen Situation

Nach der Darstellung der neuen geopolitischen Situation sowie der Strategien der beiden Supermächte USA und China stellt sich die Frage: Welche Rolle kann Europa in dieser Auseinandersetzung spielen? Unter „Europa" verstehen wir im Folgenden die Europäische Union als wichtigsten Akteur; Länder, welche der EU nicht angehören, sind entweder eng mit ihr verbunden, streben einen EU-Beitritt an oder haben sich – wie Großbritannien – für einen Alleingang außerhalb der EU entschieden.

Europa hat den größten Binnenmarkt der Welt und ist ohne Zweifel eine wirtschaftliche Großmacht, es ist ebenfalls bei der Normierung weltweit führend (Bradford, 2020). Politisch und militärisch jedoch hat Europa wenig Gewicht. Es gibt zwar eine „gemeinsame Außen- und Sicherheitspolitik (GASP)" und einen „Hohen Vertreter der Union für Außen- und Sicherheitspolitik", doch findet eine gemeinsame Politik nur selten statt. Militärisch relevant ist ohnehin einzig die NATO: Die Sicherheit Europas wird heute durch die NATO und den amerikanischen Nuklearschirm gewährleistet. Dominiert wird die NATO klar durch die USA, die europäischen Mitgliedstaaten sind abhängige „Verbündete" mit sehr beschränkten Einflussmöglichkeiten. Dies hat sich jüngst wieder deutlich in Afghanistan und in der Ukraine gezeigt. Der Rückzug aus Afghanistan wurde unilateral durch die USA beschlossen und durchgeführt; ohne amerikanische Unterstützung hätte Europa nicht einmal seine Truppen evakuieren können. Auch im Ukraine-Krieg haben die USA die Führung übernommen und die Hauptverantwortung für die militärische Unterstützung getragen.

Europa ist somit – um es auf eine kurze Formel zu bringen – zwar eine wirtschaftliche Großmacht, aber außenpolitisch kaum handlungsfähig und militärisch nur der „Hilfssheriff" der USA.

Die große Frage ist, ob Europa auch in der neuen geopolitischen Situation diese Rolle als außen- und sicherheitspolitisches Anhängsel der USA spielen soll – oder ob es in Zukunft eine eigenständige Außen- und Sicherheitspolitik betreiben will. Die Diskussion darüber hat unter dem

Schlagwort der „strategischen Autonomie Europas" begonnen (vgl. dazu Abschn. 9.2.2).

Ausgelöst wurde diese Debatte nicht zuletzt durch die neue geopolitische Lage mit dem Aufstieg Chinas und dem sich zuspitzenden Konflikt zwischen China und den USA. Dieser Konflikt stellt Europa vor neue Herausforderungen:

- Europa ist stark auf eine regelbasierte Weltordnung angewiesen (UNO, WTO usw.). Durch den USA-China-Konflikt kann diese Ordnung zerstört werden.
- Europa unterhält enge Wirtschaftsbeziehungen sowohl mit den USA wie mit China. Ein Wirtschaftskrieg zwischen den USA und China mit Sanktionen und Repressalien würde der europäischen Wirtschaft massiv schaden. Der Sanktionskrieg scheint sich laufend zu verschärfen; so hat die US-Regierung im Oktober 2022 den Export von Hochleistungschips nach China massiv eingeschränkt: „Die neuen Restriktionen stellen eine dramatische Ausweitung des Chip-Krieges zwischen den USA und China dar" (Langer, 2022). Europa muss sich auf diese Situation einstellen und Strategien entwickeln.
- Falls es sogar zu einer vollständigen Entkoppelung der Wirtschafts- und Technologieräume von USA und China kommen sollte, müsste sich Europa für eine Seite entscheiden. Schon heute verlangen die USA von Europa bzw. von europäischen Unternehmen, Sanktionen gegen China mitzutragen, auch wenn diese nicht im europäischen Interesse liegen. Ein eigentliches „Decoupling" der beiden größten Wirtschaftsräume hätte schwerwiegende Folgen für Europa. Es würde das globale Normensystem zerstören, in welchem die EU eine zentrale Rolle spielt und welches für den offenen Welthandel wichtig ist. Zudem müssten sich die europäischen Unternehmen entweder für den chinesischen oder den amerikanischen Markt entscheiden bzw. hohe Zusatzkosten für eine getrennte Belieferung der beiden Märkte in Kauf nehmen.

- Schließlich kann der Konflikt USA – China zu bewaffneten Auseinandersetzungen bis hin zu einem großen Krieg führen. Über die NATO-Bündnisverpflichtung könnte Europa in einen derartigen Krieg hineingezogen werden.

Der Angriff Russlands auf die Ukraine hat die geopolitische Lage weiter verschärft und zugleich kompliziert. Im heutigen Zeitpunkt wissen wir nicht, wie dieser Krieg ausgeht. Wir werden im Abschn. 9.3.2.5 erste Überlegungen zum zukünftigen Verhältnis Europa – Russland anstellen.

Schon diese kurze Lagebeschreibung legt den Schluss nahe, dass die Interessen Europas und der USA, welche in der Nachkriegszeit noch weitgehend parallel lagen, sich auseinanderentwickeln. Dies zeigen auch die neuesten Analysen von Braml (2022) und von Dohnanyi (2022). Im Folgenden sollen drei mögliche Szenarien für Europa in der neuen geopolitischen Situation skizziert und beurteilt werden.

9.2 Drei mögliche Szenarien für Europa in der neuen Weltordnung

Im geopolitischen Konflikt zwischen den beiden globalen Supermächten USA und China sind für Europa drei grundsätzliche Szenarien denkbar:

1) Erneuerung und Stärkung der westlichen Allianz: Europa als enger Alliierter der USA im Kampf gegen China („Hilfssheriff der USA"),
2) Europa als Teil des durch „Belt and Road" konstituierten „Eurasiens", welches durch China angeführt wird („Eurasien West"),
3) Europa als autonomer Akteur mit eigenen Interessen und eigenständiger Außen- und Sicherheitspolitik („strategische Autonomie").

Die Szenarien 1 und 2 sind – wie wir im Folgenden zeigen – nicht wünschbar (Abschn. 9.2.1). Szenario 3 ist zwar eine politisch wünschbare Option, kurz- und mittelfristig jedoch kaum umsetzbar (Abschn. 9.2.2). Wir werden deshalb in Abschn. 9.3 ein pragmatisches Szenario skizzieren, in welchem Europa seine strategische Autonomie schrittweise erweitert.

9.2.1 Wieso Szenarien 1 und 2 nicht wünschbar sind

Die Szenarien 1 und 2 haben einen großen „Vorteil": Europa muss keine eigenständige Außen- und Sicherheitspolitik entwickeln und insbesondere keine autonome Armee aufbauen. Es kann im „Windschatten" einer Supermacht existieren, muss sich allerdings politisch und militärisch an diese Supermacht anlehnen. Der große Nachteil dieser beiden Szenarien liegt darin, dass Europa zum Anhängsel ohne eigene Gestaltungsmöglichkeiten wird. Im Falle eines wirtschaftlichen oder militärischen Konfliktes muss Europa Partei ergreifen und sich an Sanktionen, Boykotten und militärischen Konflikten beteiligen, welche möglicherweise nicht in seinem Interesse liegen.

Im Einzelnen sprechen folgende fünf Gründe gegen eine enge Anbindung an eine der beiden Supermächte:

1) *Handlungsfähigkeit Europas*

Die Europäische Union kann ihre in Artikel 21 des EU-Vertrages festgehaltenen Ziele nur erreichen, wenn sie auch außen- und sicherheitspolitisch handlungsfähig wird und nicht von fremden Großmächten abhängig ist.

2) *Stabilität und Verlässlichkeit der beiden Supermächte*

Es besteht beträchtliche Unsicherheit darüber, wie stabil die beiden Supermächte in den nächsten Jahrzehnten sein werden: China ist eine Parteidiktatur, welche ihre Legitimation primär ihren wirtschaftlichen Erfolgen verdankt. Die weitere Entwicklung ist jedoch unsicher, wie Kap. 3 gezeigt hat. Die USA sind zwar bis jetzt eine funktionierende Demokratie und ein Rechtstaat. Die Präsidentschaft Trump hat jedoch gezeigt, dass die gesellschaftliche Basis für eine liberale Demokratie brüchig geworden ist. Heute ist erwiesen, dass Trump versucht hat, sich mit einem Putsch gegen die Verfassung an der Macht zu halten. Bei den letzten Präsidentschaftswahlen haben die amerikanischen Institutionen zwar noch funktioniert. Doch wenn Donald Trump oder ein „Trumpist" die nächsten Wahlen gewinnt, drohen erneut innenpolitische Instabilitäten, eine Erosion der Institutionen und geopolitisches Chaos. Europa kann sich jedenfalls nicht mehr auf die Stabilität der amerikanischen Demokratie und auf die Kohärenz der amerikanischen Außenpolitik verlassen und muss sich deshalb auf ein krisenhaftes Szenario in den USA vorbereiten.

3) *Europäische Wirtschaft*

Europa hat heute eine starke Wirtschaft mit entwickelter Technologie und einem großen Binnenmarkt. Europa pflegt dabei einen engen wirtschaftlichen Austausch sowohl mit den USA wie auch mit China. Der amerikanische und der chinesische Markt sind für die europäische Wirtschaft gleichermaßen zentral. Europa hat deshalb kein Interesse daran, von einer einzelnen Supermacht abhängig zu werden oder sich an einem Wirtschaftskrieg und der Zerstörung der regelbasierten Weltordnung zu beteiligen. Dies gilt erst recht für ein „Decoupling", d. h. eine Aufteilung der Weltwirtschaft in zwei getrennte Sphären. Von Dohnanyi hält in seiner Analyse fest: „Die USA wollen aber Europa als Teil einer westlichen ‚Wertegemeinschaft' in ihren Weltmachtkonflikt mit dem erstarkenden China hineinziehen. Das kann jedoch schon aus wirtschaftlichen Überlegungen weder europäisches noch deutsches Interesse sein" (2022, S. 46; vgl. dazu auch Braml, 2022, S. 101–140).

4) *Sicherheit Europas*

Die beiden Supermächte scheinen zunehmend auf Konfrontationskurs zu gehen. Hintergrund ist die Tatsache, dass die USA unter keinen Umständen bereit sind, ihre militärische und politische Dominanz aufzugeben – und dass China nicht willens ist, auf die Dauer diese Dominanz der USA zu akzeptieren. Das Risiko bewaffneter Auseinandersetzungen besteht – und wird gegenwärtig noch durch die militärische Unterlegenheit Chinas gebremst. Mittel- und längerfristig kann sich dies aber ändern; militärische Konflikte werden wahrscheinlicher, z. B. im südchinesischen Meer bzw. in Taiwan.

Die europäischen NATO-Mitglieder könnten durch die Bündnisverpflichtung (Art. 5 des NATO-Vertrages) in einen Krieg zwischen China und den USA hineingezogen werden. In diesem Zusammenhang sind die Bestrebungen der USA, die europäischen NATO-Verbündeten für Einsätze außerhalb des NATO-Gebietes zu engagieren, problematisch (vgl. die Interventionen im Irak oder in Afghanistan). Gemäß Stefan Baron streben die USA nun offensichtlich eine Erweiterung bis in den Pazifik und damit nach China an. „China kommt uns immer näher", hielt dazu NATO-Generalsekretär Stoltenberg im Juni 2020 fest (Baron, 2021, S. 251). Von Dohnanyi analysiert in seinem Buch die zunehmende Konfrontation zwischen den USA und China und kommt zum Schluss „Es ist nicht im Interesse Deutschlands oder der Europäischen Union, den USA auf ihrem gefährlichen Weg in eine geopolitische Konfrontation mit China zu folgen" (2022, S. 218).

Auch wenn es „nur" bei einem „Kalten Krieg" bleiben sollte, hat Europa kein Interesse, sich an einem derartigen Konflikt zu beteiligen. Dies allein schon aus wirtschaftlichen Gründen, aber auch, weil ein solcher Konflikt erfahrungsgemäß regionale Konfliktlagen in der Nähe Europas verschärfen könnte (Naher und Mittlerer Osten, Balkan usw.).

5) *Europäische Werte*

Schließlich stellt sich die Frage, ob heute und in Zukunft eine genügend stabile gemeinsame Wertebasis mit China bzw. den USA für ein enges Bündnis besteht.

Die Frage kann im Falle von *China* relativ kurz beantwortet werden: China hat eine andere Geschichte und Kultur als Europa. Es wird autokratisch durch die Kommunistische Partei geführt – und entspricht in keiner Weise den demokratischen und liberalen Werten Europas.

Im Falle der *USA* bestehen zwar eine gemeinsame Geschichte und die gemeinsame Wertebasis von Rechtsstaat und Demokratie. Problematisch sind jedoch die folgenden Punkte:

- Menschenrechte: Die USA könnten (wie auch China) die Europäische Menschenrechtskonvention nicht unterzeichnen. Zudem gibt es – vor allem außerhalb des Landes – immer wieder Menschenrechtsverletzungen (Guantanamo, Abu Ghraib usw.).
- Die demokratischen Institutionen der USA funktionieren heute noch, doch bestehen, wie erwähnt, erhebliche Risiken für die Stabilität der amerikanischen Demokratie.

- Der Anspruch auf globale Hegemonie widerspricht der europäischen Idee einer friedlichen und multipolaren Weltordnung. Zudem besteht (je nach Administration) das ständige Risiko, dass die USA die regelbasierte internationale Ordnung verletzen und gefährden.
- Die in Kap. 1 geschilderte amerikanische Politik der weltweiten militärischen Interventionen und der „regime changes" entspricht nicht den Werten Europas.

Fazit: Europa hat weder wirtschaftlich noch politisch ein Interesse am Konflikt USA – China, an der Zerstörung der multilateralen Weltordnung, an einem „Decoupling" oder an einer kriegerischen Auseinandersetzung. Europa sollte sich deshalb an der drohenden wirtschaftlichen, politischen und militärischen Konfrontation zwischen den USA und China nicht beteiligen, sondern die Chance wahrnehmen, zusammen mit anderen Ländern (insbesondere Japan, Südkorea und ASEAN-Staaten) und internationalen Organisationen die Konflikte zu begrenzen und die multilaterale Weltordnung zu stärken.

9.2.2 Ist Szenario 3 („strategische Autonomie") möglich?

Das Szenario 3 entspricht der europäischen Interessenlage und ist deshalb grundsätzlich wünschenswert. Die Diskussion hat denn auch unter dem Schlagwort der „strategischen Autonomie Europas" begonnen,[1] steht aber noch am Anfang, vgl. Box 9.1.

---

[1] Vergleiche dazu insbesondere Borell (2020), Europäisches Parlament (2020), Lippert et al. (2019), von Dohnanyi (2022).

Box 9.1: Die Diskussion über die „strategische Autonomie" Europas

Die offiziellen Dokumente der EU zur „strategischen Autonomie" sind ziemlich allgemein gehalten. Klar für eine strategische Autonomie Europas hat sich vor allem der französische Präsident Emmanuel Macron geäußert, was jedoch in einigen anderen Mitgliedstaaten auf Skepsis stößt. In einem Bericht des Europäischen Parlamentes wird als Ziel der strategischen Autonomie genannt, die Abhängigkeit von externen Akteuren abzubauen und dazu das noch wenig genutzte Potenzial des Vertrages von Lissabon zu erschließen. Hierfür müsste allerdings der Europäische Rat aktiv werden (2020, S. II).

Es gibt zudem verschiedene Erklärungen der EU-Organe zur regelbasierten multilateralen Ordnung, zu China und zu den USA. Bei den Beziehungen zu den USA ist eine leichte Distanzierung spürbar, gleichzeitig aber das Bekenntnis zur „atlantischen Partnerschaft". Die Haltung gegenüber China ist unklar und widerspiegelt die unterschiedlichen Interessen der Mitgliedländer. Im Dezember 2021 haben die Kommission und der Außenbeauftragte zudem das Projekt „Global Gateways" vorgestellt. Mit insgesamt 300 Mrd. Euro sollen bis 2027 „nachhaltige Verbindungen rund um die Welt" unterstützt werden – offensichtlich ein Gegenkonzept zur Belt and Road Initiative Chinas. Im engeren Bereich der Sicherheitspolitik gibt es seit 2017 die „Ständige Strukturierte Zusammenarbeit (PESCO)"; zudem hat der Europäische Rat am 21. März 2022 einen „Strategischen Kompass" bis 2030 verabschiedet, welcher allerdings wenig aussagekräftig ist und zurecht kritisiert worden ist (von Ondarza & Overhaus, 2022).

Substanzieller ist eine Studie der Stiftung Wissenschaft und Politik in Berlin (SWP), welche die „strategische Autonomie" Europas definiert und ihre Möglichkeiten analysiert (Lippert et al., 2019, S. 5–17). Die wichtigsten Aussagen aus dieser Studie:

- *„Grundsätzlich verstehen wir unter strategischer Autonomie die Fähigkeit, selbst außen und sicherheitspolitische Prioritäten zu setzen und Entscheidungen zu treffen, sowie die institutionellen, politischen und materiellen Voraussetzungen, um diese in Kooperation mit Dritten oder, falls nötig, eigenständig umzusetzen" (S. 5).*
- *„Ein autonomer Akteur kann selbst, also gemäß den eigenen Prioritäten entscheiden, mit welchen Akteuren er Partnerschaften oder Allianzen sucht" (S. 5).*

> - *Die stärksten Machtressourcen Europas, auf welchen aufgebaut werden kann, sind „sein wirtschaftliches und technologisches Gewicht und der Binnenmarkt" (S. 17). Notwendig ist eine abgestimmte Strategie, welche diese Ressourcen verbindet mit den Instrumenten der Außen-, Handels- und Entwicklungspolitik sowie mit Konfliktprävention und Rüstungskontrolle. Hoher Handlungsbedarf besteht gemäß SWP in der Abwehr der amerikanischen Sanktionspolitik (inkl. Zahlungsverkehr) und der Ausdehnung der US-Jurisdiktion auf fremde Länder.*

Die SWP-Studie weist darauf hin, dass der Prozess zur vollständigen strategischen Autonomie zehn bis zwanzig Jahre dauert und dass in der Zwischenzeit mehr Autonomie im Rahmen der NATO angestrebt werden sollte. Diese Einschätzung ist zweifellos richtig und gilt verstärkt nach dem Ausbruch des Ukraine-Krieges (vgl. dazu Abschn. 9.3.2.5). Dies bedeutet, dass die engen außen- und sicherheitspolitischen Verbindungen mit den USA kurz- und mittelfristig nicht gekappt werden können.

Verschiedene Autoren schließen daraus, dass die außen- und sicherheitspolitische Autonomie Europas unrealistisch ist und dass im Gegenteil die „atlantische Allianz" zwischen USA und Europa wieder gestärkt werden sollte. Unausgesprochen heißt dies, dass die außenpolitische und militärische Führung weiterhin den USA überlassen wird und dass Europa sich darauf beschränkt, die amerikanische Politik getreulich zu unterstützen (Szenario 1 „Hilfssheriff"). Wie in Abschn. 9.2.1 ausgeführt, bestehen jedoch ernsthafte Zweifel daran, dass die „atlantische Allianz" mit den USA längerfristig im Interesse Europas liegt und tragfähig bleibt: Die Interessen Europas und der USA sind zu unterschiedlich und dürften in Zukunft noch stärker divergieren, insbesondere wenn die Konfrontation mit China zunimmt. Zudem ist die längerfristige innenpolitische Stabilität der USA fraglich. Das Projekt der europäischen Integration kann deshalb seine

Ziele nur erreichen, wenn Europa nicht zum Spielball zweier antagonistischer Supermächte wird, sondern eine autonome Außen- und Sicherheitspolitik betreibt.[2]

Zu einer autonomen Außen- und Sicherheitspolitik gehören selbstverständlich nicht nur die klassische Außenpolitik und die militärische Verteidigung, sondern auch die Handelspolitik, die Entwicklungszusammenarbeit sowie die Wirtschafts- und Technologiepolitik. Voraussetzung für eine derartige Politik ist allerdings, dass die EU außenpolitisch handlungsfähiger wird. Der Ukraine-Krieg und die Energiekrise könnten auch eine Chance darstellen, da sich die EU immer in Krisen weiterentwickelt hat.

Der Übergang zur strategischen Autonomie ist ein anspruchsvoller Prozess, welcher schrittweise erfolgen muss. Im Folgenden versuchen wir, eine erste Skizze für diesen Übergang zur strategischen Autonomie zu entwickeln. Es ist offen, ob dieser Prozess am Ende erfolgreich sein wird. Wenn er aber scheitert, könnte Europa leicht zum Spielball geopolitischer Auseinandersetzungen werden, wirtschaftliche Nachteile erleiden und sogar auseinanderbrechen.

9.3 Skizze eines pragmatischen Szenarios: „schrittweise Erhöhung der europäischen Autonomie"

Im Folgenden skizzieren wir einen möglichen Prozess zur schrittweisen Erhöhung der strategischen Autonomie und gehen folgenden Fragen nach:

- Wer kann institutioneller Träger einer autonomen Außen- und Sicherheitspolitik sein? (Abschn. 9.3.1)

---

[2] Vergleiche dazu auch van Middelaar (2021), insbesondere S. 162–176.

- Welches sind die Ziele der autonomen europäischen Außenpolitik? Wie soll sich Europa gegenüber den USA, China, Russland und anderen Akteuren positionieren? (Abschn. 9.3.2.)
- Welche Aufgaben soll eine europäische Armee erfüllen? Braucht Europa einen eigenen Nuklearschirm? (Abschn. 9.3.3)
- Wie kann der schrittweise Übergang zur strategischen Autonomie gestaltet werden? (Abschn. 9.3.4)

9.3.1 Institutioneller Träger einer autonomen Außen- und Sicherheitspolitik

Europäischer Rat und „Hoher Vertreter"?
Die EU hat heute schon die Aufgabe, eine gemeinsame Außen- und Sicherheitspolitik (GASP) zu führen. Sie hat dafür auch die notwendigen Institutionen geschaffen, insbesondere den „Hohen Vertreter der Union für Außen- und Sicherheitspolitik", welcher gleichzeitig den Vorsitz des Außenministerrates führt und Vizepräsident der Kommission ist. Es gibt auch ein paar, allerdings eher vage Erklärungen zur gemeinsamen Außen- und Sicherheitspolitik (vgl. Abschn. 9.2.2).

In der Praxis ist allerdings von einer gemeinsamen Politik wenig zu spüren. Es gibt kaum einen Bereich, in welchem die EU als außenpolitischer Akteur aufgetreten ist. Die Außenpolitik wird nach wie vor von den einzelnen Mitgliedstaaten gemacht – in vielen Fällen auch gegeneinander. Es ist bezeichnend, dass die EU im Vorfeld des Ukraine-Krieges – die Ukraine ist immerhin ein Nachbarland der EU – nicht einmal eine Statistenrolle spielte: Russland führte diese Gespräche zunächst mit den USA, dann mit

9 Die Rolle Europas in der neuen geopolitischen ...

der NATO und schließlich mit der OSZE. Daneben spielten auch der französische Präsident und der deutsche Bundeskanzler eine Rolle. Die EU und ihr „Hoher Vertreter" jedoch sind weder für Russland noch für die USA ein relevanter Gesprächspartner.

Diese Situation ist nicht erstaunlich. Außen- und Sicherheitspolitik ist ein zentrales Element nationaler Souveränität und wird – solange kein europäischer Bundesstaat besteht – nicht an supranationale Gremien abgegeben. Die gemeinsame Außen- und Sicherheitspolitik (GASP) gehört denn auch nicht zu den supranationalen, sondern zu den zwischenstaatlichen Aufgaben der EU, für welche der Ministerrat bzw. der Europäische Rat zuständig ist; Entscheide können nur einstimmig getroffen werden. Angesichts der divergierenden außenpolitischen Interessen der Mitgliedstaaten bedeutet dies in der Praxis oft Blockierung, d. h. keine gemeinsame Außen- und Sicherheitspolitik der EU.

Van Middelaar hat in einer Analyse das Spannungsfeld und das Zusammenspiel zwischen der supranationalen Gemeinschaftssphäre und der zwischenstaatlichen Ebene dargestellt (2016). Während der Aufbau und die Regulierung des Binnenmarktes als „technokratische Regelpolitik" durch die supranationalen Organe vollzogen werden konnten, war dies bei geopolitischen Herausforderungen nicht mehr möglich. Es standen zwei Optionen zur Diskussion: Aufwertung der Kommission zu einer europäischen Regierung – und damit ein Schritt Richtung Bundesstaat – oder Schaffung eines „Europäischen Rates" aus den Regierungs- und Staatschefs der Mitgliedstaaten. Van Middelaar zeichnet anhand einzelner Krisen (Jom-Kippur-Krieg und Ölkrise, Fall der Berliner Mauer, deutsche Wiedervereinigung) nach, wie sich die zweite Option durchgesetzt hat. Dieser Entscheid ist nachvollziehbar, da die Mitgliedstaaten sowohl politisch wie vertragsmäßig eine sehr starke Stellung haben. Wie die Erfahrung zeigt, sind in einer EU mit 27

Mitgliedstaaten und unterschiedlichen Interessen einstimmige Beschlüsse des Europäischen Rates nur schwierig zu erreichen. Eine handlungsfähige gemeinsame Außen- und Sicherheitspolitik durch den Europäischen Rat bzw. den Ministerrat ist deshalb wenig realistisch. Auch die relative Geschlossenheit der EU im Ukrainekonflikt war nur möglich, weil die USA die politische und militärische Führung übernommen haben.

„Verstärkte Zusammenarbeit" von Kerneuropa?

Die EU-Verträge eröffnen jedoch eine Möglichkeit für eine gemeinsame Außen- und Sicherheitspolitik – zwar nicht der ganzen EU, jedoch von Kerneuropa. Seit dem Vertrag von Amsterdam 1997 gibt es das Instrument der „verstärkten Zusammenarbeit", mit welcher einzelne Mitgliedstaaten in bestimmten Politikbereichen vorangehen und eine gemeinsame Politik betreiben können. Im „Weißbuch zur Zukunft Europas" (2017, S. 20/21) nimmt die Europäische Kommission dieses Konzept auf und regt an, in einzelnen Politikbereichen, so insbesondere der Verteidigung, eine „Koalition der Willigen" zu bilden. Ein Europa der verschiedenen Geschwindigkeiten gibt es seit längerem in verschiedenen Bereichen, so beim Euroraum oder bei den Schengenabkommen. Es wird in Zukunft noch eine größere Rolle spielen – insbesondere, wenn weitere Länder der Union beitreten.[3]

Die Außen- und Sicherheitspolitik eignet sich gut für die „verstärkte Zusammenarbeit", weil hier die Mitwirkung aller 27 Mitgliedstaaten weniger wichtig ist als die Zusammenarbeit der großen Länder, insbesondere Deutschlands und

---

[3] In der EU gibt es seit einigen Jahren eine Diskussion über verschiedene Varianten einer „variablen Geometrie", welche jedoch noch nicht zu konkreten Ergebnissen geführt hat. Auf absehbare Zeit ist deshalb die vertraglich abgesicherte „verstärkte Zusammenarbeit" das tauglichste Element für eine gemeinsame Außen- und Sicherheitspolitik.

Frankreichs. Diese Zusammenarbeit geht auf den Elysée-Vertrag zwischen de Gaulle und Adenauer zurück und hat bereits eine lange Tradition. Basierend darauf wurde 2019 der „Deutsch-Französische Verteidigungs- und Sicherheitsrat" als politisches Steuerungsorgan geschaffen, welcher aus den Außen- und Verteidigungsministern beider Länder sowie dem Präsidenten und Bundeskanzler besteht. In diesem Rahmen wird auch die Frage, wie die europäische Außen- und Sicherheitspolitik autonomer werden kann, diskutiert.

Es wird entscheidend von dieser deutsch-französischen Zusammenarbeit abhängen, ob eine autonome Außen- und Sicherheitspolitik möglich wird. Im Rahmen der „verstärkten Zusammenarbeit" könnten weitere Länder einbezogen werden, z. B. die Beneluxstaaten, Italien, Spanien oder Polen. Dieser Kreis sollte jedoch für den Anfang nicht zu weit gefasst werden, um handlungsfähig zu bleiben. Im Laufe der Entwicklung ist jedoch eine Erweiterung möglich und sinnvoll.

Das Instrument der „verstärkten Zusammenarbeit" in der Außen- und Sicherheitspolitik ist die einzige realistische Möglichkeit für Europa, außen- und sicherheitspolitisch handlungsfähiger zu werden. Von zentraler Bedeutung wird jedoch die Abstimmung zwischen dieser „verstärkten Zusammenarbeit" Kerneuropas und den Organen der EU-27 sein. Ein wertvolles Format für die europaweite Koordination könnte auch die im Oktober 2022 geschaffene „Europäische Politische Gemeinschaft" darstellen.

9.3.2 Ziele und Inhalte einer autonomen Außen- und Sicherheitspolitik

(1) Autonomie in einer interdependenten Welt

Europa ist die einzige größere Region in der Welt, welche Wohlstand, soziale Gerechtigkeit, Demokratie, Rechtsstaat und Menschenrechte für die ganze Bevölkerung gewährleistet. Europas Wohlstand basiert stark auf der wirtschaftlichen Verflechtung mit anderen Regionen; sehr wichtig sind insbesondere die Märkte in den USA, in China und im übrigen Asien. Offene Weltmärkte sind deshalb für Europa zentral. Die Rückkehr zum Protektionismus oder gar ein „Decoupling" liegt nicht im Interesse Europas. Dies heißt nicht, dass die Risiken, welche sich aus der gegenwärtigen Krise der Interdependenz, dem Aufbrechen von globalen Wertschöpfungsketten und zunehmenden wirtschaftlichen Sanktionen ergeben (vgl. dazu Kap. 5), nicht ernst genommen werden müssen. Europa muss vielmehr die möglichen Risiken der neuen geopolitischen Lage kritisch analysieren und seine strategischen Interessen eigenständig definieren – und darf sich nicht naiv auf fremde Mächte verlassen. Konkret muss Europa sich darüber klar werden,

- wo die größten strategischen Risiken für die Versorgungssicherheit seiner Wirtschaft und Gesellschaft liegen (von der Energie über Rohstoffe bis zu modernen Technologien),
- wo strategisch relevante Abhängigkeiten von außereuropäischen Mächten bestehen,
- mit welchen Maßnahmen es diesen Risiken begegnen kann.

Bei den Maßnahmen muss das gesamte Spektrum ins Auge gefasst werden: Abwehr von Sanktionen und Repressalien, Erhöhung der Versorgungssicherheit durch Diversifizierung oder größere Autarkie, Technologieförderung in strategisch wichtigen Bereichen usw. Wie in Kap. 5 gezeigt wird, besteht heute in Europa eine übermäßige Abhängigkeit nicht nur von Rohstoffen, sondern vor allem auch von modernen Technologien, insbesondere Cloudcomputing, Highendchips, künstlicher Intelligenz oder Internet der Dinge.

Europa hat erste Schritte zur Stärkung seiner Autonomie unternommen. Zu erwähnen sind insbesondere die Überwachung von ausländischen Direktinvestitionen oder die europäische Initiative im Bereich Mikroprozessoren und Halbleitertechnologien (vgl. Kap. 5). Weitere Initiativen sind zweifellos notwendig. Angesichts der Politik der USA und Chinas braucht es insbesondere eine wirksame europäische Technologie- und Industriepolitik (Bertelsmann Stiftung, 2020). Eine neue McKinsey-Studie hält für Europa fest: „A shifting geopolitical environment that is increasingly polarized accentuates the need for strategic autonomy on critical technologies" (Smit et al., 2022, S. 31). Die Studie schlägt 11 politische Initiativen vor, um diese strategische Autonomie in der Technologie zu erreichen (Smit et al., 2022, S. 103–112).

(2) Geopolitische Ziele Europas

Aufgrund seiner Geschichte, welche durch Kriege, Imperialismus und Kolonialismus geprägt war, verzichtet Europa heute konsequent auf hegemoniale Ansprüche und auf Angriffskriege. Seine geopolitischen Ziele können wie folgt zusammengefasst werden (vgl. auch Artikel 24 des EU-Vertrages):

- eine regelbasierte Weltordnung,
- ein friedliches Zusammenleben aller Staaten; Verzicht auf militärische Angriffskriege, Interventionen in fremden Ländern und „regime changes",
- freier Welthandel; kein Auseinanderbrechen der Weltwirtschaft in isolierte Regionen („Decoupling"); offene Verkehrswege,
- gemeinsame Lösung der großen Weltprobleme wie Armut und Klimawandel.

Aus diesen Zielsetzungen lässt sich die Positionierung Europas gegenüber den anderen geopolitischen Akteuren herleiten.

(3) USA

Die geopolitische Strategie der USA ist in Kap. 6 und 8 breit dargestellt worden; sie kann wie folgt zusammengefasst werden:[4]

- Die USA erheben (parteiübergreifend) nach wie vor den Anspruch „leading the world", d. h. ihre Position als alleinige Supermacht zu behaupten.
- Basis für diesen Anspruch ist der in Kap. 6 dargestellte „American Exceptionalism". Instrumente sind neben der wirtschaftlichen Macht vor allem die technologisch hochgerüstete Armee. Diese Armee wird global auch regelmäßig eingesetzt, zudem spielen „regime changes" eine wichtige Rolle. Der größte Teil dieser Interventionen ist allerdings gescheitert – von Vietnam über Irak bis Afghanistan. Sie haben im Gegenteil viele Länder destabilisiert, Flüchtlingsströme hervorgerufen und das Aufkommen von Terrorismus begünstigt.
- Seit einigen Jahren werden die USA durch China herausgefordert, welches die dominante Stellung der USA nicht mehr akzeptiert. Die USA reagieren darauf mit dem Versuch, China politisch und wirtschaftlich zu isolieren. Gleichzeitig ist ihre innenpolitische Lage zunehmend prekärer (wachsende Ungleichheit, gesellschaftliche Spaltung, Gefährdung der Demokratie).

---

[4] Vergleiche dazu auch von Dohnanyi (2022, S. 28–38).

9 Die Rolle Europas in der neuen geopolitischen ...

Die USA haben eine klare Vorstellung, welche *geopolitische Rolle Europa* spielen soll. In Kap. 8 wird die auf der „Heartland"-Theorie basierende Strategie der USA dargestellt. In dieser Strategie „ist Europa Amerikas unverzichtbarer geopolitischer Brückenkopf auf dem eurasischen Kontinent". „Umgekehrt wäre ohne diese engen transatlantischen Bindungen Amerikas Vormachtstellung in Eurasien schnell dahin" (Brzezinski, 2019, S. 79). Europa wird somit die klare Rolle zugeteilt, die amerikanische Vorherrschaft in Eurasien zu sichern; Die in Abschn. 2 verwendete Bezeichnung des Szenarios 1 („Hilfssheriff der USA") mag polemisch zugespitzt klingen, entspricht aber sehr genau der amerikanischen Strategie.

In der gleichen Logik erwarten die USA von Europa auch eine bedingungslose Unterstützung in ihrer Auseinandersetzung mit China. Dies geht von der Übernahme aller US-Sanktionen über das wirtschaftliche und technologische „Decoupling" bis hin zur militärischen Unterstützung, wie sie der „China Plan" des Atlantic Council fordert: „Enhance deterrence in Asia by claryfying to China that NATO allies would not stand by should China attack US forces in Asia" (Binnendijk & Kirchberger, 2021, S. 5).[5] Aktuell steht die von den USA geforderte Übernahme der wirtschaftlichen und technologischen Sanktionen im Zentrum.

Außenpolitische Positionierung Europas gegenüber den USA

Europa steht somit vor der Grundsatzentscheidung, ob es diese ihm von den USA zugeschriebene Rolle auch in Zukunft übernehmen will – oder ob es strategische Autonomie

---

[5] Ähnlich Szewczyk (2022): „For the United States, providing a security umbrella in Europe gives it a special role in shaping policy on the continent and an ability to mobilize allies for joint action it would otherwise lack. That includes, most importantly, the Indo-Pacific ... And the United States will need European support if it wants to constrain China's economy."

anstreben soll. Die Frage ist vor dem Hintergrund der europäischen Geschichte nicht trivial: Europa verdankt den USA die Befreiung vom Faschismus und den militärischen Schutz gegen die Sowjetunion. Überdies bestehen enge kulturelle Verbindungen zu den USA. Eine realistische Beurteilung der Interessenlage führt jedoch zum Schluss, dass Europa in der neuen geopolitischen Situation eine autonome Politik anstreben muss: Europa hat kein Interesse an einem militärischen oder wirtschaftlichen Krieg gegen China. Es liegt auch nicht im Interesse Europas, den Übergang zu einer multipolaren Weltordnung zu verhindern und den amerikanischen Hegemonieanspruch mit allen Mitteln zu verteidigen. Besonders bedrohlich ist das von den USA betriebene wirtschaftliche und technologische „Decoupling", auf welches China bereits reagiert hat. Die Aufteilung der Welt in zwei abgeschottete Wirtschaftsblöcke verstößt fundamental gegen die wirtschaftlichen und politischen Interessen Europas.

Europa muss deshalb längerfristig den anspruchsvollen Weg der „strategischen Autonomie" gehen. Im Verhältnis zu den USA bedeutet dies insbesondere:

- schrittweise Lockerung der Abhängigkeiten von den USA,
- Zusammenarbeit dort, wo gemeinsame Interessen bestehen: Klimawandel, Gesundheit, Terrorismus usw.,
- Einsatz für eine regelbasierte und offene Weltwirtschaftsordnung und für ein globales Normensystem – auch gegen die USA, soweit diese die regelbasierte Ordnung bedrohen und ein „Decoupling" von China anstreben,
- keine Beteiligung mehr an militärischen „Out-of-area"-Einsätzen der USA.

US-Sanktionen sollten nicht automatisch übernommen werden. Wirtschaftssanktionen sollten vielmehr eigenständig und nur dann ergriffen werden, wenn sie klar im europäischen Interesse liegen. Von Dohnanyi (2022, S. 81) weist darauf hin, dass die USA heute zunehmend versuchen, anstelle von militärischen Interventionen ihre Ziele „durch Wirtschaftskriege zu erreichen und unter Berufung auf ‚common values' andere Staaten mit in ihre Wirtschaftskriege hineinzuziehen". Er betrachtet die Aufrechterhaltung offener Märkte als wichtige Aufgabe; Europa sollte deshalb Sanktionen nur aufgrund eigenständiger Interessenabwägung ergreifen. Dies ist allerdings nur dann möglich, wenn Europa sich gegenüber amerikanischen Repressalien (Schließung des US-Marktes) erfolgreich wehren kann. Interessant ist in diesem Zusammenhang der im Dezember 2021 eingebrachte Vorschlag der EU-Kommission für ein „Anti-Coercion-Instrument (ACI)", welches Europa vor Erpressungen schützen soll. Für die Abwehr von Repressalien ist zweifellos auch eine enge Zusammenarbeit mit Ländern von ähnlicher Interessenlage nützlich, z. B. den ASEAN-Staaten oder Südkorea.

(4) China

In Kap. 7 ist die Strategie Chinas zur Positionierung als globale Macht dargestellt und in ihren verschiedenen Dimensionen skizziert worden – von „Belt and Road" über den Aufbau globaler Wirtschaftsräume bis zum militärischen Aufstieg. China hat eine klare Strategie gegenüber Europa: Es ist an engen Wirtschaftsbeziehungen zur EU interessiert und schafft mit Belt and Road die Voraussetzungen für eine Integration des eurasischen Wirtschaftsraumes. China sieht in der EU weniger einen strategischen Rivalen als einen strategischen Partner. Gleichzeitig versucht jedoch China, durch spezielle Beziehungen zu einzelnen EU-Ländern die EU zu spalten (Ursprüngliches 17 + 1-Format mit China und ost- und südosteuropäischen Ländern, nach Austritt der baltischen Staaten nur noch 14 + 1) und auf dem Balkan einen chinesischen Brückenkopf zu errichten. Relevant für Europa ist auch die chinesische Afrikapolitik: Nachdem die europäische Entwicklungs- und Sicherheitskooperation mit Afrika nur bescheidene Ergebnisse gebracht hat, versucht China, mit großen Investitionen Afrika als Partner und Rohstofflieferant an sich zu binden.

Außenpolitische Positionierung Europas gegenüber China

China hat nicht nur eine klare Strategie, sondern setzt diese Strategie auch konsequent um. Beides fehlt bisher in Europa. Es ist deshalb von zentraler Bedeutung, dass Europa bzw. Kerneuropa eine eigenständige China-Strategie erarbeitet und gestützt darauf China gegenüber geschlossen auftritt. Der heutige Zustand – keine klare Strategie und interne Differenzen – ist gefährlich für die Zukunft Europas.

Im Folgenden werden ein paar Elemente einer zukünftigen China-Politik Europas zur Diskussion gestellt. Ausgangspunkt muss dabei die Interessenlage Europas sein: Europa ist, wie bereits ausgeführt, am wirtschaftlichen Austausch sowohl mit den USA wie mit China interessiert und muss sich deshalb gegen jegliche Versuche des „Decouplings" wehren. Ebenso hat Europa kein Interesse, dass China die USA als alleinige Supermacht ablöst und seine Interessen global durchsetzt. Vielmehr ist eine neue multilaterale und regelbasierte Weltordnung anzustreben. Eine SWP-Studie hält dazu fest: „Die EU setzt im Verhältnis zu China nicht wie Washington auf geostrategische Eindämmung und Entkoppelung. Sie will vielmehr zwischen Europa und China eine wechselseitige, vornehmlich wirtschaftlich-technologische Verflechtung (Interdependenz) entwickeln, die auf Reziprozität und regelkonformem Verhalten beruht. Um dies zu erreichen, muss die EU konfliktfähig sein, mit der erforderlichen Legitimität ausgestattet werden und die nötige industriell-technologische Widerstandskraft gewinnen. Insofern ist China ein Testfall für die Selbstbehauptung Europas" (Lippert & Perthes, 2020, S. 50).

Auf dieser Basis sollte Europa gegenüber China folgende Positionen einnehmen:

- Wirtschaftlicher und technologischer Austausch im gegenseitigen Interesse und nach klaren Spielregeln („level playing field"); keine Diskriminierung europäischer Unternehmen durch staatliche chinesische Interventionen.
- Einsatz für eine offene und regelbasierte Weltordnung und für ein globales Normensystem.
- Konsequente Zurückweisung von Spaltungsversuchen, was ein geschlossenes Auftreten der EU-Länder und eine klare Balkan-Politik voraussetzt. Möglicherweise sind hier zusätzliche Kompetenzen der EU-Organe notwendig.
- Belt and Road Initiative (BRI): Die Grundidee ist sinnvoll und auch im wirtschaftlichen Interesse Europas. Zudem könnten durch die BRI kritische Regionen wie der Nahe und Mittlere Osten stabilisiert werden. Leider hat es die EU verpasst, rechtzeitig Einfluss auf die BRI zu nehmen und stattdessen viel zu spät ein „Alternativprojekt" lanciert („Global Gateway Initiative"), welches noch sehr diffus ist. Das Gleiche gilt auch für den im Rahmen der G 7 präsentierten „Biden Plan". Es stellt sich deshalb die Frage, ob es für die EU nicht intelligenter wäre, sich zusammen mit gleichgesinnten asiatischen Partnern mit klaren Vorstellungen und Bedingungen an

BRI zu beteiligen, da es um die Verbindung der beiden großen Märkte Asien und Europa und um die Entwicklung und Stabilisierung des Nahen und Mittleren Ostens geht. Voraussetzung für Verhandlungen mit China sind allerdings gemeinsame strategische Vorstellungen, welche Ziele erreicht werden sollen und welche Bedingungen eingehalten werden müssen.

Wenn Europa eine klare Strategie hat, besitzt es gegenüber China eine beträchtliche Verhandlungsmacht. Denn China ist für seine Entwicklung in vielfacher Hinsicht auf Europa angewiesen. „Die EU mit ihrem weltweit größten Binnenmarkt hat allen Grund, gegenüber China selbstbewusst aufzutreten und sich weder der US-Strategie des Containment noch jener der Abkoppelung ganzer Wirtschaftsräume (,decoupling') anzuschließen … Peking zugunsten der Einhaltung von WTO-Regeln die Stirn zu bieten, sich zugleich aber bei der Asiatischen Infrastruktur-Investitionsbank (AIIB) und auch bei BRI-Projekten zu engagieren, sind wichtige Bausteine einer strategischen Verflechtung mit China" (Lippert & Perthes, 2020, S. 54/55).

Die Entwicklung Chinas nach dem 20. Parteikongress der Kommunistischen Partei im Oktober 2022 ist unsicher und muss daher eng verfolgt werden. Die Zentralisierung der Macht bei Xi und die zunehmenden autoritären Tendenzen können Auswirkungen auf die wirtschaftliche Entwicklung, auf die Legitimation des Regimes und auf die innenpolitische Stabilität haben. Die Strategie Europas muss deshalb laufend überprüft und bei Bedarf angepasst werden.

(5) Russland

In Kap. 6 ist die Entwicklung nach dem Zusammenbruch der Sowjetunion geschildert worden: Die Chance, eine

9 Die Rolle Europas in der neuen geopolitischen ...

euro-atlantische Friedensordnung mit Russland auszuarbeiten, wurde nicht wahrgenommen; stattdessen strebten die USA eine „benevolent global hegemony" an. In der Folge verschlechterten sich die Beziehungen zwischen dem Westen und Russland, es kam zur raschen NATO-Osterweiterung und in Russland zu einer politischen „Regression". Der völkerrechtswidrige russische Angriff auf die Ukraine im Februar 2022 hat das Vertrauen zwischen Russland und dem Westen nachhaltig beschädigt und die geopolitische Ausgangslage verändert.[6]

In dieser Situation braucht Europa eine „Doppelstrategie":

- Kurz- und mittelfristig muss mit Priorität die russische Aggression gestoppt werden. Die Ukraine braucht militärische Unterstützung, und die Sicherheit der osteuropäischen Länder muss gewährleistet werden. Dies kann realistischerweise nur unter Führung der USA geschehen.
- Längerfristig muss ein neuer Anlauf für eine stabile Friedensordnung in Europa unternommen werden. Da Russland geografisch und historisch ein Teil Europas ist, muss es in diese Friedensordnung eingebunden werden. Wie von Dohnanyi (2022) gezeigt hat, sind die Interessen der USA und Europas in diesem Punkt nicht deckungsgleich. Die Initiative für eine stabile europäische Friedensordnung muss deshalb von Europa ausgehen.

Auch wenn eine Friedensordnung in Europa angesichts des Ukraine-Krieges heute schwierig erscheint: Von der Interessenlage her ist sie längerfristig möglich. Sowohl

---

[6] Vergleiche dazu auch von Ondarza und Overhaus (2022), welche allerdings auf die kurz- und mittelfristigen Probleme fokussieren und keine längerfristige Perspektive aufzeigen.

Russland wie Europa haben ein Interesse an einer stabilen und sicheren Ordnung und an der wirtschaftlichen Entwicklung des Kontinents. Insbesondere Russland mit seiner Rohstoffabhängigkeit braucht dringend eine wirtschaftliche Modernisierung – insbesondere auch im Hinblick auf das nahe Ende des fossilen Zeitalters. Dazu braucht Russland einen starken technologischen und wirtschaftlichen Partner – entweder Europa oder China. Wenn keine Friedensordnung in Europa entsteht, muss sich Russland gezwungenermaßen enger an China anbinden, was nicht im Interesse Europas liegt.

Außenpolitische Positionierung Europas gegenüber Russland
Aus diesen Überlegungen ergeben sich die strategischen Stoßrichtungen im Verhältnis zu Russland:

- Abwehr der russischen Aggression in der Ukraine und Schutz der osteuropäischen Länder (unter Führung der USA im Rahmen der NATO).
- Wirtschaftliche Perspektiven für die osteuropäischen Länder, welche noch nicht Mitglied der EU sind. Mit der Beitrittsperspektive für die Ukraine und Moldawien und dem Vorschlag einer „Europäischen Politischen Gemeinschaft" (EPG) hat die EU erste Schritte unternommen.
- Aktive Mitwirkung der EU bei den Waffenstillstands- und Friedensverhandlungen zwischen der Ukraine und Russland, wenn diese möglich werden.
- Auf dieser Basis und zu gegebener Zeit: Aufnahme von Gesprächen mit Russland über eine stabile europäische Friedensordnung – als Alternative zu einem russisch-chinesischen Block.

Wenn Europa Richtung „strategische Autonomie" geht, werden die Verhandlungen mit Russland zweifellos leichter, weil sich die russischen Ängste primär auf die USA – und nicht auf Europa – beziehen. Denn von Europa muss Russland weder einen militärischen Angriff noch ein „Containment" fürchten. Die Ostpolitik von Willy Brandt hat gezeigt, dass ein Arrangement mit Russland dann möglich ist, wenn die beiderseitigen Sicherheitsbedürfnisse ernst genommen werden. Voraussetzung für eine Lösung ist deshalb die Respektierung der Sicherheitsbedürfnisse und Sicherheitsängste – sowohl Russlands wie der osteuropäischen Länder. Dies bedeutet auch, dass Osteuropa eng in die Verhandlungen einbezogen werden muss.

Zugleich muss Europa versuchen, die USA vom Konzept einer stabilen europäischen Friedensordnung zu überzeugen und ihre Vorteile für die USA selbst aufzuzeigen: In einer stabilen Friedensordnung wäre Europa weniger auf die militärische Unterstützung durch die USA angewiesen. Diese würden finanziell und militärisch entlastet und hätten mehr Kapazitäten für andere Aufgaben. Zudem könnte Europa in einer stabilen Friedensordnung zu einem wirtschaftlichen Partner von Russland werden. Dieses wäre nicht gezwungen, sich in die völlige Abhängigkeit von China zu begeben.

(6) Weitere geopolitische Akteure

Neben den sog. Großmächten gibt es weitere geopolitische Akteure, die für Europa wichtig sind. Insbesondere in Südostasien haben sich zahlreiche Länder wirtschaftlich rasch entwickelt, z. B. Südkorea, Singapur, Vietnam, Thailand oder Indonesien. Sie spielen im Welthandel und in den geopolitischen Auseinandersetzungen eine zunehmend wichtige Rolle.

Alle diese Länder weisen eine ähnliche Interessenlage auf:

- Sie sind auf Handel sowohl mit China wie mit den USA angewiesen.
- Sie haben kein Interesse an einem Wirtschaftskrieg, an einem „Decoupling" oder an militärischen Konflikten.
- Sie sind stark an einer regelbasierten multilateralen Ordnung interessiert.
- Sie wollen nicht in eine einseitige Abhängigkeit von einer der beiden Supermächte gelangen. So hat beispielsweise Vietnam trotz der ideologischen Nähe zu China beschlossen, keine militärischen Allianzen einzugehen, keine fremden Militärstützpunkte zuzulassen und sich nicht an Bündnissen zu beteiligen, welche sich gegen ein Drittland wenden. Diese Länder wollen nicht in das Dilemma geraten, im Krisen- oder Kriegsfall zwischen den USA und China wählen zu müssen.

Eine enge Zusammenarbeit und Abstimmung mit diesen asiatischen Ländern liegen klar im Interesse Europas. Möglicherweise ist die ASEAN, welche einen gemeinsamen Wirtschaftsraum nach dem Vorbild der EU anstrebt, ein geeignetes Gefäß für die Zusammenarbeit mit Europa. Im Jahr 2020 wurde unter deutscher Ratspräsidentschaft eine „strategische Partnerschaft" zwischen der EU und ASEAN beschlossen: „Die Strategische Partnerschaft steht für unseren gemeinsamen Glauben an den Multilateralismus. Kein Land sollte gezwungen werden, sich zwischen zwei Polen entscheiden zu müssen" (Erklärung des Auswärtigen Amtes der BRD, 01.12.2020).

Asien und Europa zusammen könnten jegliche Vereinnahmungen durch China oder die USA wie auch ein „Decoupling" verhindern und so die multilaterale regelbasierte Weltordnung stärken. Die Neue Zürcher Zeitung hat in einem Kommentar zum von den USA lancierten „Indo-

Pacific Economic Framework (IPEF)" festgehalten, dass „die USA in diesem Modell kein Vorkämpfer für globalen Freihandel mehr sind, sondern einer für einen neuen Multilateralismus von Amerikas Gnaden". Sie weist darauf hin, dass die Interessenlage der südostasiatischen Länder und Europas sehr ähnlich ist: „In der Krise der Globalisierung bietet sich damit auch für europäische Länder eine Chance, technologisch starke asiatische Partner für das neue Zeitalter zu gewinnen" (Kölling, 2022).[7] Auch die Einflussnahme auf die Belt and Road Initiative Chinas wäre im Verbund einfacher.

9.3.3 Autonome europäische Verteidigung

Eine autonome europäische Außenpolitik ist längerfristig nur möglich, wenn Europa auch sicherheitsmäßig autonom und nicht von einer Supermacht abhängig ist. Zur Sicherheitspolitik gehören selbstverständlich nicht nur die militärische Verteidigung, sondern Maßnahmen gegen alle Bedrohungsformen, vom Cyberkrieg über Desinformation zu terroristischen Attacken. Im Folgenden fokussieren wir auf die militärische Verteidigung.

Heute leistet Europa über die NATO zwar einen verteidigungspolitischen Beitrag; es ist aber sowohl konventionell wie nuklear stark von den USA abhängig. Die USA haben jedoch, wie ausgeführt, eine andere Interessenlage; zudem drohen dem Land in Zukunft Unstabilitäten und Risiken. Braml stellt dazu fest: „Als Europas Führungsmächte wären Deutschland und Frankreich jedenfalls gut beraten, sich strategisch und im Dialog auf eine in ihren Grundzügen bereits absehbar gefährliche Zukunft einzustellen, in der die USA aus innenpolitischen, aber auch aus

---

[7] Vergleiche dazu auch die Vorschläge für eine Neuausrichtung der EU-Handelspolitik im Indopazifik (Hilpert, 2022).

geostrategischen Gründen nicht mehr für die Sicherheit des europäischen Kontinents garantieren können und wollen" (Braml, 2022, S. 94).

Der Übergang zu einer autonomeren Verteidigung ist allerdings anspruchsvoll und kann nur längerfristig erfolgen. Dies gilt insbesondere seit dem Ukraine-Krieg und der dadurch geschaffenen neuen geopolitischen Situation. Solange in Europa keine stabile Friedensordnung unter Einschluss Russlands existiert, ist Europa auf eine enge militärische Allianz mit den USA angewiesen. Denn in einer krisenhaften Situation mit vielen Unsicherheiten wäre die Auflösung des Bündnisses mit den USA sicherheitspolitisch zu gefährlich.

Dies bedeutet jedoch nicht, dass die Vorbereitung einer autonomen Sicherheitspolitik nicht schrittweise an die Hand genommen werden sollte, gerade weil dieser Prozess lange dauern wird. Notwendig ist deshalb,

- die Allianz mit den USA im Rahmen der NATO weiterzuführen und den Beitrag Europas zu erhöhen, wie dies die USA zu Recht fordern,
- dadurch die Stellung Europas innerhalb der NATO zu stärken und schrittweise die Autonomie zu erweitern und
- gleichzeitig die Voraussetzungen für eine autonome europäische Verteidigung zu schaffen.

Wir werden in Abschn. 9.3.4 näher auf diesen anspruchsvollen Übergang eingehen. Zunächst soll jedoch die Dimension einer autonomen europäischen Armee skizziert werden.

Zur Dimension einer autonomen europäischen Armee
Europa hat die Zeiten der Kriege und des Imperialismus klar hinter sich gelassen und sich nach dem 2. Weltkrieg für die friedliche globale Zusammenarbeit entschieden. Europa braucht deshalb nur eine Defensivarmee, die sicherstellt,

9 Die Rolle Europas in der neuen geopolitischen ...

dass Europa nicht angegriffen bzw. erpresst wird und welche auch gegen Terrorismusangriffe eingesetzt werden kann. „Out-of-area"-Einsätze in anderen Kontinenten, „regime changes" und ähnliche Interventionen liegen nicht im Interesse Europas. Ausgenommen werden sollten einzig UNO-Mandate, an denen sich Europa selbstverständlich beteiligen kann und soll.

Für große militärische Angriffe auf Europa kommen prinzipiell die USA, Russland und China in Frage. Ein militärischer Angriff der USA oder Chinas ist auf absehbare Zeit sehr unwahrscheinlich – und in einem militärischen Konflikt zwischen USA und China sollte Europa, wie oben dargelegt, nicht Partei ergreifen.

Hingegen hat es in der Geschichte immer wieder Konfliktlinien zwischen Europa und Russland gegeben. Auch wenn mit Russland ein Friedensabkommen erreicht werden kann, bleiben im Osten und Südosten Europas auf längere Zeit unstabile Lagen, ebenso im Nahen Osten. Europa braucht somit eine glaubwürdige militärische Abschreckung.

Wenn der Auftrag, wie erwähnt, defensiv ausgestaltet wird und weder „Out-of-area"-Einsätze noch eine Beteiligung an kriegerischen Auseinandersetzungen zwischen China und den USA beinhaltet, kann die Dimension einer europäischen Armee tendenziell kleiner gehalten werden und muss nicht mit den Größenordnungen von den USA und China mithalten. Gemäß dem International Institute for Strategic Studies (IISS) gaben die EU-Länder 2020 US$ 227 Mrd. für Verteidigung aus – Russland 43 Mia., also rund ein Fünftel. Die finanziellen Mittel für eine glaubwürdige Abschreckung sind somit vorhanden – allerdings fehlt es an Abstimmung und Koordination, vor allem im Rüstungsbereich. Zudem ist Europa bei vielen militärisch relevanten Technologien (IT, Halbleiter, AWACS,

Satellitenkommunikation usw.) und bezüglich Atomschirm stark von den USA abhängig.

Damit stellen sich drei große Herausforderungen auf dem Weg zu einer autonomen europäischen Verteidigung:

- bessere Koordination der Rüstungsbeschaffung und damit höhere Effizienz,
- Entwicklung der notwendigen Technologien, um nicht vollständig von den USA abhängig zu sein,
- autonomer europäischer Atomschirm.

Die ersten beiden Punkte bedürfen großer Anstrengungen, sind aber erkannt. Noch wenig diskutiert wurde bisher die Frage eines autonomen europäischen Nuklearschirms. Im folgenden Exkurs soll deshalb dieser Frage etwas ausführlicher nachgegangen werden.

Die Frage eines europäischen Nuklearschirms
Die Sicherheit Europas basiert heute auf dem amerikanischen Nuklearschirm. Dieser wird für eine Übergangszeit auch weiterhin notwendig sein. Wenn Europa aber eine autonome Außen- und Sicherheitspolitik betreiben will, gehört auch der autonome Entscheid über den Einsatz von Atomwaffen dazu. Die heutige Situation mit der Stationierung amerikanischer Atomwaffen in Europa ist aus verschiedenen Gründen problematisch. „Schon seit Längerem ist fraglich, ob Amerikas ‚erweiterte nukleare Abschreckung' und das zugrundeliegende Sicherheitsversprechen überhaupt glaubwürdig sind und im Ernstfall eingelöst werden" (Braml, 2022, S. 67). Zudem verlagert die geltende NATO-Strategie das Kriegsgeschehen primär auf den europäischen Kontinent (Braml, 2022, S. 88–90; von Dohnanyi, 2022, S. 90–98). Seit der Präsidentschaft von Donald Trump besteht überdies das latente Risiko, dass Europa

9 Die Rolle Europas in der neuen geopolitischen …

über die Bündnisverpflichtung der NATO in einen nuklearen Konflikt hineingezogen wird, welcher nicht in seinem Interesse liegt.

Europa braucht deshalb längerfristig einen eigenen Atomschirm. Der französische Präsident hat 2020 seinen europäischen Partnern einen strategischen Dialog über die Rolle der französischen Nuklearwaffen für die gemeinsame europäische Sicherheit angeboten. In Deutschland hat die Stiftung Wissenschaft und Politik (SWP) in zwei Studien (Lippert et al., 2019; Lübkemeier, 2020) die Möglichkeiten einer autonomen europäischen Nuklearabschreckung analysiert. Zusammengefasst ergeben sich folgende Erkenntnisse (vgl. Lübkemeier, 2020):

- Die nukleare Abschreckung sollte sich auf das französische Nuklearpotenzial abstützen; das Angebot des französischen Präsidenten sollte aufgenommen und diskutiert werden.
- Ein britischer Beitrag wäre wünschenswert, ist aber nicht notwendig – und angesichts des Brexits eher unwahrscheinlich.
- Das Grundkonzept besteht darin, dass zwar der Entscheid über den Nukleareinsatz beim französischen Präsidenten bleibt, der Einsatzperimeter aber auf Europa ausgedehnt und die Partner in die Planung einbezogen werden.
- Frankreich würde damit in einem gewissen Sinne an die Stelle der USA treten – mit zwei gewichtigen Unterschieden: Das französische Potenzial ist kleiner als das amerikanische, die gemeinsame Interessenlage und das Vertrauensverhältnis sind aber größer: „Denn Frankreichs Überleben … ist um ein Vielfaches stärker verknüpft mit seinen europäischen Partnern, als das auf die

USA mit ihren Nato-Alliierten zutrifft. Dafür sorgt bereits die Geografie, der Frankreich nicht entkommen kann: anders als die USA hat Frankreich europäische Nachbarn" (Lübkemeier, 2020, S. 30). Die SWP-Studie verwendet deshalb für die französische Variante den Ausdruck einer „integrierten Abschreckung", im Unterschied zum amerikanischen Nuklearschirm, welcher nur eine „erweiterte Abschreckung" anbieten kann (Lüblemeier, 2020, S. 37).

Damit verbleibt die Frage, ob das französische Nuklearpotenzial genügend glaubwürdig ist, um die Stelle des amerikanischen zu treten. Die SWP-Studie kommt in ihrer Einschätzung zu einem positiven Schluss, da das nukleare Arsenal, sofern die Vergeltungsfähigkeit gesichert ist (was in Frankreich mit der U-Boot-Flotte der Fall ist), nicht das des Gegners spiegeln muss. Denn für die nukleare Abschreckung gilt eine andere Logik als für konventionelle Waffen: „Für den nuklearen Bereich gilt das nicht. Es wäre ein Fehlschluss, an seine Ausgestaltung den Maßstab der amerikanischen Nuklearfähigkeiten anzulegen" (Lübkemeier, 2020, S. 29).

Lippert (2019, S. 21) hält zur Nuklearfrage zusammenfassend fest, dass eine „europäisierte" nukleare Abschreckung grundsätzlich denkbar ist: „Um einen Angriff mit Kernwaffen auf einen EU-Staat zu verhindern, bedarf es keiner massiven Nukleararsenale. Es würde ausreichen, dass Frankreich und mit ihm die EU glaubwürdig drohen kann, einen Angriff auf einen EU-Mitgliedstaat nuklear zu vergelten."

Selbstverständlich sind noch viele offene Fragen zu klären (Modalitäten der Abstimmung zwischen Frankreich und seinen EU-Partnern, Gestaltung der Übergangsphase, Potenzial und technologische Entwicklung der französischen Nuklearwaffen, Gegenleistungen von Russland für

9.3.4 Schrittweiser Übergang zur strategischen Autonomie

Wir haben in Abschn. 9.3.3 festgehalten, dass langfristig eine autonome europäische Außen- und Sicherheitspolitik notwendig ist, dass aber kurz- und mittelfristig das enge Bündnis mit den USA unverzichtbar ist, wenn keine Sicherheitslücke entstehen soll. Notwendig ist deshalb eine Strategie, welche zunächst die Stellung Europas innerhalb der NATO stärkt, den Handlungsspielraum und die außenpolitische Autonomie schrittweise erweitert und gleichzeitig die Voraussetzungen schafft für eine strategische Autonomie Europas. Im Folgenden werden einige wichtige Elemente dieser Strategie skizziert und zur Diskussion gestellt:[8]

- Europa setzt sich konsequent für eine regelbasierte Weltordnung und einen offenen Welthandel ein – und zwar sowohl gegenüber China wie den USA. Alle Versuche eines „Decouplings" werden abgelehnt.
- Europa nimmt verstärkt Einfluss auf die USA, um weitere „Out-of-area"-Einsätze, „regime changes" und Wirtschaftskriege zu verhindern. Wenn dies nicht gelingt, beteiligt sich Europa nicht mehr an derartigen Aktionen.
- Europa formuliert eine klare und eigenständige China-Strategie und setzt diese konsequent um.
- Europa lotet die gemeinsamen geopolitischen und wirtschaftlichen Interessen mit den südostasiatischen

---

[8] Vergleiche dazu auch die „Leitlinien einer neuen Außenpolitik" in Braml (2022, S. 141 ff).

Ländern aus und baut schrittweise eine Kooperation mit diesen Ländern auf.

- Europa verstärkt im Rahmen der NATO seinen militärischen Beitrag, insbesondere durch eine bessere Koordination im Rüstungsbereich. Dies ermöglicht es auch, dass Europa mehr Verantwortung übernimmt (z. B. im Balkan) und gleichzeitig die Stellung des europäischen NATO-Pfeilers gestärkt wird. Die Arbeitsteilung zwischen NATO und EU ist im Einzelnen abzusprechen; eigenständige EU-Projekte sind aber als Nukleus einer späteren europäischen Armee notwendig.
- Europa ergreift im gegebenen Zeitpunkt die Initiative für eine stabile Friedensordnung mit Russland. Dies widerspricht möglicherweise den amerikanischen Absichten, muss aber von Europa notfalls autonom vorangetrieben werden.
- Um die Option für eine autonome Verteidigung aufrechtzuerhalten, muss Europa einen minimalen Stand der relevanten Technologien erreichen (Satellitenkommunikation, AWACS usw.). Eine fundierte Analyse, in welchen Bereichen die EU welche Lücken hat und wie diese gefüllt werden können, ist notwendig.
- Das Angebot Frankreichs, seinen Atomschirm auf Europa auszudehnen, muss aufgenommen und seriös diskutiert werden, um rechtzeitig die Voraussetzungen für eine europäische Lösung zu schaffen.

Die strategische Autonomie Europas ist selbstverständlich keine Schwarz-Weiß-Frage – d. h. vollständige oder gar keine Autonomie. Es sind vielfältige Zwischenstufen möglich, z. B. ein gestärkter europäischer NATO-Pfeiler mit Beibehaltung des amerikanischen Nuklearschirms, aber mit einer eigenständigen Außenpolitik und der klaren Ablehnung von „Out-of-area"-Einsätzen. Die konkrete Ausgestaltung der strategischen Autonomie hängt ohnehin stark von der Entwicklung der geopolitischen Lage ab und lässt sich deshalb nicht voraussagen bzw. detailliert planen. Entscheidend ist, dass rasch erste Schritte in die Wege geleitet werden.

Für diese Schritte ist eine enge Absprache zwischen Frankreich und Deutschland notwendig, die im Rahmen der „verstärkten Zusammenarbeit" um weitere Länder erweitert werden kann. Gleichzeitig muss diese „verstärkte Zusammenarbeit" abgestimmt werden mit der „gemeinsamen Außen- und Sicherheitspolitik" der EU-27 und darüber hinaus mit europäischen Nichtmitgliedstaaten, z. B. in der „Europäischen Politischen Gemeinschaft". Dies ist insbesondere notwendig, um mit den Spannungsfeldern umzugehen, welche durch die schrittweise Erhöhung der europäischen Autonomie entstehen können:

- Die Veränderung des transatlantischen Verhältnisses von einem Satellitenstatus zu einer Kooperation auf Augenhöhe entspricht nicht der bisherigen amerikanischen Strategie und könnte – zumindest am Anfang – das Verhältnis zwischen Europa und den USA belasten.
- Die „verstärkte Zusammenarbeit" von Kerneuropa in der Außen- und Sicherheitspolitik könnte zudem zu Irritationen bei den übrigen EU-Mitgliedern führen, vor allem in Osteuropa. Die USA könnten dies ausnützen, um das „alte" und „neue" Europa zu spalten.

Die Übergangsphase ist somit anspruchsvoll und braucht ein intelligentes Vorgehen und ein Konfliktmanagement. In der Geschichte der EU gibt es allerdings Beispiele für derartige konfliktreiche Perioden, wie die „autonome" Außen- und Sicherheitspolitik Frankreichs unter de Gaulle oder die deutsche Ostpolitik von Willy Brandt und später die deutsche Wiedervereinigung. Die USA haben diese „Alleingänge" nicht unbedingt begrüßt, aber schließlich akzeptiert. Es darf nicht übersehen werden, dass die USA vor allem wegen des Konfliktes mit China, der innenpolitischen Herausforderungen und ihrer „imperialen Überdehnung" in einer schwierigen Lage sind und sich nicht zu viele Konflikte leisten können. Ihre Interessenlage sollte deshalb ein Einvernehmen über den schrittweisen Übergang zu einer autonomeren Außen- und Sicherheitspolitik Europas ermöglichen:

- Die USA fordern – durchaus zu Recht – eine stärkere Beteiligung Europas an den Verteidigungslasten. Eine höhere Beteiligung muss aber mehr Verantwortung und Mitbestimmung nach sich ziehen.
- Die USA sind in vielen Politikbereichen auf die Zusammenarbeit mit Europa angewiesen: von der Klimapolitik über geopolitische Fragen bis zur Welthandelsordnung.
- Die USA sind durch die Auseinandersetzung mit China – und durch viele weitere globale Konflikte – stark belastet. Eine Entlastung in Europa müsste den USA eigentlich entgegenkommen – umso mehr, als Europa keine militärische Bedrohung für die USA darstellt. Wenn die USA ihre gegenwärtige „imperiale Überdehnung" abbauen wollen, müssten sie ein großes Interesse an einem autonomeren Europa haben.

Strategisch ist somit die Kern-EU in einer guten Position. Sie muss aber ihre Stärken gegenüber den USA selbstbewusst einsetzen und darf nicht vor gelegentlichen Konflikten zurückschrecken. Auf dieser Basis ist eine gemeinsam abgesprochene Übergangsperiode zu mehr europäischer Autonomie möglich und im beiderseitigen Interesse.

Mindestens ebenso wichtig ist, dass die „verstärkte Zusammenarbeit" in der Außen- und Sicherheitspolitik nicht als „Sonderzug", sondern als in den EU-Verträgen vorgesehener Modus verstanden wird, welcher sich auch in anderen Bereichen bewährt hat, z. B. Schengen oder Euroraum. Die „autonome Außen- und Sicherheitspolitik" muss offen bleiben für alle Mitgliedstaaten, die sich daran beteiligen wollen. Zudem sollten alle Schritte in den zuständigen EU-Organen (Europäischer Rat, Ministerrat, Europäische Kommission, Europäisches Parlament) diskutiert (wenn auch nicht entschieden) werden.

Dies gilt insbesondere für das heikle Thema „Russland": Hier müssen die Sicherheitsbedürfnisse Osteuropas ernst genommen werden, und die osteuropäischen Länder müssen eng am Aufbau einer neuen Sicherheitsarchitektur Europas beteiligt werden. Die Ausarbeitung dieser neuen Sicherheitsarchitektur muss deshalb in einem besonderen Format erfolgen, welches alle betroffenen Länder einschließt. Dankbar wäre eine aufgewertete OSZE oder ein neu zu schaffendes Format.

Fazit

Europa muss sich in der neuen geopolitischen Lage positionieren und seine zukünftige Rolle definieren. Die Zeiten des „Kalten Krieges" zwischen Ost und West und der nachfolgenden Hegemonie der Supermacht USA sind definitiv vorbei. Die Auseinandersetzungen zwischen China und den USA, der russische Angriffskrieg auf die Ukraine und viele weitere Konfliktherde können auch die Europäische Union in ihrer Existenz bedrohen. Die zukünftige Entwicklung ist unsicherer denn je. Szenarien wie ein nationalistisches China, welches auf wirtschaftliche Schwierigkeiten mit einer aggressiven Außenpolitik reagiert, ein als Folge des Ukraine-Krieges destabilisiertes Russland oder der Niedergang der demokratischen Institutionen der USA sind heute denkbar geworden. Europa muss sich rechtzeitig auf derartige Krisen vorbereiten und seine Interessen selbstbewusst wahrnehmen.

Literatur

Baron, S. (2021). *Ami Go Home. Eine Neuvermessung der Welt.* Econ.

Bertelsmann-Stiftung. (2020). *Von Trump und Xi lernen? Globalisierung und Innovation als Treiber einer* neuen Industriepolitik. Bertelsmann-Stiftung.

Binnendik, H., & Kirchberger, S. (2021). *The China plan: A transatlantic blueprint for strategic competition.* Atlantic Council.

Borell, J. (2020). *Warum die strategische Autonomie Europas wichtig ist.* The Diplomatic Service of the European Union.

Bradford, A. (2020). *The Brussels effect.* Oxford University Press.

Braml, J. (2022). *Die transatlantische Illusion.* C.H.Beck.

Brzezinski, Z. (2019). *Die einzige Weltmacht. Amerikas Strategie der Vorherrschaft.* Rottenburg. Kopp.

von Dohnanyi, K. (2022). *Nationale Interessen.* Siedler.

Europäische Kommission. (2017). *Weißbuch zur Zukunft Europas.* Europäische Kommission.

Europäisches Parlament. (2020). *Auf dem Weg zu „strategischer Autonomie".* EPRS Wissenschaftlicher Dienst des Europäischen Parlaments.

Hilpert, H. G. (2022, Oktober). *Zeitenwende in der EU-Handelspolitik. Chancen der Diversifizierung im Indo-Pazifik.* Berlin. Stiftung Wissenschaft und Politik, SWP-Aktuell Nr. 61.

Kölling, M. (2022, Mai 24). Bidens neue Asien-Strategie birgt Risiken für Europa. *Neue Zürcher Zeitung,* S. 19.

Langer, M. -A. (2022. Oktober 10). Washington verschärft Auflagen für den Export von Hochleistungschips nach China. *Neue Zürcher Zeitung,* S. 23.

Lippert, B., & Perthes, V. (Hrsg.) (2020). *Strategische Rivalität zwischen USA und China.* Berlin. Stiftung Wissenschaft und Politik, SWP-Studie 2020/S 01.

Lippert, B., von Ondarza, N., & Perthes, V. (Hrsg.) (2019, Februar). *Strategische Autonomie Europas.* Berlin. Stiftung Wissenschaft und Politik, SWP-Studie 2.

Lübkemeier, E. (2020). *Europa schaffen mit eigenen Waffen?* Berlin. Stiftung Wissenschaft und Politik, SWP-Studie 17, September 2020.
van Middelaar, L. (2016). *Vom Kontinent zur Union.* Suhrkamp.
van Middelaar, L. (2021). *Das europäische Pandämonium.* Suhrkamp.
von Ondarza, N., & Overhaus, M. (2022). *Strategische Souveränität neu denken.* Berlin. Stiftung Wissenschaft und Politik, SWP-Aktuell 2022/A 29.
Smit, S., Tyreman, M., Mischke, J., Ernst, P., Hazan, E., Novak, J., Hieronimus, S., & Dagorret, G. (2022, September). *Securing Europe's competitiveness. Adressing its technology gap.* McKinsey Global Institute. https://www.mckinsey.com/capabilities/strategy-and-corporate-finance/our-insights/securing-europes-competitiveness-addressing-its-technology-gap.
Szewczyk, B. M. J. (2022, September 8). Scholz and Macron have a perilous ambition for Europe. *Foreign Policy.*

10

Entwicklung zu einer neuen geopolitischen Weltordnung?

Beat Hotz-Hart

Inhaltsverzeichnis

10.1	Auf dem Weg zu einer neuen geopolitischen Weltordnung? Zusammenfassende Thesen	638
10.2	Szenarien zur Weltordnung	647
	10.2.1 Multipolar, heterogen und fragmentiert	648
	10.2.2 Entkoppelt und binnenorientiert	661
	10.2.3 Multipolar und regelbasiert	675
10.3	Auswertung und Konklusionen	687
	10.3.1 Funktionsfähigkeit, Konflikt- und Krisenanfälligkeit resp. Stabilität	688
	10.3.2 Normative Vorstellungen	715
	10.3.3 Prekäre Aussichten, gefährliche Zukunft	721
Literatur		726

B. Hotz-Hart (✉)
University of Zürich, Zürich, Schweiz
E-Mail: Beat.Hotz-Hart@uzh.ch

© Der/die Autor(en), exklusiv lizenziert an Springer Fachmedien Wiesbaden GmbH, ein Teil von Springer Nature 2023
B. Hotz-Hart et al., *Über Systemwettbewerb zu einer neuen Weltordnung?*,
https://doi.org/10.1007/978-3-658-42016-1_10

Zusammenfassung In den Kapiteln 6 bis 9 wurde dargestellt, wie die USA, China und Europa die neue Weltordnung sehen und mit welcher Strategie sie ihre Vorstellungen und Interessen durchzusetzen versuchen. Dazu werden zusammenfassende Thesen zur Systemkonkurrenz und feststellbare Trends präsentiert. Danach werden ausgewählte Aspekte der beobachteten Entwicklungen zu drei Szenarien von möglichen neuen Weltordnungen verdichtet: multipolare, heterogene und fragmentierte Weltordnung mit schwachen internationalen Institutionen; Entkoppelung, Abschottung und Innenorientierung, bipolare Weltordnung und multipolare und regelbasierte Welt mit tragfähigen internationalen Institutionen. Im Zentrum der Szenarien stehen die Interaktionen zwischen den USA, China und Europa sowie weiteren Nationen. Das Kapitel schließt mit einer Auswertung der drei Szenarien: Wie sind Konflikt- und Krisenanfälligkeit resp. Resilienz zu beurteilen, wie Integration und Zusammenarbeit resp. Fragmentierung? Welche Möglichkeiten und Chancen bestehen für eine positive Entwicklung? Welche Lehren können daraus gezogen werden?

10.1 Auf dem Weg zu einer neuen geopolitischen Weltordnung? Zusammenfassende Thesen

Aus den Kapiteln 6 bis 9 kann zusammenfassend im Hinblick auf eine neue Weltordnung Folgendes festgehalten werden.

China steigt zu einer starken und einflussreichen Weltmacht auf, macht seine Ansprüche im Hinblick auf eine multipolare Umgestaltung der Weltordnung resp. die Aufgabe der Hegemonie der USA offensiv geltend und verfolgt dafür eine wohlüberlegte und koordinierte Strategie. Die Volksrepublik China nutzt ihre Macht primär durch wirtschaftliche Verflechtungen verbunden mit Druck (Belt and Road, attraktiver großer chinesischer Markt, Außenhandelspolitik), eine schlagkräftige Diplomatie und Propaganda und (bisher) weniger durch militärische Gewalt. Ihre militärische Macht ist allerdings in raschem und massivem Aufbau begriffen:

- Die Führung durch die KPCh ist im eigenen Land autoritär und setzt sich mit Kontrolle und Repression durch. Unter Xi Jinping ist China noch autokratischer, antiliberaler, antidemokratischer und international offensiver geworden. Ideologie steht vor der Wirtschaft. Jeder Ansatz von Offenheit, Reformen, Rechtsstaatlichkeit und einer Zivilgesellschaft außerhalb der Reichweite des kommunistischen Staates ist im Wesentlichen verschwunden.
- In den internationalen Verflechtungen strebt China eine Reduktion der Auslandabhängigkeiten in Wirtschaft und Technologie ganz besonders von den USA an („zwei Kreisläufe"). China nimmt massiven Einfluss auf die Politik und die weitere Entwicklung internationaler Organisationen und baut parallel dazu neue Organisationen unter seiner Führung auf. China strebt eine Führungsrolle für den Süden der Welt an über Ausbau seiner Süd-Süd-Kooperation (SSC), sei es mit Afrika, sei es über ein erweitertes BRICS+, über einen Neuaufbau der Entwicklungszusammenarbeit unter seiner Führung (Global Development Initiative, GDI) parallel und abgestimmt mit Belt and Road und der Global Security Initiative (GSI).
- Die Volksrepublik tritt international sehr selbst- und machtbewusst auf und zeigt ein analoges autoritäres Muster wie im Inneren (ausgeprägte autoritäre Politikkultur). Auf verschiedenen Wegen versucht sie ihr Narrativ von Geschichte und Ereignissen sowie ihre Deutungshoheit landesintern wie auch weltweit offensiv durchzusetzen (sei dies über Internetsouveränität, „Great Firewall", „Wolfsdiplomatie", Zensur oder Informations-

krieg). Die Folgen sind eine Fragmentierung der globalen Kommunikation, abgeschottete Parallelwelten, selektives Geschichtsbewusstsein.

- Die Politik der Volksrepublik geht davon aus, dass sich der Westen, insbesondere die USA, im Niedergang befindet und die USA den Aufstieg Chinas proaktiv verhindern wollen. Den eigenen Aufstieg zu einer dominierenden Weltmacht sieht China als berechtigt, historisch zwingend und unaufhaltsam; sein System sei den anderen überlegen.
- Nicht mehr Europa, sondern die südostasiatische Region ist der ausschlaggebende geopolitische und geoökonomische Raum der Rivalität der Großmächte. Die Volksrepublik wird diesen Raum maßgebend prägen, muss sich für eine stabile Ordnung in diesem Raum aber auch mit Nationen wie Japan, Indien, Australien und Südkorea arrangieren.
- Schwachstellen Chinas und damit verbundene Risiken sind das große Einkommens- und Vermögensgefälle bei tiefen mittleren Einkommen, hohe Verschuldung der Staatsunternehmen und Privathaushalte, eine Währungsfalle, der Graben zwischen Zentren und peripheren Regionen verbunden mit Landflucht, die Korruption auf fast allen gesellschaftlichen und politischen Ebenen, die Demographie (Rückgang der Gesamtbevölkerung bei gleichzeitiger Überalterung, d. h. Rückgang des Anteils der Erwerbstätigen) und gravierende Umweltprobleme. Das lange Zeit sehr erfolgreiche Wirtschaftsmodell Chinas hat keine Zukunft mehr; sein Umbau ist notwendig, aber ungewiss.

Die **USA** bleiben eine Supermacht, verlieren allerdings ihre Position als Hegemon, obwohl sie an ihrem globalen Führungsanspruch festhalten wollen. Die Gründe sind vielfältig: Sie können sich diese Rolle gemessen an den dafür notwendigen Ressourcen nicht mehr leisten (Überdehnung,

Überforderung und auch Selbstüberschätzung). China wird mächtig und rückt auf. Viele Nationen zweifeln an der Verlässlichkeit der USA oder wollen sich einfach nicht auf die eine oder andere Großmacht festlegen:

- Die in den USA herrschende Vorstellung der Weltordnung ist die Weiterführung bzw. Wiederbelebung der bestehenden von den USA dominierten „liberalen", monopolaren Ordnung. Dazu gehört, dass sie rund um die Welt („power projection") sowie in internationalen Organisationen speziell in den Wirtschaftsinstitutionen präsent und dominant sind. Die USA wollen ihre alleinige Führung der NATO weiterhin behaupten und entscheiden dabei wichtige sicherheitspolitische Fragen betreffend Europa weitgehend selber. Sie sehen die Verteidigung Europas ausschließlich als Sache der NATO unter ihrer Leitung. Auch tendieren sie dazu, NATO-Aktivitäten über Europa und den Atlantik hinaus auszudehnen.
- Die USA können ihren Anspruch einer Befriedung der Welt durch ihre wissenschaftliche, wirtschaftliche und technologische Überlegenheit je länger je weniger einlösen. Darauf lässt sich keine stabile Weltordnung mehr bauen. Die multipolare Weltordnung ist Tatsache, doch die USA bleiben etwa gegenüber China noch einige Zeit Primus inter Pares. Offen ist, welche Rolle Mittelmächte und regionale Verbunde mit Bedeutung und Potential wie Japan, Indien, Australien, Kanada, Südkorea in einer neuen Weltordnung spielen werden.
- Bei den Faktoren der „Soft Power" weisen die USA gegenüber ihren Rivalen wie China einen deutlichen Vorsprung auf, obwohl sich ihre Position in den vergangenen Jahrzehnten verschlechtert hat.
- Schwachstellen und damit Risiken der USA sind die sehr großen Unterschiede bei Einkommen und Vermögen (verbunden mit einem Zerfall der sozialen Kohäsion als staats-

politisches Problem), die hohe Verschuldung von Staat und privaten Haushalten sowie die marode Infrastruktur und Defizite im Bildungssystem. Zudem werden die USA durch ihre tiefe gesellschaftliche Spaltung, ihre innenpolitische Zerrissenheit und Polarisierung mit der wachsenden Unfähigkeit zu pragmatischen Lösungen und Kompromissen und der damit verbundenen eingeschränkten Handlungsfähigkeit in der Politik geschwächt.

Europa verfügt über einen großen und leistungsfähigen einheitlichen Markt, ist technologisch auf hohem Niveau. Dementsprechend ist Europa wirtschaftlich eine Weltmacht. Politisch ist Europa heterogen, fragmentiert und besonders in der Außen- und Sicherheitspolitik nicht besonders handlungsfähig. Europa sollte/muss in einem anspruchsvollen Prozess seine Autonomie schrittweise erhöhen, bis es eine strategische Unabhängigkeit/Autonomie erreicht:

- Sicherheitspolitisch und besonders militärisch ist Europa stark von den USA abhängig. Auf die USA ist längerfristig aber kein Verlass. Europa muss sich selbständig verteidigen können. Neben höheren Militärausgaben geht es auch um die Koordination zwischen den Ländern für gemeinsame europäische Streitkräfte in einer angepassten Allianz mit den USA.
- Weiter notwendig ist eine klare Strategie gegenüber China. Basis dafür ist die Beschränkung auf „verkraftbare" Abhängigkeit, „de-risking", „manageable risks" und der Grundsatz „level playing fields" und der Reziprozität, was es trotz Schwierigkeiten durchzusetzen gilt. Provokationen von Seiten Chinas mit Spaltungstendenzen in Europa (in Osteuropa und im Balkan) sind durch eine geeignete Integrationspolitik zu überwinden.

Russland strebt (zusammen mit China) eine multipolare Weltordnung resp. eine Auflösung der Hegemonie der USA an und will bei der internationalen Regelsetzung als Großmacht mitwirken. Es hat aber mit seinen jüngsten Entscheidungen (Angriffskrieg auf die Ukraine) international an Vertrauen und Unterstützung massiv verloren und sich wirtschaftlich deutlich geschwächt. Russland ist bis auf weiteres gegenüber der westlichen Welt stark isoliert und hat nur noch wenig verbündete wie Syrien, Nordkorea oder Venezuela. Sein heute schon bescheidenes BIP[1] dürfte noch kleiner werden und der Lebensstandard der großen Mehrheit seiner Bewohner sinken. Die Repression im Inneren nimmt weiter zu:

- Als Reaktion sucht Russland vermehrt Zusammenarbeit mit und Unterstützung von China und dürfte dabei als Rohstoff- und Energielieferant zu einem Juniorpartner degradiert werden, der die jeweiligen Bedingungen Chinas erfüllen muss. China kann aber kein vollwertiger Ersatz für die ausbleibende Nachfrage, die Lieferungen sowie die Investitionen und Technologien aus dem Westen sein.
- Eine große Herausforderung ist die Wiederintegration Russlands in die internationale Gemeinschaft sowie in eine mit Russland gemeinsame Friedensordnung in Europa und damit auch eine Minderung seiner wachsenden Abhängigkeiten von China. Eine solche europäische Friedensordnung dürfte aufgrund der schrecklichen Erfahrungen in der Ukraine jedoch Jahrzehnte beanspruchen, sollte sie denn überhaupt zustande kommen.

Die **politischen Systeme** innerhalb der verschiedenen Nationen sind vielfältig mit einem breiten Spektrum von liberal-demokratisch bis autoritär, ja diktatorisch. Sie sind

---

[1] 2021 ist das BIP Russlands vergleichbar mit dem, wenn auch etwas kleiner als dasjenige, von Südkorea oder der chinesischen Provinz Guangdong und etwa doppelt so groß wie dasjenige der Schweiz.

innenpolitisch verschiedentlich umstritten, umkämpft und unterliegen einem Wandel. Rivalitäten für oder gegen ein bestimmtes politisches System bestehen auch zwischen Nationen. Mit dem Erstarken Chinas in der internationalen Gemeinschaft gewinnen autoritäre Züge für nationale Regierungen („gelenkte Demokratien" inkl. Kontrolle und Unterdrückung einer Zivilgesellschaft) insbesondere in Entwicklungsländern an Rechtfertigung und Anerkennung. Demokratien im westlichen Verständnis sind in Bedrängnis.

In der **Wirtschaft** hat sich der Kapitalismus durchgesetzt, allerdings in unterschiedlichen Ausprägungen: ein weitgehend hemmungsloser Kapitalismus in den USA, ein sozialpolitisch gebändigter Kapitalismus in Europa, ein staatlich gelenkter autoritärer und paternalistischer Kapitalismus geführt durch die Kommunistische Partei Chinas in China. Südkorea, Taiwan und Singapur sind mit ihrem organisierten und hierarchischen Kapitalismus weitere Beispiele einer Vielfalt unterschiedlicher Kapitalismen. Damit sehen Entwicklungsländer auch attraktive Alternativen zum liberalen, angelsächsisch geprägten Wirtschaftsmodell:

- Ein Resultat des Kapitalismus neben erfolgreichem Wachstum und Wohlstandsmehrung sind wachsende *Ungleichheiten* bei Einkommen und Vermögen mit Konsequenzen für Gesellschaft und Politik wie schwindende Mittelschicht und eine daraus folgende Zweiteilung der Gesellschaft.
- Die Belastung von Umwelt und Klima aufgrund der Wirtschaftsentwicklung nimmt im Trend weiter zu und ist eine längerfristig bedrohliche globale Herausforderung.

Globale Wirtschaftsverflechtungen verbunden mit weltweiter Arbeitsteilung haben wesentlich zum allgemeinen wirtschaftlichen Erfolg beigetragen. Die „grenzenlose" Liberalisierung und (Hyper-)*Globalisierung* der Weltwirtschaft hat aber auch negative Auswirkungen und Abhängigkeiten geschaffen, die zu Gegenaktionen geführt haben:

- Zu beobachten ist ein Rückbau der Globalisierung, eine gezielte Reduktion von Abhängigkeiten und Vermeidung strategischer Erpressbarkeit, eine Neigung zu nationalem oder regionalem Protektionismus.
- Im Rahmen des Rodrick-Trilemmas, der grundlegenden Unvereinbarkeit zwischen Hyperglobalisierung, Demokratie und nationaler Souveränität, haben sich viele Nationen für Demokratie resp. das Primat der Innenpolitik, für nationale Souveränität und gegen Globalisierung, für Sicherheit und gegen Wachstum und Effizienz entschieden.

Die *Effizienz der Weltwirtschaft* und das *weltwirtschaftliche Wachstum* werden im Trend abgeschwächt werden. Wirtschaftliche Instabilitäten zumindest in einzelnen Regionen sind wahrscheinlicher. Im Rahmen des internationalen Finanzsystems dürfte es zu Machtverschiebungen kommen, so dürfte z. B. der Dollar in seiner dominierenden Rolle als Leitwährung längerfristig zumindest geschwächt werden.

Gesellschaft, Werthaltung Im Trend liegen traditionsorientierte Werte wie Sicherheit und Stabilität und eine Neigung zur Betonung nationaler oder regionaler Identitäten:

- „Wirkultur": Starker Wunsch nach einer solidarischen und gerechten Gesellschaft, die den sozialen Zusammenhalt fördert und soziale Gegensätze ausgleicht.
- Politisierung und Verunsicherung der Gesellschaft durch die Angst vor konkurrierenden politisch-gesellschaftlichen Systemen.

- Virulent ist die Auseinandersetzung um Freiheitsrechte. Nach den Vorstellungen Chinas sollen sich diese nicht nur auf Individualrechte beschränken. Es werden auch kollektiv verfasste gesellschaftliche Konzepte eingefordert auch in Bereichen wie Wirtschaft und Soziales. Nach westlicher Auffassung sind Meinungsfreiheit, Pressefreiheit, Versammlungsfreiheit und Religionsfreiheit unantastbar. Weiter wird die Ansicht vertreten, dass jedes menschliche Wesen Anspruch auf dieselben grundlegenden Rechte hat. Die Volksrepublik vertritt die Position, dass soziale Bedürfnisse und gesellschaftliche Harmonie wichtiger als die Bedürfnisse und Rechte des Einzelnen sind und dass die Hauptaufgabe einer Regierung darin besteht, Chaos und Turbulenzen von der Gemeinschaft abzuwenden. Dabei können, ja müssen grundlegende individuelle Rechte je nach Situation zurücktreten. Die künftige Entwicklung der Weltordnung hängt wesentlich davon ab, ob hier Kompromisse gefunden werden können, die von allen in der Weltgemeinschaft anerkannt und gelebt werden.

Systemische Rivalen China gewinnt an Reichtum, Macht und globalem Einfluss und entwickelt sich zum ernsthaften Konkurrenten der USA. Die Konsequenz ist eine länger andauernde strategische Rivalität um die Neugestaltung und Reform von Regeln, Institutionen, Bündnissen und Werten, die bisher die Grundlage der Weltordnung im 21. Jahrhundert bildeten. Dabei bekämpft die Volksrepublik China zusammen mit Russland die monopolare, von den USA dominierte Weltordnung mit alternativen Führungs-, Wert- und Ordnungsvorstellungen zugunsten einer multipolaren Ordnung. Die Großmächte treten offen als „systemische Rivalen" auf. In der weiteren Entwicklung der Weltordnung ist mit wachsenden Auseinandersetzungen, Spannungen und Reibungen zu rechnen.

10.2 Szenarien zur Weltordnung

Weltordnung Es gibt keine allgemeingültige Definition des Begriffs „Weltordnung". Den meisten darunter vertretenen Vorstellungen ist gemein, dass es dabei um eine Ordnung der Beziehungen zwischen einer Reihe von globalen Akteuren durch Regeln und Institutionen geht. Sie legen fest, wer die Hauptakteure sind, und unterstützen ihre Interaktionen untereinander. So führt z. B. Mearsheimer (2019, S. 9) aus, dass eine Weltordnung „eine organisierte Gruppe von internationalen Institutionen (ist), die dazu beitragen, die Interaktionen zwischen den Mitgliedsstaaten zu regeln". Er stellt weiter fest, dass Institutionen effektiv „Regeln (sind), die sich die Großmächte ausdenken und zu befolgen bereit sind, weil sie glauben, dass die Befolgung dieser Regeln in ihrem Interesse liegt". Und nach Kissinger (2014, S. 9) geht es bei der Weltordnung um „eine Reihe allgemein akzeptierter Regeln, die die Grenzen zulässigen Handelns festlegen, und auf einem Machtgleichgewicht beruhen, das dort, wo die Regeln versagen, Zurückhaltung erzwingt und verhindert, dass eine politische Einheit alle anderen unterwirft", vgl. dazu auch Kap. 8.

Szenarioübersicht
Ein Szenario entsteht durch eine kreativ-intuitive Arbeit und beschreibt ein mögliches Zukunftsbild. Dabei geht es um eine ganzheitliche, vernetzte Darstellung von „Schlüsselgrößen", hier um politökonomische Zusammenhänge auf nationaler und supranationaler Ebene. Ein Szenario hat konsistent und plausibel zu sein. Mehrere Szenarien – meist wird mit etwa drei gearbeitet – sollen sich grundsätzlich unterscheiden. Zweck der Übung ist, sich kommunikativ und partizipativ mit möglichen Entwürfen der Zukunft auseinanderzusetzen, um über Alternativen nachzudenken und darauf vorbereitet zu sein. Angaben oder Aussagen zur

Wahrscheinlichkeit und/oder Wünschbarkeit des Eintreffens werden keine gemacht. Eine Bewertung ist klar getrennt, separat vom eigentlichen Szenario vorzunehmen.

Die bisher festgestellten Beobachtungen sollen zu drei Szenarien entwickelt werden, für ihre Charakterisierung anhand ausgewählter Dimensionen, vgl. Tab. 10.1:

- multipolare, heterogene und fragmentierte Weltordnung mit schwachen internationalen Institutionen,
- Entkoppelung, Abschottung und Innenorientierung; bipolare Weltordnung,
- multipolare und regelbasierte Welt mit tragfähigen internationalen Institutionen.

10.2.1 Multipolar, heterogen und fragmentiert[2]

Die USA sehen ihre Macht und ihren Einfluss einer wachsenden Zahl von Anfechtungen ausgesetzt. Ihre relative Stärke, aber auch diejenige Chinas, wird durch den Einfluss mehrerer großer Länder und Ländergruppen abgeschwächt. Diese sind durch flexible, im Zeitverlauf aber auch schwankende wirtschafts- und sicherheitspolitische Beziehungen miteinander verbunden. Sie betreiben eine relativ unabhängige Außen- und Sicherheitspolitik. Diese Länder und Ländergruppen sind in der Lage, sich einen gewissen eigenen Handlungsspielraum und eine relative Autonomie auszubedingen. Dies wird unterstützt durch einen latenten bis offen aggressiven Nationalismus. Mächte mittlerer

---

[2] Szenarien mit ähnlichen Eigenschaften wie dieses haben entworfen das Center for Secutiy Studies (CSS) der ETHZ (2011) sowie das Center for Strategic and International Studies (CSIS) (2020).

Tab. 10.1 Charakterisierung der drei Szenarien anhand ausgewählter Dimensionen

Dimensionen	Multipolar, heterogen und fragmentiert	Entkoppelt und binnenorientiert	Multipolar und regelbasiert
Anzahl globaler Akteure, Machtzentren, Pole	Multipolar, diffuse Verteilung der Macht	Bipolare Spaltung	Drei bis vier Pole
Konfliktlösungsmechanismen, Tragfähigkeit und Rolle internationaler Institutionen	Gering	Gering	Groß
Stellung und Rolle des internationalen Rechts	Gering	Gering	Groß
Politisches System der Nationen (demokratisch od. autoritär) und Abgrenzung	Vielfalt verschiedener Ordnungen, geringe Abgrenzung, Mischung	Wenige Systeme mit klarer Abgrenzung, Isolationismus	Klare Zuteilung
Wirtschaft: Dominanz Markt versus Staat/Politik	Verschiedene Mischformen	Politische Steuerung versus Wettbewerb	Globale, gemeinsam festgelegte Regeln
Grad der Globalisierung der Wirtschaft, der internationalen Arbeitsteilung	Rückbau, Neigung zu Protektionismus	Spaltung und Abgrenzung der Wirtschaftsräume	Offen für Arbeitsteilung
Effizienz und Wirtschaftswachstum	Mittel, mit Instabilitäten	Tiefer, mit Effizienzverlusten	Höher
Internationales Finanzsystem	Dollar weiterhin Leitwährung	Kampf um Dollar als Leitwährung; Alternativen zu SWIFT	Diversifikation der Währungen (Dollar, Euro, Yuan)
Gesellschaft, Werthaltung	Traditionell-konservativ, Nationalismus	Gespalten in mindestens zwei Pole	Offen, tolerant
Stabilität, Krisen, Konflikte; Gefahr einer Eskalation	Regionale, überschaubare Krisen und Konflikte	Krisen und Konflikte führen rasch zur Konfrontation von Großmächten	Relativ stabil, funktionierende Mechanismen der internationalen Konfliktlösung

Größe[3] und regionale Verbunde gewinnen an Einfluss. Daraus ergeben sich je unterschiedliche Entwicklungen in Großräumen wie Südostasien, Mittlerer Osten, Europa, Afrika oder Lateinamerika. Es kommt zu Ad-hoc-Kooperationen und lockeren Vereinbarungen mit wenig Verbindlichkeit außerhalb des noch bestehenden institutionellen Gefüges. Resultat ist eine ungleiche Multipolarität, eine heterogene, fragmentierte Weltordnung, die in Teile zerbröselt. Es besteht keine gemeinsame Auffassung, welche Regeln für die internationale Politik gelten sollen, keine neue Ordnung, die langfristig und berechenbar wäre. Es gibt keinen Hegemonen. Große Allianzen mit einer klaren Führung und einem eindeutigen Ziel können nicht entstehen. Globale Institutionen und Regelwerke haben nur noch eine begrenzte Wirkung, vgl. Box 10.1.

> **Box 10.1 Mulipolare Welt**
>
> Chen et al. (2022) skizzieren vier Szenarien für die Beziehungen zwischen China und der EU vor dem Hintergrund des Krieges in der Ukraine. Sehr ähnlich wie Szenario 1 ist ihre multipolare Welt.
>
> „In diesem Szenario wird die strategische Autonomie der EU sowohl gegenüber den Vereinigten Staaten als auch gegenüber China gestärkt. Dieser Weg verbindet eine hohe politische Widerstandsfähigkeit mit einer globalen wirtschaftlichen, sozialen und technologischen Fragmentierung, die die Bildung von Blöcken beschleunigt. In jedem der jeweiligen

---

[3] Mittelmächte werden als „diejenigen … betrachtet, die über die materiellen Fähigkeiten verfügen, die Ergebnisse in Nischenbereichen der Global Governance zu gestalten, wenn sie gemeinsam mit gleichgesinnten Staaten handeln" (O'Neil, 2017, S. 1576–1577). Nach dieser Definition sind Mittelmächte Länder, die in der Lage und bereit sind, die Rolle eines Katalysators, Vermittlers und/oder Managers zur Unterstützung von Frieden und Konfliktmanagement, Multipolarität und Regelbildung innerhalb des internationalen Systems zu übernehmen. Südkoreanische Wissenschaftler haben diese Merkmale als Maßstab für die Beurteilung Südkoreas herangezogen.

Blöcke ist die Welt zwar ärmer, aber auch sehr sicher. Globale Produktionsketten gehören der Vergangenheit an; die Konnektivität ist sehr stark auf den jeweiligen Block beschränkt. Auf internationaler Ebene geht der kommerzielle, kulturelle und akademische Austausch zurück, da die verschiedenen Blöcke nicht miteinander verbunden sind. Es ist eine Welt, in der Hyper-Nationalismus vorherrscht und der Kampf um die Ressourcen unausweichlich wird. All dies führt zur Destabilisierung ganzer Regionen und zum Aufkommen von Stellvertreterkriegen, die von den USA, Russland, China oder Europa geführt werden."

(1) Länder und Ländergruppen mit je eigenen Interessen und Machtansprüchen

Exemplarisch sei auf einige Länder oder Ländergruppen hingewiesen, die einen minimalen eigenen Handlungsspielraum erreichen und damit zur multipolaren und diffusen Verteilung der Macht in der Welt beitragen.

Europa weist in diesem Szenario eine stärkere Eigenständigkeit auf, kann aber aufgrund von innerer Fragmentierung nur begrenzt als kohärenter Akteur auftreten. Interessendivergenzen, Leistungsunterschiede und Verteilkämpfe zwischen den Mitgliedstaaten erschweren gemeinsames politisches Handeln. Die Volkswirtschaften Europas sind relativ stabil, wegen mangelnder Flexibilität, zunehmender Alterung der Bevölkerung und der Problematik hoher Staatsschulden wachsen sie aber nur noch bescheiden. Allerdings stehen gewisse Länder weit besser da als andere, weil sie frühzeitig die Schulden abgebaut, die Sozialwerke saniert und eine gezielte und strikte Einwanderungsstrategie verfolgt haben. Eine gemeinsame Außen- und Sicherheitspolitik Europas wird durch nationale Interessen verschiedentlich durchkreuzt. Im Rahmen der NATO tritt Europa selbstbewusster auf, ohne die Führungsrolle der USA ernsthaft in Frage zu stellen.

Russland versucht, seinen Einfluss in seinem unmittelbaren geographischen Umfeld auszuweiten resp. wiederherzustellen und zu stärken u. a. über die Organisation des Vertrags über kollektive Sicherheit (ODKB), ein von Moskau ins Leben gerufenes Militärbündnis postsowjetischer Staaten für gegenseitige Hilfe.[4] Darüber hinaus nutzt Russland Gelegenheiten, um seine Einflusszonen, seine internationale Position wieder auf- und auszubauen, u. a. in Syrien, Iran, Libyen und Teilen Afrikas und damit Respekt in der Welt zu erlangen. Aus Sicht der USA und ihrer Verbündeten ist Russland ein problematischer globaler Akteur mit einem durch den Krieg in der Ukraine noch engeren Spielraum für eine Zusammenarbeit in Fragen der strategischen Stabilität und der Friedensordnung.

Russland stimmt sich fallweise mit China ab, z. B. im Rahmen der „Shanghai Cooperation Organization" (SCO) mit den Mitgliedern China, Indien, Kasachstan, Kirgisistan, Pakistan, Russland, Tadschikistan und Usbekistan. Diese Initiative steht allerdings unter der Führung der Volksrepublik, die viel Energie in den Aufbau multilateraler Mechanismen unter ihrer Führung investiert. Die SCO beschäftigt sich mit der sicherheitspolitischen Zusammenarbeit der Mitgliedstaaten sowie Wirtschafts- und Handelsfragen und der Stabilität in der Region.

Das Verhältnis von Russland und China ist ambivalent. Einerseits sind sie voneinander abhängig: China bezieht zu einem wesentlichen Teil Energie aus Russland, seine Handelsrouten nach Europa führen durch Russland oder durch russisches Einflussgebiet. Umgekehrt ist Russland von Investitionen Chinas in seine Infrastruktur der Energieexploration und dessen Energieimporten abhängig. Russland ist nicht bereit, im Lichte der vergangenen sowjetischen Überlegenheit die Rolle als Juniorpartner zu über-

---

[4] Zum Beispiel bei der Bewältigung der Unruhen in Kasachstan.

nehmen. Und in Zentralasien stehen sich die beiden Mächte auch als Konkurrenten gegenüber. Der Ukraine-Krieg und die damit verbundenen Sanktionen gegen Russland dürften die bereits vorhandene Tendenz zum abhängigen Juniorpartner Chinas allerdings weiter verstärkt haben.

Der **Iran** verhält sich angesichts eines geschwächten Engagements der USA im Nahen Osten offensiv. Er wird zur Atommacht und setzt das damit verbundene Drohpotential wirksam für seine Ziele und Interessen ein, u. a. für seine Einflussachse bis zum Mittelmeer. Iran wird zu einer noch stärkeren regionalen Macht im Mittleren Osten. Dazu gehören permanente Spannungen zwischen dem Iran und Israel. Der Iran führt faktisch eine religiöse Schutzherrschaft über alle Schiiten in der Region aus. Seit der Mullah-Revolution im Iran wird dem religiösen Zentrum des Islam in Saudi-Arabien Konkurrenz um die Führerschaft des globalen Islam gemacht. Der anhaltende Kampf zwischen Iran und Saudi-Arabien um Einfluss im Nahen Osten und anderen muslimischen Regionen kommt u. a. im Stellvertreterkonflikt im Jemen zum Ausdruck, einer Art Kaltem Krieg im Mittleren Osten. Iran wird/ist Mitglied des „Shanghai Cooperation Organization" (SCO) und stimmt sich zunehmend mit China und Russland ab.[5]

Saudi-Arabien ist das traditionelle Zentrum, geistlich wie finanziell, der Sunniten, des konservativen Wüstenislams. Die Sunniten haben sich dank des Rohstoffreichtums gegen den traditionell aufgeklärten „Islam der großen

---

[5] Im März 2023 kam es nach Jahren der Feindschaft zwischen Saudi-Arabien und dem Iran unter Vermittlung Chinas zu einer Annäherung. Die fundamentalen Gegensätze zwischen den beiden Ländern werden dabei natürlich nicht überwunden. Bedeutender ist, dass China neu eine wichtige politische und diplomatische Rolle in der Golfregion spielt, während die USA an Relevanz verlieren. Mit ihrem verstärkten Rückzug haben sie ein Vakuum geschaffen, in das China nun zum Ausbau seiner internationalen Beziehungen, in diesem Fall im Mittleren Osten, nutzt. China baut seine neue, stärkere Rolle in der internationalen Diplomatie auf.

Ströme" (Ägypten, Irak) durchgesetzt. Der Wahabismus unterstützt muslimische Minderheiten weltweit mit Geld und extremistischen Predigern und ist damit geopolitisch ein wichtiger eigenständiger Einflussfaktor. Saudi-Arabien lockert seine Westorientierung durch eine wachsende diplomatische und wirtschaftliche Zusammenarbeit mit China.[6] Sollte der Iran über Atomwaffen verfügen, was absehbar ist, so dürfte Saudi-Arabien ebenfalls nach einer nuklearen Bewaffnung verlangen. Im Mittleren Osten zeichnet sich damit eine neue Konstellation und ein Rüstungswettlauf ab.

Die **Türkei**, ein Land mit 84 Mio. Einwohnern, spielt als Mittelmacht eine zentrale Rolle in internationalen Angelegenheiten. Sie verschafft sich größtmögliche Handlungsfreiheit, um ihre eigenen Vorstellungen und Interessen von regionaler Ordnung durchzusetzen. Dafür verfügt die Türkei über ein großes und gut ausgebildetes Militär. Mit Hilfe von Söldnern und Technologien wie bewaffneten Drohnen mischt sich Ankara in zahlreiche Konflikte ein, im Irak, in Libyen, Nagorno-Karabach in Aserbaidschan bis in die Ukraine und will sich als bedeutende Regionalmacht etablieren. Die NATO-Führung protestiert gegen verschiedene Aspekte der Außenpolitik Ankaras. Sie versucht aber weiterhin, die Türkei an das Bündnis zu binden, u. a. damit sie nicht zu starke Kooperationen mit Russland eingeht. Als Transitland von mittelöstlichen Flüchtlingen und Migranten hat die Türkei Europa als Geisel genommen und erpresst finanzielle Mittel von und Beachtung und Anerkennung durch Europa.

---

[6] In einer Zeit, wo Saudi-Arabien die erdölpolitischen Wünsche der USA nach Steigerung ihrer Fördermenge abschlägt, sieht sich Saudi-Arabien als Chinas zuverlässigster Öllieferant (25 % ihrer Erdölexporte gehen nach China) und will die Kooperation im Energiebereich mit China weiter ausbauen. Auch laufen Gespräche, um die Lieferungen in der chinesischen Währung Yuan und nicht in US-Dollar wie bisher abzuwickeln.

10 Entwicklung zu einer neuen geopolitischen ...

Für **Indien** ist der Subkontinent der wichtigste Einflussbereich. Es gelingt Indien, seine Peripherie zu verwalten und zu konsolidieren. Indien kann die Linie im Norden und Westen halten und im maritimen Bereich rund um die Halbinsel expandieren. Damit erlangt es eine Fähigkeit, einen größeren regionalen oder sogar global bedeutenden Bereich zu gestalten. Indien ist sowohl eine Kontinentalmacht als auch eine Seemacht. Es gelingt Indien, ein gewisses Gegengewicht zu China zu bilden, obwohl die beiden, was ihr militärisches und wirtschaftliches Gewicht entspricht, sehr ungleiche Akteure sind. Gegenüber dem Westen betont Indien seine Autonomie und grenzt sich mit seinem Grundsatz „Flexibilität ohne Exklusivität" gegenüber den USA ab.

Bestimmend für die neue Weltordnung ist der Aufstieg Asiens mit den Großmächten **China** und Indien. China nutzt seine Belt and Road Initiative als autoritäre und ausgreifende Macht, um sich in wichtige geographische Gebiete in Eurasien, in Afrika und darüber hinaus zu integrieren. Es hat das Südchinesische Meer als eine eigene Provinz Chinas erklärt. Das asiatische System ist aber kein einheitlicher Block, sondern ebenfalls multipolar und weniger China-zentriert. Viele Staaten in diesem Raum wollen sich ausdrücklich nicht einseitig für China oder für die USA aussprechen.

Im südostasiatischen Raum konzentrieren sich die Nationen der **Association of Southeast Asian Nations (ASEAN)**, auf die Vertiefung der regionalen Wirtschaftsintegration. Sie können ihre Neutralität wahren, indem sie eine einseitige Ausrichtung auf die USA oder China vermeiden. Allerdings zeichnet sich unter ihren Mitgliedern Uneinigkeit darüber ab, wie sie auf den wachsenden Einfluss Chinas in der Region reagieren sollen.

In ähnlicher Weise versucht **Südkorea**, seine Beziehungen zwischen China und den USA auszubalancieren, d. h. gegenüber USA etwas zu reduzieren und gegenüber China zu verbessern, d. h. gleichzeitig aufrüsten, Abhängigkeiten reduzieren und wirtschaftlich kooperieren. Allerdings kann eine falsche strategische Entscheidung zwischen den USA und China hohe Kosten und schwerwiegende Folgen für Südkorea haben, da China als Bündnispartner mit der Fähigkeit und dem Willen, als Sicherheitsgarant für Südkorea aufzutreten, kaum in Frage kommt. Spannungen zwischen Seoul und Tokio, die beide im südostasiatischen Raum starke Exportinteressen haben, könnten Südkoreas Außenpolitik erschweren.

Japans westliche Verortung und seine östliche geografische Lage machen den Umgang mit den USA und China zu einem Balanceakt: Amerikas Schutz oder Chinas Markt – das Land ist eingezwängt zwischen zwei geopolitischen Giganten und steht vor einem immer schwieriger werdenden geopolitischen Spagat. Die USA sind Japans Sicherheitsgarant und zweitgrößter Handelspartner; China ist sein größter Handelspartner und direkter Nachbar. Gleichzeitig beginnt Japan, stärker aufzurüsten und in der Allianz mit den USA eine aktivere Rolle zu übernehmen, rückt näher an Taiwan heran und überlegt, Raketen anzuschaffen, die China und Nordkorea erreichen können, um die Nachbarn stärker von atomaren und konventionellen Angriffen auf Japan abzuschrecken.

Brasilien ist ein zentraler Akteur in der aufziehenden multipolaren Weltordnung. Es nutzt sein wirtschaftliches Potential mit seinem Reichtum an strategischen Rohstoffen, großen landwirtschaftlichen Nutzflächen, der günstigen demographischen Entwicklung und seinem großen Binnenmarkt. Außenpolitisch intensiviert Brasilien seine Süd-Süd-Kooperation mit Afrika als Schwerpunktregion. Bei der Stärkung seiner bilateralen strategischen Partnerschaften steht China im Vordergrund. Brasilien tritt für einen Ausbau des BRICS-Formats ein. Es distanziert sich vom Westen, vertritt einen Iran-freundlichen Kurs, drängt auf eine Reform der westlich geprägten globalen Weltordnung und will einen Sitz im UN-Sicherheitsrat.

Viele Mittelmächte setzen in diesem Szenario zunehmend auf kostengünstige Formen der Aggression und Abschreckung. Am besorgniserregendsten ist der zunehmende Rückgriff auf Terror ausgerichtete *Stellvertreter*, um sicherheitspolitische Ziele zu erreichen, eine Strategie, die unter anderem von der Türkei (Muslimbrüder), Pakistan (Taliban) und dem Iran (Hizbollah, islamistisch-schiitische Partei und Miliz im Libanon, auch in der libanesischen Nationalversammlung vertreten; Huthi in Jemen) verfolgt wird.

Gewalttätige *extremistische Organisationen* sind aktiv, eher lokal/regional und weniger transnational. Sie nutzen die relative Schwäche der USA, ihren scheinbaren Rückzug aus Schlüsselregionen oder ihre nachlassende Zusammenarbeit mit regionalen Partnern aus. Dort versuchen sie, ihre Gewinne zu konsolidieren. Aber auch grenzübergreifende Terrorgruppen und die unkontrollierte Verbreitung von ABC-Waffen erhöhen weltweit die Unsicherheit.

(2) Eigenschaften von „multipolar, fragmentiert und heterogen"

Wachsende Bedeutung der Mittelmächte Die in ständiger Konkurrenz einander gegenüberstehenden Großmächte China und USA verfolgen eine kompetitive und rücksichtslose Außen- und Wirtschaftspolitik. Sie gründen themenspezifische und opportunistische Koalitionen, die bei Bedarf wieder aufgelöst werden. Es gelingt ihnen aber nicht, ihre Dominanz durchzusetzen. Neben den beiden Großmächten gewinnen Mittelmächte wie Japan, Südkorea, Kanada, Türkei, Saudi-Arabien an Gewicht. Verschiedene Länder und Regionen versuchen mehr oder weniger erfolgreich, einseitige Abhängigkeiten von den beiden Hauptakteuren zu vermeiden resp. zu minimieren. Sie gehen dafür pragmatisch und opportunistisch fallweise Ad-hoc-Allianzen und Kooperationen ein. Daraus bilden sich mehrere Gruppen, die allerdings nicht stabil sind. Die geopolitischen Machtverhältnisse sind und bleiben unklar; global fehlen klare Herrschaftsverhältnisse und Einflusssphären. Zu beobachten ist eine Fragmentierung der Welt, ein „Flickenteppich".

Die Weltordnung ist charakterisiert durch regionale Vormächte, denen sich auch zahlreiche Schwellenländer, insbesondere bevölkerungs- und ressourcenreiche Staaten, anschließen. Durch die wachsende Bedeutung dieser Staaten nimmt die westlich dominierte Deutungshoheit hinsichtlich internationaler Normen (Demokratie, Marktwirtschaft, Menschenrechte gemäß Washington-Konsens) sowie Kooperations- und Konfliktlösungsmechanismen ab, ohne dass sich eine Alternative wie ein Peking-Konsens durchsetzen könnte. Generell werden die bisher dominierenden Staaten wie die USA, aber auch China ihren Einfluss zwar nicht verlieren, diesen aber mit den neuen Kräften teilweise teilen müssen.

In der Literatur wird u. a. die Möglichkeit einer „neuen demokratischen, regelbasierten Ordnung des Multilateralismus" diskutiert, die von den Mächten mittlerer Größe in Europa und Asien sowie von Kanada und Australien geschaffen und angeführt werden könnte. Einige Experten weisen jedoch darauf hin, dass eine solche Ordnung durch die Mittelmächte zwar attraktiv, aber aufgrund ihrer schwachen militärischen Macht und ihres bisweilen mangelnden innenpolitischen Willens nicht realisierbar sei (Kim, 2019).

Globale Institutionen und Regelwerke haben nur noch eine geringe Bedeutung. Es entsteht eine Welt, in der internationale Regeln immer weniger gelten und die bestehenden internationalen Organisationen deutlich an Einfluss verlieren, ja blockiert sind. Das Faustrecht des Stärkeren ist in der Ausgestaltung internationaler Politik in einem viel stärkeren Maße ausschlaggebend. Bilaterale Politik sowie themenspezifische und opportunistische Allianzen werden stärker. In dieser Konstellation besteht eine geringe Kooperationsbereitschaft und -fähigkeit für ein internationales Steuerungs- und Regelungssystem. Damit ist die Welt durch Instabilitäten und Unsicherheiten geprägt und beinhaltet ein hohes latentes Konfliktpotential.

Insgesamt prägt ein Spannungsfeld von Rivalität und Kooperation die Beziehungen zwischen den alten und neuen Mächten. Die Welt ist unübersichtlicher. Da sich viele globale Herausforderungen nur durch verstärkte internationale Zusammenarbeit bewältigen lassen (z. B. die Klimafrage), entstehen einerseits fallweise intensivere Kooperation und Vernetzung, andererseits aber auch stärkere Rivalitäten und vermehrte Konfrontation. Die gemeinsame politische Handlungsfähigkeit auf globalem Niveau nimmt ab.

Politische Systeme
Die in diesem Szenario vorhandenen politischen Systeme der relevanten Länder oder Ländergruppen sind vielfältig und decken das ganze Spektrum von westlichen Demokratien, Präsidialsystemen, mehr oder weniger ausgeprägten autoritären Systemen bis zu Diktaturen ab. Sie sind in ihrer Mehrheit wenig stabil und einem wiederholten Wandel unterworfen, was wiederum multilaterale Lösungen erschwert.

Wirtschaft
Auch in der Wirtschaft sind verschiedene Formen zu beobachten vom ungezähmten Kapitalismus über den politisch gesteuerten Staatskapitalismus bis zur Planwirtschaft gemäß den jeweiligen nationalen Interessen, ein heterogenes Bild.

Rückbau der Hyperglobalisierung und der extremen internationalen Arbeitsteilung Nationaler und regionaler Protektionismus nimmt zu, der Antiglobalisierungsdruck steigt. Abhängigkeiten vom Ausland werden gezielt reduziert, die internationalen Lieferketten bewusst reorganisiert. Hauptantrieb ist das Sicherheitsstreben vor Effizienz. Tendenziell verfolgen die verschiedenen Regionen und Länder einen Merkantilismus. Handelshemmnisse und Verstaatlichungen nehmen zu. Im Extremfall kommt es phasenweise zu Handels- und Technologiekriegen. Wirtschaftliche Abkommen werden höchstens bei unmittelbarem Nutzen für die Beteiligten geschlossen.

Die Beschaffung von Rohstoffen wird konfliktreicher. Rohstoffreiche Länder werden ihren Vorteil politisch zu nutzen wissen. Andere wollen sich den Zugang zu Rohstoffen z. B. durch bilaterale Verträge sichern und ihre internationale Position stärken. Auch der Kampf um den Zugriff auf die Rohstoffe und Ressourcen geht mit Protektionismus und Handelshemmnissen zwischen den Ländern einher.

Wegen der Fragmentierung und Heterogenisierung entwickeln sich die Weltwirtschaft und damit auch Innovationen und Wohlstand langsamer; ja sie stagnieren. Die Wirtschaft ist weniger dynamisch. Multinationale Konzerne, die international orientierte Wirtschaft haben kein Interesse an diesem Szenario. Demgegenüber können sich binnenwirtschaftlich orientierte Teile der Wirtschaft sehr gut mit dieser Situation arrangieren.

Schwächelt die globale Wirtschaftsentwicklung, so wird die vorhandene ungleiche Verteilung von Einkommen und Vermögen zu einem virulenten Problem. Dies äußert sich u. a. in interkontinentalen Migrationsströmen mit entsprechenden Reaktionen in den Zielländern mit einer Politik der Abschottung. Der instabile Zustand der Weltwirtschaft stellt eine chronische Spannungsquelle dar.

Gesellschaft
Nationale Identitäten dominieren. Traditionelle und konservative Werte haben großen Einfluss. In kultureller und normativer Hinsicht dominieren divergierende Weltanschauungen. Sie können leicht zu vermehrten zwischenstaatlichen wie auch innerstaatlichen Spannungen führen. In Asien besteht eine Vielzahl von selbstbewussten Kulturen, die sich weitgehend unabhängig von der westlichen Politik entwickeln. Sie koexistieren zu einem großen Teil konstruktiv miteinander.

Trend zu autoritären Systemen: In vielen Staaten fehlen Rechtsstaatlichkeit, freie Medien, Schutz des Privateigentums, starke Parteien und eine verantwortliche, rechenschaftspflichtige Regierung. Das inner- und zwischenstaatliche Konfliktpotential ist hoch.

Instabile Multipolarität Zur Beurteilung ist auf Erfahrungen in der Geschichte zu verweisen: „Multipolarität ist ein Übergangszustand, der Instabilität und Krisenanfälligkeit mit sich bringt. Hegemonie hingegen, im besten Falle wohlwollende, ist eine Konstante in der Sicherheitspolitik, denn sie ist für einen längeren Zeitraum stabil" (Kennert, 2015). In diesem Szenario dürften regional begrenzte und überschaubare Konflikte die Regel sein. Da international anerkannte Mechanismen der Krisenbewältigung in diesem Szenario schwach sind oder fehlen, besteht immer ein Risiko der Eskalation.

10.2.2 Entkoppelt und binnenorientiert

In den Kapiteln zu China (7) und den USA (8) wurde gezeigt, wie ein Szenario „entkoppelt und binnenorientiert" entstehen kann: In den 1990er-Jahren unternahm die

Administration Clinton Anstrengungen zur Integration Chinas in die Weltwirtschaft, die 2001 in der Zustimmung der USA zum WTO-Beitritt Chinas gipfelten. Die Erwartung war, dass sich Peking letztlich den Interessen und Werten der von den USA geführten liberalen Weltordnung angleichen würde. In China gab es Stimmen, die einer solchen Entwicklung nicht abgeneigt waren. Aus dem Schock der sehr gefährlichen globalen Finanzkrise 2008/2009 zog die Volksrepublik den Schluss, dass sie sich nicht auf die Weltwirtschaft verlassen kann, ihre Risiken mindern und sich schützen muss. Unter Xi Jinping haben sich die Vorstellungen der Clinton-Administration endgültig als Illusion erwiesen. Die USA und China befinden sich nun in einer systemischen Rivalität, die den Rest der Welt mit völlig unterschiedlichen Zukunftsvisionen konfrontiert.

Die USA versuchen (spätestens seit 2017 durch die Administration Trump), den Aufstieg Chinas zu einer wirtschaftlichen, technologischen und militärischen Supermacht zu verhindern oder zumindest zu erschweren. Instrumente dazu sind u. a. Handelsdiskriminierung wie restriktive Regulierung des Technologietransfers nach China oder die Boykottierung strategisch wichtiger chinesischer Produkte (z. B. 5G von Huawei), weiter der gezielte Abbau der wirtschaftlichen Abhängigkeit von China, z. B. von Rückverlagerung bestimmter industrieller Aktivitäten.

China reagiert darauf und versucht seinerseits, einen hohen Grad der Selbstversorgung zu erzielen und technologische Abhängigkeiten von den USA zu reduzieren. Dazu verfolgt China konsequent sein Konzept der zwei Kreisläufe („dual circulation"). Es unterzieht alle seine internationalen Verflechtungen einer strategischen Beurteilung. Die Selbstversorgung in strategisch wichtigen Bereichen der Wirtschaft soll so groß wie möglich sein. In anderen Bereichen werden internationale Verflechtungen zugelassen.

Ein Wirtschaftskrieg mit Strafzöllen, Quoten und Verboten zwischen der bisherigen und der aufsteigenden Supermacht führt zu einer weitgehenden Entkoppelung der bisher eng verflochtenen Wirtschaftsräume USA und China. Diese wirtschaftliche Entkoppelung reduziert im Hinblick auf einen möglichen bewaffneten Konflikt zwischen den beiden Supermächten das Risiko einer strategischen Erpressung, eröffnet aber auch neue Handlungsspielräume für ihre Politik. Im Falle von China dürfte dies auch ein wesentliches Ziel der „dual circulation" sein. Dabei ist Chinas Verflechtung mit den USA und dem Weltmarkt heute viel größer, als diejenige der Sowjetunion je war.

Auch in den USA gewinnt eine Tendenz zum freiwilligen Selbstausschluss aus dem internationalen politischen Geschehen, zur Abschottung vom Ausland und damit zum Isolationismus an Zustimmung. Die Biden-Administration hat vieles, was die Trump-Administration zur Abschottung Chinas getan hat, weitergeführt.

Durch die massiven internationalen Sanktionen im Zuge des Ukraine-Krieges gegenüber Russland und die Reaktion Russlands in Form der Reduktion von Energielieferungen nach Europa wurde eine bereits vorhandene Tendenz zur Entkoppelung deutlich verstärkt. Sie betreffen wirtschaftliche, politische, diplomatische und gesellschaftliche Bereiche und sind erheblich und dürften von längerer Dauer sein, siehe dazu Posen (2022).

Das Szenario „entkoppelt und binnenorientiert" zeigt folgende Eigenheiten:

- Die USA und China sind bei allen strategisch wichtigen Gütern, Dienstleistungen, Technologien und Infrastrukturen weitestgehend unabhängig voneinander.
- Der Transfer von technologischem Know-how an die andere Seite ist über Import- und Exportbeschränkungen, Einschränkung des Austausches in Wissenschaft und Forschung usw. stark erschwert und damit reduziert.

- Die Wertschöpfungsketten bei wichtigen Produkten sind neu so geordnet, dass keine größeren Abhängigkeiten bestehen.
- Es gibt keine Zusammenarbeit mehr bei der Festlegung von technischen Normen und Standards. Damit bestehen zwei weitgehend getrennte Welten der Technologie insbesondere im IT-Bereich resp. der digitalen Wirtschaft.
- China versucht, die Rolle des Dollars als Leitwährung aufzubrechen, um das amerikanische Sanktionspotential zu reduzieren. China etabliert als Alternative zu SWIFT sein eigenes Telekommunikationsnetzwerk für den Austausch elektronischer Informationen zwischen Banken, das „Cross-Border Interbank Payment System (CIPS)" gestützt von der „People's Bank of China (PBOC)".
- Russlands Finanzsystem ist vom Finanzsystem von Europa und den USA abgetrennt; Import- und Exportkontrollen führen die russische Wirtschaft in die Isolation. Diese sucht Kompensation vorwiegend mit China und möglichen weiteren Partnern wie dem Iran, Venezuela oder Kuba. China und Russland rücken näher zusammen.
- Ein einfacher wirtschaftlicher Austausch ist weiterhin möglich – allerdings nur dort, wo keine Abhängigkeiten von der anderen Seite entstehen können. Bereichsweise Zusammenarbeit etwa in Fragen des Klimawandels kann funktionieren.

Internationale Organisationen sind in diesem Szenario kaum noch von Bedeutung. Dies gilt insbesondere für die WTO und verschiedene technische Organisationen, welche die globale Standardisierung und Normierung vorantreiben sollten (vgl. dazu z. B. die Politik der Trump-Administration 2017–2020, die die WTO paralysierte und das liberale Handelssystem attackierte). Zu verschiedenen global operierenden Organisationen unter angelsächsischem

Einfluss (Weltbank usw.) hat China eigene Parallelinstitutionen aufgebaut, die in ihrem Einflussbereich wirksam sind. Sie haben geographisch eine bedeutende Ausdehnung erfahren. Auch internationales Recht insbesondere das Völkerrecht hat an Bedeutung und Einfluss deutlich verloren. So setzen sowohl die USA wie auch China (im Rahmen von Belt and Road und der damit verbundenen Rechtsprechung) auf eine exterritoriale Anwendung ihres Rechts. Das Vertrauen in eine regelgebundene und wertegestützte Weltordnung ist zerstört. Macht ist entscheidend.

Politische Systeme

In diesem Szenario werden wenige, aber grundsätzlich unterschiedliche politische Systeme vorhanden sein. Sie gruppieren sich um die beiden Pole westliche Demokratien und autoritäre Systeme.

Behauptung der Deutungshoheit, Kontrolle des Narrativen Zur Entkoppelung gehört insbesondere für autoritäre Mächte auch die Abschirmung ihrer Gesellschaft von Informationen und Nachrichten, die nicht der Linie der Partei oder des Autokraten entsprechen. Neben der Kontrolle aller Medien durch den Staat resp. die Partei geht es darum, das Narrativ und die Deutungshoheit über alle, auch internationale, Ereignisse und Entwicklungen im Inland gegen Einflüsse von außen zu beherrschen. Wesentlich ist dabei die Internetsouveränität, also die totale Kontrolle über Internet und soziale Medien im eigenen Land. Zur Abschottung gegenüber dem Ausland gehört die Isolation der Internetinfrastruktur, um die Bevölkerung wirksam am Zugang zu ausländischen Inhalten zu hindern. Entkoppelung kann in der Gesellschaft zu einer eigentlichen Parallelwelt mit ausschließlich eigenen Apps und Medienunternehmen und damit verbundenen Meinungen und Auffassungen führen. Dies kann sehr wirksam sein und hat Konsequenzen für die weitere Entwicklung.

In China geschieht dies durch die „Great Firewall" und die Zensurbehörde. So erhalten z. B. alle Medien Chinas täglich von einer zentralen Stelle Anweisungen, was in ihren Nachrichtensendungen zu sagen ist. Eine Illustration zur Wirkung der Entkoppelung im Bereich Medien und Meinungsvielfalt liefert die innenpolitische Entwicklung von Russland seit dem Angriff auf die Ukraine.[7]

Einen Eindruck, wie der **Pol China** in diesem Szenario aus Sicht Chinas sein könnte, liefert die Aufsatzsammlung von Nadège (2020). Zusammenfassend schwebt demnach zumindest mittelfristig der derzeitigen Führung der KPCh ein neues System vor, das aus der bestehenden internationalen Ordnung herausgelöst ist. Es wäre hierarchisch aufgebaut, mit China sowohl an der Spitze als auch im Zentrum; es wäre nicht global, aber auch mehr als nur regional und dürfte einen Großteil der sich entwickelnden nichtwestlichen Welt umfassen. Innerhalb der Grenzen dieses Teilsystems würde China nicht die totale, strenge Kontrolle über andere Länder oder deren vollständige Übernahme anstreben. Die Volksrepublik würde sich aber rigoros gegen liberal-demokratische Prinzipien in all ihren Anwendungen und Formen stellen. Sie favorisiert die Entstehung einer „partiellen, lockeren und formbaren" Ausgestaltung ihrer Hegemonie. Die dafür bestimmenden Merkmale widerspiegeln sowohl den autoritären Charakter des heutigen

---

[7] Seit dem Angriff auf die Ukraine blockierte der Kreml fast alle verbliebenen unabhängigen Medien in Russland und schränkte den Zugang zu ausländischen Nachrichtendiensten wie der BBC oder der Deutschen Welle massiv ein. Weiter sperrte die Zensurbehörde Roskomnadsor Facebook in Russland. Am 3. März 2022 wurde von der Duma ein Gesetzesentwurf verabschiedet, der später wiederholt verschärft worden ist. Er sieht lange Haftstrafen und hohe Geldbußen für die Veröffentlichung von „Falschnachrichten" über die russischen Streitkräfte vor. Wie üblich werden die Straftatbestände sehr allgemein gefasst, damit die Gerichte und Behörden den großen Interpretationsspielraum nach ihren Interessen nutzen können. Inzwischen wurden zahlreiche Personen, die die „militärische Spezialoperation" in der Ukraine öffentlich als Krieg bezeichneten, zu langjährigen Haftstrafen verurteilt.

politischen Systems Chinas als auch das alte chinesische Denken und die Staatskunst. Dazu gehört Tianxia („alles unter dem Himmel") und bedeutet sinozentrisch und hierarchisch, gegenseitige Vorteile verteilend, eher kodifiziert als institutionalisiert und nicht in erster Linie durch Gewaltanwendung erzwungen, obwohl auch Zwang angewendet werden kann. Es ist eine moderne leninistische Machtstruktur und Organisation verwoben mit einem marxistisch-ideologischen System. Beide lassen sich oft nicht mehr voneinander unterscheiden.

Kennzeichnend wäre eine erhebliche *Machtasymmetrie* zwischen China (der größten, mächtigsten und technologisch fortschrittlichsten Macht) und den kleineren, schwächeren, untergeordneten Staaten an seinem Umfeld. China stützt seinen extraterritorialen Einfluss auf eine verstärkte Internationalisierung von chinesisch geprägten Bereichen wie Recht und Verfahren, Entwicklung und Hilfe sowie Industriestandards und -normen. Dazu gehört u. a. ein Menschenrechtsrat, der frei von den Werten und Ideen ist, die der derzeitigen liberalen internationalen Ordnung zugrunde liegen.

Im Bereich Cyberspace realisiert China seinen eigenen Vorschlag für Datensicherheitsstandards basierend auf *„Cybersouveränität"* (Nichteinmischung), vgl. Kap. 5. Damit würde innenpolitisch eine strengere Kontrolle des Informationsflusses und der Inhalte, verbesserte Cybersicherheit und größere technologische Unabhängigkeit erreicht. Das globale Internet wäre damit fragmentiert, also weniger offen und frei. Verbunden mit dem „Social Credit System" lenkt eine lückenlose digitale Steuerungstechnologie eine konfliktanfällige Massengesellschaft in politisch von der KPCh definierte Bahnen. Andere Regierungen, nicht zuletzt im Einzugsbereich Chinas, die sich durch ein freies Internet ebenfalls bedroht fühlen, setzen sich analog den Interessen Chinas für ein höheres Maß an Regulierung des Internets und für Chinas Steuerungstechnologien ein. Beim Pol China geht es mit Staatskapitalismus und autoritärem Einparteiensystem um ein Gegenmodell zu westlichen Institutionen, Werten und geopolitischen Positionen.

Ein **Pol USA** könnte sich aus einer Wiederbelebung der *Politik der Eindämmung (des „Containments")* ergeben. Wie Daalder (2022)[8] aus US-Sicht als Reaktion auf den Ukraine-Krieg argumentiert, dränge sich eine Rückkehr zu einer robusten Politik der Eindämmung als Option für Europa und die USA wieder auf. Dabei bleibe das grundlegende Ziel das gleiche wie bei der alten Politik: dem russischen Expansionismus entgegenzuwirken, dem russischen Regime reale Kosten aufzuerlegen und einen internen Wandel zu fördern, der letztlich zum Zusammenbruch von Putin und dem Putinismus führt („regime change"). Der Autor sieht drei Pfeiler einer solchen Politik und Entwicklung: Aufrechterhaltung der militärischen Stärke der USA, Abkopplung der westlichen Volkswirtschaften von Russland und Isolierung Moskaus.[9]

Ursprünglich (nach dem Ende des 2. Weltkriegs) war die US-Politik der Eindämmung nicht so sehr darauf ausgerichtet, einen Regimewechsel zu fördern, sondern vielmehr zu verhindern, dass ein Land in den Orbit des Rivalen gerät. Es ging darum, die Ausweitung des kommunistischen Einflusses in der Welt einzudämmen und die amerikanische Machtstellung zu erweitern. Heute angewandt würde das bedeuten, dass die USA akzeptieren, dass sie nicht die Macht haben, das Regime Chinas oder Russlands zu än-

---

[8] Ivo H. Daalder ist Präsident des Chicago Council on Global Affairs und diente als US-Botschafter bei der NATO von 2009 bis 2013.

[9] Entkoppelung muss nicht unbedingt bedeuten, dass die getrennten und abgeschotteten Regionen oder Blöcke keine Interaktionen mehr haben. Feindliche, aggressive Interaktionen wie weitere Sanktionen, militärische und andere Drohungen, gegenseitige Interventionen über Cyberkrieg und Einflussnahme auf das politische Geschehen, z. B. in Wahlen bleiben, ja werden evtl. sogar noch intensiver. Entkoppelung kann leicht auch Kalter Krieg bedeuten, wenn auch in neuer Form mit neuen Fronten. Das Szenario ist eng mit der dominierenden Rolle von Macht und Machtpolitik verbunden.

dern. Sie müssen mit beiden Staaten so umgehen, wie sie sind. Aber sie arbeiten mit verbündeten Staaten mit der Absicht zusammen, deren Macht auszugleichen. Ursprünglich war Containmentpolitik nicht nur eine negative Doktrin. Dazu gehörten immer auch die Unterstützung und Stärkung von Ländern gegen den Einfluss des Rivalen. Heute würde das bedeuten, dass sich die USA wieder auf multilaterale Institutionen und den Freihandel selbst besinnen. In letzter Konsequenz spaltet Containmentpolitik die Welt jedoch in zwei Lager. Die gegensätzlichen Parteien konkurrieren mit zunehmend aggressiven Methoden international um Macht und Einfluss. Die zurzeit effektiv laufenden Anstrengungen der USA zur Eindämmung Chinas im pazifischen Raum sowie die Reaktion Chinas, dem entgegenzuhalten, beschreibt kurz und prägnant Legarda (2022).

(1) Die Notwendigkeit von Partnern und Verbündeten

Sowohl China wie die USA sind auch bei diesem Szenario weiterhin auf Exportmärkte und damit auf Handelspartner angewiesen, vgl. Kap. 5. Wenn nun – gemäß Szenario – der bisherige, relativ freie direkte Handel stark eingeschränkt ist, wird es für beide Seiten entscheidend, möglichst viele Länder für den eigenen Einflussbereich und zum Vorteil des eigenen Handels zu gewinnen. Instrumente dazu dürften regionale Handels- und Technologieabkommen sein, diplomatischer Druck, aber auch militärische Unterstützung.

Dieser Zwang für die beiden großen Rivalen, (Handels-)Partner zu haben, fördert die Entwicklung von *zwei Blöcken mit zwei Einflusssphären* und damit eine Entwicklung Richtung Bipolarität. Für die USA steht der gesamte amerikanische Kontinent, Europa und Ozeanien im Vordergrund, für China Asien, Afrika und Russland. Beide Seiten versuchen auch, Wirtschaftspartner und Alliierte im jeweils anderen Feld zu gewinnen. Damit werden regionale Konflikte um Einfluss und Abgrenzung wahrscheinlicher, verbunden mit einer Neigung zur Eskalation über Stellvertreterkriege.

In diesem Kontext hat für China die Belt and Road Initiative einen hohen Stellenwert, aber auch ihr Bemühen, die BRICS-Länder unter seiner Führung für sich zu gewinnen. Die USA dürften von ihren Partnern verlangen, dass sie die US-Sanktionen und Maßnahmen nachvollziehen und möglichst wenig Verbindungen mit der chinesischen Seite aufrechterhalten (von der Ablehnung von Huawei-Produkten bis zur Distanzierung von Belt and Road). China könnte grundsätzlich das Gleiche tun, ist dafür aber möglicherweise in einer weniger starken Position.

Das Szenario „Entkoppelung" hat durch den Ukraine-Krieg und die damit ausgelöste Dynamik der Trennung und Spaltung Auftrieb bekommen. Die Bildung großer Blöcke und damit eine Entwicklung Richtung Bipolarität dürfte weiter verstärkt erfolgen. Russland und China kommen sich näher. Dabei wird Russland abhängiger und China stärker. Europa erfährt sehr praktisch seine Abhängigkeit von den USA als Schutzmacht. Die Rivalität zwischen den Blöcken gewinnt an Bedeutung. Münkler (2022) interpretiert die Entwicklung im Frühjahr 2022 so: „Wir müssen davon ausgehen, dass wir es auf lange Zeit mit einer Welt der Blöcke zu tun haben werden, die politisch und militärisch stark integriert und auf ökonomische Selbständigkeit bedacht sind." Damit wird die Ausgestaltung einer künftigen friedlichen Weltordnung schwieriger.

Wirtschaft
Rückbau der Globalisierung der Wirtschaft, der internationalen Arbeitsteilung: Entkoppelung bedeutet einen Rückbau der Globalisierung, eine Neuorganisation der Wertschöpfungsketten und dabei eine Spaltung in und Ab-

10 Entwicklung zu einer neuen geopolitischen ...

grenzung von zwei großen Wirtschaftsräumen. Jeder Block will bei strategisch wichtigen Gütern und Diensten weitestgehend autark sein, insbesondere zur Vermeidung einer strategischen Erpressung durch die andere Seite. Es bestehen getrennte Welten weiter Bereiche der Technologie, getrennte Standards und Normen insbesondere im IT-Bereich. Dies alles behindert den Handel weiter.

Entkoppelung führt zu einer Reduktion des Handels zwischen den Blöcken, zu Effizienzverlusten in der Weltwirtschaft und zu geringerem Wirtschaftswachstum, ja zu Wohlstandseinbußen. Im internationalen Finanzsystem kommt es zu einem Kampf um den Dollar als Leitwährung, zum Aufbau und Betrieb einer Alternative zu SWIFT, tendenziell zu einer Aufspaltung des internationalen Finanzsystems (siehe dazu Posen 2022).

Im Szenario „entkoppelt und binnenorientiert" dürfte sich das Verhältnis von China und Russland weiter einseitig entwickeln, was wiederum für die Entwicklung von Europa wichtig und eher nachteilig ist. Die Partnerschaft zwischen China und Russland ist bereits heute sehr ungleich. China bestimmt und sagt gemäß seinem nationalen Interesse, was es will. Russland ist in einer eher abhängigen Position und muss dies zwangsläufig akzeptieren. Ein vom Westen und von den demokratisch regierten Teilen der Welt weiter entkoppeltes Russland wird bei China Kompensationen suchen und damit noch stärker abhängig.[10]

---

[10] China dürfte diese Konstellation sehr opportunistisch nutzen und Öl, Gas und Getreide zu günstigen Preisen beziehen. Als Lieferant von Hightechprodukten und Dienstleistungen kann es allerdings den Ausfall des Westens für Russland nicht voll kompensieren. Auf jeden Fall wird Peking in allen entscheidenden Fragen gegenüber Moskau den Ton angeben. Allerdings sind sowohl für Russland wie auch für China die wirtschaftlichen Beziehungen zu Europa viel bedeutender als der bilaterale Austausch der beiden (vgl. Fischer, 2022).

Gesellschaft

Mit Entkoppelung tritt eine Polarisierung der Weltgemeinschaft entlang von zwei gegensätzlichen gesellschaftlichen Vorstellungen und zwei unterschiedlichen Wertesystemen ein: liberal-individuell mit Idealen der Meinungsfreiheit, Pressefreiheit, Versammlungsfreiheit und Religionsfreiheit versus sozial-kollektiv, wo soziale Bedürfnisse und soziale Harmonie wichtiger sind als die Bedürfnisse und Rechte des Einzelnen und wo die autoritäre Regierung Chaos und Turbulenzen abzuwenden und die Gesellschaft stabil zu halten hat. Die beiden Blöcke mit diesen unterschiedlichen Vorstellungen distanzieren sich zunehmend voneinander. Es findet kaum noch ein Austausch statt. Aus der Abgrenzung, ja Isolation entwickeln sich parallele Welten und eine Entfremdung der Gesellschaften.

(2) Gestaltende Rolle der mittleren Mächte

Weder Europa noch Asien, selbst die USA können sich wegen ihrer bestehenden großen Verflechtungen eine ausgeprägte Entkoppelung, wie im Szenario geschildert, leisten, vgl. Kap. 5. Auch andere Ländergruppen haben kein Interesse an einer entkoppelten Weltwirtschaft, da sie ihre Handelsbeziehungen und insbesondere die Exportmöglichkeiten einschränkt und eine klare Abhängigkeit von der einen oder anderen Supermacht, eine „Satellisierung", vermeiden wollen. Sie werden deshalb versuchen, die Entkoppelung zu verhindern, mit beiden Supermächten im Geschäft zu bleiben und eine mittlere Position einzunehmen. Entsprechende Beispiele dazu liefern einige Länder in Südostasien wie die Philippinen, Indonesien, Singapur, Südkorea, ja selbst das kommunistische Vietnam. Diese Länder wollen möglichst vermeiden, sich klar und eindeutig für die eine oder andere Großmacht entscheiden zu müssen.

Dies ist allerdings nicht für alle Länder gleich einfach. Schwierig dürfte es insbesondere für diejenigen Länder werden, welche bereits eine große einseitige wirtschaftliche oder militärische Abhängigkeit von den USA oder von China aufweisen, z. B. Länder an der Belt-and-Road-Route (finanzielle Abhängigkeit von China) oder Europa (militärische Abhängigkeit von den USA, vgl. dazu Kap. 9).

In einem Szenario Entkoppelung entsteht eine bemerkenswerte *Parallelität der Interessen* zwischen Ländern in Südostasien, in Europa und evtl. auch in weitern Teilen von Asien. Alle diese Länder haben das gleiche Interesse, sich nicht in eine Logik der Konfrontation hineinziehen zu lassen, Handel mit beiden Seiten zu treiben und sich nicht in eine einseitige Abhängigkeit von einer Supermacht zu begeben. Die große Frage ist, ob diese Länder ihre eigenständige Politik beibehalten bzw. ausbauen können und ob sie sich evtl. sogar zu einer gemeinsamen Strategie zusammenfinden.

Die Entkoppelung ist somit nicht nur vom Verhalten der beiden Supermächte abhängig, sondern ebenso von der Politik anderer großer Länder und Ländergruppen:

- Wenn diese Länder sich zu einer gemeinsamen Strategie gegen eine Entkoppelung zusammenfinden, dürfte dieses Szenario kaum Realität werden, da ihr wirtschaftliches und politisches Gewicht zu groß ist.
- Andernfalls sind die Chancen bzw. Risiken intakt, dass eine Dynamik der Entkoppelung entsteht mit zwei rivalisierenden Supermächten und ihren „Satelliten".

Ein Szenario Bipolarität kann sich in zwei Richtungen entwickeln. Denkbar ist eine *rigide Bipolarität* (Rodrik & Walt, 2021, S. 2), in der die Vereinigten Staaten und China in praktisch jedem Bereich menschlicher Aktivitäten miteinander konkurrieren, ihre Volkswirtschaften entkoppelt haben und Koalitionen gleichgesinnter Staaten in sich überschneidenden militärischen, politischen und wirtschaftlichen Partnerschaften anführen. Jeder fördert seine eigenen ideologischen und normativen Visionen und versucht, die des anderen zu diskreditieren. In dieser Welt des Nullsummenspiels wäre die Zusammenarbeit zwischen den beiden Blöcken begrenzt und brüchig.

Wie Larson (2021) argumentiert, kann eine in dieser Konstellation falsch betriebene offensive Eindämmungspolitik zu gefährlichen Gegenreaktionen führen. Heute sind sowohl Russland als auch China bestrebt, ihren Status als globale Großmächte wiederherzustellen. Dafür will China seine wirtschaftliche Entwicklung fortsetzen und seinen legitimen Einfluss auf der Weltbühne geltend machen. Versuche, den Handel mit China zu unterbinden oder zumindest deutlich zu erschweren, könnten die Einflussmöglichkeiten der USA sogar verringern und zu einer Spaltung der Welt in rivalisierende Wirtschaftsblöcke führen. Russland möchte, dass der Westen seine Interessen – und damit seine Einflusssphäre – in denjenigen Ländern anerkennt, die früher zur Sowjetunion gehörten. Die Erweiterung der NATO um ehemalige Mitglieder der Sowjetunion und des Ostblocks hat Moskau als Provokation und ungerechten Ausschluss durch den Westen empfunden, was bis zum Überfall auf die Ukraine eskalierte.

Wie Larson weiter ausführt, dürfte eine Eindämmungsstrategie in der heutigen Konstellation, die lediglich die Statusbestrebungen Chinas oder Russlands vereiteln will, von beiden Staaten als illegitim angesehen werden und zu Konflikten führen. China und Russland sollte ein Weg zu einem konstruktiveren Verhalten eröffnet werden. Dazu müsste eine heutige Containmentpolitik sich mehr auf die positiven als auf die negativen Aspekte stützen, einen Regimewechsel und einen Krieg vermeiden und Verhandlungslösungen ermöglichen. Statt um „Eindämmung" geht es eher um einen „*Ausgleich*", wo starke und gut funktionierende Partner in der Lage sind, sich selbst gegen Zwang und Einschüchterung zu behaupten.

Eine *wohlwollendere Bipolarität* (Rodrik & Walt, 2021) ist möglich, in der die USA und China an verschiedenen Fronten miteinander konkurrieren, aber gleichzeitig weiterhin mit der Wirtschaft des jeweils anderen Landes Handel treiben und in die andere Wirtschaft investieren. Die Legitimität der innenpolitischen Ordnung des anderen Landes wird nicht in Frage gestellt. In wichtigen Fragen, in denen ihre Interessen übereinstimmen, arbeiten sie zusammen. Beide halten bestimmte „Spielregeln" ein, die ein gefährliches Aufeinanderprallen der Waffen weniger wahrscheinlich machen. Eine *wohlwollende Bipolarität ist von einem Gleichgewicht der Macht der Pole abhängig*, wo keine Seite so überlegen ist, dass sie Lösungen diktieren kann. Welche Art von Bipolarität sich letztlich ergeben wird, dürfte wesentlich auch vom Verhalten der mittleren Mächte wie Europa oder Japan abhängig sein.

10.2.3 Multipolar und regelbasiert

In einem dritten Szenario haben sich relativ gleichwertig und nebeneinander mit China, den USA, Europa und Russland drei bis vier Pole ausgebildet, wobei Russland durch den Ukraine-Krieg als eigenständiger Pol geschwächt ist. Die Annahme ist, dass keiner so stark ist, keiner die Macht besitzt, dass er alle anderen beherrschen und übersteuern kann.[11]

Anstoß für das Szenario „multipolar und regelbasiert" gibt das Konzept von einem **Europa** (im Wesentlichen die EU) als autonomer Akteur mit eigenen Interessen und eigenständiger Außen- und Sicherheitspolitik, wie dies in

---

[11] Vergleiche dazu Kissinger (2014), die Pentarchie und Stabilität als Gleichgewicht der Mächte.

Kap. 9 entwickelt worden ist. Nach Lippert und Perthes (2020, S. 5)[12] bedeutet „strategische Autonomie" Europas, „Abhängigkeit von externen Akteuren abzubauen". Europa entwickelt „die Fähigkeit, selbst außen- und sicherheitspolitische Prioritäten zu setzen und Entscheidungen zu treffen, sowie die institutionellen, politischen und materiellen Voraussetzungen, um diese in Kooperation mit Dritten oder, falls nötig, eigenständig umzusetzen". Europa kombiniert die Macht, über die es aufgrund seines wirtschaftlichen und technologischen Gewichts und seines Binnenmarkts verfügt, mit den Instrumenten der Außen-, Handels- und Entwicklungspolitik sowie mit Konfliktprävention und Rüstungskontrolle. Es entwickelt außenpolitisch eine eigene Entscheidungs- und Handlungsfähigkeit und ist nicht Spielball zweier antagonistischer Supermächte. Es entzieht sich der bipolaren Logik, nach der es sich zwischen einer amerikanischen und einer chinesischen Wirtschafts- und Technologiesphäre zu entscheiden habe. Dabei setzt sich Europa für eine regelbasierte Weltordnung ein, für freien Welthandel, ein friedliches Zusammenleben und Kooperation bei der Lösung der großen Weltprobleme wie Klimawandel, Gesundheit und Terrorismus. Europa entscheidet selbst, mit welchen Akteuren es dafür Partnerschaften oder Allianzen eingeht. Gegenüber den USA bedeutet dies eine schrittweise Lockerung der Abhängigkeit, mehr Autonomie im Rahmen der NATO, eine Abwehr der automatischen Teilnahme an der amerikanischen Sanktionspolitik und der Ausdehnung der US-Jurisdiktion auf fremde Länder. Sanktionen werden nur noch aufgrund eigenständiger Interessenabwägung ergriffen. Als Teil des Strebens nach europäischer Souveränität und strategischer Autonomie entwickelt Europa eine eigene China-Strategie

---

[12] Weitere Quellen dazu: Bendiek und Lippert (2020); Leonard (2022) und Chen et al. (2022).

und tritt gestützt darauf geschlossen gegenüber China auf. Europa und China haben eine wechselseitige, vornehmlich wirtschaftlich-technologische Verflechtung entwickelt, die auf klaren Spielregeln („level playing field"), Reziprozität und regelkonformem Verhalten beruht.

> **Box 10.2 Eine neue liberale multilaterale Friedensordnung**
>
> Wie erwähnt, skizzieren Chen et al. (2022) vier Szenarien für die Beziehungen zwischen China und der EU vor dem Hintergrund des Krieges in der Ukraine. Sehr ähnlich wie Szenario 3 ist ihre neue Friedensordnung.
> „Im optimistischsten Szenario haben die EU und China äußerst widerstandsfähige Gesellschaften und politische Systeme aufgebaut. Der Wiederaufbau der Ukraine hat zu einer verstärkten infrastrukturellen Zusammenarbeit, einer diplomatischen Erneuerung der UN-Charta und einem florierenden europäisch-asiatischen Handel geführt. Europäische Ideen wie Demokratie, Frieden, soziale Gerechtigkeit und Autonomie sind in eine neu strukturierte, auf Regeln basierende internationale Ordnung eingeflossen, die stark genug ist, um neben Chinas ‚Gemeinschaft mit einer gemeinsamen Zukunft für die Menschheit' zu bestehen. Aus dieser Position der Stärke und des Selbstbewusstseins heraus macht die politische, wirtschaftliche und technologische Konnektivität zwischen der EU und China bedeutende Fortschritte. Ein produktiver und pragmatischer Wettbewerb um Standards, Regulierungspraktiken oder Vorschriften dominiert den Austausch zwischen China und der EU in der Zukunft."

Die **USA** verzichten auf Hegemonie, auf Interventionen mit „regime change", auf jegliche Missionierung für die weltweite Durchsetzung des westlich-aufklärerischen Paradigmas und auf eine kulturpolitische „Rechthaberei". Sie anerkennen, dass alle „Kulturen" ein Recht auf einen eigenen, selbstbestimmten Entwicklungspfad haben, und akzeptieren China als mächtigen Global Player.

Seit Jahrhunderten ist Chinas Aufstieg zur Weltmacht der bedeutendste neue Faktor im internationalen System. China hat inzwischen einen Platz am Tisch der Weltmächte erhalten und wurde in die Strukturen der Entscheidungsfindung integriert. Die USA akzeptieren, ja begrüßen den größeren Einfluss von China in der Region Südostasien und darüber hinaus, solange China dabei auch zur Stärkung einer friedlichen Weltordnung beiträgt. Das US-Engagement in Ostasien ist neu ausbalanciert, hin zu einem intensiveren diplomatischen und wirtschaftlichen Engagement und weg von militärischer Dominanz und politischer Kontrolle. Die Verteidigungsfähigkeit ihrer Verbündeten in der Region Südostasien wird ausgebaut und verbessert. Dies geschieht mit Unterstützung und in engerer Koordinierung mit den bereits vorhandenen US-Streitkräften. So wird in Südostasien eine inklusive, stabile Ordnung gefunden. Sie ist darauf ausgerichtet, breiten Wohlstand zu fördern und Streitigkeiten friedlich zu lösen.

Die USA, ihre Verbündeten, China und andere ostasiatische Nationen entwickeln *gemeinsam eine kooperative Agenda* zur Bewältigung von Themen von gemeinsamem Interesse, wie Klimawandel, Pandemien, finanzielle Instabilität, Unsicherheit auf See und Verbreitung von Massenvernichtungswaffen. Die chinesische Beteiligung an den Bemühungen zur Bekämpfung der globalen Erwärmung, der Verbreitung von Kernwaffen, der Geldwäsche und des Terrorismus wurde gefördert – und gewürdigt (für die weitere Entwicklung eines Szenarios für Ostasien in dieser Richtung, siehe Swaine et al., 2021).

China Mit der Entwicklung einer friedlichen, regelbasierten internationalen Ordnung zusammen mit China wandelt und entwickelt sich auch China selber weiter, so das Szenario. Ein solcher Wandel wird von innen heraus ausgelöst und durchgesetzt, durch Wandel über eine pragmatische Anpassung der KPCh an die vorhandenen Möglichkeiten. Die Volksrepublik akzeptiert ihrerseits die modifizierte globale Rolle der USA.

Pekings „Belt and Road Initiative" ist von Nutzen für Entwicklungsländer und wird in offener und transparenter Weise verfolgt, wenn möglich sogar in Zusammenarbeit mit westlichen Ländern. Peking akzeptiert seinerseits die Kritik der USA an Fragen der Menschenrechte, der Redefreiheit und der Freiheit im Allgemeinen. In den Kontroversen über unterschiedliche Wertesysteme wird unter den mächtigen Akteuren ein gangbarer Kompromiss und eine Form der Koexistenz gefunden.

(1) Die UNO ist stark, anerkannt und handlungsfähig

Gestärkter Multilateralismus und tragfähige internationale Institutionen Multinationale Mechanismen der Konfliktregelung sind in diesem Szenario vorhanden, akzeptiert, von allen anerkannt und damit funktionstüchtig. Die USA begrüßen die positiven Beziehungen zwischen China und anderen asiatischen Ländern und einen inklusiven Multilateralismus, um das Vorgehen bei gemeinsamen Interessen zu koordinieren und Streitigkeiten beizulegen. Multilaterale Politikmuster und damit internationale Organisationen sind gestärkt und spielen eine Schlüsselrolle bei der Lösung von Konflikten und der Gestaltung der weiteren globalen Entwicklung. Dies gilt für die *Vereinten Nationen* und die mit ihr durch Artikel 63 der UN-Charta verbundenen Sonderorganisationen wie die Welthandelsorganisation (WTO) und die Weltgesundheitsorganisation (WHO). Es gilt für die Organisation für wirtschaftliche Zusammenarbeit und Entwicklung (OECD), die Organisation für

Sicherheit und Zusammenarbeit in Europa (OSZE), den Europarat und weitere multilaterale Organisationen.

Der *Sicherheitsrat*, das wichtigste Organ der UN, mit globaler sicherheitspolitischer Verantwortung für den Weltfrieden wurde reformiert und die Zusammensetzung angepasst. Einige Länder haben einen berechtigten Anspruch, globale Sicherheitsverantwortung mitzutragen, und sind neu auch berücksichtigt worden.

Stärkung der unabhängigen Arbeit der UN-Sonderorganisationen Die WTO[13] als zentraler Ort eines fairen und globalen regelbasierten Welthandelssystems wurde gestärkt. Die längst überfällige, transparente und inklusive *WTO-Reform* konnte realisiert werden. Ziel bleibt, globale Abkommen im Rahmen der WTO zu erreichen. Die von den USA ausgelöste Krise mit ihrer Blockierung des WTO-Schiedsgerichts konnte beigelegt werden. Die Streitschlichtung des internationalen Handelssystems wurde rechtsstaatskonformer ausgestaltet und konnte ihre Arbeit wieder aufnehmen.

Die *Menschenrechtscharta* wurde durch Ergänzungen und Präzisierungen modifiziert. Der universale Anspruch des westlichen humanistisch-aufklärerischen Paradigmas wurde zwar relativiert, aber nicht außer Kraft gesetzt. Der Weg dahin wurde durch eine Einigung auf den erweiterten Grundgehalt der bestehenden Menschenrechtsforderungen

---

[13] *Ziel der WTO* (Dachorganisation der Verträge GATT, GATS und TRIPS mit 161 Mitgliedstaaten) ist der Abbau von Handelshemmnissen und somit die Liberalisierung des internationalen Handels (über Marktöffnung, Deregulierung und Privatisierung) mit dem Ziel des internationalen Freihandels. Zentral sind die drei Prinzipien Nichtdiskriminierung, Abbau von Zöllen und Handelsbarrieren sowie Reziprozität als Verhandlungsgrundlage. Eine wichtige Rolle spielt die WTO bei der Streitschlichtung bei Handelskonflikten zwischen Nationen über ihr Streitschlichtungsorgan („Dispute Settlement-Body", DSB).

und eine je unterschiedliche Praxis gefunden. Nicht angetastet wurden dabei gewisse grundlegende Standards, so etwa das Recht auf Leib und Leben ("habeas corpus") oder das absolute Folterverbot.

Dabei galt es, sich mit der Auffassung der Volksrepublik China von Menschenrechten auseinanderzusetzen, wo kollektive soziale und wirtschaftliche Menschenrechte in den Vordergrund rücken, aber die zivilen und politischen Menschenrechte wie auch der Anspruch von Menschenrechten, das Individuum gegen die Autorität des Staates zu schützen, ausgeblendet oder zumindest zurückgestellt werden. Ähnliches gilt für Menschenrechte im Islam.[14]

Die *Freiheitsrechte* beschränken sich nicht mehr ausschließlich auf Individualrechte. Es werden auch kollektiv verfasste gesellschaftliche Konzepte berücksichtigt.

Bürgerrechte Grundsätzlich ist anzuerkennen, dass neben der demokratisch basierten Inputlegitimation einer Staatsmacht auch die Outputlegitimation gelten kann. Das hat konkrete Folgen für die *Definition von Rechtsstaatlichkeit*. Neben einer Ordnung mit einer liberalen Machtverteilung hat es Platz für Rechts- und Staatsordnungen mit einer erhöhten Machtkonzentration. Keinen Platz haben jedoch Totalitarismus und Diktaturen. Hingegen sind für gewisse

---

[14] Die Kairoer Erklärung für Menschenrechte im Islam von 1990 dürfte dem Grundsatz ("habeas corpus") widersprechen. Seit den 2010er-Jahren befasste sich die „Independent Permanent Human Rights Commission" (IPHRC) der „*Organization of Islamic Cooperation*" (OIC) mit der Überarbeitung der Kairoer Erklärung, um sie der Universellen Erklärung der Menschenrechte anzunähern. Die neue „OIC Declaration on Human Rights (ODHR)" von 2020 enthält einen eigentlichen Paradigmenwechsel. Sie greift weniger auf die Scharia zurück, sondern interpretiert die Menschenrechte im Lichte „islamischer Werte" und damit näher an der universellen Erklärung der Menschenrechte. Eine eingehende Analyse der ODHR kommt jedoch zum Schluss, dass „der Paradigmenwechsel die Menschenrechtsrhetorik der OIC scheinbar mit der UN-Menschenrechtssprache in Einklang bringt, die Menschenrechtssituation in den Mitgliedsstaaten jedoch kaum verbessern wird" (Mozaffari, 2020).

Gesellschaften je nach Entwicklungsstufe und gemäß ihrem Welt- und Menschenbild autoritärere Staatsordnungen durchaus funktional. Die Übergänge sind fließend. Zum Beispiel beinhalten bereits westliche präsidiale Systeme eine höhere Machtkonzentration als rein parlamentarische und vor allem direktdemokratische Systeme. Es wird anerkannt, dass der Westen kein Monopol auf das Konzept „Demokratie" hat.

Das *Völkerrecht* gilt in diesem Szenario, genießt hohe Anerkennung und wird von allen beachtet. Die vielfältige Arbeit der UN und anderer internationaler Organisationen basiert darauf. Das Völkerrecht bestimmt die souveräne Gleichheit von Staaten und reguliert ihre Verantwortlichkeit. Es schützt und achtet die einzelnen Rechte aller Menschen und ermöglicht ein friedliches Miteinander. Die UN-Charta kodifiziert die wichtigsten Grundprinzipien des Völkerrechts. In ihrer Präambel versichern sich die Mitglieder der UN, „Bedingungen zu schaffen, unter denen Gerechtigkeit und die Achtung vor den Verpflichtungen aus Verträgen und anderen Quellen des Völkerrechts gewahrt werden können".[15]

Der *Internationale Strafgerichtshof* (IStGH) wird gestärkt und in diesem Szenario auch von den USA und China anerkannt. Die Straflosigkeit bei Verbrechen gegen die Menschlichkeit wird beendet. Der IStGH leistet einen wichtigen und wirksamen Beitrag zu mehr Gerechtigkeit und zur Durchsetzung von Menschenrechten, insbesondere nach bewaffneten Konflikten.

---

[15] Das „ius cogens", *das zwingende Völkerrecht, muss uneingeschränkt gelten*, was in der Theorie auch kaum in Frage gestellt wird. In der Rivalität der Großmächte berufen sich einige auf das Völkerrecht, um ihre Anliegen zu rechtfertigen und durchzusetzen. Zum Beispiel macht China immer wieder das in der UNO-Charta verankerte Verbot der Einmischung in innere Angelegenheiten geltend.

Durchgesetzt wurde die Mitgliedschaft aller Länder bei den verschiedenen *internationalen Gerichtshöfen,* insbesondere auch am internationalen Strafgerichtshof in Den Haag.[16]

Das *Sanktionenrecht* wurde völkerrechtlich strikt an eine übergeordnete Instanz – an die UNO – abgegeben. Damit sind Sanktionen nicht mehr einseitig eingesetzte Machtmittel. In der „alten" GATT galt deshalb bereits die Regel: Es dürfen keine einseitigen wirtschaftlichen Maßnahmen zur Erzwingung politischer Zugeständnisse und keine einseitigen politischen Maßnahmen zur Erzwingung von wirtschaftlichen Vorteilen ergriffen werden.

Politische Systeme
Die politischen Systeme bleiben in diesem Szenario auf der Achse westliche Demokratien und autoritäre Regimes sehr unterschiedlich. Das Szenario geht von einer friedlichen Koexistenz verbunden mit Nichteinmischung aus. Die „Souveränität, Unabhängigkeit und territoriale Integrität aller Länder" gemäß UN-Charta wird konsequent eingehalten.

(2) Maßvolle Regionalisierung bei grundsätzlicher Offenheit

Im Sinne der Prinzipien der sozialen Marktwirtschaft wurde über internationale Organisationen wie z. B. die OECD ein multilateraler ordnungspolitischer Rahmen für nachhaltiges Wirtschaftswachstum, Wohlstand und Beschäftigung geschaffen.

---

[16] Allgemein akzeptiert wird auch die ausnahmslose Anerkennung und Durchsetzung von Verboten gewisser Waffensysteme (z. B. Streubomben und Antipersonenminen). Der „Westen", der nach wie vor über die größte Macht verfügt, darf nicht weiterhin jene Standards selber verletzten, die er sich, teilweise unter der Anwendung von Zwangsgewalt (Sanktionen), durchzusetzen bemüht.

Das Paradigma des Washington Consensus mit seiner weitgehenden, die großen westlichen Wirtschaftsmächte bevorteilenden, liberalisierenden Ordnungsstruktur wurde grundlegend revidiert. Den „nichtwestlichen" Mächten, insbesondere China, wurde in den bereits bestehenden internationalen Wirtschafts- und Finanzinstitutionen wie Weltbank und IMF ein größerer und einflussreicherer Platz eingeräumt. Sie wurden in die Entscheidungsfindung integriert.

Im Vergleich zu heute hat eine maßvolle *„Redimensionierung", ein Rückbau der Globalisierung* und eine bereichsweise *Entflechtung der Lieferketten* stattgefunden. Dies bedeutete u. a.:

- *Wiedererstarken nationaler Wirtschaftspolitik*: Die einzelnen Staaten haben einen größeren Gestaltungsraum für eine autonome, auf ihre Bedürfnisse zugeschnittene Wirtschaftspolitik zurückgewonnen. Dabei werden auch sozialpolitische, umweltpolitische und kulturelle Anliegen in den einzelnen Nationen und Blöcken eher berücksichtigt.
- *Reduzierte Interdependenzen in der Wirtschaft*: Durch die Verkürzung und eine maßvolle „Regionalisierung" von Lieferketten wurde die (Ausland-)Abhängigkeit vermindert, das örtliche Know-how verbessert und gezielter genutzt sowie die relative Versorgungssicherheit erhöht. Der Preis für diese Vorteile ist ein gewisser Effizienzverlust und eine Erhöhung von Kosten.
- Die *Handelsblöcke der etablierten Pole* wie Europa oder China und damit die Binnenwirtschaft dieser Großregionen sind etwas stärker ausgeprägt, ohne dass es zu einem „Decoupling" oder sogar zu einem Handelskrieg gekommen ist.
- *Minimale internationale Abstimmung:* Trotz eines gewissen Rückbaus der Globalisierung werden z. B. Standards und Normen von Technologien weltweit festgelegt und gemeinsam durchgesetzt.

Die Weltwirtschaft profitiert in diesem Szenario von der Anerkennung gemeinsamer Regeln für internationale Wirtschaftsbeziehungen, von der Stabilität der internationalen Ordnung und dem gut funktionierenden Multilateralismus, etwa der WTO. Wohl ist die internationale Arbeitsteilung etwas geringer als in der Phase der Hyperglobalisierung. Sie ist aber funktional, pragmatisch und stabil. Durch diese Stabilität und Berechenbarkeit werden Effizienzverluste wegen der Reduktion der Globalisierung und einer gewissen Regionalisierung mindestens zum Teil kompensiert.

Im *internationalen Finanzsystem* ist der Dollar als Leitwährung nach wie vor bedeutend, aber weniger dominant. Mit dem internationalen Erstarken von Euro und Yuan kam es bei den Währungen zu einer gewissen Diversifizierung.

Die sich konkurrierenden Währungsblöcke mit der EU und China entwickeln sich als zwei Gegengewichte zu den USA (vgl. dazu Institut für transformative Nachhaltigkeitsforschung, 2020). Letztere verlieren ihre Rolle als global stabilisierendes Zentrum, während die Eurozone ihre Defizite behebt und China erfolgreich seine Währung, den Yuan, internationalisieren kann. Dies unterstützt eine stärkere Regionalisierung des Welthandels und des Finanzsystems.

Denkbar ist auch eine Entwicklung zu einer *internationalen Währungsföderation*. Die G20 beweist Handlungsfähigkeit und schafft ein alternatives globales Währungssystem. In diesem steht nicht mehr nur eine nationale Währung an der Spitze, sondern eine internationale Organisation. Die nationalen Währungsräume sind auf der gleichen Hierarchieebene angesiedelt.[17]

---

[17] In der EU haben die Staaten zwecks Lösung struktureller Probleme ihre alten Währungen wieder eingeführt, aber den Euro als regionale überstaatliche Verrechnungswährung beibehalten. Die Offshore-Geldschöpfung wurde vollends abgeschafft. Während einige Staaten noch Schattenbanken erlauben, setzen andere Staaten auf eine härtere Regulierung ohne Schattengeld, vgl. Institut für transformative Nachhaltigkeitsforschung (2020).

Gesellschaft

Die Gesellschaften sind in diesem Szenario vielfältig und lebhaft und offen und tolerant gegenüber anderen Gesellschaften. Zwischen ihnen findet ein reger kultureller, bildungsmäßiger und Informations- und Nachrichtenaustausch statt, ohne Abschottung und Kontrolle.

Verzicht auf Hegemonie und gegenseitige Anerkennung Das Szenario „multipolar und regelbasiert" beschreibt zusammenfassend eine relativ positive, optimistische Entwicklung. Die Vertreter der gut funktionierenden und gefestigten Pole können sich gemeinsam auf eine international tragfähige, regelbasierte Ordnung einigen, die dann auch leidlich funktioniert. Es findet ein gewisses Entgegenkommen verbunden mit Zugeständnissen von allen Polen und Mächten, insbesondere den USA und China, statt. Dieses Szenario verlangt einen Verzicht auf Dominanz, auf die Hegemonie einer Weltmacht und eine Selbsteinschränkung potentieller Weltmächte. Ein kritisches Element ist dabei ohne Zweifel, in den verschiedenen zwischen den USA, China, Europa/EU, Russland etc. kontroversen Bereichen wie Menschenrechte, Demokratie, Rechtsstaatlichkeit/Gewaltentrennung, Souveränität tragfähige Kompromisse und Koexistenz zu finden. Kritisch sind eine gegenseitige Anerkennung, gegenseitiger Respekt und Toleranz im internationalen Maßstab. Dabei wird sich eine Balance, eine Art Gleichgewicht der Mächtigen einspielen. In dieser Konstellation kann eine Eskalation von Konflikten vermieden oder zumindest auf einer tiefen Eskalationsstufe gehalten werden, da diese Weltordnung über funktionierende und anerkannte Mechanismen der Lösung internationaler Konflikte verfügt. Sie ist deshalb relativ krisenresistent und stabil. Dies liegt im Interesse der Wirtschaft, der multinationalen Konzerne und der Gesellschaft allgemein.

10.3 Auswertung und Konklusionen

Natürlich wird keines dieser drei Szenarien in Reinheit eintreten. Wie aufgezeigt, finden sich in den aktuell zu beobachtenden Entwicklungen Ansätze für jedes der drei. In der Realität ist eine Mischung zu erwarten. Trotzdem können aus der Auswertung der drei Szenarien einige gehaltvolle Schlüsse gezogen werden. So konnten *strukturelle Zwänge resp. Konstanten* festgestellt werden:

Zwei dominante Mächte, Tendenz zur Blockbildung Bei jedem Szenario spielt die Art und Weise der Auseinandersetzung zwischen der Volksrepublik China und den USA und deren weitere Entwicklung eine große Rolle. Diese beiden Länder werden auch in Zukunft deutlich stärker sein und bleiben als alle anderen der Welt. Die Folge ist, dass der Charakter der künftigen Weltordnung in hohem Maße von ihren direkten Beziehungen abhängen wird und davon, wie sie ihre Beziehungen zu anderen wichtigen Akteuren gestalten. Erfolgversprechende Vorschläge für eine künftige neue Weltordnung müssen mögliche Lösungen zwischen ihnen besonders beachten und hängen entscheidend davon ab.

Kapitalismus hat sich weltweit durchgesetzt „Der Kapitalismus regiert die Welt. Mit nur ganz wenigen Ausnahmen organisiert der gesamte Globus die wirtschaftliche Produktion auf die gleiche Weise" (Milanovic, 2020). Dies allerdings in unterschiedlichen Ausprägungen: ein weitgehend hemmungsloser Kapitalismus in den USA, ein sozialpolitisch gebändigter Kapitalismus in Europa; Südkorea, Taiwan und Singapur mit einem organisierten und hierarchischen Kapitalismus. China verfolgt einen staatlich gelenkten autoritären Kapitalismus geführt durch die KPCh unter Xi Jinping. Die Volksrepublik wird nie bereit sein, grundsätzlich von ihrem Modell abzuweichen. Diese verschiedenen Ausprägungen stehen im Wettbewerb miteinander und müssen Formen der Koexistenz finden, um neben- und miteinander zu funktionieren.

Ideologische Vielfalt Die Szenarien haben gemeinsam, dass der Aufbau einer künftigen Weltordnung davon ausgehen muss, dass in den verschiedenen Ländern sehr unterschiedliche Werthaltungen und Vorstellungen bestehen, wie die Gesellschaft organisiert und regiert werden soll. Es bestehen Demokratien und Autokratien, wenn auch in vielfältigen Ausprägungen, so doch mit deutlich unterschiedlichen politischen Grundsätzen, deutlichen Unterschieden in ihrem politisch-ökonomischen Modell wie kapitalistische Demokratien oder autokratischer Staatskapitalismus und Unterschiede im Verhältnis von Markt und Staat. Es bleiben deutliche Unterschiede im Menschenbild zwischen liberalem Individualismus, dem Mensch als selbstbestimmtes Individuum und kollektiver Harmonie, dem aggregierten Wohlleben der großen Zahl. Trotz dieser Verschiedenheiten müssen sie miteinander leben. Kann es so etwas wie eine friedliche Koexistenz alternativer Ordnungen, eine hybride Weltordnung geben: Volksrepublik China „Staatskapitalismus mit autoritären politischen Zügen" parallel mit USA „liberale Marktwirtschaft mit Demokratie"?

10.3.1 Funktionsfähigkeit, Konflikt- und Krisenanfälligkeit resp. Stabilität

Für jede Weltordnung stellt sich die Frage nach ihrer Funktionsfähigkeit. Jede Ordnung wird mit Krisen und Konflikten konfrontiert sein und muss deshalb über Mechanismen für deren möglichst friedliche Bearbeitung, über Resilienz, verfügen.

(1) Gefährliche Ideologisierung wegen des Anspruchs auf Einzigartigkeit sowohl von China wie auch der USA

Einzigartigkeit der Volksrepublik Chinas In China hat die KPCh die absolute Kontrolle. Aus Geschichte, Ideologie und Führungsprinzipien der KPCh ergeben sich Politikgrundsätze, die für jede internationale Auseinandersetzung und deren Lösung prägend sind. „Vier Kardinalprinzipien" wurden 1979 von Deng Xiaoping aufgestellt und 1987 anlässlich des nationalen Volkskongresses bestätigt: Festhalten am sozialistischen Weg, Festhalten an der demokratischen Volksdiktatur, Festhalten an der Führung der KPCh und Festhalten an Marxismus-Leninismus und Mao-Zedong-Gedanken. Die KPCh ist eine *leninistische Kaderpartei*. Dazu gehören Aufbau und Aufrechterhaltung einer Avantgardepartei, einer Elite (der Arbeiterklasse) und der demokratische Zentralismus u. a. mit straffer Parteidisziplin, Lenins größte Errungenschaft (Heilmann et al., 2018). Jede Verhandlung, jedes Arrangement mit der Volksrepublik China ist (direkt oder indirekt) ein Arrangement mit der KPCh und dies hat Konsequenzen für die Entwicklung einer neuen Weltordnung.

Gemäß den Gedanken von Xi Jinping („Xi Jinping Thought" 2013)[18] sind es „der Marxismus-Leninismus und der Mao-Zedong-Gedanke, die das chinesische Volk aus der Dunkelheit der langen Nacht herausgeführt und ein neues China errichtet haben". Zum Verhältnis zu den kapitalistischen Nationen führt Xi aus: „Die Analyse von Marx

---

[18] Darin befasst er sich mit dem Marxismus-Leninismus und den Mao-Zedong-Gedanken, Chinas Platz in der Geschichte, dem strategischen Wettbewerb mit kapitalistischen Nationen und gibt ein Plädoyer für das Festhalten an den Zielen des Kommunismus.

und Engels über die grundlegenden Widersprüche in der kapitalistischen Gesellschaft ist nicht überholt, ebenso wenig wie die historisch-materialistische Ansicht, dass der Kapitalismus aussterben und der Sozialismus siegen muss" (zitiert nach Greer, 2019). Xi führt ein ideologisch-politisches System, das sich von dem der liberal-kapitalistischen Welt deutlich unterscheidet. Aus der Sicht der Volksrepublik geht es nicht „nur" um eine Systemkonkurrenz mit möglichen Kompromissen, sondern um die *Überlegenheit* des einen, ihres Systems gegenüber dem andern, das sich zwingend durchsetzen wird und muss. Das erlaubt Kompromisse mit westlichen Grundwerten höchstens temporär, ja schließt sie letztlich aus.

Chinas Selbstverständnis der Besonderheit und Einzigartigkeit basiert auf dem historischen Materialismus und geht von der zwangsläufigen Überwindung des Kapitalismus durch den Sozialismus mit chinesischen Eigenschaften aus, vgl. Kap. 3, ja noch umfassender. Die KPCh vertritt den Anspruch, dass die „sozialistische Demokratie mit chinesischen Merkmalen" „eine neue Form der politischen Zivilisation hervorgebracht" und „die bürgerliche Demokratie überwunden hat". Die Geschichte werde beweisen, dass „die Entwicklung Chinas nicht nur ein unwiderstehlicher historischer Trend ist, sondern auch ein wichtiger Beitrag zum Fortschritt der menschlichen Zivilisation" (NCR, 2021, S. 15).

Amerikanischer Exzeptionalismus Der Anspruch der USA auf Einzigartigkeit kommt im „Exzeptionalismus" zum Ausdruck, wie er in Kap. 6 ausführlich beschrieben worden ist. „Amerikanischer Exzeptionalismus ist die Idee, dass sich die Vereinigten Staaten von Natur aus von anderen Nationen unterscheiden. Ihre Befürworter argumentieren, dass die Werte, das politische System und die historische Entwicklung der USA in der Geschichte der Menschheit einzigartig sind, was oft bedeutet, dass das Land sowohl dazu bestimmt als auch berechtigt ist, eine besondere und positive Rolle auf der Weltbühne zu spielen." „Diese Ideologie basiert auf Freiheit, Gleichheit vor dem Gesetz, individueller Verantwortung, Republikanismus, repräsentativer Demokratie und Laissez-faire-Wirtschaft" und hat zur Folge, „dass die USA sowohl innenpolitisch als auch international als anderen Nationen überlegen wahrgenommen werden oder eine einzigartige Mission zur Umgestaltung der Welt haben" (zitiert nach der englischen Version von Wikipedia[19]).

Fazit Sowohl die USA wie China sehen sich auf der richtigen Seite der Geschichte. Beide sind überzeugt, dass sie etwas Außerordentliches sind und vertreten und für die Zukunft stehen. Daraus leiten sie einen besonderen Auftrag ab. Die Rivalität zwischen den USA und der Volksrepublik China ist nicht nur militärisch oder wirtschaftlich, sondern stark auch ideologisch begründet. In dieser Konstellation lassen sich Konflikte weniger leicht durch Kompromisse auf rationale und pragmatische Art und Weise lösen. Die Entwicklung einer gemeinsamen, friedlichen neuen Weltordnung auf der Basis von souveränen Nationalstaaten wird noch schwieriger. Die Gefahr, dass ein Konflikt rasch zu einer ideologisch begründeten grundsätzlichen Auseinandersetzung eskaliert und ins Irrationale abgleitet, ist groß.[20]

---

[19] American Exceptionalism. In *Wikipedia*. https://en.wikipedia.org/wiki/American_exceptionalism.
[20] Gemäß Holsti (2010) kann *Exzeptionalismus* als eine Form der Außenpolitik interpretiert werden. Großmächte neigen dazu, Exzeptionalismus, wenn auch in verschiedenen Formen, zu vertreten. Dazu gehören die Annahmen wie soziale und politische Überlegenheit, die Verpflichtung, andere zu befreien, die Freiheit von Zwängen bei der Verwirklichung dieses Ziels, eine feindselige Außenwelt, das Bedürfnis nach äußeren Feinden und die ständige Darstellung als Opfer. Holsti diskutiert die Unvereinbarkeit einer exzeptionalistischen Außenpolitik mit den westfälischen Grundlagen der internationalen Ordnung, also einer *Ordnung von souveränen Nationalstaaten*.

(2) Macht und Rivalität

Damit wird *Macht* anstelle von Regeln in allen ihren Dimensionen (wirtschaftlich, politisch, militärisch, propagandistisch usw.) zu einem entscheidenden Faktor. Macht, der Einsatz von Machtmitteln mit Eskalationsstufen bis zum heißen und brutalen Krieg, gehört zum Charakter der laufenden globalen Auseinandersetzungen. Das zeigen Beispiele im Verhalten der USA wie Überfall auf den Irak oder Afghanistan, von Russland mit ihrem Überfall auf die Ukraine[21] oder China mit ihrem Vorgehen in Hongkong (Vertragsbruch und Säuberung), gegenüber Indien oder Taiwan. In vielen Regionen besteht eine starke Tendenz in den zwischenstaatlichen Beziehungen zu einer machtorientierten Politik und innenpolitisch zu vermehrter Kontrolle und Repression. Das Völkerrecht hat an Einfluss verloren und sein Wiedererstarken ist nicht absehbar. Die Handlungsfähigkeit internationaler Organisationen auf globalem Niveau ist stark bedroht und auf absehbare Zeit eher gering, wie z. B. die eingeschränkte Leistungsfähigkeit des UN-Sicherheitsrats etwa im Fall der Ukraine zeigt.

---

[21] Der Winter 2022/2023 brachte in der Ukraine und damit in Europa eine moderne Version der Ausweitung der Kriegsführung ähnlich, wie sie gegen Ende des 2. Weltkrieges zu beobachten war. Die Strategie Russlands ist/war es, durch Fernlenkungswaffen und Drohnen die Infrastruktur des Gegners systematisch und so weit wie möglich zu zerstören. Verfolgt wurde die größtmögliche Zerstörung der Energieinfrastruktur wie Kraftwerke, Stromverteilzentralen, Öl- und Gasspeicher und -netze und damit die Ausschaltung der Wärmeversorgung; Ausschaltung der Trinkwasserversorgung, von Kommunikationszentralen; Unpassierbarmachen von Verkehrsknotenpunkten u. a. m. – Terror der Zivilgesellschaft. Ziel dieser Angriffe: das Leben der Zivilbevölkerung so unerträglich wie möglich machen insbesondere im Winter mit Unterstützung der tiefen Temperaturen; Wirtschaftsaktivitäten weitestgehend ausschalten. Generell die Lebensgrundlage der Bevölkerung zerstören und damit ihre Moral und ihren Widerstandwillen brechen.

Im hier behandelten Zusammenhang ist vermehrt von einer wachsenden Rolle des *Großmächtewettbewerbs* („Great Power Competition") die Rede. In einer differenzierten Analyse unter Berücksichtigung der dazu vorhandenen Fachliteratur kommt Mazarr (2022a) jedoch zum Schluss, dass dieses Konzept nirgends genauer definiert, eher diffus und deshalb in der heutigen Phase wenig hilfreich ist.

Weiter ist für ihn auch die *Theorie des Machtwechsels* („Power Transition Theory"), die auf die Beziehungen zwischen den USA und der Volksrepublik angewandt wird, wobei die USA die Rolle der etablierten Macht einnehmen und China als aufstrebende und überholende Macht bezeichnet wird, wenig überzeugend. Chinas wirtschaftliche, technologische und militärische Macht wächst – die USA sind in vielen Bereichen jedoch viel größer und werden eine enorme inhärente Macht beibehalten. Im Gange ist weniger ein Machtwechsel als vielmehr das Entstehen eines echten gleichwertigen Akteurs auf der Weltbühne. China steigt auf und zieht mit den USA gleich, übertrifft sie aber nicht gänzlich.

Nach eingehender Diskussion verschiedener Konzepte schlägt Mazarr den Begriff der internationalen *Rivalität* als fruchtbar vor. Rivalität verstanden als ein besonders intensiver Wettbewerb, an dem in der Regel relativ gleichwertige Akteure beteiligt sind. Es geht um spezifische bilaterale Wettkämpfe zwischen gegnerischen Mächten. In Anlehnung an Heath (2022, S. 142–144) kann internationale Rivalität mit folgenden Merkmalen charakterisiert werden:

- Vorhandene Auseinandersetzungen entweder um Territorien und Souveränität (räumliche Fragen) oder um relative Positionen oder beides. Bei Positionsstreitigkeiten unter Großmächten geht es um Kontrolle oder „Fragen des Status, des Einflusses und der Hierarchie in einer bestimmten Ordnung oder System".

- Risiko einer „Ausbreitung (und Verstärkung, einer Spirale) von hartnäckigen Streitfragen" („vicious circle").
- Tendenz zu destabilisierendem Wettrüsten, das die Bedrohungswahrnehmung verschärft und das Kriegsrisiko erhöht.
- Permanentes latentes Risiko militarisierter Auseinandersetzungen, von einem heißen Krieg.

Kernpunkte der Rivalität – Sicherheit und Kontrolle Im Zentrum der künftigen Geopolitik steht die Rivalität der Hegemonialrivalen China und USA mit sehr unterschiedlichen Vorstellungen von der Weltordnung. Kernpunkte dieser Rivalität fasst Mazarr (2022a Tab. 1, S. 33) wie folgt zusammen: Es geht um einen Kampf um die führende Position in der Weltpolitik und Weltwirtschaft und damit um die *Kontrolle über die internationale Ordnung*. Dabei strebt China die Anerkennung als unbestrittene Führungsmacht im asiatisch-pazifischen Raum und eine vorherrschende wirtschaftlich-technologische Stellung zumindest in Eurasien an. Beide Großmächte wollen „einen katastrophalen, zerstörerischen Krieg vermeiden, ihre politischen Systeme bewahren, eine ausreichende Hegemonie über ihre unmittelbaren Regionen aufrechterhalten und die Normen und Institutionen der internationalen Ordnung so umgestalten, dass ihre Interessen, Ziele und ihre Macht begünstigt werden". Und mit Ikenberry (2021) lässt sich präzisieren: „Die USA wollen die Welt für die Demokratie sicher machen, und China will die Welt für die Kommunistische Partei Chinas (KPCh) und die politische Autokratie sicher machen. Die USA glauben – wie schon seit mehr als zwei Jahrhunderten – dass sie in einer Welt, in der die liberalen Demokratien vorherrschen, sicherer sind. China bestreitet eine solche Welt. Darin liegen die tiefen Wurzeln der sino-amerikanischen Rivalität."

Sicherheit stand denn auch ganz im Zentrum der Ausführungen von Xi Jinping (2022) am 20. Parteitag. Nationale Sicherheit sei „Grundlage der nationalen Verjüngung" zusammen mit chinesischem Nationalismus und dem mächtigen Staat. Gemäß Xi haben sich Staat, Partei und Armee auf einen Konflikt vorzubereiten, der verschiedene Formen annehmen kann. Und Rudd (2022b) interpretiert die Ausführungen von Xi als „umfassende Sicherheitsagenda", die Sicherheitsvorkehrungen in praktisch allen Bereichen der Gesellschaft anstrebt. Das Volk wird strenger überwacht und kontrolliert. Das gesamte Militär muss mehr Aufmerksamkeit auf die Kriegsvorbereitung richten. Der ambitiöse militärische Aufbau geht weiter.

Bündnis- und Vertragspolitik Die USA sind nicht in der Lage, sich Chinas Hegemonialbestrebungen alleine entgegenzusetzen. Sie werden mit einer Koalition gleichgesinnter Staaten und assoziierter Partner zusammenarbeiten müssen, um Bündnisse zu schaffen, die die Grundlagen der liberalen internationalen Ordnung absichern und stärken. Dabei geht es nicht um eine Blockbildung, sondern darum, eine Vielzahl von Ad-hoc-Gruppierungen, von bilateralen und multilateralen Verträgen und Allianzen zu bilden, um militärische, wirtschaftliche und diplomatische Fähigkeiten in verschiedenen Bereichen des Wettbewerbs zu bündeln, sei es, um ein regionales Gleichgewicht zu schaffen, einen Konsens über wichtige Aspekte einer regionalen Ordnung herbeizuführen oder das Bewusstsein über Risiken der aktuellen Politik Chinas zu stärken. Dem kann China bisher nur wenig entgegensetzen, verfügt es doch außer Russland kaum über starke Kooperationspartner. Die Belt and Road Initiative, die Weiterentwicklung von BRICS+, die Global Development und die Global Security Initiative, Avancen in Afrika, im Mittleren Osten und vieles mehr dürften in dieser Hinsicht eine klare Verbesserung ihrer Position bringen.

Ein Konzept für eine Weiterentwicklung der Rolle der USA über Bündnisse und Koalitionen präsentiert das Quincy-Institut am Beispiel der Südostasienpolitik (Swaine et al., 2021). Vorgeschlagen wird zum einen eine Verlagerung von der US-eigenen militärischen Präsenz sowie Dominanz und politischer Kontrolle zu einer *integrativen regionalen Diplomatie und kooperativen Sicherheit*, zu verstärkter wirtschaftlicher Integration und gemeinsamen Problemlösungen mit seinen Verbündeten. Angestrebt werden soll ein intelligenter Ansatz zum Ausgleich der wachsenden Macht Chinas in diesem Raum. Dieser soll sich darauf konzentrieren, den Chinesen die Kontrolle über eben diese Räume zu verweigern. Zum andern soll diese neue Strategie auf einer Verbesserung der Verteidigungsfähigkeit der Verbündeten in der Region aufbauen. Eine enge Koordinierung mit den weit verstreuten US-Streitkräften soll Unterstützung bei den Bemühungen der Verbündeten bringen. Dies dürfte – so folgert das Quincy-Institut – eine erhebliche Verringerung der US-Bodentruppen vor Ort erlauben. Darüber hinaus sollten die USA in Südostasien zusammen mit China eine kooperative Agenda für die Behandlung von Themen von gemeinsamem Interesse entwickeln, wie Klimawandel, Pandemien, finanzielle Instabilität, unsichere Seewege und Weiterverbreitung von Massenvernichtungswaffen.

In eine ähnliche Richtung argumentiert Kausikan (2023). Die USA sollten die Stabilität in dieser Region aufrechterhalten, indem sie die Rolle eines *Offshore-Balancers* übernehmen, der sich in erster Linie auf See- und Luftstreitkräfte stützt. Ein Offshore-Balancer zieht sich nicht zurück, sondern verlangt von seinen Verbündeten und Partnern mehr eigene Leistungen, um das regionale Gleichgewicht aufrechtzuerhalten. Eine solche Politik verfolgt multilaterale Bündelung der Kräfte zusammen mit Lastenteilung.

So haben die USA inzwischen denn auch Chinas wachsendem Einfluss in Asien durch verschiedene multilaterale Allianzen zu begegnen versucht, mit einem neuen Modell der Kooperation mit fallweise zugeschnittener Solidarität. Um erfolgreich zu sein, müssten die USA aber auch ihr Verhältnis zu ihren Partnern ändern. Dazu argumentiert Leonard (2022):

> „Auf der einen Seite wird die Pax Americana einer kooperativeren regionalen Sicherheitsordnung Platz machen. Andererseits werden die Vereinigten Staaten ihre Bündnisse neu erfinden müssen, indem sie ihre Verbündeten als echte Akteure und nicht als infantilisierte Juniorpartner behandeln. Kurzfristig könnte der Übergang für Washington schmerzhaft und schwierig sein. Langfristig jedoch werden diese Veränderungen für die globale Ordnung und sogar für die Vereinigten Staaten selbst von Vorteil sein."

Macht und Werte Großmächterivalität wird nicht nur mit und über Macht ausgetragen. Es geht jeder Großmacht auch um Werte und Prinzipien und seien diese lediglich Teil der Propaganda. Das gilt auch in der Rivalität zwischen den USA und China. Werte und Prinzipien gehören zur Identität und Solidarität einer Gesellschaft, zur Motivation an ihrer Teilnahme. Gemeinsame Werte sind auch entscheidend für die Bildung stabiler internationaler Koalitionen. Was viele Verbündete und Partner letztlich zur Zusammenarbeit motiviert und anzieht, ist der Glaube an eine internationale Ordnung, die auf bestimmten (z. B. auf demokratischen) Werten beruht und die es vielen Nationen ermöglicht, sich zu entfalten. In der EU als Wertegemeinschaft verpflichten sich die Mitgliedstaaten zu den Grundrechten der Freiheit, der Demokratie und des Pluralismus.[22] Wird es der Volksrepublik resp. der KPCh gelingen, ihre Partner von ihren Werten zu überzeugen und an sich zu binden?

Effizienz versus Sicherheit Die Machtfrage zeigt sich im Dilemma zwischen Effizienz und Sicherheit. Die Szenarien wie auch Kap. 5 über Interdependenzen haben gezeigt, dass es einen „trade-off" gibt zwischen Effizienz, Wachstum von Wirtschaft und Wohlstand einerseits und (nationaler) Sicherheit anderseits. Bedeutet Effizienz im globalen Maßstab internationale Arbeitsteilung, Verflechtung über international organisierte Wertschöpfungsketten und Wachstum, so geht dies einher mit Abhängigkeiten und damit Erpressbarkeit in einem internationalen Konfliktfall. Konkrete Erfahrungen mit Sanktionen vor allem von Seiten der USA haben dies vielen Politikern und Nationen bewusst gemacht. Die Politik verschiedener Nationen insbesondere der Volksrepublik legt seit einiger Zeit großes Gewicht auf (nationale) Sicherheit und Schutz vor Erpressbarkeit („dual circulation"). Diese Nationen sind bereit, dafür einen gewissen *Wachstums- und Wohlstandverzicht* in Kauf zu nehmen. Dieser Zusammenhang zeigt, dass es im Interesse aller Nationen ist, Sicherheit in den internationalen Beziehungen zu verbessern, hoch zu halten und damit Wohlstandseinbußen zu vermeiden, vgl. dazu Kap. 5.

---

[22] So heißt es in Artikel 2 des Vertrages über die Europäische Union (EUV): „Die Werte, auf die sich die Union gründet, sind die Achtung der Menschenwürde, Freiheit, Demokratie, Gleichheit, Rechtsstaatlichkeit und die Wahrung der Menschenrechte einschließlich der Rechte der Personen, die Minderheiten angehören. Diese Werte sind allen Mitgliedstaaten in einer Gesellschaft gemeinsam, die sich durch Pluralismus, Nichtdiskriminierung, Toleranz, Gerechtigkeit, Solidarität und die Gleichheit von Frauen und Männern auszeichnet."

Aus der Präferenz für Sicherheit resultiert eine zumindest selektive *Entkoppelung*. Einiges spricht für die These, wonach vielfältige Handels- und Wirtschaftsverflechtungen die Neigung zu offenen Konflikten, ja Kriegen reduzieren, da mit größeren Kosten verbunden. In Umkehr kann argumentiert werden, dass Entkoppelung die Parteien konfliktfähiger, Konflikte wahrscheinlicher macht und damit auch als Vorbereitung, als Vorstufe für eine weitere Konfrontation interpretiert werden kann. Weitgehend autarke Nationen können in Konflikten mehr riskieren.

Wechselwirkung zwischen dem inneren Zustand einer Nation und Außen- und Sicherheitspolitik Die äußere Stärke einer Nation wird in hohem Maße durch ihren inneren Zustand bestimmt. Bestehen intern in Politik und Gesellschaft Zerrissenheit, Polarisierung, Pattsituationen, Blockaden, so hat dies negative Konsequenzen für die Außenbeziehungen. Eine mögliche Folge ist, dass besonders aggressives und radikales Verhalten gegen außen von den Binnenproblemen ablenken, die eigenen Reihen gegen einen äußeren Feind schließen und Erfolge als Ersatz dafür bringen soll. Möglich ist aber auch eine schwache und unentschlossene Außenpolitik wegen der inneren Schwächen. In beiden Fällen gilt: Eine schlechte innere Verfassung eines mächtigen Akteurs ist schlecht für die Stabilität in den internationalen Beziehungen und damit für die Stabilität im internationalen System. Mahbubani (2020, S. 12) geht noch weiter und meint, dass die Rivalität zwischen China und den USA über deren inneren Zustand entschieden wird, und sieht dabei China im klaren Vorteil.

Die USA weisen klare innere Schwächen auf. Die Befunde von Kap. 8 werden durch eine Studie der „RAND National Security Research Division" (NSRD) zu den inneren strukturellen und gesellschaftlichen Eigenschaften der USA bestätigt. Anhand von sieben Merkmalen kommt die Studie zu folgendem Befund: Ein besonderer Wettbewerbsvorteil der USA in der modernen Welt sei ein relativ hohes Maß an sozialer Mobilität und an sozialem Ehrgeiz im eigenen Land und politischer Pluralismus. Doch bei allen sieben Merkmalen gäbe es Anzeichen für eine Stagnation und einen Verlust an Energie, und weiter: „Bei mehreren Merkmalen – insbesondere bei nationalem Ehrgeiz, nationaler Einheit, gemeinsamen Chancen und dem Lern- und Geistesklima der Nation – gibt es Grund zu großer Besorgnis. Das Porträt der Vereinigten Staaten, das sich aus dieser Analyse ergibt, deutet auf ein allgemeines Gefühl nationaler Trägheit und Starrheit hin, das beunruhigende Parallelen zu anderen Großmächten aufweist, die sich jenseits ihres dynamischen Höhepunkts befinden" (Mazarr, 2022b). Die USA sind deshalb kein überzeugender und verlässlicher Garant mehr für internationale Stabilität und Sicherheit.

Die Argumentation von Ikenberry (2021) über den Wettbewerb der Großmächte um erfolgreiche, überzeugende und attraktive Modernisierungsprojekte schließt sich dem nahtlos an. Er verlangt von den USA

> „eine Anstrengung nach Art des New Deal, um die amerikanische Gesellschaft und ihre Institutionen zu erneuern und wiederaufzubauen, indem in eine modernisierte Wirtschaft, Infrastruktur, Forschung und Technologie sowie saubere Energie investiert wird. Der Wettbewerb zwischen China und den USA ist in Wirklichkeit ein Wettbewerb um ‚Modernitätsprojekte', alternative Modelle und Ideologien der globalen Entwicklung und des sozioökonomischen Fortschritts. In früheren Epochen war Amerika als Weltmacht erfolgreich, weil sein kapitalistisch-demokratisches Modell seine Rivalen zu überflügeln schien. Wir treten nun in eine Ära ein, in der dieser Wettbewerb erneut ausgetragen wird."

Auch die Volksrepublik kämpft im Inneren mit strukturellen und systemischen Problemen (vgl. Kap. 3). Kann die KPCh die großen Unterschiede in Einkommen und Vermögen, die starke Verschuldung im privaten wie im öffentlichen Bereich, Spannungen zwischen Zentren und Peripherie und das alles bei einer drohenden deutlichen Verlangsamung des Wirtschaftswachstums mit ihrer autoritären und repressiven Politik unter Kontrolle halten? Und Europa dürfte eine innere Geschlossenheit und damit eine größere Handlungsfähigkeit in Außen- und Sicherheitspolitik auf absehbare Zeit kaum schaffen und damit proaktiv wenig zur Stabilität des internationalen Systems beitragen. Die Beurteilung des inneren Zustandes der USA, Chinas und Europas zusammengenommen vermittelt wenig Zuversicht für die Zukunft.

Sicherheitsparadoxon Machtorientierte internationale Rivalitäten können eine Rüstungsspirale erzwingen, was Großmächte in eine Falle führen kann. Auf jeden Rüstungsvorsprung der einen Macht muss die andere Macht zwangsläufig mit zusätzlichen Rüstungsanstrengungen reagieren, um gleichzuziehen. Es entsteht ein sehr teures Nullsummenspiel. USA und China haben bisher keine Abkommen über gemeinsame Rüstungsbegrenzungen getroffen, ja, selbst Verhandlungen oder schon nur Gespräche darüber sind nicht in Sicht. Und China rüstet massiv auf, worauf die USA, um ihren militärischen Vorsprung zu halten, nachziehen dürften.

Die (Mit-)Gestaltung der Weltordnung, Verhandlungen und der Abschluss von Übereinkommen darüber sowie die Gewährleistung der eigenen Sicherheit müssen auf eigener Stärke basieren. Dazu gehört auch militärische Macht verbunden mit einem eigenen Drohpotential. Das gilt auch für China. Damit die Rüstungsspirale aber nicht gefährlich für alle zu drehen beginnt, braucht es Vereinbarungen über

Rüstungsbeschränkungen und -kontrolle der Großmächte. Neu und eine besondere Herausforderung ist, dass China dabei miteingeschlossen werden, also dazu auch bereit sein sollte. In der Einschätzung von Kimball (2021) ist China „nicht bestrebt, mit den nuklearen Fähigkeiten der USA gleichzuziehen. Vielmehr ist das Land eindeutig bestrebt, seine Nuklearstreitkräfte zu diversifizieren, um eine nukleare Abschreckung aufrechtzuerhalten, die potentiellen nuklearen oder konventionellen Schlägen der USA standhalten kann." Die Führung in Peking würde eine diskriminierungsfreie Abrüstung und ein Mindestmaß an Abschreckung unterstützen, habe jedoch erklärt, dass sie sich nur dann auf eine Rüstungskontrolle einlassen werde, wenn die US-amerikanische und die russische Führung „ihre viel größeren Atomwaffenarsenale weiter reduzieren". Als Staat mit Atomwaffen, der dem Atomwaffensperrvertrag beigetreten ist, ist auch China verpflichtet, zur Beendigung des Wettrüstens beizutragen. Zweckmäßig wäre es, so Kimball, wenn das US-Außenministerium chinesische Diplomaten einladen würde, sich an der Ausarbeitung eines Plans zur Stärkung des bestehenden Dialogs zwischen den fünf Kernwaffenstaaten (China, Frankreich, Russland, das Vereinigte Königreich und die USA) über die Kernwaffenpolitik und die Risikominderung zu beteiligen.

Normen und Standards An Bedeutung zugenommen hat die Auseinandersetzung um die Bestimmung von Normen und Standards in Wirtschaft und Technologie und ihre möglichst breite Durchsetzung. Dies ist vor allem in der digitalen Wirtschaft von großer Bedeutung. Dabei ist die Macht, Normen und Standards zu setzen, noch wichtiger als die vorhandenen Normen und Standards selbst. Es gibt unterschiedliche Einschätzungen darüber, inwieweit China die Fähigkeit anstrebt, Normen und Regeln in hegemonialer Weise zu diktieren. Auf jeden Fall arbeitet China daran, vgl. die Ausführungen in Kap. 7 zu den Auseinandersetzungen um Normen und Standards in der digitalen Welt.

(3) Notwendigkeit von Mechanismen internationaler Konfliktregelung und Zusammenarbeit

Im Szenario „multipolar, fragmentiert und heterogen" werden Konflikte regional und überschaubar auftreten. Allerdings besteht ein beträchtliches Risiko zur Eskalation. Beim Szenario „entkoppelt, binnenorientiert und bipolar" drohen Konflikte rasch zu einer Auseinandersetzung der Supermächte zu werden. Krisenresistent ist das Szenario „multipolar und regelbasiert", weil darin *internationale Regeln und international breit abgestützte Mechanismen der Konfliktregulierung* bestehen, die dazu beitragen, eine Eskalation zu verhindern. Die Existenz einer „Global Governance"[23] ist zentral für eine funktionierende, friedliche Weltordnung. Diese Regeln und Mechanismen müssen allgemein anerkannt und respektiert sein, damit sie auch funktionieren. Dies wiederum verlangt starke und anerkannte internationale Organisationen, die ihnen Nachachtung verschaffen.

Auf eine damit verbundene Kernproblematik verweist Mearsheimer (2019, S. 9) mit seiner Definition einer Weltordnung: Diese sei „eine organisierte Gruppe von internationalen Institutionen, die dazu beitragen, die Interaktionen zwischen den Mitgliedsstaaten zu regeln" und

---

[23] „Global Governance bezeichnet den zur Bewältigung globaler Probleme erforderlichen internationalen Rahmen von Prinzipien, Regeln, Gesetzen und Prozessen der Entscheidungsfindung, inklusive einer Reihe von Institutionen, um diese aufrechtzuerhalten – und meint keine ‚Weltregierung'", zitiert nach Wikipedia, Global Governance. https://de.wikipedia.org/wiki/Global_Governance.

weiter, dass diese Institutionen effektiv „Regeln (sind), die sich die Großmächte ausdenken und zu befolgen bereit sind, weil sie glauben, dass die Befolgung dieser Regeln in ihrem Interesse liegt".

Diese Institutionen und Regeln sind heute in erster Linie die UNO mit ihren Unterorganisationen. Sie hat jedoch an Anerkennung und Bedeutung verloren und kann die ihr zugedachten Aufgaben nur noch mehr schlecht als Recht erfüllen, vgl. ihre schwache Rolle bei der Bekämpfung der Coronapandemie oder im Ukraine-Krieg. Ein wesentlicher Grund dafür ist mit Mearsheimer, dass China und die USA (unter Trump) nicht mehr glauben, dass die Befolgung dieser Regeln in ihrem Interesse liegt, weshalb sie diese Regeln neu ausgestalten wollen. Eine grundlegende Reform der UNO ist so oder so dringend nötig. Alternativen gibt es keine.

Ähnliches gilt auch für die *Weltwirtschaft*. Jedes funktionierende internationale Wirtschaftssystem erfordert eine Führungsrolle. Die Bereitstellung globaler öffentlicher Güter in Form von global geltenden Handelsregeln sowie global koordinierte Aktionen in Zeiten einer Wirtschaftskrise (z. B. in der Finanzkrise 2008/2009) durch eine starke Führung sind unabdingbar. Fehlt diese, werden Regeln missachtet und der internationale Handel kann sich nur schwer entwickeln („Kindelberger-Falle").

Chinas Aufstieg zur Weltmacht ist der bedeutendste neue Faktor im internationalen System seit Jahrhunderten, ist eine Tatsache und ist als solche anzuerkennen. Alle Staaten und Systeme der Welt werden sich mit dem System der Volksrepublik China arrangieren müssen. Dafür bieten sich (gemäß den Szenarien) verschiedene Alternativen wie Entkoppelung und Isolation, verschiedene Formen der Kooperation, Umarmung resp. Integration im Sinne von aktiver Einbindung in ein eigenes Konzept u. a. m. Entscheidend für eine neue Weltordnung wird sein, wie, ausgehend vom bestehenden angelsächsisch geprägten internationalen System, China über Anpassungen und Weiterentwicklungen dieses Systems dafür gewonnen werden kann. *Die Volksrepublik muss wirksam in die internationalen Strukturen der Entscheidungsfindung integriert werden* oder sie wird eigenständig und einseitig ihre eigenen neuen Strukturen und Systeme schaffen, was ja seit einiger Zeit auch bereits im Gange ist. Eine kluge Politik zielt darauf ab, China zu einem „verantwortungsvollen Akteur" des Gesamtsystems werden zu lassen (dazu ausführlicher Zakaria, 2020). Damit entscheidet sich die Frage, ob es zu einer Spaltung der internationalen Ordnung in zwei mehr oder weniger abgeschottete Machtblöcke kommt und sich das Denken in Einflusssphären, Pufferzonen und Gleichgewichten wieder durchsetzt (Szenario 2).

Zwang zur zumindest selektiven Zusammenarbeit der Großmächte China ist tief in das globale System und die Weltwirtschaft eingebettet und integriert. Es gibt anstehende globale Probleme, die nur gemeinsam gelöst werden können und wo sich die Interessen von China und den USA finden sollten, z. B. Bekämpfung der globalen Erwärmung,[24] der Verbreitung von Kernwaffen, der Geldwäsche, des Terrorismus oder der Bekämpfung von Pandemien. Es sollte möglich sein, dass die USA und die Volksrepublik über einige dieser Fragen verhandeln und sich zu abgestimmten und gemeinsamen Aktionen auch einigen können.

Dies setzt allerdings voraus, dass die mächtigen Akteure eine minimale Bereitschaft zeigen, die internationalen Organisationen und Regeln anzuerkennen und daraus hervor-

---

[24] Für beide Länder bestehen alarmierende Prognosen, was die Bewohnbarkeit großer Teile der beiden Länder betrifft. In China dürfte ein Gebiet mit heute rund 400 Mio. Einwohnern bis Ende des Jahrhunderts unbewohnbar sein. Ein ähnliches Phänomen gilt für bedeutende Flächen der USA (Collins & Reddy, 2022).

gehende Entscheide zu akzeptieren und zu beachten. Notwendig für eine neue Ordnung ist ein gewisses Maß an *Kompromissbereitschaft* und damit ein *minimaler Konsens*, der für beide Großmächte vorteilhaft sein kann. Voraussetzung ist die Bereitschaft der Großmächte USA und China, auf Hegemonie zu verzichten und die andere Seite als ebenbürtig zu akzeptieren (Szenario 3). Gleichzeitig sollten sie in ihrem legitimen Bedarf nach Sicherheit und Kontrolle nicht verletzt und einseitig geschwächt, ja provoziert werden.

Verfolgt China mit Entschlossenheit die Absicht, sich an Stelle der USA als Hegemon zu etablieren oder wäre China zu tragfähigen Kompromissen mit den USA bereit? Dies ist eine Schlüsselfrage für die kommende geopolitische Entwicklung und wird von Experten unterschiedlich beurteilt. In der Einschätzung von Friedberg (2022) ist China ein autoritärer Staat, der darauf aus ist, seinen Einfluss zu vergrößern, seine Nachbarn einzuschüchtern, seine Liste von Klientenstaaten zu erweitern und demokratische Institutionen zu untergraben, wo immer es möglich ist. Dies verstärkt das gegenseitige Misstrauen der Großmächte und zeige deutlich, dass China nach wie vor nicht bereit und nicht willens ist, seiner globalen Verantwortung gerecht zu werden. Nach Rudd (2022) will China die USA in ihrer globalen Führungsposition ablösen. Dem schließt sich Ikenberry (2021) an: „Grundsätzlich versucht China, die liberale hegemoniale Präsenz Amerikas in der Welt anzufechten, zu schwächen und zum Schrumpfen zu bringen und so den Weg für den Aufstieg seiner hegemonialen Führung zu ebnen, die sich für eine internationale Ordnung einsetzt, die ihren eigenen illiberalen Regimeprinzipien und -interessen entgegenkommt."

Demgegenüber wird (u. a. von Campanella, 2022) darauf hingewiesen, dass Chinas hegemoniale Ambitionen weniger offensichtlich und explizit sind, als amerikanische strategische Hardliner sie darstellen. In der gegenwärtigen Phase scheinen Chinas Bemühungen, seine wirtschaftliche und militärische Macht zu vergrößern, eher darauf abzuzielen, die eigene Verwundbarkeit zu verringern und seine Unabhängigkeit zu stärken, als eine Überlegenheit gegenüber den USA zu erlangen.

Xi versuche nicht aktiv, die KPCh-Ideologie oder das Regierungssystem zu exportieren. Er trete nicht offen für eine globale kommunistische Revolution ein, wie es Stalin, Chruschtschow und andere sowjetische Führer getan haben, nicht zuletzt, weil er sich in erster Linie auf die Aufrechterhaltung des „Sozialismus mit chinesischen Merkmalen" und eine „nationale Verjüngung" im eigenen Land konzentriere. Peking habe keine globale Agenda zum Umsturz von Dutzenden von Regierungen („regime change"), um diese nach dem Vorbild Chinas zu ersetzen.

Nach Ansicht von Men Honghua, Professor an der Zentralen Parteischule (und damit eine China-interne Sicht), stützt China seine internationale Strategie auf drei Hauptpfeiler: „sich in die Welt integrieren, sich selbst transformieren und die Welt gestalten" (Men Honghua, 2017, zitiert nach Nadège, 2020, S. 121). Gemäß eigenem Narrativ will die Volksrepublik ihr Modell nicht aktiv exportieren. Sie sieht ihr Modell aber als *Vorbild für andere Nationen*. „Große Länder müssen mit gutem Beispiel führen" (Wang Yi, 2022). „China … ist bereit, dem Iran und anderen Ländern, die ihre Entwicklung beschleunigen und gleichzeitig ihre Unabhängigkeit bewahren wollen, als Vorbild zu dienen" (Wang Yi zitiert nach Ministry of Foreign Affairs of the People's Republic of China 2021).[25] Und als Vorbild würde China von vielen Nationen angefragt und einge-

---

[25] Nach CGTN, dem chinesischen Ausland Fernsehsender, https://newsaf.cgtn.com/news/2021-11-25/Wang-Yi-Speaks-with-Iranian-Foreign-Minister-15sAye5aq9G/index.html.

laden zusammenzuarbeiten.[26] So finden viele Länder in Afrika chinesische Lösungen attraktiv. Und Heilmann (2020) befürchtet, dass der „digitale Leninismus" Chinas mit seinen neuen Kontroll- und Steuerungsmöglichkeiten mittelfristig auch eine neue Anziehungskraft in Entwicklungs- und Schwellenländern mit instabilen und konfliktgeprägten Gesellschaften entwickeln könnte.

Wie in Kap. 7 aufgezeigt, gibt es in der neueren Entwicklung der Volksrepublik unter Xi Jinping klare Indizien, dass eine zumindest regionale Hegemonie angestrebt wird und dass China längerfristig die weltführende Macht in Wirtschaft und Technologie sein will. Das chinesische Narrativ der Multipolarität heißt im Klartext „Beseitigung der Hegemonie der USA". Die Volksrepublik wird unter Xi Jinping nationalistischer, kompromissloser und egozentrischer. Sie verfolgt effektiv eine Strategie der „Exterritorialität", d. h., Verhalten und Darstellungen außerhalb Chinas sollen proaktiv kontrolliert werden. Der Anspruch ist „Gestaltung der Weltordnung nach ihren eigenen Prinzipien" (Huotari, 2021).

Und 2022 stellt derselbe Autor dazu fest: „Die ‚Eskalation' der Außenpolitik von einer ambitionierten Regionalmacht zur Großmacht mit globalem Führungsanspruch trägt klar seine (Xis) Handschrift. Die Belt and Road Initiative war dabei nur ein erstes Experimentierfeld. Von Handel- und Infrastruktur-Konnektivität ausgehend zeichnet Xi mit seinen neuen globalen Initiativen für ‚Sicherheit', ‚Datensicherheit' und ‚Entwicklung' die Konturen einer neuen chinazentrierten Weltordnung" (Huotari, 2022). Wie aus in Kap. 7 zitierten Publikationen von 2023 zur

---

[26] „Wir werden uns weiterhin für einen chinesischen Weg der Modernisierung einsetzen, der nicht nur eine neue Form des menschlichen Fortschritts schafft, sondern auch neue Möglichkeiten für die Entwicklungsländer bietet. Wir werden die Entwicklungsländer nachdrücklich dabei unterstützen, Entwicklungswege zu erkunden, die ihren nationalen Bedingungen entsprechen, und frühzeitig einen schnellen Weg zur Modernisierung einzuschlagen" (Wang Yi in einer außenpolitischen Grundsatzrede 2022).

Global Governance hervorgeht, erklärt sich China offen als Gegner der USA, ihrer Verbündeten und der durch diese vertretenen liberal-demokratischen und regelbasierten Weltordnung, die ungerecht und ausbeuterisch sei. China habe als Grossmacht die Verantwortung, aufgrund seines Wissens und seiner Erfahrung seine Massnahmen einzubringen, um den Anforderungen dieser Zeit gerecht zu werden. Seine vorgeschlagene Globale Entwicklungsinitiative, die Globale Sicherheitsinitiative und die Globale Zivilisationsinitiative würden den Fortschritt der menschlichen Gesellschaft leiten und seien entscheidende Eckpfeiler für den Aufbau einer globalen Gemeinschaft mit gemeinsamer Zukunft („the concept of a global community with shared future"). Diese Initiativen „bieten Chinas Lösungen für die grossen Herausforderungen in Bezug auf Frieden und Entwicklung der Menschheit" (State Council Information Office 2023, September 26). Damit wird der globale Führungsanspruch von China klar und deutlich zum Ausdruck gebracht.

Verlangt wird natürlich auch eine Bereitschaft der USA zum Dialog mit China und zur Kompromissbereitschaft. Je nach geopolitischer Fraktion ist diese vorhanden oder wird abgelehnt, vgl. die Ausführungen zum „Containment" in Szenario 2 sowie unten Abschn. 10.3.2. Offen ist, ob die USA ihre Dominanz in Ostasien friedlich abtreten können oder wollen und Chinas Stellung als gleichberechtigte Großmacht anerkennen. Tun sie dies nicht, könnte das Kriegsrisiko stark ansteigen.

Unter Experten sind die Einschätzungen zu diesen Fragen höchst kontrovers. Diese lassen sich aber ohnehin nicht ein für alle Mal beantworten. Vielmehr wäre so oder so zwischen den USA und China in Abhängigkeit ihrer Macht und Gegenmacht darüber zu verhandeln. Dabei sollte der aktuelle Hegemon, also die USA, den ersten Schritt tun und seriöse Vorschläge unterbreiten. Würde China Vereinbarungen akzeptieren und einhalten?

China und die USA werden sich neben- und miteinander weiterentwickeln. Kausikan (2023) sieht das, wie viele aus Singapur, sehr pragmatisch. Beide müssten prägende Eigenheiten des andern sowie Risiken und Schwachstellen ihrer gegenseitigen Beziehungen akzeptieren und damit auskommen. China und die USA würden miteinander konkurrieren, und zwar innerhalb des einen (Welt-)Systems, von dem sie beide ein wichtiger Teil seien. Der eine könne und würde den anderen nicht vollständig übernehmen und ersetzen. China dürfte auch überhaupt kein Interesse haben, das bestehende (Welt-)System vollständig durch sein eigenes zu ersetzen. China war und ist der größte Nutznießer der Weltwirtschaft nach dem Kalten Krieg. Wäre hinzuzufügen, dass China doch einschneidende Korrekturen der Weltordnung nachdrücklich forcieren wird.

Kalter Krieg 2.0? Sollten die angesprochenen Reformen in der globalen Ordnung nicht zustande kommen und (schon nur auf einer Seite) keine Kompromissbereitschaft und kein Vertrauen vorhanden sein, so droht eine Art Kalter Krieg zwischen der Volksrepublik und den USA mit Eskalationspotential. Dabei bestehen bedeutende Unterschiede im Vergleich zum Kalten Krieg zwischen der Sowjetunion und den USA. China ist wesentlich mächtiger, als die Sowjetunion in der Nachkriegszeit bis zu ihrem Zusammenbruch 1991 je war. Neben der viel größeren Bevölkerung und dem raschen Aufbau ihrer Militärmacht gilt dies ganz besonders für ihre Wirtschaft. Diese ist auch viel stärker mit der Weltwirtschaft verflochten, verbunden mit gegenseitigen Abhängigkeiten, vgl. Kap. 5. Kommt dazu, dass die KPCh aus den Erfahrungen der KP Russlands gelernt hat. Sie ist seit Deng pragmatischer und flexibler und weniger ideologisch, was sich allerdings unter Xi Jinping aktuell wieder ändert. Ein Kalter Krieg 2.0 zwischen den USA und China wäre viel komplexer, ernster und gefährlicher für die Weltgemeinschaft.

Dabei ginge es um den Einsatz der verschiedensten Instrumente und Waffen und um verschiedene Eskalationsmöglichkeiten wie Wirtschaftssanktionen, Cyberattacken und Sabotage z. B. von kritischer Infrastruktur oder Regierungs- und Verwaltungseinheiten, Spionage, Propaganda, aggressive Diplomatie, Erpressung z. B. durch Gefangennahme von Bürgern der anderen Supermacht verbunden mit Forderungen,[27] indirekte Druckausübung über Drittstaaten oder internationale Organisationen; dies alles unter der Schwelle eines heißen Krieges. China, Russland wie auch die USA wenden solche Instrumente bereits heute unverhohlen an. Diese Art der Auseinandersetzung ist Teil der alltäglichen Großmächterivalität. Mit einer deutlichen Eskalation all dieser Formen der Auseinandersetzung wäre in Zukunft zu rechnen. Die modernen technologischen Möglichkeiten bedeuten, dass die Rivalitäten konfliktreicher und bedrohlicher für die Zielländer sind, mit einem höheren Risiko von Krisen und einer Eskalation.

(4) Wirtschaftliche Rivalität China – USA

„Der wahre Wettstreit zwischen Amerika und China wird in Ostasien auf dem Feld der Wirtschaft ausgetragen" (Mahbubani, 2020, S. 15). Natürlich findet die Auseinandersetzung zwischen China und den USA schwergewichtig im Bereich Wirtschaft statt, wenn auch gemäß Xi am 20. Parteitag Ideologie fortan mehr zählen soll als wirtschaftlicher Fortschritt. Mit den bisher erzielten Leistungen ist die Wirtschaft Chinas zu einem ernsthaften Konkurrenten der US-Wirtschaft geworden. Dies gilt speziell in Bereichen wie der digitalen Wirtschaft (Alibaba versus Amazon, Tencent versus die sozialen Netzwerke von Meta wie Facebook, Baidu versus Google) oder der Telekommunikation (Huawei mit seinem gegenwärtig weltweit überlegenen 5G-System). Und China

---

[27] Vergleiche den Fall der Finanzchefin von Huawei mit ihrer Festnahme in Kanada auf Betreiben der USA und die darauffolgende Verhaftung von zwei kanadischen Geschäftsleuten in China zwecks Austauschs, der – wenn auch indirekt – schlussendlich auch zustande gekommen ist.

will mit seinem neuen Wachstumskonzept durch gezielte und großangelegte Industriepolitik auch in anderen Bereichen erfolgreicher Konkurrent der USA werden (Kap. 3).

Die neue Wachstumsphase Chinas und seines staatskapitalistischen Modells verändert die globale Wettbewerbsdynamik zum Nachteil der Hegemonie der USA und führt zu einer grundlegenden Veränderung des weltwirtschaftlichen Kräfteverhältnisses. China baut seine eigenen Netzwerke wirtschaftlicher Macht auf (regionale Wertschöpfungsketten; Lieferketten; Handels-, Finanz- und technologische Expansionsnetze von 5G, Untersee-Internetkabel usw.) und errichtet seine eigenen Einflusssphären.

Mit dem Modell des chinesischen Staatskapitalismus gibt es *eine nichtwestliche Alternative zur Entwicklung und Modernisierung der Wirtschaft* und damit eine verlockende Option, die in vielen Entwicklungsländern und -regionen ideelle Inspiration und Verbreitung finden wird. Milanovic (2020) argumentiert: Unabhängig davon, welche Art von Kapitalismus sich durchsetzen wird, ist es unwahrscheinlich, dass eine der beiden Varianten den gesamten Globus beherrschen wird. Chinas wirtschaftlicher Aufstieg und sein nationaler Ehrgeiz bewirken eine Neuaufteilung der Weltwirtschaftsstruktur. Es ist daher vorhersehbar, dass China und die USA, die beiden größten Volkswirtschaften der Welt, weiterhin in einer *langanhaltenden strategischen Rivalität* stehen werden.[28]

Diese Argumentation ist zu relativieren. China profitierte bei seinem wirtschaftlichen Aufstieg von besonderen Umständen wie billiger Arbeit durch Binnenwanderung, sehr großen Direktinvestitionen internationaler Konzerne in China, Technologietransfer über erzwungene Joint Ventures, großen Exporterfolgen über eine Integration in eine

---

[28] Milanovic (2020) wie darauf aufbauend Li und Bernal-Meza (2021) argumentieren, dass China mit seinem staatsgeführten politischen Kapitalismus und die USA mit der liberal meritokratischen Form zwei verschiedene Arten desselben kapitalistischen Systems vertreten. Ihre Rivalität stelle eine neue Phase der Auseinandersetzungen innerhalb des Kapitalismus dar.

wachsende und blühende Weltwirtschaft (u. a. über den WTO-Beitritt 2001), Vernachlässigung massiver Umweltbelastungen und einiges mehr. Es ist zu bezweifeln, dass all diese Elemente in den kommenden Jahren im gleichen Sinne für den Erfolg Chinas zusammenspielen. Zudem verfügt China über *kein tragfähiges und nachhaltiges Wirtschaftsmodell*, vgl. Kap. 3. Das geltende Modell weist strukturelle Probleme auf, die einen systemischen Hintergrund haben wie ausgesprochen exportlastig, stark auf Infrastrukturinvestitionen und den Immobilienbereich ausgerichtet, sehr hohe Investitions- und geringe Konsumquote. Von einer unproblematischen Trendfortschreibung der letzten Dekaden in die Zukunft kann keine Rede sein.

Kommen die Reaktionen der USA und Europas in der Wirtschaftspolitik dazu. Die USA reagierten mit Restriktionen bis zu Verboten beim Export von Hightechkomponenten wie modernsten Halbleitern. Die EU strebte ein Investitionsabkommen mit China an, um zu gleichen Ausgangsbedingungen, Gegenseitigkeit („*Reziprozität*") und einem „*level playing field*" zu gelangen.[29] Es geht um Themen wie Einschränkung von subventioniertem Dumping für staatliche Unternehmen, Schutz von geistigen Eigentumsrechten, Verbot von Menschenhandel und Legalisierung unabhängiger Gewerkschaften und Tarifverhandlungen. Es gibt jedoch kaum Anzeichen dafür, dass die EU und/oder die USA mit verhandelten Abkommen, mit Multilateralismus oder einer diplomatischen Partnerschafts-

---

[29] Zu den unmittelbaren Hauptprioritäten der EU zählen auch weiterhin der Abschluss eines umfassenden *Investitionsabkommens mit China* (einschließlich gegenseitigem Marktzugang) und ein Abkommen zum Schutz von geographischen Angaben. Aus Sicht der EU können größere Ziele wie ein tiefgehendes und umfassendes Freihandelsabkommen nur in Betracht gezogen werden, nachdem das Investitionsabkommen abgeschlossen und ambitioniertere Reformen in China umgesetzt worden sind, durch das faire Wettbewerbsbedingungen für nationale und ausländische Unternehmen geschaffen werden, z. B. die Liberalisierung der chinesischen Wirtschaft und die Reduzierung der Rolle staatseigener Unternehmen. Dies ist unter Xi Jinping keine Perspektive mehr.

agenda mit China Fortschritte erzielen könnten. Das geplante Investitionsabkommen der EU mit China ist blockiert. Die Regierung der Volksrepublik wird sich auf nichts einlassen, was aus ihrer Sicht ihr Wirtschaftsmodell unterminieren könnte. China wird von seinem Modell des autoritären Staatskapitalismus nicht abrücken. Auch Houtari, Direktor von Merics, sieht keine kompromissfähige Außenwirtschaftspolitik, die sich mit westlichen Interessen decken würde. Alle Überlegungen im Sinne einer Konvergenz der Systeme insbesondere der Anpassung Chinas an westliche Vorstellungen von liberaler Marktwirtschaft und Demokratie seien völlig illusorisch. *Es wird keine Konvergenz geben!*

Demgegenüber argumentiert Milanovic (2020): Zurzeit seien sowohl in den USA wie in China wirtschaftliche und politische Macht noch mehr oder weniger getrennt. Er räsoniert, wie sich dieses Verhältnis weiter entwickeln wird, und stellt seine *Konvergenzthesen* auf: Je mehr wirtschaftliche und politische Macht in den liberalen kapitalistischen Systemen insbesondere der USA miteinander verschmelzen, desto plutokratischer werde der liberale Kapitalismus. Die wirtschaftliche Macht werde die Politik erobern, womit der liberale Kapitalismus Züge des politischen Kapitalismus annehme. Im Staatskapitalismus von China ist die Politik der Weg, um wirtschaftliche Vorteile zu erlangen. Politik stehe im Wettbewerb mit den wirtschaftlich Mächtigen und infiltriere die Wirtschaft immer stärker. Milanovic prognostiziert in *beiden* Systemen einen Schulterschluss und die Vermengung einiger weniger Privilegierter aus Wirtschaft und Politik und die Reproduktion dieser Elite auf unbestimmte Zeit in der Zukunft.[30] Dies mag eine eingängige und at-

---

[30] Mahbubani (2020, S. 214) verfolgt eine ähnliche Argumentationslinie, sieht den Ausgang aber noch als offen: „Geht es beim Wettstreit zwischen Amerika und China um einen Wettstreit zwischen einer gesunden und flexiblen Demokratie und einem starren und unflexiblen kommunistischen Parteisystem, dann wird sich Amerika durchsetzen. Geht es bei dem Wettstreit jedoch um eine starre

traktive These sein. Sie geht von der gewagten Annahme aus, dass die großen ideologischen Unterschiede der beiden Kontrahenten in Macht und Reichtum verschmelzen und sich damit aufheben. Weiter stellt sich die Frage, ob im Zuge einer solchen Entwicklung Spannungen und Widerstand, sei es aus der Elite selber, sei es aus der Gesellschaft entstehen und die weitere Entwicklung in der postulierten Richtung unter Konflikten abgebrochen wird.

10.3.2 Normative Vorstellungen

Eine künftige neue Weltordnung soll dazu beitragen, bestimmte *normative Ziele* zu erreichen. Diese normativen Ansprüche sind auch ein Maßstab für ihre Beurteilung. In Anlehnung an Rodrik und Walt (2021, S. 33–36) hat eine neue Weltordnung beizutragen:

- Zur *Erhaltung menschlichen Lebens* auf dieser Erde, wobei eine globale Klimakooperationspolitik zum Überleben kurzfristig besonders wichtig ist.
- Zur *Friedenssicherung*, zur Minimierung des Risikos gewaltsamer kriegerischer Auseinandersetzungen, zur Verhinderung einer Eskalation von Konflikten.
- Zu einer *minimalen wirtschaftlichen Versorgung* für möglichst viele der Bewohner dieses Planeten, was eine gewisse Offenheit der Länder und einen Austausch von Waren, Kapital, Informationen und Personen zwischen diesen verlangt.
- Zum *Schutz bestimmter Grundwerte* wie Menschenrechte. Für die dabei zu erwartenden Konflikte aufgrund der vorhandenen ideologischen Vielfalt müssen Lösungen gefunden werden.

---

und unflexible Plutokratie und ein biegsames und flexibles politisches System, das auf Meritokratie basiert, dann wird China gewinnen."

Gemessen an diesen Anforderungen wäre Szenario 3 „multipolar und regelbasiert" wünschbar. Die USA wären nicht länger der Hegemon der Welt. Sie würden aber auch nicht einfach durch China (zusammen mit Russland) ersetzt. Multipolar regelbasiert unter Einbezug von Europa und weiterer Mächte wie z. B. Japan könnte zu einer stabilen Ordnung beitragen. Notwendig dazu wäre die Anerkennung und Beachtung von internationalen Regeln insbesondere bei Konflikten.

In der Geopolitik wünschbar und anzustreben ist weniger Militär, mehr „innovative" Diplomatie und Verhandlungen, mehr Pragmatismus und weniger Ideologie. In der aktuellen Literatur schlagen mehrere Experten Strategien für praktikable Beziehungen zwischen den USA und China vor. Diese kombinieren verschiedene Formen des Engagements und der Entkopplung, der Zusammenarbeit und des Wettbewerbs. Wie Campanella (2022) zusammenfassend feststellt, mögen die Bezeichnungen unterschiedlich sein, aber die Stoßrichtung ist bei vielen Experten in etwa dieselbe. Rudd (2022) schlägt eine Politik des „gelenkten strategischen Wettbewerbs" vor, Friedberg (2022) eine „selektive Entkopplung" und Bergsten (2022) eine „bedingte wettbewerbliche Zusammenarbeit".

Auf die eine oder andere Weise beinhalten alle Vorschläge die Entwicklung von gegenseitig zu respektierenden roten Linien, hochrangige Diplomatie im Hintergrund, um diese durchzusetzen, Mechanismen der Krisendiplomatie und Zusammenarbeit in globalen Angelegenheiten wie Klimawandel, Pandemien und Finanzstabilität. Bergsten (2022) weist zu Recht darauf hin, dass Wirtschaftsfragen von Wertefragen getrennt werden sollten. Eine übermäßige Betonung des Gegensatzes zwischen autoritärem und demokratischem System berge die Gefahr in sich, dass die gesamten chinesisch-amerikanischen Beziehungen in die Brüche gehen.

Damit diese Konzepte von Zusammenarbeit und Wettbewerb eine Chance haben, müssen sich – wie Ikenberry (2021) ausführt – beide, die USA und die Volksrepublik, zurückhalten und mäßigen. Irgendwann werde China seine Ambitionen mäßigen und Zurückhaltung signalisieren müssen. Das gelte auch für die USA, da die meisten ihrer Bündnispartner wirtschaftlich eng mit China verbunden sind. In Ostasien sind die Länder gleichzeitig von China in Bezug auf Handel und Investitionen *und* von den USA in Bezug auf Sicherheitsschutz und die Aufrechterhaltung des militärischen Gleichgewichts abhängig. Wenn die USA ihre Verbündeten zu sehr zur Konfrontation oder Eindämmung Chinas drängen, könnten diese von der amerikanischen Seite abspringen. Die USA werden ihren Verbündeten in Ostasien versichern müssen, dass sie weiterhin für regionale Sicherheit und militärisches Gleichgewicht sorgen werden. Sie werden gleichzeitig aber auch zugestehen müssen, die Frontstaaten nicht in einen Krieg mit China zu drängen oder diese Staaten gar dazu zwingen, existenzielle Entscheidungen darüber zu treffen, auf welcher Seite sie stehen.

Ein wesentlicher Beitrag für eine friedliche Zusammenarbeit könnte ein *Metaregime* sein, wie es von Rodrik und Walt (2021) entwickelt und vorgeschlagen worden ist. Dieses Metaregime soll im Wesentlichen ein Instrument mit geringer Regelungsdichte zur Strukturierung von Gesprächen über die Fragen sein, in denen die Staaten übereinstimmen oder eben nicht, und fallweise zur Erleichterung einer Einigung oder eines Entgegenkommens beitragen. Damit würden auch für den Fall der Uneinigkeit die Gründe geklärt. Es würden Anreize geschaffen, dass mächtige Akteure anderen keinen unnötigen Schaden zufügen, wenn sie autonom handeln, um ihre Interessen zu schützen. Rodrik und Walt hoffen, dass unter günstigen Umständen dieser Ansatz eine verstärkte und bedeutende internationale Zusammenarbeit erleichtern könnte. Im Laufe der Zeit könnte dieser Ansatz eine Zusammenarbeit selbst unter Gegnern fördern, da die Teilnahme an dem Metaregime das Vertrauen zwischen ihnen stärkt. Dies könnte in der Wirtschaft dazu beitragen, viele der gemeinsamen Vorteile des Handels zu bewahren und gleichzeitig beiden Seiten „beträchtlichen Spielraum bei der Gestaltung einer Vielzahl von industriepolitischen Maßnahmen, technologischen Systemen und sozialen Standards" zu lassen (Lehman et al., 2019).

Europa als dritter Pol? Wünschbar ist, dass Europa in einem anspruchsvollen Prozess seine Autonomie schrittweise erhöht, bis zu einer wenn auch relativen „strategischen Autonomie". Europa ist sicherheitspolitisch und besonders militärisch stark von den USA abhängig, was mit Risiken verbunden ist. Auf die USA ist nur beschränkt Verlass, so etwa bei einem Präsidenten Trump 2.0 (verbunden mit Isolationismus). Und wenn es drauf ankommt, bestimmen die USA die Politik für Europa.[31] Diese Risiken sind zu reduzieren. Europa sollte seinen Weg unabhängiger gestalten, seine Selbstbestimmung stärken. Europa fallweise verbunden mit Mittelmächten könnte einen dritten Pol bilden und damit als Vermittler, zum Ausgleich und zu tragfähigen Kompromissen zwischen den Großmächten beitragen, vgl. Kap. 9.

Größere Freiräume für ihre eigene Entwicklung, für einen Mittelweg zwischen den Großmächten müsste Europa gegen deren Widerstände allerdings hart erarbeiten. So hat z. B. die Diplomatie vor und während dem Ukraine-Krieg gezeigt, dass Europa nicht geschlossen und stark mit Russland verhandeln kann und dass Russland Europa nicht ernst nimmt, vielmehr das direkte Gespräch mit den USA verlangt.

Gegenüber China will Europa seine Beziehungen entlang verschiedener Stoßrichtungen ausgestalten. So hielt die Europäische Kommission, 2019 fest: „China ist gleichzeitig in verschiedenen Politikbereichen ein Kooperationspartner, mit dem die EU eng abgestimmte Ziele verfolgt, ein Verhandlungspartner, mit dem die EU einen Interessen-

---

[31] China macht bewusst provokative Anspielungen auf Europa als Vasallen der USA (Sander, 2023). Dies hat Macron im April 2023 beim Besuch in Peking zu Äußerungen hinreißen lassen, die einer China-Politik eines geeinten Europas klar abträglich sind.

ausgleich finden muss, ein wirtschaftlicher Konkurrent im Streben nach technologischer Führerschaft und ein systemischer Rivale, der alternative Modelle der Regierungsführung fördert." Aufgrund der Entwicklung bis 2023 haben sich die Gewichte für die Kommission auf Systemrivalität verschoben, vgl. Kap. 5. Dabei geht es aus Sicht der EU-Kommissionspräsidentin nicht darum, Europa von China abzukoppeln („de-coupling"). Die EU müsse aber gegenüber dem immer forscher auftretenden China systematisch ihre Abhängigkeiten reduzieren („de-risking") (von der Leyen, 2023). Gleichzeitig möchte der Staatspräsident Frankreichs, Macron, Europa neben den Polen USA und China als dritten Pol aufbauen mit einer größeren Eigenständigkeit und guten Beziehungen zu beiden Seiten. Diese beiden Positionen von Macron und von der Leyen schließen sich nicht grundsätzlich aus. Sie können und müssten zu einer gemeinsamen Politik Europas aufgebaut werden.

Aber auch hier hat sich deutlich gezeigt, dass China die als besonders stark und attraktiv eingeschätzten Länder Deutschland und Frankreich einzeln anvisiert und nicht Europa resp. die EU. Dies hat Xi anlässlich des Besuchs von Macron und von der Leyen im April 2023 in Peking mit symbolischen Gesten in einer brutal offenen Art und Weise zum Ausdruck gebracht. Die EU-Kommission gilt für ihn als klar zweitrangig. Europa wird es sehr schwer haben eine gemeinsame, starke und anerkannte Einheit gegenüber Dritten wie Russland und China zu bilden und eine wie auch immer auszugestaltende „strategische Autonomie" zu realisieren.

Rückkehr Japans als geopolitischer Akteur Nach Jahrzehnten geopolitischer Passivität beginnt Japan mit seiner grundsätzlichen Neupositionierung in den internationalen Beziehungen (Mohan, 2023; Kaufmann, 2023). Auslöser und Beschleuniger war Chinas forscher Ansatz in den regionalen Beziehungen, der auf Einschüchterung, Provokation, Zwang und Missachtung des Völkerrechts beruht,

z. B. im Süd- und Ostchinesischen Meer; besonders aber auch der Schock des Überfalls Russlands auf die Ukraine, der Versuch einer einseitigen Änderung des territorialen Status quo durch den Überfall einer atomar bewaffneten Macht. So initiierte Japan Arbeiten an einer neuen nationalen Sicherheitsstrategie, die in drei Strategiedokumenten ihren Ausdruck fanden: New National Security Strategy, National Defense Strategy und Defense Buildup Plan. Konkrete Aktionen sind geplant wie massive Aufstockung des Militärbudgets, Vertiefung von Allianzen mit den USA ,insbesondere aber auch in der Region und Verfügbarkeit von nuklearer Abschreckung.[32]

Von größter Tragweite ist Japans umfassende Ausweitung seiner Sicherheitsinteressen über die Verteidigung der eigenen Inseln hinaus verbunden mit seinem Leitmotiv eines freien und offenen Indopazifiks. Daraus resultierte die Entwicklung des geostrategischen Konzepts „Indopazifik" und die Einrichtung des Quadrilateralen Sicherheitsdialogs (oder Quad[33]). Beide sind heute fester Bestandteil der asiatischen Geopolitik. Die stärksten dieser neuen regionalen Beziehungen bestehen zu den Quad-Partnern Australien und Indien, aber auch die Verbindungen zu Südkorea und den Philippinen werden immer enger. Selbst Europa wurde bewusst in dieses Konzept integriert. Konkreten Ausdruck fand

---

[32] „Das Sicherheitsumfeld Japans ist so ernst und komplex wie noch nie seit dem zweiten Weltkrieg" – steht in der Strategie für nationale Sicherheit, die die Japans Regierung am 16.12.2022 verabschiedet hat. Die japanischen Strategen sehen China als „die größte strategische Herausforderung, vor der Japan je gestanden ist". Daher müsse man die Mittel zur Verteidigung fundamental verstärken. Japan will eine „Fähigkeit zum Gegenschlag" beschaffen, Raketen, die den Gegner auf weite Entfernung treffen können. Dafür will die Regierung in den nächsten fünf Jahren über US$ 300 Mrd. ausgeben. In letzter Konsequenz ist dies eine Abkehr vom pazifistischen Artikel 9 der japanischen Verfassung.

[33] Quad erklärt aus der Sicht des Außenministeriums Australiens: https://www.dfat.gov.au/international-relations/regional-architecture/quad.

dies bisher in einer Vereinbarung über die regelmäßige Teilnahme Japans an NATO-Treffen sowie japanisch-britische Vereinbarungen über den gegenseitigen Zugang und die gemeinsame Entwicklung eines modernen Kampfjets. Die Anwesenheit der sogenannten AP4 (Australien, Japan, Neuseeland und Südkorea) auf NATO-Tagungen wurde zur Routine.

Japan ist im indo-pazifischen Raum zusammen mit Süd-Korea ein ernsthafter Konkurrent von China als Investor in der Entwicklungspolitik. Im Unterschied zu Chinas BRI arbeite Japan oft mit lokalen Auftragnehmern zusammen. Japan hilft nicht nur Infrastruktur zu bauen, vielmehr vermittelt Japan auch technische Unterstützung zum Betrieb komplexer Systeme und unterstützt den Aufbau von Know-how-Kapazitäten vor Ort. Im Gegensatz zu China vergibt Japan Entwicklungshilfekredite meist zu transparenten Vorzugskonditionen vor allem durch die Japan International Cooperation Agency, JICA. Damit geniest Japan das grösste Vertrauen aller Fördernationen in der Region. Diese grundlegende außenpolitische Veränderung wurde in Japan selber und in der Region großmehrheitlich positiv aufgenommen. Südkorea äußerte sich zustimmend, ebenso wie Australien und die USA. Einzig Peking reagierte wirsch: es sei „entschieden" gegen die neuen japanischen Strategiedokumente und „höchst unzufrieden" mit ihnen. China beschuldigte Tokio, „regionale Spannungen und Konfrontationen zu provozieren" (Hornung, 2023).

10.3.3 Prekäre Aussichten, gefährliche Zukunft

Aufgrund der gemachten Ausführungen zu den Szenarien und des gegenwärtigen Trends gibt die Entwicklung zu einiger Beunruhigung Anlass.

Chinas „window of opportunity"? Chinas Leistungen und damit seine Stärke und Macht hat in den letzten Jahrzehnten massiv zugenommen. Das ist aber kein Selbstläufer. China wird zunehmend mit strukturellen, ja systemischen Problemen konfrontiert. Die Struktur der Wirtschaft zeigt eine Überinvestition und Unterkonsumtion. Wegen der geringen Kaufkraft der großen Massen lässt sich dies nur längerfristig anpassen. Die hohen Schulden insbesondere im Zusammenhang mit dem Immobiliensektor sind ein manifestes Risiko. Im Zuge der demographischen Entwicklung wird die arbeitsfähige Bevölkerung auch absolut zurückgehen und die aus dem Arbeitsprozess ausgeschiedenen, älteren der Gesellschaft werden deutlich zunehmen, was das ganze System belasten wird. Über die angestrebte teilweise Entkoppelung („dual circulation") werden die Nachfrage und andere Impulse für China aus der ohnehin langsamer wachsenden Weltwirtschaft geringer. Verschärft wurde die Lage durch die verunglückte Covid-Strategie mit oder ohne wiederholten Massenlockdowns und die stärkere Ideologisierung der Politik unter Xi Jinping. *Eine deutliche Verlangsamung des Wachstums des BIP und damit des Wohlstandes in China ist wahrscheinlich.*[34] Dies stellt die KPCh vor große Herausforderungen. Wie wird sie darauf reagieren?

Dass China auf der internationalen Bühne heute so stark und mächtig auftreten kann, ist – angesichts dieser Aussichten – zeitlich möglicherweise auf einige Jahre befristet, bis China von den erwähnten Problemen eingeholt und stärker mit sich selbst beschäftigt sein wird. Sollte die KPCh selber zu dieser Einschätzung kommen, so – argumentieren Brands und Beckley (2021) – könnte dies bedeuten, dass die

---

[34] Die OECD und die Weltbank erwarten für China ein BIP-Wachstum für 2022 um die 3 %, für 2023 um die 4,4 % und für 2024 wieder um die 4 %. Dies sind dramatisch tiefe Wachstumsraten, viel zu gering, um z. B. massive Probleme von Jugendarbeitslosigkeit zu vermeiden.

Volksrepublik die kommenden Jahre für Erfolge mit einer offensiven Außen- und Sicherheitspolitik noch nutzen möchte und eine größere Konfliktneigung zeigt. Gleichzeitig weisen die USA größere Schwächen auf, was China in dieser Auffassung noch bestärken und zum Handeln veranlassen könnte.

Eine gegenteilige Argumentation überzeugt eher: China sieht sich selber für solche Aktionen als noch nicht stark genug, möchte vor allem sein militärisches Potential weiter ausbauen, braucht dafür noch Zeit und wartet deshalb mit besonderen offensiven Aktionen zumindest noch zu.[35] Die künftige weitere Politik Chinas sieht Huotari (2022) weit offen:

„Plausible Szenarien lassen sich ausmalen von offener Konfrontation mit dem Westen zu verstärkten Reform- und Öffnungsbemühungen angesichts einer heftigen Wirtschaftskrise, systemischer Unsicherheit und dem folgenden Ausbau der ‚Festung China' bis hin zu einem erfolgreichen China – zumindest relativ gesehen im internationalen Vergleich und angesichts der kommenden globalen Turbulenzen. Wenn der bisherige Pfad Chinas unter Xi Jinping und die neuesten Entwicklungen um den 20. Parteitag zum Maßstab genommen werden, steht der Kurs derzeit auf ‚Festung China' – und ideologische Verhärtung, Parteistaatskontrolle und Sicherheit über alles. Das bedeutet keinesfalls eine vollständige Abschottung, aber eine geschickte und wo nötig forcierte Neuordnung von Globalisierung zu chinesischen Bedingungen, wo immer möglich."

---

[35] Mastro und Scissors (2022) beurteilen die demographische, ökonomische und technologische Entwicklung von China viel weniger kritisch und sehen vor allem den massiven Ausbau und die Modernisierung der Volksarmee (PLA) über die kommenden Jahre. In zehn Jahren werde China wesentlich stärker und fähig sein, seine Macht in ganz Asien zu entfalten. Die Autoren verweisen auf das Selbstverständnis in China, wo die Überzeugung vorherrscht, dass sie eine Supermacht werden. Die chinesische Führung habe keineswegs nur ein kleines Zeitfenster, um ihre geopolitischen Ziele zu verwirklichen, sondern könne ihre Zeit abwarten. Schwierigkeiten sehen die Autoren vielmehr auf der Seite der USA, dieser Entwicklung zu begegnen.

Und wie wird die Entwicklung in den **USA** nach Biden sein? Eine starke Fraktion der US-Hardliner vertritt – unterstützt durch die Ereignisse in der Ukraine und gegen die Einschätzung und die Vorschläge vieler Experten (vgl. Abschn. 10.3.2) – eine Rückkehr zum „Containment" (die Neokonservativen unter Führung von Kagan, siehe Daalder, 2022) und zu einer Politik Trump 2.0. d. h. mehr Protektionismus. Diese Aussichten für China und die USA kombiniert ergeben eine für die Welt gefährliche Konstellation.

Instabilitäten und damit Konfliktgefahren nehmen zu Eine Bewertung der Szenarien nach der Wahrscheinlichkeit entsprach vor dem Ukraine-Krieg etwa folgender Einschätzung: Eine multipolar regelbasierte Welt (Szenario 3) wäre wünschbar, aber idealistisch und wenig wahrscheinlich. Multipolarität mit Fragmentierung und Heterogenisierung (Szenario 1) mit regionalen Koalitionen und überschaubaren Konflikten schien am ehesten der Realität zu entsprechen, lag im Trend. „Entkoppelt und binnenorientiert, Bipolarität" (Szenario 2) schien aufgrund der vorhandenen hohen internationalen Verflechtungen der Großmächte denkbar, aber unwahrscheinlich, da mit zu großen Kosten für alle Beteiligten verbunden. Durch den Angriffskrieg Russlands in der Ukraine und seine Folgen für die internationalen Beziehungen wie Sanktionierungen und durch die absolute Machtübernahme von Xi Jinping und seine stärker an der Ideologie orientierten Politik ist Szenario 2, eine stärkere Ausprägung der Blöcke, eher wahrscheinlich geworden. Der brutale Krieg Russlands verbunden mit den zurückhaltenden Reaktionen eines großen Teils der Welt wie China und Indien hat das Vertrauen in eine regelgebundene und wertgestützte Weltordnung schwer beschädigt. Unvorhersehbarkeit, Nichtplanbarkeit der Entwicklung und damit Instabilität haben zugenommen. Die Aussichten für eine funktionstüchtige und friedliche neue Weltordnung sind prekärer geworden. Ein „Grand Design" für eine neue Weltordnung funktioniert ohnehin nicht, ist eine Illusion. Eine realistische Einschätzung der Zukunft dürfte in einem Schwanken zwischen den Szenarien 1 (multipolar, heterogen und fragmentiert) und 2 (entkoppelt und binnenorientiert, Bipolarität) in mehr oder weniger extremer Ausprägung liegen, unübersichtlich und verbunden mit Überraschungen. Eine neue Ordnung kann – wenn überhaupt – problem- und themenorientiert durch fallweise Koalitionen und Vereinbarungen zustande kommen. Daran sollte gearbeitet werden.

Globaler Systemwettbewerb Die USA und die Volksrepublik China sind „Systemrivalen", geht es bei ihrer Rivalität doch um das gesamte Spektrum von Macht, Interessen und Werten. Diese Rivalität wird sich über viele Jahrzehnte und in einer Vielzahl von Bereichen abspielen wie militärische Macht, Allianzen und Bündnisse, Märkte und Handel, Geld und Finanzen, Technologien der nächsten Generation, Wissenschaft und Forschung sowie demokratische gegenüber autokratischen Ideologien und Werten. *Auf absehbare Zeit wird es keinen Gewinner oder Dominator geben.* Die Frage ist, ob es ein friedliches Mit- und Nebeneinander, eine Koexistenz verbunden mit Offenheit der Systeme geben wird oder die Bildung von abgegrenzten, ja feindlich bis aggressiv gesinnte Blöcken, wo einer seine Vormachtstellung mit allen Mitteln behaupten und/oder der andere seine Ansprüche auf eine bipolare oder multipolare Weltordnung offensiv durchsetzen will. Interessengetriebene und machtbewusste Geopolitik ist ausgeprägter denn je: Großmächte mit ihren Strategien im Kampf um Sicherheit und Kontrolle, um Dominanz und Einflusssphären.

Gemäß Mazarr (2022a) kommen die Arbeiten von RAND NSRD und einige andere Experten in der Einschätzung der kommenden Entwicklung zu einem versöhnlichen Schluss. In ihrer Beurteilung haben die USA und die Volksrepublik nur wenige Interessen, die für beide sowohl lebenswichtig wie auch unvereinbar sind. Anhand einer Indikatorenanalyse beurteilt RAND NSRD die Intensität ihrer Rivalität als eher moderat, als weniger schwerwiegend. Um allerdings gleich zu warnen: Chinas Entschlossenheit, mehrere seiner spezifischen Ziele zu erreichen, und die Entschlossenheit der USA, sich diesem Weg zu widersetzen, drohen der Rivalität eine immer größere Intensität zu geben.

Literatur

Bendiek, A., & Lippert, B. (2020). Die Europäische Union im Spannungsfeld der sino-amerikanischen Rivalität. In B. Lippert & V. Perthes (Hrsg.), *Strategische Rivalität zwischen USA und China – Worum es geht, was es für Europa (und andere) bedeutet* (S. 50–55). Stiftung Wissenschaft und Politik, SWP-Studie 1.

Bergsten, C. F. (2022). *The United States vs. China: The quest for global economic leadership*. Polity/Politybooks. https://www.politybooks.com/the-united-states-vs-china/. Zugegriffen am 12.09.2022.

Brands, H., & Beckley, M. (2021, September 24). China is a declining power – And that's the problem. *Foreign Policy.* https://foreignpolicy.com/2021/09/24/china-great-power-united-states/. Zugegriffen am 07.02.2022.

Campanella, E. (2022). Understanding the US-China rivalry. *Project Syndicate.* https://www.project-syndicate.org/onpoint/us-china-relationship-history-and-strategies-for-managing-by-edoardo-campanella-2022-08?barrier=accesspaylog. Zugegriffen am 02.09.2022.

Center for Secutity Studies (CSS). (2011). *Perspektiven 2025, Lage- und Umfeldanalyse sowie Herausforderungen für die*

Bundespolitik. Bern, Zürich. https://css.ethz.ch/publikationen/risk-and-resilience-reports/details.html?id=/o/u/t/l/outlook_2025perspektiven_2025. Zugegriffen am 20.02.2022.

Center for Strategic and International Studies (CSIS). (2020). *Four scenarios for geopolitical order in 2025–2030: What will great power competition look like?* https://www.csis.org/analysis/four-scenarios-geopolitical-order-2025-2030-what-will-great-power-competition-look. Zugegriffen am 03.02.2022.

Chen, D., Godehardt, N., Mayer, M., & Zhang, X. (2022, March 29). Europe and China at a crossroads – 4 scenarios for China-EU relations amid the war in Ukraine. *The Diplomat*. https://thediplomat.com/2022/03/europe-and-china-at-a-crossroads/#!#msdynttrid=G6lBt__vOfTFbe7tvwOAka6A-WJq0oYc9qyD8kGPizWA. Zugegriffen am 28.08.2022.

Collins, G., & Reddy, G. (2022). *How China's water challenges could lead to a global food and supply chain crisis*. Centre for Energy Studies. Baker Institute. Rice University. https://www.bakerinstitute.org/research/how-chinas-water-challenges-could-lead-global-food-and-supply-chain-crisis. Zugegriffen am 22.08.2022.

Daalder, I. H. (2022, March 1). The return of containment – How the west can prevail against the Kremlin. *Foreign Affairs*.

Europäische Kommission. (2019). High representative of the union for foreign affairs and security policy, *EU-China – A strategic outlook*, Strasbourg. https://ec.europa.eu/info/sites/info/files/communication-eu-china-a-strategic-outlook.pdf. Zugegriffen am 15.02.2022.

Fischer, P. A. (2022, März 4). Russland und China: Die falschen Freunde. *NZZ Pro Global*. https://www.nzz.ch/pro-global/wochenkommentar/russland-und-china-die-falschen-freunde-ld.1672916. Zugegriffen am 05.03.2022.

Friedberg, A. (2022). *Getting China wrong*. Polity/Wiley. https://www.wiley.com/en-us/Getting+China+Wrong-p-9781509545124. Zugegriffen am 03.09.2022.

Greer, T. (2019). Xi Jinping in translation: China's guiding ideology. *Palladium Magazine*. https://palladiummag.com/2019/05/31/xi-jinping-in-translation-chinas-guiding-ideology/. Zugegriffen am 20.02.2022.

Heath, T. R. (2022). US-China rivalry: Great power competition in the post-industrial age. In D. Lowell (Hrsg.), *New Asian disorder: Rivalries embroiling the pacific century*. Hong Kong University Press.

Heilmann, S. (2020, Januar/Februar). Herde statt Werte. *Internationale Politik*. S. 103–107. https://internationalepolitik.de/de/herde-statt-werte. Zugegriffen am 15.02.2022.

Heilmann, S., Stepan, M., Wessling, C., & Ohlberg, M. (2018, September 7). *Charakteristika des politischen Systems*. Bundeszentrale für politische Bildung. https://www.bpb.de/themen/asien/china/44270/charakteristika-des-politischen-systems/. Zugegriffen am 19.02.2022.

Holsti, K. J. (2010). Exceptionalism in American foreign policy: Is it exceptional? *European Journal of International Relations, 17*(3), 381–404. https://doi.org/10.1177/1354066110377674. Zugegriffen am 29.01.2022.

Hornung, J. W. (2023, February 6). Japan's long-awaited return to geopolitics Tokyo's abandonment of its post-1945 security stance is another fallout from Russia's war. *Foreign Policy*. https://foreignpolicy.com/2023/02/06/japan-china-taiwan-russia-geopolitics-defense-security-strategy/. Zugegriffen am 15.02.2023.

Huotari, M. (2021, June 15). Outlook: Systemic competition on new terms – What a crisis-driven, globally ascending party state means for European stakeholders. Merics papers on China No 10. *The CCP's next century. Expanding economic control, digital governance and national security*. Berlin. https://merics.org/de/outlook-systemic-competition-new-terms-what-crisis-driven-globally-ascending-party-state-means. Zugegriffen am 19.02.2022.

Huotari, M. (2022, Oktober 23). Festung China. Xi Jinping hat sich auf ganzer Linie durchgesetzt. China wird dadurch nicht unbedingt krisenfester – aber konfliktfähiger. *Internationale Politik*, 6-2022. https://internationalepolitik.de/de/festungchina. Zugegriffen am 25.10.2022.

Ikenberry, G. J. (2021). Systemic rivals: America's emerging grand strategy toward China. *Global Asia*. https://www.globalasia.org/v16no4/cover/systemic-rivals-americas-emerging-grand-strategy-toward-china_g-john-ikenberry. Zugegriffen am 02.03.2022.

Institut für transformative Nachhaltigkeitsforschung. (2020, Mai 7). *Szenarien für das globale Währungssystem der Zukunft*. Potsdam.

Kaufmann, M. (2023, Januar 12). Mit seiner neuen Sicherheitsstrategie ist Japan endlich in der Realität angekommen. *NZZ*. https://www.nzz.ch/meinung/mit-seiner-neuen-sicherheitsstrategie-ist-japan-endlich-in-der-realitaet-angekommen-ld.1720482. Zugegriffen am 13.01.2023.

Kausikan, B. (2023, April 11). Navigating the new age of great-power competition statecraft in the shadow of the U.S.-Chinese rivalry. *Foreign Affairs*. https://www.foreignaffairs.com/united-states/china-great-power-competition-russia-guide. Zugegriffen am 14.04.2023.

Kennert, M. (2015). *Die Mär von der multipolaren Weltordnung – Hegemonie in der Sicherheitspolitik des 21. Jahrhunderts*. Bundesakademie für Sicherheitspolitik, Arbeitspapier Sicherheitspolitik, Nr. 5/2015.

Kim, J. H. (2019). *"Making multilateralism matter", middle powers in the era of the U.S.-China competition*. BCAS, Research Division Asia.

Kimball, D. G. (2021). Engage China on arms control? Yes, and here's how. *Arms Control Association*. https://www.armscontrol.org/act/2021-06/focus/engage-china-arms-control-yes-heres-how. Zugegriffen am 07.10.2021.

Kissinger, H. (2014). *World order*. Penguin.

Larson, D. W. (2021, January). The return of containment. What the cold war policy means for our current moment. *Foreign Policy*. https://foreignpolicy.com/2021/01/15/containment-russia-china-kennan-today/. Zugegriffen am 15.10.2021.

Legarda, H. (2022, June 07). A return of bloc politics? *Internationale Politik Quaterly*.

Lehman, J. S., Rodrik, D., & Yao, Y. (2019). *U.S.-China trade relations: A way forward*. The US-China Trade Policy Working Group. https://www.inet.econ.cam.ac.uk/files/us-china_trade_joint_statement_2019.pdf. Zugegriffen am 22.10.2021.

Leonard, M. (2022, June 13). The real end of Pax Americana – Germany and Japan are changing – And so is the postwar order. *Foreign Affairs*.

von der Leyen, A. F. (2023, March 30). *Speech on EU-China relations to the Mercator institute for China studies and the European policy centre.* https://ec.europa.eu/commission/presscorner/detail/en/speech_23_2063. Zugegriffen am 05.04.2023.

Li, X, & Bernal-Mez, R. (2021). China-Us Rivalry: A New Cold War or Capitalism's Intra-core Competition? *Revista Brasileira de Politica internaiconal, 64*(1), e010. https://doi.org/10.1590/0034-7329202100110.

Lippert, B., & Perthes, V. (Hrsg.). (2020). *Strategische Rivalität zwischen USA und China.* Berlin: Stiftung Wissenschaft und Politik, *SWP-Studie* 2020/S 01.

Mahbubani, K. (2020). *Hat China schon gewonnen? Chinas Aufstieg zur neuen Supermacht.* Plassen, Kulmbach (Originalausgabe: Has China Won? The Chinese Challenge to American Primacy, New York, Hachette Book Group, 2020).

Mastro, O. S., & Scissors, D. (2022, August 22). China hasn't reached the peak of its power – Why Beijing can afford to bide its time. *Foreign Affairs.*

Mazarr, M. J. (2022a). *Understanding competition. Great power rivalry in a changing international order – Concepts and theories.* RAND Corporation, National Security Research Division, NSRD. https://www.rand.org/pubs/perspectives/PEA1404-1.html. Zugegriffen am 04.10.2022.

Mazarr, M. J. (2022b). *The sources of societal competitiveness: How nations actually succeed in long-term rivalries.* RAND Corporation. https://www.rand.org/pubs/research_briefs/RBA499-1.html. Zugegriffen am 05.10.2022.

Mearsheimer, J. J. (2019). Bound to fail: The rise and fall of the liberal international order. *International Security, 43*(4 (Spring 2019)), 7–50.

Men Honghua. (2017). *New concepts, ideas, and strategies for the CCP central committee's national governance: An international research Agenda, institute of world economics and politics.* Chinese Academy of Social Sciences. http://www.iwep.org.cn/cbw/cbw_wzxd/201711/t20171109_3736929.shtml. Zugegriffen am 14.10.2021.

Milanovic, B. (2020, January/February). The clash of capitalisms – The real fight for the global economy's future. *Foreign Affairs.* Zugegriffen am 02.10.2021.

Ministry of Foreign Affairs of the People's Republic of China. (2021, November 24). Wang Yi Holds Video Meeting with Iranian Foreign Minister Hossein Amir-Abdollahian. https://www.fmprc.gov.cn/eng/gjhdq_665435/2675_665437/2818_663626/2820_663630/202111/t20211125_10453079.html. Zugegriffen am 11.02.2022.

Mohan, C. R. (2023, April 13). For Japan, 'Ukraine is the future of Asia'. Tokyo has abandoned decades of passivity and become a global strategic actor. *Foreign Policy*. https://foreignpolicy.com/2023/04/13/japan-china-russia-kishida-xi-putin-europe-geopolitics-strategy/?utm_source=PostUp&utm_medium=email&utm_campaign=News%20Alerts&utm_term=82979&tpcc=News%20Alerts. Zugegriffen am 15.04.2023.

Mozaffari, M. H. (2020). *OIC decleration on human rights: Changing the name or a paradigm change?* Centre for Dialogue among Religions and Culture. https://rwi.lu.se/wp-content/uploads/2021/01/2020-OIC-Declaration-of-Human-Rights.pdf. Zugegriffen am 29.09.2021.

Münkler, H. (2022, März 2). Herfried Münkler: Putin hat sich verrechnet, doch der Westen ebenso. Die Welt steht vor einer Zeitenwende. *NZZ*. https://www.nzz.ch/feuilleton/ukraine-krieg-putin-fuehrt-eine-weltpolitische-zeitenwende-herbei-ld.1672149. Zugegriffen am 03.03.2022.

Nadège, R. (Hrsg.). (2020). *An emerging China-centric order – China's vision for a new world order in practice*. National Bureau of Asian Research, nbr special report #87. https://www.nbr.org/publication/an-emerging-china-centric-order-chinas-vision-for-a-new-world-order-in-practice/. Zugegriffen am 07.03.2021.

New China Research (NCR). (2021). *Pursuing common values of humanity – China's approach to democracy, freedom and human rights*. White paper, Xinhua, Beijing.

O'Neil, A. (2017). *South Korea as a middle power*. Reports, New York, U.S. Council on Foreign Relations, Washington, DC.

Posen, A. S. (2022, March 17). The end of globalization? What Russia's war in Ukraine means for the world economy. *Foreign Affairs*.

Rodrik, D., & Walt, St. (2021, March). *How to construct a new global order*. Harvard Kennedy School/Cambridge Mass.

Rudd, K. (2022). The avoidable war: The dangers of a Catastrophic conflict between the US and Xi Jinping's China. *PublicAffairs*. https://www.publicaffairsbooks.com/titles/kevin-rudd/the-avoidable-war/9781541701304/. Zugegriffen am 03.10.2022.

Rudd, K. (2022b, November 9). The return of red China – Xi Jinping brings back Marxism. *Foreign Affairs*.

Sander, M. (2023, April 4). China sieht Europa teilweise als Vasallen der USA – und will es am liebsten loseisen. NZZ. https://www.nzz.ch/technologie/china-sieht-europa-teilweise-als-vasallen-der-usa-und-will-es-am-liebsten-loseisen-ld.1732367. Zugegriffen am 05.04.2023.

State Council Information Office of the People's Republic of China. (2023, September 26). Full Text: A Global Community of Shared Future: China's Proposals and Actions.

Swaine, M. D., Lee, J. J., & Odell, R. E. (2021). *Toward an inclusive & balanced regional order: A new U.S. strategy in East Asia*. Quincy paper No. 5. January.

Wang Yi, H.E. (2022, Dezember 25). *Maintain a global vision, forge ahead with greater resolve and write a new chapter in major-country diplomacy with Chinese characteristics*. Address at the symposium on the international situation and China's foreign relations. Beijing. https://www.fmprc.gov.cn/mfa_eng/wjb_663304/wjbz_663308/2461_663310/202212/t20221225_10994828.html. Zugegriffen am 20.01.2023.

Xi Jinping. (2022, Oktober 16). *Das große Banner des Sozialismus chinesischer Prägung hochhalten und vereint für den umfassenden Aufbau eines modernen sozialistischen Landes kämpfen*. Bericht auf dem 20. Parteitag der Kommunistischen Partei Chinas. http://de.china-embassy.gov.cn/det/zgyw_/202210/t20221026_10792296.htm. Zugegriffen am 18.10.2022.

Zakaria, F. (2020). The new China scare – Why America shouldn't panic about its latest challenger. *Foreign Affairs* (01/02).

GPSR Compliance
The European Union's (EU) General Product Safety Regulation (GPSR) is a set of rules that requires consumer products to be safe and our obligations to ensure this.

If you have any concerns about our products, you can contact us on

ProductSafety@springernature.com

In case Publisher is established outside the EU, the EU authorized representative is:

Springer Nature Customer Service Center GmbH
Europaplatz 3
69115 Heidelberg, Germany

www.ingramcontent.com/pod-product-compliance
Lightning Source LLC
LaVergne TN
LVHW020326260326
834688LV00037B/882